衡州方域风情

张光友 著

书稿策划 刘晓富

岳麓書社 · 长沙

张光友

湖南衡阳人，钟爱中国传统文化，业余时间爱好写作。高中毕业后曾任过基层干部，在天津塘沽海军兵营里从事文字工作，退役后，在水泥厂做过钳工。1978年，考入湖南财经学院，毕业后在政府部门工作，2016年退休。有《远去的乡村匠人》《演陂桥的藕根子》《走笔三甲乡古村落》等报刊散文作品，以及《审计学》《工业统计与财务》多项著述公开发表。

衡州方域风情根系中华魂

陈叔红

中华大地不仅历史悠久，而且地大物博，这片广袤的国土，疆域极其辽阔，东西跨度5200多公里，南北跨度5500多公里，东西跨经度60多度，南北跨纬度约50度。正是因为这种独特的大经纬疆土，形成了在中华民族统一文化理念下的，不同地域民俗文化多元素并存的，五彩斑斓的华夏风情。中华民族五千年的悠久历史，留给世人的不仅仅是四大发明、万里长城和丝绸之路，还有点点滴滴的民俗文化。风俗民情是一个区域的人民的文化传承，其精神特质浸润在一代代人的生命历程中，流淌在一代代人的殷红血脉里，是我们每个人的来处与记号。

衡州是衡阳曾经使用过的地名，因地处衡山之南，故现称为衡阳。这是一个处在南岳以南，南岭以北，雪峰山脉以东，罗霄山脉以西，包围而形成的一块盆地。或许是大山阻隔的原因，这里既有着源于中华大文化的大氛围，又存在独树一帜的蒸湘方域风情，如同一块璀璨的玉石镶嵌在三湘四水之中。有人用五个数字来形容她的特立独行之状：五分之一，南岳独秀一方；四分之一，耒阳蔡伦享誉千古；三分之一，蒸湘水域三分湖南；二分之一，王船山平分全球哲学半边江山；独一无二，禹王碑蝌蚪字千年无人辨识。

与中国其他地域风土人情的存在一样，衡阳的地方民俗风情，离不开中华传统文化这个大背景。在中国漫长的农耕时代，中华民族的传统文化在不同地域传播时，又演绎衍生出具有当地特色的民俗文化。这些文化影响着人们的社会心理、价值观念、道德标准、审美追求。和谐共生是中华民俗文化的价值追求，“十里不同风，百里不同俗”，是衡州方域风情的具体表现。衡州方域民俗是中华大家庭中，千千万万个不同地方风俗中的一个类别，涵盖了整个社会生活的全部，不仅包括衣、食、住、行等方面的生活习俗，日常社会交往方面的通礼习俗，生育、婚丧等的人生礼俗，春节、元宵等岁时节庆习俗，而且包括作息起居、生产劳动、工商贸易、民间节会、民间工艺、民间艺术等各个方面的习俗风尚。这些民俗风情，归纳起来，大致包括三个大的方面：物质民俗文化，以生产、交换、交通、服饰、饮食、居住等为主要内容；社会民俗文化，以家庭、亲族、村镇、社会结构、生活礼仪等为重点；精神民俗文化，包括信仰、伦理道德、民间口头文学、民间艺术、游艺竞技等。

衡州民俗文化经过几千年的积淀，逐渐形成了自己特有的小众风情，这些别致的风俗，会让人们感受到不一样的视听味觉效果。如半夜吃年饭的庄重肃穆，马灯戏曲的诙谐幽默，湘江笔鱼的别样鲜美，南岳庙会的人声鼎沸，新婚洞房的童叟无忌，渣江米粉的细糯爽滑，糯米湖之酒的甘甜醇绵等，都会给初到这里的人们带来极强的味觉、视觉与听觉的冲击力。

遗憾的是，这些带有地标性的民情风味，长时间内，只是散见于人们的口头传播或具体于一家一户的实地操作，很少见诸文字记载。随着时间的推移与现代生活元素的渗透，这些传统的习俗正在淡出人们的视野，许多年青一代已经不知道在这方土地上曾经发生过什么。承蒙衡阳籍张光友先生的辛勤努力，花了 5 年时间进行收集整理，终于形成了这部 300 篇 60 余万字方域风情的作品。

这是迄今为止，唯一用文字形式系统记录衡阳地方民俗风情的作品。在书中，作者用翔实的史料，生动的语言，给读者带来一幅幅逼真的写实画面，让人们从各个不同的方面感受到一个立体的衡阳。从书中，你会读到衡阳人年复一年的生活起居及劳作方式；在书中，你会知晓衡阳人四时八节的标准仪式与宗教信仰的特有内涵；在书中，你能明白衡阳人婚丧嫁娶与迎来送往的基本礼节；在书中，你可得到衡阳人特色美食与方域礼节的具体信息。我们有理由相信，这是一件功在当代，益于千秋的天大好事。将衡州地区的民俗风情文化用这种方式记录下来，既是对历史轨迹的真实记录，也是对现实生活的即时拓印。除了让更多的人知晓这块土地上特有的风土人情和世事外，还在于通过这个作品，让人们在了解衡阳当地习俗的同时，传承中华民族传统的优秀文化精髓。

一个地方民俗能够长期存在，并能成为当地人们共同遵守的潜律，一定是有其道理的。衡州方域民俗亦然，把它们用文字整理出版，其价值也是不言而喻的：

首先，能够培育民族精神，增强民族认同感。数千年的农耕时代，在民间，深藏着博大雄沉的优秀文化因子，构成了绵延不断的历史信息链，无所不包地传递着中华民族心理的密码，它们是民族个性特征和独特精神的重要表征，为民族精神提供着无尽的营养、彰明的昭示和有益的启迪。其中，文化信息承载最为密集、情感色彩最为浓烈、道德教化作用最为深刻、记忆传承最为有力的，当属中华民俗文化。

其次，能够传承中华优秀传统文化。传承民族民间文化的重要手段之一是恢复传统民俗，因为传统民俗是各种民族民间文化最重要的综合载体。包括神话、传说、民间戏曲、民间美术、交际礼节、人生仪式、娱乐游戏、艺术技能、信仰心理等，内容丰富，包罗万象，无一不在传统民俗中得到存活和赓续。我们弘扬了民俗文化，也就使它们所承载的丰富文化得到了延续。

最后，可以教化人心、匡正风气。作为惯例的民俗是法律的基础和补充，社会治理需要有效地运用民俗的力量。譬如春节所表现出的敬奉祖先、家庭和睦、邻里和谐的“和合”精神；端午节所张扬的对真善美的执着追求及强烈的爱国主义情怀；七夕节所蕴含的忠贞不渝、诚信友爱的观念；重阳文化所尊奉的“五伦之孝，推家至国；以孝齐家，以孝治国，达至和谐大同”的传统美德；等等。倡导传统节庆的弘扬，对于尊崇人伦观念、规范言行礼仪、调和人际关系、调适群体生活、提升道德水准乃至构建和谐社会无疑具有重要作用。

把衡州民俗风情用文字方式向全社会推介，在今天依旧有着积极的现实意义。如果你是一位政府部门的工作人员，这本书会为你的调研决策提供一些补充；如果你是一位在旅行社带团的领队，这本书会让你在面对游客的提问时对答如流；如果你是一位外来的经商人或背包客，这本书会让你迅速入乡随俗，少走弯路；如果你是衡阳本土人，年长者会从书中找到曾经的记忆，青年人能从书中感悟生活的潜在本真。

民俗民间文化是民族精神、个性特征的载体，具有团结社会的凝聚力与亲和力。在经济全球化时代，各民族的本土文化受到冲击是世界性的问题。我们的文化传统，是我们民族精神的家园。一旦这个家园消失了，我们民族的主体性地位就不复存在。经济全球化时代，文化的冲突而导致的矛盾和纷争已经成为影响世界安宁和发展的重要因素。现实要求人们必须认真思考解决这一问题的途径。中国民俗文化中的和谐价值观可以为当代多元文化的共存提供取之不尽的思想资源。

（陈叔红：原湖南省第十一届人大常委会副主任、党组成员。）

目　录

生活起居

特色吃食

民俗风情

婚丧嫁娶

四时八节

文化娱乐

其　他

生活起居

打　会

估计今天许多年轻人看到这个标题后，会不知所云。打会，又称上会，为延续许多年的一种民间资金互助的方式。打会的发起人，俗称会头。

打会的好处在于，当一个人迫切需要一笔资金周转，而又告贷无门时，用这种方式可以快速地解决问题。在旧社会，多见于家中急需添置或购买田地、耕牛等，也有家中急需现金而一时无法变现的情况。

打会一般由一人发起，邀请亲友或左邻右舍入会，以凑“会脚”，六七人、十数人不等。每一“会脚”每次付一定款项，轮流缴一人。第一次会款由会头收取，再定“会脚”收款顺序。又有“摇会”和“标会”两种。所谓“摇会”即按摇骰子得点数高低，决定得会者。“标会”又称“强盗会”，以“会脚”投标多寡决定得会先后。举会日，各“会脚”在纸上各写标数，当众开拆，投标最低的先得会。如每脚10元的会，投标最低的为8.20元，该人首先得会，其他“会脚”只需缴8.20元；别人得会，则需缴足10元。会头所收会款称“头会”。打会是民间借贷的主要方式，商贩、居民以此互通缓急或筹款，甚至集镇家庭主妇也乐此不疲，会额大小悬殊，以小额为多。

打会的周期由会头与全体会员共同商量后决定，一般的亲戚朋友之间的打会，以1个月为一个轮值，如果是10个人的会，则10个月后结束。也有3个月为一轮的，结束时间以此类推。但不论在哪一个时间段，接会的人必须办一桌酒席，邀请所有会员参加，然后承兑金额。由于这样经常会有饭局，因而衡阳有句俗语，“好呷靠打会”。

衡阳民间的打会，多数时候是不计息的简单集资，由于数额不大，他们权当是一种游戏。但也有打会时就承诺有利息的，并出现前面所说的摇会和标会情况时，打会便变成了一种投资行为，会头因为急需钱，他取得的会款在以后分期支付之和必定大于所得，有点近似于今天的分期还贷；而末位会员，则因为前面分期付出的少，最后得到的大于之前付出的相加之和，有点近似于现在的零存整取。

打会原本是亲朋好友之间互相帮衬的一件好事，但有时候也会弄出一些尴尬。如有的人在接会时，将饭菜办得过于单薄，让其他人感受到他过于小气，在背后议论他是在“打把戏”；有的人中途提出退会，但又找不到人来顶会，这个游戏也只能半途而废，大家不欢而散。

现在，人们有多种方式可以解决资金的燃眉之急，打会的现象已经成为一种历史的记忆。

洗　三

洗三又叫打三朝，是衡阳地方一个隆重的礼仪。所谓洗三，就是闺女嫁出去后，生了第一个孩子，岳家为之举行的一系列庆祝活动。

首先是女婿要前去报三，即孩子生下来的当天或第二天，女婿要提一块猪肉，捉一只公鸡或母鸡，前往岳家去报信，衡阳土话叫报三。报三就是报生，报家中添丁之喜。生男生女，不用问便了然于心：从放鞭炮的位置可以判定，女婿在田埂上放鞭炮，说明是生了男孩；在禾坪上放鞭炮，则是生女孩。岳家的人还可从礼物中鸡的性别知道是男是女。

在女婿报喜后的3 至7 天内，岳父母择吉日将各路亲戚召集到家里，把大家带来的礼品大致分为两类。一类是为产妇准备的营养品，比如鸡、鸭、肉、面、禽蛋等。一类是给刚出生的孩子准备的日用品，比如衣、帽、鞋、袜、背带等，富庶人家还有为小孩打制的钉在帽子上的银菩萨、双手戴的银镯子、颈项戴的银项圈等。把这些东西放进箩筐，请挑夫若干挑上礼品，一行人浩浩荡荡向女婿家进发。

衡阳有男不打三朝的规矩，所以参加打三朝的客人都是女客，其中主要客人是孩子的外婆、舅娘、表嫂、表姐等。

洗三的一个重要程序，是用熬好的中药汤为新生婴儿洗澡，并用煮熟剥了壳的鸡蛋在婴儿的膝盖揉上几下，意在祝愿孩子长大后身强体健，这些鸡蛋一般给还未上学的孩子分享。在旧时，人们认为上学的孩子不宜接触这类食品，有辱斯文。

洗完后要给婴儿更衣。洗穿事毕，由一能说会道的妇女抱着婴儿，先以数滴黄连汤滴于婴儿口中，再用手蘸少许用猪肉、糕、鱼、酒、糖混合烧制的汤水抹在婴儿唇上，边做边说喜话，俗称“开荤”，又叫“先苦后甜”。最后用从别人家要来的奶汁喂婴儿，俗称“开奶”。岳家要送来寿面、寿糕等，亲友皆要送礼祝贺，俗称“送汤”。家长要焚香敬神，祈求婴儿平安，还要为婴儿取乳名。

这一切完毕，就是主家宴请宾客的时候。家境富裕的人，会借这一天大宴左邻右舍和亲朋好友，衡阳叫作摆三朝酒，来客一般是以三尺布或一包糖作为贺礼。中餐结束后，洗三的仪式宣告礼成。

斗　尧

衡阳有一种有趣的民间活动叫斗尧。斗尧是衡阳方言，尧在这里读“niao”，普通话不知道如何表述，或许用“斗肴”二字更准确些，因为斗尧的核心内容就是大家集中在一起，大快朵颐一番。

说起斗尧，现在的年轻人可能是一头雾水，不知是怎么回事。这件事说通俗点，就像北方人的打平伙，就是一伙人凑份子聚餐。按时下流行的说法，就是实行 AA 制，各出各的钱，各掏各的腰包，跟今天的某些新潮聚会的形式差不多。

作为衡阳地方民间传统的社交风俗，斗尧最大的特点就是平摊费用，而大碗喝酒、大口吃肉、不拘小节、畅所欲言是聚餐的不变主题。斗尧不需要任何理由，也不需要特别的号召，完全凭当时人们的兴之所致；斗尧的核心是吃一顿痛快的乡村大餐，可以是几只鸡，也可以是一大锅肉，当然也可以是一桌丰盛的十架碗；斗尧的地点，多数选择在家中自己动手操办，有时也会上酒店去点一桌酒菜。

说起来，斗尧还是贫穷所致。在以前，农村物资匮乏，生活水平低下，人们的日子过得比较清苦，别说山珍海味，有的人家一年半载都吃不上一餐肉。想要打打牙祭，吃顿大餐，却奈何囊中羞涩。但人们对某种食物实在有欲望，抵不住诱惑，于是，想出了斗尧的办法，即三五志同道合的好友齐聚一堂，每人拿出有限的银钱，买来肉食和美酒，合起伙来共同承担开支。

通过斗尧，一方面是饱了口福，让欲望得到一丝满足；另一方面，大家一边吃喝，一边畅谈，谈古论今、东扯西拉，分享日常琐事，传播奇闻趣事，说说笑笑。在困苦中寻求慰藉，在劳累后解除疲倦，人们苦中寻乐，尽量让生活生动起来。

斗尧有时也有特殊的例子，那就是饱肚。据说有个罪犯被关进监狱，彼时伙食极差，每餐的三两米饭就着几根萝卜白菜下肚，人特别容易感到饥饿，常常吃了这餐盼下餐，一天到晚都有饥饿感，于是这个罪犯别出心裁地出了一个斗饭尧的主意，即让同监人每次都有一次吃饱饭的机会，按顺序类推。

当然，衡阳农村中斗尧的主旨是改善生活，在最大可能的情况下，找到一种欲望的满足感。同时，斗尧在乡村，也有以下几个好处：

一是增进了解，巩固友谊。人以群分，物以类聚。再亲的朋友，久不在一起也会生分；再好的感情，不常联系就会疏远。大家围坐一桌大口吃肉，大碗喝酒，大快朵颐，吆三喝四，开怀畅饮，感情就更进一步加深了。

二是化解矛盾，解开疙瘩。农村人通常都喜欢抽烟喝酒。实践证明，烟是和气草，酒是润滑剂。如果某人与某人闹了矛盾，借斗尧凑在一起，大家敞开心胸交流，好言好语相劝，再抽上一根烟，便一笑而过；碰上一杯酒，能重归于好。所有的不愉快不开心顿时烟消云散，解除了烦忧，理顺了关系。

三是商谈大事，同舟共济。家人不和外人欺，村里不和外地欺。在从前，部落与部落，村与村之间往往会因一些利益而产生冲突。斗尧在某种程度来说，就是一次交流思想、共话家常、凝聚人心的聚会。如果村里有什么要办的事情，或是谁家遇到了什么困难，大家都会借此出主意、想办法，齐心协力把事情办好。

斗尧现在看起来是一种贫困条件下的自娱自乐活动，却也蕴含了现代人际交往的先进理念。原来，衡阳乡下的农民朋友早就推行过 AA 制呢！

送和菜

估计即便是地道的衡阳年轻人，看到我这个标题，也会一头雾水，外地的朋友当然更会纳闷，从名字上费一番思量，发挥充分想象。

还是让我自说自话来给出答案吧：和菜的叫法，是衡阳地区方言中特殊的说法，实际上就是我们平常吃的菜。和菜并不是一道专门的菜名，而是将在酒席上收集到的所有菜品，例如粉条、辣椒炒肉等各类菜，装在一个容器里，带回家中，搅和均匀加热后形成的菜，有点近似于当今酒店推出的那道名叫佛跳墙的菜。

为什么会有这种情况出现，这要从衡阳人赴席吃饭的习惯说起。过去，由于物资匮乏，人们的生活相对贫穷，一年到头菜碗中难得有几点油腥，而去赴酒席无疑是一次难得的改善伙食的机会。一般的衡阳酒席大餐，都讲究十架碗，鸡鸭鱼肉十分丰盛。单独靠在桌上吃，显然肚子的容量不够，倒掉又是浪费，于是，有人想出一个两全其美的办法，每桌挑选一位分菜者，将菜平均分配到席上的每一个人事先准备好的容器中，以方便在吃不完的情况下，将自己剩下的那份菜用荷叶打包带回家，供家人分享。这样，既避免了浪费，又让家中未赴席的人也享受了美食。但那是混合在一起的各种菜，衡阳人给它取了个名字，叫和菜。

这种菜收回家后，如果数量少，家中人又不多，倒也可以在短时间内将其消耗掉。但有时，可能是举家前往赴席，而且一吃就是几餐，收回的菜数量就十分可观了。我见到的收菜最多的一户人家，用两只硕大的水桶，挑了满满的一担回来。彼时农村没有冰箱等冷藏设备，如何处理它们也变成了一个负担。

不过衡阳人自有智慧来处理好这类问题。不知从哪个朝代开始，但凡有人从外面赴席归来，必定要将收来的和菜送给邻人分享，因此，吃完酒席后送和菜，成了衡阳乡下的一道特有的习俗。

送和菜前，先要将酒席上的菜作简单归类，将鸡鸭鱼肉等荤菜剔在一边，剩下的则一锅烩了，然后视菜的多少，每家每户装一碗，再添上一两片大菜，挨家挨户地送上门，一般是以屋场为半径，也有将整个居民小组或几个居民小组都送遍的。

送和菜的习俗也延伸到家中其他大事，例如家中杀猪时，会给其他户送一小碗猪血，外加几片肉或猪肝；家中新酿出了米酒，也会送去一碗；等等。

送和菜其实是一种优良的传统，既使大家互通了有无，特别对那些孤寡单身男女，通过这种方式，使生活得到一些补充，更重要的是和睦了邻里之间的关系，融洽了彼此之间的感情。

现在的农村，据说还有人收菜打包，但早就不再送和菜了。

过　火

在衡阳，但凡砌新屋或者购新房，乔迁时称为过火。当地的乔迁习俗遵循择吉而迁，即过火要选择吉日吉时进行，且一般都选在深夜时段。

乔迁那天要守夜，先把要搬的东西准备好，等到午夜时分放鞭炮，放完鞭炮才可搬家。当地百姓之所以热衷于半夜归新屋，是因为民间流传一种说法，叫神仙难破子丑时，因此将半夜和后半夜看作是搬家的吉利时段，不会有不好的事情来破坏；并且夜深人静，不怕遇上丧气事情冲了吉利。除了追求吉时外，半夜搬家还蕴含着人们对家庭未来生活越来越好的期许与祝愿。

在半夜乔迁习俗中，转火仪式是重要环节，时间严格规定在午夜整点。转火就是把原来老灶中的火种移到新灶中，中途不能落地，俗称接火种或接烟火。选在零点转火在农村是有讲究的，我国传统以子丑寅卯等十二个时辰来计时，子时是一天的新开始，因此，在零点转火，寓意一切从头开始。

接火种寓意搬入新居后能香火不断、人丁兴旺。因此，接火种仪式隆重而独特。这个过程分为接与送。首先，当将火种从旧屋移出时，要由一名家庭中的长者燃放鞭炮，将要入住到新居的一家人携带旧居里火种礼送出去；而在新居，事先要请几位德高望重或有身份的亲戚在那里等候，待他们在门外燃放鞭炮时，打开大门，放鞭炮以示迎接，说几句吉祥的话以示祝贺，并将他们带来的火种在灶里引燃，以示新家的红红火火。

衡阳过火时还有讲究，凡是入住新居的人，进屋时都不能空手，孩子们或是提着鸡笼或是拿着别的东西，家庭主妇则拿着油盐酱醋锅碗瓢盆等；还有一个独特之处是，进入新居时必带楼梯和火炉，带上楼梯，取步步高升之意，带上燃烧着的火炉，意为香火不断和今后的日子红红火火。更讲究的人家还会在新家里放上蒸好的发糕，意为要发和顺利之类的意思。

旧时农村讲究迷信，在过火之前，必须做到三请：一请土地神，在正堂桌案焚香一炷，保家宅安康，人丁兴旺，不生盗；二请灶王神君，在炉灶边的上首焚香一炷，全家添福，和乐融融，不遭水火；三请家神，正堂桌案请了土地神后，请家神，焚香一炷，向列祖列宗行叩头礼，请家神入住新居，佑护子孙，以传孝道。

过火时还有一个重要仪式叫温锅。即在新的灶里由带来的火种点燃柴火后，家庭主妇要在新的灶台上煮一些食品款待家人和前来送火的亲戚，头天晚上多是煮些汤圆或甜酒鸡蛋之类，象征着新家团团圆圆，甜甜蜜蜜；次日中午则是炒几个荤菜，讲究的人家还会宴请左邻右舍和亲朋好友，那便是衡阳特色的十道碗酒席大餐了。

温锅有两方面的情况：

一是整户人家乔迁。在旧时，普通人家的生活并不富裕，新房落成或迁入新居，往往花掉了所有的积蓄。一方面，温锅是为邀请亲朋好友、街坊邻居上前来认识自己新房，主人家设宴招待，增进亲朋感情，促进邻里之间和睦相处，和大家热闹一番；另一方面，亲友邻居拜访新家，都会携带礼品前去，在不宽绰的年代，今天你新家搬迁，我给你送个还没有置办的家具，以后我搬新家的时候，你亦是这么回礼，温锅多少有点相互帮助的意思。

二是新夫妻分家。旧时夫妇新婚，有“分家”一说，夫妻结婚后，和自己父母兄弟姐妹分开住，温锅表示自立。所以这方面的温锅，亲朋好友送的东西多有祝福的含义。比如娘家送的东西，除了用钱帮衬下新成家的夫妻外，一般还有锅、碗、瓢、盆、米、酱、醋之类。比较有特色的是送豆芽、豆腐、鲤鱼，数量一定是偶数，没有单数，表示好事成双。豆腐、鲤鱼之类寓意“都富”“年年有余”。

衡阳的过火仪式现在还在延续，只不过改良了许多，但总体框架并未改变。

六月尝新

衡阳地区是典型的江南丘陵地貌，粮食作物以水稻种植为主。在过去，由于只种一季，每到农历六月，便到了青黄不接的时候，这个时候，对新稻的成熟有一种望眼欲穿的企盼，到了农历六月初六，尝新便是一个隆重的节日。

这时，其实稻谷并没有完全成熟，谷粒还呈青色，没有变黄。但在粮食普遍紧张的岁月，老百姓家里谷仓也差不多见底了。尝新，既是一种吃新米饭的体验，也是一种对能吃上饭的美好生活的追求。因此，尝新节就成为农家除春节、端午、中秋等节日外，最重要热闹的节日了。其中还包含着感谢祖宗和天地神灵，祈求庇佑五谷丰登之意。

尝新节的历史悠久，从辛弃疾的一首词中，我们可以追溯到更远古的时代农村尝新的场面：

北陇田高踏水频，西溪禾早已尝新。隔墙沽酒煮纤鳞。
忽有微凉何处雨，更无留影霎时云。卖瓜声过竹边村。

该词通过选取江南农村独具特色的题材和生活场景，描写了乡村生活的安恬美好，表达了洋溢在作者心头的喜悦。“北陇田高踏水频”，北面高地上的农民在不停地踏着水车，灌溉农田。“频”充满动态和声势，也暗示出农民在农忙时节的辛苦勤劳。“西溪禾早已尝新”，与此不远的一个村庄，农民们已收割完早稻，他们已碾出了新米，蒸出了喷香的米饭。“尝”写出丰收年景的来之不易和丰收年景里人们的喜悦。“隔墙沽酒煮纤鳞”，一天的劳作结束，煮上从河里捞到的细鳞鱼，倒上白天买来的酒，有吃有喝，有滋有味，一天的疲惫和辛苦都烟消云散了。

尝新于农民而言，不仅是看到了丰收的希望，更是一种付出后收到回报的喜悦，有一位衡阳籍的才女，曾赋诗道出个中的美妙所在：

耕耘插秧忙一春，禾穗包浆谷粒生。
炊烟阵阵村妇笑，农家六月喜尝新。

据说以前，在尝新这一天，一些地方会以宗族为单位，进行重大的祭祀和庆典活动。这天一大早，村村要杀猪打鱼，家家要杀鸡宰鸭，置办好香烛纸钱，先要将猪羊头及新采的稻穗瓜果蔬菜等，恭恭敬敬地祭供在宗族祠堂的供桌上，焚香祭祀，祭拜天地祖宗。还要舞稻草龙、狮子等，欢娱神灵、龙王，以求风调雨顺，五谷丰登，六畜兴旺。

宗族的祭祀活动结束后，农家的尝新开始了。各家都要煮一锅新米饭。说是新米，其实没有那么多新米，往往是采下一些比较成熟的稻穗，将谷壳剥开，将新米混在老米中一起煮。还要办出一桌丰盛的酒菜，先把好酒好菜供于神龛下，点起鞭炮，焚香烧纸，祭祀祖宗先人。

在我懂事的年龄，尝新已变成每家每户的单个行动了。这一天，家里会从集市上割一块猪肉，买一条鲢鱼，有时候可能会杀一只鸡，备齐三牲，由家长将这些大菜摆在禾坪上，先供奉天地，然后才进入全家真正的尝新。

但衡阳尝新的一个重要环节颇有意味：家庭主妇会在全家人吃饭之前，将混合着老米搅拌均匀做成的新米饭，夹上一块肉让家中的狗先吃。

原来，这种做法是源自一个古老的传说：在远古的时候，天神发怒，洪水滔天，万物绝种。为了拯救万民，神农要他的白狗到天上去偷谷种。白狗漂洋过海，找到了天神的晒谷坪。它机灵地在谷堆上打了一个滚，让身上沾满谷种。不料天神发现了，派出天兵天将去追杀它，结果将白狗赶入天河。白狗拼死回到人间，但身上的谷粒都在天河里被水冲掉了，只有翘在水面的狗尾巴上还粘有一些谷种。神农将这些谷种撒向大地，才有了今天的五谷稻米。为了感谢狗的恩德，神农就定下每年收获新谷的第一碗新米饭要给狗尝的规矩。

这当然只是一个传说，狗作为人类的朋友，人们没有理由在关键的时候忘记它。

念血盆经

在衡阳，过去有一种专为妇女做的道场，叫念血盆经。这种道场，既可以是为已经逝去的先人超度，也可以是为健在的长者添寿，一般由家中的女儿首先发起，没有女儿的，儿子也行。

念血盆经是后人们认为母亲一生为生儿育女付出了很多，以为念此经后，在另一个世界上，可以解脱自己的罪孽，得到超度。但这种经书据说佛、道两教均不认同，因此，念血盆经的多是衡阳地区另外一种专职神职人员：师公。

念血盆经源自民间《目连救母》的故事。说是昔日目连往到羽州追阳县，见一血盆池地狱，铁梁铁柱铁枷铁索拴着许多女人，她们披头散发，长枷杻手。狱卒鬼王一日三度将污血叫罪人吃。若有罪人不敢服吃，遂被狱主用铁棒抽打，悲叫声不绝于耳。目连悲哀问狱主，怎不见南阎浮提丈夫之人受此苦报，而只见许多女人受此苦痛。狱主答曰：不关丈夫之事，只是女人产下血露，污触地神，若秽污衣裳，将去溪河洗濯，流水污漫，误诸善男女取水煎茶供奉诸圣，致令不净。百年命终之后，必受此苦报。目连遂问狱主，将何报答产生阿娘之恩，出离血盆池地狱。狱主告诉他，唯有小心，孝顺男女，敬重三宝，更为阿娘持血盆斋三年。请僧转诵此经一藏，满日忏散，便有般若船载过奈河江岸，看见血盆池中有五色莲花出现，罪人欢喜，心生惭愧，便得超生佛地。

念血盆经从此便在民间盛行，其目的在于为母亲解过，减少在阴间受苦。为健在的念血盆经，一般要在其生日期间进行，而且必须每隔两年后再续一次，连续3次后便可保永宁；为逝者超度，一般选择在去世后7天进行，只作一次即可。相同的是，这种道场每次持续的时间都是3天。

血盆经经文不似其他经文，基本上是以白话写就，大致为追悼死者一生的辛劳、德行，尤其是其中的“十月怀胎歌”，更是为人们耳熟能详：“孩儿在身团团转，如同利刀扎心肝；牙齿咬得铁钉断，双脚踏得地皮穿。”“娘亲呼天天不应，娘亲喊地地不灵；阎王面前隔张纸，地狱之间隔扇门。”“一日吃娘三次奶，三日吃娘九合浆；点点吃娘心头血，有（未）曾年老面皮黄。”歌词情真意切，哀婉凄楚，令人潸然泪下。

做这种道场在乡下也是一件极其隆重的事情。师公进入主人家中先要在堂屋正中设一灵堂，用红纸将要超度的人的姓名、生卒年月及后人名字做一灵位，置于一个法碗之中，旁边的容器中装满米茶等，神龛上点燃一对大红蜡烛，灵堂前点着线香，不时烧些纸钱，师公端坐在一侧，不时敲响法器，嘴中念着人们听不清的经文，不时会让孝子们行三跪九拜之礼。

念血盆经的最后一个仪式是，师公让主家请木匠打制一个圆形的木盆，置于法堂之中，里面用碗盛着红色的用鸡血和糖搅拌成的血水，命孝子喝完，然后用一把刀斩在木盆边缘之上，师公大喝一声：起了！仪式便告结束。

这个木盆是要被后人长久保存的，据说放在家中，有镇宅辟邪的作用。

应该指出的是，念血盆经带有浓厚的迷信色彩，它是在农耕文化下产生的一种特殊行为，仅仅只是表达子女们对母亲的一种良好的愿望。新中国成立后，这种活动已渐渐被取缔。

发蒙读书

在旧时，若孩子过了6周岁，到了启蒙的年龄，就应该入学读书，这叫入泮，也叫发蒙。发蒙入学的仪式在清末、民国时最为盛行。

入学发蒙中最忙碌的自然是父母，必不可少的环节是张罗入学酒席，以招待老师及亲友。大抵有以下几个规则：

设宴师酒。与近现代开始的秋季入学不同，过去私塾一般在农历二月十五日入馆授课。在这之前的一两天，要由学生家长集资置办一桌酒席，请教书先生坐首席，各位学童家长作陪，有时候还要请当地名望较高的长辈和儒生，俗称吃“花朝酒”。在招待老师、亲人的酒宴上，必须有一碗鲤鱼，寓意学子考中，鲤鱼跃龙门。过去私塾请老师，是一村或者一族自己的行为，因此酒后还需议定“红仁钱”，也就是老师的工资；还要商定好轮流供老师每天的派送饭菜，过去有诗曰，“盘中何所有，苜蓿长阑干”，即叹教师待遇不高。

讨好彩头。小孩要上学，各种讨彩头的吉利活动自然不可或缺。如父母亲要给子女煮聪明蛋。所谓聪明蛋，其实就是蛋壳被红纸染成喜庆的红色。更讲究的家庭，还要做葱花鸡蛋羹，因为有葱才叫“聪明蛋”。但不论哪种，蛋都要取双数，才吉利。有的家长会煮加葱面条一碗，让小孩站在楼梯上吃，每吃几口上一级楼梯，到楼顶时吃完，意为聪明好学、步步高升。

接收礼物。小孩的入学发蒙对于一个家庭是一件大事，亲戚也少不了要送人情。这一天要送的礼物，一般为书包、雨鞋、伞、布料、糕点和若干文具，大多都是比较实用的物件，也有深刻含义，如布料、糕点也谐音步步高升；送伞是因为繁体“伞”字写作“傘”，人字头下面四个小人，过去人们认为这寓意五子登科，而且以前雨伞的伞骨大多采用竹篾支撑，而竹子一贯蕴含有节节高升之意。

背着上学。在传统习俗中，但凡操办重要事情，往往都要选择良辰吉日，小孩发蒙上学同样如此。过去，小孩发蒙去学校这天要挑好“吉日”的同时，还得趁着凌晨其他人没有出门的时候上路，路上小孩脚不着地，全程由亲人背着直到学校。个中的讲究是因为害怕小孩去上学开蒙的第一天路上，会踩到牛脚印，迷信认为，这会让小孩和牛一样愚笨，学习不会上进。在去学校的一路上，家人还要携带香烛、果品、酒等，出发还要放鞭炮，取驱赶开邪气的意思。

礼拜授名。启蒙这一天父母要给小孩穿上新衣、新鞋、新袜，一身干净整洁。到了私塾或学馆内，先拜孔夫子像，再拜先生。旧时有的家长没有文化，在这一天会拜托先生给学生取个大名。为了欢迎“发蒙”的学子，学堂墙壁上红纸写道：“七岁行童子，当今入学初；要知今古事，须读五车书。”也有富裕的人家比较讲究，这时会在桌脚一边置放一木盆，里面用水养着鲤鱼，另一边系一只白毛雄鸡，白鸡寓意白凤吐文章，这些都是借此寄望小孩日后能够文运亨通。破蒙仪式之前，学堂上点燃红烛，孩子先拜孔夫子，再拜老师；老师教学童《三字经》或《诗经》数句，再把住小孩的手描红写字一张，破蒙仪式就算大致完成了。

新中国成立后，全国实施新学，这些习俗不复存在，私塾学堂也成为历史。

小孩渡关

在衡阳地区，人们对那些无法解释的自然现象，常常用一种迷信的方式去接受，因而形成了在今天看来有些匪夷所思的行为。给小孩渡关，便是其中之一。

过去很长的一段时间内，新生儿的健康成长率很低，衡阳人一度认为，渡关是祈求小孩子平安的一种好方法。他们认为，小孩子每到3、6、9、12岁，都是一个关口，需要请道士或巫师进行渡关。这其实是父母和长辈对下代关爱的一种礼仪风俗，目的是祈求小孩无病无灾，健康聪明。

渡关就是渡过关煞。这里讲的关煞，是指旧时星象家所称的命里注定的灾难。所谓的关，指的是人一出生之后，便因八字而注定可能会遇到槛，煞则往往因时运不济或其他原因才会碰到，一般并称为关煞。而人生最难过的，就是一个又一个各种不同的关煞。

在旧时，孩子出生后剃过满月头，家庭就要请算命先生排八字，看其一生之中会碰上哪些关煞。算命先生一般在排好四柱之后，就为孩子推算四季关、四柱关、夜哭关、百日关、阴锁关、水火关、阎王关、鬼门关等等。家长再根据这些，请师公或道士进行渡关避煞。

小孩子3、6、9岁称渡小关，男女孩都渡，时间在生日前后。渡小关一般由家长完成以下几项规定动作：

一是做百家衣。向左右邻舍收集布角，缝制百家衣，据说可保小孩子身体健康。这是要由家长挨家挨户上门去乞讨的，一般在本村内进行，也有的跑到很远的地方去乞讨，多数人都会慷慨相帮。

二是做长命锁。长命锁，由银匠、铜匠打制，也有从小商品市场或在金（银）店购买，是儿童所佩戴的一种饰品，多为银项链或银项圈下挂缀一锁形银牌。其种类有项圈锁、挂链锁、肚脐锁。因主要寓意是保佑儿童健康成长，所以被称为“长命锁”。由于古代医术不发达，幼儿死亡率很高，父母为了祈求法力无边的神明庇佑子女，常让子女拜神明为干亲，以求他平安长大，因此锁上常常雕有神明的形象或辟邪文字，表示借助神力锁住子女性命，远离病魔。按老规矩，婴儿佩戴的银锁，均要到结婚时才能取下来。在长命锁上，有一块鼓起的空间，附有钥匙可以开锁，那是用来放置护身符的，通常由师公用朱笔写就。长命锁上常镂有“长命富贵”“长命百岁”“玉堂富贵”等吉利语，另一面则雕有“麒麟送子”“五子登科”等图案，或者嵌金镶玉等。

三是讨百家米。要在村里向邻居讨米，意思是小孩子吃过邻里家的饭，便会百病不侵，健康成长；也在寓意是左邻右舍护呵长大的，教育孩子长大了不要忘记邻里，做官发财了要记得还有邻居。

渡关的核心在于由师公或道士举行的仪式上，时间为一天一晚，即法师头天晚上入住主家，次日下午返回。

一般的渡关仪式是这样的：一张八仙桌，祭上三牲，桌上供一碗米，米上放一尊“太上老君菩萨”，也有放“观音”，菩萨牌前供一杯清茶，清茶两边各放一杯黄酒，供三炷香。做法事主要是念咒诵经，在诵经之前，先要由法师说一段开场白，话的内容大致是：奉神设供，祈祥保吉，某某渡关男（女）孩，命有关煞，今求老君或观音保佑，禳关避煞，无病无灾，聪明健康等。渡关的结束仪式是，被渡关的小孩子要走桥（即一块木板），桥搭在堂前地上，放在两条凳子中间，桥上摆放讨来的米一碗，木板左右两边，分别放上两尊土地菩萨公公，祈求土地神保佑。最后由道士或法师祭神、送神。

12岁叫渡大关，一般只渡男孩不渡女孩，偶尔也有女孩渡关的人家。渡大关又称渡童子关。礼仪同渡小关相似，但大多请道士，不同之处在于：祭礼讲究，供桌后边要设“神帐”，供的神不同，专供“司命神位”；搭的桥不同，“桥”搭在两张八仙桌之上。孩子过桥，穿的行头是：身穿百家衣，脚穿旧鞋子，肩背大布包（内放邻居和亲友送的衣服）。道士头戴方巾，身穿黑色道袍，挥着桃木剑、响铃做法，诵道经念请功曹，口中念念有词，大意为启奏瑶池仙界，保佑万民，今某某省某某市某某村某某，在某某地界，某某信士叩请，天地大德沐，日月照临，请天、地、阴、阳四菩萨庇佑。渡关当日男孩儿要理光头。

分菜与打包

现在的人们在一起聚餐，采取分餐制和吃不了兜着走的打包方式，被认为是向西方学习后的文明行为。其实，大家或许并不知道，这种做法在衡阳已经实施几千年了。这不是调侃，衡阳人在参加大型酒宴的时候，历来都是分餐而食、剩余的带走的方式。

衡阳在宴请宾客时，一般 8 个人围坐在一起，因此，摆酒的桌子又叫八仙桌。全场酒宴共 10 道菜，衡阳人称之为呷十架碗。分菜而食的习惯不知源于哪个朝代，但有一点是可以肯定的，这样做绝不是为了防止相互之间传染疾病。以我的小人之心猜测，在那个物资匮乏的年代，有一次这样丰盛的酒宴，是大家求之不得的事情，为了防止在吃菜时的不公平，才出此计策，却与今天的文明标准不谋而合。

担任分菜的主角是女客，极少见过有男客担当此任的。因而在衡阳乡下又流传一首打油诗，嘲笑那些女客：

请客莫请女子客，来了十个当一百。
行在路上打哈哈，坐在凳子嘴不歇。
主人刚刚喊坐席，她在四处找荷叶。

这虽然是首打油诗，却也生动地描绘了当时农村人们赴酒席的一个片段，她们找荷叶，就是为了将那些吃不完的菜打包带回家的。

在衡阳乡下吃酒宴，入座后，通常会由大家公推一人作为席长，她的职责就是将每一道菜均匀分拨到 8 个人的菜碗中。每个人只能吃自己面前得到的东西，不能擅自去菜碗中拣菜。但有两道菜可以例外，一是一碗叫烟笋的菜，以及最后一道带有鱼丸子的汤。前者是因为那道菜好下饭，后者则是一碗汤里的丸子人均一个，谁也不敢多占。由于席长分菜辛苦，因此有一个不成文的奖励规则：分鱼时，她可以夹下那个鱼头归自己。其他的菜则是平分。因此，从某种程度上来说，席长应该是大家信得过的人。

倘若一桌菜很丰盛，单凭一个人的胃，是无法消耗掉分给自己的那份食物的，旧时没有适合的容器，要将这些食物带走，最好的选择是找几片干净荷叶，卷起来就方便带走了。因此，旧时在乡下入席，几乎人手带着两张干荷叶。这种方法的好处就是，再丰盛的酒宴，绝不会有半点浪费，而那些没有参加的人，也可伴享口福。

衡阳乡下摆酒席，现在还有收菜打包的习惯，但不需要选人分菜和再去寻找荷叶，荷叶已为塑料袋取代。其实，无论从环保还是卫生的角度看，荷叶包菜都是最好的选择。

喊 魂

农耕社会，人们对自然界发生的许多事物无法解释清楚时，就会用许多在今天看来不可思议的方式去对待它，喊魂就是其中之一。

过去在农村，当孩子受到惊吓后出现坐立不宁、食欲不振或夜间啼哭不止等症状时，家长们便会用一种喊魂的原始方法来进行治疗。因为他们认为，人是有三魂七魄的，孩子这些状况的出现，就是在外面丢了魂，是魂不守舍的具体表现，必须通过呼喊，使其归位。

喊魂的时间一般选择在晚饭后，入寝之前。民间认为，一个离了体的灵魂在四处游荡，只有到了天黑时才能听到亲人的呼唤。喊魂的地方有两个选择，倘若孩子受惊吓的地方比较近，就站在门口禾坪的入口处，据说这个地方的呼唤声可传千里之外；倘若地方较远或者根本不知道在什么地方受到惊吓，则要搬来一个长梯子，搭在前屋檐上，人要站在梯子上，让身子高过屋檐，据说这个地方的呼唤声可达万里之遥。

喊魂时，由母亲站在门外，手执一个艾蒿扎成的火把，用高腔拖着长长的声音，喊着孩子的小名，例如："狗乃崽，你回来了吗？"室内一般由孩子的父亲或者爷爷奶奶等长辈进行应答："回来了！"如此这般，反复三五次。然后，母亲扬着火把，一路往回走，一边口中轻轻念叨："狗乃崽，跟我回去哦。"注意不能回头看，一路念到孩子的身边，在他的头顶上哈一口气，整个过程结束，须要持续三个晚上。

其实，这种做法毫无科学依据。但多年以来，人们却乐此不疲。所谓的喊魂，只不过是在心理上给大人造成一种暗示，觉得孩子的魂已经回来了，就不需要太担忧，就会对孩子的哭闹显得更加宽容一些。精心照料几天之后，孩子恢复，那么就觉得喊魂有效果了。

其实，除了对大人可以起到一种心理安慰作用，对小孩来说也是如此。有些孩子可能因为其他原因哭闹不安，但看到大人在自己面前做这一切，往往会感到稀奇有趣，在做的过程中被吸引注意力。稍微大一点的孩童，对于这样方法"治疗"也会很配合，好得自然就快了。

呷 酒

呷酒是衡阳方言，不能单从字义上去理解为仅指喝酒。衡阳人把赴宴叫呷酒，也叫吃东道或吃酒席，因此，在与人谈到有饭局时，常常说到某某地方去呷酒，如果是白喜事，又叫呷豆腐饭。

无论你是赴何种宴席，在衡阳选准自己的座位是非常重要的。在乡下，设宴招待客人时，摆席与坐席都有许多讲究。

从摆席上看，不管主家房屋朝向如何，均以堂屋神龛为准。所摆方桌的桌面木缝要和神龛成直线，即横放在神龛之前。摆一席要放在堂屋的中间，两席则东、西并排平放，三席成上一下二的品字形，四席成两个吕字形。如果堂屋小了不够用，也可在其他房间开席。

最尊贵的客人一定要坐在堂屋正中紧靠神龛的席上，俗称“坐上席”。上席也有主次之分：左上席为首上席，右上方次之；两边为陪席，亦为左大右小；靠门一席为下席，一般为主人自坐。

有时候，由于主家堂屋逼仄，桌数多了，上席的位子反而显得格外挤，但多数人入席之前会主动招呼那些辈分较大、职位较高或者名气较响的人去坐上席的位置，有时免不了要谦让一番，但最后终究会被大家公推一人上坐。有时也会闹出笑话。一次乡下有人请客，恰巧有两位城里来的年轻人，看到上席大家都不坐，以为是嫌那里不好坐，便自告奋勇地坐上去，自己以为是把方便让给了别人，结果弄得满堂大笑，他们也一脸茫然。当然，不知者无罪，他们弄清原因后立即退出。

衡阳乡下酒宴还有许多潜规则。入席时，一方面有人招呼，另一方面会放鞭炮告示，以便那些看不到现场的人闻声赶来。衡阳的酒宴一般为十大碗，民间普遍有丸到酒止的宴宾习惯。凡正式酒宴，最后一道菜必上鱼丸子汤，以“鱼”“余”谐音，象征生活富足、有吃有余。上鱼丸子汤后，宴客即停止饮酒，开始用饭，酒席即将结束。

给亡人置灵牌（点主）

我将这个标题写得稍微长一点，并在括号内用衡阳方言标明，是为了让衡阳以外的读者能够知道它的含义。点主是衡阳方言，意思是为逝去的长辈立一块灵牌，以便在家中随时可祭奠。

在衡阳的习俗中，一个人去世时，一定会要置一个灵牌。这种灵牌有两种形式：一种是一次性的，由礼生用白纸写就，糊成一个套，再套在两支用木棍支撑的架上，摆在灵堂前供祭祀用，待将亡者下葬时，一并烧掉。另一种则是木制的，呈盒子形状，外加一个长方形的外套，抽开后是一块宽三寸长七寸的木牌，其作用与一次性的功能一样，在追悼仪式上供祭祀用。但不同的是，这块灵牌在出殡后，要由孝子捧回来，供于家中的神龛之上，在有关节日期间，后人抽开盒盖，便可在家中祭奠。

要制作一块这样的灵牌，是需要进行一番特定的仪式的。

点主的孝子应在人未死前或者刚咽气时就准备好主盒子，可以到专门的店铺购买，也可请木匠打制。其外盒是一个宽 15 厘米，高 25 厘米，厚 8 厘米左右，竖立的空盒子，正前方有可以抽出或插入的盖子，一般都是用土漆刷好，有些讲究的人家，其外套会被雕刻上多种图案。

点主仪式一般是在出殡前。

仪式开始前，在灵堂正中设一主祭堂，桌上要摆好三牲等几碗菜，筷子 3 双，调羹 3 只，饭 3 碗，酒 3 杯，外设香案 1 个，另加其他祭堂(一个桌子为一个祭堂)。

点主时由礼生按照规定的程序指引孝子们进行一番行礼，大致步骤是：内外肃静，鸣炮，奏乐，主祭者就位（孝子就位），跪（长子要跪在主祭堂桌子的前面，逝者的其他所有后人一字排开跪在长子后面，逝者配偶如健在可跪可坐），三叩首，升（抬头的意思），平升（直着上身跪着），接着礼生引领孝子长子去洗手处净手再回原处跪着，紧接着是上香，再就是长子敬酒、敬饭菜、敬茶等，俯伏（孝子等都得匍匐于地)，主祭者升，平升。

这一系列动作完成之后，点主进入实质性的阶段。这时礼生拿一根穿着红线的针，在蜡烛的火苗上消毒后，在长子的食指指头上刺破出血，然后拿起事先准备好的没有用过的毛笔蘸上长子手指上的血，再将血点在灵牌上事先写好的“王”字上面，这时“王”便成了个“主”字，这就是点主。紧接着礼生把针上的红线系在长子的左手上，代表着逝者后代血脉永连、人丁兴旺等意。

这一动作完成之后，长子俯伏，起乐，合乐直奏，一段时间后，大乐止，小乐长吹（一般是吹笛子)，在笛声中礼生开始读点主文，内容是歌颂逝者功德及安息九泉之类的话，再就祝辞，祝逝者后人兴旺发达等好话，中间还夹杂着唱词。

点主的最后一道程序就是合主，合主是礼生把事先写好的逝者出生、去世的时间，结婚时间、配偶人的姓名，所生儿女的时间、名字等内容的纸张放在主盒里面，以便很久后活着的后人能查阅。文字的用法也有讲究：逝者如果是父亲，主字下面的左边要写上娉字；如果是母亲，在主字下面的右边写上妣字；然后正中间写上逝者的姓名。最后把主盒子盖上。

点主仪式在新中国成立后还流行过一段时间，后来由于破四旧，各家的主盒被集中起来一把火烧掉，加上人们观念的改变，点主已经成了历史。倘若还能在一些地方找到一两个主盒，那当属稀有了。

小儿积食

这个标题估计大家都能看懂，但用衡阳方言读出来，恐怕就只有当地人自己知道了。尤其是衡阳人对治疗小儿疳积的叫法，我实在找不到合适的字来表述，而当地的读音叫缚家。我所知道的有三种原始的做法。

小儿疳积在农村是一种常见病，发病的症状是形体明显消瘦，面色萎黄，肚腹肿胀，甚至青筋暴露，毛发稀疏打结，精神烦躁，夜卧不宁，或见吮指磨牙，动作异常，食欲不振或善食易饥，或嗜食异物，舌淡苔腻，脉沉细而滑。

当年农村由于缺医少药，加之营养不足，几乎家家都有小儿得这种病，因此，家长每每遇到这种情况，便会依据当地传统的土办法给孩子进行治疗。

其一是请师公治疗。在许多农村人看来，小儿疳积，是碰上了邪症，身上附有不正当的邪气，必须给小儿升阳扶正固本，而从事这个职业的人是师公。师公这一职业可能是衡阳地区特有，属于神职人员的一种。他既不属佛教，也不属道教，他们是生活在大众里面的一员，平时住在家中，娶妻生子种地，一旦有人相求，便出来做事。

师公为小儿治疳积，先要取来一根白麻线和两根黑麻线，然后用饭碗盛半碗清水，端在左手，右手用一根筷子在碗上画圈，口中念叨一番，念完之后，含一口水喷向空中，剩下的水给病孩喝下，再将那些黑白麻线结成一股线，系在小孩的手腕上，整个仪式结束。小孩的父母应该给师公打一个红包，另外送 4 个鸡蛋，以示酬谢。

其二是采用土办法治疗。有的人家里生活困难，拿不出钱和鸡蛋去请师公，就自己治疗。先是找来一件病儿日常穿的贴身内衣，再从山上找来皂角刺（这也是一味中药，可在药店买到），按照病儿的年龄算，每岁 1 颗，即 3 岁的孩子 3 颗，5 岁的 5 颗，以此类推。将这些皂角刺到内衣上，置于一个容器中，倒扣在铁锅里。然后找来稻草，扎成 12

个人形的稻草包，在灶膛里燃烧，每烧一个，呼喊病儿的小名，烧完后，将衣物穿在病儿身上，仪式即成。

也有人前两种都不做，而是请本屋场的有经验的妇人，找来一根缝衣针，在油灯上烧红后抹干净，将病儿的手掌捏住，在中指的第二节关节处，将那根暴露的蓝筋挑破，从里面挤出一些浆状的汁液出来，如此三五次，病便可治愈。只是这种方法有些痛，小孩子不愿配合，常常号啕大哭进行挣扎，需要大人费一番周折。

现在看来，前两种办法带有浓厚的迷信色彩，家长们采取这两种治疗方式，得到的只是心理安慰；而后一种或许就是中国针灸治病的方法之一。

疳积在农村已不再是常见和多发疾病，这三种治疗方法在农村也应当销声匿迹。

收 瘴

所谓收瘴，是指小孩受到突然的惊吓后，魂不附体，由师公来为其驱逐瘴气，收回灵魂。需要请师公收瘴的病孩，通常有以下几个方面的表现：患者面色发白，脉细弦，时时发愣；一惊一乍，胆小如鼠，男右眼窝发青，女左眼窝发青；睡梦中时而惊醒，时而沉睡不醒，梦中惊叫而不知；脉象表现为左右手尺脉濡沉涩；食欲不振，黄皮寡瘦，不愿与人交往。

家长碰到这种情况，自然心急如焚，想尽一切办法为其进行治疗，找师公去收瘴便是一个重要的选择。收瘴一般由父母领着孩子前往师公家中进行，也有少数情况下是在病人家中进行的。

求师公收瘴，家长必须用筒子量一筒米，准备几个鸡蛋，一般为 4 个，多的也有 8 个。师公会先有一个祭祀仪式，点烛上香燃冥纸，让小孩端坐在凳上，师公用手绢包好那一筒米，将一个鸡蛋置于米中，嘴里念念有词：老祖传牌令，金刚两面排。千里拘魂症，快入本性来。

然后将手帕包的米在小孩头上左右旋转，再将小孩的手置于桌上，观看其纹理走向，告诉家长孩子受吓的地方是哪个方向。最后用一个黑色或蓝色的布条，打结装入几粒米和些许盐及茶叶，再在孩子的头上旋转几下，师公大声喊道：七个隆咚八个隆咚，呸！将布袋系在病孩的手腕上，并告知 7 天不能取下，再在头顶哈三口气，程序便告结束。

仪式结束后，家长除了把米和鸡蛋留在师公家里外，还要额外付费，一般三五毛钱不等，听其自便。过去我们在乡下与发小们玩耍，只要看到有人手腕系有小布带的，不用问，他被收过瘴了。需要指出的是，收瘴是一种在漫长的农耕时代才有的现象，仅仅是家长们出于一种良好的愿望而祈求的心理平衡，现在，这种现象早已消失。

新春发笔

正月初一于中国人而言，是一年一度的第一天，因而会用隆重的方式来进行庆祝，以期新年有个良好的开端，文化人在这一天则会比普通人多一种方式：新春发笔。

文化人的新春发笔仪式一般选择在早饭后：洗面净手，点燃堂屋神龛上的那对大红蜡烛，添水研墨，再裁剪一方红纸，饱蘸浓墨，在上面写几个字或作一首诗，大体是新年试笔、吉祥如意之类的内容，并将这张新年写的第一幅字认真地叠好，放进书柜内。

新春文化试笔，在中国有着悠久的传统，并不只是衡阳存在。在古代，元旦，象征一年伊始，万象更新。按照王安石《元日》所描述的，应当放鞭炮，喝屠苏，点灯笼，换桃符，把新年装扮起来。在元旦这一天，作为文人墨客，自然要发挥一下特长，于是，就要写下一些诗词、对联或文章，以纪念这个好日子，文人墨客们叫元旦书红。

人们认为：元旦书红，万事亨通；新正开笔，万事大吉；元旦举笔，百般皆宜。元旦书红起源于写春联、写吉字。按照王安石的《元日》推演，北宋时期人们只是换桃符，还没有写春联的习俗。到南宋时才有了试笔的诗作，这样算来，元旦书红的习俗，大约形成于南宋初期。一开始不过是民间习俗，到了清代，上升到了国家节庆礼仪。一直到新中国成立初期，还有这一习俗。

其实，元旦试笔不仅仅限于写诗，只要是在这一天有感而发，作文、作画、写字等，都可以叫作元旦试笔。

我的外祖父长年开馆授徒，因此每年的正月初一，发笔仪式是家庭的重要仪式。我上小学时，母亲也用这个方式让我虔诚了几年，彼时颇有庄重感。后来因为不用毛笔了，我也渐渐不再感兴趣。

开秧田门

衡阳有句俗话，叫“细伢子盼过年，大人们望莳田”。过年当然是指可以享受美食，盼望莳田又是什么呢？原来，莳田在当地叫开秧田门，于户主而言，是播下希望；于劳工而言，是改善生活和取得报酬的机会。

旧时农村只种一季水稻，一般清明浸种催芽，秧满月后便到了立夏前后，秧田里的秧苗也茁壮生长发育了。这时，田亩多的地主东家，就会请来数十个插田师傅，准备插田。

开秧田门，作为东家一般有这么几项规定的动作：举行一个仪式，准备一碗肉、一个荷叶包、一升米和一把谷。

一个仪式是敬神农菩萨。神农是农耕鼻祖，后代子民们没有忘记他，求他老人家保佑风调雨顺、五谷丰登。一碗肉是餐桌上那碗主菜，用来款待插田师傅的。这一天东家会把熏干的腊肉取下数块，切成大片，做成一大碗肉，再加上别的荤菜，让插田师傅美美地吃上一餐。因为东家明白插田是很辛苦的农活，而且季节性强，一旦打开了秧田门，就要赶季节，不能停工，俗话说“插田嫁女，不避风雨”，用好酒好肉招待做辛苦工的插田师傅是应该的。一个荷叶包和一升米是打发插田师傅带回家去给家眷吃的。荷叶包其实是一块用荷叶包着的肉，外加两个咸鸭蛋，肉有巴掌大小，至于轻重厚薄就要看东家慷慨与否。但无论东家是大方人还是吝啬鬼，送给插田师傅的荷叶包和米是少不得的。少了，插田师傅会不高兴，他们可以磨洋工不出力，让你东家的秧苗赶不上季节；也可能起心下咒，让你的稻苗不好好结谷。荷叶包最明显的寓意是“吃不完兜着走”，东家是在为自己今年的收成取个好彩头，也让做苦工的农民兄弟都得了实惠，皆大欢喜。一把谷是用来讨口彩的。据传说，有东家请插田师傅开秧田门，煮的是熟米饭，师傅在吃饭的时候无意间说了一句：“这饭好吃，冇得一粒谷。”东家听了很不高兴，插田就是为了多收获谷子，怎么能冇得谷呢？口彩不好。于是在第二年开秧田门的时候，他就在做饭的米里有意掺了一小把谷进去，师傅们在吃饭的时候惊讶道：“噢呀，好多谷啊。”口风好，东家听了当然很高兴。此后在开秧田门的第一餐饭里，东家会故意多放几粒谷进去，以博得师傅们的一句好口风。开秧田门时，天不亮就要到田里拔秧，去时提一只灯笼，插在秧田里。灯笼要一直点着，即使天亮也不熄灭，既照田秧，又表示红红火火。这时，主人带家人及帮工来到秧田地块，在拔秧前用少许食盐和少许大米拌和起来撒在秧田的四角，有的人还会点上三炷香插在秧田边上，祈求土地爷保佑风调雨顺。开秧门撒盐米，主要起辟邪作用，是民间一种传统习俗。据说，“撒盐米”习俗始于明代，传说是从祭土地演变而来。祭土地神，是因为土地能长五谷。撒盐和米，是因为盐是五味之尊，米是五谷之精，寓意五谷丰登、粮食丰收。

拔秧时右脚先下田，左手先拔秧，在拔第一把秧前，要先用一把系秧的稻秆把秧上露水先掸掉，再抓几片秧叶放在手背上搓，然后再拔秧。据说这样再去拔秧，双手不会被秧风打了。被秧风打指的是手背红肿起来。事实上，因拔秧而水肿的人不多。按现代科学来讲，双手会发生水肿的人属露水过敏，因为秧叶边缘呈锯齿状，接触多了，手背皮肤因秧叶摩擦会受微伤，沾上秧叶面上的露水后就会引起水肿，而且民间流传认为，早上植物叶面的露水是有毒的。

旧时衡阳请人插田，一般有二三人，多时十来人，这些帮工会挑选一人为头，带领大家拔秧与插秧。插秧时，为主的那个为了显示自己的技术，会率先在田中间插四行笔直的禾苗，衡阳人叫打梁，其余的人就在梁的两边插田。等到田插完了，有多余的秧苗要免费送给烂种缺秧的人家。然后再放一挂千编爆竹关秧田门。完工这餐饭很丰盛，但是不吃鸡肉，忌讳“饥”，而且讲究全部吃干净，说这样田里才不会长稗子。

晚饭后，帮工们带着荷叶包的肉和盐鸭蛋，揣着一升米，酒足饭饱之后回到各自的家中。

呷祭祀

中国是一个有着几千年农耕文化的国度，在漫长的历史演进中，以姓氏宗族为主的祠堂文化，占有着极其重要的地位，其中，呷祭祀活动更是令族人神往。

呷祭祀的地方一般选择在祠堂。祠堂除了用来供奉和祭祀祖先，还具有多种用处。祠堂也是族长行使族权的地方，凡族人违反族规，则在这里被教育和受到处理，乃至被驱逐出宗祠，所以它也可以说是封建道德的法庭；祠堂也可以作为家族的社交场所；有的宗祠附设学校，族人子弟就在这里上学。正因为这样，祠堂建筑一般都比民宅规模大、质量好。越有权势和财势的家族，祠堂往往越讲究，高大的厅堂、精致的雕饰、上等的用材，成为这个家族光宗耀祖的一种象征。祠堂多数都有堂号，堂号由族人或外姓书法高手所书，制成金字匾高挂于正厅，旁边另挂有姓氏渊源、族人荣耀、妇女贞洁等匾额，讲究的还配有对联。如果是皇帝御封，可制“直笃牌匾”。祠堂内的匾额之规格和数量都是族人显耀的资本。有的祠堂前置有旗杆石，表明族人得过功名。一般来说，祠堂一姓一祠，旧时族规甚严，别说是外姓，就是族内妇女或未成年儿童，平时也不许擅自入内，否则要受重罚。

呷祭祀是衡阳的地方叫法。所谓呷祭祀，就是某一宗族通过讨论，定下的一个约定，即每年在一个规定的时间里，在祠堂或祖堂举行祭祖仪式，并在其间大摆宴席，同宗的所有男性成员不分老幼尊卑，均可入席享用大餐。

同其他地方一样，呷祭祀是男人们每年最期待的事情。衡阳人呷祭祀分为两种情况：一是宗亲集中居住，路途不太遥远的，集中在祠堂内进行；二是宗亲体系庞大，且又散居在不同的地方的，一般选择在各个支系的祖堂中进行。

呷祭祀完全是一种福利，因为在旧时，一般的祠堂或祖堂都有公田土和公山，其盈利主要用来奖励族内的优秀学子以及每年祭祀活动的开销。旧社会修族谱只修男丁，这种呷祭祀也将女性排除在外。

祭祀的时间和频率由各宗族自行约定，多数的频率是每年一次，时间多选择在农历十月或冬至日，也有选择在正月的。

祭祖仪式由族内最有权威的长老主持。首先由童男送上净水净巾，祭祖人员入场前必须将手脸洗干净，以示对祖先的敬重。其次是在祖先神位前亮烛上香，同时鸣锣击鼓，全体祭祖人员向列祖列宗行大礼三鞠躬。礼毕便是进馔，向祖先神位敬三牲猪头（中间）、全鸡（左边）、全鱼（右边），并供上水果鲜花后再次鸣锣击鼓。接着是读祭文，向后辈介绍祖先的恩德及创业史，最后再次向祖先行大礼三鞠躬。整个过程隆重而又庄严肃穆。

在呷祭祀的过程中，是一视同仁的，按照辈分安排坐席。即便是贩夫走卒，如果辈分较高，也会坐在上席；有些人虽身居高位，如辈分较低，也只能忝陪末座。如果小辈在一年中做了坏事，可在吃饭的时候进行惩戒，或拷打屁股，或跪坐长辈牌位前，严重的则被赶出祠堂。所以，在某种程度上来说，呷祭祀既是同宗之间的团聚，也是一个接受教育，树立人心向善的机会。

近年来，兴建祠堂的风气有所回暖，祭祀活动也十分频繁，但其形式和格局也随着时代的变化，注入了新的内容。

扯　痧

过去在衡阳农村，你会发现一种奇怪的现象，在一些人的脖颈上、鼻梁上、太阳穴两侧及胸部和后背，有一条条蚯蚓似的淤血斑痕，但凡是地道的当地人，不用问便知道这个人一定病了，刚刚扯过痧。

扯痧疗法在衡阳民间流传久远，每当有人感受暑湿引起的痧症等不适，会请人用手指将患者的皮肤反复捏扯，直至局部出现淤血为止。扯痧方法简便，容易掌握，容易施用，效果较好。

扯痧是在患者的一定部位或穴位上，用手指扯起皮肤，以达到治疗疾病的方法，故称之为扯痧疗法。部位主要选择腹部，颈肩部，背部及胸部等。

治疗者用拇指指腹和食指第二指节蘸水后，扯起一部分皮肤及皮下组织，并向一侧拧扯，然后急速放开还原；也可用拇、食、中三指指腹夹扯皮肤，依上述手法连续地向一定的方向拧扯，重复数次，以所扯皮肤处发红为止。

扯痧无需什么排场，随时随地可以开工。倒上半瓷碗温开水，放少许盐，备作润滑，即可动手。不同症候，扯痧的部位有所不同。受寒发热，周身酸胀，由他人帮着扯脖颈，最多可以竖着扯上七八条。胸背胀痛，颈部僵硬，要请指力好的人揪扯肩背、胸廓等部位。伤风头疼，耳额痹痛，通常自扯鼻梁纹或两侧鱼尾纹位置。偶有关节疼痛者，在肘弯、膝弯处留下痧印。

在乡下任何一个大人都可以扯痧，但凡有个头痛脑热，怄气不思饮食，随便找一个人便可操作，其穴位也没有什么讲究，只要揪出淤血即可。有经验的扯痧者，通常是拜过师傅的，他们能针对发病的轻重，是初次扯还是常扯，综合地选择身体各个部位扯痧。通常在颈部两侧和后颈部扯，留下的痕迹手指般粗细，长短一致，排列非常有序，十分好看。如果痧重，那背上和前胸还分别直线、斜线排列扯上十条八条。如果头疼，再在眉心、两太阳穴各扯上一小条，有时还需扯背。受过训练的扯痧人的扯痧技术水平高，穴位找得准，下手也较狠，扯出的痧一般都是黑紫色。

衡阳民间还有一种刮痧治疗的方法，用于热寒严重、头痛发烧的人。其具体操作的过程是：将新鲜的鸡蛋清放在小碗或盅子里面，用清白手帕或干净布包住碗口，用碗口在患者背部从上向下刮，刮到皮肤现大片红紫色。但不能横向和从下向上刮。刮后病人马上全身轻松。也有用茶油盛在碗内，再用调羹沾了去刮的。不管是扯痧还是刮痧，凡扯刮很久现红色稍带紫，寒气较轻；如一刮扯马上现红紫甚至带乌色，几天不退色，说明体内寒气很重，单靠这种办法解决不了问题，还要就医吃药。

扯痧是在缺医少药的农耕时代人们总结出来的一种简易救治方式，从中医的角度来看，还是有一定的道理的。中医的人体学就是一部经络学，通则不痛，痛则不通，人生病了，就是要让淤血从皮肤渗出，使经络疏通，扯痧或许就是印证了这一点。

现在，医疗卫生条件已经大大改善，估计没有几个人愿意用扯痧的方式来治病了。

夜啼帖

50 岁以上的衡阳人，或许还会记得当年在街头巷尾、电线杆上的一道特殊的风景：有人在上面贴上了写着几句话的纸，吸引着孩子们上前观看，有时还会大声朗读。

这张巴掌大的小纸片，既不是当今人们看到的广告，也不是寻人启事，当然更不是招徕顾客的讯息，而是一种治疗小儿夜哭症的口令，上面写着："天皇皇，地皇皇，我家有个夜哭郎，过路君子念一遍，一觉睡到大天光。"

写这种纸片的人，是家中有小孩夜间啼哭不止，又找不到对症施治的药物，便采用这种迷信的方式，在纸上写着上述几句话，半夜三更时分路上没有人的时候，悄悄地将这些纸条贴在行人经过的墙上、电线杆上或树干上，越醒目越好。传统观点认为，念的人越多，病孩好得越快。

这一做法，据说源于一个古老的传说：当年周文王刚出生时，夜夜啼哭至天明，宫中太医师刀令牌耍尽，仍无良效。周文王的父亲只好写出王榜，张贴京城四门，广寻天下良医。一天，一位道人走到王榜前，他没有揭下王榜，却用笔在王榜下面批写道：你莫哭，你莫闹，你的身世我知道。自有老翁辅佐你，八百年江山任你笑。道人写罢，一挥拂尘，转身消失在人群中。守护王榜的武士将此事禀告周文王的父亲季历。季历令武士将道士批写的王榜揭到龙案上，命大臣朗读道士批写的文稿，刚读一遍，就有内侍女官上报："陛下，小太子他不哭了，他还咧着小嘴笑了呢……"季历一听乐了，令将王榜上道士所批写的文字照写数百张，广贴京城各街巷墙上，让老百姓都来念。此后这一方法便流传到了民间，只是换了四句更简便的话。

人们之所以选择用这种方式来治疗小儿夜哭，是用传统的观念在思考问题，以为是小孩撞了邪，靠众人念咒语可以冲刷邪气。其实，这种做法毫无科学依据。根据中医理论，新生儿晚上哭闹的原因有很多，比如虚寒、蕴热、惊恐、饥饿、尿湿等。身体虚弱受寒引起腹痛，宝宝便会夜间哭泣，身体消瘦、食欲不振，排出水样粪便，头发稀疏干枯等；因受热过度，致使神经系统兴奋性较高，因而容易精神不宁，烦躁不安，表现为眼半睁着，手心、足心有热感，晚间哭闹有力，舌尖红、指纹紫等；出生后受到惊吓，夜晚稍有异常声响就会导致宝宝惊恐害怕。只要找准症结所在，治疗的方法很多。

在农耕文化时代缺医少药，加之对外部世界认知能力有限的情况下，人们选择夜啼帖，只能是一种精神上的安慰，对于病情毫无帮助。幸运的是，现今的人们再也不会相信它，这种夜啼帖也就销声匿迹了。

集市杆秤员

衡阳乡村与其他地方一样，错落有致地分布着一些大大小小的集市，方便农民就近将自己的产品换成自己所需要的物品，这里也是大家互相交流信息、娱乐的场所。

这些集市是在漫长的历史演进中逐渐形成的，其间隔距离和集市的开市时间，也大致合理有序。例如我老家所在的演陂桥，按照等距的原则，在周边10公里的范围内，分别设有库宗桥、洪罗庙和关帝庙等3座集市，其开市的时间也按照三六九、二五八或一四七错开，这样，在这个区间的农民，可以根据自己的需要赶集。

过去人们交易农产品，称重主要依仗杆秤来完成，一般的小宗产品重量轻，又可拆开称重，农户用随身携带的手秤便可完成。但碰上一些体积较大，且重量也重又不能分拆的产品，其交易的过程则有些不便。于是，在集市上产生了一种特殊的职业：杆秤称重员。

这种称重员，专为买卖双方提供称重服务，其杆秤也特别大，是那种专门针对大型物件称重而订制的，杆长在1.5米左右，秤钩处的金属结构特别结实，三五百斤的物体都可称量。

称重员一般设在一个固定的地方，等待顾客的到来。多数时候是设在买生猪的专门档口，因为猪不仅体重大，而且鲜活乱动，还需要有专用的笼子装着，称重员这里能够处理。称重员要求具有良好的职业操守，得到买卖双方绝对信赖，保证公平交易。一般情况下，一个集市只有一名这样的从业者。称重员并不是现今的社会志愿者，而是有偿服务，每帮助双方完成一笔交易，便可得到按交易额度比例计算的手续费，积少成多，一个集市日下来，足够供一家人的日常生活开销。

新屋上梁

在衡阳农村，被认为一生中的三件大事是砌屋、结婚和送老归山。之所以把这三件事作为大事，是因为这几件事都与人类繁衍有关。

对于一个家庭来说，盖房子算是一生中最大的事情。古话说“砌屋钉船，昼夜不眠”，指的是人们对这件事的操心程度，而其中上梁则是其中最关键的一步。

所谓上梁，就是安置屋顶正中的那根长木，也就是安装在建筑物上最高处的一根中梁。这其中除了对作为建筑结构使用上的重要位置的重视外，同时兼顾有无形的宗教层面的意义。据史料记载，建房上梁举行仪式始于魏晋时期，到明清时期已普及全国各地。

建房礼仪实际上是一种求吉礼仪，人们举行这些礼仪的目的是祈求房屋永固、富贵长久、子孙满堂。按照民间建房的程序，建房礼仪大致上可分为选址、立中柱、上梁、立门、竣工等几项，其中，上梁被人们视为建房过程中最重要的仪式。

梁是建筑中架在立柱上面的横跨构件，承受着上部构件与屋面的所有重量，是上架木构件中最重要的部分。中国传统建筑中的梁可分为三架梁、五架梁、七架梁、九架梁、单步梁、双步梁、骑门梁、月梁、抱头梁、太平梁等几十种，其中最常见的是五架梁、七架梁和九架梁。民间认为，上梁是否顺利，不仅关系到房屋的结构是否牢固，还关系到居住者今后是否兴旺发达。过去农村有句俗语：“房顶有梁，家中有粮；房顶无梁，六畜不旺。”可见梁在老百姓心目中的重要性，所以每逢上梁都格外看重。

上梁要选日子和时辰。为图个吉利，一般都选在农历含六、九的日子，时辰在接近中午时分。因为房梁都是在地上提前做好的，在没有起重设备的过去，想把一根几百斤重的木头徒手送到三四米的高度，是件既困难又危险的事情。选日子和时辰，是为了保证人身安全和工作顺利进行。

正式上梁以前，房主要进行祭祀。首先在房梁和门窗上贴上用红纸写的对联，房梁上一般贴的是“青龙扶玉柱，白虎架金梁”，横批为“上梁大吉”。然后在正门前设立香案，摆上果品，房主毕恭毕敬地燃香、叩拜，燃放鞭炮。然后，上梁才正式进行。

砌屋在农村是百年大计，为了纪念，钉在房屋正中后方的那根椽子是特制的。木匠用刨子将圆椽子的一侧刮平，房主请人用毛笔写上建房日期、房主的名字，有些讲究的人家，会在木料上挖一个槽，里面填进盐茶米谷，或塞进几块银元。

整个上梁分为出梁、拜梁、上梁这几个步骤。出梁时从风水先生算出的吉利的位置出发，并在路程中放鞭炮以示庆贺；拜梁，由家族族长或者同村的德高望重者主持仪式，根据家庭在族中的位置依次拜梁，主持仪式者这时就将酒倒入梁槽中，并取公鸡的头血滴进梁槽，预示着天长地久；上梁也被人们称为“升梁”，是因为上梁时需要上面的人从上面抛下来四根结实的红绸料，再由下面的人分在梁的两端，按头梁上去后二梁上的顺序上梁。

上梁时，木匠师傅站在梁的大头，砌匠师傅站在梁的小头，当众人将那根梁稳稳当当地放置于屋顶垛子上时，主人要燃放鞭炮，木匠和砌匠都要发言，大体是一些祝福的好话，一般为四六句型，例如：手拿发锤四角方，鲁班许我上正梁；亲朋赶来齐庆贺，喜盈满堂儿孙旺。

至此，上梁仪式结束，主人家会给木匠和砌匠师傅一个红包，以示感谢。然后，摆酒席大宴前来道贺的宾朋，木匠与砌匠会安排在主要位置入座。

下屋脚

对于生活在农村的人们来说，砌屋是一生中最大的事情之一，而下屋脚则是这件大事中最基础的一个环节，因而仪式感特别强。

下屋脚虽然是衡阳土话，但从字面上也大体可以明白个中内涵。所谓下屋脚，就是打墙基。衡阳农村多为土砖屋，为了让土砖墙更加结实，必须在地上按照房屋的墙体框架挖出壕沟，在里面填进石料，以方便泥工砌墙。

下屋脚是石匠的活计，主人家在看好宅基朝向，并用线条勾勒出房屋的基本框架后，便会请来石匠下屋脚。

下屋脚当然要选择黄道吉日。在动土之前，先要在堂屋所在位置实施祭拜仪式，在一张供桌上摆上三牲，筛上净酒三杯，点燃香烛，燃烧纸钱和鞭炮，以示恭敬。石匠在此时要念下石口诀：“建房石匠先行官，吉日来把墙脚安。玉石打底金盖面，不中文官中武官。”同时还要说一段请神的话：伏维日吉时良，天地开张，立地焚香。香烟上升，直达天庭。虔心拜请神佛降临。今有××省××县（市）××镇（乡）××街（村）××路××巷××号信士，为建居安身，特请弟子选立山向分金，订于××年××月××日时动土，谨具时馐香帛，恭请历代地理仙师降驾监导，并恭请在天上过往神佛与本地驻在宫庙神佛、龙神、后土、土地阵临护助，保庇千祥云集，百病潜消。

这些话语是学石匠的必修课，他们在拜师时便被告知这些礼节性语言在一些场合会用得上。仪式结束后，石匠会让主人找来一只雄鸡，在现场宰杀，并将鸡血淋在堂屋红线内的四角。衡阳人很看重这种杀鸡的过程，当然这也是检验石匠水平的时候——鸡杀完后，跳得越厉害，被认为越吉祥。

上述所有动作结束后，新屋下脚过程完成，主人家会给石匠一个红包，那只公鸡亦归石匠带回家中享用。

石灰坛子

衡阳人好客，但凡有客人进门，除了筛茶敬烟让座外，一些能干的家庭主妇还会烫上一壶米酒，装上一个团盒供客人享用。

衡阳人吃团盒，是当地一大特色。物资极度匮乏和交通不便的农村，如何保证团盒中能随时装上果品，是一件让人伤脑筋的事情。

存放食品的关键是让食品不受潮、不变质，且便于随时取用，而我们常见的零食类诸如糖果、饼干、瓜子、花生、红薯片等，都极易受潮变质。

通过长期的摸索总结，衡阳人找到了一个土办法，能够长期保存食品：用生石灰垫满半个广口陶瓷坛子，然后将诸如饼干、花生、瓜子之类的食品置于其中，再将坛子口用荷叶及青石板厚厚地压严实，这样，与外界的空气完全隔绝，里面原有的空气中的水分被生石灰吸干，形成一个干燥状态，食品就可以长期保存了。

旧时在衡阳乡下，几乎每家至少有一个石灰坛子用于存放食品，有的殷实些的人家多达四五个，这样，每当家庭中有重要客人到访时，家庭主妇便可装团盒待客。

石灰坛子一般搁在家中的楼上。其中的食物，常常让小孩子们垂涎三尺，他们会趁大人不在场的时候，偷偷掀开石板，用手指将糖封抠开，从中偷一块饼干或一粒糖以解馋。这种事一旦得手，便经不住诱惑，一而再、再而三地重复进行。

石灰坛子里的生石灰，是有使用极限的，当那些块石全部化成粉末状态时，表明石灰的吸潮功能也到了极限，需要将旧石灰全部挖出，重新换一批进来。这些老石灰，家庭主妇们并不会随意扔掉，而是会用一个器具装好，以备将来老人去世时，作为填棺物料。

现在，农村交通已经非常便捷，各种食品随时都可以在商店购买，再也不用这种土办法来保存食品了，农村家中再也不见石灰坛子。

治 屋

标题可能会让诸君费解，因为这既不是衡阳方言又不是书面语句，但我确实想不出一个明白的词汇来解释衡阳这种地方现象。

从字面上看，其实大家多少还是可以琢磨一些个中的含义。治屋在衡阳方言中叫讲屋，是当地极具地方特色的一种现象。所谓治屋，就是房屋主人认为住房有邪气，即凶宅，需要请人驱除邪气，方能放心居住。

农村中被认为是凶宅的现象一般有这样几种：家中出现病人久治不愈；家中产妇生产，多次婴儿不保；家中人连年运气不佳，屡走霉运。出现这几类情况，由于受传统观念的束缚，加之科技普及不够，过去的人们便认为房子中了邪，需要请神职人员前来镇邪。

乡下治屋，多数是请师公来完成，个别地方也有请尼姑或者和尚来实行。治屋的过程倒也简单：师公进门入座后，先在一张方桌上设一祭台，点燃香烛，祭拜祖师，再敲响木鱼诵经，如此这般一番后，再沿着住房四周转圈，口中不断念经。我不是道教徒，不知道师公此刻念的是哪一段经文，但有一点可以肯定，这是借助祖师的神力，将入侵屋内的孽障赶出屋外，然后在住房的四周形成一道屏障，让它们再也无法入内。

在屋外转圈完成之后，师公回到室内，再行诵经，然后用毛笔蘸朱砂写两道符，钉在门框上，再用稻草扎成一个人的形状，绑在一根筷子上，插到主人的床底下，整个仪式便告结束。

治屋仪式结束后，房主会告知原来住在房里的人，最近半个月内不得在外住宿，必须天天住回原处；外面的人，半个月之内则不得进入房内，待期满后，烧掉稻草人，才允许外人进入。

光棍讲理

当今的年轻人，基本上没有人知道衡阳话“光棍”的含义了。

“光棍”是衡阳话中对一种特有职业人的称呼，也叫好佬，是旧时专门从事民间纠纷调解的人，其责任主要是对已经发生的各种争执不下的案子进行裁决，他的话就是最终仲裁结果，当事人双方必须无条件执行，有些类似于今天在各乡政府配备的司法调解员。

光棍在乡下是有等级的，这种级别不是行政上的大小之分，而是取决于他判定和处理纠纷能力的高低。威望最高的在州府之间办案，如我的曾祖父张春霖，其声望远播于衡阳与宝庆府；西渡的张蓝臣，在衡阳县全境首屈一指；我的外祖父肖精益，则闻名于衡阳西乡和邵东的南部。除了上述知名的好佬之外，每个村或一个族的部落，都会有一名从事这种“散闲事”的好佬。

能不能被乡下人认定为光棍，并不决定于他的个人拉票或者是上级政府的一纸文书。光棍是在长期的纠纷调解中，逐渐树立起自己的权威的，其过程有点像中医，由患者口口相传而名气日增。

要成为光棍，也还是要有自身的先决条件的，最基本的是要通文墨，知孔孟之道，一个文盲是无法担当此任的。我的曾祖父张春霖和外祖父肖精益都是清朝时期饱读诗书的秀才，在外专门开馆课徒，亦是桃李满天下的私塾先生。要成为光棍的另一个条件，是必须具备良好的演讲才能，在断案时能够引经据典，面对控辩双方侃侃而谈，把理由讲得严丝合缝，让双方毫无还嘴之力。一个讷于言的人，是不能胜任此项工作的。成为光棍的第三个条件则是个人的人品要好，因为要从两种不同的意见中判定对错，必须要坚持正义和主持公道。一个人品不好的人，难以将一碗水端平，在日后也就不会有自己的市场。能够成为光棍，除了上述三条，还有就是他在当地要有一定的地位或口碑。

光棍讲理，一般由他人邀请前往，多数情况下是代表本家族人去辩理。如两姓氏之间发生矛盾，则各姓派一名光棍进行辩论；如有女士嫁到夫家，被认为受到欺负，光棍代表娘家人前去辩理；如本族内兄弟叔侄妯娌之间发生纠纷，光棍则代表族内权威进行分辩调停。

光棍讲理，并没有法律条例，古时虽有一些朝廷颁制的法律条文，如大清律例，但多数光棍并不知道它的存在，他们讲理的依据是孔孟之道或民间约定成俗的规则，引用最多的话是《增广贤文》，过去人说读了《增广》会讲话，也是源于这个道理。

光棍讲理时是要收费的。有名气的光棍出去讲理，是要坐轿子前往的，他们收的费叫轿夫钱；三流的光棍在本村讲理，不坐轿，收的是草鞋钱。收费标准由主人与光棍默契达成：光棍进屋后，主人会端来一盆洗脸水，上面盖一条毛巾，将铜钱或银元放在水中。光棍洗脸时用手一摸便知多少，倘若觉得开的钱不够，便向主人说，水温不高，麻烦添加热水。主家自然心知肚明，赶紧添加。

光棍被人请去讲理，一般是因为感到那人受到冤屈，帮他去找回公道。如衡阳金兰某张姓人因事借人银元十块，到期还清时，被对方玩了文字游戏，嘱其写下“今已还借×××银元十块”。当事人因不识字，不知就里按下了手印，于是产生纠纷，派人从西渡接来本家光棍张蓝臣，一场辩论之后，对方乖乖撤回诉状。光棍讲理也会做些文字游戏来变被动为主动。如一次有两人发生争吵，光棍作为辩方，理由并不充分，但他抓住对方说的一句自谦之词“本人是初出茅庐”这句话大作文章，告诉他“初出茅庐”是孔明出山后为刘备建的第一功——火烧博望坡大败曹操，后人有诗称赞诸葛亮“博望相持用火攻，指挥如意谈笑中。直须惊破曹公胆，初出茅庐第一功”，并问对方，你是否也想把这里变成博望坡？对方哑口无言，只好告退。

光棍是在漫长的农耕社会中形成的产物，在那种特殊的环境下，对社会的稳定与和谐起到了积极的作用，随着法治社会的建立与健全，光棍的作用已经不再，这一称呼也成了历史的记忆。

安 魈

在科学技术不发达的年代，尤其在那些闭塞的乡村，人们常常把那些无法解释的自然现象用一种迷信的观念去解读，并付诸一些今天看来不可思议的行动，安魈便是其中之一。

过去在衡阳农村，常会听到魈老爷这个名称，魈即山中的妖怪。衡阳人眼中的魈老爷，是各种成精的植物和动物，因此，魈老爷有树魈、蛇魈、狐魈等。

魈老爷在人们的心目中有好有坏，好的魈能够帮助一家人由贫穷走向富裕。据说，演陂桥一户李姓人家开了一家杂货铺，生意初时十分清淡，家境非常困难，后来家中来了一位魈老爷，把别处的糖酒等杂货不断往家中迎送，缸中的酒就像井水，取之不竭，不几年李家就成当地的富豪。有好心的魈，会给家中带来诸多好处，如助人看病、帮人指点迷津等；不好的魅则会吵得家中鸡犬不宁，甚至致人害病。

家中有魈的标志是“魈老爷上朝”，即魈老爷依附在家中一位男人或女人身上，与旁人对话，它会在对话中表明自己的身份，别人在与之交流中亦可打探一些事情。

不管是好魈或是坏魈，来到一户人家，都必须把它安顿好。若是好魈，安顿好后，日后会给家中带来福音；若是坏魈，安顿好后，则可保一家风平浪静。安魈一般由当地的师公完成。有经验的师公在听到主人的陈述后，便知道家中魈的类型，然后作出相应的行动。

所谓安魅，就是让魈在这个家中有个安身的地方。过去在人们的认知中，每家每户都有一个土地菩萨，它是主管一家地盘的管家，所有外来的都必须得到它的认可，乡下有句话叫作“神仙下凡问土地”，亦即这个意思。安魈就是师公与土地菩萨的一次协商，最终让魈在这里得以安身。

魈的安顿位置有两种选择：一种将其安顿在室外，一般会在屋场前后选一棵古树，在树底下设一个位置；另一种将其安顿在室内，一般会选择在堂屋的神龛一侧设一个位置。

师公安魈的过程大体是：进入室内，先向土地行施拜礼，然后念些经文，并口中呼叫魈老爷，请其安心入座；之后，由主人置一瓷器，盛些泥土，用桃符写上魈的名字，插入其中。若是安顿在室外，则由主人手捧瓷器，师公一路念经，将其礼送到目的地；若是在室内安顿，师公会嘱咐主人在墙上用木板搭一个台子，然后将瓷器供奉上去。

随着人们科学知识不断增长，对大自然的各种现象的认识也回归理性，安魈这一行为已经成为历史。

做　酒

外地人听到这个名词可能会产生歧义，以为是酿酒，其实这是衡阳方言中的一种特殊表意，指在一定的场合，主人设宴款待客人，也叫办酒或做东道。

作为一个社会人，一生可能会要参加许多酒席，自己也要设酒席去款待他人。一个再节俭的人，一辈子有两次酒席是必须办的：一是结婚那天，多少总有三五个人到场庆贺；二是奉老归山时，抬灵柩的 16 个人也有两桌饭。

衡阳乡下做酒有很多种类，粗略数起来有三朝酒、姜酒、生日酒、移花酒、结婚酒、圆垛酒、出门酒、春酒、月半酒，还有临时办的酒，林林总总算起来不下 20 种。

酒席在衡阳的方言中有一些别名，如出门酒叫办豆腐饭，这是因为在头天的晚餐中，有一道白豆腐做的菜；月半酒叫呷盅子饭，这是因为七月半时期，家家户户要供祖宗饭菜，俗称供老客，在上供时，盛饭用的是盅子而不是饭碗，故名盅子饭。

衡阳做酒，依据酒席名称不同，其内容有极大的区别，一般只有一个正餐，也有的多达三餐。具体到几个特别的酒席是：

生日酒。衡阳人做生日酒，一律以整岁算，不似长沙按男虚岁女周岁加以区别，其年龄段以十周岁为一个计算段。生日酒一般为两餐，头天晚上称之为暖寿，次日中餐为庆寿宴。

出门酒。衡阳人家中但凡有老人过世，都要办酒，其正餐有两次：头天晚上叫坐夜，要置办饭菜款待前来吊唁的亲友和百客；第二天早上叫出门或发靷，众亲友及百客在用餐后，要送灵柩一道上山。

结婚酒。参加吃结婚酒的百客一般只吃那顿中餐，便可告辞返回，但对于送亲老爷和奶奶来说，则要吃三餐，包括晚餐和次日早餐。

衡阳办酒有一种约定俗成的规则，叫作“生不请，年不辞”。这句话的意思是，当某人准备为自己寿诞办酒庆贺时，亲友及百客是不能去邀请他们前来出席的，由其自愿前往。当然，一旦有这种情况，亲友们自然会前来祝贺，不然便会因此产生隔阂；乡邻等百客们，日常生活在一起，互相知根知底，平时会有热心人去打探消息，甚至会当面询问办不办酒，到了那一天，一般都会每户派一人前来道贺。乡下人讲究礼尚往来，你今天参加了他人的寿宴，也是给自己积攒面子，日后别人也会还之以礼。

其他类型的做酒，一般是要发出邀请的。邀请有两种形式：一是登门相请，一般由主家逐户上门，向对方发出口头邀请，有些讲究的也会发请帖，有的主人确实忙不过来，也可委托他人代为上门发出邀请；另一种形式是用一种告示的方式，向众人发出邀请，如某户新屋圆垛，便会在村里醒目的地方贴一大红纸，上书“本人新屋将于某日落成，略治杯茗以谢乡邻”，大家看到后便会相互转告，届时一起前去道贺。

衡阳乡下做酒，一般在自己家中进行，由厨师专门炒菜，从动议到最后一位客人的离开，是一项繁杂的系统工程，主人累得精疲力尽不说，稍有不慎，还有可能得罪客人。所以《增广贤文》有句“在家不会迎宾客，出外方知少主人”，意在告诉到外做客，要体谅主人的不周之处。

碗筷出租

现在的人们可能难以想象，在当年闭塞的农村，一个人要在家中举办一场酒席，那些碗筷等基本餐具是怎么解决的。

这的确是一个十分现实的问题。一个人一辈子总会要在家中办几次酒席，这是无法回避的，但又不能为了办这些酒席，去市场上购买大量的碗筷积压在自己家中。那样，一是不划算，一辈子可能就使用那么三五次；二是没必要，农村人一般没有多少余钱剩米，把资金押在这里，确实没必要。

当然，酒席不能因为家中没有碗筷就不办。乡下人有两种解决办法：一是向邻居家中借。一场20桌左右的酒宴，平均每桌需8个饭碗，12个菜碗（衡阳酒席上通常为10道菜，有2道菜上面需要1个盖碗），8片调羹，这样近400副餐具，要将周边四五个生产队的人家的全部碗筷收集在一起才够用。这样的好处是可以免费使用，但坏处是酒席上的碗筷参差不齐，日后归还时会还错，有时甚至会闹出矛盾。因此，过去农村家庭买来瓷器餐具后，为防止今后被借后还错，会用铁钻子在碗底标上自己的记号。

二是租。乡下不乏头脑灵活的人，看到了碗筷出租的市场，于是，便着手投资这一领域。他们从市场上购回大量的餐具，向需要举办酒席的人们出租，出租一席碗筷两三块钱，按筷子调羹及饭碗8副、菜碗10个、盖碗2个计，如需加配团盒，则另外计费。这样，办一场20桌酒席的宴会，只需40元左右的租金便可全部搞定。

出租碗筷的主人，一般家境颇为殷实，他们平时有自己的主业，或种地、或经商、或做手艺，碗筷出租只是副业。而且不会大家都去跟风，因而布局相对合理，一般三五个村里才会有一家出租碗筷的人。

为了与其他人的餐具有区别，出租的碗筷上都有自己的标记，我们家附近那家出租碗筷的老板姓戴，他的餐具上便有“贞元”的字号。

出租时，承租人当面清点数量，仔细地检查是否有破损。老板会告诉你每样餐具的价格，若发生破损或丢失，则照价赔偿，也有的老板会允许承租者去买几个同样型号的餐具来顶替。

衡阳碗筷在出租时还有一个有趣的现象：送回去的碗筷，必须附带送一桌全菜，碗不用洗干净即可直接交给他。自然，你借来碗筷后，必会组织人手进行一番清洗，才能使用。我不知道这是不是他们行业中的一种迷信行为，因为行业中有一个潜在的内部信条，如果碗洗干净了送还，今后就没有生意了。或许，在他们看来，这些餐具反正会要进行清洗，这样做可以节省一道工序。

现在，农村还在做酒，但已不需做酒的主人去愁餐具的来源，那些一条龙服务的经营者，只需主人告诉酒席的数量，他们每桌收取 20 元的费用，所有事情便都不用再操心。

烂氹

衡阳以外的人们或许难以理解烂氹的含义，烂氹是衡阳方言，即用茶枯煮熟发酵后，放到河水中，将鱼麻醉后，再一次性捕鱼。

上了年纪的人大都记得，历史上在田野上流淌的各种小河不似现在这样河道笔直，这种现状是在二十世纪六七十年代各地在“农业学大寨”运动中发起的河湾取直填河造田所造成的。过去的河流是上游的河水经过千百年的翻滚冲刷，在两山之间、在田垄之上形成一道弯弯曲曲的自然通道。在河道上，有的是水势跌宕起伏波涛汹涌，有的是水面平静如镜，又有的涟漪微澜。

在一些河荡里，游弋着众多的野生鱼群，这些地方通常水深不见底，用常规的捕鱼器具，如网、罾等均无济于事，人们便想出了用茶枯煮熟发酵后倒进水中，让鱼食用后麻醉翻白眼而浮上水面的办法捕鱼。

烂氹进行的时间一般在夏天，因为彼时天气热，便于人们下水去捞鱼。河道里的野鱼是公共产品，大家都可以去捞，因此，组织烂氹的活动一般十分秘密。

发起人在踩好点以后，先要将茶枯饼用工具碾成粉末，再将其置于铁锅内煮熟，捞出后拌上酿酒的曲子（衡阳叫扁药），让其自然发酵，待茶枯有些微微的酒香后，便可向河里投放。

用这种方法捕鱼，是人们在长期实践中总结出来的。茶枯饼即茶粕，又称茶麸，呈紫褐色颗粒，是野山茶果实榨油后剩下的。茶枯中含有茶皂素。茶皂素是从茶籽中提取的含毒成分，其毒性主要表现在溶血特性及对动物酶系统的抑制上，它的溶血指数高达10万，但高级动物口服并无毒性反应。鱼类的中毒系茶皂素的溶血特性所致，茶皂素破坏了鱼鳃，导致鱼缺氧而死。由此可见主要是茶皂素破坏鱼鳃后导致鱼缺氧而死，不是中毒而死。这样的鱼没有毒，可以放心吃，吃后不会出现中毒的现象。但孕妇最好不要吃这种鱼，以免影响腹中胎儿的正常发育。

前已述及，烂氽是在少数人组织下的秘密活动，目的就是保证不让外人参加捕鱼，因此，时间一般选择在午夜之后，此刻大多数人已经进入梦乡，谁也不会想到河道里即将有一大片鱼会漂浮起来。倘若此时恰好有人路过这里，那算他幸运，他参与捞鱼，烂氽的组织者也不能说半个“不”字。

烂氽人来到河边某片水域后，会将发酵好的茶枯装在一把抄罾里，在水中来回抖动，使茶枯均匀地溶入该片水域中。由于发酵后的茶枯带有香味，附近的鱼都会贪婪地饱食一顿，不消半个钟头，它们就全部都被灌醉，静静地漂浮在水面上。烂氽人只要备好捞鱼的工具，就能在个把时辰内将它们悉数收进事先准备好的容器中，运气好的话，一次捕获量可达几百斤。

待到晨曦，早起的人们发现这里正在烂氽，烂氽人早已挑着胜利的成果返回家中了。周边的人们纷纷操着工具，想捡些剩鱼，但收获不会太大，运气好的或许可以捞点小鱼和虾米。

现在乡下的河荡里很少有鱼，一是因为河道改直后存不住鱼，另一原因则是化学农药的使用，烂氽现象自然不复存在。

走堂师傅

走堂师傅是衡阳人对在做酒席的人家中专门从事一些走脚跑腿干杂活的人的称呼，过去在衡阳农村，但凡年轻的男人，大多都有干过走堂师傅的经历。

在农村，过去要举办一次酒席，对一个家庭而言，无疑是一件天大的事情，除全家动员外，还要请来众多的帮工，这些人被称为走堂师傅。他们协助主人家做好办酒席的各项具体而又细致的工作。走堂师傅一般有一个为主的领班，负责统一指挥与协调，通常有外走堂与内走屋两个大类。

走堂师傅的主要工作内容是：

向外借物。旧时做酒多在自己家中进行，但居家物件平时只够本家使用，一旦宾客云集，其用具必定不够，这时便要从左邻右舍或附近的屋场人家借用，如桌椅板凳碗筷等，就是走堂师傅们挨家挨户收集拢来的。过去一场几十桌的酒宴，常常是这个场周边家庭餐具的集合与展览。

对内帮厨。农村办酒，要将厨师请到家中来掌勺，但厨师通常只是一个人前往，他只负责关键部分的工作，大量的繁杂工作是由走堂师傅来完成的。首先是要打灶。一般情况下，主人原有的两口灶只能做炒菜和蒸饭使用，需要临时用土砖架起两口灶，用以支撑熬汤和下炸的铁锅。其次是洗菜切菜。一次酒席消耗的原材料是很多的，先不说生姜葱蒜及萝卜白菜需要人去清洗，单那酒席上用的几十只活鸡活鱼，从宰杀剖洗到下锅烹饪，其工作量也是可想而知，天气好的时候，可能并不觉得什么，若碰上刮风下雨、天寒地冻的时节，那份差事委实不轻松。再次是摆碗配菜。这道活是精细活，走堂师傅会在厨师的指挥下，在案板上将碗均匀地摆好，然后按照他的指令，一道菜一道菜地往碗里装配，然后再放到笼屉中去上蒸。最后是煮饭。走堂师傅中，煮饭的人看似轻松，其实责任重大，他们一般是将米在水中泡发，然后入甑蒸熟。这个活计诀窍在泡水的时间，太过则饭不成形，太少则易成夹生饭。饭没煮好，会导致客人对主家产生意见。倘若是在结婚酒上出现夹生饭，送亲的老爷奶奶们就会大发雷霆，主家必须站出来放鞭炮、辅礼。

席中服务。走堂师傅最后的任务，是在酒席进行中提供各项服务。为了保障走堂师傅有足够的体力把服务工作做好，在酒席正式开始前，会让他们吃点东西垫饱肚子，衡阳人叫“吃上堂饭”，一般配炒鸡杂及普通的下饭菜，以吃饱为原则。席中服务主要有以下几方面：

扯席，招呼客人上桌入席。扯席又叫摆席，即将每张桌上的碗筷调羹配齐摆好，招呼客人按 8 人一桌入席。

出菜，把十道菜按顺序送上桌。酒席开始后，走堂师傅中会安排两个有经验的人将菜送到每张桌上，这个走堂师傅之所以要选有经验的，是因为出菜时，他要单手托着盛有菜或汤的那个茶盘，盘子有一定的重量，需要一定的膂力，不能出现泼洒的现象。

添饭，让所有宾客在原地即可盛饭。受场地影响，桌与桌之间的间隙较小，行动不太方便，为了避免盛饭时拥挤的现象，走堂师傅会用一个器皿将饭装好，在其间来回走动，给每一个有需要的人随时续饭。

酒席结束后，走堂师傅才能正式吃饭，那一桌菜也与宾客一样，十架碗。不过多数人只是象征性地吃一些，没吃完的平均分配打包带回家。

我在农村只当过一回走堂师傅，有三点感受：一是很累。一场酒席，准备工作繁多，经常这件事尚在进行，另一件事又来了，而且彻夜无眠。第二是必须心细。做酒席时，你代表主人向别人借的物件必须原物奉还，如果张冠李戴便会引起矛盾。第三是态度要好。走堂就是一个临时服务员，难免会碰上一些刁钻的服务对象，必须用耐心和笑脸去面对他们。

所幸，农村做酒现在已经有了从炒菜到餐具等一条龙的全方位服务，走堂师傅已不再存在。

赌　宝

赌宝是衡阳话，是一种由一人坐庄、众人参与的民间娱乐活动，参与双方都带有彩头，大小随意，输赢全靠手气，因此名曰赌宝。

赌宝的游戏规则十分简单，一看就会，没有任何高深的理论，也不需要识字与否，只要认识钱即可，特别适宜乡间那些文化程度不高的人。

其基本规则是，庄家持有一只吃饭的碗和两枚相同的金属硬币，在旧社会，一般为两枚明币或“袁大头”，到新中国成立初期则改为两枚五分钱面值的硬币。开局后，庄家用拇指、食指及中指将硬币在桌面上侧立并高速旋转，当两个硬币同时旋转时，用碗罩住，待硬币自然倒下。

两枚硬币躺在桌面上，其图案的组合只有三种可能：一是两面均是面值的一方朝上，在局内的术语叫“光子”；二是两面的图案全是硬币的背面图案，在局内的术语叫“黑子”；第三则是图案一正一反，在局内的术语叫“麻子”。

通常一局只有一位庄家，其端坐在桌子的正方，其余三方分别指定为光子、黑子和麻子，由参与者在任意一方押钱。揭开碗盖后，未押中的钱由庄家收归自己，押中的则由庄家一比一理赔。例如你在光子方押了 5 毛钱，揭开后与图案相符，则除取回押上的 5 毛钱，另由庄家赔付 5 毛钱。

赌宝场景的出现，在旧时最初的目的纯粹是出于娱乐，带点彩头以刺激人们的参与热情，即所谓小赌怡情。过去多是在乡下有人家里办红白喜事时，人们相聚在一起，于是一人发起吆喝，便可成局；有时在集镇的酒楼或农闲时在家中，也可能设局。在农村，有的发起者为防止局面出现大起大落，还会规定下注的最高额度，例如，最高一次下注不能超过 1 块钱。

设局做庄的人，一般为在当地有些威望，且家景还不错的人，这一方面源于他有号召力，另一方面，也让人放心，因为他有理赔的实力。当然，从概率上讲，庄家赢钱是大概率事件，但也有不少庄家血本无归的。

需要指出的是，这种最初的娱乐活动后来演变成为纯粹的逐利。打牌、赌宝被衡阳人认为是两大陋习，有人长期沉溺其中，便是玩物丧志了。我认识的一位朋友，其老婆辛辛苦苦喂大了 3 头猪，卖得 200 多元现金，被他一夜之间输个精光，老婆闻讯后喝下毒药自尽，他亦从此浪迹天涯。在衡阳，因为赌宝而导致家破人亡的案例不在少数。这也是新中国成立后，政府一度加大力量进行打击的原因。

现在在乡下，人们在劳作之后，在节日期间，在亲友碰面时，仍然会玩些带彩的游戏，例如掐跑胡子、玩“三打哈”等，那种原始的赌宝娱乐，再也无人提及。

邀　席

在衡阳的民俗中，邀席是一种礼节，但凡比较正式的筵席，邀席是一种必需的环节，即在酒过三巡菜上一半时，由礼生或主人对所有参加宴席的宾客行答谢礼。

衡阳人宴请宾客，任何酒席，不管菜的花样如何翻新，始终只有十架菜，而鸡、鱼、肉在民间又叫三牲，这三道菜永远都是保留节目。出鸡和肉的菜，总是在五、六顺序，出鱼则一般在第七道菜，出鱼后，则不允许主人答谢。在衡阳方言中，“出鱼”与“出愚”谐音，就是出丑的意思。因此，衡阳酒席邀席行为，一般在五道菜后的肉与鸡之间选择进行。

衡阳邀席是一种正规的礼仪，旨在通过邀席，向所有前来参席的人致以答谢，感谢大家拨冗前来参加酒宴，恳请各位客人对主人接待不周的地方予以海涵。

邀席之初，主人家必须燃放一挂鞭炮，此时，有经验的人都会知道要邀席了，大家都会自觉地起立，且听主人一番谦恭之词。

邀席的一个主要内容是答谢辞，致辞的人可以是主人本人，也可以是当地德高望重的一位长者，也有可能是当地的行政长官。我在衡阳的酒席上，曾多次代表主人邀席，其根本的原因是大家公认我口才尚可，且能根据不同的场景说不同的语言，把主人的谦恭之意表达清楚。

的确，不同的酒席上的邀席之词是不同的。例如家中是老人过世后的白喜事，邀席人会让孝子们站立旁边，然后对已故之人用极其简洁的语言进行一番追思；若是寿诞之酒，邀席人会对寿星有一番祝福之语，然后让众人向寿星敬酒；倘若是一对新人结婚之酒，邀席人则会介绍男女双方情况，然后邀请众人一起向一对新人敬酒祝福，希望他们能够执子之手白头偕老。

这种邀席致辞，除了中间有些变化外，开头和结尾都是可以说套话的。如开头一般说，今天是一个不同一般的日子，感谢众位亲朋好友、同事、同学与同乡在百忙之中来到现场；结尾一般说，由于受条件的限制，接待规格不高，或是由于受水平的限制，礼节有所欠缺，或是由于受物资的限制，酒饭比较淡薄，这一切都希望得到大家的海涵。

邀席致辞，不论是谁出场，大家都有一个共同的默契，即言简意赅，点到即止。不然的话，洋洋千言离题万里的致辞只能让人心生不满。

衡阳人不知道现在还邀不邀席，但有一点是可以肯定的，不论用何种形式，主人都会对宾客的到来表达一种感激之情。

寻 柴

寻柴是衡阳方言，相信外地人也能从字面上对它的含义猜个大概。顾名思义，寻柴就是去找寻能够燃烧的柴火，在衡阳特指到远离本人居住地到人烟比较稀少的大山冲去砍柴。

衡阳人往大山冲去寻柴的现象，只存在于20世纪60年代到80年代，是当地特殊时期产生的一道别样的风景线。那个时候倘若你恰巧生活在衡阳乡下，就会发现这样一种现象：早上的东方尚未见到那抹鱼肚色，在乡村的小路上便出现一队特殊的行人，每人手中一把毛镰（柴刀），一根两头尖的禾枪，大家说说笑笑，向20里开外的某座大山冲走去，晚上天将擦黑时，这队人又人手挑着两捆柴火，迈着沉重的步伐，疲惫不堪地行走在返家的途中。这就是那时的寻柴人。

在当年，但凡住在丘陵地带的人家，几乎都有到大山冲去寻柴的经历。造成这种现象的原因是多方面的，首先当是1958年那场全民大炼钢铁的运动，彼时，在“赶美超英”的口号鼓动下，炼钢铁的热潮在全国城乡一浪高过一浪，为了解决燃料问题，各地纷纷将树木放倒以烧制木炭，运动过后，原先那些郁郁葱葱的山地变成光秃秃的一片，有的地方甚至寸草不生；其次则是当年提倡稻草还田，这使得原本依赖用稻草做燃料的农家，不得不转向大山冲寻柴以供家用；最后则是那时煤炭供应全凭计划，一票难求，无奈之下，人们不得不向大山冲寻找出路。

寻柴是一件十分辛苦的活计，我们家所在地，当时去寻柴的山冲主要是葛嵝峰、大沅冲和小沅冲三地，最近处十二三里，最远处20多里，我们去的最远的地方是翻过大沅冲尾，去长乐区的青山。寻柴最痛苦的事情是，早上在家中吃得饱饱的，待走到大山深处，将两捆柴砍好绑缚整齐，用禾枪拴住时，肚子里的食物早已消耗殆尽，而此时你必须饿着肚子，挑起沉重的柴担返回十几里以外的家中。

有过徒步经历的人或许都有这样的体会：当你精疲力尽的时候再去赶路，那两条腿就如灌了铅似的十分沉重，举步维艰。而寻柴的人则比他们更要艰辛一百倍：此时肚子空空如也，肚皮贴近后背，而肩上还得负着沉重的柴火担子，一步步向家中挪动，那滋味远非现代的人们所能理解。我在十三四岁时曾加入过寻柴的队伍，当挑着那两捆柴行走在返家的途中时，我曾希望有好心人在途中帮我接一肩，哪怕是 50 米也好；我曾希望有慷慨人送我一点吃食，哪怕是一块生红薯也好。然而，这一切都不曾发生，我只能咬紧牙关，一寸一寸地向家中移动。当我将柴担扔在家门口后，那顿狼吞虎咽的晚餐已是早餐的 12 个小时后了，然后全身像散了架似的很快便会进入梦乡。

当年，由于周边四乡八邻的人们都蜂拥而入，大山冲的柴也很快被砍伐一空，冲里人为了保护自己的利益，在入口处专门设卡，防止有人盗砍竹木，有时甚至会引起一些不愉快的冲突。

寻柴现象在 20 世纪 90 年代后已经消失，因为彼时煤炭已不再需要凭票购买，加之各地封山育林后，薪炭林渐渐恢复，做饭燃料不再紧张。据说，现在冲里人自己都不愿意去砍伐柴火，改烧液化石油气，山上又是一片茂盛的树林，寻柴只是存在一代人的记忆之中。

酒席菜谱

衡阳人称赴宴叫呷酒或赶东道。这是基于当年物资匮乏，生活条件艰苦而生出的一个地方方言词语。

在衡阳农村赶东道，且不说场面热闹，那堆得满满的十道大菜，让人想起来都胃口大开。在乡下吃酒席，无论是什么样的宴会主题，即不管是结婚酒、圆垛酒或出门酒，不论是红喜事或白喜事，总是十道菜，衡阳人叫呷十架（只）碗，这是千百年来约定俗成的规则，估计有十全十美的含义。在一些特殊的主题宴席中，个别的菜会突出主题。例如，衡阳方言中称赴殡葬宴叫呷豆腐饭，在头天的晚餐十道菜里会有一道炒白豆腐的菜；赴满月宴时叫呷姜酒，在酒桌上会额外摆一小碟姜丝。

衡阳的酒席菜谱无论千变万化，有三道主菜永远不会变，即称为“三牲”的猪肉、鸡和鱼。猪肉的做法分为整个猪肘子或一块红烧后划丁的肉，鸡和鱼则是整只，衡阳话叫全鸡全鱼。有两样菜在过去不准上正规筵席：一是油豆腐，乡下人认为那外形像男性生殖器的一部分；二是甲鱼，因为甲鱼的另一种称呼叫鳖，与女性生殖器谐音。

除了三牲之外，衡阳东乡、西乡、北乡及南乡菜谱会略有区别，下列菜谱是20世纪七八十年代在西乡金兰和演陂一带按排列顺序出菜的菜谱：杂烩汤、头碗（斗菜）、肚片汤、剁鱼、鸡、海蛋、猪肉、鱼、烟笋、鱼丸汤。

在乡下酒席出菜的顺序是极有讲究的，当第五道全鸡端上桌后，乡下的礼仪是要邀席，致答谢辞并放鞭炮。倘若厨师或走堂师傅不小心搞错了顺序，则有可能导致纠纷的产生。例如整鱼那道菜，一般是排在第七位推出，若在之前上了这道菜，客人便会认为主人是在羞辱他，因为鱼与愚同音，这是在骂客人愚蠢或出丑，客人就会去找主家的麻烦，主人轻则放鞭炮、辅礼，重则下跪磕头。

乡下人评价酒席是否丰盛有几个硬指标。一是看那碗肉分量的多少。一般而言，酒席上的那碗肉应在两到三斤，划成八个丁块后夹在筷子上有沉甸甸的感觉。倘若桌上上的是肘子，那则被认为是最客气的东道。在旧社会，肘子是上在最尊敬的贵宾席上的，只有有资格坐东角上席的客人才有缘享受。二是看第二碗那道斗菜，衡阳又叫头碗。有的主人为显示大气，那份斗菜垒有七层之高，像座宝塔似的端出。其中的内含也十分丰富，从第一层到第七层分别是红枣、圆鸡蛋、黄雀肉（一种面粉裹夹其他食物的油炸食品）、蒸蛋片、长鱼丸、海蛋及木耳。一般的斗菜只有三层，黄雀肉、鸡蛋及鱼丸，垒了七层的头碗，主人自是很讲脸面了。三则是看其他几道菜油水是否够，分量是否多。如果那几个碗里只有半碗的汤汤水水，那条鱼或那只鸡瘦骨嶙峋，便会被人认为酒席淡薄。

衡阳乡下现在还在摆酒席，但菜谱已经大大改进，有讲客气的人家，菜的道数已不再局限在十了。

发　礼

衡阳人讲究礼数，也好讲脸面。大凡在做酒时，除了饭菜要求丰盛外，在筵席上发礼也是一个重要内容，因此，在衡阳农村赴宴，评价主人是否客气，礼品的质量和多少也是一条标准。

衡阳乡下在酒席上发礼，一般是基于这几种情形：家中有人庆寿，即办生日酒，一些讲究的人会对所有客人发礼；家中有新人喜结秦晋之好，主人家会对前来送亲的老爷和奶奶发礼；家中有老人仙逝办出门酒，一般会对所有人发礼；家中有新生儿满月，要做姜酒，也会对所有前来的宾客发礼。其余的酒宴基本不发礼。

酒宴上所发的礼品，主要是日用品和吃食，后来改革，变成发红包。其具体名称和内容有以下几种叫法：

发白。发白具体是指家中有人去世，由逝者的女儿出资，从市场上购回白布，向前来参加丧礼的百客发放。中国人对老人去世后最具体的表示是戴孝，以白色作为饰品。倘若一支出殡的队伍每人头上都着白布以致哀，会被认为这个场面很风光；如果只有孝子顶白，其余百客无白，则被评价丧事不体面。因此，在衡阳乡下，但凡有老人仙逝，做子女的都会竭尽全力去发白。发白有两种款式，一种叫发拖头，即每个人发一条约一米长的白布，一头系在头上，另一头披在身上；另一种是发顶白，即每个人发一块一尺左右的白布，将四角用麻系上，届时顶在头上，一般家庭生活不富裕的多发这种白。

发碗。发碗可以是红喜事，即家中有人做生日宴。衡阳人做生日酒以整岁为单位，例如逢五十、六十、七十、八十、九十及百岁等，男女都一样以整岁计，不似有的地方男虚女实或一律做虚岁。发碗也可以是白喜事，衡阳人对那些高龄仙逝的老人，不认为是悲伤的事，而认为是喜事，因此，在酒席上由女儿家或儿子家发碗。无论是哪种形式发碗，都叫寿碗，一般是人手一个饭碗。客人在上桌时，便会得到告知，这个碗吃完饭后可以带走。碗的质量好坏，视主家的富裕程度或礼数的高低而定。我在乡下得到的一个最好的饭碗是景德镇产的红花金边碗。客人拿到碗后还可从饭甑里装一碗饭回去，名曰添福添寿。

发蛋。衡阳人过去家中新添小孩，尤其是新婚夫妇得到的头生子，是一定要庆贺一番的，这种酒席包括打三朝、满月酒和周岁酒。比较讲究的，三种酒全做，一般的人家则只选择其中一种，办几桌酒，呼朋唤友庆贺一番。无论哪一种酒席，酒桌上对所有的来宾都必须分发煮熟的鸡蛋，这种鸡蛋由小孩的爷爷和外公两家共同准备，一人一半，外公家的鸡蛋要染成红色，爷爷家的则是原色。一般为每客四个，红色和原色的各两个。

发伞。过去乡下男女成婚，女方家会派人送女儿到男方家，衡阳话叫送亲。男方所办的酒席一般人数不超过两桌，男女各半。在男方家中，送亲的人会受到特别礼遇，在称呼上也格外别致，如男客叫老爷，女客叫奶奶。他们与百客不同，在男方家要一宿三餐，从头天中餐开始，到第二天早饭结束。男方要专门为他们准备礼物，老爷每人一条脸帕，奶奶每人一把伞。

总之，衡阳人在酒席上发礼，一是出于礼节，唯恐接待不周；二是出于排场，总希望自己高出别人。据说，现在酒席上发的红包已经高于那一桌人均的饭菜钱了，这种攀比之风，实在不宜提倡。

赶　场

赶场是衡阳方言，与北方的赶集及湖南其他地方的赶墟和赶闹子是同一个意思，都是指乡下人在规定的日子里，到一个集镇所在地去贩卖农产品、购买日用品的一种活动。

衡阳是典型的南方丘陵地区，集镇多建在水路和陆路交通方便的地方，许是千百年历史习惯的使然，这些集镇均匀地分布在当地的各个点上。例如我老家风雅冲，周边的集镇分别有库宗桥和演陂桥，二地相距约10 公里，距我老家位置都是4 公里。再往稍远处去还有栏垅铺、洪罗庙和金兰寺等地，步行一般不到 2 小时，若要赶场，这些地方在没有汽车和自行车的年代，都是在体力允许的步行范围内。

衡阳乡下集镇开场不像其他地方天天可以去，而是约定俗成的 3 天开一次场口。这种开场，倒不是在平时会有人禁止你上街，而是大家都遵守规则不去，因而街上没有人气。为了避免与周边集镇日子撞车，人们自觉形成了一套平衡体系，将赶场的日子错开，如库宗桥是每月农历日的逢二、五、八，演陂桥则是三、六、九，古井头是一、四、七，到金兰寺又是三、六、九。

乡下的集镇大体格局都差不多。一条小河从街中拦腰穿过，一座石拱桥将街道连为整体，路面由青条石铺就，由于千百年来过往行人的踩踏，原先粗糙的一面被打磨得可以照出人影。用今天的标准看，街道显得十分逼窄，对门两户人家聊天，可以将旱烟枪互相递让。建筑物多为砖木结构的二层式，粉墙黛瓦，临街的一面墙则多为木板封墙，并做成活动门板，逢场的时候，可将木板尽数卸下，以保持临街空间的极大化，方便做生意。

在旧时，对久居在乡下各个偏僻地方的人们而言，这种小集镇便是他们心目中的繁华都市：那里会有酒店，里面可以买到平时吃不到的包子等食物；那里会有百货铺，玻璃柜里的牙膏肥皂散发着诱人的味道。当然，南杂店的糕点酱油，五金店的农具及供销社的布匹，都足以让人眼花缭乱，让人产生赶场的冲动。

一般来说，集镇供人们赶场的旺铺街道长度不到1000米，人们来这里赶场，主要目的是将自己家种植的农产品或养殖的鸡鸭及蛋品到街上卖出去，再从其他人或店铺中买回自己需要的日用品。

赶场的人一般将要出卖的物品摆在街的一边，自己带着杆秤在街边席地而坐，等候顾客前来问价。一般卖家去得早，早上六七点钟街两边便一字排开了卖货的摊子，摊子上的物品，依据时令的不同而变化，如夏天多是辣椒黄瓜类，秋冬则多为萝卜白菜。当然也有一年四季不变的，那就是屠户卖肉，他们的案板上永远摆的是猪肉。

衡阳赶场的时间跨度较长，可以从天光赶到天黑，中午12点左右人气达到鼎盛，不到千米的街上有三四千人在那里活动，原本狭窄的街道因为两边被卖货的摊子占据大半，中间留给行人的已所剩无几，当大家都拥向某个地段时，自然就显得十分拥挤了。此刻，倘若你站在一个高处观看街道，会看到一幅别样的画面：人们在街上行走，前胸贴着后背，男女之间毫无距离可言；街上人声鼎沸，对面说话也要大声呼喊。这种局面也给扒手提供了机会，每次逢场的日子，总会出现一两次因钱被偷而痛哭流涕的场面。

赶场的人主要是周边的农民，他们不是常客。但有一部分人逢场必赶，主要是这样两种人：一是那种趸买趸卖的小商贩，他们的足迹走遍所有集市，几乎一场不落。另一种是那种卖狗皮膏药的人，他们打着专治跌打损伤的旗子，有时还会在脖子上挂一条无毒蛇以吸引别人的注意。

据说，乡下现在依旧赶场，但人气已大不如前。

酸水坛子

我在前面的文章中曾介绍过衡阳农村家中的石灰坛子，那些坛子是用来装吃食用的；在衡阳农村家庭，还有另外一些大大小小的酸水坛子，坛子是褐色的，肚大口小，里面装满了酸水。这种酸水其实是用盐开水晾凉后制作而成，通常人们都会在这酸水里放一些当季的蔬菜。坛子里装的，就是色香味俱美的酸水菜。

衡阳的酸水菜是一个统称，土话叫“杂（酢）菜”。品种也有很多，比如青椒、长豆角、藠头、刀豆、菜头、白萝卜、黄瓜等。

应当说，做酸水菜是中国人在长期的生产实践中发明的。那时因为交通不便，物资十分匮乏，一些当季蔬菜吃不完，而淡季时又无菜蔬可食，于是人们通过摸索总结出用酸水浸泡后可以长时间保存的方法，且又别具风味，也解决了应急的需要。衡阳乡下有句土话叫“冒菜夹盘酢”，意为当有客人突然造访时，这些菜也可应一下急。

做酸水菜最重要的两个东西，就是泡菜坛和老坛酸水。泡菜坛的好坏直接决定了泡菜的品质，老坛酸水则直接决定了泡菜的风味。就算使用新坛来泡，只要加入一点老坛酸水，风味依旧不减。老坛酸水还可治病，夏天如有人中暑发痧，出现头晕和冒虚汗，喝一些老坛酸水则立马见好。

若是新的泡菜坛，先要将其洗净晒干，然后倒入凉开水至泡菜坛的一半，再加入食盐。盐要稍微多一点，因为盐能使泡菜保存得更久而不变质，但是又不能太咸，太咸的酸水会发苦，大概放一包盐的五分之二。然后再加入两小勺的高度白酒（利用酒糟来发酵泡菜）搅拌均匀备用。家中有老酸水的，可以放一点老酸水，大概五分之一，可以加速酸水的发酵，没有老酸水的按此法放置 15 天也可。

衡阳乡下几种主要的坛子菜的浸泡方法如下：

班椒。洗净，在阳光下晾晒 1 天，然后去蒂，用针在班椒上扎一个小洞，然后放入泡菜坛，一层原料一层盐（少许），依次叠放，班椒需要用酸水完全浸泡，然后盖上盖子，用水封口，静置 15 天（加入老酸水的 7 天），待班椒变黄入味即可食用。泡班椒的最佳时候是在中秋节后，秋辣椒较老，泡出来爽脆，而嫩的泡出来会发苦。

豆角。洗净，太阳下晾晒 1 天，用棉线绑成一捆，放入老坛酸水中，完全浸泡 3 至 4 天，豆角变黄入味即可食用。

藠头。去掉藠头叶子后清洗干净，太阳下晾晒 1 天，放入老坛酸水中，完全浸泡 5 至 10 天，熟透入味即可食用。

萝卜。洗净切成块，太阳下晾晒两天，越干越脆。然后放入老坛酸水中，完全浸泡 2 至 3 天即可食用。

黄瓜。洗净，去除中间的黄瓜心，切成条，太阳下晾晒两天，放入老坛酸水中，完全浸泡 2 至 3 天即可食用。

生姜。洗净，太阳下晾晒两天，放入老坛酸水中，完全浸泡 5 至 10 天即可食用。

需要指出的是，乡下人家的酸坛子是需要经常打理的，要定期将酸水中的白沫撇干净，这样酸水越久越香。有的十几年不变质，倒出的酸水黄澄澄，开坛满屋飘香，酸菜坛已成为家中一宝，可谓铁打的酸水流水的泡菜。

现在乡下的家庭主妇恐怕没有几个人会打理酸水坛子了，杂菜也成了记忆中的味道。

酒坛子

过去在衡阳农村，但凡一般的家庭，居家必有三种坛子：石灰坛子、酸水坛子和酒坛子，前两种是家庭主妇的专利，后一种则是男人的最爱。

彼时，倘若你在衡阳乡下，随意跑进一户人家，都可以在他家的屋角落看到一种广口的褐色陶瓷坛子，其大小视主人家境或购买时兴趣而不一，但一般约在30厘米高，容量在40斤左右。坛子口用荷叶叠加封口，上面再压一块青石板，不消说，这便是酒坛子了。里面装的是用糯米酿造的酒糟，衡阳人叫湖之酒。一般人家只有一至两个坛子，富裕些的人家可能有多个坛子。

说到酒坛子，不能不说一下衡阳地方特别酿制的一种米酒——湖之酒。酿酒的原料是当地产的糯米，这种米区别于粘米的根本标志是做成的饭特别软，有一种特殊的香味，农家主要用它来酿酒或包粽子、做汤圆。

衡阳乡下人酿湖之酒，一般选择在农历九月初到十月底，因为此段时间内气温不高不低，便于酒曲与糯米自然发酵，出酒率较高。

酿酒的过程十分简单：先将准备酿酒的糯米用凉水浸泡，待其吃水达到一定的饱和度后，捞出沥干置于饭甑内蒸熟，出甑后将糯米饭摊开在晒簟或一个较大的容器内，待其冷却后，将发酵用的酒曲（衡阳方言叫饼药）按一定的配比碾碎成粉末，均匀地与糯米饭拌好，再置于一个大缸内码好，并在中间留一个圆的空间以备酒液溢出，然后四周用稻草将其捂实，一个对时后，酒香便会溢出。此时，必须迅速将其取出冷却，否则酒会变老变酸。

比较好的湖之酒，出锅后芳香扑鼻，酒糟落口即融，酒味清甜且入口绵软。比较差的酒要么带有苦味，说明太老，酒曲比例太高；要么酒味不浓，糟内含有硬核，说明拌入的酒曲分量不足，未能完全发酵。酒好不好喝，全凭个人的经验，衡阳乡下有句俗话“蒸酒熬糖，称不得好汉”，意思是说，蒸出高质量的酒前，谁也不敢吹牛。

刚出锅的酒，带有自然发酵后的热度。中间空出的那个圆心中会有一泓酒，衡阳人称为原汁酒，一般会滗出留用，其余的则会装入坛子内密封。装坛时，有的人家会先在坛子内放入三分之一的凉开水，然后将酒糟置入，这样会增加出酒率；有的人则什么也不加，图的是原汁原味。

装坛后，一般人家只是找来一沓荷叶盖在口沿上，再用一块青石板压实；有的人家因为坛子较多，对那些暂时不用的酒坛，则会在荷叶上糊上一层泥浆，使其完全密封。取酒时往糟内插入一个用竹子编的酒插，挤压四周，再用提子将酒提出。一般来说，酒糟可挤压两次，第一次酒味最浓；第二次则是在酒糟中倒入冷开水，待其浸透后再压，酒味稍淡，衡阳人叫水酒。

总之，过去在衡阳乡下，看一户人家生活是否殷实，入户后只要看其有多少只酒坛便可大体知情。若在屋内有几只泥封的酒坛子，不消说，这家人应当是富裕的，因为一般人家酒坛子过完年后便空了。衡阳乡下有谚语云：过了二月八，洗干坛子收好插。意思是说家中不再有酒。当然，这一规律现在已不适用，多数衡阳人已不再蒸酒，家中更无酒坛子。

钓麻拐

“麻拐”二字是衡阳方言的音译，是蛙类的统称，既包括青蛙也包括泥蛙、牛蛙及蟾蜍等。看到这个标题，大家一定会奇怪，只听说过钓鱼，怎么衡阳还会有人钓蛙类？

麻拐成为餐桌上的美味也是近几十年的事。衡阳人早先并不喜欢吃蛙肉，偶尔捉到一两只大的麻拐，一般为泥麻拐，家长会另锅炒给孩子们吃，正规的席上是从不上这道菜的。但若家中有小孩得了疳积，将麻拐剖干净后包荷叶煨熟食用，据说疗效不错。

我们现在已无法证实是谁发明的钓麻拐方法，但可以肯定的是这个人很有创意。钓麻拐的方法远比钓鱼来得便捷：垂钓者只需持一根约 2 米长的竹竿，在末端系上一根纳鞋底的麻线，长 1.5 米左右，线的末端再系一只蝗螂之类的昆虫，有的甚至只是系一团棉絮。在垂钓时，一只手持钓竿将食物置于麻拐上空 10 厘米的地方，上下抖动，另一只手持一根稻草管子，从嘴里发出麻拐般的鸣叫，麻拐会以为是同伴在呼叫它去捕食，对着那个抖动的食物一跃而起，并将其吞入腹内，垂钓人便会迅速提起钓竿，将猎物装入事先准备好的、颈上缠有布袋口的篓子内，整个过程不到 10 秒钟。

钓麻拐的时间段，一般选择在端午节之后，衡阳民间的说法是，端午前麻拐肚内尚有毒素未排干净，食之对人体有害。当然更重要的是，端午后这些幼蛙已经长大，加之彼时稻田昆虫较多，因而养得肥壮，更益于烹饪。

有专门的垂钓者常常会游走在四乡八邻的田埂之间，据说高手们都会口技，不需借助道具便能模仿麻拐的叫声，钓到的麻拐也多于别人。他们背的篓子较大，可以容下一二十斤钓到的麻拐。有人会当场收买，也可送到当地的供销社，由他们收购后统一运到外地销售。运气好的垂钓人，一天的收入可达 10 元左右，这在当时已经相当有吸引力了。

我在小时候也模仿过他们垂钓，先是从屋后砍一根竹条，然后从母亲的针线盒里偷一根麻线，再捉一只灶鸡子（螳螂）系在线的末端，掐一根稻草管子学蛙鸣，煞有介事地在稻田边抖动。多数时候是无功而返，偶尔碰上好运，便自己动手将麻拐扒皮去脏，然后摘一片南瓜叶或荷叶包好放到柴火灰中煨，几分钟后叶子已被烧焦，蛙肉也熟，打开后香气扑鼻，此时顾不得去洗手，拍两下灰尘便大快朵颐一番。

乡下可食用的麻拐品种较多，我所知道的主要有虎皮、青皮和玉荷（树皮）三种青蛙，还有黑皮和黄皮泥蛙。味道最好的是泥蛙，一般生活在河井边洞里，不上钩，叫声大而缓，散居，大的半斤左右，得靠手工捕捉。

钓麻拐现象在20世纪90年代后逐渐消失，这一方面是因为城市为农村劳力提供了更多的就业机会，另一方面则是因为化学农药的大量使用。过去开春时那种“听取蛙声一片”的诗意田园不复存在，这种特殊的捕捉麻拐方式，只能留在记忆之中了。

刮红薯片

过去，但凡在衡阳乡下做过客的人，都应当吃过一样佐茶或下酒的食品：红薯片。

红薯在中国农村南北均有栽种，在物资匮乏的年代，一度是农民赖以度日的主粮之一。衡阳人用自己的聪明才智将这种粗粮做成了待客的精美食品。红薯片其实是一个系列产品，细分之后，还会有油炸红薯片、砂炒红薯片、南瓜红薯片、芝麻红薯片等多个品种。无论哪种红薯片，都离不开刮红薯片这道基础工序。

刮红薯片是家庭主妇的手艺活，也是检验其是否能干的标志之一。在旧时的衡阳农村，人们在闲聊时常会提及某家红薯片手艺的精湛，其具体的标准是：一张原始的红薯片拿在手中往亮处一照，厚薄均匀、晶莹剔透，吃起来软硬适中，食不嗑牙，香气扑鼻；炒过后的则要求焦黄香脆，甜而不腻；浆过后的则要求湿润适度，入口即融。

刮红薯片的时间一般选择在农历十月左右，因为此时红薯已从地里挖回，经过一段时间的风干，内部的水分已经挥发一部分，部分淀粉被糖化，红薯的口感更好；再就是农历十月被称为小阳春，一般出太阳的日子多，便于晾晒收藏。

做红薯片的选料十分讲究，首先当然要选择那种比较甜的品种，如果蒸熟后吃起来粉嘟嘟的，则要剔除；其次则不能有烂疤，这种红薯即便用刀剜去疤痕，其腐气已经浸漫全部机体，会影响整个红薯片的味道，诚如乡下那句土话：一粒耗子屎败坏一锅汤。

选好原料后，自然是要洗净，讲究的还要削皮，然后用一口大铁锅煮熟。煮熟的红薯起锅后，要趁热将其置于一个坚实的容器内，如果是做南瓜红薯片，还要将削皮后煮熟的南瓜倒入其中，再用一根特制的棒槌不停捣插搅拌，使之变成糊状。

接下来便是手艺活了。家庭主妇左手持一柄木质四方直拍，这是刮红薯片的模具，略大于16开纸，四周钉有5毫米高的木条，使板面形成一个长方形的凹槽。刮红薯片的过程有点像农村过去放土砖，家庭主妇先在木板上铺上一块打湿了的干净白布，然后用菜刀从缸里挑一团红薯浆，用刀面将其在板面摊开，待整个槽内被填满后，竖起刀将多余的刮去，双手提起白布的四角，将脱好的坯置于事先准备好的篾席上晾晒，这个过程在衡阳就叫刮红薯片。

刮好的红薯片一般经过一天的太阳直晒，便可以收回家中备用了。下一步再加工的可能有两种情况：一是刷浆，即用糯米粉或红薯淀粉熬成一锅浆水，内放一些白糖、橘子皮末和炒熟的芝麻，将红薯片一张张在其中荡一下，再晾干后食用；二是将红薯片用剪刀剪成二指宽一指长的条状，下油锅炸或用砂子炒，然后装好备以后食用。

过去在衡阳农村，这种红薯片是春节期间家家必备的待客食品，是装团盒或打发客人的重要礼物，遗憾的是，这些都成记忆中的场景了。

扎　鱼

也许是我见少识寡，我总认为衡阳人用鱼扎和枞膏（北方叫松明子）照明的捕鱼方法，是中国最具特色的原始捕鱼法。

衡阳人扎鱼，使用的主打工具是鱼扎子。这种鱼扎子是铁匠打制的，一排约十来个铁齿，错落有致地排好，两边用铁边包好，完工后俨然像一把梳子，再装上一柄木质或竹质的手柄，总长约两米。

辅助工具是一个用铁丝织成的网兜，呈半圆形，再用铁丝吊在一根木杆上。这个铁丝网兜主要用来装枞膏燃烧照明。彼时，还没有出现手电筒等类的照明工具，人们夜晚出行只能靠火把，但火把的缺陷是亮度不够，且燃烧速度过快，不宜长距离或长时间使用。人们后来发现枞树中带有油脂的木块极易点燃，于是发明了这种网兜装枞膏，既可增加亮度，又可不断添加新的柴火，可以长时间和长距离使用。

扎鱼之所以要使用这两种工具，是因为这种捕鱼法只能在晚上进行，必须借助枞膏的火光照明，才能发现鱼；鱼扎子的功能在于一旦鱼儿出现，捕鱼人可在不下水的情况下迅速出手，将扎子扎在鱼的身上并收回到鱼篓中。

扎鱼是有季节性的，一般在开春之后。此时春雨和春雷把大地激活，农民为了便于春天插秧，需要对板田进行第一次翻犁，使泥巴在水中浸泡一段时间，方便再次翻耕。过去农民插田讲究二犁二耙，因此在插秧之前，田里是敞开的，视野极好。在泥里休眠了一冬的各种鱼类也在此时苏醒过来，它们平时潜在水或泥巴中，到了夜晚，便纷纷出来呼吸春天的新鲜空气，一些发情的鲫鱼或泥鳅会在星光下约会。此时，也给人们捕鱼提供了极佳的机会。

扎鱼一般选择在傍晚七八点，最好是雨后晴朗的夜空，扎鱼人腰上背一个鱼篓子，里面装着劈好的枞膏，一手持鱼扎，一手打着火网兜在田埂上不停转悠。一般情况下，泥鳅见到火光，便会一个激灵，把周边的水搅浑，这时必须毫不犹豫地迅速出手，否则它就会钻进泥中；鲫鱼则会在浅水中悠闲自得，见到火光也不回避，扎起来十分方便。

扎鱼得到的品种大体就是鲫鱼、泥鳅和鳝鱼之类，偶尔也会碰到鲶鱼和黄鸭叫等，碰上野生水鱼也不是不可能，运气好的人，一个晚上可以有五六斤的收获。

这种扎鱼的季节一般只有两个月左右，一旦栽下秧苗后，就无法看见鱼，便不好扎了。

现在，农村几乎无人扎鱼，这一方面是因化学农药的大量使用，田野的野生鱼类大量减少；另一方面，这种小打小闹的捕鱼方式，也提不起人们的激情。

酿 水

酿水是在农耕社会形成的一种特殊的历史现象。

在科学技术极不发达的年代，人们对一些自然现象无法解读时，常常会冠以一些迷信的色彩，使它们蒙上一层高深莫测的神秘面纱。在衡阳，一些家庭出现一些无法治疗的病人，例如有人在某些时候说一些不着边际的呓语，便会被认为是中了邪，需要驱邪。从传统理念看，驱邪的方法有多种，主要还是以安抚为主。但酿水则不然，是一种特殊的将邪气拒之于门外的技巧。

酿水是一种民间的道教行为。其基本原理是，请一位道行较高的人在家里的堂屋置一碗水，这样，所有的孽障都会避而远之，因为在它们看来，这个地方已是一潭水，再去无益。酿水原本起源于梅山派，这支中国道教的分支创立了多种自己的教义，酿水便是其中之一。

酿水于梅山派也有一个极具特色的典故：当年，梅山派一支打猎的队伍进深山打猎，他们个个身怀绝技，武功高强，在围猎时将一只修炼八百年的狐狸精猎杀。狐狸精的师父知道后，对自己的爱徒被猎杀感到十分惋惜，发誓要将这支猎人队伍斩草除根，方能雪心头之恨。猎人队伍得到这个消息后有些害怕了，因为他们知道，以他们现有的功力，绝非那只千年狐妖的对手，一旦交手，不仅他们自己性命难保，整个村庄的男女老少将无一幸免，均会惨遭毒手。在这十分危急的关头，一位老猎人站了出来，他愿意施展一种法术，让村民免遭涂炭。他召集所有村民在堂屋聚会，告诉他们目前存在的危机，并希望大家配合，把妖怪拒之门外。他当时并没有别的举动，只是把一碗水放在堂屋内的神龛上，并告诉大家，只要这碗水在，在妖怪的眼中，这个屋场便是一口池塘，它们永远不会侵犯。

这个传说后来被传播开来，当村里出现一些反常的现象后，人们第一反应是请人来酿水，把妖怪挡在屋外。酿水一般由道士来担任，也有请打猎的梅山派猎人的。

无论是道士或梅山派猎人，他们酿水的套路基本差不多：入得屋内，先是设法堂，再沿屋场走一圈，当然这其间可能会吟诵一些经文。他们会让主人拿来一只碗，然后，煞有介事地念诵经文，最后让大家见证一个奇迹。他们会将一张黄纸盖在一个盛满清水的碗上，再倒过来，纸不掉水不泼，意思法术已经显灵，今后妖怪再也找不到这个地方。

我当初对道士这一招挺佩服，以为他真有法术，后来上了高中，我的物理老师在讲到大气压强时告诉我们一个原理，当一个容器里盛满水时，用一张纸盖住隔绝空气后，两边压强是一致的。老师当场做了一个试验：在一个杯子里注满水，再盖上一张纸，杯中的水不会冲破那张纸而溢出，因为两个压强互相抵消了。道士们酿水利用的就是这个原理，诸君如果不信，可以找一个杯子试试。

应当指出的是，酿水是一种迷信活动，现在没有人会相信，师公或道士已经没有市场。

放 卡

这个标题外地朋友看到后可能会一头雾水，并引发多种联想，但我也找不到一个标准的普通话词语来描述，只好用音译来表达。大体意思是，在酒席上有人暗中去捉弄另一个人，让另一个人的喉咙吞不下食物，只能眼看别人有滋有味地在那里品尝美食，这种现象衡阳人称放卡。

过去，由于物资匮乏，人们平时的一日三餐里难得看见几点油腥，如果有几片肉或一条鱼，那就是开荤了。因此，乡下的人们若想吃一顿丰盛的饭菜，一般只有三种可能：一是过年过节，这些年节相互间隔得较长，如过年除夕到端午有 4 个月，端午到中秋 3 个月，再到除夕又要等 4 个月；二是自己过生日，父母或家人在那一天可能给你煮个鸡蛋或加一个油腥稍多的荤菜；三是到亲戚朋友家中去赴酒席，如各种红白喜事，这种吃酒席，衡阳人叫呷十架（只）碗，因为从乡下人的视角看，这种有十道菜且鸡鸭鱼肉尽有的宴席，无疑是相当于国宴级的大餐了。

正是因为平时极难吃得到，加之有些人不大注重礼节，看到这么多精美的菜肴，便不管不顾地图自己舒服而大快朵颐。同桌的人基本情况都差不多，谁多吃一些，就会损害别人的利益，而有些菜是按人数配上桌的，如那碗鱼丸子汤，走堂师傅是一个一个数好的，谁多吃一个，就必定有一个人轮空。

我小时候被父母派作代表外出吃酒席，父母总会反复叮咛：坐席要靠下方，让尊敬的人坐上席；吃菜切莫先动筷，由别人启动后再跟进；夹菜不要越过碗中线，哪怕对面是一块你最心仪的菜；吃菜不要超分量，不是你的那一份坚决不吃。

放卡是针对那些毫无礼貌的人而进行的。当刚开席如前几道菜出来时，发现有人特别出格，便会有人暗中动手脚去捉弄他，此时，还在狼吞虎咽吃前几道菜的他会突然停下筷子，什么也不吃，因为彼时他的嗓子会紧紧地闭合，什么也吃不下去，只好眼睁睁地望着其他人享用。待到最后那道丸子汤上来后，有人会建议他喝一口汤，此刻又会恢复如常。

被放卡的人为他的鲁莽无礼付出了代价，放卡的人则是通过这种方式教训一下对方。应当指出的是，虽然衡阳坊间一直传说放卡现象的存在，但我在乡下吃过酒席无数，却从未碰到这种情况，难道与我同席的人都温文尔雅？这倒未必，或许这种现象根本就不存在，只是人们用这种方式去吓唬大家：在酒席上吃相别太难看。

我有一些朋友告诉我，若想在吃酒席当中防止被人捉弄放卡，在上桌入座时，先用双手合拢卡一下八仙桌的腿，那样即使对方再有本事，也卡不住你。我当然不相信，因为我在酒席上向来表现谦恭，用不着担心别人来算计我；此外我也相信，即便这种人真的存在，他的师傅也会告诉他千万不要轻易出手。

厨　师

旧时在衡阳乡下，请厨师来家中做菜，是几乎每一个家庭都要遇到的事情，哪怕是一个再寒酸的人，一辈子都有两次必办的酒席，即结婚酒和出殡酒。尤其是后者，再不济也要办两桌抬柩人的饭。而这种红白喜事一旦办酒，就要将厨师请到家中来做菜。

厨师在全国都是一种特殊的职业，但各地因风俗习惯不同，厨师会有许多独特的工作方式，衡阳的厨师上门炒菜，自然有他们自己的一套行规。

与其他职业不同，厨师上门服务不是登门自我推荐，而是需要主家上门去邀请。当然，当一个家庭打算在近期做酒，他也可以有多个选择，因为在其家周边有许多从事厨师的师傅，主家会根据平时个人的喜好、厨师在众人中的口碑或本村人的习惯，去宴请自己认为合适的厨师。在登门邀请双方达成意向后，主家要派人将厨师的工具如蒸笼、刀、瓢等一套行头挑到家中备用。

衡阳农村的厨师拜伊尹为祖师。据说商汤第一次接见伊尹向他请教兴国大计的时候，伊尹就从简单的烹饪道理入手，给商汤讲了治国的道理，就像烹饪要“知味”，治国要“知人”，要像烹饪中的“调和”一样来处理好国家大事。商汤闻之大喜，于是就拜伊尹为相。伊尹既成了商朝的贤相，也成了厨师的鼻祖。

衡阳厨师被请之后，要完成以下几道工序：

首先是开杂货单子。杂货单是衡阳人的一句土话，就是为酒席列一张食物采购清单。这项工作需要与主人一起商量进行，主人在介绍可能产生的席面桌数后，厨师会询及丰俭的要求，然后双方约定一个购物单。别看衡阳酒席上端上来的是十道菜，可需要采购的食材却在 60 种以上。杂货单一般用两种颜色的纸开具，红喜事用红色的纸，白喜事则用白色的纸。

下面是一个厨师为一户人家 10 桌左右的酒席开的购物单：古月 4

两，八角 0.5 斤，白糖 5 斤，红糖 1 斤，盐 10 斤，菜油 10 斤，麻油 2 斤，鸭蛋 15 斤，鸡蛋 120 个，猪肉 60 斤，碗鱼 10 只，母鸡 10 只，面粉及糯米粉各 5 斤。其中古月是暗语，即胡椒。

其次，厨师进场下炸、切菜、炒菜，其中下炸比较重要。所谓下炸，就是十道菜中有两道菜必须用油锅走大油炸出来，一是头碗中的黄雀肉，是面粉与糯米粉调成糊状后，再加一些红薯丝裹成团状下到滚油中炸得焦黄而成；二是那条鱼，一般为鲢鱼，先用盐腌好，再用油炸熟。也有些讲究的，将猪肉皮放在滚油中炸成橘皮状。厨师在开炸前，先要燃烧纸钱，上香鸣炮敬一番当地的神仙。

厨师除了切菜、蒸肉、炒菜等基本技艺外，还有一道重要的菜考量他的基本功：煲丸子汤。衡阳十道大菜中最后一道是丸子汤，技术好的厨师端上的汤清澈见底，与浮在汤中的丸子和漂在汤面的紫菜形成一个色彩搭配极佳的画面，汤喝到嘴里口感特别好。这道汤是在文火中慢慢熬并不断撇去浮沫而成的，它常常会成为评价厨师技术好坏的重要标准。当然，评价主家酒席丰盛与否，乡下人更看重那碗肉的分量、那条鱼的大小和头碗堆砌的高低。

有经验的厨师都有一些治邪的本事。衡阳酒席最难对付的是上门讨饭的长命告化。长命告化是衡阳土话，即长年在外讨饭的乞丐。长命告化与普通告化不一样，他们来到主人家后要求打发的标准通常较高，而且是强要，最多时可能要一桌全菜，如果不能满足他们，他们就会暗中使坏，如让蒸笼不上汽，饭菜熟不了，或让油锅开花，油料四溅。有经验的厨师都会及时化解这些危机。据说当年金兰地区有一位厨师在得知一个长命告化暗中使坏后，立马一把抓住他，将他扔进一米外的臭水沟中，从此讨饭的不敢出现在他掌勺的酒席中。

厨师一般按酒席的桌数收取佣金，据说现在每桌的加工费在 120 元左右，过去则是一桌菜左右的标准。酒席结束后，主家会打发一个红包，并在蒸笼里放一条鱼和一块肉，燃放鞭炮礼送他。

过生日

在我国，无论是汉族还是其他少数民族，是南方人还是北方人，都会以自己特有的方式庆祝生日的到来。衡阳人过生日也有着与众不同的风俗。

在衡阳人的习俗中，对不同年龄段的人，过生日有不同的叫法：16岁以下的小孩称为“长尾巴”；16岁以上50岁以下的成年人，称为“过生”；50岁以上的老人，称为“做寿”。

过生日在我国有着深厚的文化底蕴，归纳起来有三层含义：

庆祝生命的延续和兴旺。在《汉书·卢绾传》中记载着这样一件事：“及高祖（刘邦）、卢绾壮，俱学书，又相爱也。里中嘉两家亲相爱，生子同日，壮又相爱，复贺两家羊酒。”据后人分析，卢绾的父亲与汉高祖刘邦的父亲同住一里，为生死之交，两人的妻子又在同一天各自生下了一名男婴，乡亲们得知这一消息后特意准备了礼物前来祝贺，而“复贺”的日期很有可能是两个孩子的始诞纪念日，也就是我们说的生日。可见，过生日的习俗在秦末已十分流行。

对母亲赋予生命的感激。俗话说：“儿的生日，母亲的难日。”抛开十月怀胎不说，每当一个生命来到这个世界上时，作为孩子的母亲必须忍受巨大的生理痛苦，因而在民间还有一种说法，认为做生日的本义就是要“哀哀父母，生我劬劳”，“劬”就是劳苦、辛苦的意思，希望通过做生日来追思母亲临产及分娩时的痛苦，体会父母哺育的艰辛。

消灾驱邪。这种说法源于一个民间传说：有个少年家境贫寒，家中只有一个母亲相依为命。一次，少年突然得了一种不知名的重病，家里无钱医治，眼看奄奄一息之际，有人告诉了他一个方法，称某月某日八仙将路过此地，可备上酒水以求他们帮助。少年依计行事，果然见到了八仙，治好了怪病。临别时八仙告诉他：“今日是你再生之日，此后每年今日予以庆祝，定可长寿。”消息传开后，过生日置酒请客逐渐成为当地人的一种习俗。

衡阳人过生日将逢十作为一个标准，以农历周岁为准，这类生日衡阳话叫“逢正生”，其余年份的生日叫“过散生”。一般成年人的散生，只是在家中由家庭主妇加个荤菜，小孩子“长尾巴”时，则在饭锅里煮两只鸡蛋，就算是过了生。真正大张旗鼓宴请众多亲朋好友前来祝贺生日的情况有两种：一是小孩周岁，二是老年人六十岁以上。也有五十岁以下摆酒庆生的，但极少见。

衡阳人庆生做酒宴客，除了小孩满周岁外，其他各种年龄段的生日酒有一条约定俗成的规则，即主家不能主动邀请别人来为你做寿，全凭自觉自愿，衡阳话叫“生不请，年不辞”，意思是过生日不能请别人，拜年不能辞退客人。当然，真正到了做酒的时候，大家也会自动前往，这种往来也是相互间的捧场。

衡阳庆生有以下几个特殊的仪式：

小孩抓周。一般为小孩庆贺周岁生日时，会由家中有身份的人主持这样一个仪式。是男孩的，在床上摆着算盘、笔和鸡蛋；是女孩的，在床上摆着剪刀、尺子和鸡蛋。然后将小孩置于床上，看他（她）先摸哪样物品，即可看出小孩将来的志向。摸笔的会读书，摸算盘的会经商，摸剪刀和尺子的会持家，摸鸡蛋的则好吃。

头晚暖寿。衡阳人过生日，有头天晚上暖寿的习惯。这种习惯的来历已无法考究，但千百年来人们一直遵循这个习俗。若是过散生，头天晚上吃晚餐时，过生者的主食便是一碗面条，再在里面加两个鸡蛋。若是正生做酒，先天晚上也要招待众宾客吃晚餐，除了十碗菜外，还要在桌上用脸盆盛一大盆面条供大家食用。

分享寿饭。在衡阳乡下，有的老人九十做寿，被认为是有福之人，大家在给其庆寿时，也希望沾此老人的福气并带回去供家人分享。每逢这种场合，主人都会千方百计满足大家的要求。讲究的人家，会给前来的客人每人发一个寿碗，再不济的，也要多蒸两甑饭，酒席后大家把这些饭带回家让家人吃，以增福增寿。

土地牌位

上了年纪的衡阳人或许都有这样的经验：当你进入一个陌生人的家中不知如何称呼对方时，只需往该户人家的神龛上瞧一眼，便能马上找到答案，因为所有的神龛正中一定会竖着书写一行字“×氏先祖神位”，第一个字代表的是该户主人的姓，只要套上姓氏便可直接称呼对方。

过去在衡阳农村，大家或许还会发现一个十分有趣的现象：每个堂屋的神龛下方靠近地面的墙上，都有一块土地菩萨的牌位，上面画着土地菩萨的画像，多为那种慈眉善目、白发长须的老者，两边会有一副对联：土中生白玉，地内出黄金。

说到土地菩萨，大家都不陌生，土地爷是中国古代传说中负责掌管一方土地的神仙，住在地下，靠着香火供奉吸收能量，是神仙中级别最低的却是最有知情权的，故民间有“神仙下凡间”之说。在民间，土地神的形象千姿百态，性格各异，作为地方保护神流行于全国各地。旧时，凡有人群居住的地方就有祀奉土地神的现象存在。在其他地方，土地公公都被供奉在土地庙中，且这种庙多建在大树底下或山坡旁边以及十字路口。衡阳将土地神供奉在堂屋内，或许是其一大特色。

在一般中国民间的信仰中，神明多半会有明确的出身，但土地神的出处很多，传说之多不胜枚举，此举其中之两例。一说为：周朝一位官吏张福德，生于周武王二年二月二日，自小聪颖至孝，36 岁时为官朝廷总税官，为官廉正，勤政爱民，至周穆王三年辞世，享年 102 岁。有一贫户以四大石围成石屋奉祀，不久，由贫转富，百姓咸信神恩保佑，乃合资建庙并塑金身膜拜，取其名而尊为“福德正神”，故生意人常祀之，以求生意发展。另一说为：周朝上大夫的家仆张明德（或张福德），主人赴远他地就官，留下家中幼女，张明德带女寻父，途遇风雪，脱衣护主，因而冻死途中。临终时，空中出现“南天门大仙福德正神”九字，盖为忠仆之封号。上大夫念其忠诚，建庙奉祀。周武王感动之余，说“似此之心可谓大夫也”，故公有戴宰相帽者。

土地神虽然官不大，但管的事却不少。辖区内凡婚丧之事、天灾人祸、鸡鸣狗盗之事都要插一手，而且土地神一副慈祥老翁的模样，与人较为亲近，所以人们喜欢向他吐露心声，向他祈愿。如《集说诠真》中所说："今之土地祠，几遍城乡镇市，其中塑像，或如鹤发鸡皮之老叟，或如苍髯赤面之武夫……但俱称土地公公。或祈年丰，或祷时雨，供香烛，焚楮帛，纷纷膜拜，必敬必诚。"所以，小小的土地庙往往香火很旺。

衡阳人把土地神供在家中，主要是出于保佑家人平安，实现六畜兴旺、幸福吉祥的愿景。在传统的观念中，只有这种神最接地气，能够在关键时刻护佑家人。据说金兰某地请一道人前来放阴，由于引来的阴人较多，导致屋场内阳气不够，驻在该屋场的土地公公附在道人身上显神，并实施驱赶措施，结果使那次放阴半途而废。

土地公公的神威无处不在。过去有一句俗话说："土地不开口，老虎不咬狗。"在某地曾出现一条恶狗，闷声咬伤数十人，当地人责怪土地不负责，将伤口的血涂在土地牌位上，不几天那条恶狗便失踪了。这当然只是传说，却也是人们心灵的一种寄托。

土地牌位是要不定期地进行翻新的，这时候，要延请师公或道士来家做法事，在对土地爷进行安顿的同时，对牌位重新进行描像，再郑重地安放好。

现在在衡阳乡下，堂屋里那块祖宗灵位还继续保持着，但神龛下的土地牌位多不见踪影。

开祠堂门

开祠堂门是衡阳人的一句口头语，这四个字既不代表衡阳人平常关闭了祠堂门，也不代表在往常祠堂门就一定是关闭着的。由于祠堂是一个特殊的公共场所，因此，开祠堂门便有特别的内涵。

宗祠俗称祠堂，是供奉祖先神主，存放家族亡故先辈牌位，进行祭祀，举行家族内各种仪式活动或处理家族事务的场所。

宗庙制度产生于周代。上古时代，士大夫不敢建宗庙，宗庙为天子专有。民间营造家族祠堂，最早可追溯到唐五代时期。宋代朱熹提倡建立家族祠堂，建议每个家族建立一个奉祀高、曾、祖、祢四世神主的祠堂四龛，但不曾普及。初立祠堂时，每龛还要从现产业田中取二十分之一作为祭田。直到明神宗万历年，才允许百姓兴建家庙、大宗祠或祠堂，以为扩大祭祀祖先之记载。现在各地所见较为老旧的宗祠古迹，以明朝兴建的各姓氏宗祠之历史为最久。到清代，宗祠已遍及全国城乡各个家族，而且各个宗祠建造的规模也越来越大。

祠堂，有宗祠、支祠和家祠之分，除了用来供奉和祭祀祖先，还具有多种用处。祠堂，也是族长行使族权的地方，凡族人违反族规，则在这里被教育和受到处理，甚至驱逐出宗祠，所以它也可以说是封建时代的道德法庭。祠堂，也可以作为家族的社交场所。有的宗祠附设学校，族人子弟就在这里上学。也正因为如此，祠堂建筑一般都比民宅规模大、质量好，越有权势和财势的家族，他们的祠堂往往越讲究。高大的厅堂、精致的雕饰、上等的用材，成为这个家族光宗耀祖的一种象征了。

祠堂多数都有堂号，堂号由族人或外姓书法高手所书，制成金字匾，高挂于正厅；旁边另挂有姓氏渊源、族人荣耀、妇女贞洁等匾额，讲究的还配有联对。如果是皇帝御封，可制直笃牌匾。祠堂内的匾额之规格和数量，都是族人显耀的资本。有的祠堂前置有旗杆石，表明族人得过功名。一般来说，祠堂一姓一祠，旧时族规甚严，别说是外姓，就是族内妇女或未成年儿童，平时也不许擅自入内，否则要受重罚。

宗祠文化既蕴涵淳朴的传统内容，也埋藏深厚的人文根基，它涵盖了祠堂、祠产、祠约、祠堂建筑规制、祠堂陈列格式、祭祀礼仪，以及宗谱家乘、行派世系、传记事略等领域，是我国民间传统文化的重要组成部分。祠堂是我们中华文化所特有的氏族文化。为了将整个家族凝聚在一起，凝聚人心，规范行为，传承中华民族的孝、仁、义、礼、智、信等文化，各家族于是就有了祠堂。祠堂也不过就是房子，相当于现在政府的会议室。因为处理家族中的一切大小事务如惩恶扬善、应对与外族的矛盾、造谱修谱、选举族长等均在祠堂进行，所以，祖先们就用姓氏冠以祠堂名，如张家祠堂、李家祠堂、王家祠堂、蔡家祠堂等。

每个祠堂都会选出一名族长来管理日常事务。族长，顾名思义，一族之长，由各族中辈分高、威望高、能力强、有文化的年长者担任。族长负责本族中族规的制订、执行，同时处理涉及族中的所有事务。族长还有一个讨人喜欢的职责就是添丁、挂喜丁、转丁。族中有人家生了男孩、没子女的人家领养了小孩（须男孩）、没儿子的人家女儿招了上门女婿等，都要由族长将他们的名字写到族谱上去，叫添丁。有的人家女人怀孕了，有条件的人家就请族长在族谱上先挂一个虚名，以图吉利，叫挂喜丁；待正式生下来了，如果是男孩就请族长虚名转实，叫转丁。

一般情况下，在乡下开祠堂门是为了执行乡规民约，不是什么好事。这些执法由族长实施，主要有以下几种：

惩治不孝。如果族中有晚辈对父母及长辈不孝敬、不赡养的，首先由有威望的长辈进行教育，让其认错悔改。如屡教不改，就在祠堂里当着众人用扮桶把人罩起来，直到悔过改正。

惩治偷盗。如果族中有人偷盗抢劫，被发现后就抓起来放在祠堂里关禁闭，令其退赔，并认错改正；如还继续再犯屡教不改，严重的要割去一只耳朵或剁去一根手指，使人一见就知道他是一个不务正业专行偷抢的人。

惩治不轨。族中男女如有不轨之事，首先也是教育；如继续再犯，即将其抓起来绑着手关进祠堂，如果继续再犯，就要挨打。族长叫人把犯事人抓起来跪在大众面前，两个男人站在两旁，各持一把竹枝，轮流把竹枝打在犯事人身上。族长训完后，要犯事人表态认错知改了才放开。有的宗族家法严厉的，还会将男女双方绑上石头沉塘。

调停民间纠纷。富人欺侮穷人，穷人向宗族举报，族长会组织族中好佬们核实情况，根据案情轻重罚富人的钱，归宗祠所有或提取一部分给穷人。穷人对富人无理取闹，也根据情节轻重罚穷人服劳役，给公共设施做苦工，如修路、看山、看水等。一般吵嚷打架，争夺财物，损人利己，双方不能私了的事，只要一方举报，族长出面调解；调解不了，由原告方设酒席，邀请族长好佬们评理。若判定一方有理，一方无理，无理一方交酒席钱；若双方理平，由双方各负担一半的酒席费；若一方理强，一方理弱，酒席费由强一方负责三分之一，由弱方负责三分之二。

维护本宗族利益。本宗族的人如果受到外族人的欺负，要维护尊严讨回公道。例如姑娘们出嫁以后，如遇有男方虐待，便推举有才能的去讲理或用威胁手段。如遇到冤假错案而被逼得自杀寻死，或遭受故意虐待致死的，宗族的人会齐心协力，声言要将主犯“垫板底”，就是把他打死放在死者的棺材下面，还要把他家猪牛鸡鸭全都宰食，直到人财两空为止，这种做法近似于抄家。

祭祖敬贤。每逢重大节日或某个有影响力的先祖的生日或忌日，族长就组织族人来到祠堂进行祭祀活动。特别是每年的清明节，族人会组织“清明会”，集中在一起为先祖挂清扫墓，然后聚集在祠堂一起就餐，衡阳叫呷祭祀。有人取了功名或做了大官光宗耀祖了，也要来到祠堂祭告祖宗，以感谢先祖的庇护之恩。

这几年各地又在新建祠堂，但祠堂开门的内容已经大大弱化了。

分　伙

分伙是一句衡阳土话，即分家的意思。中国是农耕历史悠久的国度，因此对家庭的概念远比西方人来得深刻，一个姓氏的分枝繁衍，是在不断地分家中演进的。小时是兄弟，长大各乡里，指的就是这种分家现象。

分家而居据说是从先秦时代开始的。过去的人都是族居，为打破这种因为族居而对抗中央的局面，秦朝商鞅变法中规定，家里两个以上成年男丁，就要赋税加倍，而且越加越多，从外部形成高压态势。人们开始压缩家庭，开始分家。这一分家，宗族的力量就直线下降，社会形成了初步的一家一户的散居，贵族的势力被削弱，君王的权力得到了加强，为秦国实行君主制打下了基础。商鞅在秦国实行分家之后，又干了一件事，进一步把宗族力量打散：杂居。杂居就是一个村子，不允许只让一个姓的人住，必须杂入其他姓氏的人，这样，社会进一步进入散居状态。

分伙其实是一种自然的社会现象。在我国，虽然倡导家庭和睦，也不乏四代同堂或五世同室的大家族的存在，但那毕竟只是少数，多数家庭到了一定的时候，都会要分开居住。

衡阳人分伙，一般是在父母年纪相对较大，所有子女大都结婚时进行的。

分伙时间的选择，一般是农历六月十五。因为旧时农村有一种迷信的说法，分家不仅仅只是从父母那里分得一份财产，也是从祖辈那里接受一份庇佑。传统的习俗认为，年头分家发大房，年尾分家发满房，因此选择农历六月，全家都发。

分伙一般由父母作主，有的则请娘家人舅舅辈作主。参与分家的主要是儿子们，但衡阳有句俗话“爹娘疼满崽，公公爱头孙”，对于满崽和长孙，有些有特殊讲究的老人会另行考虑一些份额。

分伙前，父母要同儿子们一起协商议定财产分配方案，若儿子中尚有未结婚者，可留给其用于娶老婆的同等价值财产，也可协议向已婚的儿子摊派现金，作为未婚儿子将来婚娶时的费用；若有未出嫁的女儿，也可以如此方式留些财产或摊派些现金作为未出嫁的女儿的嫁妆费用。余者则按儿子的人数将财产分成同等数量的份数。在田地归集体所有之前，主要有田地、房屋和农具、家具等财产，均以儿子人数平均分配。父辈如若有欠下债务的，也要通过协商，分配给儿子们偿还，这就是所谓的“父债子还，天经地义”。

分伙时还要考虑对父母的赡养问题，一般有以下几种方式：父母独立生活时，其生活费用的摊派数量；父母愿意依附于其中某个儿子，并长期与其居住在一起时，其他兄弟的摊派数量；父母谁也不依附，又不独立生活，吃“轮口饭”的赡养方式。

旧时农村分伙，主要是将家中的房屋田产及农具均匀分配给每一个儿子，通常是按儿子的数量分成若干等份，然后做成数字编号，采用抓阄的方式（衡阳话叫扯钩）决定各人得到哪份财产，是好是差全凭个人手气，谁也不敢再出怨言。也有些兄弟大气的，大家相互谦让，分伙在心平气和中完成。

一般家庭的分伙是在长辈的主持下凭口头协议完成的，也有些家庭因为子女多，妯娌之间不和谐，为防止日后节外生枝，会请族内一些有威望的人到场作证，并写成契约文书，供各人手执作凭。

无论是哪一种形式的分伙，全家人当天都要在一起吃顿分伙饭，然后各自另起炉灶。现在农村中的年轻人，从结婚一开始就拥有自己的房屋，父母也无多少财产可分，分伙现象基本不再存在。

挂 匾

衡阳人似乎对匾额格外青睐，过去在农村的一些屋场的堂屋内，不少家庭都悬挂着象征该姓氏获得荣誉称号的匾额。

我国匾额历史悠久，寓意深远。衡阳人过去的匾，内涵十分丰富。按形式分，分为横匾和竖匾；按材质分，有木、石、灰和金属等质地，以及琉璃匾、瓷匾、丝织匾、纸匾、竹匾等；按制作技艺分，可分为阴刻匾、阳刻匾、阳刻中刻阴刻之匾及阴刻阳刻结合之匾；按匾文的外形装饰则可分为有框匾和无框匾，有框匾的边框又分素平、雕刻与描金；按匾文功能，则可分为官署门第类、官家类、功德声望类、贞节贤孝类、寺庙宗祠类、楼阁殿堂类、书斋堂号类、婚喜寿庆类、医德教泽类，以及绘景抒情类等。

挂在农村堂屋的匾主要有两大类：

第一类是旌表贺颂匾。主要有福匾、寿匾、善匾与功德匾。这一类匾额多用以歌颂、称赞、旌表、庆贺，通过赠送、恩赐的方式给予受匾者。在此过程中，它们起到了协调人际关系，维护封建伦理道德、政治规范的作用。这种匾也是用途最广、保存较多的匾额类型之一。在衡阳农村，堂屋内悬挂的匾又以寿匾居多，无论是福匾抑或是寿匾，其中内容多以表彰忠孝节义的形式，用来教育人们，协调人际关系，为当世和后世树立行为典范，宣传伦理道德观念。比如本应是庆贺的祝寿匾，就往往出现赠送的匾额不是庆贺寿诞、长命百岁，而是通过表彰寿者的忠孝节义而使其本人更有一种荣耀之感。给女性祝寿时，匾额上一般书写“节孝堪旌”“闺阃模范”“懿德延厘”等来表彰其美好的德行，而对男性则多用“品偕渭叟”“德寿兼优”“风清梅叟”等，这种以赞扬寿者德行的匾额在祝寿匾中将近半数。

第二类是科举匾。在封建时代，农村人想要走出乡村，实现自己的理想抱负，就必须靠读书。十年寒窗无人问，一举成名天下知。科举制度使这一理想变成了可能。在科举时代，挑选府、州、县生员（秀才）

中成绩或资格优异者升入京师的国子监读书，称为贡生。意谓以人才贡献给皇帝。明代有岁贡、选贡、恩贡和细贡；清代有恩贡、拔贡、副贡、岁贡、优贡和例贡。清代贡生，别称“明经”。当时的考试分为几个层级：乡试考中的考生被称作“举人”，第一名为“解元”；会试考中的考生被称作“贡生”，第一名为“会元”；殿试考中的考生被称作“进士”，第一名为“状元”或“殿元”。连续考中乡试、会试、殿试的第一名，被称作“连中三元”。因此，乡下人有人中举，是头等喜事，为了鼓励大家向学，有的地方会由族人组织，给考中的人送匾以示庆贺。

衡阳农村堂屋内悬挂的匾多为横挂木质的，一般长约 2 米，宽约 1 米。制匾须预先定制，请名笔（善于写大字即榜书的人）书写，然后雕刻，最后上漆描金。有时重要人物书写的字匾，还请吹鼓乐队专门护送，以显庄重。

字匾送到后，要择吉时举行升匾仪式，这样东家和送匾人都有面子。升匾仪式并不复杂。先把亲朋好友召集到悬挂字匾的房子里，由司仪介绍送匾者身份，解释字匾意思，之后由东家出面答谢。鸣炮奏乐，开始升匾。升匾时有一套吉祥话语，在用绳子吊匾升挂时，司仪会喊：一上升，一鸣惊人；二上升，二龙戏珠；三上升，三元及第；四上升，四季发财；五上升，五子登科；六上升，六合同春；七上升，七星伴月；八上升，八面玲珑；九上升，九九归真；十上升，十全十美。当匾挂好后，礼生还要发个断，即用四六顺口溜讲几句好话，例如：

紫微星辰照中堂，四季皆明人安康。
今天升匾耀宗亲，他日金榜定名扬。

至此，挂匾礼成。主人家自然要给礼生一个红包，并置办酒席款待众宾客。遗憾的是，农村的一些匾现已荡然无存。

放　砖

放砖这个词是衡阳土话，准确的表述是用田泥做成砌墙的土砖，类似于北方农村建房打的土坯。

在很长一段历史时期内，衡阳农村大多数人居住的房屋，使用的墙体材料都是泥质的，即用土砖墙或用泥土抖墙，又以土砖墙见多，抖墙体房屋只是在山区才出现，因为那里找不到做砖的水田。

在过去，农村建房是一件大工程，可谓举全家之力而为之，故有“砌屋钉船，昼夜不眠”的说法。要想砌成一间新屋，需要进行多方面的筹备。且不说先要备好木料、打好地基等环节，光是墙体与屋顶的备料，就有“千砖万瓦百担泥”的要求，意思是说，一间新屋需要消耗一千块土砖、一万片土瓦和一百担砌墙用的砌泥。

在整个砌屋过程中，劳动强度最大的是放砖的环节，其具体环节如下：

第一当是时间的选择。农村的土砖靠的是自然干燥，因此时间点的选择很重要。春天多阴雨，砖不易干，还极易被雨淋坏；夏天太阳直射大地，地表被烤得烫手，砖极易晒出裂缝；冬天气温太低，不便人们赤脚活动。因此一般会选择在立秋前后进行，此时秋高气爽，阳光不温不火，加之早稻已经入仓，人们可以有充裕的时间来进行这项劳作。

第二则是原料泥的准备。农村选择放砖的泥料一般是从稻田中获取，且是那种泥脚不深的熟田，有地下水的拌泥田不在入选之列。备泥的第一道工序是犁田，就是用牛拉犁将泥土翻过来，不过这种翻犁比平时种庄稼要深一些，因此，要由有经验的老农来掌犁。第二道工序是放水，这其中的诀窍在于水与泥土的比例要适宜。水太多，则变成泥糊，砖难以成形；水太少，则泥不能出浆，脱出的砖没有筋道，保存时间难以久远。

第三则是练泥。所谓练泥就是将用水浸泡透的田泥用外力反复揉搓，使之变得柔软有韧性，有点像瓷器工匠们之于瓷泥的搅拌。当然，由于农村放砖的泥土较多，靠手工或脚力是无法将那一片田的泥巴揉成浆状的，此时一般借助牛力。水放好后，由人牵一头或两头牛，在田中间胡乱踩踏，为了让它们均匀地踩遍，有时还用竹条抽打牛，使它们在那里胡乱跑，从而达到揉泥的效果。这样进行三五天，泥巴便练好了。需要指出的是，一般农田里的泥都是有黏性的，经牛踩踏后便是很好的砖坯料了，但也有个别地方的土质较差，为使土砖更结实，需要将一些稻草剁碎后撒入泥巴中，再去练泥。

第四是放砖。这是进入砖坯成型的一道工序。放砖一般选择在天气晴好的时候进行，主人会依据砖料数量的多少，请来本屋场或附近的壮劳力来帮忙。一般都是三人一组，每组配有两个砖模。砖模是用木板钉成的一个长方形盒子，上下两面皆空，两端各用棕绳挽有提手，便于上拉使之滑出。还要一担篼箕和一柄铁齿耙，另置一个装水的罐子和一块木质的插片。放砖时，一个人负责将泥巴从田里挑到放砖的脱坯地点，另一个人手持耙齿将泥巴注入木模内，再用脚使劲踩踏，使泥巴均匀地灌装在箱体内的每一个角落，第三个人则在此基础上向泥巴再喷点水，然后用双手将砖面抹光，再用那个木质的插片沿木模内壁四周通插遍，然后双手握着砖模两端的绳子往上提，一块泥砖就完成了。

第五是收砖。砖脱好坯后，若碰上好天气，三天后就大致稳定成型了。这时，需要用人工将其从地上立起来晾晒。由于贴地那一面有些凹凸不平，还需要用砖铲将其削平。这样，再过一两天，砖的颜色已成土色时，便可将其垒好，并盖上稻草备用了。

放砖是一项劳动强度极大的活计，主人一般当天要安排四餐，即除了早、中、晚三餐外，上午还应给大家打一次尖，当然，是那种快速的简单餐，通常是面条或绿豆稀饭。

现在土砖屋在农村已经淘汰，放砖场景也只是存在记忆之中了。

风子轿

旧时，在衡阳乡下某个屋场，你或许会看到这样一个场景：在堂屋一角或某间杂屋的背风处，放置着一张类似于滑竿的二人抬小轿，里面坐着一个与此屋场非亲非故的人，屋场内所有住户每天轮着给轿内的人送吃食，这种现象用当地话叫风子轿。

风子一词是衡阳土话，是指那些晚期类风湿关节炎患者，他们因为不能得到有效治疗，导致双手指及其他关节肿大变形，行动受阻，生活不能自理。例如说某某脚风了或四肢全风了，用普通话翻译就是瘫痪了。

坐风子轿的人一般都是那些孤寡之人，他们既无亲戚可投，又无后人可靠，一旦患上这种病，只能依靠同姓的人或同屋场的人良心发现，自发地轮流值班，去护理他们的饮食起居。但这种病又属于慢性病，时间久了，大家都会产生厌烦情绪，俗话说久病床前无孝子，何况要服侍的是一个没有任何血缘关系的人。

旧社会不似今天有养老院等社会公共福利机构，孤寡老人，尤其是这种生活不能自理的老人求助无门。但我们的祖先想出了一个大家都能接受的办法：失能的老人由其他人一道来共同服侍。这个办法就是风子轿制度。

所谓风子轿制度，就是将老人现有的家产变卖，没有家产的由原住地邻居凑钱，打造一顶二人抬小轿。这种轿类似于今天南方景区的滑竿，长约1.5米，宽约1米，有4根立木，上置轿顶，外边用布幔围好。这里从此就是老人的起居室，平时吃饭的碗筷及洗漱用品和四时换洗衣服，垫的和盖的被褥均在这个空间内，他们将在这个空间度过人生最后一段光阴。

接送风子轿也有不成文的规矩，一般一个屋场是每户轮供一天，轮完后再去下一个屋场，但不能走回头路，因此，老人一旦坐进了风子轿，就意味着与自己出生地的永别。坐风子轿的人，不管来到任何一个屋场，是必须得到接待的，这也是旧时的一种约定俗成，倘若传出风子轿人在某屋场受到虐待，四邻八乡的人的口水也会将这个屋场淹没。当然，农村人都是那种朴素的人，富有同情心，一般都会尽力去完成自己那一天的轮值任务。

当风子轿来到一个屋场之后，这个屋场便会有一个年长的或族长之类的人出来，先是安排风子轿的摆放地点，一般是置于比较背阳又遮风挡雨的地方，如农村中的柴屋、杂屋等地，也有置于堂屋里的情况。安置好后，便要排出一个轮流值班的名单，人们便会按照排好的先后顺序，自觉地去服侍病人。一般情况下，病人与轮值人家一起用当天的饭菜，主家吃什么，他跟着吃什么，并不需要刻意为他加什么菜。当然，也有些心肠好的家庭主妇会在当天将饭菜做得比平时精致一些。轮值人还要服侍病人的洗漱，完成其他有必要的请求，碰上天气好，还要帮助把换下的衣裳洗好。当然，除了一日三餐是硬性规定外，其余的服务在于主人的心情。如果碰上过节或者有人做酒席，也有不是轮值者单独给病人送去吃食的。当一个屋场所有户轮值完毕后，那位长者或族长便会安排两个精壮劳力，将其抬去另一个屋场。

风子轿是不是衡阳所特有，我不好下结论，但这的确是当年农耕社会下的一个创举，它用一种道德的模式将一些公共事务承载了下来，让失能的老人在人生最后的一段时间里有了依靠。

竖大堂屋门

过去在衡阳乡下砌屋一般会有两种情形：一是伴屋砌屋，即在原有房子的旁边再加砌几间房；二是另择一处空地重新砌一栋新房，衡阳话叫开新屋场盘子。新开的屋场，用当地方言叫蹈屋，按照湘南民居建筑的基本要求，必须有一间房用来做堂屋，而堂屋的大门则是这个新屋的脸面，尺寸也较其他的门要宽大，且有一整套的仪式要求完成。

衡阳堂屋大门在选材上颇有讲究，门框架一般要挑选那些材质较硬、韧性较好的材料，最好的当然是柏木了。不过对于普通农户而言，杉木就是上好的了，也有使用松木的。框架的尺寸一般为 2.5 米乘 1.8 米。负责建房的木匠在衡阳又叫大木匠，他被主人请去后，第一个就是要做好大门门架。

新做好的大门门架，要在其他砌匠和小工进场砌砖之前单独举行一次竖立门架的仪式，衡阳话叫竖大堂屋门。

竖大门前，要先请地仙测方向和方位。地仙用罗盘按大游年法进行检测。按照这一法则，理想的大门要朝生气、天医、延年、伏位等吉星方向，才能固定位置；如朝祸害、六杀、五鬼、绝命等方向就祸及家门，必须重新调整方向，农村有些大门偏立墙、斜对就是这个原理。

竖门的日子也是要择黄道吉日，一些特殊的选址还要选择具体时间，如十二个时辰中的某个点。竖门的地点当然是在石匠师傅打好屋脚的基础上选择。开始前，由主人在新屋的前坪置好香案，上备三牲祭品及酒水，蜡烛线香一应俱全，还要备雄鸡一只。

竖大堂屋门的主祭人是木匠师傅，他在焚香祭拜之后，令人将做好的大门框架立在屋脚定好的大门位置，前后用两根木头呈人字形将其固定，一番鞭炮齐鸣之后，木匠手持那柄锋利的开山斧，准备杀鸡。

据说鲁班传授技艺竖大门杀鸡时，必须念这套口诀：今天安大门，挡鬼不挡神。鬼魅滚一边，不敢上台阶。邪气躲得远，好事才近前。财神进门来，年年都发财。金钱翻跟头，都往我家走。福禄神来到，福运加喜报。事业有前途，夫妻更和睦。还有寿星老，送寿进来了。喜神来加入，再把喜事促。小孩都平安，大人更喜欢。老人不生病，健康度晚年。大门已安妥，各路神仙所，今后多串门，给您献供果。天看三奇地有六仪，玉女守门凶杀远离；进喜进财大吉大利，金玉满堂长命富贵。南斗六星北斗七星太上老君急急如律令。

这段话有些长，也不怎么押韵，但旧时的木匠几乎人人都能吟诵，这也是讨生活的一个本事。念完之后，木匠用手中的斧头在鸡脖子上一抹，然后进入堂屋的线框内，将鸡血淋遍四个角落，最后将鸡往堂屋地上一丢，倘若鸡仍然能够扑腾很久，说明这家主人将来运气极好。

做完这些之后，木匠师傅还要发断，即用四六句子讲几句好话，如：今日竖大门，太阳月亮齐照临，日进金，夜入银，子孙万代是贤英。大门竖得高，子孙万代出富豪。大门竖得宽，满屋财宝万万千。出门四方财丰旺，进门日夜永吉祥。

发完断后，主人要给木匠师傅打一个红包，那只杀好的鸡，也由木匠师傅拿回家去享用。

农村竖大堂屋门，还是有许多禁忌的，主要有以下几个方面：大门不可以正对窗户。这里的窗户是指别人家的窗户，如果自己家的门正对着别人家的窗户，这对于自家人的健康来说是极其不好的，还会给自己招来小人算计。大门不能正对着河流。大门前面如果有河流，会使自家的湿气非常重，不仅影响家人的健康，河流还会把家中的福气全部带走。大门不能正对着厕所。厕所的污气比较重，如果大门正对着厕所，不仅破坏了其隐私性，还会给家中带来不好的气息。大门不能正对着厨房。厨房是做饭的地方，用火比较多，如果大门正对着厨房，会给家中招来灾祸，家人可能会出现意外情况。

当然，这些是前期风水先生或者石匠师傅应当做的工作，竖门时，木匠师傅的职责是将其放在指定的地方，不致走偏。竖大堂屋门，只是整个砌屋工程的序幕，当泥工匠们进场后，才是整个活动的高潮。

洞 眼

外地人看到这个标题，可能会有些费解，这是衡阳方言的直译，用普通话说就是地窖或菜窖，衡阳也有人叫薯窖或薯眼。

旧时在衡阳乡下，几乎家家都有一口地窖，其功能就是用来储存家中一时吃不完的食物，多数用于储藏红薯，因为在一些丘陵地区，红薯是农家的半年主粮。

地窖的挖法，各家根据自家的情况自行设计，其形状主要为两种：一种是竖井式窖。这种窖一般选择一个地势平坦的地方，在地面挖一圆圈，直径约50厘米，大小约相当于一个装谷的箩筐。渐次从地面向下掘进，挖成那种圆筒式的形状，一般深2米以上，待掘到底部时，再沿洞壁向四周扩展，高度大约1米，横向宽度约1.5米，是储藏食物的空间。第二种是窑洞式的。这种窖一般选择在一个山脚下，建成后类似北方的窑洞。开挖时，先要将山坡削出一个直立的平面，高度和宽度由主家依据藏纳食物数量的多少而定，一般的地窖高约1.7米，宽约1米，大抵一个成年人可以挺直身子走进去。也有的家庭图省事，挖个1米见方的亦可对付。这种形式的地窖，一般进深在2米左右，见底后，再向两边掘出两个储藏空间，各约1个立方米大小。

地窖的位置也有两种。一种是在室外。过去我们去乡下户外溜达，极目四望，总会在山脚的向阳处或地势平坦的树荫下，找到地窖的入口。这些地窖，竖式的入口封土再垒些稻草，窑洞式的一般装有木框，讲究些的会在上面装门加一把锁。另一种是在室内。这或许是衡阳农村居家的一大特色，当你进入一户人家，入得卧室，便会在房屋的一角，一般是在床边，发现一个正方形的木框，上面用木板封好，不用说，那一定是一口薯窖。旧时，几乎每家卧室都有这种袖珍型地窖，这种地窖最大的好处在于存取食物都十分方便。

无论是哪种形式的地窖，都要求土质结构紧实，不然，到了一定年限便会倒塌。一般而言，农村的窖眼使用寿命都在30年以上，我家后山上的一眼竖式窖，据说还是我爷爷年轻时挖的，窖龄当在百年以上。另一个要求则是要做到茶壶式的结构，即嘴小肚大，这样便于密封，当然，如果洞内潮湿，有滴水的情形，也是不可取的。

地窖贮藏的基本原理是，因为土壤的导热性弱，其温度变化比大气小得多，冬季外界过冷时有利于保温，而秋季和初冬外界气温过高时，地窖内仍可维持较低的温度。土壤内的湿度变化也比较稳定，有利于防止果实的蔫缩。此外土壤中的气体交换较差，加上地窖一般要用覆盖物覆盖，所以地窖内具有积累二氧化碳、降低氧气的自然调气作用，所以可以长时间保证食物不变质。

地窖的功能是我们的先人在长期的劳动实践中发现的。由于空气不流通，因此食品可以长期保存，特别是农村中那些主粮如红薯，副产品如凉薯、白薯等，均可以放在那里长期保存，过年时也就使餐桌上多了许多花色品种。在没有空调冰箱的年代，地窖还是夏天避暑的好地方，当外面烈日炎炎，人们口干舌燥时，在地窖中铺一张草席，席地而卧，便会觉得神清气爽，暑气全消，那才是神仙般的境界。

可惜的是，现在衡阳农村，这种地窖已经很难找到了。

打 铳

打铳是衡阳土话，是对狩猎的一种俗称。衡阳人打铳一般有两种形式：一种是单独行动，这种人一般不养猎狗，平时背一杆猎枪打一些飞禽和野兔等；另一种则是团队行动，一般由一个核心人物牵头，将周边散户集结起来，组成一支打猎队伍，育有 4 到 5 只专门训练过的猎狗，人数为 5 至 7 人，这种团队主要是捕猎大型野兽，如老虎、野猪和獐子等，也捎带捕猎野兔等小动物。

在衡阳，打铳只是副业，农忙时节人们要耕田、播种、收割，此时也正是野生动物繁殖生长的时候，惊扰它们不利于它们的成长。打铳一般选择在每年秋收过后，此时山上树叶凋零，视野开阔，便于围捕大型动物。

衡阳人打铳，在过去有诸多讲究，均要拜师参道。一般认为，梅山老祖是他们的祖师爷，道行深的猎户，据说有强大的法力，在打猎时绕山走一圈，口中念念有词，便可将野兽圈在里面，并使其按规定的线路行走，猎人只需等待在路口扣动扳机即可。

这当然只是传说，但打猎队伍还是有自己的一套运作程序的：出发前先要在堂屋阶基上设上香案，由牵头人率众人向梅山老祖上香祭拜，祈求祖师保佑此行安全，并收获满满。来到山前，先将事先规划的打猎范围确定，然后由牵头人绕山行走一圈，并对队员进行分工，每个关键路口一般布置两人，以便打大猎物时补枪。布好阵后进入赶山环节，所谓赶山，就是众猎户按照事先安排，在山中的某一区域各就各位形成包围圈，猎犬在前面吠叫，猎户在后面高喊，惊动野兽。随着包围圈的逐渐缩小，经过训练的猎狗会根据动物的气味一路追踪，一旦发现目标，便会吠叫起来，其他猎狗也会跟着上前撕咬。打铳人有时会跟着猎狗奔跑，持枪射击，更多的时候是采取守株待兔的方式，潜伏在路口等待野兽的到来。打完猎回家后，还要在堂屋阶基上再设香案，将猎物置于案上，向梅山祖师行叩谢礼。

猎户使用的武器是土铳。铳类似于现代的步枪，不同之处是枪用的是子弹，而铳凭借的是火药和铅子。铳的主要部位是钢管，钢管固定在铳托上。钢管后部连带铳托处有扳机，起击火引燃的作用。打铳的装火药和铅子要比现代步枪装子弹麻烦得多，必须将铳杆竖起，钢管口朝上，再将漏斗式的器皿放置钢管口中，火药顺之灌入。一边灌还要一边用较粗的铁丝往钢管里捅，使火药能紧实。灌入一定量的火药后，就抓一小把比豌豆还小的铅子灌入其中。最后才是用纸团紧贴火药堵住钢管口，防止铅子掉出。如果是打野猪、老虎之类的大型动物，光这些铅子还不够，还要加入小型的条状生铁块，称之为“上条”，类似于现代步枪的子弹，杀伤力强。上好火药，扣动扳机，触发火石击火，引燃火药，强大的冲击力将铅子射出。

灌注火药耗时费力，因此打铳特别强调眼力准，最好“一枪毙命”，如果打偏了，铳没有连发装置，必须重新坐下来灌火药，而漏网之兽早就逃之夭夭了。但最大的问题还不在这里。衡阳的猎户都知道：打老虎要胆，打野猪要办板。这句话意思就是打老虎只要有胆量就行，但打野猪时，却要准备一副棺材板，因为万一没有让野猪一枪毙命，受伤的野猪一旦野性大发，便会危及人的生命。

为了弥补火力不足或枪法走偏的缺陷，打铳的采取联合行动，第一铳偏了，第二铳紧接着补上，直到猎物被打中为止。

打铳除了要求眼法好外，也要求有一定的经验，比如鸟要打飞。猎人经常说要打飞鸡，就是指打飞起来的野鸡。原来，铳里的铅弹多而分散，穿透力不强。野鸡有着丰茂光滑的羽毛，停在地面，铅子会顺着羽毛滑落；只有飞起来，腋下的茸毛处才会暴露出来，容易击穿。打大雁也如此。大雁是群居飞禽，栖息时有值日之雁，有人靠近就会报警飞离。打雁的猎户掌握了这个特点，用的铳是特大号，有座架。铳管里装的铅弹更多，射出去的火力范围更广。打雁的猎户往往利用黑夜作掩护，偷偷地来到射程范围内，架好大铳，突然点亮火种，惊飞雁群，打雁的猎户抓住机遇，一声铳响，往往收获颇丰。

对于打到的猎物，打中第一枪的，一般给一腿肉，也有的是给一只野兽头，其余则按照参加人数的多少，平均分配。

现在，倡导野生动物保护，对枪支和火药管控，农村中已无打铳人。

打草鞋

与中国其他地区一样，在相当长的一段时间内，草鞋是衡阳人传统的劳动用鞋，穿着普遍，相沿成习。无论男女老幼，凡下地干活，上山砍柴、伐木、采药、狩猎等，不分晴雨都穿草鞋。草鞋既利水，又透气，轻便，柔软，防滑，而且十分廉价，还有按摩保健作用。夏天走长路，穿上草鞋清爽凉快，软硬适中，给人一种惬意感；雨天穿着它，既透水，又防滑；冬雪天内穿一双棕袜子，外套满耳子草鞋，既保暖，又防滑，如遇结冰，再套上铁制的脚码子，可保无事。

草鞋在中国起源很早，可算是中国人的一项重要发明。它最早的名字叫“屝”，相传为黄帝的臣子不则所创造。由于以草作材料，非常经济，平民百姓都能自备。汉代称为“不借”。据《五总志》一书的解释是：“不借，草履也，谓其所用，人人均有，不待假借，故名不借。”

古代穿草鞋相当普遍。据史料记载，贵为天子的汉文帝刘恒也曾“履不借以视朝”。古代的侠客、隐士似乎以穿草鞋为时髦：“竹杖芒鞋轻胜马，一蓑烟雨任平生。”

草鞋作为大众用鞋，一般而言都是就地取材，大多数人用的原料为稻草和麦秸；衡阳的草鞋却另辟蹊径，用竹笋壳编制而成，用这种原料编制的草鞋，远比前两者来得舒适和耐用。

由于这种鞋属于低值易耗品，人们的需求量很大，尤其是那些走长路的人，1 个月能消耗 10 来双草鞋。最典型的是当年那些去广东连州的挑盐工，他们来回都是步行，时间跨度在 1 个月左右，因此出发时每个人都要背上 10 余双草鞋备用。正是因为需求量大，催生了当年衡阳农村的草鞋生产链。

当年在衡阳乡下所有的集镇，你都会看到这样一道风景：在集市的一角，有十几位中老年妇女分别将扁担立在地上，上面挂着十几双或更多些的草鞋，不时有人前来用手捏捏草鞋的硬度，并进行一番讨价还价，然后从贴肉的口袋掏出二角钱交与主人，再取走一双草鞋。

衡阳编制草鞋的主要原材料是笋壳、梧桐树皮和烂布条。编制的工具为一个三角形的草鞋木马，其外形是一根约 3 尺长的横木，其上钉有 5 根木齿，中间的较大，左右各 2 个小齿；在横木下，再有一根 0.5 米左右的短木，与一根 0.66 米高的直木连接，直木再连接一根斜木形成支撑，使之稳定，因其状如马头，故曰草鞋木马。

织鞋的前期准备大抵有两道工序。首先是用手工搓索。草鞋的鞋筋一般为 3 根，起着将散乱的原料编紧的作用。衡阳人一般选择当地产的一种叫梧桐的乔木，剥下它的皮后用水浸泡，再去掉粗皮，用这种纤维制的原料搓成细索，强度极好。其次是准备编织材料。主要是笋壳。笋壳是江南山村常见的一种原料，长纤维多，用来编制草鞋经久耐用。编制时，先要将笋壳在水中略为浸润，使之变柔软，然后用一把钻子将其撕成竹筷子粗细的长条备用。此外，还要将一些废旧布料剪成小条，搁在木马边。

正式编织草鞋时，操作的人操一把单人凳坐在木马背上，腰上系着一把木弓，先将编鞋的 3 条筋在一头打好结锁在腰间的木弓上，再散开将另一头系到木马的几个齿上，然后从脚趾起向脚后跟方开始编。先是从窄处着手，渐次变得宽度与脚板大抵相当，中间要在适当处安鞋耳，即草鞋的穿绳的襻子，还要在笋壳中间不时夹进一些旧布条，以使其耐磨。衡阳人有句俗话叫“草鞋冇样，边打边像”，意思是说，草鞋样子的好与坏，全凭织鞋人当时的发挥。

打草鞋是一件十分辛苦的活，费时又费力。一双草鞋扣除成本后赚不了几分钱，过去有的家庭主妇为补贴家用以便在赶场时多拿出些成品去卖，不得不起早贪黑地在木马上劳作。

现在知道草鞋为何物的人已经不多了，年轻一代根本无法想象草鞋是如何编织而成，草鞋也终将成为一种久远的记忆。

打稿荐

稿荐是衡阳土话的音译，表述的是一种常用的家庭生活用品，用普通话说，就是稻草编织的床垫。

上了岁数的衡阳人或许还会记得，当年在衡阳城乡，家境不富裕的人，床上不似今天垫着席梦思，抑或是在板子上垫上旧棉絮，再铺上漂亮的各种花色的床单。彼时一般床铺的标配是，木架子床支上一顶蚊帐，铺上几块木床板，再摊上一床稿荐，上面再覆一张草席，然后就是被子和枕头。

谈到床垫，今天的人们可以说出许多市场畅销的品牌，家中床上陈设也会有更多的选择。但在漫长的农耕岁月中，人们对于生存也只能从基本的温饱目标出发，就地取材来满足需求。用稻草编织成稿荐，就是衡阳人在劳动实践中逐渐摸索总结出来的，这种床垫一是取材方便，稻草在农村可谓触手可及，到处都能找到；二是这种材料织成的床垫，睡在其上松软舒适，且可像皮肤那样，自由调节身子接触部位呼吸；三是制作简单，稍加留心，便可上手自行编织。因此，在农村的作田人，家中的稿荐都是自己编织的。

打稿荐的主要材料是稻草，但对稻草也是有选择的。首先当然是考虑其长度，一般的禾苗高度都在 1 米以上，太矮的则无法进行编织。如当年农村曾推广一种叫“农垦五八”的水稻，秸秆不到 30 厘米，农民一度就为冬天打稿荐的原料发愁。其次则要选择那些壮实，且不是倒伏在地的禾秆，这样的材料不但新鲜，而且伸缩性能好。三是选择的稻谷品种必须是粘米。乡下人有一种说法，用糯谷稻草打稿荐，睡后会得腰疼病，这当然只是一种传说，现实中并未有人去印证，因为这确实没有必要。农村人打稿荐选好材料后，就会在收割稻子时，加以格外关注，如会把系好的稻草及时晾晒并垒成堆备用。

打稿荐的时间一般选择在农闲或天雨的时候，其过程和所需的准备工作如下：

一是备料。稿荐主要由两种原料构成：稻草，这是主料；细绳，这是辅料，相当于织布时用的经线。在编织稿荐前，稻草秆子上还残存着禾叶（衡阳话叫禾衣），必须将它们剥离，一般的办法是用铁齿耙将其梳去，也有精细人家是用手工撕除的。编织稿荐需要用细绳子将稻草连在一起，连到像帘子一样的紧密，这种细绳一般是用梧桐皮手工搓成，其粗细程度比筷子略细。

二是工具。编织稿荐是在一个稿荐架子上完成的，它是一个由 1 根宽约 2 米的横木，2 根高约 1.5 米的竖木拼接而成，横木上有 5 到 7 个木齿，等距离安装在上面，另一侧有 2 根约 50 厘米的短木，便于在靠墙时保持距离。

三是开编。正式编织前，主人会根据床铺的宽度调节横木上的齿宽。旧时农村的床宽多为 1.5 米左右，小的也有 1 米左右，我在中学读书时，双层架子床则只有 0.6 米宽。调整好幅宽后，一般是用 5 根细绳进行编织，此时须将搓好的绳子分别系在齿上，然后人站在架子下面，每次拈十几根稻草按照一上一下的规则用细绳捆绑，做到两捆稻草要大致匀称，之间要尽力勒紧，不留缝隙，在稿荐的两边要织成辫子式样，这样，既美观，又平整。

稿荐编织的长度一般为 1.8 米，起始与收尾均要做到不露稻茬，整个工作完成之后，还要用剪刀将露在外面的禾衣认真地剪去。一床上好的稿荐卷起来后站一个人而不松散，表明其紧凑；摊开后平平整整，手摸上去没有凹凸不平，说明其精细。

现在，人们的床上再也不用稿荐，再过若干年，或许没有多少人知道稿荐是何物了。

土法抄纸

东汉时耒阳人蔡伦改进的造纸术，使得社会文明进步迈上了快车道，纸的大量出现，无疑给文化的传播带来了极大的便捷，也使得文化娱乐内涵更加丰富多彩。或许因为蔡伦是衡阳人，也或许因为衡阳盛产毛竹，这里的抄纸作坊曾经遍地开花，无论你在哪个山村歇足，都可以找到一家抄纸的土作坊。

衡阳乡村小作坊生产的土纸又称箱包纸、草纸或黄纸，其主要用途有：一是各南杂食品店用来包食品。旧时，衡阳人到南杂店去称糖买饼干糕点，不似今天有现成的纸袋或塑料袋简单地往里一装便完事，店员需要用一张箱包纸将食品先码成方块状，然后将其包装成一个半三角状的包封，再用一根灯芯草系好。一个有经验的店员，包出的封棱角分明，十分漂亮。二是用来打制冥纸，衡阳人又叫纸钱。其具体做法是将一沓黄纸裁成三寸见方的纸坨，用一把钱纸刀印在上面，再用木槌敲击，衡阳话叫打钱纸，使其上面留下一行行类似括号的印记，就变成了阴间的冥币了。三是用来搓纸煤。过去没有打火机，火柴也是近代才流入中国的，农村取火接火多用一种打火石，非常不方便，于是人们用黄纸搓成筷子粗细的纸卷，用来点火与传火。最典型的莫过于人们相互递水烟壶吸烟，纸煤在吸烟者那里，被撮起的嘴巴一吹，便变成了明火可以点烟。土纸当然还有其他作用，譬如如厕及女性经期都有可能用到它。

正是因为这种纸有广泛的市场，因而催生了大量手工作坊。

衡阳土纸的生产过程并不复杂，但时间跨度却很长，一般的流程有这样几个：

备料。生产土纸的主要材料是南竹，备料是有着严格的时间限制的。大家都知道，南竹从春天冒出笋尖到长成竹子，就是一两个月的工夫。抄纸用的料竹，既不能是尚未脱壳的竹笋，也不能是已经枝繁叶茂的南竹，前者是一汪水，没有纤维，后者已成材，沤不出纤维。有经验的师傅一般选择在小满前后上山剁料竹，此时，笋壳大抵已脱光，而竹枝又未长叶。剁下来的料竹要裁成 2 米长，并剖成 4 片备用。

沤料。一般的抄纸作坊，事先都会用砖砌好一个四方形的池子，池子的大小视作坊的生产需要而定，一般为 2 米见方，1.5 米左右深。料竹备好后，将它们均匀地铺在池子里，每铺一层撒上一层石灰，直至铺满整个池子，再注入清水，将其全部淹没，然后盖上竹簟任其自然发酵两个月。

洗料。沤料期满后，揭开竹簟，用耙子等器材反复搅拌料竹，使其面上的青皮完全脱去，再将池内浊水放掉，注入清水，再浸泡一个月，便可起出备用。

挞料。从清水池中取出的料竹，经过近百天的浸泡和漂洗，已经变得像麻一般柔软了，此时，将其放在碓臼里，捣成粉碎状。碓臼是农耕时代我国劳动人民一种常用的生活用品。在生活用具中，碓臼是最简单耐用的东西。它分碓窝和碓锥两部分。碓窝是在一块方形的大青石中间由石匠雕凿出的一个圆窝，有 40 厘米深，上宽下窄，非常光滑；碓锥是由一块长条青石所制，上粗下细，下端非常光滑，其整个要比窝小一圈，为的是舂东西时不碰手。碓窝凿有若干斜凹槽，碓锥凿有若干斜凸槽，以便提高功效。碓臼的功用一般是用来舂数量不大的糙米、杂粮、米粉和面粉，还兼带着打糍粑。用碓臼捣纸浆是一件力气活，要将那些丝状的料竹捣碎，可真要经过千锤百炼才行。

抄纸。将捣成糊状的纸浆放进一个方形的大木桶内（衡阳叫王桶），兑上水稀释。师傅用一张特制的帘子在浆水中左右晃动一次，使纸浆均匀地摊在上面，再覆在边上揭开，如此层层加码，大约一尺高又另起一堆，这个过程就是抄纸。抄纸液稀稠的把握，全在匠人经验，太稀则要多往复晃几次帘子，工效不高；太浓则又导致纸张过厚或摊不均匀。这也是劳动强度很大的一种活计，一个强壮的师傅一天下来也只能抄 10 斤左右。抄好的纸还要压挤水分并晒干后方可到市场上出售。

现在，新型造纸技术的出现和现代机器设备的使用，使纸张的品种和质量都有很大的变化，加之传统的造纸方法对环境带来污染过大，农村中的土纸作坊早已销声匿迹。

搞 水

搞水是衡阳话，翻译成普通话就是用水车车水。水车是江南农村中一种原始提水工具，在抽水机尚未出现之前，农民们用这种工具将低处的水抽到高处。衡阳人因为是坐在车架上用双脚蹬，故而把车水叫搞水。

水车在中国出现的历史要追溯到东汉末年。一个叫马钧的小县官住在京城洛阳。当时在洛阳城里，有一大块坡地非常适合种蔬菜，老百姓很想把这块土地开辟成菜园，可惜因无法引水浇地，一直空闲着。马钧看到后，就下决心要解决灌溉上的困难。于是，他就在机械上动脑筋，经过反复研究、试验，他终于创造出一种翻车，把河里的水引上了土坡，实现了老百姓的多年愿望。

衡阳农村的水车又叫龙骨车。有句谜语是这样描述的："生在青山一大棵，死在人间骨节多；骨骨节节浸下水，汗珠滚滚唱山歌。"苏轼《无锡道中赋水车》为我们保留了龙骨水车的经典形象："翻翻联联衔尾鸦，荦荦确确蜕骨蛇。分畴翠浪走云阵，刺水绿针抽稻芽。洞庭五月欲飞沙，鼍鸣窟中如打衙。天公不见老翁泣，唤取阿香推雷车。"

水车基本构成有三：

车架。车架是木头构成的一个门框形架子，由 4 根立木组成基本框架，前面 2 根立木高约 2 米，后 2 根高约 1.8 米；再用数根横木将其连接，形成一个稳定的框架，其中靠地面一处只用 2 根平行木板与车槽的方向连接，架子的最低处左右各安放一块斜木板，上面有三级刻度好的槽子，便于安放水车的龙头。

水车龙头。这是水车车水时力量的传递点，由一根椭圆木头构成主体，长约 1.5 米，两端各有一根 1 寸长的铁棍，便于安放在车架上。正中间是用木头等距离安上的木片，一般为 6 片，长约 5 寸，主要用来契合水车龙骨并带动水车叶片驱动，这种木片衡阳叫羊角刺。在羊角刺两边，各有两根木头穿出，并在上面安放一段横木，衡阳话叫车拳，便于脚蹬时舒服。整个部件衡阳话又叫车脑。

车槽。这是提水时的管道，由 3 块木板钉成槽式，长约 8 尺，宽 4 寸至 7 寸不等，高约 1 尺，分上、下两层，供水车叶片轮流行动。其下层为上行，用于提水；下层为下行，供叶片回转。中间架设行道板一条，和槽的宽窄一样，比槽板两端各短 1 尺，用来安置小轮轴。车槽的末端同样安放着一个与车脑一样的转轴，上面有 6 个木齿用来咬动水车龙骨，带动叶片入河提水，这个小轮轴又叫步水，也叫水打估。整个槽子内布满了水车叶片，水车叶片是安放在龙骨上的长方形木板片，约 5 寸高 4 寸宽，一般一架水车有 69 片或 67 片叶片，也有超过 100 片的，那就是 4 个人或者 3 个人搞水的特大型水车了，而农村一般为 2 人水车。由于叶片在行道板的上下处，通周由一节一节的龙骨板叶用木销子连接起来，这很像龙的骨架，所以又叫龙骨车。

水车的工作原理其实好理解，将车槽一端伸入水中，人坐在车架上，用双脚蹬动车脑上的车拳，使之不停地旋转，因为有大小两个齿轮咬住车龙骨，从而带动水车叶片在车槽内循环往复地运动，将水由低处提到高处。一般而言，一两米高的跨度都是可以解决的，但如果跨度更高，就需要采用分级接力提水的办法了。因此，倘若碰上天干的年份，为了将河里面的水车上更高的排岸田，最多时有五六架水车在同时作业，那场面也是十分壮观的。

用人力车水是一件十分繁重却又简单的体力活，但架好水车，使之搞水轻巧省力，却是一门有技术含量的活计。要想把一架水车架好，其标准是：步水吃水深度只能入水三分之一，车叶板左右不能刮脸，下不能刮槽底，车脑与龙骨的咬合恰到好处，用脚蹬起来比较轻松。有经验的老农在驾车时十分讲究这几点：车架一定要稳，由于架车一般都在野外，难以找到平整的地方，这就需要用锄头刨出两条适合放车架底板的地方，必要时还需借助其他辅助工具，太狭窄的地方有时候还要板凳支撑；大小齿轮要对成一条直线，车水的工作原理告诉我们，倘若车脑上的大齿与槽尾的小齿不在一条直线上，车水时人不仅费力，同时也会使车叶片刮脸；小车轮的吃水深度也很重要，太深则人费劲，太浅则出水量小；此外，车架上那个斜木板是用来调节契合松紧度的，越往上放愈松，反之亦然，有时为了咬合得更好，还需要摘除一两片车叶。总之，架车的技术在于灵活运用，不能照本宣科。

拖　客

看到这个标题，外地读者会有些费解，其实稍加解释后，他们就会明白，这是衡阳人将客人留下来的一种方式，虽然看起来有些粗鲁，但表达的却是主人的一腔热情。

中国是一个礼仪之邦，对来到家中的客人，历来都是热情款待，唯恐怠慢对方。我们也都有过做客时被挽留或挽留客人的经历。留与被留，通常是基于两种情况：一是偶然造访或恰好路过，主人执意相留；二是已经留下，客人欲归，而主人却以为情义未尽，希望继续相留。在衡阳留客的方式大致分为以下三种：

一是用语言挽留。这是多数人使用的方式，当客人来到家中或表达去意时，主人和颜悦色，用好言好语相劝，说服客人留下。最高雅的莫过于古代文人以诗留客，例如唐代张旭的《山中留客》：“山光物态弄春晖，莫为轻阴便拟归；纵使晴明无雨色，入云深处亦沾衣。”这首诗表述的是一位客人来到山中张旭家中，原本是来观赏山景的，但见天色转阴，意欲离开，张旭作诗挽留。诗中先是劝说客人“莫为轻阴便拟归”，觉得还不够，还必须使客人真正安下心来，游兴浓起来才行，于是接着说今日无雨。可天有不测风云，何况“轻阴”已见，这种“包票”恐怕不一定保险。为打消客人心中的疑虑，诗人琢磨着客人的心理，认为他不是不想欣赏这春山美景，只是担心天雨淋湿了衣服。诗人就进行劝说：你是怕天雨湿衣吗？天晴又怎样呢？纵使晴明无雨色，入云深处亦沾衣。沾衣反正难免，不如雨天一游。那空山幽谷，云烟缥缈，水汽蒙蒙也是另一番境界呢！我们无法得知那位客人最终是否被张旭留住，但可以知道，很多人都被主人热情的言语留下继续做客。

二是用仪式挽留。这在民间也是一种常用的方法。情况多发生于一些重要的客人第一次光临或亲戚久别重逢，主人用乡下极其隆重的仪式表示欢迎。这些仪式多种多样，最隆重的就是主人派人抬着轿子到客人家中，并雇有仪仗人员敲锣打鼓地将其迎至家中。一些家境稍欠的人，也可以由主人徒步前往对方家中，或在第三方人家中将客人宴请到家。无论是哪种方式，都少不了要燃放鞭炮，有时候主人还会张灯结彩，杀鸡宰猪磨豆腐，大摆宴席进行招待。

三是用肢体挽留。这种情况在衡阳乡下过去曾经十分盛行。倘若时间倒退 30 年，您有机会到乡下走动，可能会在一些地方看到这样一个场景：有两个人在互相拖扯，一个执意往门外走，另一个则奋力阻止他走出大门，双方表情都十分激动，显得脸红脖子粗，语言上也不大和谐，有人甚至还会大发脾气。看到这里，你千万别误会这里发生了一桩民事纠纷，实则是主人与客人就去留问题在各自表述自己的意愿。这种情况有两种原因：一是客人确实是当天偶然路过，事先没有心理准备在主人家用餐；二是客人已经在这里住了多日，思家心切，执意返回。而主人一般都是觉得没有尽到接待之责，但苦于语言上说服不了对方，于是只好采取这种看来有些粗鲁的方式留客。还有一种拖客的情况，主人到客人家请客人到自家用餐或赴宴席，客人讲客气，衡阳话叫转弯，推辞不去。主人执意要请客人随同而去，便使劲拖着客人的手臂往自己家方向走，这就是典型的拖客动作。

至于留客，衡阳还流传一个笑话：古文因无标点，断句不同则读起来意思也完全不同。一客人在主人家住了些日子，遇到下雨，则无归意，主人又不好催促，便用笔在墙上写了一行字：下雨天留客天留我不留。主人的意思为：下雨天留客，天留我不留。而客人读为：下雨天，留客天，留我不？留。

这当然纯属调侃。需要说明的是，衡阳乡下用这种方式留客，后来演变成主人是否真心留客的一个标志。倘若你偶然在吃饭时间路过亲戚家或正在亲戚家，可以试探一下对方是否真心挽留，便大声向主家告辞。倘若主人只是口头说“吃完饭再走吧”，并没有其他任何肢体动作，不消问，他并不是真心想留你，哪怕那些言语再漂亮，此时应当头也不回地告辞。倘若主人不但口头挽留，还用一只手拽了一下你的袖子，这种留客属于留与不留之间，可根据亲疏情况选择去留。倘若你在表达去意之后，主人用双手拖住你的手往屋里拽，有时情到深处，主人甚至是出动几个人，前面拖后面推，乃至抱着你不让你走，便是真心留客。

绩　麻

上了年纪的衡阳人或许还记得，当年乡村有一道共同的风景线：妇女绩（夹）麻。无论你走进哪个屋场，进入一户人家，都会看到一个圆鼓形的木桶边上坐着一位妇女，用一只手的拇指和食指旋动两股麻丝，将它们捻在一起，使之变成麻纱，源源不断地落入那个圆形的木桶内（衡阳话叫麻桶），这种现象就叫绩麻，是旧时妇女女红的一种。

妇女绩麻在我国有着悠久的历史，最早有文字记载出现在周朝，南宋诗人范成大的田园诗也证实了古人这种活动的存在："昼出耘田夜绩麻，村庄儿女各当家。童孙未解供耕织，也傍桑阴学种瓜。"千百年来，衡阳的绩娘们在日复一日地"夹麻"过程中，不仅创造了物质财富，也积累了对四季轮回的认知。或许她们根本就不晓得地球自转与公转的天文学常识，但她们却总结了"过了夏至短根线，过了冬至长根线"的民间谚语。因为夏至是全年白天最长的一天，冬至是全年白天最短的一天。

绩麻其实是从苎麻中提取纤维，使之变成日用品的一项综合性活动。在漫长的农耕岁月中，我们的先人发明了用棉花、苎麻和蚕丝等物品纺织布，抵御风寒及美化环境。衡阳人绩麻的主要用途在于用麻纱织蚊帐，用麻线缝衣服和纳鞋底。

绩麻首先是要采料，从苎麻秆上剥皮再加以净化。苎麻是一种茎秆类植物，高约5尺，栽下后每年可收割三茬。第一茬大约在芒种前后收割，此时用镰刀将其割下，除去叶片，将它们置于水中浸泡数小时，然后将粗皮撕下，再拿一把特制的麻刀用拇指将粗麻皮按在刀刃上，另一只手奋力一抽，便将粗皮上不含纤维的外层剥离出去，然后将麻晾干备用。

绩麻的第二道程序是捻纱，这是一道最基础的活计。绩麻人要根据麻纱将来的用途决定它的粗细，一般为两种用途，织蚊帐布或用于缝衣的捻细纱，用于纳鞋底的则捻粗纱。捻纱是一项细致活，先要将麻片用钻子认真撕成很细的麻条，准备捻纱时，一般在右手旁边放置一个麻桶，左手旁边或用双腿夹着撕好的麻皮，前面的小凳上还要摆放一盘用稻糠烧成的灰，这是增加捻纱时摩擦力用的，有点类似于今天的体操运动员在进行高低杠运动前用来搓手的滑石粉。捻纱时，一般左手送料，右手的大拇指与食指迅速转动两股细纱，使之拧成一股，并不断置于麻桶内，当麻桶堆满时，捻纱者便要将这些细纱绕成一个纱筒（衡阳话叫秧筒）以备用。

绩麻的第三道工序叫搓麻线，就是将搓线瓦（这种搓线瓦是在瓦货店中专门购回的，形状类似于盖在屋上的青瓦，不过其弧度更大，上面刻有阴纹）扣在大腿上，将事先浸泡好的苎麻丝放在搓线瓦上，张开五指不停地搓。随着不断接续麻丝，一根粗细均匀的苎麻线不断延长，一圈一圈地落在脚下的簸箕里。看上去似乎简单的活儿，却在老百姓生活之中起着举足轻重的作用，因为那时农村人穿不起塑料和橡胶底的鞋，无论男女老少，都穿清一色的千层底布鞋。做鞋，得先纳鞋底，纳鞋底得有线，线得自己搓，最好的原料是苎麻。无论是捻纱或是搓线，个中也有技术含量，包含速度的快与慢，纱线的粗细均匀。一些能干的妇女，在不点灯的情况下照样可以做出精致的产品。

绩麻的最后一道工序是捶软与漂白。用生麻捻出的线，一是硬，不便于穿针引线，二是颜色发黄，不太美观。为使之美观好用，人们在长期的实践中总结出一套土办法：先是用谷糠灰淋水或生石灰水将其浸泡，并置于锅内煮沸，捞出来后，用捶衣棒在石板上反复敲打，待变软后，再置于漂浮的稻草上在水中自然漂洗。如此往复两三次，一把柔软洁白的麻线便大功告成。

现在，女性朋友多不会针线活，当然更不愿意耗费精力去绩麻。

挑南盐

现在恐怕没有几个人会把食盐当回事，这一则是因为价格并不贵，心理上能够承受；二则是货源充足，在任何一个南杂食品店的货架上都能找到。但倘若时光倒流100年，则会彻底颠覆人们现在的认知，当年食盐的金贵程度不亚于今天手中拥有一枚黄金钻戒。

彼时能开盐铺的老板会被认为是当地的大土豪。由于当年交通不便，汽车更是稀罕之物，因此，他们在市场上销售的食盐需要靠人力从遥远的广东挑回来，这样便催生了一个行当：挑盐工。由于是从广东进货，衡阳话也叫挑南盐，旧时人也有说走连州。

湖南自古缺盐，食盐历来从淮河流域引进。元朝末年因陈友谅起义引发战乱，淮盐不再入湘。到清代，湘粤盐贸归由广东的盐法道管理，在乐昌和连州星子设两大盐埠，委托盐商销售，因此有“乐昌挑盐”“连州挑盐（或者星子挑盐）”之说。

衡阳人进盐，主要是在广东连州的星子埠。星子埠之所以成为粤北最重要的盐埠，是因为这里有便利的水陆交通，发源于南岭山脉的三条溪流从北流来，在星子埠汇合成星江，向南注入北江支流湟水，粤盐可沿湟水北行至星子埠，然后改为陆运进入湖南。据清光绪《连州志》记载，星子埠的主要货物就是来自广州的食盐，星子埠有一条绵延数里南北走向的直街，另有两条东西向的小街，街上的商业分布有明显的地域特色，湖南人、广东人、江西人在街道的不同地段经营食盐贸易或其他生意。其中，来自湘南地区的盐商于咸丰年间在星子埠建立了楚南会馆，他们从广州运盐至星子埠，然后批发给从湖南来的挑夫。

去挑盐的挑夫分两种：一种是职业挑盐夫，即受雇于盐商，一年四季不论寒暑都要挑盐，按挑回盐的重量算工钱；另外一种是农忙时忙农活，农闲时挑盐，用现在的话叫季节挑夫。虽然两种形式不同，但他们的共同点都是去时挑一些农副产品如黄豆、玉米、高粱、大米、茶油、花生、鸡鸭，或者是抬活猪等到广东去卖，回时才是挑盐，从中赚取差价，贴补家用。挑夫注定辛苦，来回几百公里往返皆负重。一根扁担、一副箩筐、一条罗纱澡帕和一顶斗篷外加几双草鞋，就是每次出行挑盐的装备。

挑夫的扁担用栎树等硬木做成，两端上翘，便于挑起重物不致两端太低，进而“打花脚”，即步伐较快时两端可以弹翘，减轻挑夫负担。罗纱澡帕是那种平板的汗帕，长约1米，宽约30厘米，主要是挑担时擦汗，晚上是澡帕，清晨则是脸帕。担盐时必须穿草鞋，因为布鞋底太硬，既损脚也磨鞋，若有人带布鞋出门，是为休息时穿用，虽然草鞋松软防滑，但怕湿，若被雨水打湿，只能晾干。若在雨天挑盐，草鞋每天更换一双。因而无论湘北还是湘南，盐道上每三五里都有一凉亭，十里左右有一铺。在冬天挑盐，则要先在脚下包上棕片，再穿草鞋。与别的挑夫的最大不同之处，是挑盐人必备盐箩。盐箩也叫皮箩，比一般的谷箩要小一些，上头有盖，用双层竹条织成，要用桐油泡透，方能在下雨时滴水不进。一担盐箩通常可以装下一百来斤盐，但也有例外。

挑盐走的路基本上都是过去的官道，是那种沿着山水走势用青石板铺就的小道，宽不过1米。从广东到衡阳一个来回要10来天，每天挑着担子行走均在25公里以上，放在今天，空着双手走25公里都会感到十分疲惫，何况在负重的情况下。其中还有许多陡峭的山路，最难行的一段是顺头岭，老人们说，从山脚的百土脚村登上垭口的南天门有1000余级台阶，这段路不仅陡，且十分惊险，一侧便是万丈深渊，稍有不慎便有可能失足落下。

挑盐人的基本规矩是赶早不赶夜，走正不走斜，吃盐不喝水。挑夫极少走夜路，以防在山路上“一失足成千古恨”，而在平地上若扭了脚也会前功尽弃。此外，由于山路茅草多，挑夫常被毒蛇咬伤。据说，在演陂桥的挑夫队伍中有位治蛇伤高手，倘若碰上人被咬伤，可以使法归蛇，让这条咬人的毒蛇溜回来给伤者吸毒后再快快地溜回草丛。

挑盐工一般都是三五成群结伴而行，途中会有一为首者牵头，一到下午三四点就要进伙铺。彼时沿途都开有伙铺，但间隔距离较远，因此必须“未晚先投宿，鸡鸣早看天”。伙铺内既无单房，挑盐人也不敢独睡，都是通铺。在伙铺开伙分两种情况：一是有老板派员跟随的，其吃饭睡觉统一由他结账；二是没有人跟班，要自己结账的，大家便会带着米上路，先计算好回来落脚哪个伙铺，便将米寄存在那里，精明的伙铺老板也乐于收这种回头客，再来伙铺只收菜钱、歇钱、柴火钱。

所谓走正不走斜，即指下脚要稳、正，也指在烈日天气要在中午走，而不走太阳斜射之时。至于吃盐不喝水，因为挑夫流汗多，每个人都会带一小袋盐在身上，时不时含一粒盐以补充盐分；不喝水是路上无茶水，要尽量不喝外地的井水及山泉，那样很可能会因水土不服而导致生病。

在那个年代，挑盐是一种无奈，但又别无选择。盐是生活的必需物资，也是当时稀缺的物资，有“一斤盐三斗谷”之说。对于老年人来说，这是一段不堪回首的岁月，祖祖辈辈风餐露宿、肩挑手提，日夜奔波在这条路上，人生浸满了血水与泪水；对于年轻人来讲，挑盐是陌生的，不敢想象，也没有记忆，更没有所见所感，但我们不应该忘记这段历史。

沟氹

上了年纪的衡阳人或许还记得当年农村中那道特殊的风景。冬至后选一个阳光明媚、视觉极佳的天气，登上你家附近的一个山顶，向四周极目瞭望，你看到的是一幅具有冲击力的田园风光图：天上有白云在悠然地飘动，农舍的屋顶腾挪着袅袅炊烟，不时会传过一两声犬吠，所有的农田都被重新犁过并用水浸润着（农民称它为冬水田），在平整的水田中，有些呈圆形或方形的图案散落其中，宛如一块布料上绣的花朵。这一切构成了冬日暖阳下衡阳地方别具一格的画图。

那种或圆或方的东西，衡阳人叫沟氹。沟氹是衡阳方言，氹读“荡”，也写作“凼”，原意是指积水的小坑。例如说河里有个氹，即是指那段河道中有个深水坑。衡阳人讲的沟氹，一般指在水田中围出一个地方，清空其中的田泥，再将猪牛粪及一些垃圾倒入其中，利用水沤烂发酵，使之变成有机肥料。旧时屋前的阶基下方也有一个长方形的沟氹，用于倾倒生活垃圾，不定期清出，也是上好的土肥。

坦率地说，衡阳水田中的那些沟氹，在农民眼里并没有那么浪漫和诗情画意，它们只是可以使来年的庄稼收成更好。在旧时，农民都知道那句“庄稼一枝花，全靠肥当家”的农谚，由于没有化肥，自制农家肥便成了农家人平时的功课。这种在冬水田打沟氹的做法，是出于两种考虑：一是通过水沤的方式，使肥效进一步提高，便于庄稼吸收；二是通过均匀分布的方式，将肥力分匀，也避免在春耕期间多耗体力。

沟氹的塞建一般在当年的农历十月底或冬月初，此时，有经验的农民都会将经过几番轮作的稻田用犁翻耕过来，并浸上水让其泡一个冬天。这种做法的好处在于，可以将田中的杂草及禾蔸覆盖在田泥之下，使之腐烂变肥；另外则是使田泥在寒冷的冬天中可以更熟，也借此消灭一些病虫害。

塞沟氹也是有讲究的，一般为每亩田 4 到 5 个为宜，且氹与氹之间分布要均匀，倘若地块比较方正，一般呈梅花形分布，即田中央和 4 个角各有一个，这样做的好处是在沟凼中的肥料散开时可以省一些体力。沟凼的形状多数为圆形，也有少量方形。别看农民们没读过多少书，但他们却能把沟凼塞得圆是圆方是方，十分标准的几何图案。他们的窍门就是手中的那柄耙头，塞圆形时耙头把便是半径，塞方形时则是边长。一般的沟凼深约60厘米，在把壁周夯实后，还要用脚将沟底抹平。

沟凼的填充料主要来自两个部分：一是猪牛粪。旧时几乎家家都养猪，不少也养耕牛，它们每天都会产生大量的粪便，人们便会将其清理倒入沟凼中使之进一步发酵腐熟。二是户外的一些野草。这些植物腐烂后也是上好的肥料，因此，在冬日农闲时，农民们便会带上锄头，挑上畚箕，去户外刨草皮，然后将其堆积到沟凼中去发酵。我在农村也参加过刨草皮，比较理想的那种叫马鞭草，易起堆，肥效又好。

填充进去的那些原料还需要进一步的人工处理，农村叫翻沟凼，即在沟凼中注入水，使原料全浸透，为使其能均匀被浸泡，就要人用耙头将其从左至右、从上到下地疏松一遍。衡阳人把沟凼里的肥料叫泡污，这个词用得确实精准，这些肥就是水泡出来的呢。一个好的沟凼肥从下料到出凼一般要人工翻三遍，于农民而言，冬天翻沟凼是一件苦差事。户外可能是寒风凛冽，冰冷刺骨，农民上身着厚重的棉衣，下面着两条单裤，卷起裤腿赤脚跳下去的那一刻，可谓冻得钻心，好在经过一番劳作后冻红的双脚又会变暖。

杉木皮盖屋

同大多数江南农村一样，衡阳农村在旧时盖房，屋顶防水的材料有三种：一是土瓦，二是稻草，三是杉木皮。

用杉木皮盖屋，一般是那些居住在深山丛林之中交通不便的地方的人家，所采用的一种就地取材的方法。

但凡去过山村的人，大多会有这样的感觉：那里峰峦叠嶂，沟壑纵横，开门见山。在那种地方盖一栋房屋，除了木材资源丰富，其余的材料都十分难找，其中屋顶上的防水材料尤其难寻。若要盖瓦，得从外地买，运输不便，有些地方离最近的集市都有几十里，全靠人们肩挑手提，翻山越岭，既辛苦也不合算；若要就地取土烧制土瓦，理论上当然讲得通，但在那种大山沟里找块平地都难，更不用说找到那种可用于烧瓦的土了。倘若选择盖稻草，在山区同样十分珍贵，一则多数山区水田很少，种不了几亩水稻；二则是由于海拔高，无法种植水稻，因此在山区就极难寻觅了。而用稻草盖屋，至少两年之内还要翻盖补充新的稻草，事实上也不可能。

在长期的劳动实践中，人们发现了一种可以就地取材的盖屋材料：杉木皮。

杉木是生长在南方山丘的一种常见树木，气味辛、微温、无毒。此树在土层肥厚、气候温暖多雨、排水良好的山地或河堤生长迅速，原分布在中国淮河、秦岭以南地区，现向南扩栽到广东定安，向北到山东牟平，是重要的用材树种。杉木材质轻软、细致、纹理直，易加工；供建筑、桥梁、造船、电焊、坑木等用，并可作造纸、纺织等原料；树皮及根、叶入药，能祛风燥湿、收敛止血；种子含油约20%，供制肥皂。

农村人很少知道杉木有上述诸多功能，他们只知道杉木是建房打家具的好材料，而剥下的杉木皮经过压平后，盖在屋顶是上好的防水材料。

从科学的角度看，杉木皮的防水功能并不难解释。杉木皮分为两层，外层是那种角质化了的树鳞，呈纵向走势，便于雨水流淌，且这种角质的树鳞平时十分干燥，内部结构紧凑，不漏水，在潮湿的环境下不易腐烂，倘若生长出青苔，则更是形成了一层保护层；杉木皮的内层类似于羊皮，光洁、质薄、柔软、隔水，用作盖屋材料，当然是不二的选择了。过去在乡里，一栋杉木皮盖的房子通常几十年不用翻修。

用杉木皮盖屋，重要的环节是备杉木皮。割杉木皮一般选择在春季，因为此时空气潮湿，树皮内含水充沛，剥下的树皮不易开裂，也容易挤压平整。剥皮时，先在已经砍伐下的树干上按照 2 尺左右的长度间隔环切一圈，再竖切一刀，一个树皮圈便剥了下来。此时，应趁着它们还有水分和柔性，迅速将其摊平，压在一块平板下，再在上面压一块石头或其他重物，这样层层叠加，置于阴凉通风处自然阴干，一般半年之后就可正式使用了。

用杉木皮盖屋时要从檐口向屋顶倒着盖。质量好的杉木皮盖一层即可，有些有疤痕孔的则须两层。杉木皮直接覆盖在桁架上，为防止滑脱或被风吹动，每块杉木皮要固定在上面，通常是用竹篾条穿好再绑在瓦桁上，最后到屋顶，则要用杉木皮横向再盖严实，这样，整个工程就算完成。

在当年的乡村，杉木皮盖的屋，应当算豪华气派的了，但现在随着新型建筑材料的使用，这种杉木皮盖的屋只能留在记忆之中了。

徕田

徕田是衡阳方言，用普通话表述，就叫薅田或薅秧，也可以叫中耕，是旧时农村耕作中的一个重要环节。“徕”字原本应是“足”旁，在旧时《杂字经》中可以找到这个字，但现在的字库中无法找到，为原汁原味展示衡阳的读音，现使用了这个同音字。

上了岁数的衡阳人或许还记得，每到端午节前后，早稻多数都已经插完，秧苗在田里稳蔸返青后变成了禾苗，此刻，正是印证了白居易那首《观刈麦》诗中的节令：“田家少闲月，五月人倍忙。夜来南风起，小麦覆陇黄。妇姑荷箪食，童稚携壶浆。相随饷田去，丁壮在南冈。足蒸暑土气，背灼炎天光。力尽不知热，但惜夏日长。”白居易诗中写的是北方农民五月割麦忙，而南方农民五月则是冒着暑热薅田忙的时节。此时节，农家男女老幼一齐出动，每人头戴斗笠，手拄一根木棍，从田头呈一字排开，每人负责三五行禾苗，用一只脚背不断翻动禾苗底下的泥巴，将杂草踩入泥中，再用脚踏平。这种农活，在衡阳话中就叫徕田，即薅秧。

旧时农民种田讲究精耕细作，插秧前，对水田要做到三犁三耙，插秧后，对禾苗的管理讲究的也要徕田三次，一般是两次。徕田有除掉杂草、提高肥效、促进水稻生长的作用，农谚云：“稻田徕得好，犹如上粪草。”徕田最重要的是薅头道。头道秧要徕得特别认真仔细，就像猪拱泥一样，要把秧苗周围刚长起来的杂草薅干净，泥土薅松，好让秧苗的根叶自由生长。头道秧徕得到家，秧苗长势好，不容易生杂草，后面的二道秧、三道秧就轻松了。如头道秧薅得不好，没有把杂草整住，秧苗长不好，杂草丛生，二道秧、三道秧就难徕些了。

衡阳农村过去徕田，第一道主要是为了杀虫和追肥，一般时间点是秧苗插下去后 10 天左右。此刻，秧苗正在返青壮蔸的时候，而杂草也在此时随着气温转暖疯狂生长，为了让新插下的秧苗补充营养，不让杂草与它抢肥料，需要适时进行徕田。徕田时，先将稻田水放至半寸深许，然后向稻田里撒石灰。这种石灰是刚刚从石灰窑中挑回，泼上冷水后灰化的生石灰，有极强的杀伤病虫害的威力，可以把水田中的一些泥鳅鲫鱼呛死。负责撒石灰粉的人虽然戴着口罩，一天下来还是头昏脑涨，双眼熏得通红。如果说俫第一道田是为了让水稻增肥，俫第二道田的目的则是控制水稻的定向生长。此时，秧苗已经插下去 20 多天，禾苗渐渐长成封行，稗子与禾苗也是泾渭分明。俫田时，一方面要用手将稗子连根拔掉，另一方面，要用脚使劲将禾根踩断，这样，禾苗就不再长根，而使茎秆变得粗壮，增加稻谷的产量。

俫田看似十分轻松，每人一身短装打扮，手拄一根棍子排成一行向前推进，只用一只脚搅动泥巴，人们相互间打趣说笑，其实经历过的人都知道，那并不是一件轻松的活计，且不说此时太阳已经十分毒辣，晒得人汗流浃背，就是单讲用脚俫泥时，也是格外辛苦，若田泥松软，还算好对付，倘若泥巴生硬，杂草又多，这一路踩踏过来，也是让人精疲力尽。若是俫第一道田，裸露的双脚在石灰水中浸泡一天，上岸后会火辣辣地生疼，皮肤的表皮也会变成黄褐色，之后许久才会消退。有时田中有蚂蟥，或者不巧踩上了锋利的瓦片，流血的事件也时有发生。盘中之餐，粒粒皆辛苦，并不是没有道理的。

在乡下俫田虽说辛苦，但也有吸引人的地方，那就是干活时可以捡到一些被石灰呛死的泥鳅及其他小毛鱼，使餐桌上多一道荤菜。彼时，农村中尚未大量使用农药，生态环境良好，一般的稻田都会有一些野杂鱼共生，撒上生石灰后，它们便会呛死躺在泥巴上，捡回来当然是佐饭的极好菜肴。因此，彼时但凡去俫田，每个人的腰上都会系着一个鱼篓子。偶尔也会碰到一两条泥鳅或二指宽的鲫鱼在水中挣扎，便会引起一轮哄抢，弄得一身全是泥浆。有时候运气好，还可能捡到一枚水鸭蛋。

现在，种田已经十分粗放，农民们在用拖拉机将田翻过后，把秧苗抛向田中，中途再打一次除草剂或喷两次农药，便任其自然生长，俫田也成为昨天的记忆。

笋壳索

用笋壳做成绳索或许是衡阳人的一大发明。20 世纪 70 年代末到 80 年代初，倘若你在衡阳县各乡村转悠，就不难发现这里有一道共同的风景线：男女老幼齐上阵，人人都做笋壳索。那阵势可谓壮观，小学校办工厂做它，大队集体企业主打业务还是它，推销员外出推销，旅行包里装的还是它，以至于那里变成了笋壳索的世界。

用笋壳做索来自一个偶然的灵感。当地有几个做索的手艺人，原本循规蹈矩地用棕丝或梧桐树皮按照传统工艺制作一些农家常用的箩索、牛绹及渔网绳等产品，三六九、二五八到集市上去出售，以换得一些日常的生活费。但有一天，一位长期在外从事采购的人回来告诉索匠们一个信息，某个工厂生产的产品需要大量的打包索，希望他们能够提供。索匠们当然高兴，但他们又犯了愁，做这么多的绳索固然是好事，但传统做索的原材料是棕片，当地资源非常有限，且临时也无法四处采购。于是有聪明的索匠想到了一个绝妙的好办法，把笋壳撕成细丝代替棕丝，然后用黄泥巴水染色，使之接近棕绳的颜色，做打包绳绰绰有余，笋壳索就这样应运而生了。

用笋壳做索的过程大抵有以下几个流程：

扯丝。从市场购回笋壳后，先要将其成捆地放在水中浸泡数小时，待其吃足了水分，原本干燥焦脆的笋壳变得富有柔性，手握上去弹力感很强时，便可进入扯丝程序。扯丝时，在一条板凳的一端绑着一柄带齿的耙子，一般为九齿，十分尖锐。扯丝的人骑坐在板凳的另一端，双手握住一把笋壳，用力砸向耙子，利用耙齿的力量将笋壳撕裂，如此往复不停，直至手中的笋壳变成一束细丝为止。

染色。笋壳扯成的丝其本色为暗白色，需要将其染成与棕丝接近的颜色，人们就地取材，从附近的山上挖来黄泥调成泥浆，然后将它们泼到笋壳丝上，再用两根长棍挑动它们，使颜色均匀，晒干备用。

拧索坯。做索的坯料是要靠手工拧成的。拧坯前，先将笋壳丝喷上一些水，使其湿润软滑，再把它们卷成一个类似棉花卷般的筒筒，将其搁在一个案板上，上面再压块板子，便于抽丝。这一切就绪后，操作人员右手握一柄简易纺车，这种纺车其实就是一块篾片弯成 U 形，在上端钉一横木片，再用一根铁棍穿过固定在一个木把之上，可以旋转。操作员右手摇车，左手捻丝，把索坯拧紧再绕成一个大秧筒备用。

放索。这是成品的最后一道工序，须二人配合。放索的工具也叫车，一种车是固定在一条板凳上的尾车，样子有点像盾牌，上面有 6 个挂钩，供挂索坯用，6 个挂钩后面用一个耒把串联，摇动时一起转动。另一头的车叫头车，在一根杂木棒上安着两个挂钩，后面用手柄串联，使之连动。放索时，将索坯来回系到两台车的挂钩上，长短依据要求定，一般为 3 米左右。在两个挂钩的起始处安放一个索码子，使上下三股索坯卡入码子上的槽中，此时，双方同时摇动车柄，码子沿着索坯向前移动，使三股索坯绞在一起，变成绳索，每次可得两根。

打捆。成品完成后，还要烧一堆火，利用火焰将绳索外表的毛刺烫烧干净，使之更有品相，然后每 10 根一起折成三叠，再系紧，使之像一个妇女的发髻，便可向外发货。

后来，由于需求量越来越大，单靠匠人们做已经远不能满足需要，加之这种操作技术含量不高，于是有人看准了商机，先是单家独户干，接着是相继办起了集体企业，连一些小学也开了校办工厂，笋壳索一度在衡阳遍地开花。

可惜，这一场景只持续了 10 年左右，随着新型打包材料的出现，笋壳索再也无人问津，一度脱销的笋壳在山上静静地躺着。

结渔网

但凡看过电影《海霞》的人可能都还记得那首欢快的插曲，尤其是那句“渔家姑娘在海边，织呀么织渔网”，更是朗朗上口。电影讲的是沿海的故事，那些靠捕鱼为生的村庄，结渔网的任务多由女性来完成。而在衡阳，虽然也有撒网捕鱼的能人，但多属农闲之余的副业，因此，渔网的制作也由他本人独立完成。

衡阳属于丘陵地区，除湘江上有长年从事捕鱼的专业人员外，其他地方能用网捕鱼的人极少，毕竟，在物资尚不富足的年代，织一张渔网也需要一笔不菲的开支。以一张密度为600的轻型网为例，总长为3米多，重约10斤，其中，铁坨112个约5斤，需要麻纱约5斤。即便是在今天，其价格也需数百元。

结渔网并不是衡阳人的发明，我们都知道那句“临渊羡鱼，不如退而结网”的古训，说明在远古时代，人们便找到了用网捕鱼的方法。渔网的发明权，通常被归到了上古帝王伏羲的名下。《易·系辞下》曰：“古者包牺氏之王天下也，做结绳而为网罟，亦佃亦渔。”包牺氏即伏羲氏。伏羲所制之网，不但捕鱼，也捕捉鸟兽，渔猎兼有。各种古籍关于网的来历，多宗此说，甚至相互引用再加演绎。如《史记》载：“太昊伏羲氏结网罟以教佃渔。”伏羲又称太昊；《抱朴子》载：“太昊师蜘蛛而结网。”伏羲是上古传说中的东夷部族首领，他以杰出的智慧和卓越的发明创造而被推举为王，这很容易令我们想起轩辕氏、燧人氏、有巢氏等一连串光彩熠熠的名字。

衡阳人结渔网自有其独特的地方风格，主要步骤如下：

梭子的制作。梭子可以用各种材料制作，比如金属、塑料等。但是最正宗、用起来得心应手的还要数竹片制作的梭子。选择多年生结实的竹子，待其干燥后用刀剖成竹片。根据要编织的渔网规格，用小刀刻成箭形，尾部U形作为绕线槽，头部为尖形。最难刻制的就是尾部山字形的绕线槽，这个部位要用刀小心挖出多余部分，然后拿刀小心修正，最后用砂纸打磨光滑，以便于编织的时候顺滑不割手。

丝线的选择。渔网线主要是苎麻线，一般可由家庭主妇拧成，也可从市场购买，但要注意不能太粗也不能太细。太粗结成网后会导致入水慢，太细会很快被划破。选好线后即可往梭子绕线，先把丝线的一端系在梭子上，然后一圈一圈缠绕在梭子上。

木尺板片的选择。木尺板片的大小取决于网眼的尺寸。尺板可以用各种材料制作。一般也是用竹片制作，两边一定要平行，否则编织出来的渔网网眼大小不统一。厚度没有什么要求，只要能够满足有强度、笔挺就可以了。

编织渔网。渔网的编织是按从上往下、由小到大的顺序编的，倘若把整张网摊开当成一个圆，那结网的顺序就变成了由圆点向四周蔓延。起头时，用一根木棍在上面绕 32 圈丝线，然后把这个圈套取下来，用丝线拴住一头挂在墙上或者高的地方。用左手拿着尺板，右手拿梭子开始编织。先用梭子上的线头系住圈套上的一个圈，然后把丝线从尺板下部绕到上面，把梭子穿进线圈里，再绕出来，和尺板上面的丝线打一个结，就完成了一个网眼的编织。接下来从左往右继续编织，一层一层编织下去，就得到了一张渔网。

浆网。渔网是纯麻纱结成，吸水性强，这样极易被水泡发腐烂，不耐用，也会因为吸水饱和后网的入水速度降低，因此，需要对它抹上保护外层。衡阳人通常的做法是找来一大盆猪血，放在通风处二至三天，任其自然发酵，待其有臭味飘出，将整张网泡入其中反复揉搓，再置于饭甑内蒸透，然后取出晾干。

系网脚。渔网撒开后能在水中迅速下沉，是因为在网的末端均匀地系有一圈铁坨，衡阳方言叫网脚，类似元宝状，两端突出处留有小眼，便于用线系上。系网脚时，先用麻绳将铁坨系在网的末边，再折 15 厘米左右，缝上使之成为一圈网兜，让鱼钻进去后无法出来。

系完网脚，再在顶部接根网绹，整张渔网便告完成。想想能张网捕鱼的人也是十分了得，一张网重十几斤，网绹加网衣长约三丈，要求双手将其撒出变成圆形落入水中，那真不是旦夕之功所能练就的。

抖墙屋

自从有巢氏发明了第一间房屋后，人们总是在不断地摸索，利用既有的资源使自己居住得更舒适。江南一带的农村，多数人是利用泥巴制砖然后砌屋，但对于居住在山村旮旯且取泥都困难的人们而言，用砖砌屋无疑是遥不可及，但他们在长期的劳动实践中，也找到了一种就地取材造屋的好方法：用混土直接捣成墙。当地方言称这种材质的屋为抖墙屋。

所谓抖墙屋，就是墙体全用黄泥或红泥夯抖而成的一种房屋。不用砖块，不用砂浆，更无钢筋水泥。建筑主材、辅料、模板全部就地取材，用料简单，成本低廉。

旧时山区农村建抖墙屋与平原地区砌土砖屋既有相同之处，也有不同之处。相同的是关于屋场的选址和动土的日子都要严格按照有关程序操作，譬如请风水先生选黄道吉日。不同的是，抖屋时一般请的抖匠师傅只是一组二人，抖墙的进度也不能一气呵成，在墙体安上楼枕后要歇工 3 至 5 天，因此，抖墙屋一般都需 10 天以上才能完工。

抖墙屋动工的日子一般选择在立秋后，此时天气好，少雨水，农村的农活也大体可以歇息一段时间，人们有空闲时间来打理它。

抖墙屋的原理有点类似于今天建筑工程中的墙体浇注，其具体操作是：

首先是夯土墙。土墙以土为材料，土质的好坏直接关系到土墙的坚固与否。建筑抖墙屋的户主所在的地方山多，可就地取材。一般选用黏性较好含砂质较多的黄土，如果黏性不够，还要掺上“田岬泥”（又称“田底泥”，即水田下层未曾耕作过的黏土）。一般净黄土干燥后容易收缩，夯成土墙易开裂，含砂质则可降低缩水率以减少土墙开裂。有的掺和旧墙的泥土（老墙泥）也可以减少土墙开裂。掺黏土是为了增加黏性，保证墙体的整体性与足够的强度。由于各地方土的含砂量千差万别，因此黄土、黏土及老墙泥的配合比例完全由经验确定。通常不能直接使用生土，而要把生土与田底泥等反复翻锄，敲碎调匀，而且翻锄得越仔细、堆放的时间越长越好。这实际上是促使土壤中的腐殖质通过发酵流失（俗称“熟化”），这样的泥土筑成的土墙强度高且不易开裂。

其次是墙身的构造处理。墙脚用卵石干砌以防雨水浸泡。墙的厚度从底层往上逐渐减薄，一般每层减薄 10 ~ 17 厘米，这样在结构上更加稳定，又减轻了墙身的自重。为增加墙身的稳定性，土墙内还要配筋，即在水平方向设置“墙骨”。通常的做法是将毛竹劈成 3 ~ 4 厘米宽的长竹片，作为竹筋夹在夯土墙之中，沿墙的高度方向每隔 10 ~ 13 厘米放一层竹筋，其水平间距 20 ~ 24 厘米。也有用小松木枝、小杉木枝做墙骨的。两枋之间配长的竹筋拉结，称之为“拖骨”，即从模板底伸出，比模板长 33 ~ 66 厘米。由于夯筑中上、下枋之间在各层均错开以避免通缝，所以加上墙骨、拖骨的拉结使墙的稳定性大大增强。

在外墙的转角处还要特别布筋加固，即用较粗的杉木或长木板交叉固定成“L”形（当地称“勾股”）埋入墙中，通常每三“版”土墙放一组“勾股”拉结，以增强墙角的稳定性。

抖匠师傅在夯土墙施工中积累了一套科学的夯筑方法，称为舂法或捣法，其操作要分三阶段完成：首先是沿墙的厚度与长度两个方向间隔 6.6 ~ 10 厘米舂一个洞，每个洞要连舂两下，称为“重杵”；然后在每 4 个洞之间再舂一下，称为“层杵”；最后才舂其余的地方。“重杵”的目的是把黏土固定住，才能确保舂得密实，如果无规则地乱舂，黏土挤来挤去，厚度大的土墙就很难夯得均匀，夯得结实。夯好之后还要用尖头钢钎插入土墙，以钢钎插入的深度来判断土墙夯筑的密实度。

土墙的夯筑是分阶段有序地进行的。乡下房屋每层的层高约 3.6 米，通常分两个阶段夯筑：第一阶段夯筑 8 版，每版高 40 厘米，到了装楼枕的高度后，停一段时间；第二阶段待墙体干燥到一定程度，再夯第 9 版，随之在土墙上挖好搁置楼板楼枕的凹槽，槽的深度视楼枕的大小有所变化，以保证楼面呈水平状态。搁好楼枕后，不等墙体干燥即可重复以上两阶段夯筑法，夯筑第二层楼，直到顶层。这样分阶段夯筑，不仅便于挖槽，使搁置楼枕时墙体有足够的强度，而且又能配合农家耕作季节，分阶段地借空隙施工。

因为土墙比较高，又有相当的厚度，再加上自重和上部荷载的作用，以及本身干燥时间的不同，整个墙体在施工过程中是比较容易变形的，因此如何保证墙体变形之后仍能保持垂直状态，是夯土墙施工的一大难点，除了施工中不断检测之外，匠人们从实践中摸索出一套保持土墙垂直的办法。由于日晒和风吹的作用，土墙的两个面干燥的时间是不一样的，向阳的一面先干，墙面较硬；背阴的一面后干，相对较软，在巨大的自重压力作用下，后干的一面压缩变形，因此土墙会倒向后干的一侧，民间把这种现象形象地称为“太阳会推墙”。因此匠人们在夯筑土墙时，会依照常年积累的施工经验，有意识地使土墙微微倒向朝阳的一侧，这样，待土墙筑好之后会自动调整为垂直状态。

检查整个抖墙质量的好坏有一个直观的指标，即在上梁之前，人站在垛子上会感到墙体有轻微的摆动，这种摆动证明整个墙体结实且没有走样。

现在，由于经济的发展，人们生活水平的提高，抖墙屋也从人们的视野中逐渐消失。

打　灶

灶是古今中外人们生活中不可或缺的一种用具，在我国，灶是一种令人须臾不能缺少，且让人十分敬重的生活必需品。衡阳人打灶，可以与竖大堂屋门、上梁并驾齐驱，均为家中大事。

与其他地方一样，灶是一种神圣的家庭生活用具，灶的发展体现了人类科技的进步，反映了人类生活质量的提高。古代农耕社会普遍使用的灶基本是用泥土、砖石砌成，几千年里没有明显变化。

衡阳农村的灶一般为两眼，可放两口锅，一眼较小，用来煮饭与炒菜；一眼较大，用来煮潲。灶的前面有缺口，用来坐鼎锅以熟饭。两锅中间有一圆形小洞用来安放瓮坛，利用余热烧水，用来洗脸洗脚。衡阳灶台有个奇怪之处，转角处被削去了一角。据说这源于一个古代传说：一大户人家的灶神爷上天向玉帝汇报善恶，说是他所在的主人家浪费粮食，每天洗碗后掉到水里的粮食被排到阴沟。玉帝下凡后发现并非如此，主人已将剩饭用网子滤下喂猪。玉帝于是恼怒灶神汇报不实，一棒子打向灶神，灶神闪过，但灶台被削去一角。从此，衡阳人打灶必定缺一个角。

关于灶神的说法，有三个版本：

一说灶神是黄帝。在远古时代，人们接触火是来自大自然的赐予，后来人类保留火种，将之用来加热食物，晚上用来照明，人类对火是非常敬畏和崇拜的。在我国古代神话传说中，人们对火神祝融是非常敬畏的，因为他是太阳神家族成员，而有一个人同样也是太阳神家族成员，那就是华夏始祖之一的黄帝。《淮南子》记载："黄帝作灶，死为灶神。"可见在古代，人们是把黄帝尊为灶神的。

二说灶神是祝融、炎帝。稍微对我国神话传说有了解的朋友们想必都知道：祝融是火神，炎帝是火帝。祝融与炎帝被奉为灶神的时代也是非常早的：《淮南子》记载，"炎帝为火，死而为灶"；《山海经》中说祝融是炎帝的玄孙，从炎帝那里继承了"火"；《礼记》中则认为祝融是黄帝的玄孙，是灶神，"颛顼氏有子曰黎，为祝融，祀以为灶神"。可见炎帝和祝融至少在先秦时代就已经被奉为灶神祭祀了。

三说灶神是女性先炊。很多朋友想必十分清楚，我们现在祭祀的灶神其实是一男一女，前面两个版本说的是男灶神，这一版本则是说的女灶神。《礼记》是一本很神奇的书，说灶神为祝融的是它，说灶神与女人有关的也是它："灶者，老妇之祭，其神先炊。"唐朝初年孔颖达对五经的注释《孔疏》则直接说大家祭祀的灶神不是火神："老妇，先炊者，此祭先炊，非火神……此配灶神而梁者，是先炊之人。"

不管哪种说法，一个普遍的看法是，无论谁家，对灶神爷都是非常敬重的，过去家家都敬有灶神爷。有一副对联：上天言好事，回家降吉祥。言下之意是说灶王爷主管一家人的吉祥，他可以直面玉帝汇报人间的善恶。因此，对于打灶，衡阳人向来都是十分虔诚的。

衡阳人打灶，有着自己的特色，一般来说，有以下几个方面的注意事项：

打灶需要讲尺寸。尺寸取单数，长 7 尺 9 寸，象征着天上北斗七星高高悬挂，福星高照，地上九州地域博大；宽 4 尺 5 寸，象征着五湖四海，拥有天下之物；高 2 尺 4 寸，象征着一年 24 个节气，每节都会开灶制餐。

打灶需要看日子。一般而言，衡阳人打灶会避开以下的日子：正月十三日，二月十一日，三月初九日，五月初五日，六月初三日，七月初一、二十九日，八月二十七日，九月二十五日，十月二十三日，十一月二十一日，十二月十九日。

打灶需要讲方位。根据五行生克的理论，东方属木，南方属火，所以属火的灶台就以朝向南方火旺方位为最佳。因为在古时，人们用以烧火做饭的燃料多为野草及柴枝，在烧火时，灶台口朝向东方的话，便可以很好地配合风向，生火也比较容易。

打灶需选择泥土。传统的理念认为，灶台是一个很神圣的地方，打灶的泥土必须十分干净，泥土必须使用黄土山上的净泥。

打灶需注重仪式。一般而言，无论是打新灶抑或是盘旧灶，这几个程序是少不了：下砖一圈后，在灶中央的地上放盐、茶、米、谷。封台时砌匠发断："主人新砌灶，合家忙欢欣。天天煮肉鱼，日日香入心。"砌匠发断后，主人应奉上一个红包。

农村现在传统的柴火灶已经不多见，打灶的人也淡出人们的视野。

行 家

看到这个标题，诸君千万不能理解为行家里手，行家是衡阳土话，意为走人家，走亲戚。亲戚之间互相走动，是中华民族千百年来形成的优良传统，被认为是维系人与人之间紧密关系的纽带。但这种走动与往来，在各地又有自己独特的风俗习惯。

衡阳人对走亲戚首先要求把握好往来的频率，久日不去则显生疏，太过频繁又显心烦。故乡间有句俗话说："三年一次京官到，三天一来狗上灶。"意思是说，许久不来，颇有些从京城到乡村的感觉，接待自然要倾其所有；频频来访，让人应接不暇，像狗攀上灶台那样心生嫌弃，接待当然会要大打折扣。

其次是要讲究礼节。一般情况下，前往亲戚家去探视，无论是逢年过节、生日喜庆还是平常日子，也无论对方是长辈、平辈还是晚辈，但凡动身去行家，总要带些随身礼物，衡阳话叫作"空手不上门"，其礼物多为一块肉或数个用土纸包好的糕点（衡阳话叫糖包子）。偶尔也有打双寡手的，但那只是巧遇，做客的人会面带歉意向主人加以说明。

衡阳人在行家进入对方家门时，常常会通过一些接待细节来考量自己在这里受欢迎的程度。有两句话可以概括这种情形："入门休问荣枯事，观看容颜便得知。"一般而言，主人欢迎不欢迎，从他的行为举止和言谈状态上便可分辨，倘若进屋后主人殷勤地让座递烟倒茶，那便是极其客气的了。但作为客人，也要懂些衡阳地方的特别规矩。例如主人给你倒茶时，便有许多讲究：春节拜年时倒的茶，一般茶碗里会有两颗红枣，你接过茶后千万不能将红枣连茶一起吃掉，因为这两颗红枣是配相，代表吉祥喜庆，整个过年期间，都会放在那里，用于款待所有的客人。在婚礼上，倘若你是作为上亲去男方家，接待人员一般会上三道茶，第一道为白开水，意即你家的姑娘出嫁时是清清白白的；第二道茶是加了白糖的茶，意即从今以后，新婚夫妇日子过得甜甜蜜蜜；第三道茶是加了两颗红枣的茶，寓意早生贵子，同样，那两颗红枣也不能动。

其中，常常会因为一些细节不被注意，导致老爷和奶奶（衡阳话称男客为老爷，女客为奶奶）大发雷霆，令婚宴产生变数。例如，有的毛头小伙在倒第一杯清茶时，不小心将一片茶叶掉在地上，新娘的父母脸色会突然阴沉下来，认为是在戏弄他们，说他们家姑娘不贞洁，于是便会有一番剧烈的争吵，极度悲催的结局有可能婚礼会泡汤，上亲们会携新娘返回。当然，多数情况下会以新郎家放鞭炮赔礼道歉而和解。但换一个角度看，“在家不会迎宾客，出外方知少主人。”意思是说，一方面我们在接待客人时要尽量做到无微不至；另一方面，去别人家做客时要学会包容，只要不是原则问题，就不必去争个输赢。

衡阳人亲戚之间互相走动也是讲究长幼有序的。一般而言，是晚辈先去长辈家，例如拜年就有“初一崽，初二郎，初三初四姑舅娘，初五开始拜四方”的说法，这种做法与全国各地大致差不多。但结婚送亲这一天，将新娘送到新郎家完婚时，女方父母是不能出现在婚宴上的，衡阳人认为那是自己将亲生骨肉送给别人，犯贱。平时亲戚之间走动，大致也要把握对等原则，当然女儿回娘家或母亲去探视女儿例外。

行家这一现象今天还在继续，但已经远远没有那么多的客套了。

做布鞋

做布鞋是旧时女人的一项基本技能，这种习俗，既是衡阳的，也是中华民族共有的。上了年纪的人应该都有印象：过去在任何一个家庭，都有一个小簸箩，这种用藤或者竹篾编织而成的东西，是已婚妇女的标配，圆圆的簸箩里，装满了针头线脑及用于缝衣做鞋的各种材料，例如顶针、碎布等。这个簸箩可谓家庭主妇的百宝箱，利用这个簸箩，能变换出生活中五彩斑斓的图案。

旧时在农村，勤奋的女人会利用一切空余时间做女红。布鞋是她们的主要作品，家庭成员中所有人脚上的鞋，都出自她们手。记得在农村流传过一个笑话：一位漂亮的少妇利用一切空闲时间纳鞋底，一日，她在公路旁边放牛，牛吃草时她拿出鞋底纳了起来，她的手一上一下不停地重复着抽线的动作，路过的司机以为她是在招手搭顺风车，纷纷停下来询问。这当然是一个杜撰的故事，但反映了一个农村妇女的劳作状态。

做布鞋是一个细致活，大抵有以下几道工序：

第一要有“鞋样子”，是用牛皮纸或报纸剪成的鞋底、鞋面的样子，用来比照裁剪布料，用过之后往往被夹在一本旧册子内。那时，看到谁穿了双样式新颖的布鞋，便会有妇女找到那家去，把鞋样子复制，自己也照样做一双，这也多成为妇女们串门的内容或借口。

第二是叠鞋底。鞋底初样由多层布帮叠成，为了耐磨，底面再叠上数层裁剪衣服剩下的边角余料，这些余料不怕零碎，但要选结实的新料，再用整块新布罩住，沿周围先纳上，略讲究的，还会用白布条镶边，一双鞋底的毛坯就准备好了。

第三是纳鞋底。用粗钢针纫上自制的麻或棉线，仔细地缝实。因为鞋底又厚又硬，极难扎透，要用顶针顶着针尾穿透；针插在鞋底上，用手不好拔下来，还要用小钳子夹着拔；拔下钢针带过棉绳，还要用力勒几下，把鞋底面勒出一个小坑，针脚在坑底，走路时便磨不断棉绳。这一个针脚就要很费些功夫和力气，一双鞋底要如此纳上千余针，只此便可见做鞋的艰辛。顶针是做针线必用的工具，是 1 厘米宽的铁皮“戒指”，表面布满米粒大小的坑，以防滑脱，做针线时戴在右手的中指上。针脚要排列整齐，有的还会排列出图案。穿新鞋走在松软土路上，脚印上会有清晰的针脚图案，与今天皮鞋、旅游鞋底的图案很有一比。

第四是做鞋面。鞋面是用数层粗布叠在一起，按鞋样子剪下来，再罩上鞋底。鞋面要用结实好看的新布，旧时农村多用咔叽布，讲究的人家也有用灯芯绒的。鞋面的式样多为圆口，也有裁剪成宝塔式的。女式鞋口有一布襻。棉鞋则为高腰式圆宝鞋，在夹层要均匀地填充棉花。

第五把鞋底与鞋面用白棉绳缀在一起，一双布鞋才算完成。这最后一道工序叫作上鞋，上鞋比纳鞋底更费力气，要先用锥子把鞋底鞋帮一次扎透，再穿针纫绳勒紧。

做鞋是一门技术含量很高的手工活，农村女孩在稍长时便会受到培训，初学者要在长者的时时指导下才能勉强做成第一双鞋，式样、质量自然不会很好，要做到手艺精湛，没有三年五载的磨砺是难以达到的。

现在人们极少穿布鞋，妇女朋友们多数也不会针线活，自然也很少有人去做鞋。虽然我们有时在商店还可购到所谓的手工布鞋，但那双鞋里已没有多少手工的成分了。

放鸭人

大家都知道在北方大草原上的游牧民族，他们居无定所，一年四季追逐水草放牧牛羊，而在南方的衡阳，也有这样一群人，他们靠放鸭为生，一年有半年以上时间外出放鸭。因为他们每到一地都要搭棚子圈鸭，所以当地人将他们称为放鸭人或叫鸭棚子。

旧时在衡阳乡下，放鸭是一门养家糊口的技术活，一般是一人独自放养。放鸭人的显著标志是头戴斗笠，身披蓑衣，肩上搭一个竹背篓，里面装有一把柴刀，偶尔也有几枚鸭蛋，手里握着一根丈余长的细圆竹竿（衡阳方言叫鸭条子），卷着裤腿打着赤脚，走路时健步如飞。由于长年的风吹日晒，他们都有着黧黑的皮肤。旧时有一首七律《放鸭人》是这样描写放鸭人的："举家生计赖支持，行走江湖稻菽畦。独把月宫肩左右，常将画戟赶东西。闲来数断云中雁，倦极偷眠柳下堤。回首故园山水远，更堪春夜鹧鸪啼。"

这首七律将放鸭人日常的艰辛生活描述得入木三分。确实，旧时这些人生活十分艰苦，他们长年累月远离亲人，生活在异域他乡，为的是赚些钱养活家人。

衡阳人放鸭，一般每棚鸭约 90 只，从每年的农历三月开始放，到十一月底结束，放鸭的地点多是有河湖港汊及有水田的丘岗地区。一年中大约有 8 个月在外放鸭，这是因为这个时间段野外多虫蚁及田里有落谷等，鸭子几乎可以自己觅食而不需要投入太多饲料，从而降低了饲养成本，鸭蛋的产量也很高。

旧时的养鸭人多信奉梅山老祖，在出游前要在自家堂屋内点蜡烛线香，虔诚祭拜，出发时家人忌说不吉利的话。每到一地，也要祭拜当地的土地老爷，并在驻地周围走一圈，以防野兽偷吃鸭子。他们平时用一种特殊的方法驯化鸭子，那根鸭条子便是关键。每当放到一处田野，放鸭人便会将鸭条子插在醒目之处，说来也奇怪，鸭子们便只在鸭条子周边百步之内觅食。放鸭人还会指挥鸭子，迁徙时，他们只须驱动 4 只头鸭（行话叫“头子米”）往前走，碰上转弯的地方，用鸭条子一拦，鸭子便沿放鸭人指挥的方向走。一般而言，在迁徙的路上，放鸭人走在鸭群的前三分之一处，嘴里不时呼唤“嘿啦啦啦”，这种曲调抑扬顿挫，鸭子们便会和着声音跟上。偶尔碰到有鸭子掉队，放鸭人便会停下队伍用这种声音呼唤，不多久，掉队的鸭子便会循声赶来。

放鸭人放鸭时颇有些大将风度，有人戏称为鸭司令：放鸭人手执一根长竹竿，吆喝、指挥着鸭子“大军”任意驰骋在农田、湖滩、水洼中……湖畔田野里有足够鸭群享受的天然食料，如田螺、小鱼、小虾、蚯蚓、虫子、飞蛾、藻类、水中浮游生物……吆喝声是放鸭人与鸭群之间交流的口令，长竹竿是放鸭人管理鸭群的指挥棒。在吆喝声、长竹竿的指挥下，鸭群可以列队行走于阡陌，可以齐头并进于田野，可以游弋嬉戏于水洼，完全是一支训练有素的鸭子“大军”。鸭群前行中翅膀拍打着地面，鸭嘴呷啜着泥水，发出低鸣抑或高亢的声音，汇成鸭群独有的交响曲，听着声音人们便知道鸭群近了还是在远去……

放鸭人每年出游的线路大体是固定的，每到一地都会选择熟悉的主家借住下来，一般是在主人家中搭伙，也有自己买些油盐酱醋及菜借用主家灶台做饭的。放鸭人所到之处，在当地还是受欢迎的，这是因为鸭群的到来，在禾苗初长时可以起到中耕的效果，鸭的粪便也是上好的肥料，在农村扮禾收割的时候，有些勤快的放鸭人还会搭一把手，有时也会给主人送几个鸭蛋，这一切都使得放鸭人赢得了当地人的认可。

由于养鸭的目的是获取鸭蛋，养鸭人必须在购买雏鸭时剔除公鸭，以保证饲养的全部是母鸭。他们有一套自己摸索出来的土经验，确保成功率在百分之九十九以上。首先是看外形。一般头大，鼻孔窄小，沿嘴甲呈线状，身体圆，尾巴尖的是公鸭；而头小，鼻孔较大略呈圆形，身体扁，尾巴散开的是母鸭。其次看鸣管。鸣管又称下喉，位于气管分叉的顶部。公鸭在此处有一个膨大的球状鼓室，直径为 3～4 毫米，从体外胸前可以摸出，母鸭无此鸣管。再次摸肛门。双手把雏鸭尾巴朝外捧在手里，拇指轻按雏鸭的后背，用食指在雏鸭的肛门处触摸，如果感觉到有凸起的就是公鸭，如果没有凸起就是母鸭。最后看尾巴。把雏鸭放在左手手心，右手用一根手指轻压雏鸭的后背，这时要注意观察小鸭的尾巴，尾巴向下翘的是公鸭，向上翘的就是母鸭。

放鸭人在动态中清点鸭子也是独门绝活。每天鸭子晨出围栏，日暮归圈，放鸭人可以将鸭子数目清点得清清楚楚，一只不差。若有差错，养鸭人可以通过独特的吆喝声将落单鸭子找回。

鸭子一般在晚上下蛋，鸭蛋在衡阳又称水蛋。放鸭人一般早起第一件事就是进入鸭棚捡蛋，每只鸭子每天产 1 枚，一棚鸭每天产出 10 来斤鸭蛋。这些蛋不须放鸭人自己去集市交易，自有趸货的人上门一次性拿走，他们从中赚些差价。也有家中近期办酒席，根据厨师的要求上门购货的。鸭子的产蛋旺盛期只有两年，故有经验的放鸭人从第三年开始要换新鸭，雏鸭从出生到生蛋有 90 天的周期，他们会算好时间。

现在，市场上还有鸭子与鸭蛋出售，但它们已不是真正意义上的那种放养鸭了，放鸭人也不用再过那种风餐露宿的游放生活。

钉 船

衡阳人形容旧时农村有两大苦活与累活，叫“砌屋钉船，昼夜不眠”。仔细想想，要说极度的苦与累，倒也不至于，但要做好，却是不容易。船、屋质量的好坏，关系到一家人的居住安全，的确马虎不得。

钉船是衡阳方言，相当于普通话的造船，钉船的主家主要是船民。其过程十分讲究，也有诸多的程序需要遵守。

对木料的来源要认真进行甄别，进山采木时，要准备称之“神福”的鱼、肉、茶、酒祭祀鲁班。在众多的材质中，船家认为椿木是钉船的上等木料，若用樟、槠、杉、枣等其他树木替代，也要千方百计寻找一方椿木钉上以祈福。但寺庙、道观前后的树称作“神树”，无论材质多好，皆不砍伐造船，以防“神树发神水”，造成舟覆人亡。

木头砍回后择吉日开工造船。掌墨师（又称主墨师）为造船的总设计师。开工时，掌墨师对各种用料打上墨线，确定其长、宽、高、厚及结合度等，手捧《鲁班书》置于鲁班神像案桌上，焚香秉烛，三叩其首，然后拿量木用的“界尺”（俗称“鲁班尺”）往案上一摆，大声喊叫：“开山子（斧头）一向天门开，请得先师鲁班下凡来。”此乃开工仪式。

仪式结束后，所有造船工匠由船主做东，喝酒吃肉，掌墨师上座，船主作陪。第一杯酒必敬掌墨师，掌墨师一饮而尽了，大家才可开怀畅饮。船体合成后，要搭台唱戏以庆贺。船壳完成后，如碰上陆地有人建房架梁，须行“关头”仪式，即在船头披红，掌墨师于船头一面唱“赞词”，一面给船的两边各钉四口钉子，其唱词是：“钉头口，添人添口；钉二口，荣华富贵；钉三口，清占平安；钉四口，四季发财。”

造船第一道工序是对船最重要部位压底。事前，船主还需到店铺买一个梳，用红纸垫着并放上刀、秤、算盘等做生意的用具，这是祈求生意顺利之意。吉时一到，渔民一家大小带备三牲、水果、香烛、酒水来到船厂，在鲁班先师的神像神位前行跪拜礼，然后拜船头及船厂门口的神灵。船民认为每艘船都依附着一个神灵，而船厂门口则是船厂的地主门神所在，这些神灵如果能够保佑船主，那么将来的生意便不用愁了。拜船头时，要在龙头上扎一条红布。拜完三方神圣之后，龙骨上不能让人躺上去，据说这是怕冲撞神灵，影响船主将来的生计，对船上人员的健康也会构成不利的影响。万一真的有人躺了上去，船主会要求另外换一条。

压底之后就是钉旁，钉旁就是钉上船壳的木板。过去由于没有图纸，很难预计各物件的精确尺寸，木工师傅都是凭经验先钉上外壳的木板，再用“弯柴”（即与船底骨成九十度角的框架）固定旁板。现在有了设计图，工序就掉转过来，先装弯柴再钉旁板。弯柴一般每 50 厘米装一条，这样船才能抵受风浪的冲击。

钉好旁板，接着就是钉筋。所谓筋，实际上是指船外壳近船舷上方的大木框，作包围、固定船身之用。钉筋时船主也要给师傅们每人一个红包。

接近完工的时候，还要在龙利头上钉龙牙钉。从船的结构上看，龙牙钉无甚作用，但船主对此却郑重其事，这纯粹是为了装饰和顾及风水之故。钉龙牙钉先要选择一个好日子。船主给师傅们送红包后，给鲁班神像和船头焚香礼拜，奉上各种祭品。造船师傅在此之前已在龙利头上钻好两个斜向下方的小洞，当船主一边拜船头时，师傅就用锤子将一金一银的两颗钉打进小洞中，通常是左金右银。此两钉的钉法也甚为讲究：如钉得太紧，便预示船主日后经济拮据，难有剩余；而太松又容易在风浪中被抛出来。所以，钉龙牙钉一般都要求松紧适中。另外，由于钉龙牙钉的日子是由船主定的，故有时会选中一些造船师傅认为不利于自己的日子，如生煞日等。但日子既是船主所定，师傅们便不能有异议，只能采取一些方法保护自己：在钉龙牙钉时不用锤子，改用一把斧头，锋口向外，用斧背钉龙牙钉，据说这样便可挡煞。装好钉后，造船师傅都会向船主讲几句祝贺的话。

收尾的工序是刮灰与油漆。灰工的工作主要是在钉好旁板后往木板缝隙间撑灰。按照传统的习惯，灰工撑灰是用桐油灰糊在木缝间，然后用刮削下来的一团团的竹丝挤进木缝，再用凿子反复将竹丝往里面凿，使其逐渐变碎，并与桐油灰混和成稠胶状，这样干结后才坚硬耐用。再刷上几遍桐油，整个钉船便算完成。

新船落成时，也要由为主的木匠举行仪式，先要刀宰雄鸡，淋血于船头，并将雄鸡掷于船舱内，并发断说：“雄鸡进船舱，快卸快装。”新船下水前一日，船舱两侧贴上红对联，例如“九曲三弯随舵转，五湖四海任船行”等；于船头和东、西、南、北五方燃烛照明，全船灯烛齐燃，谓之“亮墩”；并于船上祭祀鲁班，祭祀有“摇钱树”之称的桅杆以及舵和橹。次日新船下水，要在凌晨露水未干之际推船驶向河心。下水前，船主要沐浴斋戒，下水时要大放鞭炮。

船的下水礼是最为隆重的。船主照例用祭品拜鲁班、船头和厂门“土地”。新船的船头要簪金花、挂彩旗，彩旗挂在驾驶台与船头之间。祭拜完后，吉时一到，随着连串的鞭炮声，工人将楔子打去，新船便滑向水中。下水后，新船再调转船头，面向船厂祭拜天神和鲁班，船主雇请拖船将新船拖到码头停泊，继续进行后期的工程。

推　谷

现在无论在城市抑或是农村，做大米饭已是一件非常便捷的事情了，特别是新型碾米机的出现，即便家中有谷无米，但只要将稻谷倒入机器中，便可立马从出口处得到干净的大米，不用淘洗便可下锅。

但在旧时，在没有碾米机的年代，要想把稻谷褪壳变成大米，可不是一件容易的事。衡阳把打米的农活称之为推谷，这件事于农家而言，是一件既辛苦又考量技艺的活计，当地有一句民谚叫“推谷挞糠，忙到天光”，意在指打米耗时费力。

同南方其他水稻产区一样，在没有碾米机的年代，要将稻谷褪壳成米，只能借助原始的工具，靠手工操作来完成。其主要的褪壳工具有两种：

一是推子。推子是衡阳方言，是用竹、泥、木等制成的，专门用来碾谷成米的磨盘类的碾具。因较笨重，需要用一带钩的耒钩把的杠杆助力，才能推动其旋转，故称为推子。推子和磨子形似，直径有六七十厘米。上部叫推框，下部叫推盘。推框由两扇上下形状相同、大小一致的推身构成，外围用竹篾编织成圆形，内用黄泥夯实。上扇留有空框，用来盛谷。上下扇的接触面嵌有用梓木片制成的排列整齐的木齿，其原理是利用上下两个磨盘齿的摩擦碾去谷壳。二是碓，一种用木石做成的捣米器具。说穿了，它其实就是一种用脚踏驱动的倾斜的锤子。碓由碓窝和碓锥两部分组成。碓窝是在一块方形的大青石中间由石匠雕凿出的一个圆窝，约40厘米深，上宽下窄，内壁有斜形凹槽。碓锥用一根长木制成，末端装有碓脑，似锤，下端有铁箍，端头嵌铁片为齿；尾端用一根横木拴住，并嵌入左右的石槽内固定为支点。碓锥又叫木碓、榻子。工作时，利用杠杆原理，用脚踏动木板，碓锥上下起落，似鸡啄米，以去谷米之皮或碎物。《新论》曾专门介绍此物：“因延力借身重以践碓，而利十倍。”唐代杜甫《雨》诗云：“柴扉临野碓，半得捣香粳。”

大多数农家煮饭用的米，是借助推子推出来的，其过程大体是用推子碾去其壳，用风车吹去粗糠，用筛子分离出米。但其中包含了一些有技术含量的活计：

第一是要调试推子。前面已述及，推子的工作原理是利用上下磨面的木齿咬合时产生的摩擦力使稻谷的谷壳剥离，这中间的窍门就在于控制好上下磨面的间隙，太大则稻谷得不到充分挤压，而会产生太多谷粒不能脱壳，衡阳俗称谷头子；太小则会碾压过分，导致米粒不成形，碎米多，出米率低。因此，有经验的老农都会先试着空推几圈，听其上下齿盘摩擦的声音，然后再去调节松紧度。调节的关键是下磨盘那根揳入上磨槽的圆柱形连接栓，必要时，还要用刀具将其削短。

第二是用掀子（风车）吹糠。用推子把稻谷破壳后，我们得到的是一堆谷壳与米粒的混合物。要将米粒从中分离出来，人们使用的是一种叫簸箕的篾织圆盘，将谷壳米粒置于其中，用力上扬，使稻糠簸出，其原理类似北方的扬场。后来人们发明了风车，衡阳人叫掀子，其上面有一方斗装物，通过一个手柄控制其向下漏的流量，尾部有一圆形风鼓，内置6片风叶，前方有3个出口。工作时，左手控制开关，右手摇动风扇，在风力的作用下，混合物得以分离，粗糠分量轻，从尾口飘出，细糠和碎米次之，从第二个漏斗口坠下，米粒则从最后一个口子落下。这里面的技巧在于控制风速，太大则米粒会被吹走，反之则米内有细小糠粒。

第三则是筛米。从风车口得来的大米还不是可以马上下锅的大米，需要过筛。过筛有两个作用：一是将混在米粒中那些细小的糠隔出，二是将米粒中那些谷壳未脱尽的谷头子析出。这时，通常会在两条凳子上架一个篮盆（一种用篾织成的圆形晒簟），在楼枕下方用绳子吊一个圆形米筛。筛米是要讲究用力的技巧和方向的，一般是按顺时针方向摇动三圈，再按逆时针摇动一圈，再前后抖动几下，这些动作要一气呵成，米粒和糠就会奇迹般地分离，细米糠落在篮盆里，米筛内正中间全是谷头子，此刻用手捧去谷头子，就得到纯粹的大米了。

过去我们读诗时，对“谁知盘中餐，粒粒皆辛苦”一句可能难以理解到位，但从农人旧时推谷过程就可见其艰辛。

用 牛

三百六十行，行行出状元，衡阳人把精于种田的行家里手称为“作家”，当然这不是那些著书立说的作家，而是作田行家的简称。评定一个农民是不是作家有许多硬指标，用牛便是其中之一。

在旧时农民的心目中，耕牛是一件重要的家当，但凡家境稍好的农户，都喂有一两头耕牛，再不济的也会几户共养一头，人们对于耕牛的呵护程度，几乎等同家庭中任何一个成员。

关于耕牛有一个古老的传说：牛本来是天庭的殿前差役，有一天玉帝收到农夫给他传的口信，说是人间寸草不生，人们没有粮食吃，人人都面黄肌瘦，孩童妇孺都相继饿死，请玉帝带点种子给人间，让民间的人们能够吃饱肚子，安居乐业。玉帝听了，很是感动，便在殿上问众神：“谁愿去人间撒种子？”众神都不愿去人间受苦，最后牛自告奋勇地说：“我愿意去民间撒种子。”玉帝刚开始还不想让它去，认为它是个粗心大意的家伙，怕它不能够胜任，但由于没有别的神仙愿意去，最后玉帝不得不派遣它去。结果，真如玉帝所料，牛在出南天门的时候摔了一跤，把大量的种子都撒在了海里，这使得它没有完成玉帝交给它的任务，民间的疾苦没有得到真正的解决。玉帝大怒，把牛贬下了人间，让牛的祖祖辈辈都要在田里耕耘，帮助农民劳作。但由于牛本性吃苦耐劳，勤奋老实，最后玉帝原谅了它，让它有了参加十二生肖大会的机会，并且因为牛在民间所作出的贡献，它的排名非常靠前，要不是因为老鼠狡猾，牛应该会是十二生肖之首。

衡阳地方用牛主要体现在拖犁耙耕田，其主要功夫展示在以下几个方面：

告牛。告牛是衡阳方言，意思是驯牛，使其能够听从人的指挥，执行人的意图。衡阳有句俗语叫“三岁牯牛十八汉”，这是说，牛在 3 岁，男人在 18 岁，便可以独立担当大任了。因此，牛犊子长到 3 岁，便要由人牵到田里进行犁田的训练。告牛一般由两人组成，一个人在前面用一根约1米长的木棍与穿过牛鼻子的绳子绑好，套上牛轭系好犁后，后面的人扶犁牵牛绹，扶犁的人大声吆喝，前面的人则要牵引牛开步；扶犁的人再一声吆喝，牵引牛的人则让牛止步；扶犁的人将手中的牛绹向右一撇，则牵牛右拐或调头；向左一拉，则左拐或调头。如此三五次，聪明的牛便可迅速进入角色，成为熟练的役牛。牵牛的人应当特别注意的是，驯水牛时应将牛头下压，使其鼻孔接近泥巴；驯黄牛时应将牛头上扬，使其鼻孔朝天。这样训练它们，是基于两种牛脖子的结构不同而作出的选择，用这种姿势它们才会处于最佳状态。

犁田。过去农人讲究精耕细作，在稻田插秧之前，有三犁三耙之说。犁田又有犁生坯田和整田之分，其技术主要表现在犁生坯田。所谓生坯田是庄稼收割已久，泥巴有些板结的农田。过去犁生坯田一是为了种植冬作物，二是在入冬之前翻一遍让田泥浸泡过冬，来年可减少病虫害。有经验的农民首先会在一丘田的正中间驭牛拖犁来回走一路，使犁出的泥坯倒向左右，在田中间形成一条沟，谓之开河。然后吆喝着牛均匀地按照顺时针方向将田泥犁翻过来。技术好的农人，犁出来的泥坯大小基本一致，行走线路十分整齐，远远望去，像农村瓦屋上盖的瓦片，错落有致。犁田时还有一项技术叫打佐犁，即驱使牛向相反的方向走，使田塍的漏洞被堵住，同时也方便后期糊田埂。打佐犁由于方向相反，加之又要比其他地方犁得深，因此牛的负重特别重，故乡下有民谚曰：人怕挑塘泥，牛怕打佐犁。盖因负重极大。

耙田。耙田又有铁耙和木耙之分，有的地方将铁耙耙田叫耙田，木耙耙田叫横田或纳田。不管叫法如何，其操作方式一样，就是把犁过的泥坯先用铁耙梳烂，使之变成泥糊状，再用木耙摊平；此时，驾牛行走的路线与犁田时相反，如果犁田时是竖着走，耙田时则要横着走。用铁耙耙田时，驾牛人十分辛苦，他要双手扶着耙把使劲往下压，好将泥坯梳烂，同时还要将高处的泥尽可能拖到低洼处，这样，人们在用手工搭田时会省去麻烦。用木耙耙田则是插田前的最后一道工序，这道工序相对轻松，就是把田面泥巴摊平，田面如镜，不再有积水的氹眼。

打草席

旧时在衡阳城乡，草席几乎是家家必备的生活用品，一些经济不宽裕的家庭，一年四季都是睡的草席。在没有编织机之前，草席都是用人手工编出来的，衡阳话叫打草席。

衡阳境内的祁阳、祁东及衡东一带盛产席草，这些地方多数人都会手工织草席，其编织的草席不仅享誉国内，祁阳的草席还走出了国门，在日本及东南亚诸国有着极好的口碑。

旧时农村打草席的原料是一种叫灯芯草的一年生草料，农村有“生在端阳，死在重阳”之说，意思是端午节在水田中莳下草苗，到重阳节割下晒干即可。但编织草席前的席草，先要拌上草木灰沤上数天，使席草的颜色变成青灰色，织出来的席子才有品相。

打草席用的工具称作席床，通常用柏木制成，两根立柱加两根横梁，构成井字形，连接处使用榫卯构造，可以滑动。两根立柱下部有正方形的木板，可以使整个席床立于地面而不倒。除了席床，席添、席扣是手工打草席必不可少的工具。席添就如同织布机上的梭子，用它将一根根席草穿过麻线交叉组成的空间，织成草席。席添由毛竹片制成，长条形，厚薄不足5毫米，宽约4厘米，长度由草席规格而定，一般要超出席子宽度三四十厘米。席添前部为半圆形，离顶端约1厘米处挖有一月牙形凹槽，用以夹着席草。席扣是用三四厘米厚、10厘米宽的木条做成，长度根据席子的规格而定，席扣中间分布着均匀的线眼，使麻线可以从其线眼穿过。

打草席的第一步是穿线。草席有不同规格的尺寸，通常有5尺、4尺、3.5尺、3尺。5尺相当于1.5米，4尺约是1.2米，3.5尺的是1米，3尺约是90厘米，最小的有七八十厘米的草席，一般用于学校或者工厂集体宿舍。穿线是按双数来计算，不同规格换算成不等的双数，因此按根来算，每条草席的经线必定是偶数。穿线最好是两个人合作，首先穿左右两边的麻绳，从而使位置得以固定。打草席过程中用作“打”

的工具是席扣，它的作用就是将每根席草压实，因此穿线时要将其穿在其中。穿线时，一人站在席床背后，将麻线抛过席床上部横梁，再穿过席扣的线眼，另一人半蹲在席床前面，抽出穿过线头，随即将线头反穿过相邻的线眼，这样麻线就形成了一个 U 字形的线圈。反穿回去线头再抛回到席床背面，由站在背面的人将两根线头拉下，从席床下面的横梁绕过，递给前面的人，前面的人根据所需长度，剪掉多余的麻线，然后将两个线头与 U 形线圈打结。当然在 U 形线圈下方要放一根大拇指粗细的竹竿，既便于线头打结，更主要是为了席扣打席时承受压力，使每根席草排列疏密有致、分布均匀。穿好一双麻线，再重复前述动作，依次而行，直至穿完。打草席前，必须检查麻线是否绷紧，因为手工拉紧麻线毕竟有所限制。而席床横梁与立柱间的榫卯结合部是活动的，这时就可以在下部横梁上揳入楔子，从而使横梁尽力张开，麻线得以绷紧。

打草席的第二步是正式开打。打草席一般也是两人合作，力气大的持席扣，力气小的持席添。干席草需要浸水使其软化，再晾至半干。打草席开始，持席扣者提起席扣向上约 30 厘米，压下手柄，使席扣与垂直经线形成约 45 度的角。席扣线眼有着特殊结构，一边是圆眼，反面则挖进很深的 V 字形凹槽；左右相邻的线眼则相反，使经线交叉向前向后张开，从而在经线之间形成一个菱形的空间。持席添者，右手持席添，左手操起席草将一头夹入席添头部凹槽，自右至左用力送入菱形空间，随着惯性直至将席添送出经线外。此时，持席添者还要将席草的一头捏住，使草头留在经线界外，并迅速抽回席添，这一连串动作需一气呵成。添完一根草，持席扣者向下拍一下席扣，打草席的“打”字，就体现在持席扣者一次次的拍打中。将席草压实后，重新向上提起，此时席扣手柄向上压，与前述动作相反，持席添者重复前述添草动作。如此循环往复，草席一点点累积而成。而交替添入的席草，通常由两根席草交叠而成，草头与草头在中部叠加，草根在左右两端伸出外界，一前一后，样子就很难看，这就需要将向后伸展的草根挽回到前面来，这样挽的动作刚好左右两端交替进行。挽边，土话称锁边，需要持席扣者交替操作。

这种手工劳动效率自然不高，熟练的人两人合作，一天可以打成两至三条草席。一个人也可以打草席，一人打草席通常只能打 1 米以内的席子，因为这样的席扣短，重量轻，一人才能操作。但必须要在席床上加绕一根绳子，绳子下端系一根竹竿拖到地上，中间系在席扣的手柄上。每扳动席扣手柄，就用脚踩住地上的竹竿，利用绳子的张力，席扣就固定住了，再腾出双手持席添送席草，这样反复操作直到最后打完草席。

打好的草席还需要经过晾晒、搓紧、修边和抛光等工序，这里讲的抛光是特殊用语，指的是初打好的草席表面上会留下一些草衣，不光滑，人睡上去会刺激皮肤，因此，需要用手工反复搓擦或用刷子干刷，使整张席摸起来滑溜，这才算完工，可以上市交易。

现在这些地方仍然在生产草席，但那已经是现代化工艺和机器相结合的产品了，农村中再也找不到会织草席的匠人。

开镰扮禾

同长江以南的所有地方一样，衡阳人以种植水稻为主，每天的主食也是以稻米饭为主，因此旧时农民一年中最盼望的是稻谷成熟、开镰扮禾的日子。

关于水稻的种植历史，正规的说法可以追溯到5000年以前。在人们心目中稻谷的获取是非常不易的。衡阳人在每年新谷开镰之初，都要举行一个隆重的祭祀仪式。其具体的过程如下：

给扮桶挂红。衡阳农村旧时在收割水稻时，采用的是在田间直接脱粒的方式，其基本工具是一个用木板钉成的长方形敞口木箱，衡阳方言称为扮桶。扮桶高约50厘米，宽约1.5米，长约1.8米，两端各钉有一个耳子，便于拖动。农闲时节，扮桶一般搁置在杂屋内，开镰时由主人将其从室内请出，置放到堂屋前的晒谷坪上，堂屋神龛上点燃蜡烛，在槽门口置一香案，上摆三牲及3双筷子，3杯净茶，地上燃纸钱和线香以敬奉天地，感恩上天赐予五谷，并由家庭中的男主人在扮桶的耳子系上一块红布条，意在表示今年稻谷收成好，颗粒归仓。

抬扮桶出游。扮桶虽然不重，但由于体积庞大，从屋场运到田间一般要由两个男劳力抬着走，也有的因找不到人，用架子或用肩膀独自背着的，有些力气大的人，则将扮桶竖成菱形扛在肩上扛走。无论是用哪种方式搬扮桶，出行时，主人家要燃放鞭炮，系有红布条的那一面必须在最前面，若是菱形背桶，红布条必须朝天。扮桶到达第一块田边时不能立即放下，还要绕着田塍走一圈后再在绕圈起点放下。注意扮桶要放在适中位置，不能一半搁在田埂上一半悬空。

在田边祭祀土地与谷神。在开镰之初，主人会在田边燃烧纸钱，并插3根线香，双手合十并三鞠躬，口中念念有词，感谢上苍缔五谷、谷神佑丰收、土地老爷保平安。祭祀之后，一般由男主人用镰刀割下第一蔸禾，有些讲究的人家还会宴请本屋场最有身份的长者（即儿女双全、父母健在、家境殷实者）割第一镰，若再讲究的，则还有人发断："今日开镰，明天仓满，天道酬勤，五谷丰登。”

酬劳帮工。旧时衡阳人作田多为一家一户的形式，每到扮禾时节，四邻八乡的人便会前去打短工。在一些山区，因为本身无田可耕，农民也会外出给人扮禾挣些零碎银子。依稀记得衡阳的大沅村和甘溪村的青年农民，每到这个时候，便会结队去北乡的集兵滩、西乡的呆鹰岭及南乡的鸡笼街等地去扮禾。被请的临时工，每天的工钱是一升米，还有三餐饭。衡阳有句叫“裁缝师傅扮禾客”的俗话，意即要善待这些打工的人，请他们上门扮禾，都要好饭好菜款待。同时需要注意的是，早餐的菜不能上猪肉等带血的荤菜，意在避免割禾时伤指头。一般来说，扮禾客也是出于无奈而去做这种短工。在众多打工人中，有个人可以得到一份额外的收入，即出桶挑谷的那位，他将第一担谷挑到晒谷场之前，先要将这担谷挑到堂屋内打个转，此时女主人一般会打个红包，或者打发一筒米作为酬谢。

旧时扮禾是一件十分辛苦的事，一般 5 人一组集体行动，将田里的禾全部杀倒。杀禾时必须按行距从右往左割禾，这样，禾蔸的禾衣便会集中倒向右边，扮禾时便可利用禾衣将禾卷紧，利于扮禾人捏控。杀完禾后，两个人负责扮禾，即将禾把子甩向扮桶壁，使谷粒脱落；两个人负责递禾把，以提高效率；另一个人负责出桶与缚管（衡阳方言称稻草为管），将扮桶里的谷刨出，挑到晒谷场去晾晒。扮禾很辛苦，在太阳底下水田之中作业，一天下来身上无一根干纱，分不清是汗水还是泥水。彼时效率也不高，5 个人一天下来能收割二亩地的禾就是高效率了。

现在，这一切都已成为往事，收割机的出现使扮禾的传统方式彻底消失，只要您花点钱，收割机便会在极短的时间内将稻谷装入麻袋，并有人将其送到家中。

吸水烟

衡阳人与人打交道时，递烟是一种基本的礼节，在他们看来，烟是和气草，再陌生的人，有了烟做媒介，也会很快熟络起来。在香烟尚不流行的农村，人们主要抽自己种植的辛辣呛鼻的旱烟，在野外作业时一般用纸卷成喇叭筒将就，但回到家后，抽烟的工具便各具特色了，常见的有旱烟筒和水烟壶两种。

在旧时农村，拥有一把水烟壶是一件让人羡慕的事情。农人们在茶余饭后，搬一条凳子倚墙而坐，然后左手握一柄水烟壶，指间夹一根纸媚，从烟壶的附斗内取出烟丝捻成团，轻轻按入铜烟窝，吹燃纸媚点着烟，咕噜咕噜吸一口，从嘴里和鼻孔里冒出缕缕轻烟。倘若此时有客人到访，男主人第一个动作就是将手中的烟壶递过去，对方也不谦让，接过后就是一番“咕噜咕噜”。

水烟壶造形奇特有趣，多以黄铜或白铜为制作材料，也有锡制和银制的。它主要由烟管、吸管、盛水斗、烟仓、通针、手托等构成。烟管一头为烟碗，其下连一细管伸入盛水斗的水中，这一部分往往放在最前面。吸管一般长 30 厘米左右，也有更长的，位于烟管之后，或并列，或稍有间隔，上端向后弯曲，便于吸烟，下端插入盛水斗，但在盛水斗的水面之上。烟管、吸管、盛水斗一般为一整体。烟仓多为桶形，上有盖，以防烟丝被风干。手托主要起连接作用，盛水斗部分与烟仓都插在其中，一般系整体铸成。考究的水烟壶或镶宝石，或嵌墨银，或烧珐琅等。其纹样有花、鸟、草、虫、鱼，亦有诗词联句等，加上有趣的造形，遂成吸烟者把玩之物，成了一种工艺品。烟具一头进气，一头吸食，两头上翘，中间一处贮水、装烟，吸食时，烟气穿过贮水的地方，既可滤掉一些烟气中的杂质杂气，还能发出“咕噜咕噜”的声响，有如一种音乐节拍，听起来十分悦耳。

吸水烟有讲究，盛水斗里水的多少是关键。水太多，容易吸入口中；水太少，没不到烟管，烟在水面上直接进入吸管，起不到去火除杂的作用。经验丰富的人，会轻轻含一小口茶水，从吸管徐徐吐入盛水斗，再试着吸气，盛水斗轻松发出“咕噜咕噜”的声响即可。

烟壶水一般不会天天更换的，用久了的烟壶水，吸附掉了烟中的部分焦油，使水变得像酱油一般黏稠，闻起来虽有些腥臭，却有两种用途：一是农耕之中如果有蚂蟥叮到手脚，这东西两头都有吸盘，血不喝足轻易不会松口，这时，只需将烟壶水一点，立即滚落；二是小孩子没来由的腹痛难忍，这烟壶水可以用来镇痛救急。

吹纸媚也是吸水烟需要具备的基本功。水烟袋的烟碗大的也只有拇指大，一次只能吸食一窝烟，而且每次需要重新点火。旧时没有现在的打火机，甚至都没有火柴，取火要靠打火石或者火镰，成功取火颇为艰难，总不能吸一窝烟就打一次火，于是有人发明了纸媚。纸媚用的是粗纤维的火纸手工搓成，要搓得不紧不松。准备吸烟了，被点燃的它就不紧不慢地燃着一点红红的灰烬，等装好一窝烟，将暗红的火头送到嘴边，撮紧嘴唇，送出一段急速而短促的气流，火头一红，随着气流戛然而止，一团明火跃上纸媚的端头。

吸水烟还有一宗本事就是吹烟屎。一窝烟丝抽完，只剩下一团暗红的灰炭，称为烟屎。将烟屎从烟碗中吹出来，老烟民只需将烟管稍稍提起，使烟管的底端离开烟仓水面，再从吸管中轻轻一吹，带着淡淡烟雾的气经过烟仓水面由下往上从烟管吹出，就将烟屎带出烟碗。这个技巧要把握好力度。力度稍大，烟仓水就要喷涌而出；力度稍小，就只有火星从烟碗中喷出来，带不动烟屎，这时就只好将整个烟管抽出来，将浸泡在烟仓水中的一端凑近嘴边，用力一吹，将烟屎吹出，只是不小心的话就会在嘴唇上留下一点烟仓水的赭黄色。如若不成，就只好动用通针了。通针是一根圆形的铜针，前端较尖，后端圈成一个手指大小的圆环，吸烟的时候就套在无名指上，用完了就插在烟仓中部的小孔之中。

需要指出的是，种植烟草与吸烟在中国只有 300 多年历史，水烟壶也是来自国外，有波斯和印度说。有一则谜语是这样描述水烟壶的：外国进来一只船，船里装水船外干；孔明定下烧船计，只烧货物不烧船。

随着机制香烟的出现，人们不再抽旱烟，水烟壶也只能在古玩家那里去寻找了。

浆　衣

看到这个标题，现在的年轻人可能会一头雾水：好端端的一件衣服，浆什么浆？是的，没错，在旧时，衣服是要浆好后才穿上身的。彼时衡阳家庭主妇的主要工作被戏称为“喂猪赶狗，洗衣浆衫”，可见浆衣是一门必需的功课。我们平时穿的衣服、盖的被子，在洗净后晾晒前都是需要用浆水过一下的。

但凡上了年纪的人应该都有这种经历：当你洗过澡，准备里外换上一套干净的衣服时，你会发现，外衣裤拿在手里非常挺括，穿上后有棱有角，有形有范；但内衣则显得有些生硬，穿在身上有点硌皮肤。倘若某天晚上你恰好碰上新换的被套，对不起，当晚你的下颌就会有些不适了。但不管怎么样，这时候给你的却是一种愉悦的享受，那从织物中散发出来的米浆的阵阵幽香，远比今天人们洒的各种名牌香水来得妥帖。

这就是浆衣，过去的家庭妇女都会，也是旧时女性家务活的主要内容之一。

给衣服上浆，是劳动人民在长期的生产实践中总结出来的经验。旧时，肥皂尚未传到中国，当然更没有洗衣机、烘干机和电熨斗，清洗衣服时，先是烧一盆茶枯水（条件不具备也可烧草木灰水），将衣服在其中浸泡一段时间，然后，将衣服放在一块坚硬的石头上，一边翻动一边捣捶，使污渍与纺织物分离，再漂洗就很干净了。女子捣衣是旧时一道风景，文人骚客笔下关于女子捣衣的名篇不少，我犹喜王昌龄的那首：

长信宫中秋月明，昭阳殿下捣衣声。
白露堂中细草迹，红罗帐里不胜情。

经捣洗过后的衣物的确很干净，但随之而来的麻烦是这些织物在经过一番捣捶揉搓之后，会极度变形走样，皱皱巴巴，用衡阳话形容是像牛嘴里扯出的那蓬草。彼时没有别的物理复原工具，于是人们想到了给衣服上浆，这样，晾晒之前抻一抻，干后就平整如初了。

衣物上浆后有很多好处：其一，可以提高衣物的挺括度使其定形。织物上浆后通过熨烫使织物内浆料干燥，纤维之间黏合并固定到一起，限制了纤维的相对活动，故此，衣物变得挺括，同时也定了形。其二，防止污垢进入纤维内部。当织物上浆后，浆料不仅黏附在纤维的外面，同时也进入到纤维内部，也就是说纤维再没有任何的空间容纳污染物，清洗时也就简单了许多。其三，可在一定程度上延长织物的寿命。由于纤维表面黏附了一层浆料，当织物受到摩擦时，浆料所形成的薄膜就是很好的保护膜，所以上浆可在一定程度上延长织物的寿命。

给衣服上浆的过程倒是没有什么技术含量：先将脏衣服洗干净放在一旁待用。在大锅中放入米汤水或淘米水小火煮开（古代有钱人用淀粉稀释），再把衣服放入温浆水中，搅拌衣服让衣服吃透浆水，浸泡三五分钟，然后捞出用清水漂净，晾干。这样洗出的衣服清洁、干净，尤其是白色的衣服会显得更加洁白。外套穿在身上服帖笔挺，看起来整洁有精神；内衣看起来十分平整，而不是像皱巴巴的一团酸菜。要说浆衣时稍微有点窍门的话，那就是米汤不可太稠，否则一是使衣服变成了布板，穿着不自在；二是米汤太稠会让有色衣服留下斑块，看着不适眼。

现在的人们早已不知浆衣是何物了，随着新面料和新工具的出现，人们的衣服再也不用上浆。

上袜子底

说到袜子的种类，现在的年轻人可能想象不出，在50年前，衡阳还有一种特殊的上了袜底的袜子。

当年那种上底的袜子分为长统袜和短统袜，都是用棉线织成的，颜色主要为褐色。刚买回的袜子与我们今天见到的袜子外观并无二致，也可以直接套在脚上穿。但它有一个缺陷，极易变形，也容易磨破，最常见的是前露脚趾，后见脚跟。为了克服这个毛病，使袜子经久耐穿，聪明的家庭主妇便想出了给袜子上底的方法，一双上了底的袜子，类似于一双软底靴。

20世纪五六十年代，衡阳农村家家都有一个针线筐箩，虽然不大，但里面少不了一样类似鞋楦的木制品（乡下叫袜板子），一到下雨或闲暇时间，女人们便会三五人凑在一起，脚边放着针线筐箩，一边聊些家长里短的事情，一边翻找针线、顶针和可以匹配的碎布，为袜子上底。

袜板子是上袜底的模具，乡下有专门做袜板子的木匠，多数的袜板子是用一整块木头砍削而成，所以也有人叫这种袜板子为袜楦子。曾有人把袜楦子认成鞋楦子，那是一种无知，因为这样的整体楦头是无法打进鞋里去的，真正的鞋楦子是分成好几段的，前后摆好后中间用楔子揳紧。有时，走乡串户的小商贩的货郎担里也有袜板子卖，但他们卖的袜板子构造简单。巧手的村妇自己也可以制作：将一块质轻而又稍厚的木板削成足形，然后用碎玻璃将底部及边缘刺刮光滑，再在后跟处钉一个寸把高的半圆形木块，在足尖与木块之间连一根窄木条作为支撑，就算成功了。这种袜板子侧看就似一个直角三角形，有点简陋，远不如匠人做出来的讲究。因为袜子不分左右脚，所以袜板子是直的，俗称“直底”。

袜板子的作用有两个：补袜子与上袜底。

补袜子多数是针对那些未上袜底的袜子而言的。不论穿啥样的鞋，袜子的趾尖和后跟处总是先破，此时就只好缝补了。缝补时将袜子套在袜板上，就像被一只脚给撑着，袜子的边边角角会变得特别服帖。这样就使针线行走自如，打上的补丁既平整又挺括。

上袜底的程序相对复杂些，其步骤如下：一、上袜底之前，先将新买来的袜子铺在桌子上抹平整，然后用剪刀沿着袜底子中间的折痕剪开，需要注意的是，袜底前后两头须留寸把长不要剪，然后将袜板子伸进袜筒子里直到袜底。二、剪开的袜底中缝必须对着袜板的中间，然后再用布条子在袜板子的后跟上面将其扎紧，不让其上下移动。三、将缝好的袜底子从剪开处伸进去铺在袜板子的上面抹平，再将剪开的袜底子四周向里折叠平整。四、用针线将袜子折叠的底边缝到袜底子上后，再用蓝布剪成两块半圆形，一块缝在袜头子上面，以防脚指甲顶破袜头子；另一块缝在袜子的后跟处，可起到耐磨的作用。

具体有以下几道工序：

第一道工序是缝袜底。先要糊布板子，把从废旧衣服上剪下来的布片用浆糊糊在木板上，均匀地铺上三四层，每层刷一道浆糊，然后在太阳底下晒干收好。用的时候，根据所需尺寸进行裁剪，再用一层白色的新布将其包住，好与新买的袜子相配。几层布不是很厚，这样穿起来才不硌脚。纳袜底的手工就像纳鞋底一样，只不过用的不是麻线，而是两股白线，针脚也更细密一些。

第二道工序是剪去袜子的底部。这道工序看上去简单，却也不能马虎。剪得大了或小了，做出来的袜子就不合脚。

第三道工序是缝袜头。就是在袜子的前头和后头各缝上一块布，就像那种老头鞋的前脚尖和后跟一样，这样就使袜子更耐穿，不至于穿两三天线袜子就被大拇指挑开个洞。

第四道工序是缝合，就是把纳好的袜底与剪去袜底的袜筒合在一起。袜子和袜底都得反过来缝，等上好袜底后再把袜筒翻过来。经过加工后的袜子看上去就像一双软底靴子一样。

这种上了底的袜子的确可以大大延长袜子的使用寿命，但穿在脚上舒适感较差。

子嗣过继

衡阳人也与大多数国人一样，传宗接代的观念根深蒂固，在旧时过继立嗣的风俗十分普遍。

过继子嗣是我国民间从旧社会延续至今的一种传统习俗，是指没有儿子的夫妇为了延续香火，传宗接代，以亲兄弟、堂兄弟的儿子作为自己的儿子，并以儿子的身份送葬，然后分得家产的行为。

过继，亦称“继”、过房、过嗣、继嗣。其表现形式有多种：一种是过继出去，指把自己的儿子过继到养父母家庭为其后嗣。另一种是过继进来，指没有儿子的人收养同宗或亲戚的儿子为后嗣。如唐王室永安王李孝基无子，就“以从兄韶子道立为嗣”；大诗人白居易儿子白阿崔早亡无子，“以其侄孙嗣”。过继是传统宗族观念中的一种收养行为，大多数是为了延续男性继承人而为之。当一个家庭需要后嗣时，就从宗族或其他亲属中收养一位儿子以维持祭祀香火。即使一名男性无子身亡，家族仍可为其选择一位嗣子，形成亲子关系。有些地方如果哪家的小孩总是生病，也会进行过继（形式上），认为这样孩子好养活些。

衡阳地方过继儿子主要有以下几种具体的做法：

象征性过继。这种过继在旧时不形成法律上约束，主要是出于这几种原因：一是沾喜。有些小孩出生后身体虚弱多病或经常啼哭，家人认为自己家族不够兴旺，过继给他人可沾点好风水。二是冲克。有些家境虽好，但小孩“命硬”，出生时辰与父母相冲、相克，须“过继”。三是结亲。双方都不缺子女，只是有些小孩生得精灵、活泼、可爱，对方要求过继以开心逗乐。象征性过继主要目的是让孩子健康成长，过继时，亲生父母择好时日带上庚书（即生辰八字）、小孩、三牲（猪、鸡、鱼）、果品、长命草、柏树叶、布带9尺（意指长命百岁、带子带孙）贴上红纸到对方家中祭拜祖宗，吃过年饭后即带小孩回家；新父母要配一副碗筷、一碗米、童衫、童裤送给干儿女。这种象征性过继随意性很大，过继后双方彼此相交甚欢则可频繁交往，交往不快也可随时淡忘。

立嗣过继。这种过继在旧时具有法律效力，过继后即与养父母一起生活，修族谱时标明为后嗣。一般都是在宗族内和兄弟叔侄或亲戚朋友中进行，是那些只有女孩或夫妻未生育的家庭为了家中的香火、财产的继承和死后有人披麻戴孝而立嗣。立嗣过继，是在族内兄弟叔侄或亲戚朋友中生有二三个男孩的人中，经协商同意将其中一个男孩过继给未生男孩的人家，接受男孩的人家叫立嗣，这种过继不一定是年纪小的孩子，只要是未婚男子都可以过继给人家。也有从族外立嗣过继的，是买断关系的那种，即到外地或邻村去买一个男孩，通常在 4 岁以内。被卖的男孩由于年纪小，长大后已忘记了自己的出生地和父母及其他亲人的情况，便不会产生寻找亲人和回原乡的念头。相熟的人或邻村被卖的男孩，双方家长也必须言明被卖的男孩改姓后不得再有往来。

半边过继。在旧时农村还有一种情况，两兄弟中仅有一位育有一子，为让无子的兄弟也能延续香火，便口说为凭，让儿子兼承双祧，各有半子之分。儿子成年后，兄弟俩各为他娶一位妻子，名曰“平头夫妻”，不分大婆小婆，各居一室，所生育子女，为各自的家庭传宗接代。

过继后的儿子，与亲生父母在亲属关系上也会发生根本的改变。旧时衡阳有“下堂不为母，过继不为儿”的说法，意思是说，当一个女人改嫁，前夫所生子女不再对其有抚养的义务；当一个男孩过继给他人为子，亦不再对亲生父母有赡养的责任，当然也不能分享亲生父母的遗产。

在旧时，如果到了 50 岁还没有儿子，或者没有生育，就要过继一个儿子。

过继立嗣有许多讲究。过继时有以下几个基本程序：

选择过继对象。到底过继谁的儿子最好，在旧时也有讲究，原则上按血缘远近取舍：先近后远；先同宗，后外戚；先父系，后母系。一般情况下，同宗中有人选就轮不到母系的后代。首先可从亲兄弟、从兄弟（堂兄弟）的儿子中挑选，也就是从侄辈中挑选。比如兄弟三人，老二没有儿子，老大就将自己的次子给他。老大没有儿子，老二就将自己的长子给他；若老二只有一子，就选老三家的长子。

写契约文书。亦称为过继文书，具有法律效力。一般用红纸表示喜庆；也有不太讲究的，采用黄麻纸。其写法有一定的格式。旧时之人写过继文书时，并不把继承财产放在第一位，而是把“以承宗祀”放在首位。这对于续嗣者、承嗣者双方都很重要。作为续嗣者，一下子有了“传宗接代、执掌门庭、耀祖荣宗”的接班人，香火可传，固然高兴；对于承嗣者来说，从此拥有传承该门户的合法地位，名正言顺，也很欣慰。

举行签署仪式。过继文书与土地卖契相比较，一般没有同中人的签名，其实也用不着他来协调。由于是家族之事，自有族长和族中兄弟来主持，签字画押的也是他们。其文书格式一般为：立出嗣书×××，今有亲生第×子××，现年×岁，×年×月×日×时生，继与×房×兄为嗣，以承宗祀，更名抚养成立。将来读书、习业、婚配等事，悉由嗣父管理，与生身父母无涉。如敢违逆，听凭管教惩处。此系共同议定，决不反悔。恐后无凭，立此出嗣书，永远存照。最后是同族人签名画押，要求 4 人以上，有的多达六七人。

无论是哪种形式的过继，接受继子的一方均要选择一个黄道吉日大宴宾客以示庆贺。现在农村还有过继现象存在，但远非当年那样讲究。

榨　油

衡阳人旧时炒菜用的油，除了动物油之外，更多时候使用的是植物油。植物油主要有两大类：茶籽油与菜籽油。其榨取的方式是采用传统的方法，木榨榨油。

榨油在衡阳方言中又叫打油。在旧时农村，一般每隔三五里便会建有一座榨油坊，其内部设施计有木榨机一座，炒锅一个，烘焙灶一个。作坊一般有一个师傅常驻，配合客户完成榨油工序。

从植物中提炼油，在中国有着悠久的历史，大约始于汉代。刘熙《释名·释饮食》："柰油，捣柰实和以涂缯上，燥而发之，形似油也。"有文字记载的压榨法最早见于北魏贾思勰的《齐民要术》中；在元代的《王祯农书》，明代的《天工开物》《农政全书》中，都有榨油机和榨油方法的记载。根据专家推测，北宋时期大型的木制榨油机就已经出现，它在当时是十分先进的，正是它们的出现，才导致了真正的专业榨油作坊的产生。从有准确史料可查的元代算起，老式的木制榨油机在我国盛行了700多年，也许它存在的历史可能超过了1000年。一直到新中国成立后的1959年，全国还有木制榨油机15万台，出产的油脂占到了全国产量的40%。

衡阳人榨油，一般有以下几个主要步骤：

炒籽。无论你是用何种油料榨油，都要先进行炒籽环节，但炒的方式略有区别，颗粒较小的油籽如菜籽、芝麻或花生等，放在铁锅内翻炒；颗粒较大的油籽如茶籽、桐籽等，摊在烘焙灶上烘干。这样做的目的是将籽内的水分尽量漓去，提高出油率。但切记不可炒煳，那样榨出来的油不仅品相不好，还有苦味。有经验的师傅一般会根据油籽散发的香味和外观颜色加以判定起锅时间。

碾籽。炒好后的油籽，起锅后要倒入碾子内碾碎。碾子分为两种，一种是非手工碾，通常为圆盘形，用牛或者靠水力推动碾架；另一种是手动碾，这是一种单轮的长条形碾槽，靠手工推动碾柄而达到碾碎原料的目的。无论使用哪种碾子，其目的是要将油籽由固体变成粉末状。

蒸料。碾碎后的油料粉末，要将它们倒进饭甑，开大火烧开锅中的水，利用蒸汽将原料蒸熟。这里要注意把握火候，太过，油料中的部分油会走失；太小，则出油率低。有经验的油匠师傅会根据油料的松散程度来判断，即掀开饭甑，抓一把油料在手，若握可成团，丢可散开，即到火候。

踩枯。因为油料是要置于木榨之内去压榨的，必须先将它们制成油料坯，乡下叫枯，例如茶枯菜枯等。制坯有一个固定的铁圆环模子，高约 2 厘米，踩枯前，先要准备好一些稻草，将其剁去首尾，留下中间约一尺长左右，再从二分之一处扭成结，然后平铺于枯模子内，再趁热将油料倒进模子内的稻草之上，迅速用脚将料压紧。这过程有点像农村放砖，很考验人，因为油料出甑时温度都在 70 度以上，要光着脚丫子将其踩实，我等细皮嫩肉之辈是无法做到的。

上榨。这是榨油的最后一道工序，即将油料倒在油榨主机上去挤压取油。油榨主机是一根粗壮的油槽木，它必须是一根百年以上的松木，或是百年以上的红凿木，长度必须 5 米以上，切面直径不能少于 1 米，构件包括碓、长楔、枋子、铁圈、槽沟、地盘、槽口等。树中心凿出一个长 2 米、宽 0.4 米的“油槽”，油坯饼填装在油槽里，油槽最多时可填装 14 个油坯饼。其操作方法是首先将油料制饼，然后用稻草包扎成饼，加铁箍束紧后叠放于槽内，在油饼的一侧塞进木块，通过撞击木块间的三角形楔块对油饼不断进行挤压。开榨时，掌锤的老大执着悬吊在空中的撞锤，在两个助手的和应下，将长达 5 米有余的撞锤，悠悠地撞到油槽中的“进桩”上，于是，被挤榨的油坯饼便流出一缕缕金黄色的清油。由于木质油槽共鸣腔极好，撞锤与“进桩”的撞击声有如长鸣的金钟，顿时与阵阵油香搅缠在一起从油坊里飘荡出来，嗡嗡然，恰似星外传来的天籁，弥漫空旷，经久不散。

随着榨油机器的出现和各种炼油工艺的成熟，这种传统的榨油方式早已被淘汰，木榨油机也只能在博物馆内才可找到踪迹。

沤火灰

50岁以上的衡阳农村人或许还会记得这样一幅场景：每当秋天来临，田里的稻子收割完毕，田埂上各种茅草渐渐变黄时，旷野上便会出现大大小小的各种圆锥形土堆，每个土堆都会冒出缕缕青烟，这些青烟袅袅腾空后，盘旋在蓝天白云之下，空气中弥漫着草木燃烧后散发着的特殊芳香。这一切绘就一幅乡村秋景图。那些冒烟的土堆，是农人们在制农家肥：沤火灰。

沤火灰是衡阳方言，用沤字或许欠妥当，因为其制作过程是用火，叫烧火灰才是准确的叫法。

烧火灰是把挖来的泥土敲成拳头大小晒干，然后一层泥土一层干草堆起来，点燃干草烧过之后，这些泥土就叫火灰。火灰是一种很好的有机肥料。每年秋收过后，农民就会把田间的禾蔸用锄头翻起，顺便也把田头上的杂草锄去晾在田间，经过数天的风吹日晒，水分退去，稻草头和野草也就干枯了，田间翻起的土壤也没有了水分，这样就可以实施烧火灰的行动。先用一捆稻草做引信，然后用干燥的泥土沿着引信垒起圆锥状，再用稻草及干杂草从地面开始覆盖成厚厚的圆锥状，外面再垒起一层较厚的粗细混合的泥土，直到尖顶，接着在土堆下四周放上一把火。至此烧火灰的工作就算完成了，剩下的就靠被土堆覆盖着的草慢慢燃烧来烘烤泥土，使其变红了。

烧火灰一般选择在农历八九月份。此时庄稼收割完毕，冬作物尚未开始播种，农人的空闲时间相对较多，而田野上的杂草在经过一个夏天的疯长后，也进入枯黄期，此时将它们用锄头刨光，便不会再长新芽，使田园显得更加洁净，还可用来制肥。这个时候也是农村放牛娃们最惬意的时候，将牛往野地一放，任其自由觅食，然后将从家中带去的一个红薯放进一个火灰堆里，让其慢慢烤熟，自己则围着土堆嬉戏打闹，偶尔抽出几根有火的稻草或小树枝相互追赶着，待红薯烤熟后用树枝小心地刨出，拍去灰尘，连皮一起吞入腹中。那是一段最值得记忆的快乐时光。

农夫的考虑当然与放牛娃不一样，他们希望这些劳作能让庄稼长得更好。他们在秋冬季节铲草皮烧火灰，主要是出于两个目的：一是既将杂草种子、冬眠害虫及其卵粒、病菌全部烧死，又得了肥料。二是火土灰具有保暖、持水、透气的功能，可以起到保护农作物种子及幼苗以促进生产的作用。

科学也证明，火灰是一种碱性的无机肥料，其包含钾、钙、磷、镁等多种矿物质成分，其中钾的含量有6%左右，磷的成分为12%左右。这些成分在植物的生长过程中都起着各自的作用。所以种植瓜果蔬菜都可以使用火灰来作为肥料，它会让蔬菜瓜果枝干粗壮，虫害减少，还能促进糖分和淀粉的形成。旧时农村种冬小麦和栽油菜、红薯时，都会在每个穴里倒一瓢用大粪拌过的火灰。

烧好的火灰如果用不完，有经验的农民会将它们去填猪栏。猪在猪栏里吃喝拉撒，会把猪栏弄脏，所以农村里养猪时垫上一层火灰并经常更换，可以保持猪栏相对干净，换出来带有猪粪的火灰堆积在一起，来年便是上好的肥料了。

当然，烧火灰也有副作用，如给空气带来污染，可能引发山火灾害等。为消除隐患，有些地方甚至禁止秋冬烧火灰。其实，农村现在因为有了除草剂和化学肥料，加之青壮年劳力进城务工，多数农民已不屑于也无暇去烧火灰。或许再过若干年，火灰是何物也只能从资料中去寻找了。

火笼子

现在的年轻人可能没有几个人知道火笼子为何物了，但要是历史倒回去50年，这物件在当年衡阳农村可是家家必备的宝贝，有人戏称它是移动的取暖器。

当年由于物资匮乏，人们没有太多的衣物加身，加之住的茅屋四面透风，一旦冬季来临遇上雨雪天气，那种从上下左右袭来的寒意让人仿佛处在冰窖之中。为了抵御寒冷，聪明的劳动人民发明了手提烤火器具。这种器具在衡阳有两种叫法：用木板制成的叫火桶，用竹篾织成的叫竹火笼篮。它们有一个共同的特点：均有一个用来装炭火的内胆。这种内胆多数为陶钵，也有少量讲究的用铸铁钵。旧时农村人挎的火笼子或火桶，有的还会在边上用链子拴一把小的铁火钳，该物件主要用于拨动盆中的炭，控制火候的大小。

火桶是木匠用杉木等边角余料打成的，一般有30厘米高，外形呈桶状，有两根木方高于桶边，再嵌上一根横木以作提手，也有用一块木板的，那样便可坐人。

竹火笼篮的构成较为复杂，它的整体形状像个提篮。火笼篮制作程序如下：一、先是按照火笼钵的大小编好一个比其直径稍大一些的圆形框，然后在竹框底部用铁丝或是两根竹片呈交叉状固定住，用来托住火笼钵。二、中间部分起到支撑和固定火笼高度的作用。它先由6到8根短竹片立在底部的圆筒边上，再用竹篾丝围绕火笼钵的大小编织成一个筒状物，然后在筒状物里面用铝皮围绕一圈，用来保护竹篮。三、火笼篮的两边是将一条1寸宽的竹片两头割开成两层，内层再剖开成两片，总的成为三片后，连接竹火笼的外围和底部的圆形框，并在两边固定，起着提手的作用，可以用来提或挽。有些讲究的还会加个火笼盖，先是用竹篾片做成一个高约1寸、直径比内胆稍大的筒状物，再用铁丝由中间开始往外扩散编成拱形网状的盖，最后和竹编的盖相连接。这个盖起着放手和脚的作用，也可用来烘干小的物件。

火笼里面的瓦钵也叫火盆子，没有太多的讲究，一般的陶盆子就行。但是火笼里面的炭火却十分有讲究。一般人灶膛里有杂木或苞谷芯烧剩的火屎（也叫桴炭），用火铲将其装在烘笼里压紧，再盖上点热灰即可取暖大半天。装炭的活也是有讲究的。一般是先用细小的炭块垫底，然后再装大块的炭，上面再盖一层热灰。炭块不能装得太满，满了容易烧坏篾条。

火笼子在当年可是宝物，手冷时可以暖手，脚冻时可以暖脚，一些老年人还将其置于衣襟之下烤胸部或后背，睡觉前将其放进被窝，可以产生温暖的小环境，小孩子尿湿了衣裤也可烘干。火笼还可用于待客，家中来了客人，先递过火笼，以示欢迎，衡阳人有句古话叫“有呷冇呷，递炉火呷”，意在表示对客人的欢迎。

火笼子或火桶的叫法是民间俗称，它在古代的雅称有好几个，例如“手熏”　“手炉”。竹火笼的历史可谓悠久，最早出现于南北朝时期，“庭雪乱如花，井冰粲成玉。因炎入貂袖，怀温奉芳褥。体密用宜通，文邪性非曲。本自江南墟，婕娟修且绿。暂承君玉指，请谢阳春旭。”这首诗是南朝齐人谢朓为咏竹火笼而作。可见，竹火笼是古人寒冬生活中的神器。南北朝诗人阴铿在其律诗《秋闺怨诗》就提到了其暖脚的作用：“独眠虽已惯，秋来只自愁。火笼恒暖脚，行障镇床头。”总的说来，竹火笼的最大功能还是取暖。

现在，由于电器的普及，加之住房条件的改善，冬天御寒已有多种方式供人们选择，这种手提烤火器具不再受人青睐，它们的踪迹只能在收藏家那里才可一睹芳容了。

木屐子

大家或许在影视片中看到过这样一幅画面：每当日本人家中来客，门外就会摆放几双鞋子。这是因为日本人家里铺设了榻榻米，进房前必须脱掉鞋子。

与日本人有着异曲同工之妙的情况是，在20世纪初期，倘若在雨雪天气衡阳人家中来了客，他们家的阶基上也会摆放一些木屐。不过，衡阳人脱下木屐后，并不像日本人那样光脚或只穿袜子，他们的脚上还有一双居家穿的鞋子，他们穿木屐是为了防水。

现在的年轻人可能很难想象为何要穿木屐，这与当年的生产力水平及物质基础有着极大的关系。我们今天能够从市场上购买到的各种橡胶制品及鞋类，迄今不过200年的历史，其大规模传入中国并在民间普及不超过100年。彼时中国农村的人们，在雨雪天气出行时只能依靠土办法来解决，木屐就是劳动人民在长期的社会活动中发明的一种在雨雪泥泞的环境下出行的雨具。

木屐一般由专门的匠人制作，过去在集镇上都会有一两家卖木屐的店铺。木屐一般选用质轻不易开裂的樟树、桑树、鬼柳木等做鞋底板，鞋底锯凿成小马凳的模样，从侧面看酷似π形小板凳。π下部中间为拱桥形，前后有两排防滑保稳的木齿，相当于凳脚，凳脚约2厘米高，底部还钉有约2厘米高的长方体铁钉，前后各两颗，每只鞋全靠这4颗铁钉支撑。鞋面用牛皮缝制，鞋跟不封口，类似今天的拖鞋和鞋套，使用者可带鞋穿入。鞋面用细小的铁钉钉在鞋底上，鞋尖还包着一条约2厘米宽的铁皮，以防磨擦受损。

木屐在乡下是农民雨雪天出行的主要工具，赶集走亲戚及出远门均用得上，有本事的农民甚至可以穿着木屐肩挑百来斤的担子健步如飞。我们的父辈过去到演陂桥或库宗桥集市去买卖东西，来回十五六里路，碰上雨雪天气，都是双脚蹬木屐，肩挑两箩筐来完成的。

关于穿木屐，在衡阳还流传这样一个故事：当年王船山定居在洪罗庙附近的湘西草堂，一年365天，不论外面天气如何，但凡出门，必定打一把阳伞，脚蹬一双木屐，原来他是在明志：头不见清朝的天，脚不踏清朝的地。

穿木屐的感觉也很有意思。木屐最大的特点是重，一双干木屐重约一两斤，下雨天粘上泥巴就不好说了，到底多重得看天、看地，也看人。新雨过后穿木屐最重，此时的地面并未完全湿透，木屐踩在上面，人一提起脚就像是揭起一层黏糊糊的锅巴，走一步粘一层，要不了几步，木屐就重得抬不起脚，稍不注意人就会摔出去，跌个狗啃泥，回头一看，木屐还陷在泥里岿然不动。最松快的是连日大雨之后的泥汤地，走的人多了，泥土也板结了，地面上有积水，即便粘点泥巴，也大多被泥水冲刷掉了，这时候穿木屐虽然重，但并不难走。

穿木屐走泥巴路也有技巧，诀窍就在于大步快走。步子大走得快则粘泥少，走起来更轻松；越慢，木屐与泥巴的接触面积越大，陷得越深，粘的泥越多，越走就越重，越重就越慢。当然，前提是你能快得了。

需要指出的是，本文介绍的木屐是平常百姓家中的居家日用品，与古代宫女们所蹬之屐、日本妇女家中所穿之屐乃至一段时间内南方人夏天所穿的木踏板不同，虽然都叫木屐，却有天壤之别。诚如南宋中期文学家、诗人叶绍翁在《游园不值》诗中提到的木屐：

应怜屐齿印苍苔，小扣柴扉久不开。
春色满园关不住，一枝红杏出墙来。

他诗中的屐齿印就是来自雨具木屐，这种木屐今天只能在诗词中或博物馆才能找到了。

伐木剁树

衡阳农村与绝大多数江南农村一样，在丘陵地区，山上的成材树主要以松树和杉树为主，其用途主要是建筑房屋及打制家具，林木的砍伐、运输等均有自古传承的习俗。

在一些产材区，除零星的树木由户主自行砍伐外，大宗的树木砍伐是由专门的匠人来完成的，他们叫锯匠，主要从事伐木，间或也从事将木材锯成板材或方料等业务。

这些锯匠多有一个牵头人，并有松散的管理方式，也有自己的内部术语。

以砍伐杉木为例。

由于砍伐季节多为农历四月和八月，四月砍伐的叫“菜头麻”，八月砍伐的叫“八月白”或“秋白”；伐木工具及有关行为亦各有代称，如斧头为“碓子”，直刀为“直铁”，蛇为“滴棍”，筷子为“撑篙”，饭为“铁子”，吃饭为“炼铁”，收工为“班师”等。

旧时民间开山采伐树木有许多讲究。锯匠们信奉祖师鲁班，在进山的第一天先要选一棵大树举行开工仪式。民间认为树龄越大的树木就越有灵性，所以每当想要砍树的时候，都需要先选好良辰吉日、准备祭祀来送走树神。良辰吉日能够让人们在砍树的过程中更加顺利，同时也能够成功地将树神送走，不会出现什么意外变故；祭祀开始前，要在树干上系上红布条，树蔸处摆放鸡、肉、鱼三牲，并净酒 1 壶酒杯 3 个，筷子 3 双，线香及纸钱等，先由领头人筛酒上香燃烧纸钱，然后默诵鲁班开山咒语，最后率一干人向大树行三鞠躬之礼，就算礼成。有些地域比较特别，主祭人还要备白鸡公一只，用斧头杀死后，将鸡血淋于树蔸处。将所有流程都进行完毕之后，就可以着手进行砍伐了。

伐木一般由 10 多个人组成“一班碓子”，其分工是：

“扫窝”1 人。负责选树、砍扫树蔸四周的柴草杂物。

“起头麻过号”1 人。负责剥下第一块树皮，然后用毛笔在去皮处写上东家名字，同时用写“正”字的方式记录已砍伐的树木。

“碓子”2～3人。每人拿一把斧头各自对树的一面进行砍伐，砍的口子要视树的大小而定，有“尺木三寸口”之说，即围长一尺的树可砍三寸左右的砍口。砍口太大，浪费木料；砍口太小，又难以砍到树心而顺利倒树。砍后要把树蔸砍斫平整。

“带钩”1人。用一丈多长的小毛竹或长条木棍，一端装上铁钩，砍伐时，带钩人持钩立于树的沿山势向上的方向，用力钩住树梢，等树摇摇欲倒时，再用大力往山的上方一拉，树就能倒于山的上方，以后就可以由下而上“出树”。带钩人在倒树的一瞬间要拉长声调边唱边用力：“要钱不是我要钱，小姐要钱买花线，小姐要钱扯鞋面……”顿时这种唱声、砍伐声连成一片，响彻山谷。

“起麻”2～3人。负责树倒后快速剥取杉皮。杉皮的长度一般以“直铁”长度做标准，或两刀或三刀长。几个人的标准要统一，起麻要视情况剥到该树的一定位置，剥下的杉皮留作以后盖屋顶用。

“踩麻”2～3人。要将杉皮逐块抻开叠放在较平坦的地方，并用物压妥，以后用时就不会再卷成筒状。剥完一棵树的最后一块杉皮，要在树的留皮口处用刀撬开“老鸦口”，让其皮不再吸收其他水分，树就干得快。树梢要留着，使其枝叶吸干树干的水分。

如此流水作业，各负其责，一天下来，砍伐甚多，致使“一山雪白”。

南方锯匠和北方的森林采伐工，二者既有其相同的一面，那就是劳动强度大，工作环境差，收入待遇低；不同的一面，那就是南方锯匠在将木材运回堆场后，还要将其分割成各种需要的型材，还要多一道程序。

舂 米

现在人们煮饭用的大米都是碾米机的作品，它在去掉稻谷谷皮的同时，也捎带将依附在大米表面那层包裹皮一起去掉了，这样的大米看起来晶莹剔透，煮成的饭也洁白香糯。

可是在60年前的广大农村，用这种质量的大米做饭吃是一件十分奢侈的事情，用当时的乡下方言讲，“熟米饭，冇菜也呷三碗”。因为对于大多数农户而言，他们做饭用的米是用推子碾出来的，这种土法碾的米仅仅只是将稻谷的壳与米分离，得到的大米是略呈淡黄色的，农村叫糙米，做出来的饭难以成团，口感也不佳。

为了改善餐桌上的主食，一些富庶的人家会想办法去掉大米的皮，使之由糙米变成熟米，一些家庭有老人或小孩需要熬粥也会舂少量熟米，不过当时限于生产工具的简陋，这种舂米只能借助石碓来完成。

碓臼是农耕时代劳动人民一种常用的生活用品。碓臼是最简单耐用的东西。它分碓窝和碓锥两部分。碓窝是在一块方形的大青石中间由石匠雕凿出的一个圆窝，约40厘米深，上宽下窄，非常光滑；碓锥是由一块长条形青石所制，上粗下细，下端非常光滑，整体要比碓窝小一圈，为的是舂东西时不碰手。碓窝凿有若干斜凹槽，碓锥凿有若干斜凸槽，以便提高功效。

把糙米舂成熟米，过程倒是十分简单。先要将糙米尽量烘干水分，一般而言，用牙齿咬时能够断为两截的，水分已烘干，否则不适合舂米。水分太重的糙米在被碓挞的过程中容易变成碎米，不仅没有品相，而且成品率太低。

舂米，谈不上什么工艺，过程也并不复杂，但绝对是个力气活。一口臼，用一大块整石慢慢凿成，臼内凿有螺纹。它形同一只巨大的酒盅，臼口的直径不小于70厘米。一只大的石臼，一般要4个人才能抬得动它。臼的下半截须埋在地下，臼口露出地面，四周用三合土夯实抹平，以便于清扫。在臼的上面，架着用一节大树段做成的“碓身”，

“碓”的头部下面有杆杵，杵的嘴子上安了铁牙。“碓”肚的中部两边有支撑翘动的横杆，就像“跷跷板”中间的支撑部分，“碓”尾部的地下有一个深坑。当把重心移到“碓”尾并将其向坑里踩压下去时，“碓”头即抬起来，然后舂下去，再抬起来，再舂下去，就这样机械地重复，便是舂米。碓臼上面横着一根木杆或竹竿，供舂米的人扶手。熟悉的老手有时会连续不断地跑跳着舂；有的还在“碓”头上绑块石头，舂起来更有力。这样的舂法用了巧力，加快了速度，也有利于提高加工质量。《太平御览》曾记载：“后世加巧，因延力借身重以践碓，而利十倍。”（《太平御览》卷七六二引桓谭《新论》）但一臼米舂下来，人早已经汗流浃背。所以，舂米是男人们的活，而且一定是很有力气的汉子才能够胜任。

其实，用今天的科学观点看，糙米远比熟米营养价值来得高，它的功效主要有补中益气。糙米中碳水化合物的含量丰富，碳水化合物可以为人体提供能量，尤其是糖类化合物，是一切的生物体维持生命活动所需能量的主要来源。

土蚊香

蚊子是人们非常讨厌的一种血吸虫，在夏天常常扰得你整个晚上不得安宁。它几乎遍布我国任何地方，但南北蚊子略有区别：北方蚊子体形偏大，一到傍晚，团团围在你的身旁，闷声不响地向人体发动攻击；南方的蚊子身子瘦弱，喜欢结伴而行，太阳一下山，它们便会从各个角落向人们的上空集结，呼啸着在人们的头顶盘旋，嗡嗡作响。衡阳人把这种现象叫蚊子打锣，意在形容其阵势之大，也是告诉人们天色已晚。

无论是南方还是北方的蚊子，都让人憎恨不已，但有时又无可奈何。宋代著名学者欧阳修写的《憎蚊》诗中说它们“虽微无柰众，惟小难防毒”，让人感喟“熏檐苦烟埃，燎壁疲照烛”。

几千年来，劳动人民在与蚊子的斗争中，总结出两条行之有效的办法：第一当然是躲避，中国有句民谚叫“惹不起躲得起”，即当蚊子肆虐时，用蚊帐将它们挡在外面，这种做法较为消极，人们的活动空间受到限制；第二种办法是驱赶，即当蚊子出现时，用一种烟雾去驱赶，使它不敢在附近对人和家畜形成攻击。

衡阳农村驱赶蚊子，在夏天最土的办法是点一堆火，让植物燃烧冒出的烟将蚊子驱赶出去。其中燃烧最多的是一种叫樟子叶（这是衡阳地方方言，不是我们今天在城市绿化带上看到的香樟树）的树木，这是一种小型薪柴木，其树叶有一种特殊的气味，燃烧后散发出来的烟让蚊子纷纷逃避。若不具备这些条件，则会用一个火盆，烧一堆谷糠，让其慢慢释出烟来。这两种办法是乡下人们就地取材而总结出来的经验，通常适应于那些家境不宽裕的人使用，因此，旧时衡阳乡下傍晚天空飘忽的那缕缕烟雾，有相当一部分是在熏蚊子。

用蚊香熏蚊子则是中国人的普遍做法。原始的蚊香出现在宋代。根据宋代的《格物粗谈》记载：“端午时，收贮浮萍，阴干，加雄黄，作纸缠香，烧之，能祛蚊虫。”这应当是较早的“蚊香”，并且指出了蚊香的制作原料。雄黄是硫化砷矿石，也是古代用途很广泛的杀虫剂。书中还提到制作蚊香时，于端午节时取材，不禁让人联想到“蚊香”与插艾草、饮用雄黄酒有某种关联。

中国南北差异较大，制作蚊香的方法也各有特色。衡阳人制作的蚊香在今天的人们看来有些难以想象：用一张粗糙的毛草纸卷成一根边长约0.5厘米、长约尺许的长方体，在里面填充烟料，再在封口的一端涂上黑火药，便是一根蚊香。

这种蚊香一般由专门的匠人生产，由于工艺简单，因此旧时但凡居住在集镇上的住家，总会有一两家在夏天专门做此营生，人们利用赶集的机会购买回家以备用。这种蚊香还可在端午节用来送礼，彼时人们讲究送端午礼，尤其是新郎第一次上门拜见岳父岳母，除了鸡鸭鱼肉及点心之外，蒲扇和蚊香也是必备之物。

衡阳蚊香的制作过程大抵如下：

糊纸套。条式蚊香的外套一般使用本地生产的抄纸，这种纸质地粗糙，较厚实且燃点低，糊成筒状后不易变形。糊套前，先要按照表面积需要的大小，将大张的纸裁剪成相应的纸条，然后将其置于刻有凹槽的平台上，再用同样大小的木棒下压，上面折好糊上浆糊即可。

配香料。蚊香是靠燃烧时冒出的烟来驱蚊的，因此质量的好坏全在配料。旧时的蚊香配料主要是锯木屑与雄黄，讲究些的还会掺些鳝鱼骨粉。先将木屑晒干过筛除掉杂质备用，再将雄黄碾成粉末，然后按1∶9的比例倒进一个大容器内搅拌均匀。

填充。在做好上述两项准备工作后，就进入蚊香填充阶段。匠人将纸套置于一个特制的木质槽内，填充时将配好的香料徐徐从漏斗向内倾入，同时用一根细细铁钎不停地捣插，将香料夯实。

涂火药粉。灌好香料的蚊香用米制的浆糊封口后，还要在前端约2厘米长的位置涂上火药粉，这样做便于蚊香被迅速点燃。

至此全部工序结束，之后便是打包成捆，到集市或乡村出售。这种蚊香由于物美价廉，千百年来在衡阳城乡一直备受欢迎，但随着机制蚊香和其他驱蚊产品的出现，其市场逐渐萎缩，土蚊香也逐渐淡出人们的视野，现在知道它的人已经屈指可数了。

糊布帮

倘若时光倒流回去 50 年，而且又是在某个阳光明媚的日子，你驻足在衡阳农村的一个屋场，一定会看到这样的场景：一位女性端着一箩筐旧布，身前搁置一块洗净的木板（多数是门页板），旁边有一盆浆糊，她们在用浆糊把那些旧布片黏贴在板子上，然后竖在阴凉处晾干。这种活用衡阳话叫糊布帮子，也叫糊布壳。

这种家务活是旧时农村妇女女红的最基础内容之一。布帮是制作鞋袜的基本原料，例如我们脚上穿的布鞋，鞋面和鞋底都是由布帮贴上新的布料组合而成的。旧时我们穿的袜子不似现在的袜子有弹性，穿起来不变形，彼时是那种纯棉纱织就的长筒袜，小腿弯处要系带子，且极易变形，脚指头也经常会从袜子里探出来透空气。为了解决这个问题，聪明的家庭主妇会在新袜未穿之前给其装上袜底，这种袜底，也主要由布帮组成。此外，有些讲究的人穿鞋时用的鞋垫，也是在布帮上面蒙上一层布再缝制而成。

总之，布帮是妇女做女红的一个重要材料，因此彼时农村妇女几乎人人都要在家中糊布帮。

过去在乡下，农村妇女持家有道的一个重要标志是看其能否将家人身上的穿着整理得十分熨帖。这也不在于豪华昂贵的装扮，关键在于让人看着顺眼。例如衣服虽有补丁，但浆洗得十分干净；鞋袜虽然颜色陈旧，但不至于破漏露趾。一个精明的当家妇女会把那些实在穿不了的旧衣服清洗干净后，将烂了的部位剪除，剩下来的布会认真地拆除线缝，然后卷起来置于一个箩筐内备用，糊布帮所用的旧布就是来源于此。它们之前可能是一件衬衣上的前襟，也可能是一条裤子上的裤管，当然也可以是孩子们的口水夹布，也可以是废旧的男女内衣，总之，五花八门，五颜六色。

糊布帮的次要原料是浆糊，可别小看这区区的一盆浆糊，怎么熬制，用什么熬制，却大有讲究。做过女红的人都知道，妇女们是要用针线来缝制自己的作品的，一盆质量好的浆糊糊成的布帮，妇女们在扎针引线时会十分轻松，用她们的行话说是这种布帮不夹针。而质量差的浆糊糊成的布帮，针很难扎透，抽线也不顺畅。过去经常看到妇女在纳鞋底时，有的人可以直接扎针，有的人则要先用一个钻子钻个洞，然后再扎针抽线，个中原因就是糊布帮的浆糊打的质量不同。衡阳农村人糊布帮一般不用米汤，而是将大米磨成粉后再熬成糊状，其稀稠的掌握在乎各自的经验。在长期的实践中，人们发现用小芋头煮熟再捣成浆糊，是糊布帮的最好黏合剂，这样糊成的布帮特别不夹针，因此，有条件的人家可能会选择用芋头打浆糊。

糊布帮是一个细致活，一般的布帮为三至五层，外面一层用的旧布略微大些。先在木板上均匀地刷上一层浆糊，需要注意的是这层浆糊不能刷得太厚，能让布料黏住就可，这样做是方便布帮干后揭下来。第二层以上的浆糊则要有一定厚度，以便布片能够牢固地黏在一起成为一个整体。贴布时，两块布料不能搭接，只能对接，因此有时还需用剪刀把一些不规则的边剪去。

糊布帮一般应选择在天气晴好的时候进行，刚糊好的布帮只能在阴凉处自然晾干，切忌放在阳光下强行晒干，那样浆糊容易变脆变硬，不便于以后操作；更重要的是，暴晒后的布帮由于布料成分不同，容易使布帮起皱纹，做出来的产品不怎么好看。

现在已很少有人去糊布帮，那些穿旧的衣服破片，也只能当垃圾处理了。

蒲　扇

上了50岁的人，尤其是农村人，应该还记得旧时度夏的特殊风景：当赤日炎炎人们被暑气蒸得汗流浃背时，当夜幕降临人们被蚊子咬得奇痒难忍时，当生火做饭人们因柴火不旺而一筹莫展时，人们都会摇动手中那柄扇子，或降温，或驱蚊，或生火等。

衡阳本地不产蒲扇，彼时蒲扇都是从南方贩卖过来的。制作蒲扇的材料来自广东福建等地的蒲葵，它有点像棕树的叶片但不似棕叶细长，且分叉较多，是那种比较大的巴掌形的叶子，剪去它的边角，用草或棉线锁一下边，便是蒲扇了。蒲扇并不昂贵，又极为耐用，一把蒲扇如果用得仔细，十年八年也破不了。即便用得久了，破了，节俭的人用布条补一下边，又可继续使用。

蒲扇虽然价值不高，却给衡阳人的生活赋予了丰富的内涵：

首先，蒲扇在人们的意识中是不同凡响的夏季用品。老人们常说蒲扇扇出来的风有仙气，源自一个传说：当年唐僧取经路过火焰山，孙悟空借芭蕉扇时有神仙在上面吹了仙气，使得只对火焰山扇了三下，千里火焰便烟消云散，后来人们据此制扇，也附有了这种灵气。不管天气如何炎热，用蒲扇扇出来的风总是清凉的。大人们彼时还会告诉小孩，切勿用蒲扇使劲对人的面部扇风，那样他会禁不住风而生病。这当然是民间戏说，但有人恶作剧向别人猛扇风，还真有点吞咽困难。

其次，蒲扇是传递情感、维系婚姻的重要礼物。扇子在旧时文人眼中历来都与男女之情有关联，《红楼梦》中更是有撕扇子作千金一笑，但那是小说情节，且撕的也不是这种廉价的普通蒲扇。但在衡阳，这种貌不惊人的蒲扇则是订亲的重要礼物。旧时，但凡通过媒人保媒后男女确定了婚恋关系，未过门的女婿在每年端午节这一天，必须给准丈人家送去蒲扇以贺节，衡阳人又称送蒲礼，当然还有猪肉及其他礼品。

最后，蒲扇是人际交往中表达礼节、和睦相处的一件重要物品。旧时，一把蒲扇包含了许多人际关系的内容。例如可以表达对客人的尊重，当一个客人登门拜访时，表示欢迎的三个动作是倒茶、递烟、送蒲扇；可以表达对至爱亲朋或左邻右舍的一种善意，当几个人在一起扎堆聊天时，天气有些燠热，而恰好其中有人未带扇子，用扇子帮对方不时扇几下风，传递的是一种善意的温情。旧时邻里之间、朋友之间相互借贷的情况是经常发生的，大到借间房子住段时间，小到借勺食盐临时应急，但民间有个约定俗成的规矩：不借扇子。这规矩源于什么不得而知。衡阳民间过去流传一首打油诗：“六月天气热，扇子借不得；虽是好朋友，你热我也热。”

在物资匮乏的年代，于城乡所有人而言，蒲扇都是夏天一宝，一把轻盈质朴的老蒲扇不仅能够扇风驱热，还融入了诸多民间智慧，被巧妙地赋予了驱蚊、遮阳、挠痒、挡雨、垫座等多种用途，可谓是“一扇在手，百事无忧”。

旧时一把蒲扇在手，除了扇风之外，还可以派生出许多用场：

驱蚊是蒲扇的主要用途。静谧安详的乡村夏夜，三三两两的农人们聚在一起纳凉聊天，即便是凉丝丝的风吹着，手里的老蒲扇仍是有一搭没一搭地摇着。“吧嗒吧嗒”使劲抽着旱烟的庄稼人，身子周围烟雾缭绕，蚊子自然不敢靠近，而那些村妇们裸露在外的皮肤则有蚊子在周边盘旋，她们只好不停挥舞着扇子，让蚊子无法在身上停留。老辈人说，老蒲扇上有种特殊的气味，蚊子一闻到就会躲得远远的，即便扇子握在手里不动，蚊子也不敢靠近。

架衣隔汗效果也十分理想。闷热高温的桑拿天，即便坐在那儿一动不动，也会热得汗流浃背，身上穿的褂子湿了又干，干了又湿。一些老人别出心裁，将蒲扇的手柄别在后裤腰上，高高支起褂子，既避免了褂被顺着脊梁沟流淌下的汗水洇湿，又便于凉风畅通无阻地钻入衣衫。

当作手臂的延长解决急时之忧。老年的朋友大多有这样的体会，身上某个部位皮肤瘙痒，但由于胳膊不能触及，常常要在家中备一个挠子以解决。在夏天，蒲扇便可作为老人们随身携带的“痒痒挠”。脊梁上发痒了，将手中的扇子反转过来，手握着扇面，把一拃来长的扇柄透过领口伸到脊背处，使劲挠上几个来回便止住了痒。

现在，电风扇和空调已经进入平常百姓家，人们再也不需借助扇子纳凉，30 岁以下的年轻人或许不知蒲扇为何物了。

抱鸡崽

这个标题外地人看到后，可能会有些费解，这是句衡阳方言，用普通话翻译过来就是孵小鸡。

但凡在农村生活过的人都知道，旧时乡下人居家过日子，喂鸡是一件主要的家务活。在物资尚不丰盛的年代，喂鸡的诸多好处也是看得见的：最直接的就是充分利用了家中的残菜剩饭，倘若家中养了几只鸡，掉在地上及吃剩的食物会被它们悉数纳入腹中，不会造成丁点浪费；喂鸡也是家中买盐打酱油，甚至是孩子学费的重要来源，家庭主妇把“从鸡屁股中抠出来”的这些零钱，积少成多，关键时刻就能派上用场；当然还有一个更大的好处是改善餐桌上的伙食，隔三差五炒上一盘鸡蛋，若有特殊情况，再宰上一只鸡，红烧或者清蒸，便是一顿大餐了。

旧时，孵鸡崽是靠一家一户自己用土方法完成的，因此，彼时你若在乡下农村做客，尤其是每年春暖花开的农历二三月份，总会在农村各屋场看到这样一幅场景：一只蹒跚的老母鸡用“咯咯”的声音引路，身旁簇拥一群毛茸茸的小鸡，形影不离，老母鸡不时用嘴巴啄出一些食物，并不急于吞下而是不停抖动，示意小鸡们学着进食。不消说，这是一窝刚刚孵出来的小鸡。

彼时衡阳乡下的家庭主妇几乎都熟悉孵鸡崽的全过程。其基本条件必须有三个：一是母鸡来抱，这里的来抱，是衡阳方言，即母鸡发情；二是要有受过精的鸡蛋，即是公鸡与母鸡交配后生下的鸡蛋；三是有个单独的窝，供母鸡独立作业。

母鸡来抱，在有些地方也叫抱窝。其征兆非常好判断，抱窝前母鸡表现出羽毛蓬松，特别是颈部羽毛会竖起，而且还会发出异样的叫声和攻击性，如果发现母鸡不愿意行动，整天趴在那里，也不下蛋，十有八九就是抱窝了。抱窝的母鸡还会抢占其他鸡的下蛋窝，而且对鸡蛋非常喜爱，经常把其他鸡下的蛋挪到自己的身下。母鸡妈妈的爱是最公平的，在个别蛋还没成熟时，她不会离开半步。抱窝也是母鸡的一种繁殖本能，当母鸡产一窝蛋后，体内激素会发生变化，比如由于脑下垂体前叶分泌的类似哺乳动物的泌乳素增多，使鸡体内各部分发生很大的变化，如卵巢机能衰退、体内血液循环加快、体温升高等，这些变化使得母鸡颈部和背部羽毛竖起，两翅张开，即出现抱窝。母鸡抱窝时间常因品种不同而不同，少则数日，多则长达几个月。

挑选受精鸡蛋很关键，乡下的土办法就是用灯光照。要确定鸡蛋是否受精，农村人会就地取材，在一个暗室里面用手电筒或者其他发光的工具对着鸡蛋的大头（气囊所在地），用拇指和食指握着鸡蛋的上部稍微倾斜、旋转，如果发现蛋黄表面有个类似鱼眼睛的小圆圈，就是受精的鸡蛋，要是没有的话，就是没有受过精的。

准备孵小鸡时，人们一般会在家里光线暗淡与安静的房间一角准备好一个纸箱子或者箩筐，在底下铺一层厚厚的稻草，将要孵化的鸡蛋放在稻草上，再将抱窝的母鸡放在窝里，后面的事情就不用管了。

一窝鸡蛋可以孵多少鸡崽，取决于发情母鸡体形的大小，一般而言，每窝的数量在20只左右。进入窝里的母鸡先是慢慢挪动调整好自己的身体，接着开始环顾左右，用嘴轻轻地将露在身外的鸡蛋往自己的腹翅下揽，使之完全覆于自己的羽翼之下，然后就一动不动不分昼夜地开始其神圣的工作。母鸡孵小鸡的时间一般为21天，这些天，它会恪尽职守，除了下来喝水进食，其余时间分秒不离。为了让每一个鸡蛋均匀受热，聪明的母鸡会自动调整被孵鸡蛋的位置，有些家庭主妇不放心，也会将鸡蛋编号，帮助调整位置。

为了准确把握孵化情况，细心的家庭主妇还要进行三次光照检查：第一次照蛋是在孵化开始后的5～6天，主要检查种蛋的受精率和胚胎发育情况。发育正常的胚胎在灯光照射下，隐约可见胚胎上浮，卵黄囊上的血管网向四周扩张如蜘蛛网状，弱胚血管纤细，扩张面小。无精蛋蛋内透明，隐约呈现蛋黄的阴影。死精蛋呈现血线或血环，有时可见黏壳的小黑点。第二次照蛋在鸡蛋孵化的第11天。大型立体孵化机在第二次照蛋时，多采用抽查法，抽检几个蛋盘的胚胎。发育正常的胚胎尿囊在蛋的尖端合拢包围蛋内的蛋白，可见蛋的尖端布满血管；发育迟缓的胚胎尿囊尚未合拢，蛋的尖端尚无血管分布；死胚蛋无血管分布，蛋内半透明，蛋中有模糊的团块。第三次照蛋在孵化的18～19天进行。

发育正常的胚胎气室增大，气室边缘是弯曲倾斜的，血管粗，可偶见胚胎闪动，即胎动，俗称转身和闪毛；发育迟缓的胚胎气室增大，平齐，血管明显，蛋的尖端发亮；死胚蛋气室边缘弯曲度不大或无弯曲，蛋的尖端发亮，蛋内发暗，浑浊不清，摸之无温暖感。

也有图省事的主妇不再照蛋，在第 10 天左右取一盆温水，将鸡蛋置于其中，若蛋能轻轻浮动，则认为正常，放回去继续孵；若不动，则是寡鸡蛋，拿出来不再孵化。

一般过了 20 天，有些鸡蛋开始裂开，口子越来越大，小鸡便会啄破蛋壳从鸡蛋里出来了。到此，母鸡孵小鸡的任务基本完成。在接下来一个月的时间里，母鸡要带着小鸡出去寻找食物，训练它们的生存本领。

现在的农户还有人散养鸡，但鸡崽已不是自家孵化，而是从孵化工厂购回的幼崽，抱鸡崽的现象不再存在。

稻草垛

上了年纪的衡阳农村人或许应该还记得这样一幅画面：在深秋时节，所有的稻谷都已颗粒入仓后，原本种满稻谷的水田顿时变得空旷起来，只剩下一片发黄的稻茬，像一队等待检阅的士兵，整齐地列队在秋风中纹丝不动；在一些空坪上或大树下，码堆着一垛垛压得密密实实的稻草垛，这些圆锥形的草垛像极一个个放大的陀螺，倒立在蓝天白云之下的旷野中；田埂上的草此刻有些枯黄，从高处远眺，这些黄色的草就变成了纵横交错的线条，将大地变成了一个硕大的棋盘；这些雄浑圆通的稻草垛，错落有致的田垄，缓缓流淌的小溪流，和屋顶上飘动的炊烟，构成了一幅秋阳下的乡村田园图。

这里的稻草垛，衡阳方言叫管堆，当地人把打完谷子的稻草称之为管。堆管是旧时农村中一件最基本的农活，人们将稻草码堆在一起，为的是不让其散落在室外受风吹雨淋变质。码堆后，稻草始终保持着初始的新鲜，可以在冬天发挥有效的价值。

当年，稻草的用处遍及生活中的各个角落，盖屋、烧水、铺床、灌枕、编绳、织帘、垫鞋、雨季防滑都离不开它。更重要的，它是耕牛越冬的口粮，耕牛可是农家之宝，当冬天来临时，外面寒风凛冽，四野不见鲜叶，在耕牛的栏舍里铺上稻草，既当粮食又是暖窝，这样就可确保耕牛安全过冬了。

堆草垛的地方基本固定在村组附近空旷平坦之处。堆草之前，一般会要先确定一个圆点，有时会找一棵树或将一根笔直修长的杉木插在备好的洞内，夯实新土，防止其倾斜，再平整堆场。堆草人依中间的杉木杆逐层紧密地堆放成圆柱体，两人高之后再往上面堆成圆锥体，使雨水能顺着锥面淌下，下面的稻草不会受潮发霉腐烂。

堆稻草是有技术含量的，要把那些散乱的稻草集中码在一个堆里，既要让其外形漂亮，又不能让堆子坍塌散架，更不能让雨水渗进内部，一般人是干不好的。故堆草人通常是村里种田的行家里手，有丰富的经验。递草护堆的人更是了得，都说“堆草的徒弟，护草的师傅”。等稻草堆码到一人多高后，堆草者难以判断草垛四周是否平衡，这时护堆的人就会发挥其重要作用，一边用管叉挑起草把往上送，一边还要不断地巡视提醒。等到收堆的时候，堆草人一束草压一束草，渐次收缩，最终扎几把大大的草把牢牢罩住草垛顶，再用一个碗口粗细的草圈套住杉木梢和大草把。这样，即使刮起狂风，也难以从顶上掀翻草垛。

堆稻草垛是体力活。一般是两位男性壮劳力配合而成，一位在底下叉草、送草，另一位在上面接草、堆草。而之前则是挑管，这更是一件体力活，彼时，挑管者用一根粗而长的竹篙或杉木棍将缚好的管像烤串一样串在一起，最厉害的壮劳力可以一次挑 20 只管，这种挑管不仅负荷大，而且担子长，极难平衡；同时行路极不方便，因其不能横挑，常常需要摸索前行，故劳动强度很大。堆管时，刚开始由于草垛不高，两人可以同时合作，但须以一人为主，另一人当下手将管拖过来。当管堆越来越高时，初时下手尚可用力抛上去，到后来只能借助管叉子一叉叉送上去，这种叉管没有一定的臂力是不行的，上面堆草的男劳力，除了要有臂力还要有技术，技术全在最后收尾，既要保证草垛不坍塌下来，也要不能漏水，漏水稻草就会腐烂，失去了它的价值。

现在农村收割水稻已经普遍使用了收割机，耕牛在乡下已很少看到，稻草的使用价值也渐渐消失，昔日的稻草垛也只存在于记忆之中了。

夜 壶

估计现在的年轻一代没有几个人知道夜壶是何物了。这个物件在旧时可是农村居家的常用品，彼时在衡阳农村床脚下一个不起眼的地方，大都能发现它的存在。

所谓夜壶，说白了就是一个容器，是男人夜晚在被窝里接小便的器具。在唐朝以前叫虎子，后为避讳李世民曾祖父李虎而改名为马子。后来或许是因为在夜里使用，所以就把尿壶称为夜壶了。夜壶的名字最早出现在我国西南，后逐渐遍布全国，取代了尿壶的名字。

衡阳农村使用的那些夜壶都比较土气、简单，是泥土烧制而成的，形状像瓦窑罐，有的表面加了一层釉，有的没有加。它们的形状，几乎千篇一律：从一个猪肚形瓦窑罐最上面斜伸出去一个直径约 10 厘米的圆形进尿口。口子下面是壶颈，大约 7 厘米长，与口子连成一体。有的则没有壶颈。它们歪斜着坐在地上，肚子的正面还有一个专门设计的像耳朵样的提手与壶颈相连，是专为提起来方便用的。由于它们歪斜着坐在地上，从背面看上去有点拱肩缩背，因此当地人爱把它称呼为“驼背子”。又由于夜壶一般放在床脚下面，所以当地人还专为它设计了一个谜语：床脚的驼背子。打一农村乡下生活物品，谜底就是夜壶。

夜壶应该起源于北方，因为北方的天气比较寒冷，尤其是在冬季，屋子里很冷，夜晚人们很不愿意钻出被窝下地去屙尿。而男人到了一定岁数容易尿频，尤其夜晚更是尿多，频频起夜是件很难受的事情。

我国的夜壶历史可以追溯到春秋战国时期，但初时除了达官贵族，一般的劳动人民用不起，社会上拥有的数量很少。最早的夜壶为青铜制作，青铜夜壶的使用时间最长，远超陶瓷。青铜后有金夜壶、银夜壶、铜夜壶、铁夜壶等金属夜壶。后盛行陶瓷夜壶，由于价格低廉，底层人民开始广泛使用，夜壶才真正走进了百姓家庭。

在旧时，夜壶就像如今的金表、洋楼、豪车一样，是地位与身份的象征，在男尊女卑的旧时代更是一种力量与征服的体现。远古能用青铜夜壶的只有高官贵族，后来的金、银、铜夜壶更是象征着等级的高低。到了陶瓷时代，等级主要表现在工艺和色泽上。

关于用夜壶显摆，在衡阳坊间还流传着这样一则笑话：一富翁请铜匠打造一个夜壶，并提出净重只能是八两八钱，还要在上面雕上飞龙和骏马，当然，工价也不菲。到了交货的那一天，富翁验货后十分高兴，为讨吉利，要求匠人发一个断（衡阳方言即讲好话）。匠人没有多少文化，一番冥思苦想之后，吟出如下四句话："打只夜壶八两八，又刻飞龙又雕马。相公娘子来屙尿，好比胡子吹喇叭。"众人听后哄堂大笑，遂将这首顺口溜用于嘲讽有大胡子的人。

关于夜壶，还有一个治病的故事：旧时有个县长姓姚，因患有慢性肺炎而引起了肺痿，每当冬天来临时，姚县长便极度难受，虽然喝了很多药，可是依然喘不上气来，病情渐渐加重，眼看性命不保。彼时来了一个老中医，给他开了一个方子，要用姚县长自己的夜壶煮一个猪肚吃。姚县长的老婆看着丈夫一张脸憋得通红，一口气差点接不上来的样子，只好赶紧清洗了丈夫的夜壶，然后放进去一个猪肚，将其煮熟，助其服下。姚县长服用了这只猪肚后，肺痿减轻，居然又活了 3 年。这虽是一个传说，但从中医角度看，也不无道理：夜壶内壁上，尿液积淀而凝结成的固体是一味中药，名叫人中白。人中白加猪肚，就是治疗肺痿的好药。

现在居家条件大为改善，夜壶再也无人使用。

油纸伞

说起油纸伞，可能很多人脑海里浮现的是有青瓦、白墙、小巷的江南水乡，是戴望舒笔下带着幽怨、惆怅又迷茫的气质的丁香姑娘，是浪漫，是文艺的标签。在旧时的衡阳，油纸伞是居家必备的防雨工具。

在现代的布伞及折叠伞面世之前，中国的江南地区普通人家最奢侈的避雨工具，当是拥有一把油纸伞了。油纸伞收拢后，像是一个圆柱体，长约3尺，伞头有一个圆木托用以封顶，既是伞撑开后的支撑点，也是防漏水的重要装置。伞面是由36个油纸页片折叠而成柱状，通常为红色，也有少量绿色。伞身中央有一根竹质或木质的柄，便于人们撑开伞后握住，在伞柄距伞顶三分之一的地方安有一个木跳栓，以保证伞在张开后固定在某种状态。别看油纸伞结构简单，却也包含着深刻的寓意：伞之外形，顶天立地，蕴含中国古典文化精髓——“天人合一”的文化概念；伞骨同聚一轴，象征团结与力量。它是中国古典高雅美的标志之一。

中国制伞历史悠久，相传最早的伞由鲁班的妻子云氏发明。春秋末年，中国古代著名木工师傅鲁班常在野外作业，若遇下雨，常被淋湿。鲁班的妻子想做一种能遮雨的东西，她就把竹子劈成细条，在细条上蒙上兽皮，样子像“亭子”，收拢如棍，张开如盖。这就是最早的雨伞。纸出现以后，人们在伞纸上刷桐油用来防水，文人雅士亦会在上油前在伞面上题诗作画，以遣情怀。宋时称绿油纸伞。以后历代均有改进，有纸伞、油伞、蝙式伞，最后形成今天的大众用品。油纸伞在唐朝传至日本、朝鲜，日本早期将油纸伞称为“唐伞”。油纸伞传至亚洲其他地区如越南、泰国、老挝等地后，又结合当地的文化，有了各自的风格和名称。宋应星《天工开物》说：“凡糊雨伞与油扇，皆用小皮纸。”沈括在《梦溪笔谈》也提到：“以新赤油伞，日中覆之。”

传统油纸伞的制造过程十分繁杂，必须全部纯手工完成。工序包括打眼、给伞骨开齿、削伞骨、绕边线、裱纸、上柿子水、收伞、晒伞绘画、装伞柄、上桐油、钉布头、缠柄、穿内线等。尤其是开齿，需要一定的制作技巧：开齿要开得正，全部都要是直线，不然伞骨撑起来会变弯；而每一把伞需要用同一根竹子剖出 36 片伞骨，每一道工序都马虎不得。伞的骨架初步安装完成后，则要进行裱纸工序，这其中又大有内涵。上乘油纸伞的纸一定要用构皮纸蒙上。所谓构皮纸，是手工剥下构树皮，完全按东汉时蔡伦造纸术的原样制作而成的。经过两层细致的裱纸之后，一把伞就基本成形了。

旧时，油纸伞除了其基本的防雨用途外，在中国的传统文化中，也是一个重要的象征符号和道具。

最典型的例子，就是民间传说《白蛇传》中男女主人公许仙与白娘子因一把油纸伞而相识，引发出千古绝唱的爱情故事。在文人的笔下，油纸伞总免不了与爱情相关。江南的绵绵细雨，长街曲巷，粉墙黛瓦，青石板路上打着油纸伞或踽踽独行，或并肩漫步的青年男女……构成了一幅幅美妙的画卷。油纸伞被定格成极具辨识度的中国符号。油纸与“有子”音近，繁体“傘”字由多个“人”字组成，也有多子多福的意思，而伞面张开后形成圆形，代表了圆满的意思。因此，在民间，结婚时女方的陪嫁中就会有一把油纸伞，预示着未来的婚姻生活圆满幸福。在中国古代还有一个习俗，学子们赴京赶考或做官上任时，会在包袱里放一把红油纸伞，称为“包袱伞”或“保福伞”，寓意路途平安、高中状元。

随着现代新型伞的出现，油纸伞已不再是人们避雨工具的首选。有意思的是，油纸伞由过去的下里巴人变成了今天的阳春白雪，油纸伞作为一种高雅艺术的象征，依然出现在各种表演的舞台上和特定场合中。

蓑　衣

大家或许都熟悉柳宗元那句千古绝唱：孤舟蓑笠翁，独钓寒江雪。诗中讲的蓑笠，是千年前那位在雪地的垂钓翁身着的防雨装备：蓑衣与斗笠。其实，这也是几千年来衡阳乃至整个江南地区农民们雨天劳作的标配，蓑衣于农家而言，可谓是一份贵重的家当。

上了年纪的衡阳农村人多数都有过穿蓑衣的经历。衡阳人穿的蓑衣主要是用棕片编织而成，一般由双肩披和后摆裙组成。也有讲究的置有前摆，用棕绳作背带，穿过双肩披后在胸口系紧。一件质量好的蓑衣可达5斤重，穿在身上有点类似于古代武士的甲胄，主要作用是防水，冬季亦可御寒。

蓑衣与伞盖一类雨具相比，不仅避雨效果好，而且空出的两只手可以干活。不只是农民雨天喜欢穿，渔夫雨雪天垂钓时也常披之。晚唐诗人郑谷《雪中偶题》写道："江上晚来堪画处，渔人披得一蓑归。"唐农学家、诗人陆龟蒙《奉和袭美添渔具五篇·蓑衣》诗称："山前度微雨，不废小涧渔。上有青袯襫，下有新腒疏……"不少古画中，蓑衣都是钓鱼爱好者的必置装备。明清时，雨季出行人们大多携带蓑衣。明徐光启《农政全书》中记载了当时一条流行的谚语："上风皇，下风隘，无蓑衣，莫出外。"

古人最早使用且使用范围最广的原始雨衣叫"袯襫"，就是后来通称的"蓑衣"。《国语·齐语》"管仲对桓公以霸术"条里提到："脱衣就功，首戴茅蒲，身衣袯襫，沾体涂足，暴其发肤，尽其四肢之敏，以从事于田野。"描述了齐国农民遇雨天做农活时的装束。从管仲所述来看，袯襫的防雨效果似乎不是太理想，农民虽然身着袯襫，但身体还是被雨水打湿了。三国时吴国学者韦昭释之为"蓑襞衣也"，清郝懿行《证俗文》说得更具体："案袯襫，农家以御雨，即今蓑衣。"

在周代，人们就已使用芒草、棕丝编织的蓑衣来防雨。传说上古时尧为种田人出身，他即位时就剥来毛棕编成蓑衣，穿着接受百姓的祝贺。后来蓑衣就成为圣服，不但可避风雨，且可防猛兽。据说，过去人家建造新房子“上梁”时，正厅中间的“正梁”用蓑衣包裹，家业定能发达；用蓑衣包裹木炭，放置在井底下，能起杀菌过滤作用，还能镇住“邪气”。

蓑衣除了上述功能外，还有另外一个作用：赶鸟。过去在衡阳农村，每到麦子成熟或播种秧谷时，大量的鸟雀就会争相前来啄食，很是令人生厌。为了驱赶鸟雀，不让其去糟蹋粮食，人们想了许多办法，如口头吆喝、敲响竹篾片惊吓等，但收效有限。此时，若用一根木棍支起蓑衣，用稻草捆绑出四肢和头形，并戴上一个斗笠，旁边再竖一根南竹条，鸟儿看到这个造形，以为是真人在守护庄稼，因而不敢啄食。

蓑衣由专门的工匠全手工编织制作，工具为一把五齿铁爪，一个装油的羊角，一枚竹制的顶针，一根长约 20 厘米的钢针。蓑衣匠先用五齿铁爪将棕皮的丝抽出，搓成绳子作为缝衣的线，再用整片的棕皮做“布料”。缝制时，蓑衣匠右手大拇指戴上顶针，右手腕系上装有润针油的羊角，然后一针一针地将棕片缝纫成“衣”。蓑衣厚实，防雨又保暖。底部像鱼尾，遮到人的大腿处，上半部左右像蝴蝶一样张开，两端的棕毛整齐地排列在一起，用以把肩部和胳膊挡住。

一件蓑衣分棕衣领和棕衣裙两大部分，要经过扎领、铺棕、锁边、上扣等十几道工序。简单地说，先立领（蓑衣上披的核心），再钉八挂（编织领子部位延伸出去的经线，这是蓑衣的骨架）。蓑衣的每个环节皆是纯手工制作，工艺考究。一件质量上乘的蓑衣十几年也不会损坏。

头戴斗笠、身披蓑衣在风雨中劳作的情景，一直延续到 20 世纪 60 年代后期。随着现代化防雨产品的出现，如雨布、雨衣、雨披等大量使用，蓑衣不再是农家的必备，渐渐地退出历史舞台，估计再过些时日，这种物品只有在博物馆才能找到。

烧　瓦

盖瓦屋在当年的乡村是家境殷实的人家才能做到的事，用的瓦要到专门的工场去购买。过去衡阳乡下每隔七八里路便会有一个烧瓦的瓦窑，那里有固定的匠人在生产青瓦。

青瓦外观呈青灰色，弧形，长约5寸，宽约4寸。看似简单的瓦片却要经过好几道工序，每一道工序都和瓦片的质量息息相关。

第一步是选土与踩土。制作瓦片需要黄黏土、溪泥、山土按不同比例混合，这样瓦泥才既有黏性又不至于太黏。选土需要瓦工长年累月积累下来的经验进行判断；踩土一般由牛来完成，也叫练泥。在瓦窑一侧的瓦棚里，大水牛在一个直径三四米的泥坑里来回走动，经过几天的反复踩踏，瓦泥就变得既有黏性又有弹性。踩土就是为了让泥土均匀密实有弹性，保证瓦片烧制后不会因为材料不均而出现破洞漏水的情况。

第二步是制坯。瓦工要把练好的泥移到早已搭好的荫棚下面，码成一道2尺多高、3尺长、5寸宽的泥墙，用泥弓把3尺长的泥墙分成三等份。泥墙旁边是一个简陋的操作台，一个可以转动的圆盘上放着瓦桶。瓦桶名字叫桶，实际上却是许多木条通过竹钉与棕绳串联组成的一个无底的圆桶。外壁凸起四根细硬竹条，将瓦桶表面均匀分成4块。制作时，瓦工用钢丝锯在泥墙上均匀地拉下1尺多长的泥皮，搭在两只胳膊上，如同端着熟睡的婴儿，快步来到操作台旁，顺手一抖落，泥片就紧紧地依偎在瓦桶表面，再转动圆盘，让瓦桶带着泥片欢快地转起来。然后用一把弯似月牙儿的铁铲，对着旋转的瓦桶“啪啪啪”地拍将过去，使泥皮紧紧地聚拢在一起，或添一把泥，洒一把水，让泥皮表面均匀光滑，像一块绸缎，再转动一圈，用泥尺将多余的泥皮扫掉。再把它从转盘上拿下放在地上，扣动桶上暗藏的机关，那木片拼成的桶身就魔术一般缩小一圈，从泥片的包裹中利落地脱身。而外面的泥片成了一个下宽上窄的圆柱形泥桶，乖乖地站在地上晒太阳。仔细观察，在泥桶的内壁里有4条深深的细缝，这就是那4根硬竹条的妙处所在。此时任凭你怎么拍，它们都纹丝不动。泥桶七八成干时，用手轻轻一拍，自会变成4块一模一样的瓦片，此时按照干燥的程度不同，将瓦片由下至上码好待装窑。

第三步是装窑。瓦窑用青砖砌成，外层用灰砂夯实。整个窑略呈圆锥形，高5米，厚2.6米，一般的瓦窑一次可以烧制3万片青瓦。躬身进入窑门，仿佛进入地窖。圆形窑墙底部直径4.5米，顶部为圆形天窗，孔径2米。底部壁上有几个排气孔。在窑洞里看天，可以说是“从井望天”。阳光从顶部的洞射进来，绚丽多彩。一般的瓦窑还附带烧青砖，因此，装窑是有难度的技术活。瓦与砖一起烧，砖与瓦一层一层、一圈一圈码起来，整齐有序。层与层之间，行与行之间，要留开火道，让火舌在砖瓦间任意游走，将每一块砖每一片瓦都烧透。一个窑有3个烟筒，专门排烟。窑顶一般留一个井口大的洞口。烧窑点火时要杀鸡祭窑，祈求神灵保佑。

第四步是烧窑。过去农村烧窑的地方叫窑厂，燃料为柴禾，每到烧窑前夕，窑厂便会收窑柴。烧窑的计时单位是“火”，烧一天一夜为一个火。一般情况下，一次烧2万块瓦的窑要烧4个火，即烧四天四夜，一次烧6万块瓦的窑烧6个火。窑一旦点火后就不能熄灭，要白天黑夜换班烧。烧窑最难的地方在看蓝火，要根据蓝火加窑顶。一般烧完2个火后，窑内火焰的颜色由红逐渐转蓝，热气腾腾。待到窑内完全变成蓝火，蓝紫色的火焰如水波一样，从上往下一波接一波源源不断地倒漫下来时，开始加窑顶。往窑顶上井口大的圆洞内抹泥巴，从下往上抹，一天抹一圈。到最后一天只留一个茶盅口粗的“气眼”。接着熄火封窑。将窑门与烟筒用墼子砌上，再用泥巴抹严实，不能漏气。最后往窑顶留的气眼上倒一背篓蓬松的湿土，将窑顶做成一个圆圆的小池，开始渗窑；顺着盘在窑身上的小路将水一担接一担挑到窑顶，一桶一桶倒进小池，让水一滴一滴渗入窑内。烧多少天，得渗多少天。窑渗不透，烧出来的瓦呈土黄色，也可能呈橙色或红色，品相不好，品相好的瓦呈青灰色，敲击时响声清脆。

石磨子

旧时在衡阳乡下，想要把吃的食物变成粉末状，主要是通过一种叫磨子的工具来完成的。彼时在乡下人家的堂屋里或阶基上，一般都会立着一个用杂木制作的木框架，架上卧着一撮箕形的木槽，木槽内有两根横杆，上面安放着的物品叫磨子，即石磨。

这种石磨是乡村家庭中重要的日常生活用具，石磨颜色有两种，红石或青灰石。构成石磨主体的是两块厚度相同的石材，皆呈圆柱形，由石匠巧凿而成。下磨中间装有短的立轴与石盘固定，上磨中间有两个如婴儿拳头大的磨眼。两扇磨相衔接，连巧妇们做针线活用的针都很难插进去。上磨可以绕轴转动，磨与磨相接触的一面被石匠打制成一起一伏的磨齿，磨粉的原理是通过转动磨的上扇，使被加工的食品经过磨齿的摩擦，变成粉状。

磨粉时，先要掀开上扇磨盘，在下磨面上铺些要磨的食物，再把上磨面对准轴心盖上，这样做的好处在于初次推磨时会感到轻松些，也不至于使磨面磨损太快。前期工作完成后，就可进入磨粉环节：在磨眼上放好粮食后转动磨盘，磨上面的粮食通过磨眼涌入磨膛，均匀地分布在四周被磨成粉末，然后从夹缝中流到磨盘上，经过箩筛去粗皮就得到粉末。

衡阳乡下的石磨有大有小，大型的石磨一般公用，安放在公众堂屋门前阶基边的木架上，旁边墙头挂着一个“丁”字形推把，推把的横杠两端各拴着一根由横梁上悬下来的棕绳，要用时，得两个身强力壮的男子汉并肩双手握住横杠，齐心协力才能推动。因为过于笨重，很少有人动过，使用率很低。中、小型石磨几乎家家户户都有：中号的一般安放在灶房或杂屋里，也有个“丁”字形推把，只要一人就可以推动。小号的可根据需要随时随地挪动，在上面的磨盘上安装一个“L”形木柄，仅用单手握住木柄的竖杆就能很轻易地将磨盘转动，使用率也就最高。

石磨子是农耕文明的产物，在中国已经有数千年的历史，最初叫

“硙”，汉代才叫作“磨”，文物工作者就曾在汉墓中出土过一架距今2100余年的石磨。发明石磨的人据说是历史上最有名的木匠鲁班。鲁班的名字叫作公输般，因生活在春秋末年的鲁国，所以被称为鲁班。在鲁班生活的时代，人们为了改善食物的口感，尝试着将其变成粉末。人们将收割来的麦子放到石臼里捣碎，但这样做非常麻烦，而且捣出来的又是有粗有细的粉末，口感也不好。于是鲁班就想方设法制作出一种东西，直接将麦子磨成粉。因为这种东西特别地好用，磨出来的东西颗粒均匀，所以，一诞生就被更多的人使用。

衡阳人的石磨多数时候是用来磨黄豆以加工成豆腐，其他加工多为磨米粉以用来做粑粑或煮团子；也有人将辣椒在锅里炒干后，再磨成辣椒面，以方便做菜。每到临近春节前夕，几乎家家的石磨都会转动起来。衡阳对石磨的使用有讲究，旧时有“七不推八不挞”的说法，意思说腊月过了二十七不推磨，过了二十八不挞碓。

石磨用得久了，磨齿也会磨平，要请来石匠錾磨。过去乡间有专门的铣石磨的石匠，走村入户提供服务。我至今还记得一位到我家铣石磨的石匠：戴着一顶旧草帽，身着粗棉布旧衣褂，背着沉甸甸的帆布包；粗糙的手生着老茧，沧桑的脸沟壑纵横。入门后，他将两扇磨盘卸下搬到晒坪上，掏出小锤和錾头，一手握着锤，一手握着錾，在磨盘上一锤一錾地刻，半天工夫，原本老钝的石磨齿就又重新锋利起来。

随着现代机器的出现，石磨在乡下已不再使用，但作为一种装饰品，有时还能从一些独具匠心的人家里找到踪迹。

扯猪草

上了年纪的衡阳农村人，对童年最深刻的印象，应当不是跳橡皮筋或在地上画线玩踢房子的游戏，而是扯猪草。

彼时几乎家家户户都建有一个猪舍，喂有一头以上的肥猪。传统的喂猪方式是煮潲，而猪潲的主要原料是猪草，打猪草便由家中的孩子们来完成。在当年，但凡到了七八岁的年纪，孩子们早起上学前和放学回家后，都会自觉地从家中挎着一个竹篮子出门，扯满一篮子猪草方算完成了当天的任务，才能去做别的事情。

衡阳农村人养猪，鼎盛时在20世纪70年代。当时人们没有别的经济来源，只能靠生产队出工挣工分，取得分红来养家糊口。每干一天工资就是三四毛钱，一个壮劳力一年365天不休息，总收入也超不过150块钱。劳力少、孩子们又多的，一年下来还得倒欠生产队的口粮款，用当时的专业术语讲叫超支户。养猪是唯一一项没有当资本主义尾巴割掉的家庭副业，也是修房盖屋、娶媳妇的唯一经济来源，同时也是为国家增加肉食、为集体积累肥料、为家庭多得工分的一举多得的好项目。这种大规模养猪还有另外一个历史背景：1959年10月31日，新华社发表《关于养猪的一封信》。信中提出一人一猪，一亩一猪，如果能办到了，肥料的主要来源就解决了，这是有机化学肥料，比无机化学肥料尤胜十倍，一头猪就是一个小型有机化肥工厂。因此，在农村掀起了养猪这一利国利民的高潮，大家盼望着“五谷丰登，六畜兴旺”。

在那缺吃少穿、农村物质生活极度匮乏的年代，农户的一头猪大约需要饲养一年才能出栏。因此，人们在实践中也摸索出一条规律，不说是科学安排，也还算比较实用。一般是开春时买个猪崽，小猪食量小，刚好地里有了野菜，多少扯一些也就够吃了。随着气候的变暖，猪也逐渐长大，地里的野菜杂草越来越多，扯草的任务随之加大，喂的时候再配上点泔水，也能填饱肚子。等到秋收的时候，猪就长成一个大架子，但很瘦，架子猪是需要催肥的，这时正好是农作物收获的季节，吃的食物也就自然而然多了起来，如红薯、南瓜、胡萝卜等作物的下脚料，再加上各种蔬菜叶子，还有一些树叶、谷糠等，储存起来压碎，拌在一起熬上一大锅，就是猪的好饲料。

彼时农户喂猪，春、夏、秋三季主要是在野外去找，到了深秋及冬季，野地草木枯萎了，便以干薯藤、地里种的萝卜缨子及牛皮菜用作猪食。

扯猪草要说简单也是简单，在春、夏、秋三季，衡阳野外到处都是各种杂草，猪的食谱又极其广泛，除了有毒的植物之外，其他的植物几乎都是猪的青饲料。比如，有叫得出学名的野芹菜、野豌豆、野花生、野苋菜等；有叫不出学名的雷公叶、鹅莲菜、芥莲草等；还有既有土名又有学名的猪耳朵（车前草）、鹅儿肠（牛繁缕）、黄花菜（苦菜）、地丁菜（蒲公英）；更多的是蒿类。因此，要去扯猪草，只要提起竹篮，手持禾镰，沿着溪沟、山渠寻觅，或者漫无目的地闲逛，就可扯满一篮子猪草。

扯猪草也是有讲究的。大家或许看过电影《苦菜花》，现实中的苦菜，是猪草的首选。早春时节，向阳坡里才有零星的野花夹杂在草丛里眨着眼，苦菜的黄花却是满田满畈，吸引着扯猪草人的眼球。苦菜花植株矮小，饱含白乳汁，味苦，除作饲料外，荒年可供人食。每到采挖时，仿佛都能听到一首童谣："黄花菜，菜花黄，娶了媳妇忘记娘。"歌声悠长凄婉，最易勾起对春荒的回忆。在蒿类诸草中，猪最适口的是茵陈蒿和藜蒿。茵陈蒿是一味中药，具清热解毒之功效。药谚云："三月茵陈四月蒿，过了四月当柴烧。"作为中药，它的采收季节在阳春，过时不能入药。而作为饲料，它可以从初春采到深秋，直至叶落归根。藜蒿也可一物两用，叶为饲料，茎为蔬菜，腊肉炒藜蒿薹是菜中上品。

在夏天，居住在河边的人们，还有另外一种猪草可以扯，那就是河里一种叫丝草的水草。这种水草长在河床的回水湾处，因为那里的河泥肥沃，水流又相对缓慢，便于水草生长。这种草有些类似于缩小的海带，细长如丝，碧绿而鲜嫩，故当地人称之为丝草。它是草鱼的最爱，自然喂猪也是上好的饲料。但由于长在水下，需要潜水才能获得，因此，许多时候大人们是坚决不让孩子去干这种冒险的活计的。

到了秋冬两季，一般不再去野外扯猪草，若确实需要，也还是可以找到一些资源，如背风湿地处的幸存野生植物。也可采一种叫葛根藤的叶子作猪草。若要采葛叶，则需援藤而上，爬上藤网。那种盘结成的葛藤网简直就是一张蹦床，人站其上，弹性极强。在葛床上采叶，既是劳作，也有些许刺激。

现在在衡阳乡村，农户已几乎不再散养生猪，即便有个别家庭饲养，也不用去扯猪草，若不买市面上出售的配混饲料，也会把家中的谷糠及杂粮用来喂猪，扯猪草已成为陈年旧事。

磨薯粉

与大多数江南丘陵地区的农村一样，衡阳农村盛产红薯。旧时，在一些山区红薯要当半年粮食，为改善餐桌上饮食的味道，乡下人对红薯的利用，也是想尽了办法。其中，从红薯中提取淀粉，使单调难吃的红薯变成一道色香味俱全的菜肴，便是办法之一。

从红薯中提取的淀粉，衡阳人叫喷粉，用它可以衍生出许多道衡阳地方特色菜，例如渣江假羊肉中的荷蜇片，井头江的红薯粉丝，祁阳及常宁的雾汤等，均是从红薯淀粉演变而来。一些食材正是因为有了淀粉的调和才发挥了其最为舒适的口感。

淀粉的使用，最早可追溯到汉代，在《汉制考·齐》中“呼曲麸为媒”，这里的“媒”用得甚为巧妙。对做菜有研究的人一定对淀粉不陌生，在很多菜中都需要其做点睛润色。在古籍中有着这样的记载：“俗名豆粉为纤者，即拉船用纤也，须顾名思义。因治肉者要作团而不能合，要作羹而不能腻，故用粉以牵合之。煎炒之时，虑肉贴锅，必至焦老，故用粉以护持之。此纤义也。”可见，在古时就对“纤”有了很广泛的应用，到如今，对“纤”的使用说是登峰造极也不为过。上浆、挂糊、勾芡、成粉，不仅使用方法千变万化，而且呈现出的样式也更加纷繁多样。

衡阳人从红薯中提取淀粉也有着悠久的历史，具体起始年月并无文字记载，坊间传说是一位家庭主妇在无意间发现的。话说当年山村住着一户人家，过着男耕女织的田园生活，男人勤劳，主妇贤惠，倒也其乐融融。一天，主妇突然发现栏里喂养的那头架子猪进食不多，精神萎靡，这可急坏了一家人。于是家庭主妇试着将生薯捣成糊状调成潲去喂猪，生红薯水积存在一口缸中。几天下来，猪的病好了，主妇便将缸中积水倒掉，结果发现底部有一层沉淀物，农村人觉得弃之可惜，便调成糊糊用油煎着吃，没想到味道居然出奇的好。于是，从红薯中提取淀粉就被沿袭下来。

这当然只是一个传说，现实中农村人从红薯中提取淀粉，是千百年来劳动经验的总结。其具体步骤有：

选薯品。农村栽种红薯的品种多种多样，但不外乎两种：一种是含水分较多，蒸熟后食用时口感甜软香糯；另一种含水分较少，蒸熟后食用时口感硬朗包粉。若是洗净生食，前者清脆爽口，后者板结塞牙。因此，后者是洗红薯淀粉的首选。

磨薯浆。要想把淀粉从红薯中释出来，必须先要改变其现有的物理结构，使其变成粉末状。在最初，由于没有铁器，人们最原始的办法是将洗净的红薯切成小丁状，再用石磨或碓臼将其捣碎，但那样太麻烦，效率也不高。后来，有人发明了一种薯擦，即将一块薄铁皮用钉子从背面密密麻麻地钉穿许多洞眼，这些眼便成了锋利的磨齿，再将铁皮固定在一块木板上，人们将红薯在铁擦子上来回摩擦，整个红薯便变成了生薯浆。这种方法比用磨子或碓臼已经先进了许多，但仍然是一件劳动强度极大的活计，若是磨上一两百斤红薯，常常让人感到精疲力尽。直到20世纪70年代磨薯的出现，人们才从这种繁重的体力活中解放出来。

洗薯粉。捣碎或磨碎后的红薯，已经从原来的茎块状变成了细碎的湿粉末，要将淀粉从中释出，需要借助水的作用，因为淀粉颗粒较细，可以短期溶于水，用水反复冲洗红薯碎末，便可将淀粉从中带走。通常的做法是像农村做豆腐那样，找来一块蚊帐布，将红薯碎末置于其中，过滤出带有淀粉的水，留下洗净后的薯渣。需要指出的是，这种薯渣在农村仍有许多用处，可以做成薯渣粑当饭，也可以用来烤酒，当然，喂猪是上好的饲料。

撇杂质。过滤出来带有淀粉的水，通常被装在一口大水缸或铁锅内，由于淀粉只是短暂溶于水，一般只需一个晚上这些淀粉便会完全沉到底层。初始的淀粉会含有杂质，因此，还要倒掉水认真地刮去表层浮渣。如此反复几次，直到淀粉变得洁白如玉，便可挖出来晒干备用。

鼎　锅

不知道现在还有多少人能记得鼎锅这个物件，在当年衡阳农村，它可是家家户户必备的做饭炊具。衡阳乡下有句俗话叫“人情不能捱，锅子鼎锅都要卖”，这句话是指当必须要送礼时，哪怕是砸锅卖铁也要完成，其中所言的鼎锅就是本文所要述及的内容——铁鼎锅。

鼎锅其貌不扬，外表是生铁铸成，色泽有些暗淡，加之长年受到烟熏火燎，便变得黑不溜秋像个炭罐，稍不注意，衣物碰到外壁，还会被涂上一片漆黑的印记。鼎锅通体呈圆锥形，上半部的圆柱体外有 4 个耳子，一根铁提手分出 4 个枝将耳子套住，方便提携，圆柱体开口处有一个圆形的锅盖，盖上后锅内便形成了一个封闭的空间。鼎锅有大、中、小各种型号，一般家庭用的鼎锅直径约 1.5 尺，高约 2 尺左右，最多时做出的饭可供 10 个人食用。

鼎锅由于底部是尖状，衡阳农村打灶时在灶台的前面专门剜出一个半圆形的缺口，以方便将鼎锅坐在上面，并利用烧柴火时的余温将鼎锅内的食物煮熟。有些人家砌灶时不留缺口，则需要在灶台的上方悬一根绳索，用一个钩子钩住鼎锅把，使其靠近灶额，便于加热。当在火盘上或者空旷处用火煮食物时，则要使用一个环形铁架将其固定下来。

鼎锅的用途很多，可以用来烧水、炖菜、煮猪潲，但更多的是用来煮饭。衡阳人用鼎锅做饭叫捞米饭，其基本做法是：将淘好的米先放在炒菜的铁锅中加水煮沸，待米粒煮到半开花时，用一柄竹捞篙将米粒捞出倒入鼎锅内待煮熟。这种捞米的节奏有讲究，米汤漓得干些则煮熟后的饭粒较硬，反之则软，如何把握在乎个人的喜好。倒入鼎锅内的半熟米粒在盖上盖子后，利用灶内的火气便可将其焖熟。有些家庭人口多，做饭量大时，为确保米饭熟透，还要在鼎锅上铺上一层烧红的火屎（木炭）。

衡阳人做饭时捞剩的水叫米汤，一般有两种用途：家境殷实些的，会在煮猪潲时加进去，以增加猪潲的营养；家境贫寒的，通常会留下一些米粒再加火慢慢熬成粥喝。其实，米汤的营养价值是非常高。故衡阳坊间有民谚说："餐肉餐鱼皮包骨，米汤淘饭壮累累。"说的是一个典故：旧时有一富户人家新讨媳妇进门，婆婆虐待儿媳，每天好饭菜自己吃，只让儿媳妇用米汤加盐当菜，结果，全家人只有儿媳妇红光满面。众人皆不明就里，为何其他人都黄皮寡瘦？一中医道出了个中秘密：米汤使然。这个中医说得有道理，清代名医王士雄在其著作《随息居饮食谱》中说："贫人患虚症，以浓米汤代参汤，每收奇迹。"就是说，平民百姓吃不起人参，江南人是用米汤当参汤，每每有奇效。所以，吃不起人参的老百姓、没奶水吃的婴儿，喝米汤确实能强健身体。

用鼎锅煮出的饭味道确实不一般，尤其是鼎锅饭里的锅巴，黄里透白，嚼起来满嘴留香，倘若你能铲出一块放在碗里，再用鱼汤泡发，那味道恐怕是琼浆玉液也无法比拟。

吃锅巴，衡阳人又叫吃挠巴，还有另一层略带黄色的含义，揶揄是占嫂子的便宜。这其实是源自一个典故。清代笔记小说《坚瓠集》记载，元朝之前，有一幅不知何人所画的《戛羹图》，元朝一文人在这幅画上题了一首诗："妇人心计太奸深，冷饭残羹值万金。早识叔为天子贵，添盐添醋也甘心。"这幅画和诗是两千多年前汉高祖刘邦发迹之前的一件往事，也就是历史典故"戛羹之嫂"。诗中的"妇人"是刘邦的大嫂，诗中意在指她小气又奸猾，连残羹冷饭都很吝惜，不给刘邦的朋友吃，如果她知道刘邦日后贵为天子，殷勤招待恐怕还来不及。历史的真相是刘邦有兄弟 4 人，长兄刘伯早死，留下一双孤儿寡母。刘邦做混混的时候常招呼兄弟们跑去大嫂家吃白食，一次两次大嫂忍了，三次四次大嫂也忍了，可刘邦还不自觉，经常招呼兄弟们去，最后嫂子忍不住了，故意敲锅表示"羹尽"了。宾客们走后刘邦却看到锅里面有锅巴，因此对大嫂说"我想吃挠巴"，大嫂坚持不给。于是刘邦怀恨在心，等到他称帝后分封诸昆弟，唯独不封刘伯的儿子刘信。这也是衡阳戏说小叔调戏嫂子吃挠巴的来历。

棕兜子

棕兜子在衡阳方言中，特指小孩吃饭用的木质饭碗。其取材于棕树干靠根部的一截，由木匠手工打凿成一个饭碗的形状，因树的那个部位衡阳话叫蔸脑，故将这种木质饭碗叫棕兜子。在衡阳方言中，兜子也是容器的另一个别名，如蒸饭的饭甑叫甑兜子，装米的袋子叫米兜子，甚至将短裤也称之为兜子裤等。

旧时在衡阳乡村，棕兜子几乎是有小孩的人家必备的餐具。用棕树干制成的木饭碗，其大小与普通瓷饭碗没有什么两样，敞口的圆锥体，底部有一圈碗底座，便于安放和手持，但颜色不似瓷碗那般洁白发亮，敲起来也没有清脆的声音。棕兜子通体呈亚棕色，拿在手里十分轻巧，碗壁可见棕树清晰的经络，闻起来有一股淡淡的棕木香味。

用棕兜子给小孩当饭碗或许是衡阳人几千年来智慧的总结，其好处是显而易见的：首先，这种碗盛食物不会串味。用刚刚盛过南瓜或其他菜后的棕兜不洗再装其他食物，其味道不会遗留。其次，这种木碗皮实，经得起摔打。旧时小孩子不似现在孩子必须坐在桌子旁边老老实实吃饭，彼时他们装上一碗饭，再在上面夹上一筷子菜便四处跑动，摔跤是惯常的事情，倘若手中端的是瓷碗，不小心摔下去，不仅碗碎饭菜飞，那些破碎的瓷片还极易让小孩受伤，用棕兜子盛饭菜，大不了洒一地残羹，碗捡起还可继续使用。最后，经济上也是划算的。彼时买一个棕兜子大约二角钱，可长期使用，而瓷碗虽说只有几分钱一个，但一年难免要摔碎几个，总体来说还是棕兜子划得来。

衡阳人使用的棕兜子是由专门的木匠制作并在日杂店出售的。一个看似普通的棕木碗，其制作过程也是十分繁杂的，大体要有如下几道工序：

备料。棕兜子使用的原材料是棕树靠根部三分之一那部分。棕树是多年生乔木，农家栽棕树，主要是每年从树顶部割下棕片用来做绳索或铺蓑衣，这样不断地往上割，越是靠近地面的材质因为生长时间久而密度大，越往上则反之，故棕树一旦伐下，其树干多数不能使用，稍经风雨便会腐朽。本匠们也是材尽其用，将靠根部那截取下用来制碗。

制坯。制坯这道工序较为繁杂，第一步是要挖芯，木材取回后先进行挖芯，即将树干锯成需要的长度，然后将树芯挖去，大概呈现一个容器的形状；第二步是水煮，将经过挖芯处理的木桩放入开水中煮两个小时左右；第三步是阴干，煮好的木桩放在房间内阴干两到三个月。水煮和阴干都是为了防止木碗在后期加工的时候产生裂缝变形。

凿坯。先用斧子等比较粗大的工具将阴干后的木桩凿成木碗的雏形后，再用比较精细的凿刀、刻刀等工具凿刻出木碗的形状，叫碗坯。木碗制作一般是依照木材的粗细决定所制作木碗的大小和类型。有木匠发明了一种脚踏的旋床，将木头固定在床子一端，然后踩动机关使其飞速旋转，木匠则用凿子进行切削，其工作原理类似于今天的车工车零部件。

打磨。棕树碗经过上述工序后已经具备了雏形，但凿出的碗坯还需要进一步加工。首先是用砂纸打磨，将刀痕等全部打磨光滑，让木碗摸上去像精细的棉布一样光滑。然后是上胶，打磨后的碗坯需要上牛皮胶。牛皮胶是将牛皮去毛去肉只保留皮质组织，然后入水上火熬制，熬制时间与一次熬制的量和天气有关，熬制的熟烂程度也由手艺人的经验判断。接着是晒干，上好牛皮胶的碗坯放在太阳下晒干，但不可暴晒，要避开正午的阳光直射。最后是抛光。晒干后的碗坯再一次进行打磨抛光，将胶面磨平，这时候的碗坯显出一点温润的光。至此，一只棕兜子才可进入销售环节，最终投入使用。

现在，这种棕树制作的饭碗早已不见踪影，孩子们吃饭的餐具有了多种材质制品的选择。虽说在一些旅游地区尚有一些木制碗出售，但那些产品已经属于工艺品的范畴，人们买回去后多数会放在家中的博古架上。

桐油灯

我敢打赌，现在40岁以下的衡阳人，有百分之八十以上不知道桐油灯是何物，更没有经历过在漫漫长夜中只有青灯相伴的孤独岁月。

桐油灯是普通话的叫法，衡阳方言叫灯灯，也有叫青油灯或油灯的，因其使用的燃料主要是桐油，故名。在没有发现石油和发明电灯之前，几千年的黑夜，人类依赖的只有这种发出微弱光明的油灯。

桐油灯盏的构造十分简单。寻常人家使用的油灯一般由两部分组成。底座是由一截南竹剜空后剔出一缺口、但最底部的竹节保留下来的圆柱体。这种底座都是就地取材做成的：一块6寸见方的木板，座上一个有节疤的南竹筒。筒高约5寸，口径比灯盏窝略小。节疤的一头是底，与木板结合，在木板的任意一方相对应的筒口上开一个缺口。将一根如指头粗细、长长的南竹片拦腰用火烤软后，扭成一个“U”形的弓，“U”形弓的两端顺着竹筒开口的两侧插入木板，固定在竹筒上。一个移动方便灵活的灯座便制作成功了。上面搁置一个像铁锅子形状的铁质灯盏，其上有手柄，便于人们用手提动。灯盏是一个小碗口大小的圆形小盘，中部低下去约半寸，在边缘上有个小小的竖着的绊，衡阳方言叫灯灯窝，或者灯盏盔盔。在灯盏窝里装上半盏桐油，放上两根灯草，将灯草浸了油的一端伸出绊对面的灯盏口沿，用火点上，便有了那如豆的、红黄的光点。

普通人家的桐油灯大同小异，但在一些富裕人家，则会有另外一些漂亮的式样。当然，万变不离其宗，灯盏永远都只能是那种平底锅式的容器，区别在于座子的不同，如有铜座、镔铁座、上釉瓷座或陶座等。它们的形状和我们看到的电影《阿拉丁神灯》里的神灯形象差不多。上部一个小小的碗，碗口上有三五个小凸点承载灯盏窝。过灯油可以滴在下面的碗里。连接碗底的是细长的颈腰部分，颈旁有一个或两个绊。从颈到腰，越向下越粗，到5寸左右的地方则突然向四周展开，形成一个直径4寸左右的底盘，稳坐在桌上。

在长期的实践中，古人将桐油灯设计成锅、盏均带柄，底座留缺口，点灯时捏着灯盏窝的小绊，将它燃向灯火的一方朝着竹筒的缺口放在竹筒上。盏与座的结合安全稳妥，要取走时分开方便。这中间的放与取，是有来由的。

原来，桐油在沿着灯草流向灯盏窝的边沿点燃后变成一束黄红的火苗时，会有少许的油因燃烧不充分从灯盏边沿流到灯盏窝外，再一滴滴地慢慢流下去。为了不浪费，工匠在制作油灯时，是南竹材质的，就把节疤留着；是金属材质的，底下会置一个容器接流下来的桐油，收集后再次使用。南竹筒上的那个缺口，除了从安全因素考虑让易燃的南竹与火苗远离外，也是为了方便观察底座集了多少油。当灯座的竹节疤里储存了一定数量的过灯油后，便可一手捏住灯盏窝的小绊，将它与灯座分离，另一只手则握住"U"形的竹绊，提起灯座倒转过来，让过灯油缓缓地顺着竹筒的内壁流向筒口，在筒口的下方用灯盏窝接住，进入循环使用环节。但这种使用过一次后的过灯油纯度已经下降，发出的光不怎么亮，忽闪忽闪的，向灯盏窝里注入一些新鲜桐油掺着用，光又会亮些。

过灯油虽然没有新鲜桐油发出的光亮，却有药用价值。旧时在乡下，有的家庭会将过灯油收集在一个瓦子壶里，然后平放在墙脚下、屋角里，不时将捉到的蜈蚣、千脚虫等毒物丢进去。倘若发现有谁的皮肤无名发红、发痒，甚至肿痛，有经验的人就会说："擦点过灯油！"还颇有疗效。

在物资匮乏的年代，家中能有一盏桐油灯也是一种不错的享受了：每当夜幕降临，点亮一盏桐油灯挂在屋子中央，豆粒大的红黄火苗使一个并不大的屋子里布满黄亮的光，朦胧的灯光把屋里的人以及离灯光近一点的东西都变成一个个皮影，投向屋子四面的墙壁，置身其间，那种温馨的感觉便会油然而生。

桐油灯的灯芯除棉线外，多数是灯草，一盏灯里放一根灯草，点灯时点燃露出的灯芯头，桐油灯亮起，便发射出微弱的光。灯芯烧没了，就要用一块小小的拨片去把灯芯往前拨。有个灯谜："半岩上面有个凼，三条白蛇里面放，要死要活杀一棒。"就是形容桐油灯的。拨大了，一根灯芯烧不了多长时间，而且会多烧桐油；拨小点吧，灯光如豆，像瞌睡人的眼。有时，灯芯会结成一点如包谷泡似的灯花，乡下人说那是结财花，要进财了。其实那只是一个幽默，是灯草燃烧过后变成炭化物，需要剪去，灯才会变亮，古人“剪灯”之说，剪的就是这个。旧时的农家都善于精打细算，对桐油灯盏也是管得很严的。一般在灯盏窝里放三四根灯草，平常却只点燃一根灯草，其余的备用。一家人围桌吃晚饭或在灯下读书写字时才点两根灯草。如果是乘凉、烤火闲聊，或不用眼睛的活计都不用点灯。

旧时农村之夜往往出现这样一幅画面：在发出一股桐油味的灯光下，就着灯光，女人们剁的剁猪草，纳的纳鞋底，补的补衣裳；男人们抽着旱烟或骑在长凳上打着草鞋，扎着扫帚，搓着牛绳；小孩子们在桐油灯下猜着灯谜，玩着小游戏，做着作业。就这样，全家人共用着一盏灯，一盏如梦如幻的桐油灯；就在这微弱的灯光里，构筑希望，营造和谐，然后带着梦想入睡。

在非常艰苦的年代，漫长漆黑的夜里，一盏明灯在人们心目中的地位可想而知。旧时的人们享受不到亮如白昼的电灯，他们只有与昏暗的油灯为伴。如今，这个曾经影响我们一代代人的老物件，渐渐淡出你我的视线，作为一种文化符号慢慢沉淀下来。

酒烫子

旧时，但凡你去衡阳人家中做客，热情的主人在邀你入席之前，必定会在餐桌摆上一个别致的酒壶。这种酒壶衡阳方言叫酒胆子或酒烫子，其样式分为两种：一种是在圆柱体上先引出一根圆管的壶嘴，再在顶部镶嵌一个高约尺许的倒喇叭口，这种酒烫子由薄铁皮焊接而成，是由钣金工制作的；另一种的形状类似于我们家庭中常见的茶壶，有壶嘴与壶盖，壁体上镶有把手，便于手握，这种酒烫子是用锡铸造的，由乡村中专门的锡匠制作而成。无论是哪一种酒烫子，其容积大抵为 8 两至 1 斤，衡阳人过去夸人能吃能喝，常用“壶把酒斤把肉不在话下”来形容。

衡阳人使用这种材质的酒壶，主要是方便把酒加热后再喝。需要指出的是，在旧时，衡阳人家庭中饮用的酒主要是用糯米加酒曲酿制而成，在当地叫湖之酒。这种酒含糖量较高，喝时口感极甜，倘若不小心洒在身上，那汁液有种浓稠的黏性，摸起来感到黏乎乎的。有经验的人都知道，喝这种酒虽然口感好，但后劲十足，不小心就会喝得酩酊大醉，且不易醒酒。为了让酒喝起来更加舒爽，衡阳人一般都是将冷酒装进酒壶中，然后放进灶上的瓮坛或烧开的水中隔水加热，由于这个原因，这种酒壶又叫酒胆子或酒烫子。

衡阳坊间普遍认为，喝凉酒伤身凉胃，且口感不佳，酒必须温着喝，烫着喝。现代科学也证明这种说法是有根据的：无论是白酒、黄酒还是衡阳的糯米酒，其中都含有甲醇、醛、醚等有机化合物，对人体有一定的影响，为了尽可能减少这些有机物的残留量，应将非白酒隔水烫到 60 ~ 70 摄氏度再喝，白酒也可以烫到 30 ~ 40 摄氏度再喝，因为醛、醚等有机物的沸点较低，在烫酒的过程中，将随着温度升高而挥发掉。有人认为，白酒里乙醇含量高沸点低，将白酒加热很容易挥发，破坏了白酒的口感。但事实上，中国自古就有将白酒温热了喝的传统。而且喝热酒不易醉人，暖胃活血。热过的酒也会香味飘逸，尤其是湖之酒加热后温着喝，不仅满屋微香，喝进肚里，令人心旷神怡。

衡阳的酒烫子只是中国酒具千万个种类之一，它们都有着悠久的历史。在众多酒具文化中，有铜、铁、锡、陶瓷之类等不同材质；有炉杯配套、碗壶配套、套杯相配等，以热水微火温之的不同款式。其中别具特色的温酒壶有以下几种：宋代湖田窑生产的温碗，以大碗一只盛热水将执壶置碗中温酒，风行一时；锡制的扁形“自温壶”，有塞盖，最多容酒半斤，一般冬季出远门之人将壶置于怀中，用体温温之，途中用以驱寒；还有一种以酒温酒器，形如盏盘，中置一连体小杯，口沿有 3 个支点伸向盏中，用时将酒倒入盏中小杯点着火，小瓦壶置其上温酒，不过只能用于蒸馏酒。北方地区有一种吹壶，外形如壶如“茶吹”，有炉膛，中有一空轴，四周注入酒，以炭基为燃料，微火温之，形如火锅，亦十分有趣。当然，最好的烫酒器还是陶瓷酒具，因为饮酒饮的是文化、气氛，陶瓷酒具由此发展起来，哥窑，龙泉青瓷作为世界公认高档瓷种，越来越受到人们的追捧。这是陶瓷文化的底蕴。酒和陶瓷结合是陶瓷温酒壶最好的归属，因为陶瓷瓶是公认盛装酒最好的容器，其主要成分为氧化钙，不含对人体有害的铅和镉，可谓“绿色环保器具”，长期使用对人体健康有益。与传统的其他容器相比，陶瓷即中国文化的传统，高岭土经手拉坯成型，经过 1300 多度高温烧制，最健康，性能更好。人们根据现代陶瓷工艺的这些特性制作了各种温酒壶，壶体配上精美诗词古画或者自然成图，让人们在开怀畅饮中心旷神怡，一醉方休。

衡阳现在还有湖之酒，人们在喝时也同样会要加热，但多数情况下是将其注入一个容器内直接加热烧开后再举杯畅饮，过去那种铁皮或锡制酒胆子早已不见踪影，倘若家中还存有一把锡壶，那便是一件价值不菲的古董了。

笸箩盆子

笸箩盆子是衡阳方言，专指妇女用来装女红器材的一种容器，在旧时，可谓是家庭主妇不可或缺的一个装备。

笸箩盆子用普通话翻译过来就叫针线笸箩，有多种形状，以圆形最为常见，其他诸如方形、八边形、椭圆形、桃形、腰子形、葫芦形的也可偶见。它的大小和高度一般不会超过洗脸盆，衡阳当地多为篾片织就，少数讲究的人家也有用藤织成的。

笸箩盆子说起来也是有些历史渊源的，《说文解字》上讲，笸从竹，叵声。从竹，可理解为笸乃竹质，叵由匚和口组成。匚为古代一种盛东西的方形器物。有人说匚内之口是这方形器物通向外面的口子，然这与笸箩口敞帮浅的外形不符。也有人说口表示匚内所盛之物，真是一个可以多面理解的象形文字。又有人认为，笸箩一词源自叵罗。而叵罗是西域语的音译，它是当地古代一种口敞底浅的饮酒器，后亦泛指酒杯，如金叵罗。总之，笸箩是一种口敞帮浅的贮物器。

旧时在衡阳，乡间的女子可以不去读书，不去下地干活，但是针线活儿是绝对要做的，要不然等嫁到了婆家，在村里落个“蠢媳妇”的名声，作为娘家人是很没有面子的。因此女子多半到了十来岁都要围在母亲的针线笸箩旁学着纳鞋底。到了女子出嫁，娘家不管有多穷，都会从集市上买来一对针线笸箩，用染料染成粉红色作为陪嫁的嫁妆。

在某种意义上说，笸箩盆子是妇女的工具箱，里面的储物可谓五花八门，像极一个百宝篮子，光各种工具就有十几种以上：如针抵子，北方又叫顶针，是用来将针顶过厚厚的布层的，多用来打鞋底。钳子、锥子、镊子这几样是便于扎鞋底针眼和夹针抽线的。钉锤、剪刀、饭刮子、皮刀等几种是用来整理布帮和修切鞋底边缘使之光滑的。针是妇女的主要利器，分为多种型号，有缝衣的中号针，有做被子的长针，有纳鞋底的大针，还有绣花的小绣花针，讲究的人会有个专门的针盒，并放上香粉裹着，以防止针生锈。还有一个线板，一边缠黑线，一边缠白线，中间缠蓝线，上面常年插着几根常用的针，把长线都纫在针鼻上，以备随时取用。笸箩中一般会有两块木制的楦头，那是在上鞋面或者给棉袜子上袜底的辅助工具，这样做出来的产品才会显得周正耐看。除了工具外，各种各样的辅助材料也让人看得眼花缭乱。光各种线就有五六种，青线白线是主打，如女主人会绣花，那各种彩色的线就难以计数了。钮扣也是其中的一个重要组成部分，彼时有各种式样的圆扣，它们由不同质地构成，一般有铜质、角质和塑料之分，有时还有妇女自己手工盘制的各种布质扣子。鞋样子通常用一个专门纸袋子装着，置于笸箩盆内。旧时一家人穿的鞋，全靠妇女一针一线缝制，每个人鞋子的大小全靠鞋样子做基准，因此，家里有几个人，就有不同尺码的几副鞋样子，有些富庶人家，还分为单鞋和棉鞋两种样子。鞋样子一般用牛皮纸剪裁而成，便于反复使用。花样最多的当然是那些碎布了，旧时给衣服打补丁是家庭主妇最常见的劳动，这些打补丁的碎布就储在笸箩盆子里，需要的时候，随手取出一块，便可动手缝制。其他的辅料则根据各家各户的兴趣爱好不同，如有的人家会有剪窗花样子及绣花的撑子等。总之，这小小的笸箩盆子，就是一个大千世界。

笸箩盆子是女性生命中不可缺少的组成部分。在传统的感觉里，针线与女人承载着一个家庭的温暖和美好。针线活体现着女人的手艺，也体现着女人的灵慧。受男尊女卑、男耕女织、男主外女主内等封建伦理观念的影响，女方婚后除了生儿育女，就是在家操持家务、洗衣做饭、做裤做褂、做鞋做袜。纺织、缝纫、刺绣一类的活儿总称“女红”，做女红就需要针头线脑、刀剪尺布。以前，一家人穿的衣服、鞋子和盖的被子，都需一针一线缝制；男人在外劳作，衣服肩头磨开了洞要打补丁，纽扣掉了要随时缝上；孩子长高了，裤子短了，要拼接一截。门帘下沿脱成了毛边，要锁几针；快过年了要剪窗花，邻院孩子结婚要剪大红“囍”字；家人不小心手上扎了根刺儿，也要用针给挑出来。工具、材料都在针线笸箩中，真是人走到哪儿，针线笸箩就得跟到哪儿。

随着时代的发展，笸箩盆子逐渐淡出人们的视线。现在的年轻人也许根本不知道笸箩盆子是什么物件，那却是二十世纪六七十年代前出生的人抹不去的美好记忆。

碾　子

估计北方或外地的朋友看到这个标题，会立马想到旧时农村那个大圆盘上的石碌碡，那个确实也叫碾子，其功能是用来将粮食研成粉末的。这里介绍的碾子，是衡阳地方一种特有的家用器，其功能虽与其他地方所讲的碾子一样，但外形却会颠覆外地人的想象。

在旧时衡阳广大农村，若想把食物变成粉末，一般会借助两种器具：一种是石磨，利用两扇圆形的石头转动，使之挫成粉末；另一种是碾子，利用碾轮的滚动，使之碾压成粉末。

衡阳农村的碾子其构成分三部分：第一部分是碾槽，槽子一般长约7尺，是用一根结实的圆木（其材质多为柏木）对半剖开，再将内中掏出一条约5尺长的半圆形槽子，槽子内再用同样规格的半圆形铸铁瓦嵌入，这种铸铁半圆瓦长约4寸，一个碾槽共需嵌进13片。木槽的外部要砍削成船形，两头微微上翘，中间部位用4只凳脚固定。第二部分是碾身，碾身是在一根长约2米的圆木一端钉一个三边形木框，框内安装着一个圆铁盘，铁盘约有洗盘盆大小，用一根铁轴与框架相连；在碾身的中段三分之一处有一根横木从圆木中间穿过，长约2米，其上压着一块圆形石头，为的是增加碾子移动时的重量，每边再安一根1尺的耒把，便于推拉碾子时手臂发力，整个碾身有点近似于今天舞台上杂技演员的那辆独轮单车。第三部分是碾架，是钉在墙上或者依附于楼枕上的一个四方形木头框架，用来固定碾身的一端，使之不至于倾斜。整个碾子装配完成后，船形的碾槽置于地面，碾子的碾盘置于槽中，顶端再用木框固定碾身一端，用手来回推拉碾身，便可进行作业。

碾子的工作原理，是利用人力推拉碾身，使碾轮在碾槽内反复移动碾压，使物体改变形状，因为其轮子与碾槽均是铸铁，工作时，铁器互相摩擦会发出类似于老式火车轮轨相碰撞时发出来的那尖锐的轰鸣声，这样反倒使寂静的乡村增添一分生气。

衡阳乡村这种碾子的出现，是从中医研药的铁碾中得到的启示，而药碾子的发明，却源于一个有趣的传说：有一王姓铁匠无儿无女，开了个小铁匠铺靠打制农具为生。一天炉膛爆炸被烧成重伤，因没钱治疗，只好硬挺着，小铁匠铺也停业了。华佗知道后，每天到王铁匠家为他治伤，至于药钱华佗只字不提。王铁匠心想，华佗肯定记了账，于是省吃俭用积攒了一些银钱，伤好后便来到华佗药铺付账。其实华佗根本就没记账，他见王铁匠来付药钱，就说：你的伤好了，我就很高兴了，药钱不用再提。王铁匠再三要给药钱，华佗执意不收。王铁匠感动得直流泪，回到家里后越想越感不安，想到华佗为他治伤碾制药面时累得满头大汗，就决定给华佗铸造一个能碾碎药物的器具，以减轻华佗和徒弟碾药时的劳累。经过反复琢磨，王铁匠铸成了一个凹形的药槽和一个圆轱辘，自己拿一些干树叶和小石子之类放在槽里，再用圆轱辘来回碾动，果真管用。可这物件尚未起名，他久思未得，恰值一位教书先生来铺子打东西，王铁匠就把自己报恩的缘由说了一遍，请老先生给起个名字，老先生想了想说：就叫惠夷槽吧。惠是赠，含救命报恩之意；夷是平安，表示把伤治好化险为夷；槽，碾药之器。这就把心意全包含进去了。王铁匠听了，正合自己心意，连声说：好，好，就叫惠夷槽。然后立即将它送到华佗药铺。从此以后，惠夷槽成了医家必备之物。因为惠夷槽主要是用来碾药的，所以人们又称其为药碾子，聪明的衡阳人又在此基础上将其放大，变成居家使用的日用器具。

碾子在当年确实是居家不可或缺的用具，想吃米粉做的粑粑，想要把做菜的调料研成细末，如干辣椒粉、八角粉等，无一不得不用碾子，碾子的铸铁轮和槽子内的那几片铸铁瓦，由于经常使用，一直保持锃亮，并隐隐泛着蓝光。

由于各种现代机器的出现，碾子的使命已然走到尽头，现在的人们可能没有多少人知道还有碾子这个物件了。

铁匠铺

在乡下集镇都会有一间打铁的作坊，锻打当地农村人生活生产用的各式铁器，如锄头、耙头、茅镰、开山斧及菜刀等。

这种打铁作坊又叫铁匠铺或铁铺，一般是在街的入口处搭建的一个10平方米左右的简易棚子。这种作坊叫铺有点雅，其实它只是一间破房子，屋子正中放个大火炉（即烘炉）。炉边架一风箱，风箱一拉，风进火炉，炉膛内火苗直蹿。铁匠用来打铁的工具有小铁锤、大铁锤、铁铗（用来夹烧热了的铁坯）、砧子（铁匠打铁的平台）等。铁匠用来烧铁的燃料叫铁煤，也叫无烟煤。衡阳的匠人们最喜欢使用宝庆炭，因为易燃且热值高。一般的铁匠铺有师傅一人，徒弟一两名，铁匠师傅一年四季胸前总是披一条用粗帆布做的围裙，以防被铁屑烧破衣服。

打铁的历史最早可追溯到战国时期，铁匠们公认的鼻祖是李老君，二月十五日是其诞辰日。十四日这天，铁匠各家都要为老君暖寿吃面；十五日带家中男子至老君堂祝寿，举办隆重仪式。铁匠铺每年第一天开张时，要烧香放炮祭拜太上老君。因为太上老君在仙山上善于建炉炼丹，江湖上便称铁匠为“干山红的”。据说后来的铁匠炉就是李老君遗留到民间的炼丹炉。所有的铁匠都会遵循“三不打”的祖训，即给再多的钱，也不打这三样铁器：一不打凶器，二不打兵器，三不打贼人工具。还有“不给钱也要忙打急打”的行规，即遇到死了人做棺材急用的大钉铆钉，不讲价格再忙也要先打，即使熄了炉也要生炉急打。

衡阳的铁匠铺同中国其他大多数地区一样，使用原始和传统的打铁工艺，其产品制成经过以下几道主要工序：

拣料。挑拣好的铁料可以节省煤炭和锻打时间。这主要靠打铁师傅的经验，通过目测与手掂来挑选合适的铁料。

烧料。挑好铁料后喂入炉灶里，立刻来回拉动风箱手柄鼓风烧旺炉火。铁匠手握长柄铁钳夹住铁料翻动，使铁料充分受热软化。

锻打。将加温到一定程度的铁料夹到铁砧上，举锤敲打。若打制的是小件器具，铁匠一人就可拿着小锤反复敲打定型。若是大件器具，须得两三人抡大锤轮流敲打。

定形。锻打后的铁料逐渐失去火红的颜色和足够的温度，铁匠再次将它放入火塘里，再次烧料。定形是个反复的动作，直到初具成品模样。

抛钢。铁匠手下的器具，只要是刀具之类的都要抛钢。而钢料下在刀具上的多寡与均匀度往往成为顾客评定该刀具好坏的标准。抛钢有两种方法，一曰明钢，一曰暗钢。所谓明钢，是在刀具的关键部位，刀刃上用钢全部包裹了铁料；所谓暗钢，是在刀刃的部位将钢与铁混杂敲打在一起。

淬火。打制铁器过程中，定形和抛钢两道工序都夹杂着淬火这一工序。打造的铁器好不好，火候的掌握和冷却是关键。淬火时，常用的冷却介质有盐水、清水和油 3 种。而最多被采用的是普通的凉水。锻好的铁件放入水中，“刺啦”一声热气腾起，即可将之取出来。淬火时，须保持铁器的足够温度。

回火。锻件淬火后硬度变高了，但脆性大了，容易变形，甚至出现细小的裂纹。可将之重新放回火炉加温来调整硬度。

在外人看来，铁匠师傅们打铁是一件十分有趣的事情，有时打铁真的好像一支交响曲：风箱拉起，曲子奏响。随着加热的需要，那风箱会在平缓匀称的节奏中加速，变得强劲起来。那炉中的火苗一起随风箱的节奏跳跃，在劲风的吹奏中升腾。待铁器热至通红，铁铗快速夹至大铁丰上，铁锤上下击打铁块，会传来一阵节奏感极强的金属撞击声，极具感染力：小锤敲击时的叮当声，大锤捶打时的噗噗声，时而如轻风化雨般飘逸，时而像暴风骤雨般急驰，让人感觉那就是乐手正在演奏一支曲子。

近距离观察，那场面也同样让人感到血脉债张：师傅用铁钳从炭火中夹出一块烧得通红的铁块置于铁砧上，一锤下去，击打得铁花四溅，铁块此刻像极一个红色的面团，任由匠人揉搓。打铁时，通常是师傅手握小锤（小锤扁平，呈直角梯形状，很轻，也称主锤，起指挥大锤的作用）。细心的人会发现，师傅用小锤打铁时，有时并不击打在铁上，而是轻击在铁砧上，频率有时与大锤同步，有时则又连续击打，这主要是用来掌握方向和力度，指挥着大锤打击频率和位置的。有时小锤也会击打锻件，那是告诉大锤，小锤点到哪里，大锤就砸到哪里，小锤示意用力，大锤就用力，小锤示意轻砸，大锤就轻砸，起个点到为止的作用。

大锤一般由徒弟或其他人来执掌，是用来砸大件和硬件的。大锤很重，备有两三把，轻一点的大锤 10 来斤，最重的那把大锤看上去有 20 多斤重，越重的锤把越细，而且还很柔软，一般人使用不了，必须是很熟练的人才能用得了，用的是个巧劲。握大锤也是有讲究的，一柄锤把，需要前手抓哪里，后手抓哪里，怎样握为好，双手间距多远比较合适，怎样做到方便省力，都有要求。抡锤的时候需要后肘抬高，以利于大锤锤面基本保持水平状态，和砧子上捶打的铁具吻合；抡大锤有平打、斜打、搓打、揉打、旋打等多种打法。抡大锤，首先得听师傅的口令，眼睛紧盯着师傅的小锤，这个小锤就是师傅发出命令的指挥棒。

打好的锄镰、刀斧等有刃的铁器，如果刃不齐，就要用切刀切一切，然后稍微打出刃来放到炉子里烧红，再拿出来趁热浸入凉水中使其急速冷却淬火，增加它的硬度和强度。不需要切的铁器则打好后直接淬火。若是菜刀，则还有一道工序就是磨刀，用磨石将刀刃磨到锋利为止。

打铁是个比较辛苦和危险的行业，不但需要体力，更讲究稳、准、狠的技巧。有句俗话叫“世上三样苦，打铁驾船磨豆腐”。因为铁匠打铁绕不开火星，烧伤烫伤是常事。甚至铁星崩瞎眼睛也不是稀奇的事。一时不慎，火红的铁料从铁砧上掉下来落在脚面上，烧伤致残，也时有发生。因此干铁匠的人比做木匠的人要少很多。正因如此，铁匠也被民间认为是最挣钱的行业，是衡阳乡下人过去认为最来钱的 3 个手艺之一(3 个手艺是“一阉二补三打铁”，前二位分别是阉匠和补锅匠)，乡下还有“铁炉一冒烟，木匠砍三天”的俚语，说的就是铁匠比木匠挣钱快。

随着各种现代工业设备的诞生，这种传统的手工作坊已再无存在的价值，铁匠铺留给人们的只是一丝抹不去的记忆。

烧瓦货

瓦货，当年曾经是家家户户不可或缺的生活用品。瓦货在北方地区又叫瓦盆窑，具体品种很多，例如家中各种用来盛饭装菜的瓦钵，腌制酸菜的坛子，藏粮和盛水用的米缸和水缸，均属于瓦货的范畴，是南北城乡居家必备的用品。

衡阳地区的瓦货烧制，各县均有分布，但规模较大的要数演陂桥的“窑冈上”，外地人听了，常会误认为是“窑街上”。其实，那里无任何街市特色，只是在一个丘岗上密密麻麻地布满了几十孔烧瓦货的窑，周边住民多以烧窑为生。瓦窑之所以集中在这一片山岗，是因为这里的泥巴适合烧制瓦货。

瓦货与陶瓷均用泥土烧制而成，但二者有着本质的区别，前者对泥土的质量要求较低，但凡泥土有黏性，无论是北方的黑土还是南方的红土，是山上的泥土还是河底淤积的胶泥，都可以作为生产瓦货的原料。而陶瓷对泥土的要求十分严格，必须使用专门地域采挖的瓷泥或陶土。正是因为取材方便，又是家庭必备之物，瓦货需求量庞大，烧制瓦货的匠人应运而生，从业人数甚众。

瓦货生产有自己固定的场所，通常有一个窑主，数孔窑洞，简易的工棚和人数不等的匠人；也有以家庭为单位进行生产的独立门户。其产品由专门的销售人员销售或挑担叫卖，或开店待售。

做瓦货是一项手工活，它一般分为和泥、踏泥、沤泥、再踏泥、过弓分泥、做坯及烧制等工序。做一个产品看起来很简单，可实际操作起来却没那么容易，每一道工序都有一定的规范和要求。

第一道工序是和泥。师傅们先从土崖上挖回没有料姜石和砂石的土，或从胶泥地中挖出胶泥，用木棒把土打得细碎，有时还要用碌碡碾。把土弄成细末后在窑场上摊开，像晒粮食一样用耙子不停地翻动后晒干，然后用晒干后的细土加水和泥。这种泥不像做砖瓦的粗泥，更不是我们平常糊墙用的泥，而是很细腻的胶质泥。瓦货师傅按比例给细土加水后，就一个个挽起裤子脱掉鞋，不分冬夏，双脚在泥堆上反复踏踩。把泥堆踏平后，再用铁锨铲成堆，然后又用双脚一遍遍地踩，边踩边把脚下感觉到的料姜石和其他石块杂物一个个刨出来扔掉，这样反反复复要好几遍，直到把泥彻底踩好了才停。有经验的师傅告诉我，一般要踩 16 遍才能把泥和好。这种踩泥，多数都在夏季的晴天进行。

第二道工序是沤泥。把泥在窑场上踏好后，要用架子车或扁担把这些泥运到工棚内，堆起来让其沤一天，就像北方醒面，然后再踏第二遍。第二遍不能赤脚，要穿上布鞋。把布鞋用鞋带扎紧，然后再一下下地踏踩。也像在窑场上一样反反复复地踏，直到泥细如面，黏似胶膝为止。

第三道工序是做瓦货。把踏好的泥用一个特制的工具擀成 1 寸左右的宽条，实际上是将胶泥过弓，要过 3 至 5 遍。然后把宽条双手捧到安装好瓦盆或者瓦缸、瓦罐模子的大转轮上，转动轮子，一只手伸在里面使之成形，另一只手往泥条上洒水，不停地把泥条子抹平，这样越抹越光，手不停地向上提着，按所要做的瓦货样子不停地转。待成形后，把手放到底部轻压，底下压出底，上面捏出边，再双手抱箍轻轻取下即成。

最后一道工序是烧窑。烧制时，把做好的坯子由大到小一套一套地套好，摆放到专门的土窑里，然后用砖和泥封住窑口，上面留 3 个烟囱，用薪柴（北方用秸秆）不间断地烧。这道工序重点要把好三个关口：一是掌握好火候。火太大了，就会把瓦货烧炸，火太小了又烧不熟。二是烧制自然色瓦盆时一定要把烟放净，3 个烟囱都要留下小孔，否则烧制的瓦货就被烟给上色了，有可能烧出蓝色或二花瓦货。三是上色瓦盆。上色是在瓦盆快烧好时，将烟囱孔堵上，用麦草火的烟熏，这全凭经验和技巧。上好的瓦盆的颜色是浅蓝色，使用后越用越蓝；没烧好的瓦盆有的成了墨黑色，有的更会成为黑一道黄一道的大花脸。

手工制造的瓦货虽然比较粗糙，但由于其价格低廉，使用范围广，用它盛米、放面、存放谷物，即使长时间存放也不容易发潮变质。随着时间的推移，现代工艺品为人们提供了更多的选择，瓦货的市场逐渐萎缩，昔日的风光已经不再。

特色吃食

扁　粑

扁粑是衡阳地区一种特有的食品，是用糯米和粘米混合后添加一些植物汁液使之发酵而成，因其外形呈压扁后的球状，故曰扁粑。

扁粑是衡阳特产，如果没有衡阳人为您解读个中奥妙，外地人极难领悟其美妙之处。在阅读正文之前，请允许我讲两个故事：

第一个故事发生在2020年6月的一天。我邀几位朋友在一家衡阳特色的餐馆小聚，席间的主食上了一打扁粑，因为都是熟人，我们也就嘻嘻哈哈一顿推杯换盏，并未向大家介绍这道衡阳特色主食，酒醉饭饱后与服务员结账时，我的一位朋友突然表情严肃地向领班提出意见：你们的食品变质了，希望加以改正！他虽然语气不尖锐，但我的面子一下有些挂不住了。请朋友吃变质食品，作为东道主，我当然有责任！连忙弱弱地问他，是哪个地方让他感到不爽。他郑重其事地说，你们的主食面粉都变酸了，怎么还端上桌？听完后，我与餐厅的服务员不由得相互会心一笑：原来他误会了。衡阳扁粑中确实略带些酸味，那是一种发酵后正常的味道。

第二个故事发生在抗日战争时期。衡阳沦陷后，乡下老百姓为了躲避兵灾，举家逃离住所，并藏好家中的粮食。日军进村后到处搜掠财物，到吃饭时分却无米可炊。一日本兵从一家搜得一袋扁粑，闻之有大米的香味，虽然第一次见，但猜想一定可吃，于是他们在灶内生火，按照日本人的烹饪方法用水略为浸泡后，放置于铁锅内用猛火蒸，当他们以为火候已到出锅取食时，咬开那些扁粑，里面依旧是一团生粉。日本人百思不得其解，不知为什么此物煮不熟，气得将那些扁粑摔在地上，用靴子踩成泥粉。

这两个故事虽然发生的时间相隔80年，却反映出一个共同的问题：外地人对扁粑不懂味，不会吃。

做扁粑是衡阳人的发明，其过程倒也不复杂。做扁粑的主材料是糯米与粘米，二者按2：8比例配在一起，然后磨成细粉，再取扁药草、鸭脚板草和辣叶草按一定比例加水熬成汁，然后用这种汁加一些酒曲捣成的细末去调磨好的米粉，用手反复揉搓，使之像北方人做馒头时揉好的面团后，便可用手压扁成饼状，置于盘子里或搭子上摊开，上面再覆盖一层塑料薄膜或布单使其自然保温发酵。一般在一个对时后便可闻到一股淡淡的酒香，7 天后便会完全发酵，这时扁粑捏起来发软，表面有一层薄薄的白色绒毛，便可拿到室外去晾干以便日后收藏。

质量上乘的扁粑外观呈暗黄色，肉眼可见有霉菌依附在表皮，闻起来有一种特殊的清香，掂在手中有些轻浮感，掰开后内中呈海绵状，放在水中会飘浮而不下沉，煮熟后软糯适中，落口消融。

扁粑由于是发酵后的食品，内中含有多种有益人体健康的菌种，尤其是对那些肠胃不好的人，食后有帮助消化、促进内分泌平衡的作用。因此，过去在衡阳人家中做客，晚上那餐点心（衡阳方言，吃晚饭叫吃点心），许多家庭主妇会给客人上一盘用油煎糖裹的金灿灿的扁粑，即便再晚，也不愁消化。

要想将扁粑变成餐桌上的熟食，其关键在泡发。扁粑经发酵后内部结构呈海绵状，但表面却又光滑平整，要想完全发透，要将扁粑慢慢浸入冷水中，切忌性急或用热水，要让水自然浸润。待扁粑完全沉入水底 5 小时后，用手捏压有弹性时，才可入锅或蒸或煎或煮。

衡阳现在还能吃到扁粑，外地的朋友若去衡阳，不妨吃几个试试。

重阳节酿酒

重阳节是我国传统节日之一，与春节、端午节和中秋节并重。重阳节源自天象崇拜，由上古时代秋季丰收祭祀演变而来。“九”数在《易经》中为阳数，“九九”两阳数相重，故曰“重阳”；因日与月皆逢九，故又称为“重九”。九九归真，一元肇始，古人认为九九重阳是吉祥的日子。古时民间在重阳节有登高祈福、秋游赏菊、佩插茱萸、拜神祭祖及饮宴祈寿等习俗。传承至今，又添加了敬老等内涵，于重阳之日享宴高会，感恩敬老。

普通的衡阳人或许并不看重这一天，在大多数人的心目中，那是文人墨客或达官贵人们的节日，于他们而言，登高赏菊插茱萸，未免过于奢侈。但衡阳人在农历九月初九却有自己的过法：蒸糯米酒。

糯米酒又叫湖之酒，大凡到过衡阳的外地人都会被介绍去品尝一下这种地方特色酒。衡阳湖之酒始于西汉，盛于三国，历代均作为宫廷贡酒，有着近3000年的历史，是我国“贡品历史最悠久、闻名时间持续最长、诗赋记载最早、赞誉诗文最多”的传统香甜美酒。

在衡阳乡下，几乎家家户户都会酿糯米酒。酿酒的最佳时间是在农历九月到十月之间，而九月初九又是民间公推的酿酒黄道吉日。乡下有谚语曰：九月九酿酒，越挖越有。这或许与重阳节巧合，但旧时衡阳乡下，这一天几乎家家都会飘出糯饭的香气。

选择在这个时候蒸酒是有道理的，因为酿糯米酒讲究的是外部自然温度，气温太高则酒会变酸，太低则会发酵不到位，酒糟里会残留米粒（衡阳土话叫“骨头”），导致出酒率不高。而农历九、十月份，正是江南小阳春，气温十分宜人，有利于酒曲与糯米饭充分结合、发酵，不仅酒味好，而且出酒率高。

做糯米酒的原料是糙糯米，用推子推碾而成。在酿酒之前要蒸糯米饭，先将糯米在水中浸泡数小时，待米粒吃饱水后，再沥水上甑蒸熟。这种糯米饭有着特殊的芳香，没有下饭菜也可以吃几大碗。

衡阳对酿酒的糯米饭有两个忌讳：一是小孩子在吃糯米饭时，不允许用菜汤泡饭，说如果是这样吃，长大后父母逝世时哭起来不掉眼泪，会遭四方邻居的嘲笑。二是防止有人偷糯米饭。过去乡下人对治疗腋臭有一个偏方：碰上有人蒸酒，将刚出甑的糯米饭偷两坨，分别夹在腋下，然后迅速逃离，毛病即可根除。但蒸酒的人家却会因此倒霉，因为他家的糯米饭便不能酿酒，算是报废了。

蒸好糯米饭后便是酿造湖之酒的工序了：将蒸好的糯米饭舀出并摊凉，等待温度从最初木甑里的100多度一直冷却到40度左右，然后将糯米饭放进备好的井水中淘洗，使其减弱黏性，保持干净与清爽，再将碾成粉末的酒曲（衡阳叫饼药）与糯米饭拌匀，让其能与酒曲更加融合。最后将拌好酒曲的糯米饭拍成两边高中间低，方便酒溢出，这一步骤称作前发酵，也叫“糖化”。将其盖好密封，一个对时后便可出缸装坛了。

正宗的湖之酒金黄透明，浓郁香甜，人称“三香”，即闻着清香、喝着甜香、斟后余香。如果有幸到衡阳人家中做客，喝上一壶滚烫的湖之酒，再佐以当地的幻茶或鱼丸子，那才叫一个爽。

遗憾的是，当下农村再无麻矮糯这个品种，也不能用推子碾出糙米，农民家中也几乎不再酿酒，从工厂流水线下来的酒，总让人感觉缺了些什么。

打鱼丸子

我自认为到过的地方不少，品尝的各地特色食品也不计其数，但衡阳的鱼丸子（也叫鱼圆子）的确是人间绝美佳肴，相信衡阳本地人或吃过这道菜的外地人都有同感。

鱼丸子是衡阳酒席上一道必备的大菜。过去衡阳人做酒，是十道菜，俗称十架（只）碗，这十道菜里，鱼丸子有两次现身其中：第一次是头碗，一般码在第三层；第二次是最后一碗鱼丸子汤。无论是出现在哪一道菜中，每人只能品尝一枚。

衡阳鱼丸子有长形和圆形两种，长形的是菜刀刮出来的，类似橄榄状；圆形的是手挤出来的，类似汤圆状。无论是哪一种形状的鱼丸子，其外观洁白如玉，熟透后芳香四溢，咀嚼时细嫩鲜滑，夹起时韧性十足。

做鱼丸子是一件既费材料又费工夫的手艺活。主料有草鱼、肥肉、生粉、蛋白等，辅料有生姜、葱白、荸荠、食盐、味精等。鱼肉与肥肉、生粉的比例为1∶0.4∶0.2。

打鱼丸子的主要过程如下：

第一步是选用6斤以上、农家用青草喂养的泥塘草鱼（这种以青草为食的草鱼，肉质像牛肉般紧扎，又像豆腐般细嫩，味道鲜滑爽口），去鳞后剖成两半，去掉内脏、头尾和排骨刺，再剥下鱼皮，切成条状放在清水中浸泡。浸泡之前须仔细刮掉鱼内脏上的黑膜和鱼油，再反复冲洗数遍，直到水变清为止。浸泡约几分钟后，把鱼块捞出来沥干，再将鱼剁成酱状。

第二步是将新鲜的猪肥肉打成糊状，并加入生粉、蛋清等原料，再佐以葱头、姜末、胡椒、味精、食盐及荸荠等调味品。

第三步是揉搓。按照6比4的比例将鱼肉与猪肥肉和其他配料等揉在一起。做鱼丸子的揉料过程，全凭厨师挽起袖子抡起胳膊卖力摔打，所以衡阳人把制作鱼丸子叫作“打鱼丸子”。几经揉搓后的鱼丸料，虽呈糊状，但韧性十足。

第四步就是成形。制作单个鱼丸子也是纯手工活，熟练的师傅只需用一把菜刀削三下，一个两头尖中间粗、饺子形状的鱼丸就出现了。由于是用刀刮出来的，这种形状的鱼丸子也叫刮圆子。若是要做圆形的鱼丸子，则将料放至手心，用力将其从大拇指和食指中间挤出即可。

做好后的鱼丸子须放在蒸笼里蒸熟。蒸时，关键是把握好火候。火候不到，蒸不透；时间过长，则会蒸老，鱼丸便失去了洁白的光泽和鲜嫩的口感。蒸好后的鱼丸子，其香扑鼻，其味鲜爽，其形俏美，营养丰富。鱼丸子适当加点配料，可炒、可烩、可熘、可汆、可焖烧、可煮炖。

衡阳现在仍然可以吃到鱼丸子。但由于绞肉机的使用，商家懒得剔鱼刺，因而常常会在某个鱼丸子中吃到一粒硬物，让人感觉大煞风景，加之食材难以如意，现时已很难找到那种正宗的味道了。

炸油豆腐

写衡阳地方民俗，是不能绕过当地特色美食的。衡阳有许多别具一格的吃食，油豆腐便是其中之一，虽说在周边地区也有类似食品，却不如衡阳人做得正宗。

油豆腐什么时候被发明，已无史料考证，但它却是衡阳人餐桌上的一道佳肴。旧时衡阳乡下过年，家家都要磨豆腐，一般要做两套，一套白豆腐，一套为油炸豆腐。

油豆腐外形焦黄，内空绵白，质量好的油豆腐呈圆形，有点近似于江浙一带的油面筋；捏在手里弹性极大，用手指压扁后会迅速回弹成原状，宛如一颗小的橡皮球；吃起来鲜嫩爽口，汁液四溢，芳香浸润。

油豆腐虽然是一道美食，却不在衡阳酒席的十架（只）碗的序列内，我至今也不知道这个中有什么讲究，只是有人告诉我，因其外形有点像男性身上的某个零部件，所以不能登上正规酒席。

油豆腐是由普通的白豆腐经油炸而成，看似简单，但倘若不掌握个中窍门，再好的白豆腐也炸不成油豆腐，这也是外地人感到神秘的地方。

我们或许都知道那句“一物降一物，卤水点豆腐”的俗语，那是告诉我们北方人做豆腐的方法。南方人做豆腐用的是烧熟的石膏灰水，其大体流程是：

生豆去壳。磨豆腐之前，先要将黄豆在石磨中破壳，用簸箕扬去外皮，这就是去壳。

浸泡豆瓣。把去好壳的豆瓣盛在盆子里，用清泉水浸泡约 4 个小时后用手捞出，观其吃水完全饱和即可。

石磨磨浆。将浸好的豆瓣用饭瓢一小瓢一小瓢地喂到石磨里去磨，这是项费力的活计，一般由两人一起推磨，另一人喂豆，喂得越慢，豆浆越细。

布袋榨浆。把磨好的豆浆倒入一个容器内，把烧好的热水冲入其中，并用一根木棍反复搅拌，使它们充分稀释。搅好的豆浆得马上榨浆。在一个容器上方架好“#”形的木架，用经纬很密的棉纱布袋装着豆浆放在木架上，用手一边摇晃一边搓揉挤压，直至把豆浆全部榨出来。

烧开余浆。油豆腐制作的关键在这一环节。豆浆榨完了，要留下一瓢生浆，放在一个容器内备用（这是关系到油豆腐炸起泡的关键所在，没有它，白豆腐炸出来的永远是香干），余下的放到铁锅里烧浆。这时得特别注意火候，太过了就会烧成黑糊糊。烧浆的时候，得将事先煨熟的石膏捣成粉末，按一定的比例放入容器里与小部分预留下来的生豆浆和匀。把握石膏粉末的比例可是一个关键，少了，制不成豆腐；多了，豆腐就不鲜嫩。豆浆一烧开，就立即倒入和好石膏粉末的容器里，再盖上盖子捂8至10分钟的样子，用竹筷往桶里一插，竹筷若是倾倒，还得继续捂几分钟。竹筷若是直立且不黏豆浆，豆腐的雏形就形成了。这种雏形的豆腐叫作豆腐脑，洁白如雪，鲜嫩欲流，清香四溢，沁人心脾。

压干成形。将豆腐脑舀进豆腐箱子里，用包袱折叠包好，盖上豆腐箱盖板，压上石块，慢慢将豆腐脑的水分榨出来，这就是榨豆腐。榨得太干或太湿，都会影响豆腐的质量。榨出来的豆腐叫水豆腐，软如棉，白如玉。

制作油炸豆腐的最后一道工序是下油锅。将食用油倒入锅内烧滚，使其保持沸点状态，将事先在清水中浸泡几小时的水豆腐捞出沥干，再用刀划成小方块，在锅中炸到一定程度，便是又鲜又嫩又香的油炸豆腐了。

油豆腐炸成后，能干的家庭主妇可以在此基础上做出许多花色品种来，例如红烧肉煲、鲜鱼汤煨、清炒豆腐丝等。人们还摸索出长期保存的方法，在有些讲究的家庭，任何时候都可以吃到头年冬季制作的油豆腐。

印花粑粑

上了岁数的衡阳人或许还记得，过去在乡下吃酒席，尤其是生日及小孩满月等喜庆酒席，会有人在席上散发礼品。礼品中最常见的是派发粑粑，一般是每人 4 个，讲客气的人家可能是 8 个，发礼的人一般是主人本人，也可以是主人的亲人，例如女儿或亲家等。

发的礼品粑粑一般为糯米或高粱磨成粉后制成的印花粑粑，其外形一般是带齿轮状的圆形，多数为一面有图案，图案为梅花、牡丹及鲤鱼等吉庆样式；也有两面均有图案的。有些讲究的人，还会将粑粑制成单个的图形，如一条鱼或者一只鸡等。

所谓印花粑粑，就是将揉好的米粉团放在一个木制的模具内挤压出来的有统一图案和造形的食用粑粑。

印花粑粑的制作原料主要有红、白两种粮食，红的是高粱，这种高粱不同于北方的高粱，是南方农村特有的品种，做出的饭香糯可口，磨成粉制成粑粑或团子亦柔软适中；白的主要是糯米，再加适当粘米配比磨成粉，软硬度根据主人自己的兴趣把握。

制作的过程倒也不复杂，先是用石磨将原料磨成粉，磨粉有两种做法：一是直接干磨，即将原料直接喂进磨盘反复研磨，最后过筛使之成粉；二是浸泡后湿磨，即将原料在水中浸泡数小时，待米粒吃透了水，再入磨研磨，这时磨槽中流淌的是粉浆，需要将粉浆灌入一个布袋内使劲压榨，最后得到湿粉。

印粑的阶段就更简单了，先将磨好的粉加水用手反复揉搓，使粉团变得既柔软又有筋道，然后将粉团择成与印模体积大体相等的小团子，再用手将面团往模子中使劲挤压，并与印模抹平，再将粑粑倒于事先准备好的竹箅之上，上笼蒸熟即可。

为使蒸熟后的粑粑有看相，讲究的人家会用竹筷子蘸点鸳子红在粑粑上的图案中点一下，使那些呆板的图形变得更加生动。经过一番晾晒之后，再将它们放入一个凉水缸内浸泡数日，这中间必须每天换水，以将粑粑中的杂质淘汰，待到红色粑粑色泽均匀，白色粑粑洁白无瑕时，便可捞出来长久保存了。

旧时的衡阳人几乎家家都要做这种印花粑粑，这一方面有送礼的需求，另一方面，印花粑粑也是餐桌上的一道美食。过去在乡下，但凡去一些富裕的人家拜年，临告别时，主人或许会打发你一碗幻茶（即瓜子、花生、红薯片之类的零食），再加 4 个鸡蛋或 4 个印花粑粑，这种规格于客人而言，已经是最高礼遇。同时由于交通不便，加之又没有冰箱保存食物，家庭主妇常常会为如何接待不期而至的客人犯愁，而印花粑粑便于长久保存，有客人来时，用火煎熟再浇上一些糖汁，便是一道有档次的主食了。

现在乡下很少有人去做这种印花粑粑，偶尔在超市能够碰上抑或是在某家餐馆可以吃到，但总体上的感觉，是这些粑粑带有大机器生产的铁腥气。

柚子糖

上了年纪的衡阳人或许还记得，春节期间，人们走亲访友相互拜年时，总不会空手前往，再不济也要提一封糕点或糖果。因为这些吃食一般都是用一种粗糙的黄草纸包成锥形，故衡阳人将它们统称为糖包子。而糖包子的内容，主要是从南杂店买回的白糖、红砂糖、兰花根及饼干之类，但若要去拜年的人家中有上了岁数的老人，则有一样东西必不可少：柚子糖。

柚子糖严格说来不是糖，只是用柚子制作的果脯，是衡阳地方的一道特色食品。其颜色略呈金色，外形为圆形薄片，散发着柚子皮特有的香味，捏在手中柔软且富有弹性，咬一口满嘴生香，清甜润滑，无论大人小孩，无论牙口好坏，可谓人人皆宜。

从现代营养学来解释，柚子含有维他命 C 与柠檬酸钠，具有美容护肤、缓解疲劳的功效；柚子皮里带有膳食纤维及阿拉伯胶，能够润肠；柚皮苷能够提升毛细管的延展性，降血压，扩大心脏的冠脉，故柚子是防止冠心病和动脉硬化的食品，科学研究确认，食用后能够减少堆积在血管中的胆固醇，有利于使主动脉粥样硬化产生大逆转；柚子皮性凉，入肺、肝胆经，具备健脾开胃行气、解渴润肺止咳的作用，主治胸膈结气、呕逆少食、胃阴不足、嘴中口渴、风热咳嗽及喝酒过多。

制作柚子糖，实际上也是当地人做到物尽其用的结果。旧时，衡阳人喜欢在房前屋后栽种果树，柚子便是其中之一，但彼时柚子树所结果实酸得无法入口，除了个别人用作单方，多数人都是任其自生自灭。将柚子制成糖，就彻底将果实充分利用起来，且还能为家中的零食增添花色品种。

制作柚子糖的工艺并不复杂，其主要过程是：

备料。用作制糖的柚子不能太嫩，太嫩则无香气，也不出料；也不能太熟，成熟后的柚子内已长柚肉，压榨后只剩柚皮，同样不出料。最好是那种将熟不熟的柚子，从外观看，其体形已经长大，切开来看，内中的果肉尚未成熟。乡下制作柚子糖的人们都有经验，一般选择在中秋前后将柚子摘下来备用。

切料。柚子摘下后要用清水将其外部洗净，然后用刀将柚子片成厚约 1 厘米的薄片，薄片外圈为青色，中环为白色，内圈的果肉构成菊花图案，煞是好看。

浸泡。柚子皮内含有油，味苦而涩，柚子内核富含酸，制糖的关键就在于将这些成分去掉。农村人在长期的实践中总结了一套简便实用的方法：先是用澄清的石灰水浸泡约 2 小时（制作数量少的，也可用淘米水），浸完后捞出沥干，再投入一口装满清水的大缸内，继续浸泡 3 至 5 天，每天换水 1 至 2 次，待浸泡的水完全看不到任何漂浮物时，将原料捞出来压干备用。

煮料。压干后的柚子已经完全去掉了体内的酸涩，拿一块放在嘴里嚼，没有任何酸涩，此时便可进入最后一道工序：煮料。衡阳农村人多会用稻谷熬成谷芽糖，这种糖汁黏稠，呈褐色。煮料时，将谷芽糖放在锅中熬开，再将柚子料置于其中煮上两滚，待糖汁均匀地渗进柚子料后便可起锅，再置于太阳下晾干，整个工序就告完结。

现在，偶尔在市场上还可见到这种特色食品，但由于缺乏谷芽糖，熬制时用白糖替代，吃起来总感到少了些什么。

玉麟香腰

衡阳人做酒席时，不管什么场合，菜的道数总是十个，故乡下人戏称赴宴为“呷十架碗”，而这十道菜的内容也大致相同，第一道菜永远叫头碗。

酒席的丰盛与否常常在于其中量的多少或头碗的堆砌高度，头碗菜涵盖了厨师的十八般武艺：既有油炸的菜，又有爆炒的菜，还有上蒸笼蒸出来的菜，如此种种。其他菜碗的菜要么是爆炒，要么是干烧，都是单打独斗的技法了。所以，一场酒席做得好不好，丰不丰盛，客人满不满意，吃了头碗菜也就知道个八九不离十了。

衡阳人把头碗分成几个档次，一般的就叫头碗（近代人叫土头碗），稍好的叫大片香腰，最顶级的名曰玉麟香腰。

玉麟香腰最早出现在清朝。那时候，在衡阳出了一位叫彭玉麟的大将军，他家中的厨子为了迎合他的喜好，在鱼丸、黄雀丸、锅烧丸这些地方小吃的基础上开创了这道菜，因为它的外形像宝塔，所以它还有另外一个名字——“宝塔香腰”。

这道菜多出现在大户人家，一般人家做起来可能多少有点难度，因为它需要的食材实在是太多了。比如猪腰、猪肉、鳜鱼肉、水发香菇等，这还只是主食材，而做这道菜要用到的辅料可以说是多到数不清，它集结了各种小吃品种，一层层堆集而成，也正是因为这样，它的味道多种多样。

这道菜共分七层，从最底层开始至顶层，每层的制作过程大抵如下：

第一层，需要将生芋艿削去皮，然后再切成 0.5 厘米厚度的菱形片状，再用绍酒、精盐拌匀，腌制 10 分钟左右，将它沥干放到已经六成热的油里，炸至金黄色的时候就可以捞出，放在大碗的底部，这样宝塔的第一层就完成了。

第二层，就是用带皮的五花肉做主要食材，洗干净切成 7 厘米左右比芋艿稍厚的片，然后放在碗里，用酱油、绍酒、精盐调好的汁水腌 2 分钟，上锅蒸熟之后，就可以连同原汤汁一起倒在芋艿的上面。

第三层，原料主要是荸荠和肥肉，先将它们分别切成细末和剁成肉泥，然后加入八角粉、面粉等，挤成一个个的荸荠丸，然后放到油锅里炸，炸至金黄时，就可以将它们捞出来，放在五花肉的上面。

第四层，铺“黄雀肉”。将五花肉先切成三角形的片状，腌制 10 分钟之后，将鸡蛋打散拌进去，顺便加入面粉和干淀粉，再加适量清水调匀，注意不能太干或太稀，要让每个肉块能被面糊包裹起来，之后再下油锅炸，这样炸出来的食品呈焦黄色，故又叫黄焦肉。然后再将黄雀肉一块挨着一块地推在荸荠丸的上面。

第五层，铺蛋卷。彼时的蛋卷不是我们现在在小吃摊见到的那种，而是由两种材料卷制而成。其制作方式是先将鸡蛋摊成荷叶形的蛋皮，再把剁好的肥瘦肉泥铺在蛋皮上面，卷成筒形的蛋卷，最后装在盘子里面，上笼蒸熟后，再切成斜片的形状，摆在黄雀肉上。

第六层，敷鱼丸。这种鱼丸是衡阳特有的一种食品，它是将鱼肉和肥肉剁成末，再加入其他辅料削刮成梭子状，下到滚水中煮熟后，有序地摆在蛋卷的上面。

第七层，铺香腰。在完成前面六层后，给整座“宝塔”浇烧开的肉汤，用旺火蒸 1 个小时后再取出来铺最后一层——“香腰”。香腰是将猪腰子片和水发玉兰片、水发香菇一起放进炒锅里面旺火翻炒成熟，然后倒在已经蒸好了的大碗菜上面，这道“玉麟香腰”就算是真正的完成了。

这道菜端上来很是有些气派，底部是一个巨大的海碗，七层叠加后至少有十几厘米高，顶层再扣一个菜碗，掀开后，七种不同的菜香扑面而来，顿时令人食欲大增，但此时切记不要贪吃，因为后面还有九道菜。

炒幻茶

衡阳人准备年货通常离不开鸡、鸭、鱼、肉、酒等餐桌上必备之物，另外还有一样则是餐外的必备食品：幻茶。凡到过年前的几天，农村中家家传出锅铲翻动沙子时发出的嚓嚓声，户户飘出幻茶炒熟后散发的香味。

幻茶是衡阳方言，大致可以理解为喝酒佐茶的点心。衡阳人旧时有一风俗：但凡有客人来，必先沏一壶茶或烫上一杯酒，再装一个团盒，里面摆上几样食品，诸如瓜子、花生、豆子之类，这些食品被统称为幻茶。

这些茶点的制作可以用一个字来概括，那就是“炒”，当然也有少量的用油炸，如油炸米面片和红薯片等。

炒幻茶其中有一样重要的工具不能忽视：炒沙。在旧时，几乎每个家庭主妇都备有一个陶瓷罐子，里面装着她的宝贝沙子。这些沙子原本是河里面淘洗出来的粗颗粒沙子，大小与过去铺子里常见的粗盐差不多。这种沙子从河里刚淘回时呈淡淡的黄色，不能直接用来炒幻茶，要先在锅里淋上油，再用大火反复翻炒，待热油与热沙完全融合，表面光洁圆润时，方可用作炒沙。这种沙子可以反复使用，越用越好用，真正有些年份的炒沙从罐子里倒出来时，外观呈晶莹的黑色，捏在手里非常清爽。

用炒沙炒幻茶，是人们在长期的劳动实践中总结出来的一套行之有效的办法，其原理就在于利用沙子将热量均匀地传到被炒物品的每一个部位，使炒出来的食品口感和品相达到最好。

衡阳人过年准备的炒货品种一般都在 10 种以上，比较富裕的人家可能会多几种。家庭主妇要根据家庭亲属的多寡及春节期间可能上门的客人人数大致估算出数量，这些数量主要由两个部分组成：一是客人进屋后装团盒的需要；二是客人拜年离开时用作打发客人的礼物。衡阳人十分讲客气，但凡春节有人到家中拜年，客人离开时，家庭主妇会用吃饭的碗装一碗幻茶倒入对方口袋，供其在路上品尝。我见到一个大户人家，每年炒年货的数量都是用装谷的箩筐计量的。

炒幻茶首先是备料：将红薯片剪成约食指大小的小长条；黄豆用盐水浸泡数小时后捞出沥干备用；豌豆用冷水浸透后，再用刀具将皮挑破；至于花生、南瓜、葵花籽及芝麻等，则要用簸箕将空壳或不壮实的去掉。

其次是炒：炒幻茶时需要两个人配合，一个人在灶下烧火，另一个人负责炒。别看这小小的烧火，对炒好幻茶十分重要，火力太猛容易将东西烧糊，火力不到位，一些食品又炒不到焦脆的效果，因此，烧火的人必须听从炒幻茶的那位指挥，掌控柴火的大小。炒幻茶一般由家庭主妇实施，她站立在灶台旁边，身后一边是准备入炒的原料，另一边是用两条凳子架起来的一个簸箕，灶台的一侧搁一个筛米的筛子。开炒时，先在锅中倒入炒沙，待其温度升高后，再将要炒的食品倒入锅内，此时，右手挥动锅铲，不停地翻动沙子与炒货，估计熟透时，迅速将炒货连炒沙装入筛子内，将炒沙筛出，炒货摊到簸箕里冷却，然后再进入下一轮翻炒，如此往复。这种炒幻茶，一般要耗去一两天的工夫，其劳动强度其实也是不小。

现在衡阳农村过年时据说还有装团盒的习惯，但盘中的那些幻茶都是从集镇上购买的，现代机器已经取代了手工炒货，农村中再也不见人们在灶台前后为此忙碌。

渣江米粉

米粉是江南各产稻省份一道特色食品。经过长期的实践摸索，尽管用的是同样的原料，每个地方都会用自己的特色工艺生产出别具一格的米粉来，衡阳的渣江米粉就是众多奇葩中的一朵。

说起来诸君可能会感到意外，米粉的起源地在北方，完善在南方，其历史悠久绵长。早在3000年前，我国的西北先民就用黄土高原的小米制作出了米粉，估计口感不是很好，因此它的名字叫“乱积”——一锅米粉榨出来，堆在一起，所以就叫“乱积”了。后来，这一技术从黄河流域传到了长江流域，长江流域的先民用大米来制作米粉，从质量到口感都有了很大的提高，这时的米粉就改名叫“粲”了。到了秦汉时期，米粉的名称又有了新的变化，叫“糒”。但现代汉语把“糒”解释为干饭，其实就是米粉。《四民月令》里讲得很清楚：“五月多造糒，以供出入之行。”干饭是现煮现吃的，而且不能存放很久，尤其是热天，放久了就馊了。在南方，有什么食品既能存放又不变质，同时又方便携带行军打仗呢？那就是干米粉。所以糒就是干米粉，也就是所谓的“干饭”。到了唐宋，米粉改名叫“米缆”，米粉做出来像一根根绳子，这个名字很形象，而且比“乱积”有文采多了。到了元朝，米粉又叫成了“米糷”。到了明清，“米粉”的叫法便沿袭下来。

衡阳米粉的制作工艺，是在清朝咸丰年间摸索而成的。当年，曾国藩、彭玉麟在衡阳创建湘军水师，水师官兵有不少是北方人，吃不惯米饭，常常思念家乡的面条，而水军驻地又不产小麦，面粉短缺。为解决军粮问题，军中伙夫想出了一个好办法，将剩饭晒干，磨成粉浆，然后发酵榨成米粉，这种外形酷似面条的食物柔软爽滑，极易消化，深得官兵的喜欢。很快，这种新兴食物由军中传入民间，成了衡阳人的最爱。

由于水军驻地在渣江一带，因而命名为渣江米粉。渣江米粉的特点是粉丝细而韧性极强，不易折断，下锅久煮而不浑汤，入口润滑而清脆。

渣江米粉的生产流程大抵是这样的：选用上等粘米，洗净后放入大水缸中，大概浸泡时间为夏季 24 小时，冬季一个星期。待到米粒吸收水分软化之后，用石磨磨成浆，将磨好的米浆灌进一条棉布口袋，挤压除去水分，直至成为块状的湿泡粉，用手工制成米粉团，然后将制好的米粉团放到蒸笼里蒸软后再入锅内煮。煮好后放入石臼捣成粗坯，冷却了再捣。捣熟后入榨即成米粉。榨粉是最难的一道工序，需要两人施加相当大的力量，这样榨出的粉才光滑、匀称、洁白。

渣江米粉的特色还在于现榨现吃，其鲜粉出来后，再配上其他佐料，可做成或汤粉或湿粉或炒粉等风味各异的米粉，中央电视台《舌尖上的中国》栏目报道的衡阳鱼粉，便是其中之一。应当承认，这些特色品牌的米粉，纵然有再加工的成分，但倘若主要原料不是渣江米粉，其味道和品相都会大打折扣。

假羊肉

大家或许都知道“挂羊头卖狗肉”的成语，其意在批评那些华而不实的人，用虚假的一面公示于众，私底下却干的是另外一番勾当。但衡阳人却不然，敢于反其道而行之，对外正式亮假，将一道菜命名为假羊肉。

这道名叫假羊肉的菜，确实不是用真羊肉做的，它主要是用猪头肉和猪瘦肉，加上辣椒、八角、桂皮等作料熬制而成，里面还加了荷折皮。说是假羊肉，它其实是衡阳人自娱自乐的一个玩笑，是用各种作料烹制出来的一道羹汤。

之所以把这道菜命名为假羊肉，比较靠谱的说法是：当年曾国藩命彭玉麟在渣江河面上训练水军，一些水军将士系从北方招募而来，吃不惯南方的大米饭与辣椒菜，训练之余常流露出对家乡馒头与羊肉的思念，军需部门也理解他们的诉求，极力想满足大家，但又苦于找不到正宗羊肉，因此十分犯愁。彭玉麟得知后，命军中大厨就地取材，用南方食材做出北方口味，于是，这道菜便应运而生。北方军士十分兴奋，告诉彭玉麟终于吃到了羊肉，彭听后哈哈大笑说：“什么羊肉，那是假羊肉。”从此，这道假羊肉便流传开来。

假羊肉的做法分两个步骤。先以猪头肉、猪瘦肉佐以八角、桂皮、花椒、辣椒粉一同熬成肉汤待用。再将磨碾成面粉状的红薯用适量水调汁，坐锅添柴，放少许油，将红薯汁倒入油锅中摊成薄饼。摊好的薄饼四周稍稍上翘，形如荷叶。薄饼出锅后对折切成条，便是荷折。将荷折倒入肉汤中大火烧滚，再放入青菜、香葱，最后淋上香油，便大功告成。

这里的荷折皮，需要花点笔墨向外地朋友作个简单介绍。制作荷折皮的原料是红薯粉，是由红薯磨碎压汁后沉淀出淀粉，将其晒干后压成薯粉条，或摊成荷折皮。假羊肉中的荷折皮，是事先摊好的呈荷叶状的半成品。其做法是，将红薯粉用水稀释成糊状后，倒入一个圆形的金属盆里旋转使其摊匀，然后置于沸水中，待其熟透后取出，便成了圆形的皮子，晒干后备用，食用前用水泡发即可入汤。

一碗上好的假羊肉必然是热辣滚烫的。荷折皮绵薄爽滑，猪头肉软绵绵又筋道十足，是朴素的乡间风味。荷折皮薄如蚕翼，猪头肉切得厚实，辣椒粉舂得细腻，若佐以蛋皮、黄花菜，则是舌间最真实的美味。

在衡阳做客，无论家宴还是酒席，假羊肉通常以粗瓷大钵盛装上桌，分量往往极多，酽酽的汤汁与荷折皮浑然一体，令人食欲大动。这时，食客们也就顾不上太多礼节，个个当仁不让，舀上一碗，也无须劳烦筷子调羹，端起来轻啜一口，“哧溜”，从喉咙一直滑进肚里。一口滚热厚实的汤下去，无论是远归人还是异乡客，都会发觉有一种热流从肠胃一直扩散到五脏六腑、四肢百骸，全身的毛孔也随之被一一打开。

亲爱的读者，如果您有机会去衡阳，可别错过这道美食。

饼 药

饼药不是药，它是衡阳人用来酿酒的一种酒曲，衡阳方言叫饼药，由于读音较偏，只能音译，不能表意。

30 年前，倘若你在衡阳乡下赶过集，一定会注意到集市上有人在出售一种自家生产的物品，这种东西颜色呈亚白色，表层有星星点点的斑点分布，外形滚圆，有点像南方的汤圆，却晒得焦干，握在手中有一种清脆的感觉，闻起来有一种发酵后的霉菌味。有意思的是，出售时不用秤称重，而是用量米的竹筒量，这种竹筒量米时为 1 斤，量饼药时亦是 1 筒按市价 1 斤米论价。例如，当时市场上大米若 3 角钱 1 斤，则饼药就是 3 角钱 1 筒。

饼药主要是用来酿酒。衡阳人经过长期的实践摸索出一套酿酒的工艺，利用当地的糯米与饼药共同发酵，酿造出具有地方特色的酒：湖之酒。之所以叫饼药，因为除了酿酒的功能外，它也是中医常用的一味药。在民间，但凡有人消化不良、腹部滞胀、嗳气嗝气等，有经验的人会告诉他，取饼药一枚或数枚，或蒸熟食用，或泡水吞用，或火煨，或生食，会有极好的疗效。

制作饼药，除了主要原料大米之外，还有 4 种植物：铺地荆，一种贴着地面生长的野草，耐干旱，路边山边到处都有。这种草根系发达，去拔它最费时间，因为不能用镰刀割，只能用手拔。桑叶，就是农村小孩子们喂蚕用的那种树叶。采摘桑叶是容易的事情，但要求采摘细嫩的叶尖。铁马鞭，乡下路边、房前屋后到处可见，叶子细长开着杈，花较小呈蓝色，并不是很引人注目，在春夏之交时用镰刀把全草割下来，用刀砍成一段段晒干备用。辣蓼草，乡下野外随处可见的花籽细小呈红色的植物。每年夏末初秋辣蓼草成熟时，便是制作酒曲的最佳时节。摘辣蓼草是有讲究的，一般选择清晨太阳出来之前，趁花朵上还有露水时采摘，方便去除杂质，然后晾干备用。

做饼药前，将这 4 种植物按一定配比入锅煎水，将汁液与磨好的大米或稻谷粉按 1∶15 的比例用石臼捣匀，用手搓成面球。然后将沾了酒曲粉末的面球放在竹簸箕上，上面加盖一层薄薄的茅草，放于气温 22℃至 28℃的避光避风的室内。等面球表层长出一丝丝白色的“兔毛”（菌丝）后，将其移至室外，置于通风阴凉处约 24 小时，直至面球干透。

制曲既是技术活，又是体力活。风干好的酒曲还要让其慢慢发酵，每天只能在朝阳下暖暖地晒上 2 个小时就要搬进屋内，如此这般反复 2～3天。然后再把发酵好的饼药暴晒数天，其中每隔一段时间还必须上下反复翻转，让其充分晒干才能打包入仓，长期保存。完整地制作一茬饼药需耗时 6～8 天才能完成。

中国有句古话叫作“蒸酒熬糖，莫称内行”，意思是说其过程很难有一个参考标准。饼药制作过程也是一样，看似简单，实则不易，每个环节都要靠经验把握，如若把握不精准，制作出来的饼药质量就大打折扣。比如酒曲粉末（白药衣）质量要好，须是当年第一次做出来的；采摘来的大量辣蓼草应拌凉防止发热；面球长出菌丝后要注意菌丝变化，不能出现黑毛了再揭开；等等。

现在，农村人家已经没有几户自己酿酒了，城市中自己酿制甜酒，也是使用的化学催化剂，专业酒厂使用的酒曲更是现代工业的产物，传统的饼药已踪迹难觅。

手工红薯粉条

衡阳地区农作物中，大宗产品除了稻谷外，就是红薯了，有些耕田较少的地方，红薯更是半年的粮食。从养生的角度看，吃红薯确实有诸多的好处，但倘若一年到头以此为主食，天天与它相伴，则不免又会令人生出些许厌烦之情。变换着花样吃，是红薯产区的人们一直在思考和探索的问题，手工制作红薯粉条便是解决方案之一。

把一块看来清脆而略带甜味的红薯变成餐桌上柔软细润的粉条，其过程十分复杂，也掺进了农人的诸多辛苦。其主要流程是：

洗淀粉。红薯是根茎类农作物，要想将淀粉从中提炼出来，首先是要挑选淀粉含量较高的品种。农村过去有一种叫狗头薯的品种，煮熟后吃起来又粉又甜，这种红薯出粉率一般较高，不像今天市场上出售的水果红薯，口感清甜，但出粉率低。选好红薯后，将其洗净，再用手工将其捣碎。在没有机器的年代，一般是在一块扎出许多齿的铁皮上，用手握住红薯在其上揉擦，使红薯变成糊状；或者就是将红薯剁碎后置于一个木桶内，用一柄大棒槌将其捣成糊状。然后再将它们置于包袱皮中放到架在水缸上的簸箕内，用水反复冲洗挤压，使淀粉从中释出，沉淀下来的白色粉末就是红薯粉。这种粉刚沉淀下来时还含有薯浆等杂质，还要每天用清水漂洗，撇去上面的浊水，往复三五天后，才是纯白的红薯粉。

打浆糊。将500克淀粉加100克明矾掺冷水2500~3000克，放入盆内。盆放入锅内煮沸，并不断搅拌，成熟度达八九成即可。打成的浆糊，可兑20公斤淀粉。

和面。这是手工制作红薯粉最关键的环节。将打好的浆糊与喷粉（衡阳话红薯粉的另一种叫法）加水调匀，反复揉搓，与北方人包饺子或做馒头时揉面的情形差不多，但既要将面筋揉出来，使其有弹性，又不能像北方和的面团那样干，这里面团的湿度要更大，一般而言，用手抓起一团面有自动下坠感即可。

漏丝。这是手工粉的成形阶段。其工具有：一个有多个孔的漏瓢，一口煮着沸水的铁锅，几个挂粉丝的木棍或架子。漏丝前可先试一下，看粉团是否合适，如漏下的粉条不粗不细、不断即为合适。如下条太快发生断条现象，表示粉浆太稀，应掺些干淀粉再揉，使面韧性适中；如下条困难或速度太慢，粗细又不匀，表明粉浆太干，应再加些湿淀粉。漏丝前调粉以一次调好为宜，粉团温度在 30～42 摄氏度为好。漏丝时，揪一面团置于瓢中，一手握住漏瓢，悬在离铁锅沸水 1 米高的上方，另一只手不断地捶打面团，受重力挤压，面团会变成细丝从孔内流出落进滚水之中。丝条沉入锅底再浮出水面时，即可捞出锅，再放入冷水缸降温，用手理成束穿到木棒上，经过再一次冷水缸降温，并不断摆动，直至粉丝松散为止。然后放在室内，冷透后拿出室外晒丝。

挤压红薯粉时，是需要配合的，一是人工的配合，尤其是那位烧火人，必须保证灶底柴火火焰充分，使锅中的水温保持在沸点，否则，水温太低，漏进锅底的粉丝烫不熟，便易断线。二是需要天气的配合。衡阳农村人挤压红薯粉一般要求在晚上进行，而且温度越低越好，如果巧遇那天晚上下白霜，则是再好不过的了，因为出锅后的粉丝晾在木棍上，相互间仍会粘连，需要用手工去将它们撕开；如果是低温，先将它们冻在一起，第二天太阳出来后便会自然分离，省去了许多麻烦。

现在，我们仍然可以在市场上买到红薯粉条，但它们多数是机器生产，尽管烹饪的程序和添加的佐料还是原汁原味，但口感却明显有所改变。

黄雀肉

衡阳人对于吃有一套自成的体系，一些看似极其普通的食材经过他们一番加工，便会变成餐桌上色香味俱全的特殊菜肴，黄雀肉便是其中之一。

黄雀肉在一些地方也叫黄焦肉、苏肉，但不管哪一种叫法，它都名不符实，因为它不是肉，它只是用淀粉夹杂着一些食材在油锅里炸出来的一种吃食。

黄雀肉在衡阳的菜单中有着重要的地位。过年时，几乎家家都要炸黄雀肉，因为它是春节期间招待客人的众多菜中的一道；做酒席时，所有的大厨都必须炸黄雀肉，因为它是衡阳酒席油锅下炸三大内容（另两个是炸肉皮和炸鱼）之一，也是构成头碗菜的内容之一。

这道菜之所以叫黄雀肉或苏肉，是因为有一个凄美的传说。相传有一年秋天，纣王带着苏妲己去狩猎，结果东跑西跑什么也没猎到。到了中午，他们就冲进一户农家，把他家养的猪和鸡都射死了，还逼迫农妇给他们烧火煮肉吃。等到纣王和妲己一行人吃饱喝足离开后，农妇气得要死，看见案板上还有一块生肉，便拿起刀来乱剁，边剁边骂："死狐狸精，我现在就剁了你，把你下油锅，炸着吃。"本来这也不过是农妇的一句气话，却让她丈夫来了灵感，遂劝慰老婆说："事情已经这样了，你生气也没用，谁叫他是王咱们是百姓呢？干脆就按你说的，咱们把这肉当成苏妲己，让它下油锅，当晚饭吃掉。"农妇听了破涕为笑。于是夫妻俩把家里剩下的面粉和鸡蛋都拿出来与刚才剁碎的肉拌在一起，加了点盐，就当真用油炸了一盘"苏妲己肉"。两人一尝，味道还真是特别好，就决定与周围的邻居分享，让大家一起来吃苏妲己肉。其中有个邻居是读书人，听农夫说这是苏妲己肉，便觉得不妥，这要是被官府知道了那还得了，还不把一个村子的人都抓去砍头啊！于是就对那农夫说，你还是把这个肉换个名字吧。农夫知道读书人是为自己好，就说："看这造形很像树上的黄雀，叫黄雀肉怎么样？"读书人说："我刚才吃了这肉，口感酥脆，还准备按你叫的‘苏妲己肉’的谐音叫酥肉呢，既然你说叫黄雀肉，那就黄雀肉吧。”于是，这道久传不衰的民间小吃就有了两个名字。

说黄雀肉不是肉，是因为原始的土制黄雀肉用的原料主要是面粉、红薯丝加精盐及八角粉，而没有肉。彼时的人们将这几样食材放在容器内和水搅拌到可以用调羹挖起来成团，即可下油锅炸，炸至外面呈焦黄、内中面粉颜色变暗即可出锅。黄雀肉最好吃的时候是刚从油锅中捞出后 3 分钟左右，彼时，外皮焦脆，吃起来嘎嘎响，内肉松糯，嚼起来韧劲足，这种一绵一刚的劲道，加上香味四溢，让人味口大开。小时候家中食品匮乏，碰上过年期间母亲炸黄雀肉时，常常吃得肚皮发胀。

细究起来，黄雀肉其实也可以有肉。家境比较宽裕的，或比较讲究的人家做酒席炸黄雀肉，其内涵会更加丰盛，有的人会在其中裹进鱼肉，也有的会添加五花肉，这样，黄雀肉就会有多种口味。衡阳近代还出现了一种新型配伍的黄雀肉，其做法是：容器内放入苹果、凉薯各 2 千克，去皮五花肉 1 千克，香蕉块 1.5 千克，小葱段、油炸花生米各 500 克，姜末、葱白末各 200 克，再加入盐 50 克，白糖 850 克，鸡粉、味精各 100 克，啤酒 500 克，生粉、雪花粉各 2.5 千克，蛋液 400 克，清水 3 千克，搅拌后油炸即成黄雀肉。我吃过一次，的确不同凡响。

现在在衡阳吃酒席还是可以吃到黄雀肉，但于我而言，我更思念刚出锅的那种面粉裹红薯丝的油炸黄雀肉。

栗珠子豆腐

栗珠子豆腐不是豆腐，是一种类似豆腐块状的食物，是由栎树的果实磨成粉后，加水熬制成的豆腐块状的食物，因其果实在衡阳方言中叫栗珠子，故名。

栎树又名橡树，是对壳斗科栎属植物的通称，所结果实又称橡子，属植物的坚果，形似蚕茧，故又称栗茧。橡子外壳坚硬，棕红色，橡子仁中含有丰富的淀粉、油脂、蛋白质等营养成分。

我们的祖先早就发现了这种可食用的山珍，人们食用的历史至少可以追溯到公元前600多年。在过去漫长的岁月中，橡子一直是许多山区人民的主要食物。唐代皮日休有一首《橡媪叹》，诗中写道："秋深橡子熟，散落榛芜冈。伛偻黄发媪，拾之践晨霜。移时始盈掬，尽日方满筐。几曝复几蒸，用作三冬粮……"从诗中可以看出，唐代末期橡子还是民间的一种粮食。

衡阳的山地普遍长有栎树，高的数丈，矮的可作薪炭乔木。其果实多不为大家重视，因其味道苦涩，去其味道颇费周折，因此，人们偶尔捡回来磨成粉熬成豆腐状，也只是把它当菜来点缀一下餐桌。不过在三年困难灾害期间，这种天然食物却帮助山区农民坚强地挺了过来。

衡阳人做栗珠子豆腐已经有了一套丰富的经验，人们凭借一双巧手，愣是把那些其貌不扬的小豆豆变成了餐桌上的一道美味佳肴。

其生产过程大体是这样：

首先是去壳。栗珠子外表裹着一层坚硬的壳，先要让它们在阳光下风干，待果实与果壳完全脱离时，便可蜕壳。其具体标准是：抓一把栗珠子放在手中，摇动时能听到果实与果壳的撞击声，这说明已经全干，可以蜕壳。旧时农村一般使用推谷的推子或磨粉的磨子将其压碎，再用簸箕簸去其壳，现在则是用机器去壳，更加方便。

其次是去味。这里主要是去掉果实中的苦涩味。其方法是：将去壳后的果实浸泡在一个容器内，每天定期更换新鲜水，这时果实中释出的苦涩成分便会随水流失。如此往复一个星期，待浸泡的水不再有颜色，上面不再有漂浮物，就证明已经把苦涩漂洗干净，衡阳话叫霜干净了。

最后是磨粉与熬制。霜干净后的栗珠子要做成豆腐，还要先用磨子研磨成浆。为了让豆腐有筋道，需要按一定比例掺进一些泡发的粘米一起磨。磨成的浆即可倒入锅中熬煮，灶膛内要大火，人在灶台旁用一根木棍不停地搅拌，待其煮成黏稠状时，便可起锅，倒入压豆腐的木箱内压制四方形，栗珠子豆腐便算完成，可以进入餐桌或到市场销售。当然，也可以切成薄片晒干，放在家中慢慢享用。

成品的栗珠子豆腐呈黑褐色，闻起来有股清香，做菜时可炒可炖，可根据个人的喜好做出各种口味。

栗珠子豆腐这几年身价不断上涨，除了因为它是纯粹绿色食品外，更多的是媒体上报道的关于它的诸多好处，例如：

可入药。可治泻痢，增强人体免疫功能，促进生长发育、细胞代谢、骨骼生长，增强生理功能，防止贫血。橡子用途广泛，前景广阔。

多成分。橡壳里还含有大量的色素。栓皮栎橡子中含有多种氨基酸。而且橡子中还含有多种矿物质元素，不同品种的橡子中各成分的含量也不同。

富营养。橡子中含有的多种氨基酸不仅能够为人体蛋白质合成提供原料，而且还能够促进细胞的新陈代谢，并通过刺激垂体和肾上腺，促进其分泌各种激素，从而改善机体微循环。同时，在橡子中还含有其他植物体或者果实中含量极少的微量黑色金属元素钒。钒可以对磷脂氧化过程和该过程所需要的酶的活性产生影响，从而延缓或控制机体衰老。肥胖者长期食用橡子，能起到减肥、降脂效果。

可抗癌。橡子中含有的单宁还能够与重金属铅络合，起到排铅的作用。单宁还有止血、愈伤、抑菌、抗过敏、抗癌、抗氧化等作用。因而，近年来橡子越来越成为受人们欢迎的食物。不足的是单宁还能够引起便秘，所以要经过处理才能用来食用。

这些宣传到底有多靠谱，我无法判断，但栗珠子豆腐却不失为一道美食。

南岳斋菜

在衡阳南岳有一种特殊的宴席，整桌菜没有一样与动物沾边，但口感却与鸡鸭鱼肉相差无几，它们全是厨师用代用材料仿制而成，其外观几达以假乱真的地步，这就是当地特有的斋宴。

设斋宴抑或吃斋饭，主要是为了满足香客的需求，偶尔也有当地的信士出于某种特殊情况置办斋宴款待亲朋的。南岳衡山是我国著名的佛教道教圣地，寺庙甚多，前来敬香还愿的游客众多，特别是华南地区以及港澳香客，他们千里迢迢来到衡山，旅途疲惫。根据佛教规定，上衡山的所有香客、游客，为了敬香许愿必须斋戒三日，不能吃荤腥，只能吃斋食。为了迎合食客的需求，当地厨师另辟门路，用茄类、豆类、面粉、百合、草莓、莲藕、萝卜、瓜菜等为原料，仿照鸡、鱼、肉、蛋的形状和味道，制作成各色与荤食同名同形、味道不差的斋菜系列。

南岳斋席迄今为止已有 1700 多年的历史。佛道文化对南岳居民有着深远的影响，潜移默化之中，饮食习惯也随之改变，每逢初一、十五或赶八月，定居此地的人们大多数会吃素斋拜山神以求富足安康。有很多名人来南岳品尝斋菜，并称道南岳斋菜很有特色，味道可口。

南岳斋菜，积极地接引了佛道元素，秉承佛道饮食传统和文化内涵，融合了官素的精细、民素的天然、佛道素菜的纯正，选料严格，制作精细，命名雅致，烹饪技法博采众长，色、香、味、形、神、皿、质、养、声、境和谐统一，原料以豆类及其制品、面、米、三菇六耳（香菇、麻菇、草菇、石耳、地耳、银耳、木耳、黄耳、榆耳）、花生、芝麻、竹笋、蔬鲜果品以及植物油为主，忌用五荤（道家以韭、薤、蒜、芸薹、胡荽为五荤；佛家以大蒜、小蒜、兴渠、慈葱、茖葱为五荤）。

南岳的斋席菜品花样繁多，当地人用一到十概括其品种大类：一品香、二度梅（霉）、三鲜汤、四季青、五灯（炖）会、六子连、七层楼、八大碗、九如意、十样景。

一品香即单盘素菜，二度梅即霉豆与腐乳，三鲜汤按时令以三样鲜菜作汤，四季青即四种不同青菜，五灯会即五种炖品，六子连通常指烧茄子、炒笋子、炖菌子、油辣子、豆干子、藕丸子，七层楼即假肉、丸子、馒头、子面筋、菜心、玉兰片、香菇等七样层叠而成。八大碗有如荤菜中的全家福或狮子头，用八样素菜仿荤席办成酒席。九如意实即便餐，按时令不同、客人多寡配菜，能使客人吃得满意即行，所以又叫如意餐。十样景大体有两种：一种是十景素烩，称小十样景，即由玉兰片、红萝卜、白萝卜、百合、白菜心、冬菇、荸荠、马铃薯、豆笋皮、子面筋等烩焖而成，其中玉兰片、红白萝卜、荸荠、马铃薯还要雕成各种花形，非常美观。另一种则是十样大菜办成的酒席，称十样景。

十大碗包括以下菜品：珍珠米、油捆鸡、油豆笋、冰糖湘莲、七层楼、八宝饭、烤菇汤与青菜。也有全仿荤席办成十大碗的。十样景用料多样，制作精细，酸甜软脆俱备，水陆素食皆有，食此即可领略斋席的全部风味。

南岳斋菜中有一道名叫佛语禅心、又叫开珠四素的菜，其内容就是霉豆腐、剁辣椒、腌萝卜条及马蹄脆分碟装盘。现在你若去南岳，依旧可以品到这道名菜。

打牙祭

打牙祭是衡阳方言，也叫会餐，意思就是改善伙食，即做几道好菜或一些好吃的食品，犒劳一下自己或他人。

衡阳讲打牙祭，原本是对一些特定的人群而言的，一般来说，是主人对家中长期雇请的劳工（旧时也叫长工，个别地方叫老师傅）定期改善一下伙食。打牙祭也可以是一个团队在完成某项任务后，大家觉得合作愉快，于是凑在一起撮一顿。打牙祭还可以是某种特定的场合，有人倡议，众人响应，组一个饭局，胡吃海喝一餐。总之，打牙祭最本质的行为就是吃。

旧时衡阳人打牙祭一般有固定的时间，从月份看，多以初二、十六作为“牙祭期”。从年度看，一般以二月二日土地神诞日为起点开始“做牙”，称为“头牙”，十二月十六则称为“尾牙”。旧时通过十二月打尾牙，长工们可以知道明年主人还会不会继续雇他们。据说主人在上那碗鱼时，鱼头对着谁，那个人第二年便会被解雇。

为什么要选这样两个日子来打牙祭，民间有各种说法。比较合符实际的解释是与佛道二教对老百姓的影响有关：每月初一、十五为供佛、敬神之期，旧时不少妇女兴吃“花花斋”，必在初一、十五吃素，故而普通人家也跟着“忌荤”，打牙祭吃肉也就推迟了一天。

所谓打牙祭在古代就是吃肉。《儒林外史》第十八回中曾经提到对“打牙祭”的描述：“（伙计们）平常每日就是小菜饭，初二、十六跟着店里吃牙祭肉。”由此看来，打牙祭就是吃牙祭肉。

关于打牙祭的由来，有两种不同的说法：第一个说法是跟易牙有关。易牙是春秋五霸之一的齐桓公的御厨，深得齐桓公的赏识。他最早通过水、盐、火的调和使用，做出酸咸合宜、美味可口的饭菜来。虽然他品行不端，但是齐桓公却离不开他。他还是第一个开私人饭馆的人，因此被厨师们视作祖师爷，从事厨师职业的人，每个月初一、十五，要举行一个简易的祭祀易牙的活动，简称是祷牙祭。由于祭祀仪式中要有熟肉等荤菜，祭完后可饱口福，久而久之就变成了定期打牙祭。第二个说法，“牙祭”本是古时军营中的一种制度。古时主将、主帅所居住的营帐前，往往竖有以象牙作为装饰的大旗，称为“牙旗”。每逢农历的初二、十六日，便要杀牲畜来祭牙旗，称为“牙祭”。而祭牙旗的牲畜肉（又称为牙祭肉）不可白白扔掉，往往是将士们分而食之，称为“吃牙祭肉”。

打牙祭是一种特定历史背景下形成的习俗，其根本原因在于物资匮乏，人们一年到头难得闻到肉味。特别是那些打工的人，每天下力劳作，他们更需要有一些吸引力才能被留下，聪明的主人用这种方法，意在抚慰一下人心，让他们实心实意去勤奋工作。当然，这是狭义的打牙祭。广义的打牙祭，则是一种会餐的代名词。

现在，物资已经十分丰富，吃肉不再是一件让人望眼欲穿的事情，人们可以随时大快朵颐，打牙祭已经成为历史的记忆。

祁东黄花菜

但凡夏天到过祁东步云桥与黄土铺一带的人，一定会被那里漫山遍野的黄花菜惊呆：万顷黄花齐齐吐蕊，空气中弥漫着甜甜的清香。这便是祁东特有的风景：家家户户种黄花，起早贪黑摘花苞。

黄花菜是金针菜的一种，百合科，含有丰富的蛋白质、糖类、脂肪、无机盐、食物纤维、维生素 C、多种微量元素、矿物质和人体所需的多种氨基酸，并有止血、消炎、清热、利湿、消食、明目、安神、下奶等功效，对吐血、大便带血、小便不通、失眠、乳汁不下等都有疗效，可作为病后或产后的调补品，是有名的药食两用植物。

祁东种植黄花菜的历史已有 500 多年。清朝年间，当时祁东县所在地的地方官员开始将黄花菜作为地方贡品向朝廷进贡。据说朝廷要员、有铁嘴铜牙之称的风流才子纪晓岚最爱吃黄花菜。

祁东种黄花菜，还有一段优美的民间传说：话说明朝天启年间，祁东朝天岩前有一个古寺，古寺前面有一块大石头，石头缝里生长着一株神草，年年开花，芳香清雅，但从不结实。有一次，一个老和尚偶尔采了一朵黄花尝了尝，就觉得一股清香直透唇齿之间，味道鲜美，更惊奇的是只有一夜工夫，他的秃头上就长出了近寸深的头发，而且老脸也变得滑嫩许多。此事一传十、十传百，就引来了许多人的围观，也引来了一些贪婪之人的觊觎，他们看见神草后就你争我夺，把一株神草扯得四分五裂。当时，寺庙前住着一位叫张郎的后生，人虽贫穷，但生性正直善良、勤劳勇敢，他听说有人抢夺神草，就单枪匹马赶来保护神草，却反遭这伙人的一顿毒打。傍晚时分，他拖着受伤的身子回转家中，早早地就准备洗脚睡觉了，忽觉脚板底下有个东西在慢慢蠕动，他一看，原来是那株神草的断根不知什么时候吸附在他的脚板底下。他高兴极了，也顾不上疼痛，连忙将断根植入后园，培土、浇水、施肥，做好这些后就疲惫地倒在床上睡觉了。半夜时分，他一觉醒来，闻得暗香浮动，只见窗外月色溶溶，眼前金灿灿一片，一位头戴金冠、身披黄色彩衣的美妙女子飘然来到了他的床前，原来这就是黄花仙姑，她有感于张郎的救护之恩，特过来以身相许呢。

自此以后，真的是福从天降，夫妻俩男耕女织，花好月圆，好不恩爱，连后园里的神草也逐渐长得花叶繁茂，苍翠欲滴。过了几年，他们还生育了一儿一女，每天是儿女绕膝承欢，夫妇相敬如宾，和乐融融……不知什么时候，他们的事就被玉帝知道了，玉帝震怒，连忙派天兵天将把黄花仙姑押解回天庭。临别之际，夫妻俩肝肠寸断，难分难舍，孩子们也是哭得惊天动地。黄花仙姑纵有千般不舍，也没有办法，只好把一个背篓和一张字条交给张郎，嘱咐他千言万语尽在字条上。只见字条上题诗云：

黄花年年开，妾心留尘埃。
花开千万朵，恩情深似海。
我本天上物，今落地面来。
天地本一家，长恨两分开。
黄花入背篓，如妻投夫怀。
劝君多采食，青春又重来。

张郎见了背篓和题诗，泪流如雨，知道事已不可挽回。从此以后，他就带领孩子们精心培育神草，不论严寒酷暑，不论清晨黄昏，他们都在地里忙活。不几年工夫，那株神草绿叶葱茏，竟开莛抽出来无数的茎秆，又开出了一大片金灿灿的黄花来。张郎经常摘花品尝，果不其然，此花能够使人精神抖擞乐而忘忧，白发转青，返老还童。他高兴地把种根分给乡亲们，并把种植的方法传授给大家，就这样，黄花菜逐渐就成为当地的一道亮丽景观，成了这里最大的特色产业。

种植黄花菜的关键点是把握好何时采摘。采摘的时间太早，花蕾还没有长好，分量很轻，产量就会降低，质量也会差一些；采摘的时间太晚，花蕾裂开，产量降低，品质也会变得更差。因此，采摘的时间一定要从花蕾的外观上去判断。个头饱满，含苞待放，色泽发黄，三条接缝十分明显，而且手在触碰到花蕾的时候有弹性，这个时候最适合采摘。每天的采摘时间点也有讲究，有经验的老农会告诉你，一般每天的采摘时间为子午时段，即半夜11点到次日白天11点，尤以子时带露水采下的最佳。

采回来的新鲜黄花菜还要继续进行加工。质量优良的黄花菜有以下品相：色泽金黄无油渍状，气味芳香，干燥清爽，挺直不结块，根条长短均匀，肉质肥厚，无虫蛀。

目前，加工黄花菜主要有三种方法。

冻干法：采用科学方法和现代装备将鲜菜通过漂烫、速冻、脱水、真空干燥等程序进行加工。整个加工过程不使用任何化学和食品添加剂，其产品营养成分损失少，色泽、形态好，具有很好的复水性和复原性，保质期长，完全可达到国际绿色食品标准。此法适宜于规模化、工厂化集中加工。

蒸煮法：将采摘回的鲜花立即装筛，每筛装7～8公斤，要多留空隙，中间要留一孔穴通至筛底，使蒸汽分布均匀。装筛后立即用荷叶锅一筛一筛地蒸。要求锅内蒸汽温度上升到70～80℃后继续蒸7～10分钟即可，切忌蒸制过熟。出锅冷却后即可摊晒，要逐筛晾摊，不可堆积。

焖制法：晴天中午在晒场或水泥地板上垫一层清洁薄膜，将采摘的鲜蕾叠放其上，厚度在10cm以内，再用清洁薄膜覆盖，四周用方木压实密封，在阳光下直射2～3小时，待“杀青”后取出，即可摊晒。以上两种方法适宜家庭小规模加工。摊晒时最好置于竹垫上，厚度以1～2层为宜，中午翻垫。经过3～4个晒日即可出售或贮存。

祁东的黄花菜今天依旧在大规模种植，也引进了一些现代化的生产理念，但采摘环节仍然是手工操作，花农的劳动强度并未得到丝毫减轻。

吃 斋

在中国，许多人并不是佛教徒，但脑海里却有佛教教义，他们或许并不知道释迦牟尼为何人，但喜欢行善布施，广积德缘。旧时在衡阳，就有一批这样的人，他们既不是庙里的出家人，也不是云游的高僧，当然也不是修炼打坐的居士，但他们却有着与佛教徒同样行为：吃斋。

我所知道的吃斋，在农村一般分为吃长斋和吃花斋两种。吃长斋是终年不食荤腥，按其年限分有吃一年、三年、五年的，也有终生吃斋的。吃花斋又叫“观音斋”，只是在初一、十五拜菩萨那天才戒荤腥，平常日子不禁嘴。

中国民间一直流传的初一、十五吃素的习俗，可上溯至夏、商王朝时期。相传夏桀王是在乙卯日被商汤所灭，而商纣王是在甲子日灭亡。他们是中国历史上最著名的暴君，皆由于嗜杀成性，穷奢极欲，以致昏蒙而亡。后来的诸侯大王们以之为前车之鉴，便在这些日子斋戒养心，节俭寡欲，以示警惕。上行则下效，民间也随之纷纷效仿，后来就演变成了传统的“朔望斋”，逢每月初一、十五日吃素。

斋，是一种不食肉的说法，吃斋，就是不吃荤腥，从佛道的角度来讲，吃斋就连五辛（指蒜等五种佐料，佛家、道家所指有不同）也不能吃，而吃素则不同，纯粹是有益健康。

吃斋往往与念佛联系在一起。人们选择吃斋念佛，是觉得心中所装的那一句阿弥陀佛在嘴里喃喃不断的时候，佛的一切功德便回到内心。在吃斋人的心目中，吃斋念佛会改变一个人的命运，可以延年益寿，可以造化下辈子不变牛变马，再投人胎、托人身。

佛教在斋戒问题上是最具有号召力的。斋日（其中包含了初一、十五的朔望日）就是要求清净饮食。在传统寺院里，同住的比丘们每月的初一、十五都要集会一处，请精熟律法的比丘说戒，以反省过去半月内的修行是否合乎戒本。若有犯戒者，则于大众前忏悔，这样，同修的比丘们便能长住于净戒之中，长养善法，增长功德。而作为在家佛弟子的居士们，则应在这样的日子里斋戒净心，自然就只能吃素净的食物了。

旧时人们选择初一、十五斋戒，初衷或许是出于某种信仰，他们根本不知道这实际上是在养生。朔望斋戒，在今天得到了越来越多的科学理论的支持。按照潮汐理论，月球对地球的影响力主要是施加于地球上的水体中的，它往往是通过海洋潮汐的定期涨落体现出来。人体的水分占了身体的70%以上，而且，人体血液中的盐分浓度也与海洋中盐分的浓度几乎是一样的。因此，每当朔望日（即农历初一、十五日），海洋潮汐的变化达到最大值的时候，我们人体内部血液涌动的“潮汐”也达到了最大值。这时候，人的血气要么最盛要么最衰，情绪就会陷入极端的状态中。有研究发现：每当十五月圆之日，人们的情绪普遍会比平日更易激动，社会的犯罪率会陡增，车祸的发生率也大大高于平日。而到了初一新月之日，人们的情绪则普遍比平日更低落，抑郁症患者会增多，自杀率也会增加，一些有精神疾病的人会比平日更难于自我控制。从这个角度来看初一、十五的斋戒，你就会明白为什么那些古代的高僧大德，会说这时候斋戒有更大的功德。

概括起来，多吃素食，对健康会起到很大的作用，吃素食会有抑制高脂肪，防止胆固醇过高、动脉硬化，防止动脉曲张，防止心脏病、高血压，以及降血压、降血脂的作用。经常吃素食还能使人神采奕奕，增强肌体的抵抗能力，排除毒素，减少色斑，使皮肤光滑白皙，消除烦躁，集中注意力，使思维更加清晰活跃，提高记忆力，增强智慧。

现代人们普遍营养过剩，从养生的角度来看，或许不定期地选择素食，是一种聪明的做法。

耒阳立夏粥

我们或许都知道喝腊八粥的习俗，却鲜少有人知道还有喝立夏粥的习俗，在衡阳境内的耒阳就有这种传统习俗。

全国各地都有过立夏节的习俗，内容大同小异。但在耒阳，每年立夏这一天，都会用一种隆重的仪式进行庆祝：家家户户用米豆腐、糯米丸、油豆腐、竹笋、椿籽、豌豆、鹌鹑蛋、精瘦肉、猪杂等10余种食料同锅煮食，同时吃鸡、鸭籽等。当地有“吃了立夏籽，雷公打不死”的说法，据说是炎帝神农氏教民的辟邪之法。

耒阳人熬立夏粥的风俗具体从何年兴起并无史料记载，但从明末清初开始，已遍及全境，鼎盛时，比过年之热闹毫不逊色。有人用诗赞曰：

时近佳节欲远行，少儿无虑母揪心；
慈悲裹米磨细细，怜爱和丸拌匀匀。
荤素酸甜锅去煮，离合苦乐碗分盛；
粥香弥室初醒梦，微曙东窗小灯昏。

旧时耒阳人喝立夏粥时场面十分壮观，人们在村头街尾就地挖灶坑，安上大铁锅，点火熬粥，炊烟袅袅，可谓名副其实的野炊。立夏这一天，也是洋槐树开花的时候，在槐花清雅的香气中，各个村庄早早忙碌起来。由各村德高望重的老人负责组织，大家分工合作，有人拿着笸箩或盆子到各家各户去捻米，并由村中长者将这些从百家取来的红小豆、绿豆、小米、大米、玉米糌子等杂粮和花生、枣、葡萄干等放在一起拌匀，用清水淘净后放在一口大柴锅里，找好引柴，点火，慢慢熬。有的人负责看锅，用勺子不停地搅拌以免煳锅；还有的人负责捡柴、烧火，一般柴火是就地取材，也有的是从家里抱来的。经过个把小时慢火细细地熬煮，掀开盖子，粥香四溢，米的香味、枣的甜味，再加上槐树花的清香，让闻者垂涎三尺，食欲大增。

开粥时，全村的男女老少全部聚集在一起，从自家拿碗，自由取粥品尝，路过的游客也可参与一起分享。彼时，喝粥声、嬉笑声、孩子的打闹声充盈着整个过程，让人觉得极其温馨。剩下的粥，由主事人均匀分配到户，各自带回家中。

现在的立夏粥，多由家庭主妇在家熬制，用大米做主料，伴以精肉、糯米丸子、粉丝、干笋、红枣、豌豆（耒阳叫雪豆）、豆芽、蒜苗、海带、腐竹、木耳、鸡蛋等十几种食料熬制而成。

其基本做法是：大米在熬制粥之前最好先稍微擂碎处理，把米淘洗好，待略干之后放在碗里，用刀把轻轻擂碎；精肉切成碎末，粉丝泡好稍微切段，海带切条，蒜苗及油豆腐条等切丁；炒锅放少量油盐，将切好的菜放入炒熟，捞出待用；糯米粉加粘米粉各半兑适量水；在锅中放入水，把擂好的米放入锅中熬粥，把和好的糯米粉揉成丸子放入锅中同煮，丸子大小看个人喜好；待糯米丸子煮熟浮起，将前面炒好的菜放入锅中，在粥中加入适量盐；熬煮过程中不断搅拌，防止粘锅。

粥熬好后，除举家围桌品尝外，还要用饭碗盛好，送给每户邻居去品尝，因此，这一天也是家庭主妇厨艺的一次大展阅。

通过喝立夏粥这个活动，大家围坐在一起聊家常、说笑，目的是图个吉利，希望祛病消灾，同时化解邻里之间的矛盾。在当地人心目中，立夏这一天喝立夏粥，可保一年平平安安、无病无灾。这虽只是一种企盼，倒也不失为一种良好的心理寄托。

耒阳午时茶

看到这个标题，诸君切勿望文生义，以为耒阳人很前卫，民俗可与英国人接轨，英国人喝下午茶，耒阳人也喝午时茶。如果你这样去理解，就与本文所述内容相去十万八千里了。

严格来说，午时茶不是茶而是药。耒阳人有在端午制作与饮午时茶的习惯。“端午近，五毒醒，午时茶，当药饮。”每逢端午，耒阳农村家家户户将藿香、薄荷、淡竹叶、金银花、白芷、陈皮、莱菔子等十几种中药与茶叶一道，以祖传之法精心加工，制成一种保健茶。这种茶既有茶的原香，又有中药的清苦，可祛毒镇邪、除湿解表，这就是耒阳民间祖传下来的“午时茶”。

相传耒阳午时茶是汉留侯张良研制的。张良是汉初三杰之一，据《汉书》和《史记》记载，张良年轻时获奇人黄石公赠《太公兵法》一书，学成盖世奇谋，辅佐刘邦建立了汉家天下。大汉天下初定，张良无意在朝为官，选择隐退，潜心参研修炼黄老之术，于是遍访名山胜景隐秘洞穴，不食五谷，追求长生不老绝学。耒阳黄泥岗有张良洞，传说为张良隐居辟谷、垂钓之所，洞内岩壁有“洞灵源·汉佐张良书”摩崖石刻。相传张良隐居此洞，长年断绝饮食，垂直钓以净化心境，习吐纳以畅通经脉，饮茶水以洗濯六腑，最终练成“辟谷”奇术传之后世。午时茶，就是张良辟谷的时候，根据百草药理、时令变化，通过反复配方，秘制而成的茶品。张良长年饮用此茶，以利于辟谷过程中驻气、养颜、祛毒、调理。张良所练“辟谷”理论成为后来道家内功心法，所饮祛毒凉茶成为当地千家万户相沿成习、居家必备的“午时茶”。

其实，午时茶的配伍，在中医药典中是可以找到答案的，其汤头诀是：疯子嫖娼，接二连三；祸国臣子，穿墙拆迁。这里指的是中药名，即（防）风、（白）芷、（厚）朴、苍（术），桔（梗）、二（二叶：苏叶和茶叶）、连（翘）、三（焦三仙：麦楂曲）；藿（香）、国（指甘草）、陈（皮）、枳（壳）。其主要由苍术、陈皮、柴胡、连翘、白芷、枳实、山楂、羌活、防风、藿香、甘草、神曲、川芎、桔梗、麦芽、苏叶、厚朴、陈茶等药物组成，共为细末，拌匀和糊压成块状，用时加姜、葱少许，水煎热服。用于风寒感冒、停食呕恶、腹痛腹泻等症，有辛温解表、疏风散寒、降逆止痛、消食导滞之功。

之所以取名午时茶，是谓此方所用之药物共研细末之后，须在农历五月五日午时这一特定时间内制成茶饼状，亦因其中含有陈茶，用时如茶一样煎煮后再服，故而名之。

耒阳午时茶的原料配伍与传统药典略有加减，其制作流程极为复杂，需经配药、熬药、发酵、炒茶、烘焙等工序。首先，将甘草、菊花、白扁豆、金银花、生麦芽、薄荷、陈皮、藿香、桂皮、木香、香荑草、荆芥等十几味中药材以适当比例进行配置；而后，量取调配好的中药材的约三分之二置于砂罐中进行熬煮，先用武火熬煮半个小时，再以文火熬煮一个小时，然后将药汁倒出，如此反复两遍；再将两遍熬药所得药汁倒入茶中，均匀搅拌后，将其置于恒温处发酵约 4 个小时；发酵后的茶叶需经揉捻后再放入铁锅内与药渣进行混合、翻炒，当茶叶受热时，将剩余的中药材撒入锅内一起翻炒，待闻到茶叶散发出淡淡的焦香味时，即可出锅；最后，出锅后的茶叶放入焙篓中，用文火进行烘焙，并每隔 20 分钟翻动一次，直至完全烘干成品。

由此看来，耒阳人在端午时饮午时茶远比人们在门口挂艾草与菖蒲来得更保健。

常宁老九碗

衡阳人请客吃饭，一般都讲究上十道菜，故过去人们赴宴戏称为去呷十架碗，这种千年不变的菜谱和程序，寓意对十全十美的追求。但在常宁胜桥一带，每逢这种场合却只有九道菜，俗称老九碗，虽不说个中有九五至尊的含义，倒也别有一种文化底蕴。

常宁将这种只有重大喜庆时刻才有的九道菜叫作孝道老九碗。孝道老九碗在上菜之前和上菜之中，是非常讲究的，有一段四言顺口溜描述了整个过程：洒扫庭院，一厅二桌；鞭炮催客，长幼有序；遵礼入座，锡壶斟酒；双壶为敬，先左后右；茶盘奉菜，正门而入；荷折为首，哈米其次；丸子第三，剁鱼居四；五为鸡汤，六是膀肉；饭茶邀席，七碗豆腐；八是干笋，九上全鱼；陪客装饭，礼仪周全。

从这段文字中，我们大体知道了常宁人在吃酒过程中的礼仪礼节，也明白了九道菜的名称及上菜的先后顺序。之所以叫孝道老九碗，是因为在吃酒席的过程中，要懂规矩，讲礼貌。其中有几句话需要重点加以解释。所谓“鞭炮催客”，是指用这种方式通知客人入席就座。过去农村办酒席，客人往往散坐于各处，或打牌或聊天，无法一一招呼他们何时入座，唯一的约定就是鸣炮为号，鞭炮一响，大家都能听见，便会自动入席。“锡壶斟酒”“双壶为敬”，指的是旧时酒席上喝的多为糯米湖之酒，需用锡质酒壶盛装置于热水中烫好后再喝，酒席上一般摆两壶酒，否则会被认为不客气。“长幼有序”自然是座席有主次之分，应当让年长者或德高望重者坐在主宾位置，衡阳人将八仙桌靠堂屋神龛那面座位叫上席，左手那桌的第一个座位叫东角上席，是留给最尊贵的客人就座的，叫孝道老九碗主要是体现在座次的安排上。

孝道老九碗的每道菜名，也含有深刻的寓意：第一道菜“黄雀肉荷折”寓意天长地久；第二道菜“哈米”寓意和和美美；第三道菜“冻米丸子”寓意团团圆圆；第四道菜“菠菜剁鱼”寓意鱼跃龙门；第五道菜“鸡汤”寓意金凤送福；第六道菜“膀肉”寓意四方财源；第七道菜

“豆腐干子”寓意红红火火；第八道菜“干笋”寓意“节节高升”；第九道菜“全鱼”寓意年年有余。“老九碗”体现了当地居民对美好生活的追求和向往。

常宁人做的这九道菜，个中有许多讲究，其中几道主菜更是需要认真打理。黄雀肉荷折的讲究在于黄雀肉颜色鲜亮，肉质鲜嫩，口感不油腻。原料必须取自猪的上半身（俗称“前架子肉”），用刀将其切成薄片，用少许盐、自家酿的糯米湖之酒腌一会儿，再放在鸭蛋黄液里打个滚，然后放热油锅里炸至金黄。第二大碗常宁俚语称之为“哈米”，是用红薯磨出来的淀粉为原料，加入鸡杂或者鱼杂，加工成类似稀粥一样的一道浓汤。这道菜，非鸡杂鱼杂不鲜，若将红薯淀粉换成藕粉或其他什么淀粉，其味则大打折扣。冻米丸子先选上好的糯米，经过蒸熟、晒干、桐油沙子炒发，做成白白胖胖的冻米花，将剁成肉糜的五花肉加入冻米花、葱花、红薯淀粉和适量的水、盐搅拌均匀，纯手工揉搓成直径约 3 厘米的丸子后蒸熟备用，上桌前将鲜汤烧开，放入丸子稍煮即可。常宁人讲的膀肉即扣肉，也叫橘皮肉。一般用上好的五花肉做原料，当然，更讲究的是用猪肘子。将原料修切成四方形，入热水锅中煮至七八分熟（刚好用筷子能插进皮里的样子），捞出控干水，到糯米湖之酒里打个滚，肉皮朝下放入热油锅中炸成棕红色，再放入热锅汤中浸泡一段时间，最后再捞出，用豆豉铺在碗底，隔水蒸至肉皮起皱如橘皮。这样烹制出来的膀肉因为走过油后不再油腻，口感变得酥嫩，而吸收了猪油的豆豉则更加润泽香甜。质量好的膀肉，用筷子戳一下，又酥又软，入口味道浓郁、不肥不腻、酥而不烂。

在常宁吃老九碗，个中也有邀席仪式，即在上完第八道菜干笋后，主家会上一盘水果，然后鸣炮，由主人或礼生致答谢辞。这样算起来，也是一个十全十美的酒宴了。

铁箍散叶豆腐

诸君可能从来没听过用树叶做豆腐，但千万别以为我这是在哗众取宠，这是一件千真万确的事情，衡阳人用一种名叫铁箍散的树叶确实做出了豆腐。

铁箍散是一种野生灌木，衡阳人给它取名叫铁箍散，是因为这种树叶具有活血化瘀的功能，旧时但凡乡下有人不慎受伤，关节肿痛，生疔疮长脓包，去山上捋一把铁箍散树叶捣碎敷于患处，立马见效。这种野生灌木学名叫“二翅六道木”。据《中国树木分类学》记载：我国六道木共有 26 种，其叶下部全缘，上部疏生锯齿，双花生于短枝顶端，有总花梗。

植物学的介绍是这样的：单叶对生，叶片揉碎有臭味，卵形、卵状披针形、椭圆形或倒卵形，叶长 8～13 厘米，宽 1.5～6 厘米，全缘或有不规则粗齿。聚伞形花序组成圆锥状，顶生；花萼绿色，有时带紫色，杯状，顶端 5 浅裂，边缘常有睫毛；花冠淡黄色，常 4 裂，外被柔毛和腺点；雄蕊 4，通常 2 长 2 短；子房上位，4 室。核果球形至倒卵形，紫色；种子千粒重约 17 克。花果期 5～10 月。

衡阳人会做铁箍散叶豆腐，据说是神仙托梦教会的。相传在古时候，有一年闹饥荒，一位道骨仙风的神仙托梦给一位姑娘说，山上有种叫“铁箍散”的树叶，可捣碎做成“豆腐”吃，并传授她具体的操作方法。于是姑娘上山采摘来这种叶子，按神仙的指点，果然做出了豆腐。

铁箍散叶豆腐的做法其实也很简单：当它在春天发芽长出嫩叶时，从山上摘下树叶拿回家清洗干净，然后把叶子浸到温开水当中。水温不能太烫也不能太凉，太凉了叶汁浸沤不出来，太烫了会把豆腐烫“死”，冻结不起来，即使冻起来了，豆腐的颜色难看，口感也不好，温度的高低以手伸进水里不觉得烫人为准。浸叶的时候，用筷子轻轻搅动，让叶子均匀受浸，但搅动时不能把叶子搅破。约 1 小时后，用双手使劲揉搓，直至盆中的水由浅绿变深绿直至暗绿，绿叶被搓成只剩茎和叶渣。

接下来便用农村里筛米粉、玉米粉的小铜丝筛或者做豆腐用的那种麻布过滤盆中的混合液。最后一道程序就是点卤。这是制作豆腐最关键的一步。卤汁是先前用细密纱布过滤后的草木灰做成的。其具体做法如下：先将米筛放在一个容器上面，再将一块布置于米筛之上，然后将一把稻草或豆梗点燃，让其充分燃烧，待其完全变成灰烬时，再将灰堆在米筛上面，用一壶凉开水慢慢浇淋，得到的这种稻草灰水就是卤汁。在下卤汁的过程中只能用一只手朝着一个方向搅动，感觉到绿色液体开始黏稠，似乎马上就要凝固了，就可以停止了。

静置数小时后，待铁箍散叶液慢慢变稠凝固成果冻状，拿刀沿纵横方向将豆腐打成一块块正方体。铁箍散叶豆腐有各种不同的吃法，可以加入糖或盐凉拌吃，加糖时可以用白糖也可以用红糖，喜欢吃酸的人还可以浇点醋；可以加姜、葱等煮着吃，也可炒着吃……这取决于个人的口味。据说铁箍散叶豆腐对身体也有很多益处：含有多种维生素和微量元素以及氨基酸，夏季食用具有去火、降压、润胃之实效。

遗憾的是，这种绿色食品今天已无人制作，知道的人也是凤毛麟角。

鸡公糖

在衡阳，上了岁数的人，可能都还记得一种名叫鸡公糖的小零食。

鸡公糖是一种名叫金樱子的植物果实熬成的果胶糖，呈棕红色，有极强的韧性，嚼劲很足，闻起来有蜂蜜的清香，在嘴里慢慢融化后有一种类似红薯的甘甜，但又略带苦味，在物资匮乏的年代，是小孩子们手中的一种珍贵的零食。

彼时在集市上有专门的摊位卖这种糖。偶尔也会有人挑着一副担子，担子里有一块木板，覆盖着一块白布，鸡公糖置于其上，一旦有人前来买糖，卖糖人右手握着一把铁锤，左手捏一柄錾子，一番叮咚地敲打后，凿下一条一指宽、一寸长的糖条，一声吆喝："三分钱!"交易便告完成。孩子们拿着那块糖，便会有一天的甜蜜时光。在当时的孩子们眼中，这应当是一次奢侈的消费了。

从中医角度看，金樱子是一味药，性味偏酸而涩，主要起收敛固涩的作用。临床上常用于治疗肾气不足和精关不固导致的遗精、滑精等症状。其次还有治疗遗尿的作用，对肾气虚弱引起的遗尿和小便次数多有很好的作用，也可以用于肾虚引起的气喘，以及长时间不愈的腹泻和痢疾。临床上对于顽固性的出汗也有很好的效果。现代研究也用于消炎或者降血脂等。

衡阳人熬鸡公糖，并不是因为它的药性，而是因为彼时物资匮乏，就地取材制成甜品以满足消费需求。其制作过程是：

采摘果实。一般在中秋节前后，果实的外表呈深红色时，便可采摘，由于其全身带刺，采摘时需全副武装；采回后，需要用脚反复踩踏，以去掉果实上那些密密麻麻的刺；去刺后，还要剪去上面的花蕾根部，以免熬出的糖汁发黑。

捣碎去籽。金樱子真正的含糖部位只是那层薄薄的外壳，其内核是一大包细小的籽，毫无糖分，因此，要剖开去籽。用碾子或碓臼将金樱子捣碎，再用筛子筛，去籽，留下果肉。

文火熬糖。将得到的果肉用水反复淘洗后置于一口大铁锅内，放清水覆盖，以果实不露出水面为标志，最好放些麦芽，这样出糖率会更高。先用猛火煮沸，待其滚开时，再用文火慢慢熬，一般要熬两遍。第一遍时间要长，最好熬一夜，待其甜味全部释出后，用一块密实的纱布过滤掉渣滓，使之只剩下纯糖水，再将纯糖水置于铁锅内用文火熬 24 小时，待其变成黏稠状，便可起锅冷却，置于一个方形容器内，倒脱后，便是成品鸡公糖了。

虽说金樱子在衡阳乡下遍地都是，但制作鸡公糖的人极少，因其出糖率太低。有经验的老师傅告诉我，一般情况下，要 14 斤果实才能熬成 1 斤糖，而且其过程又耗时太长，对火候的把握也十分重要，稍不小心，一锅糖稀便会烧焦，导致前功尽弃。衡阳有句土话叫“蒸酒熬糖，莫充好汉”，讲的就是这个道理。

现在，估计没有人会去熬鸡公糖了；再过些时候，估计人们甚至连它为何物都不知道了。希望我这篇短文，能为将来的人们留个注脚。

杀猪与杀猪菜

中国一向有远亲不如近邻之说，有不少诗词盛赞邻里和谐，如唐代诗人于鹄所写：“僻巷邻家少，茅檐喜并居。蒸梨常共灶，浇薤亦同渠。传屐朝寻药，分灯夜读书。虽然在城市，还得似樵渔。”这首诗写的是一个城市里邻居之间友好相处的片段。在过去的农村，这种现象比比皆是，衡阳乡下人家互送杀猪菜便是其中之一。

自古以来，猪在中国人的家庭里是很重要的。汉字的“家”字，其“豕”代表的就是猪。由此可见，在过去国人的心目中，无猪是不成家的。旧时娶媳妇，家中猪的多少，是重要条件之一。因此，在旧时乡下，但凡勤快的家庭至少都会喂养一头肥猪，多的则有三五头。

乡下人喂猪一般都是出于两种考虑：一是喂猪可以充分利用平时家中的剩饭剩菜及谷糠杂粮，使之不被浪费。二是利用业余时间集钱。喂猪是利用业余时间完成的，平时只要打点猪草，煮一下猪潲，把潲盆往猪栏一放，喂饱后便不需再费神，10 个月左右便可出栏，少说也可卖得百元左右，在上个世纪 60 年代于农家来说，这个数字也是十分可观了。

由于是传统方法喂养，农村过去的肥猪一般出栏周期较长，比较好的架子猪最快也要 8 个月才能出栏，多数农户喂的散猪则需 10 个月，有的甚至跨年，不仅耗费时间长，而且体重也不大，一头 200 斤毛重的猪，就十分罕见了。因此，旧时乡下人家，一户一年只有一次杀猪的机会，一个十几户的屋场，有时三五个月也难得听到猪的尖叫声，屠夫进村杀猪，于这个屋场而言，无异于一场重大的喜事。

杀猪开始前，同屋的人都会前来看热闹，家庭主妇此时要做三个方面的准备工作：一是烧一锅滚水，作烫猪褪毛之用。二是准备好一个容器，盛好滚水以褪猪毛。三是准备好钱纸几片，在猪死之后烧掉并念叨：早死早投生，来世再莫变畜生。于家庭主妇而言，这几个月天天提潲盆喂猪，似乎也有了不舍之情，烧点纸超度它，也算最后为它送行。

杀猪时，邻居都会主动过来帮忙。屠夫在做好刀具及接血器皿的准备之后，便会吆喝看热闹的人出来帮忙，平时大家本就十分熟络，此刻立马就会有几个人站出来配合屠夫。一般是由屠夫提着猪的双耳，两个壮劳力一前一后抓住 4 只脚，比较大的猪，有时还要拦腰加一根杆子抬着。猪大约知道自己的末日到来，发出凄厉的尖叫，但一切无济于事，它被大家搁在一条板凳上，屠夫腾出一只左手捏住猪的嘴巴，并将猪头朝上掰直，右手握住的那柄尖刀“嗖”一下捅进猪的喉咙，拧一下并迅速抽出，一股鲜血随之喷出，主人赶紧用盆子接好，并搅拌均匀。

接下来是褪毛开膛，这些一般由屠夫完成。为了方便褪毛，先要进行吹猪。其过程是：屠夫用刀在猪后脚踝处切开一个口子，然后用一根约 2 米长的圆铁棍（俗名捅杖），从切口处将猪的皮肉结合层全部捅一遍，再用嘴对着切口吹气。这可是考验屠夫肺活量的活计，也是一个技术活，吹气时手松开缺口，换气时则要紧紧捏住，一头百多斤重的猪，经他不停地吹，竟像气球一般膨胀起来，这样泡在开水中便可用刀子将所有的猪毛褪干净。开膛一般是将刮洗干净的猪用钩子挂在一把木梯子上，依次取出猪内脏，屠夫还要负责将大肠控干，那副猪小肠则归屠夫所有。

得到猪内脏、猪血及板油后，家庭主妇还会要求屠夫割下一块肉，从而准备一桌杀猪菜。现在看来，乡下的杀猪菜主要是猪血、熘猪肝、爆腰花、回锅肉等几道。一般来说，被邀的是帮忙的人和屠夫，也有走得近的邻居会被邀入席，彼时，乡村的上空弥漫着猪肉的香味，很让其他人艳羡，小孩子甚至还会流下口水。不过衡阳乡下的人们似乎懂得大家的心理，不会独享，家庭主妇会用一只盛饭的小碗装上大半碗猪血、两片猪肉、一些肝或腰花，每户送出一份，这样，一户杀猪，全屋场吃肉，让大家都分享了自己的劳动成果。当然，这也是一种礼尚往来的事情，下一次你也会品尝到别人家的杀猪菜。

衡东风吹肉

近年来，衡东土菜逐渐在省内外打响了品牌，不少食客对其中的藠头炒风吹肉赞不绝口，认为它既有腊肉鲜亮剔透的外表，又比腊肉多了一分清香，吃起来肥而不腻，有筋道又嚼劲十足，是一道佐酒下饭的上好食材。

风吹肉又名北风肉，是在冬季挂在户外，让冷风持续吹干，具有特殊味道的一种肉制品。与腊肉不同的是，风吹肉只需要用持续的冷风吹冻即可，不像腊肉需要烟火熏烤。

做风吹肉是衡东一大地方特色，每年冬至一到，家家户户便忙着挂风吹肉，彼时你若到农村转悠，极目所见，到处都是用粽叶或麻绳穿好的动物肉，一排排地挂在楼下，出太阳时，也会有人支起三杆木架，用篙子将它们移到阳光下晾晒，空气中弥漫着一股浓浓的酱酸味。风吹肉的主要食材为猪肉，也有的人家将鸡鸭鹅鱼等动物肉一并腌制挂到户外风干。衡东人相信，在冬至这一天将肉挂出，风干后经久不坏，且肉的成色鲜艳，也易入味。

衡东人做风吹肉源于一个有趣的传说：旧时，衡东山区一农人娶了一位湘潭人为妻，因居住在大山里，交通不便，平时极少与外界接触，家中的一日三餐也不过是自家产的红薯稻米、茄子萝卜等普通食材。有一年冬至杀猪后，家中自然要改善一下菜品，为了将猪肉留下过年，这位湘潭籍的主妇将它们抹上盐，挂到了二楼去阴干，这在没有冰箱的年代里，不失为一种好的保鲜方式。也许是当时粗心，一块挂在旮旯里的肉被遗忘，一直晾在那里。第二年 6 月，家中突然来了贵客，家庭主妇急得手忙脚乱，思量如何体面地招待客人，无意中发现了那块被遗忘的猪肉。取下来一看，不仅丝毫未变质，反而油亮透明，散发一股暗香，用坛子里的腌菜炒出后，满屋飘香，那位贵客连吃 3 碗米饭，大呼过瘾。从此，风吹肉的做法便在当地传播开来。

衡东风吹肉的做法也是有讲究的：

第一是选材。一般选连皮的五花肉，因为腌过后要有肥肉才润口，所以可以选择肥肉稍微厚一点的。把猪肉皮刮削干净，先用烧红的铁器在肉皮上反复烫，这样可将剩下的毛全部去除，再放在清水中用刀认真刮，然后切成1斤左右的条状，沥干备用。其他肉类可同样操作。

第二是配料。盐约40克，最好用粗粒的天然海盐，腌制品用粗盐，味道会更香；花椒适量，桂皮3克，八角1克，丁香1小粒，干辣椒适量，混合碾碎，放入锅中干炒，炒到花椒香味浓郁离火，等到盐抹上去不烫手的时候加入适量白酒和约8克白糖搅拌均匀便可。

第三道工序是腌制。趁腌料还有温度，将其均匀仔细地涂抹在肉上。涂抹好的腌肉要放入瓦缸，每两天把肉翻一下，把渗出的水倒掉。腌5到7天后肉已经入味，把肉用清水仔细冲洗后挂在通风的地方充分晾晒干水汽后，便大功告成。

用这种方法，可将家中多余的鸡鸭鱼肉长久地保存下来，在当年交通不便捷、物资不丰富的农村，不失为一种方便可行的方法。在衡东，家中有无风吹肉，其数量的多寡和味道的好坏，也一度是评价家庭主妇能干与否的一个重要指标，随着时间的推移和现代家用电器的普及，衡东做风吹肉的风俗已大不如以前那般盛行。

祁阳生鱼片

倘若你有机会去祁阳县的大忠桥、三口塘这一带的乡下农户做客，淳朴的主人一定会用这里一道独特的民间菜肴鱼鲊招待你。鱼鲊其实就是用一种特别的方法制作的生鱼片，因其制作秘密，口味独特，取材不易，只有最尊贵的客人上门，主人才会将其端上餐桌。

这种生鱼片用多种佐料拌匀，上撒一层刚刚炒熟后磨制的黄豆粉，有一股淡淡的清香，夹一筷子送入口中咀嚼，会同时有鲜、嫩、香及微酸等数味，再喝一口当地辛辣的烧酒，便会有一种飘飘欲仙的感觉。

生鱼鲊的制作原料有：草鱼 1 条（约 2000 克），黄豆 250 克，白醋 150 克，姜米、蒜米、青红椒米、香菜段、胡椒粉、辣椒粉、麻油各适量。

制作方法是：在草鱼尾部剁一刀，放入清水中养约半小时，待其放净鱼血后，再捞出去鳞宰杀，去除内脏，用水洗净，然后用干净毛巾擦干鱼身上的水分，去掉鱼头，除去鱼骨，将鱼肉做成薄片；黄豆入锅炒熟，磨成黄豆粉；把鱼片放进盆内，加入精盐抓拌至鱼片有黏手的感觉时，再倒进白醋浸泡 1 分钟，然后倒入漏勺稍沥干，换入另一盆内，加入姜米、蒜米、青红椒米、香菜段、麻油、胡椒粉、辣椒粉等拌匀，随配两小碟黄豆粉蘸食，或直接加入黄豆粉搅拌均匀即可。

说起生鱼片，人们首先想到的是日本。殊不知，中国人从周朝时期就开始吃生鱼片，鱼脍就是其中的一种。根据考古出土的青铜器“兮甲盘”中的文字记载，周宣王五年，也就是公元前 823 年，周朝人已经开始吃生鱼片了，当时的食材是鲤鱼。古人发明了佐料与生鱼片同吃的方法，在春天的时候将生鱼片和葱一起吃，秋天的时候和芥一起吃，以掩盖生鱼片的腥味。由于有葱、芥的掩盖，加上生鱼独有的鲜味，使得生鱼片成为了当时的一道美食，因此有“脍炙人口”这个成语流传下来。

古代也不乏名人食生鱼片的故事。东汉末年，广陵太守陈登因为吃生鱼片得了严重的肠胃疾病，神医华佗为他治疗，但病根未除，华佗特别交代陈登不得再食用生鱼片。刚开始的时候，陈登答应得好好的，但没过多久，嘴巴馋了，食用了过量的生鱼片，导致重病不愈，最后死亡。这也算是中国历史上记载的第一位因为吃生鱼片而死的名人。三国时期著名的才子曹植也非常喜欢吃生鱼片，陈登因吃生鱼片而死，他则是将生鱼片写进了诗中。“脍鲤臇胎鰕，炮鳖炙熊蹯。鸣俦啸匹侣，列坐竟长筵。”这几句话出自曹植所作的《名都篇》中，意思是：将鲤鱼切薄片，煮熟了虾作酱料，爆炒甲鱼再烤熊掌，用来招待前来赴会的友人。由此可见，生鱼片在当时也是比较上档次的食物。南北朝时期，生鱼片的食用方法已经趋于成熟。贾思勰《齐民要术》中记载了生鱼片的食用方法：蒜、姜、橘、白梅、熟粟黄、粳米饭、盐、酱八种料制成酱，用来蘸鱼脍。唐朝时进入食用生鱼片的高峰期，李白、白居易、王维、王昌龄等著名诗人在诗句中频频提到生鱼片。

祁阳人在餐桌上制作的生鱼片，比中国古代及周边其他省份所制作的鱼片表现得更加精细，佐料也极具地方特色，但由于必须现做现吃，不事先预约或准备通常难得一饱口福，尤其是在当前淡水水质下降的情况下，要找到一条“绿色”的草鱼已属不易，因此，能吃上一盘纯正的生鱼片，你一定是一个幸运的人。

椿末子

外地人看到这个标题或许会有些纳闷，不知所云何物，但正宗的衡阳乡下人，尤其是上了 50 岁的人，想必不会陌生。所谓椿末子，就是香椿树的叶子碾成的粉末，用这种粉末可以做成多道极具衡阳地方特色的菜。

说到香椿，大家当然是耳熟能详，多数人的认知也仅局限于嫩芽。在江南城乡，每年春季树枝长出新芽时，人们把它采下来当成时令蔬菜，因其气味独特，口感极佳，用来炒鸡蛋或凉拌腌制均是桌上珍品。但这种嫩芽的味道只存在于清明与谷雨前后的那段时间，季节性极强，价格也不菲。

关于食用椿树叶书上多有描述，其大致表述为：香椿叶，又名香椿头、香椿芽，是香椿树的嫩芽，早春上市的树生蔬菜，被称为“树上蔬菜”。早春时节，香椿树吐出嫩红的芽叶——香椿芽，这就是人们称为时令名品的野蔬，俗称香椿头，民间俗语说：“雨前椿芽嫩如丝，雨后椿芽生木质。”就是说香椿最好采摘于谷雨节气前。民谚：“三月八，吃椿芽。”每年农历三月三，正是香椿芽上市的季节，且见它那嫣红的叶、油亮的梗，诱人食欲，令人垂涎。香椿芽不仅是美食，还有极丰富的药用价值。香椿叶性温，能生发人体的阳气，温暖脾、胃、肾，经常食用可以缓解老年人的关节炎，对糖尿病也有一定的疗效。

衡阳人为了更大可能地利用香椿叶，在长期的劳动实践中，发现除了其嫩叶可食外，还可以将老叶采下来碾成粉末入菜，这种粉末呈深绿色，散发阵阵幽香，可以与多种原料组合，使之变成一种特殊的菜品，不仅外形漂亮，而且口感极佳，让人胃口大开。

老椿叶的采摘同样有时间限制，一般以入伏后立秋前这段时间采摘为佳。伏前采叶太嫩，晒干碾碎后香味不浓；秋后采叶，叶绿素已经淡化，叶片发黄成色不佳，更重要的是有苦味。

采摘下来的椿树叶先要用清水洗净，然后置于篮子或篾搭子上在阳光下暴晒。这个时候，南方梅雨季节已过，空气干燥，一个上午便可将椿叶晒干。到傍晚时去掉叶柄，将其置于一个容器内用木棒捣碎，使之变成粗颗粒状。次日再暴晒一天，使其水分充分蒸发，再将它们放到碾子或石磨中研磨，用筛子过筛，去掉无用的粗筋，留下的粉末便是椿末子了。

衡阳人用椿末子做菜，主要有三道：

椿麸子班椒。这里讲的班椒是衡阳话，即辣椒。麸子辣椒选择在夏天的“伏天”制作，不能在“立秋”或之后。辣椒要选伏天晴天下午采摘，拣七八成老的大个牛角辣椒。辣椒太嫩了太老了，口感都不好。特别注意要拣去有虫眼的辣椒，否则易造成腐烂。洗净、去梗、晾干拣选出的辣椒，以针头或小刀在辣椒纵向剖开一口子，或者在辣椒屁股上划一圈，弃去辣椒籽后备用；麸子可以是纯粹的椿末，也可以是糯米粉与椿末搅拌而成，但要注意不能沾水，只可加食盐，咸淡依据家庭主妇的经验而定。剩下来的事情就十分简单了，将这些搅均匀的粉末灌进辣椒肚内，再放进一个坛子内密封起来。一年半载也不会坏，吃时从坛子内取出，或油煎，或笼蒸。

椿麸子肉。衡阳人喜欢腌麸子肉，有米麸和椿麸两种，其制作过程大抵相同。制作麸子肉最好选用五花肉或猪前胛肉。制作前，先将椿麸用盐和适量辣椒面拌匀备用，再将料肉用料酒酱油等浸泡数小时，待其入味后取出沥干水分，用刀片成块状，再将它们置于粉末内，让肉裹满粉后置于坛子内密封，食用时取出蒸熟即可。

椿麸子白椒。这种做法较简单，先将辣椒用剪刀剪成小块，用开水焯一下（图省事时也可不走这道程序），将剪好后的辣椒置于一个簸箕内晾至半干，再与加了盐的椿末一起拌匀，尽量使每块辣椒都能沾上椿末，然后装坛密封，食用时用油爆炒，即可单独成菜。

用椿末子裹着的菜可以在坛子内长久保存，经年不变质，这在物资匮乏的年代，不失为一种保存食品的好方法，至少在偏僻的乡村，当有客人造访时，家庭主妇不至于无物可炊；况且这些食品经过坛子密封后，味道更具特色，看起来清爽悦目，吃在嘴里满口留香。

祁阳笔鱼

在祁阳赴宴，倘若碰巧桌上有一道叫笔鱼的佳肴，你一定是个被幸运垂青的食客，因为这种鱼只有在祁阳境内的湘江段才出产，不仅数量极少不易捕到，而且这种鱼生活在深水之中，出水即死，很难鲜活下锅。

在祁阳，笔鱼又叫竹鱼，它的来历在民间有两种不同的版本：

叫笔鱼是因为鱼外形瘦长，酷似毛笔笔锋。相传宋代大文豪苏东坡路过祁阳时，祁阳知县在船中设宴，邀东坡夜泛浯溪，并研墨备纸请东坡题字。谁知船行到老山湾，突然一阵风起，东坡的笔被吹入溪中。说来也怪，那笔一入浯溪，顷刻就变成无数条鱼悠然游去。古人诗曰："天意东坡不留字，神笔化作席上珍。"祁阳笔鱼便由此得名。这当然只是传说。然而时至今日，别处尚未发现笔鱼，可见奇矣。

笔鱼在祁阳又叫竹鱼，它的来历，在当地民间还有另外一个传说：在很久以前，有个老渔民从洪水中救了一个名叫翠竹的孤儿。老渔民尽管家里很穷，还是收养了翠竹，如同亲生儿子一般，对他关怀备至。后来，老渔民患了重病，长时间卧床不起，不能下河打鱼，交不起渔租，渔霸便收缴了他的全部渔具。一天，老渔民在昏迷中喊叫要吃鲜鱼汤。当时正值数九寒天，怎能下河捕鱼呢？但为了报答老渔民的恩情，翠竹不顾天寒地冻去到河边，下河摸鱼。这时，一位老态龙钟、步履蹒跚的白胡子老头突然掉进河里，翠竹不顾一切地将老头救了起来，并将他搀扶到家里，为他换了衣服，并烧火给他取暖。待他身暖神苏之后，翠竹又要去河里摸鱼。那老头说："我带你去吧。"走到河边，老头指着岩洞边说："翠竹，你到那儿去摸，那儿一定有鱼。"翠竹顺着他指引的方位跳下岩洞，老头顺手从河边劈下一根竹子，折为九段，丢下河去。没多久，翠竹便摸到一条3斤多重且从未见过的鱼。翠竹问老头："这叫什么鱼？"老头说："你看，这鱼多像竹筒，你就叫它竹鱼吧！"此后，便有了竹鱼。

其实，比较正规的说法在明代《徐霞客游记》中，书中记载作者途经祁阳，在浯溪一带湘江水域中发现“其下有鱼曰‘竹鱼’，小而甚肥，八九月重一两斤，他处所无也”。竹鱼即铜鱼，鲤科，体延长，前部圆筒形，后部侧扁，背部古铜色，故名。因其头小，吻尖长，口须粗长，形如毛笔，俗称“笔鱼”，以肉嫩味美著称，自古被视为席上之珍。

但凡品尝过的食客都有这样的感觉：笔鱼肉质具有鳜鱼之细，鲭鱼之甘，鳝鱼之腻，鳅鱼之鲜，经当地厨师精心烹调，其味绝佳，是世上难得的珍肴。笔鱼对生长环境和水质要求很高，其肉细嫩厚重，除脊椎骨外，无小刺，多脂肪。

竹鱼一般重约两三斤，最大的有六七斤，但这种硕大的竹鱼极为罕见。竹鱼喜阴凉，性急烈，出水见风，片刻即死，只有在寒冬腊月方可存活二至三天。竹鱼以岩石上的寄生物和苔藓等为食。它们白天栖身岩中，不易露形，晚上蹿至河面，蹦跳戏耍，所以捕捞竹鱼必须在晚上。

笔鱼有多种烹饪方法，最常见的是红焖，其操作过程是：将笔鱼宰杀洗净，沥干，切成4厘米长、2厘米宽的骨牌块；将红椒去籽，和姜一起分别切成丝，葱白切成段，葱叶切成葱花；炒锅上旺火，下猪油60克，烧至八成热，放入鱼块翻炒几下，加红椒、姜、葱白、绍酒、精盐、酱油，煸炒一下，放入鲜汤，焖烧两三分钟，至汤汁收紧，再加入味精、猪油、葱花，用湿淀粉勾芡，淋入麻油，撒上胡椒粉即成。

笔鱼由于生活在深水之中，生长缓慢，捕获不易，只有在冬季才有可能碰上一次运气，笔者在祁阳县委工作的那几年，也仅仅偶遇过一次，诸君若有兴趣，不妨去碰碰运气。

打米面

上了50岁的衡阳人或许还会记得这样一个场景：每年的农历十月，在这个被当地人称为小阳春的时节，只要是有太阳的天气，每个屋场上都会有人用三角木杈支起一根根竹篙，竹篙上晾晒着一张张直径约8寸、洁白晶莹的圆形薄皮，空气中弥漫着米浆煮熟后散发出来的甜甜的清香。那些薄皮，衡阳人叫米面，在其他地方也称为米粉。

衡阳人做米面，与其他地方既有相同之处，又有不同的地方。

相同之处当然是为了丰富餐桌上的内容。同绝大多数南方地区一样，衡阳的主粮是大米，无论是焖、煮、炒或蒸，只是米粒在水与高温下的膨化与熟透，难以从外观改变形状，不像北方人之于小麦与玉米，磨成粉后可以制成花样百出的各种主食，例如馒头、饺子及面条等。不知从什么朝代开始，聪明的家庭主妇们从北方人做面条中得到启发：大米磨成粉也可以像北方人那样，下到汤料中煮着吃。于是便发明这种制作便捷的米面。需要指出的是，在物资匮乏的年代，米面并不是每天早晨餐桌上的必备品，只有在逢年过节，或者家里来了客人时，家庭主妇们才舍得给大家发一碗尝尝，一方面是对客人的尊重，另一方面也是对家人的犒劳。

衡阳人打米面，多数还出于另外一个动机：油炸后当幻茶待客。当年由于物质不富足，多数家庭为凑齐团盒几个格子里的小吃食也是想尽了办法，油炸米面壳便成了一道味道不错的零食。这些米面被剪成菱形，晒干后在油锅一炸，便会变成类似今天的油炸虾片样的酥片，食之满嘴留香。

打米面大体有以下几个流程：

第一是磨米浆。磨浆前，先要选用上好的早稻米。传统的理念认为，早稻米比中稻或晚稻米筋道，成面时不易散成碎片。米先在清水中浸泡约3小时，待其完全吃透水后便可磨浆。磨成浆后不允许再掺生水调试，因此，要凭经验将水与米按比例一起磨，同时注意其稀稠程度，太稀则面皮不成形，太稠又摊不开，面皮太厚又没有看相。一般的原则是，舀一勺米浆置于平板之上，若其能均匀四散浸润开去，说明浓度适当。

第二是摊面皮。这是考量一个家庭主妇厨艺的时刻。在一口铁锅内置半锅清水，灶膛里燃烧熊熊大火，火越旺越好，待到锅中水沸腾后，操作者手持一个带有边的圆形铁盘（衡阳人叫米面盆子），先用一块沾有油的布均匀地将盘底部抹一遍，再舀一勺米浆置于盘内，将盘子浮在沸水之上，用双手旋转盘子，使其在水面上转动，让米浆均匀地布满整个盘子后，再盖上锅盖煮一至两分钟。掀盖后，迅速将盘子起出，用一根薄篾片沿盘底四周划一圈，再将煮熟了的面皮搁在竹篙上晾晒备用。整个过程需一气呵成，不能拖泥带水。其中有三个细节最关键：盘抹油是防沾底；迅速旋转是摊匀，类似山东人摊煎饼；用篾片划圈是将面皮与蒸盘剥离。

第三则是切丝或剪片。前已述及，倘若打米面是为了当主食，则要用刀将其切成细丝；若是做油炸米面壳，则要用剪刀剪成菱形的小方块。无论是哪一种，都应当在面皮晒到七八分干时进行，这样既不费劲，也不会使面皮变形。这些粉丝或面片，还要置于晒簟上再继续晾干，最后用袋子装好备用。

现在，衡阳再也无人在家中打米面，油炸米面壳这道零食也留在了记忆之中，我们在粉铺里吃到的宽米粉，也不是传统意义上的那种石磨蒸煮刀切的米面了。

玉兰片

衡阳人评价主人待客酒席丰盛与否的标准，除了大碗肉、大条鱼与整只鸡外，还要看其有无山珍海味。山珍是玉兰片，海味指海参，这两样会集中点缀在一道杂味汤内。若有这两样菜出现在当天的酒席上，当地人一定会交口称赞其东道主大气。

玉兰片其实只是一种竹笋的干制品，因为其颜色洁白，切成薄片后颇似玉兰花的花瓣，因而民间将其名为玉兰片。因为制作工艺复杂，市场卖价不菲，一般人日常消费不起，故而在平民百姓眼中，是一道昂贵的菜肴。

按采收时间的不同，玉兰片鲜品分为尖片、冬片、桃片、春片4种。尖片又称笋尖，是用立春前的冬笋尖制成的，片长6～8cm，表面光洁、色泽淡黄、肉质细嫩，为玉兰片中之上品。冬片是用立冬至立春之间尚未出土的笋加工而成的，长8～12cm，宽3cm左右，肉质鲜嫩肥厚，节密，次于尖片。桃片又称桃花片，是在惊蛰至清明间用刚出土或尚未出土的春笋加工而成的，长12～15cm，宽5cm左右，形状弯似桃花，故此得名。桃片肉薄较嫩，肉质仅次于冬片。春片是用清明至谷雨期间采掘出土的春笋加工而成的，长不超过20cm，肉质较老，纤维粗，肉质次于桃片。

制作玉兰片的过程与平时我们所了解的制作烟笋有着很大的区别。其流程主要有：

挖笋与削笋。挖笋时要做到边挖边剥壳边去根须，然后送回家中备用。鲜笋送到时，应堆放在篾席上，然后用刀背将根刮平，愈光滑愈好。如有污泥，须洗净。

煮笋与漂笋。煮笋的锅，在开煮之前先要用食用油等过一遍，然后加水煮沸，放入鲜笋。锅内鲜笋必须塞实，装好后加盖用猛火煮2～3小时即可。漂笋时，要备木桶3只排放在灶旁，桶内注满清水。先将锅内的熟笋叉出，放在中间一个桶内，漂后随即将笋一个一个捞起，用铁杆自笋尖直戳到笋头，使笋节戳穿，内部热气可由此散出，将来压笋时，水也由此孔压出。然后将笋再投入左右两个桶中，漂凉一夜。笋必须凉透，否则带热落榨，笋干容易发酵霉烂。

切片或落榨。将漂凉后的竹笋按 3～5cm 厚度手工切片，然后立即摊开自然晾晒干即可。落榨时先将榨围排好，放在榨桥或垫木上，圈下用板垫好，板上用清洁的大叶茅草或笋壳垫底，再把凉透的笋装入。装笋时，先把较次的笋身靠着圈板沿板四周先放一圈，然后在圈内再放笋。第一层笋头向四边，笋尖向内；第二层笋头向内，笋尖向外。这样恰恰把第二层笋压在第一层笋上。第三、四层放法如上。第一个榨圈装满后再装第二个圈。榨圈中部应略放多一些，使中间稍高，避免中间不实，出现空隙。如有空隙或不实之处，可用笋衣填实，务使不留空隙。装好后盖上盖板和枕木，然后压上榨梁，进行压榨。压榨时要逐步加压。开始几天勤加压，一般一天加压两三次，以后可几天加压一次。压榨时间大约为 1 个月。压榨结束后，就封榨待用。封榨后不能随意开榨，尤其是进行晒笋的地方，更应看准天气才能开榨。

晒干或烘干。开榨前必须看准天气，并在晒场上做好防雨准备。开榨后，取出压扁的笋一片片摊在篾席或石块上。第一天晒出后，不要动它，晚间也不收，到第二天中午将笋翻晒。以后每天中午翻晒一次，晚上仍不收。到第五天或笋半干时，将笋脑（头）压在笋尖上晒，这时每晚要收拢，并将头、尖交错叠成长方形，再盖上木板。晒到九成干时，可以收进屋内，如前法堆放，用板压放两三天，使其回潮。然后再拿出去晒四五天，这样可使笋完全晒干。

玉兰片的泡发方法也很特别。民间一般有两种方法：一是先在容器中倒入开水，把玉兰片放进去浸泡，并盖紧容器盖子，10 小时后将玉兰片倒入锅中用水煮，水沸后用文火再煮 10 分钟左右捞出。二是将玉兰片投入淘米水中浸泡 10 小时，每 3 小时换一次淘米水。在玉兰片下面用刀横向切开，若没有“白茬”，说明已经发透，反之，则继续浸泡。

玉兰片现在已不再珍贵，作为一种低脂肪、低热量、膳食纤维比较多的食物，其中富含的营养价值还是不言而喻的，非常适合减肥的人食用。平时生活中我们吃一些玉兰片，也可以收到很多的功效。比如说它可以起到助食开胃的作用，因为其中富含的膳食纤维可以促进我们肠胃的蠕动；对于体质虚弱的人，如老年人或者儿童，吃一些玉兰片还可以起到增强机体免疫力的效果，因为其中富含蛋白质、维生素，还有一些矿物质的含量也非常丰富。玉兰片还有药用价值，中医认为玉兰片具有非常好的清热解毒、止咳化痰的功效，它还具有一定防癌抗癌的作用。对于女性朋友来说，吃一些玉兰片还具有美容养颜等功效。

冻米糖

过去在衡阳乡下做客，家境殷实的主人在招待客人时，茶点中通常会有一盘叫冻米糖的糕点，这是一种用大米膨化后浇上糖汁再拌上其他辅料，切成方块的食物。

这种糕点远看洁白如玉，同时有一股炒米拌和糖汁的甜香在空气中弥漫；近看是一粒粒放大后的大米被压缩成方块的糕片，枣色的糖汁裹着洁白的膨化米粒，中间夹杂一些绿色或红色的果脯，让人们尤其是孩子们胃口大开。

衡阳人制作冻米糖据说有上千年的历史。冻米并不是将米冷冻，而是加工后晒干的米饭，也叫阴米。制作冻米糖是乡下人在实践中的一个创举。据说旧时每年的农历八月，各地香客会源源不断地到南岳烧香拜佛，彼时交通不发达，主要靠步行，而沿途可供落脚的伙铺又不多，途中怎样吃饭便成了一大难题，于是聪明的人们想到了把米饭煮熟晒干，出发前用油盐炒好装在布袋中备用。这样一来二去，人们发现这种炒米还可进一步加工成糕点，于是便有了后来的冻米糖。

当然，制作冻米糖比炒米饭要来得复杂，但只要稍加用心，便可在家中制成。其具体过程如下：

制冻米。选用颗粒饱满、体长洁白的糯米，用竹箩装上淘洗干净后倒入清水池中浸泡一昼夜，再捞至竹箩中用清水冲洗。洗净木甑，并置于锅中加热，待甑热后，徐徐倒入沥干的糯米。待甑中米表面冒出大量蒸汽时，加盖蒸煮约 40 分钟后揭盖。用手反复捏搓蒸米，感觉柔软无硬心米时，即可出甑放在篾盘中扒平冷却，10 小时后再用木铲翻拌一遍，再经五六个小时后蒸米变硬即为冻米。此时，要马上将所有团块搓散，并移至晒场上用篾垫晒干，晒至用牙齿一咬即成两段时为止。头年加工的冻米最好留待次年使用，因贮藏半年至一年的冻米质地松脆，品质更佳。

炸米花。将炒菜用的食用油（最好是茶油）倒入铁锅中加热至沸腾，再加入已经筛去杂质的冻米油炸，由于高温的作用，冻米在油锅里会迅速膨胀，待冻米起泡成米花时便可用漏勺捞起，搁在一边沥油。如此循环操作，每炸三五锅需捞去油锅中的杂质，避免油色变深，影响米花质量。米花沥干油后，立即倒入篾盘中摊开冷却，接着过筛去掉硬米花（衡阳话，即那些不能膨化的米粒，又称阴米）和碎米花，分别装入各个箩中备用。

熬糖拌料。按比例将白砂糖、饴糖和清水倒入锅中，加热熬至40℃左右，此时须逐渐降低炉温，并按量加入糖桂花和米花，有些讲究的人家还会加入一些花生、果脯之类的辅料，以使冻米糖既好看又好吃。所有料倒入后，要搅拌均匀，搅拌的动作要迅速，若时间过久，糖液中的水分蒸发过多，就会使成品粘合不拢，影响成品质量。

上架切片。将拌匀的米糖趁热铲至案板上一个四边形的木架内，并用手蘸少量的水将米花抹平整，撒上少量的红丝，然后用木滚筒加微力滚平。接着取去木架，用刀划条切块，即为成品。

祁阳红曲鱼

俗话说民以食为天，中国人讲究吃，也擅长变着花样吃，逢年过节更是以吃的方式来庆祝。各地风俗不一，饮食习惯各异，因而餐桌上的美食也各有特色，祁阳的红曲鱼便是一道特色佳肴。

祁阳红曲鱼又称曲米鱼，色泽鲜红，口感柔嫩，味道独特，回味无穷，是当地人逢年过节走亲访友、招待客人的必备礼品，也是当地办酒席的一道主菜。

曲米鱼在湖南祁阳流传，至今也有900多年历史了，相传在宋代还被列为皇室贡品。祁阳，基本上家家户户都会做曲米鱼，原料也并不难找，只需要准备鲜活的草鱼、红曲米、料酒、辣椒粉等食材就可以了。

曲米鱼是用红曲米粉及辣椒粉混合包裹鱼肉后高温蒸煮而成，其外观色泽鲜红，端上餐桌满屋飘香，这种香中带有一些辛辣，地道的当地人便先起了三分食欲，口水不自觉地外涌。夹一块鱼肉入口，鱼香满嘴，由嘴及胃，辣椒粉强烈刺激，心清气爽。不嗜辣的，眼泪横流，欲罢不能，心里想要，嘴里难逃，别有一番滋味在心头。

曲米鱼，顾名思义，自然少不了红曲米粉，而红曲米的制作也颇有讲究，最早有文字记录见于《本草纲目》：白粳米一石五斗，水淘浸一宿，作饭。分作十五处，入曲母三斤，搓揉令匀，并作一处，以帛密覆。热即去帛摊开，觉温急堆起，又密覆。次日日中又作三堆，过一时分作五堆，再一时合作一堆，又过一时分作十五堆，稍温又作一堆，如此数次。第三日，用大桶盛新汲水，以竹箩盛曲作五六分，蘸湿完又作一堆，如前法做一次。第四日，如前又蘸。若曲半沉半浮，再依前法作一次，又蘸。若曲尽浮则成矣，晒干收之。其主要过程为：将优质大米淘洗干净，用清水浸泡60分钟左右，过滤，甩干，移入蒸笼中，用旺火烧至见有大量蒸汽时，即停止加火出笼。此时，米已蒸至半熟。将半熟米倒入木桶中（不得用铁质器具），加入少许凉水，并不停地上下翻搅，使其冷却。待温度降至20℃左右时，复入蒸笼用大火蒸，蒸至冒浓汽后，再蒸15～20分钟，然后停火让其自然冷却，见无蒸汽冒时方可开笼出锅。散温后，再次堆积。加盖麻袋，继续发酵。18小时后将发酵料移入洁净箩筐，连筐放入盛有15℃清水的陶瓷容器中，水深至刚浸没物料。30分钟后，取出箩筐，将物料置于瓷板上，再堆积12小时，至物料呈现深红色时即表示发酵结束。然后将发酵好的物料转至通风处摊开，自然晾干，再入烘房干燥成粒状，即为成品。

红曲米有专门的制作商提供，家中做曲米鱼时，只需买回现成的产品即可。

曲米鱼的做法是：

新鲜现杀的大草鱼去鳞去内脏处理干净，头尾可以留着煮鱼汤做鱼冻。选取中间的鱼肉剁成长5厘米、宽2厘米的长条。鱼肉加高度白酒、食盐、姜片、葱段拌匀腌制8小时以上。

鱼肉腌制好以后用清水多冲洗几遍，拣出姜片和葱段，洗去腌鱼时泌出的汁液和血水，清洗干净后放入一个大筛网上沥干水分。

将沥干水的鱼块放入一个大碗中，加入曲米粉和干辣椒粉，倒入少许茶油一起拌匀。拌匀后的鱼块整个被一层红色的曲米粉和辣椒粉包裹着，待其味道充分吸收融合，将鱼块平摊在蒸盘上，准备上锅蒸。锅中加清水，水中加花椒、姜片，大火烧开，放入鱼块，大火蒸12分钟。

曲米鱼蒸熟后即可取出装盘。刚出锅的曲米鱼热气腾腾，看起来颜色鲜艳，香气扑鼻，非常诱人。曲米鱼热的时候吃肉质松软，鲜香细嫩，香辣美味；放冷以后也可以吃，又是另一种风味，香辣有层次感，清新开胃。两种吃法，百吃不腻。

倘若您有机会去祁阳，这道菜一定会给您留下不一样的记忆。

豆渣粑子

旧时在衡阳农村，有一种其貌不扬却让人胃口大开的民间美食：霉豆渣。乡下土话叫豆渣粑子。它散发着霉香的浓郁香味，令人回味无穷。

霉豆渣是生活窘迫时的产物。衡阳人视珍惜食物为美德，农村人更是强调“粒米不可贱丢”，尤其是在当年物资十分匮乏的年代，更是想尽一切办法将一切可用之物利用到极致，霉豆渣的出现便是如此。那时农村人穷，一般农户只有到农历过年时才会磨一次豆腐，以改善和丰富年夜饭的菜品，但每次磨完豆腐后，那些白花花的豆渣被搁在一边，这让精明的家庭主妇们很伤心，她们试着将它们也变成餐桌上的菜肴，于是在长期的实践中摸索出让其发酵后再食用的这一方法。

霉豆渣是霉制食品，通过发酵利用微生物来改变食物的质地，使之长出对人体有益的霉菌，既可达到久存的效果，又能营造出与鲜品截然不同的风味。

霉豆渣的做法比较简单。将过滤豆浆后的豆渣再次脱水，放到铁锅内用火焙炒，炒到用手捏能成团，松开手后豆渣能散开为止，待其冷却后用模子做成霉饼或者用手捏成团放到霉房里面，亦可放到铺有稻草的竹兜里，用稻草、棉被或旧衣服盖起来，放到一个木柜子里发酵。几天后，豆渣上面就长满了长长的白色的菌丝，等待菌丝长齐了，就可取出食用或者放到阴凉处自然晾干。有的人家为了让其更长久地保存，会将霉豆渣粑子放到火上烘干，这样，即便到了次年五六月份，蔬菜粮食都紧张时，仍然可以拿出来食用。

做霉豆渣须选在冬春时节，从每年的农历十月立冬或者小雪后开始生产，到第二年的四月结束，大约 7 个月时间可以制作，尤以冬腊月为生成质量最好的时段。气温太高，发酵的度就很难把握，豆渣易发臭，到时候长出来的就不是白霉，而是有毒的绿霉，不能食用。只有在冬春时节，气温在 20℃以下，才可掌控霉豆渣发酵的度。度掌握好了，霉豆渣便味道鲜美，营养丰富，风味十足。

最初的豆渣粑子纯粹是用豆渣做成，没有筋道，下锅见水后容易变成糊糊，但那种糊糊在加入葱花、蒜丝、姜丝及辣椒等多种调料后，依旧是一道风味十足的下饭菜。后来，人们做豆渣粑子时添加了一些其他食材，例如加些红薯粉或糯米粉。有条件的话，在保证其基本风味的前提下，还可以加些其他佐料，使豆渣粑子可以切成各种形状，于是做成菜的花色品种就多了起来，例如可以做汤，可以与肉类一起搭配炒，也可单独切条油煎，总之，豆渣粑在餐桌上可以变成多种可口的菜肴。

如果说当年人们想尽办法把豆渣变成菜是一种万不得已，今天的人们出于保健的角度，则是主动去制作豆渣粑子，以从食物中获得多种营养成分。科学证明，霉豆渣游离氨基酸含量高，味道鲜美，是营养丰富的风味豆制品。其富含蛋白质、维生素、纤维素、矿物质果胶、木质素、氨基酸等，常吃可降血压、抑制糖尿病、抑制胆固醇上升、预防脂肪肝等，还有补肾、利尿、助消化、健脾宽中、润燥、除湿等功效。

坦率地说，早些年人们在餐桌上吃到的霉豆渣是一种上不了大雅之堂的小吃，正规酒席上的十架（只）碗，从来没有它的名字，而现在随着消费观念的改变，豆渣粑子可以堂而皇之地出现在各种宴席之上，如果您去衡阳，不妨点一道豆渣粑子。

麦酱酢

中国南北方都有制酱的习惯，但多数地方的酱，是作为调味品而存在的，不能单独成菜。衡阳人也有制酱的传统，但它却是一种可以直接食用的坛子菜，用当地方言叫麦酱酢。

旧时在衡阳人家中做客，倘若主人用碟子装一碟黏稠的红色酱置于桌上时，不消说，那多为麦酱酢。初上桌时，空气中会弥漫着一股沁人心脾的酱香，比及用筷头撮一些啜入口中，顿时，一种咸中带辣甜的综合味道充斥口腔，撇开其他鸡鸭鱼肉等，凭这个也可吃下两碗光饭。

旧时在衡阳农村，几乎家家都会做麦酱酢。关于麦酱酢的起源，在衡阳坊间相传，是一个长工在财主家管理厨房，由于没有经验，饭菜常常做得不称心而剩下许多，时间一久，便成了酸馊食物。为防主人发现，他将这些食物放在储藏室里。然而，这事最终被财主发现，财主骂了他一顿，还限定他十天之内把酸馊的食物变成有用之物。长工万般无奈，先将长了绿毛白毛的食物用盐处理，然后晒干再用锅炒熟，加点温水搅拌成糊喂猪。财主看猪吃得欢也挺高兴。后来，有个小长工恶作剧，将这食物放在面条里给财主吃，没想到，面条特别有味。小长工道出原委后，聪明的财主从中得到启发，遂用煮熟发酵后的小麦，调制出了美味可口的麦酱酢，后来被家家户户仿效。

中国有文字记载的制酱是周公所创。周公就是周武王的弟弟，曾助武王灭商。《周礼》中已有“百酱”之说，酱的制作发明，当在周之前。酱，刚开始并非作为调料，而是作为一种重要的食品诞生的。按张岱《夜航船》中对饮食的回顾：有巢氏教民食果，燧人氏始钻木取火，作醴酪（通过蒸酿而成熟食），神农始教民食谷。黄帝始具五谷种。燧人氏作肉脯，黄帝作炙肉，成汤作醢。

衡阳人制作麦酱酢，大体分为以下几个步骤：

蒸料。把小麦洗净后，放入冷水容器里浸泡发 4 小时。蒸锅入适量水，放上蒸格，蒸格内铺上干净的棉纱布，再将浸泡沥水后的小麦倒入蒸格内，盖上锅盖，大火烧开上大汽后，大火蒸制 15 分钟，然后把蒸好的麦子倒入篾搭子中，让其自然放凉。

发酵。将凉透后的熟麦堆积在一容器内盖好，再将容器用稻草或其他保温材料捂严，让其自然发酵。5 天后发酵完成。此时，会飘出一股淡淡的酒香，揭开看，熟麦表面会长出又密又长的白色菌毛，衡阳话叫风霉，这表明发酵工序已经完成。

初调。发酵好的麦子，要置于阳光之下暴晒，使其充分脱水，有经验的人用牙齿一咬便知是否干透。晒干后的麦子便可进入碾成粉末的程序，旧时多用石磨或碾子完成。成粉后，要进行第一次调酱，调酱用的水，多选用香椿树老叶熬成。

晒酱。初次调酱后，要将酱料装在敞口的缸、罐等容器内，用细密的纱布盖严，防止蚊、蝇等进入，再把容器置于阳光下晒制。炎夏 6 至 7 月是晒酱的最佳时节，每天早晨揭盖时均匀搅酱一次，但酱晒热时不可搅动，以免发生酸化。一般晒 15 至 20 天即可贮藏食用。

二次调酱。晒酱的过程结束后，装坛前还要再次调酱。这次调酱的目的，主要是让麦酱酢中增加多种配料，使其味道更好。首先要加的便是斑椒末子，即辣椒面。旧时衡阳人很讲究麦酱酢的口感，因此辣椒面是要用极细的那种。其制作过程是先将干辣椒置于铁锅内炒焦，然后用石磨或碾子粉碎，再用筛子过筛，用这些细辣椒面与麦子面搅拌。当然还可视个人爱好加入其他作料，如八角粉、味精等。

封坛。再次调好后的酱用勺舀入菜坛内，满至离坛口 5 厘米即可，以免发酵后溢出。盖上外盖在坛沿注入冷水即成。密封发酵，置阴凉处保存 1 个月后即可食用。

由于各家各户独立制作麦酱酢，因此民间有百家酱百家味的说法。这句民谚，表明中国人对酱的深深依赖，也表明手工操作、经验把握的传统民间工艺条件下，中国酱风味口感的细微变化与微妙差异。

现在，再也难有这种纯手工的麦酱酢出现了，我们只能在记忆中去回味。

黄豆酢

衡阳的家庭主妇很勤劳，也善于用当地的土产做出极具地方风味的菜肴，比如坛子菜。旧时在衡阳乡下，几乎每家每户都有几个酢菜坛子，在众多的酢菜中，黄豆酢又独具特色，但凡有缘品尝过，舌尖上便会留下永久的记忆。

酢菜是衡阳方言，北方人叫咸菜。黄豆酢，顾名思义就是用黄豆做成的一种坛子菜。

衡阳人做黄豆酢，一般选择在立冬以后，其具体操作步骤如下：

将黄豆洗净并撇除空皮残粒，用凉水泡胀后捞出，加水下锅（水要盖过黄豆 1 寸），先用大火煮熟后，再用小火煮烂；把豆从水中捞出(煮豆水中放点盐，保存备用)，摊凉放在布袋内，把布袋放在草编袋子里或其他容器里，用稻草或棉絮围裹保温，放在 20 摄氏度左右的地方。2～3 天后，黄豆发烫，发酵长出白霉，取出晾凉；然后把豆子装在钵子(陶盆）里，加入原来的煮豆水，再加适量配料，按每斤黄豆加食盐 5 克、花椒 2 钱、辣椒粉 5 钱，适量加入鲜生姜碎一起拌匀；拌时如咸味不够，可以添加些食盐，最后加点白酒拌匀。拿一个坛子，用白酒将坛内擦一下，把拌匀的豆料装入坛内，封严坛口，10 天后即可取食。坛子平时封口的周边有一个水槽，注满水后，使坛子内与坛子外形成了一个相对隔绝的空间，因此这种酢入坛后，经年不变质，而且越久香味越醇。

豆酢在坛子里进一步密封发酵后，其风味独特，一盘豆酢摆在餐桌上，先有香味向四面弥漫开去，那外观更是冲击你的视觉，让人从众多的菜肴中一眼看中它：豆粒浸润了坛子内的汤汁，原本金黄色的外表此时饱满丰盈；辣椒末均匀地散布在豆粒周围，生姜丝和大蒜粒亦点缀其间，这些红、黄、白颜色的巧妙组合，使整个一盘豆酢在众多食客眼中，成为一道佐酒下饭的美食。

说豆酢是一道美食应当不算过分，豆酢集酸、苦、甘、咸、辛于一体，对人体亦多有益处。从今天的角度看，豆酢含有丰富的营养成分，如氨基酸、维生素、功能性短肽、大豆异黄酮等生理活性物质，是营养价值较高的保健食品，具有开胃消食的功效，对营养不良也有一定疗效。

豆酢可以直接食用，也可以与其他菜品搭配做出各种风味的地方菜。在衡阳，人们最多见到的是豆酢蒸各种菜，如腊肉、腊鱼等，也有用豆酢炒小菜的，如炒冬瓜、茄子、豆角等。在我的记忆中，但凡做菜时添加了豆酢，其味道就一定更加特别，无论是佐酒或下饭，都会让胃部空间被占用到极致。

估计现在没有多少人会去做黄豆酢了，街上出售的那些产品，也远不是当年那个味道。

牛筋薯

衡阳地区盛产红薯，大部分原因是衡阳多丘冈山地，因地势的限制，种不了多少水稻，只能种红薯。红薯亦是旧时当地人日常的主粮。

在今天城市里的年轻人看来，偶尔吃一次红薯是一种享受。但他们或许并不知道，当一个人长年累月只有红薯吃，且多数时候是用清汤寡水下咽的时候，那感觉是常人难以想象的难受。

不过，勤奋聪明的衡阳人会想尽办法把这种普通粗粝的食物变得让人胃口大开，能干的家庭主妇能把一个其貌不扬的红薯变戏法似的做出多种多样的花色来，通常我们能见到的就有红薯丝、红薯片、酒糟煮红薯等。而最令人垂涎的红薯作品，是牛筋薯。

牛筋薯其实是红薯干的一种。衡阳人把这种红薯干叫牛筋薯，大抵是因为其外形像发透水的牛蹄筋那样透亮，嚼在嘴里有筋道，故而命名。确实，倘若你在衡阳吃过这种牛筋薯，你会被那漂亮的外形吸引：金黄色，晶莹剔透，捏在手里软而有弹性，闻起来有一股淡淡的玫瑰香，很有嚼劲。在当年物资匮乏的岁月，牛筋薯是农村孩子们绝好的消闲零食，更是春节期间给拜年客佐茶下酒的上佳幻茶。

制作牛筋薯看起来十分简单，但其中大有讲究，不同的家庭主妇用同样的红薯做出的牛筋薯不仅色泽上差异极大，口感也是天上地下。

牛筋薯的制作大抵有以下几个步骤：

第一是要挑选红薯。红薯的品种大抵分为两种：一是淀粉含量高，煮熟后食用时包粉。这种红薯含水量低，宜作磨粉用。我记得幼时在农村有一种叫狗头薯的红薯，出粉率比普通红薯要高 5% 以上。二是糖分含量高，煮熟后食用时清甜。这种红薯含水量高，且没有纤维类的渣滓，用今天的话叫水果红薯。最上乘的原料是秋红薯。这种红薯一般是在收割中稻后在田里栽插。因为插时已经近秋，红薯生长期短，其茎块是一串鸭蛋大小的小红薯，淀粉和渣滓都不多，用它们制作出来的牛筋薯品相极佳，口感也非常好。

第二是要让红薯自然糖化。衡阳人制作牛筋薯时，并不是将挖出来的红薯立即投入制作阶段，而是从挖出的红薯中挑选上等的红薯，置于一个四面通风的场地，让其自然晾干一个月，用衡阳话说就是让红薯吹“劳”。这其实是将原料再历练的一个过程。这样做至少有几个好处：继续糖化，口感更好；水分蒸发，筋道更足；去掉异味，味道更纯。

第三是蒸熟去皮。制作牛筋薯一般是在冬天进行，把红薯表面洗涮干净后，便可投入容器蒸煮，蒸煮时先武火蒸熟后文火慢煲，促使红薯糖化。刚出锅的红薯要趁热剥皮，这个工序对家庭主妇而言，确实是功夫活，需双手不断来回倒腾，一边剥皮，一边把手伸进旁边的冷水桶冷却手，然后再去剥下一个烫得要命的红薯。

第四是切块晾晒。剥好皮的红薯要用菜刀将其切成小片，均匀地摊在篾搭子上，再放到太阳底下去晾晒。这个时候天气很重要，如果碰到阴晴不定的天气，一天之中要头顶着篾搭子来回折腾好几次，异常艰辛。即便是艳阳高照的日子，也要将每一片红薯片翻晒 4 遍以上，这样晒出来的牛筋薯含糖量高，软而不腻有嚼劲。若碰上阴雨绵绵，气温又低的天气，为了让薯片阴干，必要时还要烧几盆炭火将其烘干，如果碰上这种情况，这批牛筋薯的味道就会大打折扣。

第五是包浆裹料。牛筋薯完成了前四道工序后，大抵也算是个成品了，但在不少家庭主妇那里，她们会继续做一些锦上添花的事：将晒干的牛筋薯二次入锅蒸一次，使其质感更糯。最普遍的做法是用芡粉熬一锅糊糊（多数人家用的是糯米粉煮熟后加糖），将牛筋薯置于其内翻滚使之充分裹浆，再倒进一些炒熟的芝麻，起锅后再晾干。这样，牛筋薯穿上一件外套裹上芝麻后，吃起来香味更浓郁，可谓色香味俱全了。

红薯被世界卫生组织评为十大抗癌食物之一。《本草纲目》《本草纲目拾遗》等古代文献记载，红薯中含有丰富的纤维素，它能够促进胃肠蠕动，从而促进消化，对于大便干燥能够起到预防的作用，同时还有暖胃和治疗胃寒症的作用。

把红薯做成牛筋薯，既不改变原有营养价值，又让人们在味觉上易于接受，确实是劳动人民在实践中总结出来的杰作。现在农村还有人在制作牛筋薯，不过他们不再仅仅只是满足自己的需要，而是将它们推向市场，吸引一大批城市消费者，效益还相当可观。

呷蜜糖

本文讲的蜜糖并不是真正意义上的蜂蜜，而是油茶花蕊中自然分泌的一种近乎于糖汁的液体，衡阳人称它为蜜糖。

在衡阳一些丘冈山地生长着一种乔木，叫油茶树，其所结果实可以用来榨油，被人称为东方橄榄油。油茶树不高，它没有松树那样高大伟岸，最高不过四五米；油茶树也不粗壮，直径最大也只有碗口那么粗；更不像柏树那样笔直向上，多是弯弯曲曲的躯干，且旁斜逸出很多枝丫。其树叶呈椭圆形且边缘有细齿。油茶树不同其他树，它没有完美的树形，歪歪扭扭自由生长，但那绿油油的厚实叶片却四季常青。

油茶树开的花，也是极普通的那种，说不上多美，也没什么香气，甚至开花的时机也不讨巧：百花齐放的春季她沉默着，夏花肆意绽放时她依然含蓄；秋风渐起时，盛开的油茶花似雪片般漫山遍野，这时你才能感觉到她的壮美、丰硕。而对于我，记忆中最深刻的，是花蕊中那一滴蜜糖的甘甜。

每当漫山遍野的油茶花绽开的时节，便是孩子们大饱口福的时候。彼时，那些油茶花敞开花苞迎接着阳光雨露，许是光合作用的原因，在油茶花蕊的底部，会自然分泌出一种淡黄色的甜甜的胶质液体，闻起来有一股淡淡的清香，喝进去则沁甜，因为甜，所以乡下土话就称它为蜜糖，其实它只是油茶花的一种自然分泌物，与蜂蜜毫无关联。

在当年，由于物资匮乏，能吃上甜品于乡下孩子们而言无疑是一种奢望，大自然赐予这种天然甜食，大家当然不会放过。于是每当放学之后或劳作之余，孩子们便会纷纷拥到茶林中，在树林中顺便找一根鲁箕篮（衡阳方言，学名叫蕨），将其从中慢慢折断，然后小心地抽掉茎芯，便是一根上好的吸管，将它伸进花蕊，便可将一泡蜜汁哧溜一声吸入嘴中。若碰上头天有些细雨，或是夜间露水较多，花间的汁液会格外多，不消半个时辰，便会让你饱腹而归。吸蜜糖有时也会与其他昆虫遭遇，有时倘若花开过久，蜜汁会有些馊味，但既吸入，也无法吐出，好在那时人很皮实，即便遇到这些情况，也平安无事。我是喜欢吸茶花蜜糖的。读高中在学校寄宿时，由于吃不饱饭，饥饿感几乎时刻都在，因此，油茶花开的时候，我会溜出校门到附近的山上去大快朵颐一顿，还真管用，一个晚自习都精气神极好。

古代文人都有咏花的习惯，但几乎对油茶花视而不见，也许我读的书不多，目前只知道北宋诗人梅尧臣写的这么一首：

“南国有嘉树，花若赤玉杯。曾无冬春改，常冒霰雪开。客从天目来，移比琼与瑰。赠我居大梁，蓬门方尘埃。举武尚有碍，何地可以栽。每游平棘侯，大第夹青槐。朱栏植奇卉，靡碧为壅台。于此岂不宜，亟致勿徘徊。将看荣茂时，莫嗤寒园梅。”

诗中“南国有嘉树，花若赤玉杯”，梅尧臣描绘了油茶的姿态美；无名氏的“抱子怀胎十三月，同枝共茂一树香”则描绘了油茶花果并存、同株并茂的奇迹；而南宋诗人陆游则以“雪里看花到春晚，世间耐久孰如君”道出了油茶花秋冬盛放，花期久长的独特之处。

油茶花其实是值得称道的。孩提时代的我们当然不懂诗，没有那么多的浪漫，只知道油茶花一年一度地开放，会为蜜蜂和我们小孩子带来欢乐；也知道油茶花开，并不仅仅是为了吸引蜜蜂和我们小孩子来为之增添热闹、排解寂寞，而是给这个世界添了秀色、加了甜蜜，但并不因此邀功请赏、乞讨颂词。如果你仔细观察，花谢了的枝头，不几天便会挂满细得几乎难以看清的果实。这些细小的油茶果度过寒冬，不断长大，一年后会奉献出油黑发亮的油茶籽；而在来年清明节期间，油茶树上还会挂满白灯笼样的茶泡或厚厚的茶耳，当然这些都不是由花结出来的。但不管如何，有了油茶花，就会有油茶籽；有了油茶籽，就会有上好的茶油；有了茶油，农民的日子就会光亮许多。而清明时节，那挤满油茶树的茶泡是我们小孩子的美食。因此，我们便觉得这油茶花是天底下最美好的花朵。

现在，每年的茶子树还会照样开，但树底下再也见不到吸蜜糖的孩子。

晒盐菜

盐菜是衡阳方言，若按相似度，应当叫腌菜，但这种菜只是晒干了的各种叶子菜；若按用途区别，似乎叫筵菜更妥当些，但那又显得太儒雅。因此还是以“盐菜”为题，写出去至少衡阳人看得懂。

衡阳人说的盐菜，其实就是新鲜的叶子菜经过脱水处理后制成的干菜，有些近似于梅干菜或北方的菜干，但口感截然不同，做法也自有一套路径。

晒盐菜是农村人古老的传承，这传承来源于农耕文化时期我们祖先的智慧。那时候，没有现在的反季节蔬菜，蔬菜粮食都自然生长，想要在淡季吃上菜，需要开动脑筋去想办法。所以，在旺季把蔬菜晒干留着淡季吃，就成为一件大事。在旧时衡阳农村，几乎家家都会晒些盐菜，以备不时之需。

晒盐菜的历史在我国可以追溯到先秦时期。史料记载，先秦周王室设有专门负责制作干菜的人，他们将蔬菜洗净晒干存储起来，吃的时候用盐腌制。从《周礼》记述来看，那时候什么菜都可以晒干，其中主要以韭、菁（韭菜花）、茆（莼菜）、葵、芹、菭、笋7种菜蔬为主，称为“七菹（zū）”。先秦时，人们在冬天的干菜消耗量很大，除食用外还用于祭祀。到秦汉时，人们可食用的干菜制品种类已比较丰富，且腌制的手法也更为成熟。东汉农学家崔寔在一本记述农事活动的书《四民月令》里说，人们在每年农历九月份开始收藏鲜嫩姜、蘘荷在日头下晾晒。

衡阳农村晒盐菜有几种做法，一是直接晒，二是浸水发酵后再晒。最复杂的盐菜也叫倒坛菜，大抵需要经过以下几个步骤：

准备材料。盐菜需要准备的材料多数是平时家中常见的叶子菜，如白菜、芥菜等，有少数人家确实没有多余的叶子菜供制作盐菜的，也可用萝卜缨子替代，但诸般品种中以白菜为上品。

处理原菜。制作盐菜用的原菜一般是整蔸从菜土里砍回来，用清水清洗干净，装在篮子里面沥干水分，再用菜刀将整棵菜劈成两半或切成三至四股，将它们架在牵好的绳子或架好的竹竿上晾晒。经过太阳晾晒以后，原菜开始变蔫时，即可进入下一个程序。

烫原菜。在锅里面倒入适量的清水烧开，把原菜放进锅里面烫。烫菜的时间不能够太长，一般只要几十秒时间，观察一下是否已经断生，断生了就可以把火关掉。准备一个大盆子（或者瓦缸），确保盘子里面是干净的，没有水，没有油，把烫好的菜放在盆子里面，加入适量的食盐，具体多少要根据原菜的量来定，然后进入下一程序。

揉原菜。在烫好的原菜中加入食盐后，要趁热将原菜揉搓一遍，确保食盐均匀地涂抹在每一片菜叶之上，以使原菜质地变得柔软。完成以上操作之后，把烫过菜的水倒进盆子里，使之淹没过原菜。这里要注意一点，水一定要放凉了以后才能够倒进盆子里面。水没有晾凉的情况下就直接倒进盆子里，会让原菜烂掉，既影响口感，也影响看相。这些步骤完成之后，在菜表面压上一个大盘子，使菜能够完全浸泡在水里面，不和空气有接触，然后放在阴凉的地方，三天时间后便可起出来晒干或装入坛子里备用了。

制作好的盐菜菜梗脱水后变得晶莹剔透，略带黄色；叶子部分呈暗绿色，蜷缩成毛茸状，舒张开来依然有光泽。

衡阳人餐桌上盐菜的吃法，可以有许多花样。最惯常的吃法是切碎后炒肉，这种佐以辣椒的农家小炒，菜未上桌，香先弥开，比及看到那金黄色的盐菜配上鲜红的辣椒加上葱蒜，已然是一道色彩斑斓的菜品了。嚼在口中，那盐菜的柔劲，辣椒的辛烈，猪肉的舒坦及葱蒜的香味等诸种味道糅合在一起，令人胃口大开，酒量和饭量都会因此大增。盐菜也可用来开汤，还可用来蒸肉，在粮食紧缺的年代，将盐菜剁碎与米粉揉在一起，可做成盐菜粑子或煮盐菜团子，这种食品不仅口感好，而且抗饿。

摘茶泡

20 世纪 60 年代出生的衡阳人，倘若有过丘冈地区农村生活的经历，一定不会忘记当年采摘茶耳茶泡当零食吃的那段有趣的往事。

衡阳地区盛产茶籽油，这种油是由茶树结的籽榨取而来，由于茶油品质好且效益比较高，故当地丘冈地区普遍栽种油茶树。在人们传统的认知中，这种茶树只会结油茶籽，是名副其实的经济树，其实，这种说法有些偏颇，茶树不仅能结榨油的籽，还会结出一种供人们直接食用的水果：茶泡和茶耳。茶泡和茶耳是油茶树给我们带来的额外赠礼，它们被当成水果来吃，虽然实际跟大部分的水果不一样，但从这个角度看，茶树或许也可以称作果树。

茶树结茶泡或茶耳的时间为每年农历三四月份即谷雨前后。彼时，茶树经过一个冬季的休眠，被春雷唤醒，连绵不歇的春雨均匀地滋润着它的躯体，使它迅速抖落掉披在枝条上的干涩的陈年旧叶，换上了一套苍翠欲滴的新装，在那些密密匝匝的叶片丛中，会露出一些与正常叶片不同的实物来，那就是被当地人称之为茶泡或茶耳的果子，无论是大人抑或小孩，都会将那些熟透了的果子摘下来，塞进嘴里大快朵颐一番。

茶泡，其外形大多是圆形或椭圆形，有点像桃子，但不是特别规整，表面比较光滑，但内部却是空的，呈现出一定的纤维状。刚刚结出来的茶泡呈青色，向阳一侧呈暗红色，待三五日后，便自然熟透，外表那层表皮会因雨水和阳光的自然作用自行爆裂脱落，此时果子通体呈白色。质地好的茶泡晶莹剔透，让人不忍下口。未成熟的茶泡咬在嘴里又苦又涩，成熟的茶泡咬起来比较松脆。有的果肉比较厚，有的果肉比较薄，吃起来汁液沁甜，还带有一股新鲜茶叶的清香。茶泡是一种保鲜期极短的果子，一般爆皮后只有三五天的保鲜期，过了这个时间段，果肉表面会出现黑斑，整体开始萎缩，就不宜再食用了。这也是城里人无法品尝这种水果的主要原因。

茶耳与茶泡是在同一时间段出现。茶耳应该是茶树叶的异生体，色白（有的微红），形状像油茶树叶，但特别厚，味甜，松脆，很爽口。植物学中是这样介绍茶耳的：它是生长在油茶树上的一种嫩叶，白嫩晶亮，胖乎乎的，主要生在茶树新枝上，一般以树腰上的新枝为多，可以吃。

茶泡与茶耳的形成是非常偶然的，要在特定的情况下才可形成。有人归纳出出现茶泡的三个条件：第一，必须得有新叶、新果；第二，必须要有充足的水分；第三，阳光一定要非常充足。满足这三个条件，它们才有了生长的基础环境，但出现与否就纯粹靠运气。用现代植物学来解释，这是油茶树的一种病害，叫“油茶茶泡病”，也叫油茶茶饼病、叶肿病，是由一种名叫细丽外担菌的真菌造成的。如果它浸染了花芽，就会导致子房病态膨大，形成茶泡；如果侵染了叶芽，就会导致新叶膨大，变成茶耳。

虽说茶泡与茶耳是一种菌种引起的树叶或花苞的病变，但这并不妨碍它们的食用价值。大家都知道，山茶树结的果实可以用来榨山茶油。山茶油是我国最古老的木本食用植物油之一，其中不含芥酸和胆固醇，而茶油中的不饱和脂肪酸更是高达 90% 以上。油酸也达到了 80% 以上。另外，山茶油中的亚油酸达到了 7% ~13% 。而人体必需的不能自己合成的亚麻酸，山茶油中的含量也非常丰富。所以山茶油是养生又高效的食用油脂，跟国外的高级橄榄油一样。茶泡与茶耳是山茶树果子变异而成的一种果实，里面同样含有丰富的营养物质，包括我们前面所说的不饱和脂肪酸、亚油酸、亚麻酸等，这些营养物质对人体有着很多作用，比如说净化血液、降低血液黏稠度、加快脂肪酸分解和代谢等，甚至还能在一定程度上起到消肿止痛的作用，可以加速伤口的愈合。

随着作物栽培技术的进步，现在新垦复的油茶林中，已经极难觅到茶泡与茶耳了，即或偶尔有一两枚挂在枝头，以现在人们的眼光，那也是不屑一顾的，茶泡和茶耳的味道，只留在老一辈人们的记忆之中了。

民俗风情

敖山庙会

谈到衡阳民俗，是不能遗漏敖山庙会这个内容的，这或许是中国最具地方特色的庙会。

敖山庙在湖南耒阳市大市乡境内，原为真安寺。据《耒阳县志》载，“真安寺，在鳌山金谷山下，永定元年僧守德建”。今敖山庙，即真安寺发展而来，是耒阳历史最悠久的佛教寺庙。据当地民间传说，五代期间，敖山地方闹灾荒，民不聊生。公元 947 年，逢后汉高祖刘知远勤政爱民，百姓渡过大难，遂尊奉刘知远为圣帝。雍正年间，敖山的船工运煤至长沙、岳阳等地，中途遭遇狂风大浪，就烧香拜神求圣帝刘知远保佑一帆风顺。事有巧合，风浪停止，平安无事。民众为纪念刘知远威灵显圣，把始建于南朝的“真安寺”改为敖王天子圣帝庙，后称敖山庙。

敖山庙会是比较典型的传统民间信仰活动，尊奉佛、道、儒和民间吉祥神（敖王、敖母）于一庙。拜佛祭神既遵佛法，又自成礼数，影响之广涉及耒阳全境乃至衡阳、衡南、安仁、永兴、常宁等地。庙会活动中的拜章、香会、唱戏、游船、舞龙、舞狮等又保留了许多传统的民间礼仪、工艺、舞蹈、音乐和表演艺术。庙会每年举行 3 次大型活动和 10 余次小型活动。大的活动是：农历正月初二游船，二月十九观音菩萨生日拜章，五月廿三敖王生日唱戏。正月初二游船是庙会的主要活动。游船起源于何时无法考证，但从残存的古石碑中“雍正二年”（1724）的字样来看，至少在当时已有此活动。

这 3 次大型活动的内容分别为：

二月十九日观音菩萨生日拜章。从观音菩萨生日这天起，敖山庙要举行四天拜章活动，其形式与其他佛教寺庙拜章一样。活动经费由“总督名”“督名”“头名”“结名”“香手”“信士”等香客出资。

五月廿三日敖王生日唱戏。从五月二十三日起，连续 7 天以唱戏、祭祀为主，隆重庆祝敖王天子圣诞。特别是敖王生日这天凌晨，数以万计的善男信女川流不息，有焚香许愿的、祈祷平安赐福的、还愿的、抽签问卦的、捐功德金的。自开幕至结束，昼夜车水马龙，人员绵延两公里。光是抽签的，就有几十个台子。人员涉及衡南、衡阳、安仁、常宁、茶陵、郴州等地，唱戏的从早至晚连续7天轮番上场。唱戏前，先由戏剧中地位最尊崇的角色开始，依次（从皇帝至布衣）叩拜敖王后，才能演出。戏的内容是傩戏、湘剧、花鼓戏、衡山串调、莲花闹等，其规模之庞大是一般庙会不可比拟的。

正月初二游船。游船仪式源于一个传说：有一年久旱无雨，敖河干涸，漕船搁浅；田地颗粒无收，民不聊生。于是，后汉高祖生日那天，僧人设坛施法祈雨，数万民众抬着纸扎船沿江游垌。事后，老天爷连下3天3夜大雨，漕船复航，敖河两岸风调雨顺谷满仓。此后，这一游船活动便沿袭下来成了庙会的主要内容。

每年正月初二这一天，耒阳当地6个行政村（共分为3堂23个船头）的群众2000余人天蒙蒙亮就起床，分别抬出3只纸船（上、中、下三堂各一只）至鳌山庙集中，朝拜神灵两个多小时，当日上午8点钟左右，铳炮齐鸣，锣鼓喧天，3只船分成3支队伍，按祖辈规定路线向各自然村巡游，相互团拜，共贺新春。

每只船由8人分两班扛抬，每只纸船前后计有执“坛竹”者1人，由村中福寿双全之老者担任，另有道士（师公）1人，大鼓1面，全锣6面，姓氏旗1面，彩旗2面，大小号各2支，大旗12面，排灯8盏，明镜8举，大香30扎（香长2米一根），香炉20个，香亭（焚柏香）20个，放鞭炮者4至8人，凤凰灯笼13盏，踩高跷者12人，舞蹈队20人，舞绣球者2人，彩纸扎戏剧人物和景致12至20抬，另由数十人装扮戏剧故事如《打渔杀家》《醉打山门》《梁山伯与祝英台》等；还有腰鼓队40人，龙灯40到80盏不等，花亭4人，女灯12人，男灯24人，东方青帝青灯14人盏，南方赤帝红灯14人盏，西方白帝白灯14人盏，北方黑帝黑灯14人盏，中央黄帝黄灯14人盏，另有上百支铁铳，鼓、锣、二胡、笛子乐队数十人。队伍庞大，浩浩荡荡巡游于垌中阡陌和村庄之中。

纸船队到了预定地点，即所谓“船头村”时，村头鞭炮齐放，由村中最年长且福寿双全（即有儿有女，夫妻双全）的老人接过“坛竹”，将船迎进本村有神龛的“正厅屋”，将纸船架长凳上。旗队、故事队等亦在村子里停下，龙灯在禾坪上舞起来，上百杆铁铳齐放，锣鼓、乐器齐鸣。同时，村中妇女带着小孩，老少一齐在纸船下钻来窜去，一边将纸钱往船里丢，一边口里念念有词，祈求平安有福、神灵保佑。道士亦举行仪式，为本村驱瘟求福。其间，全村各户将自家早已准备的香烟、茶水分发给游船队伍中的每个人，还将包子、米粑等点心倒到游船队伍的箩筐中，以便执事人员享用。之后，抬船出村，朝另一自然村游去。这时又是铁铳、鞭炮齐放，锣鼓声声，震耳欲聋。

大约到下午5时，巡游完毕，各船队赶到预定的野外地点。此时，大队人马陆续散去，单剩抬船的、放鞭炮的以及数百名放铳的人了。道士在敖河边一块较平的地上铺上一层引火的柴草和纸钱，将纸船置于其上，由道士焚香跪拜敬祭天地、敖王之后，鞭炮和铁铳再次齐鸣，道士一边口念咒语，一边手执火把，把船周围柴火引燃，一时烈焰冲天。燃烧完纸船，整个仪式结束。

敖山庙会已被列为湖南省非遗保护的内容，庙会每年都会如期举行，如果您有机会亲临其境，一定可以找到一种震撼的感觉。

祈　雨

衡阳县地处湘中，衡邵干旱长廊主要地段在西部几个乡镇逶迤而过。在靠天吃饭的农耕时代，这个地方可谓三年二旱，人们对于望天下雨的企盼更甚于其他地方，每当天旱之际，各种祈雨的活动会在各乡村自发组织，由此而形成别具一格的地方仪式。

应当指出的是，祈雨是一种全国普遍存在的，且历史悠久的古老传统。我国五千年的传统文化是以农业文明为基础形成的。在渗透着浓厚巫术色彩的文化活动中，大部分是围绕着对农业生产的影响进行的，而由水崇拜衍生出来的“祈雨”现象作为其中的重要方面，一直在中国神秘文化中占有相当突出的地位。祈雨，又叫求雨，是围绕着农业生产、祈禳丰收的巫术活动。

古人认为万物有灵，天神（又称天帝、上帝）是世间的最高主宰，苍天大地都是有灵性的，上苍造物、造人，就要关心民间疾苦，关心苍生的存亡，无论下雨刮风等自然现象都有各种神祇掌管。在古人的心目中，雨水是由天神主宰的，天神叫下雨就下雨，雨水崇拜便转移到了对管理雨水之神的崇拜。古人又认为天人合一，人与天是可以互动的，于是产生向上天提出诉求，请降甘霖解除旱灾的一系列活动。

衡阳的祈雨活动分为两种形式：

一种是由道教主持的大型法事求雨。这种祈雨一般规模较大，通常由当地一位有号召力的长者发出倡议，组织周边有能力的人出资出力，延请附近道行较高的老道来行祈雨法事。道士祈雨，常行斋醮，要设道场、设醮、建醮、荐青词。祈雨祷告之神，有山神、水神、龙神、天师和诸庙神、诸城隍等神灵。做法事前，为主的人必须先行吃斋三天。由老道选好日子，在水边搭一高台，设置香案，上供猪头、全鱼和整鸡三牲，一班吹奏乐队左右排列，老道身穿道袍，在台上诵经作法，周边村民每家每户至少有一人前来参拜，长跪叩首。礼毕后道长走下祭台，向水边再施跪拜之礼，意在请龙王爷开恩，广施雨露。然后从水中舀一盆水，由道长端在手中，撒向天空，整个法事就算完成。

这种方法祈雨，据说多有效果，有时还被人们传得十分神秘。

第二种形式则是民间小范围的自发行为。这种祈雨一般不延请道士和师公，而是由一个有号召力的人召集本村或附近几个屋场的人，每户凑个份子，购买三牲等祭品，到庙宇里去祭拜求雨。同样，牵头人必须在前几天先斋戒，沐浴净身，以显虔诚。祭拜时，每户去一人，大家行三跪九叩之礼，口中呼喊“请老天赐雨”等词，礼毕后再回各自家中。

在洪乐庙与双峰交界处，还流传着这样一则民间故事：西乡有一李姓高人，逢天旱常为众祈雨，甚灵。其子牧牛娃常随左右。某年高人外出，旱数月，其子怜悯众生，遂盗出其父牛角，于山巅吹之。没过多久，雨落如注不止，牧牛娃躲于案桌下避之，亦未能逃脱。因其虽谙求雨之法，却未习止雨之技，终被雨灌而死。众感其德，于山中殁处建墓立碑，墓前修一庙，谓李爷庙，以记念他。

民间自发祈雨，各地做法不一，形式多样。西乡甘冲遇到天干年份，就会由长者组织周边各户到附近一个庙宇中请出齐天大圣神像，披上红绸布，由 4 个壮汉抬着在附近村中游走一圈，最后来到河边，献上三牲等祭品，焚烧纸钱与线香，再送回原处。

仁义乡公祭禹王

历史上的治水英雄大禹，相信诸位都不陌生，他为了治水三过家门而不入的故事更是脍炙人口。大禹为了治水四处奔波，全国到处都有关于大禹的遗迹和传说：安徽蚌埠市境内有禹墟和禹王宫；陕西韩城县有禹门；山西河津县城有禹门口；山西夏县中条山麓有禹王城址；河南开封市郊有禹王台；禹县城内有禹王锁蛟井；湖北武汉龟山东端有禹功矶；甚至远在西南的四川南江县还建有禹王宫；而河南洛阳更有大禹开凿龙门的传说。在衡阳，就有两处与他有关的古迹，一是岣嵝峰上的禹王碑，上面刻有大禹治水的文字，可惜全是蝌蚪文，至今无人破解，据说号称文字大师的郭沫若也只认出其中三个字；二是耒阳仁义乡的禹王宫。

耒阳的禹王宫虽然坐落在乡镇中，是众多禹王宫中的一座，却在全国享有重要的位置：是全国除浙江绍兴、河南登封之外最大的祭祀禹王的场所。祭祀时参与人数众多，影响遍及全乡 7 个行政村。

在仁义乡建禹王宫和公祭禹王活动，源于十里洞一个当地的传说：作为地处耒阳西乡的十里洞，以前实际是干旱和贫困的代名词。当地有一句俗语“十里洞，十里洞，十年九旱半收成”，便是证明。据说，某年夏末秋初，赤日炎炎，无雨久旱，民生无计，苦不堪言。一天，有一先生过路，身穿蓝布长衫，手执油纸扇，气宇轩昂。由于天热，难免有些口干舌燥，于是这位先生找到一户人家歇脚纳凉，顺便讨碗水喝。彼时正遇一位年约半百的大嫂倚门长叹：“天啊，何时下雨？”对这位先生的欲求茶水解渴，老妇以满面忧愁之态答曰：“茶尚未烧，水还待挑。”意在婉拒。先生见民有饥色，野有枯苗，顺口而出：“好个诗礼（十里）洞，水走泥里涌（拱），天晴三五日，男女不得空（共）。”飘飘然而去。大嫂见此人非凡，追而叩问之。先生回头告之曰：“老大嫂，您莫追，亦莫喊，每丘田里打个眼（井）。”老妇回家后，将此事告知儿子，儿子立即挖地八尺，果然泉水上涌。

人们欢天喜地，奔走相告，均言这位先生非肉眼凡胎之人，非治水英雄禹王大帝不可赐也。于是当地人们为纪念禹王大帝建庙祭拜，直到如今，香火依然鼎盛。

仁义乡人公祭禹王自有一套不成文的规则，每年八月初择良辰吉日，由古圹邝氏、衡头姚氏、锡银岗周氏、泉水冲栗山下李氏和老虎冲欧阳氏、唐氏、廖氏，观座、茭塘和大芬曾氏，大芬贺氏，及曹、肖氏11姓氏27自然村每年轮祭。其基本内容如下：

将禹王大帝神像从禹王宫迎驾到本宗祠或正厅屋做客祭祀10天。是日，当值姓氏族人，男女老少歇息一天，换上洁净的衣服，梳妆打扮一番，抬上“禹王大帝”神像，鼓乐喧天，号角齐鸣，鸣锣开道，高擎旌旗迎接禹王圣驾，后面是狮子、龙灯、秧歌上路游垌。

其他姓氏百姓近2000人高擎旌旗，龙灯20多条，伴随喧天鼓乐和齐鸣礼炮，跟随在当值姓氏的队伍后面。当禹王圣帝圣母神像迎至当值姓氏宗祠时，其他姓氏参祭队伍在祠堂门前游龙作揖，然后打道回府。剩下的程序就是各姓氏代表和嘉宾在当值姓氏宗祠进行公祭活动。

祠堂内庄严肃穆，秩序井然。祠堂舞台中央端坐禹王圣帝圣母神像，中央神龛上供奉着三牲、酒、香、烛，两侧副龛上供奉着时鲜水果、干果、糖、酒、五谷杂粮、蔬菜、瓜果等祭祀用品，两侧副龛后站立吹鼓手和管乐队，中央神龛前站立主祭人、副祭人和司仪。

吉时一到，司仪登场，主祭人就位，奏乐鸣炮吹打一番。主祭人宣读祭文，然后三叩首，焚文、焚香，族人、长老、乡绅、名流、宾客依次叩首跪拜。最后由道士祭奠，作法祈福，祈求丰收、保平安。礼仪完毕，鸣炮奏乐。

在后来的10天中，天天有人叩拜上供，乡民们尽情舞龙、耍狮、扭秧歌、打腰鼓、跳扇子舞、吹芦笛、吹管弦乐、武术、文戏，气氛浓烈，祈求国泰民安，风调雨顺。10天期满，敲锣打鼓、管弦高奏、礼炮齐鸣，龙灯狮子、旌旗飘飘，浩浩荡荡将禹王圣帝圣母神像奉送回宫。

晒李王菩萨

中国人对于神灵的敬畏有着悠久的历史。在科学尚不发达的年代，出现了一些自然灾害，人们在抗拒无力的情况下，最先想到的是乞求神灵显圣，救生灵于水深火热之中，譬如大旱之年祈雨。一般情况下，无论南北方，祈雨时都是设置法堂，请师公或和尚念经，众生虔诚顶礼膜拜，以期感动上苍。但在耒阳的永济，却是另外一个作派：他们对菩萨不是祈祷，而是将其抬到太阳底下暴晒，颇有些霸王硬上弓、逼其就范的味道。

这就是耒阳民间求雨“晒李王菩萨”的习俗。

在耒阳永济镇建有一座气势恢宏的李王宫，是北乡最有名气的一座佛教宫殿。李王宫主管耒阳北乡及衡南部分地区共大小 72 座寺庙，历史上声名显赫，其建筑亦雄伟壮观，造形独特，素有“要看天上玉皇金銮殿，南岳山上看一半；要看南岳大雄宝殿，李王宫里看一半”的说法。宫中供奉的菩萨名为李王爷。关于这位李王爷的来历，有两种说法：

一说是为纪念两宋之际抗金民族英雄李纲而建。宋徽宗时期，李纲登进士第，历官至太常少卿。李纲力主抗金，多次率军民击退金兵。由于投降派的排斥，他多次上疏陈诉抗金大计，均未被采纳，后隐居在耒阳，传播佛教理念，广施善为。李纲病逝后被朝廷追封为少师，他所隐居的庵堂改为李王宫，成为耒阳北乡地区最大的寺庙，香火鼎盛，吸引了诸多信众。

二说是为纪念托塔天王李靖而建。传说不知哪朝哪代，永济镇牛冲一货郎雨夜栖身西乡山庙，半夜被老虎吼声惊醒，正魂飞魄散之时，忽然看到庙内金光熠熠，老虎低头缩颈而退。货郎定神细看，原来是神台上天王李靖金身发出光芒。货郎恭恭敬敬向李王拜了三拜，把神像藏于货篓，请到牛冲的生阳观。后来货郎发迹，生意十分兴隆，几年间富甲一方，为感恩李王，遂斥巨资建成这座李王宫。

无论是哪一种版本，在永济人的心中，这位李王菩萨都有一种特殊的功能——护佑一方平安，因此李王宫长年香火旺盛。还有一个神奇的地方：每逢天干大旱，只要将李王从庙内抬出在附近游垌一周，并置其佛身在阳光下暴晒，不出三五日，准能天降甘露，几百年来屡试不爽。永济民间至今流传民谣：

“正二三月不抖塘，五黄六月抬李王。李王不是一甲天，天也不是一甲塘。”

这首民谣是当地方言，有两层含义：前两句是指由于人们不勤奋，在春雨绵绵的时候不注意将塘的漏堵好，导致塘里蓄不了水，到禾苗生长需要用水时，又天干，才想起抬李王去求雨；后两句是告诉人们，李王菩萨又不能主宰全部天意，只能求一次算一次，上天的水也不是像口塘那样想放水就放水，还是要少依赖菩萨，多兴建水利设施。

话虽这么说，但永济周边的人们对李王菩萨的依赖之情却始终都存在。只要出现干旱，塘里的水见底，田里泥巴开坼，这时，周边的村民就会自发组织起来，由一人牵头，先到李王宫大殿焚香跪拜，然后将菩萨塑像置于一副杆子上，并用红绸布披挂，由 4 个壮汉抬着沿周边村落逐个游走，游走时少不了燃放鞭炮和钱纸等一些仪式，游完后置于太阳底下暴晒，待下雨时再送回大殿。说来也巧，这种方法居然每次都能应验。

当然，永济的人们还是更多地依靠自己的勤奋兴修水利，科学管水，尽可能让李王菩萨少抛头露面。

抢头香

于大多数中国人而言，大年三十晚上是家人团聚在一起，围炉煮酒，守岁迎新，互相祝福的美好时光。但是，在南岳衡山及周边地区却是另一番景象：大年三十晚上刚过 10 点，南岳人几乎全家倾巢出动，早早来到南岳大庙门口，等待庙门打开，争烧新年第一炷香，俗称“抢头香”。过去，一些人为了抢头香，甚至翻越大庙红墙，于是出现了南岳衡山过年的一怪：搭梯翻墙把年拜。

所谓烧头香，主要是指除夕之夜抢烧新年头香，这种习俗在全国所有的寺庙都存在。近年来各地佛寺还相继拍卖第一炷香的进香权，盛况空前。据说一些重要庙宇，其标底已超过七位数。不少人相信在大年初一第一个将香插进庙里的香炉，可为自己带来一整年的好运。

受“南岳菩萨照远不照近”的影响，南岳人平时很少进庙烧香，但是正月初一这一天，不论男女老少，第一件事就是去大庙烧香，给南岳圣帝拜了年后，再去亲朋好友家中拜年，南岳人谓之“出天行”。据说：谁抢到正月初一的头炷香，谁就能获得南岳菩萨关照、庇佑、好运，本年度就会万事顺利、心想事成，于是形成了争抢第一炷香的习俗。大年三十晚上，在零点钟声敲响之前，南岳古镇和附近居民就带着香烛，架梯翻墙，为到圣帝殿前做好准备。大庙正殿零点钟声第一声敲响的那一刹那，鞭炮响成一片，燃烛化纸，火光冲天。

烧香之俗在中国古已有之。烧香，又称进香、焚香、拈香、捻香、告香、插香、炷香等，虽称谓不一，意义却无甚差别。大致说来，烧香可分为祭祀时之烧香和日常生活之烧香。生活烧香，主要是除臭、提神、营造特殊氛围等作用，古时用香料来熏染房屋、衣物是人们平常生活的一个方面，甚至还成了达官贵人争奢斗富的一个手段。在唐代，长安富商王元宝在床前置木雕矮童二人，捧七宝博山炉，彻夜焚香。祭祀烧香，主要是敬神拜佛供祖宗，敬各路鬼神。

新中国成立以前，南岳大庙的正门（中门）是不打开的，只有朝廷来人，才打开中门。香客烧香、游客参观都是从东川门进、西川门出。新中国成立后，人们翻身作了主人，这种情况得到改变，普通的百姓也能出入大庙正门。为了满足游客信众的要求，在相当长的一段时期内，大年三十晚10时起，大庙即打开中门，这时，古镇万人空巷，附近数县的人不远百里赶来，使南岳大庙人声鼎沸，摩肩接踵。零点钟声一响，烟花鞭炮竞相燃放，把古镇映成一片通红，鞭炮声响彻云霄，通宵达旦。

事实上，在南岳大庙，能够第一个把香插在佛前的人绝非普通人，所谓抢头香，只能是人们心理上的一种慰藉。当然，如果解读为“新年头一天烧香”的话，所有当天烧的香都是头香。

烧香的意义其实不在早与迟，而在于心之所在。在佛家看来，烧香礼佛的真实意义和目的在于表达对佛陀的尊敬、感激与怀念。去染成净，奉献人生，觉悟人生，如此而行，自然福慧具足，心想事成。同时，在烧香人看来，烧香可以以此与神灵心灵相通，将自己的心愿传达给佛祖，使自己心想事成。因此，在佛家又有“香为佛使”之说。

对于中国人的宗教心理，许多学者都有研究。梁漱溟先生《中国文化要义》中说：“中国人宗教意味淡薄，中国文化缺乏宗教。”季羡林先生也曾说：“汉族不能算宗教性很强的民族。”然而我们却可以看到这样的事实，不管是佛教的菩萨，还是道教的玉皇大帝，不论是自家的灶王爷，还是村口的土地庙，都是老百姓崇拜的对象，这在世界上其他国家是极其少见的。对此，费孝通先生有一段十分精妙的描述：“我们对鬼神也很实际，供奉他们为的是风调雨顺，为的是消除灾祸。我们的祭祀有些像请客、疏通、贿赂，我们的祈祷是许愿、哀乞，鬼神对我们是权力，不是理想；是财源，不是公道。”这段话十分敏锐地直刺中国人隐晦在其心中敬神拜佛的深层心理。

烧头香能够延续至今，说明对于现代人来说，追求好运和吉利仍然是不变的主题。

界牌火灯节

衡阳民间有个禁忌：小孩子不能玩火，否则夜里会尿床。这虽然是用来吓唬孩子的话，但他们也确实不该玩火。这个禁忌在界牌，在某个时段却可以取消，准确地说，就是在每年的农历二月初七夜，火灯节进行的时候。

火灯节是衡阳县界牌镇上一个独特的民俗节日，由村民自发组织，玩火灯祈福，所有家庭的男女老少都充分参与这项民间活动，已流传了600多年。火灯节同时也是南岳寿文化的重要组成部分，象征人们对寿佛和火神的一种崇拜，已被列为第三批市级非物质文化遗产代表性项目名录。

这个节日源于对传说中的“寿佛”的纪念与感恩。“寿佛”俗家姓周，湖南资兴人，生于唐玄宗开元时期，圆寂于唐懿宗咸通年间，自幼出家，法名全真。他寿高德懋，门徒众多，既为高僧大德推崇，在民间也影响巨大。相传他500年后转世，到明朝永乐年间，衡阳县界牌镇一带连年遭受虫灾，“寿佛”托梦给在界牌镇圣寿寺的徒子徒孙，说要火灯可以消灾。人们照办，果然虫灾消除，五谷丰登。当地人民非常感激“寿佛”，于是在每年农历二月初七他暖寿之夜要火灯，以祈福消灾，逐渐演变成为界牌镇重要民间习俗。

界牌火灯节的来历还有另外一种解释：圣寿寺之“圣”与南岳圣帝有关。相传，圣寿寺为南岳圣帝首选道场之地，自然供奉圣帝。祝融火神教化民众用火，人们敬火，崇尚火图腾，再加上汉人尚龙，为敬神，遂兴火龙，寄古朴山民朴素的期盼。

界牌的火灯节，在鼎盛时期持续时间可达月余，高峰期在二月初七夜。因为寿佛的生日在二月初八，按衡阳规矩，头天晚上要为他暖寿，因此四邻八乡的人们赶到庙宇诵经祈拜。彼时没有手电筒等现代照明工具，人们只能打着火把走夜路，由于去的人络绎不绝，人们手中的火把在夜空中形成了一条条长长的火龙，后来逐渐演变成二月初七夜的火灯节。

火灯节最初的模式确实是由火把组成。每到二月初七夜幕降临时，界牌附近按“天、地、人、和”组成的4支队伍便聚集在当地的圣寿寺大殿之前的空坪之上，总人数约300人，4支队伍分别执不同种类的火把，一般为松膏火、麻秆火、竹篾火及葵花秆火，火把必须为明火。在圣寿寺先要举行一个庄严的礼佛仪式，住持僧人引导众信徒上香祭拜后，便开始火灯的游行，由法师在前面引路，后面抬着佛像，一班乐队击鼓奏乐，4支队伍每人举着火把，把夜空照得通亮，将天、地、人、和4个地方游完后，节目便告结束。

在600余年的历史演绎过程中，这种火灯节逐渐添加进许多新的元素，如游灯的队伍变成了大众参与，据说现在队伍绵延数里之长；火灯的品种也不再是传统的火把，加进了诸多现代元素，例如光电效应等；游行中不仅仅限于火灯，还增加了其他表演，如龙灯、花灯及踩高跷等；灯的数量及悬挂的范畴也在扩大。其时，整个界牌镇如同白昼，家家户户门口高挂灯笼，沿途不时燃着熊熊篝火，各种现代化乐队也出现在游行队伍中，整个二月初七夜，界牌镇万人空巷，彻夜狂欢。

当然，其主体框架并未改变，那就是在圣寿寺的祈祷仪式与法师的引路开道。笔者了解的近年火灯节的仪式是：上香一炷，十方肃静；全场人员向寿佛行鞠躬礼；由司仪宣读火灯节意义之后宣布本年度火灯节活动开始；鸣炮；点圣火、燃烛；奏乐；上香；鸣钟击鼓；整队兴灯（火灯队伍由领队、火炬、横匾或竖幡、牌灯、大鼓大锣、旗帜、和尚、寿佛塑像、洋鼓洋号、腰鼓队、火笼、民乐组成）共9个仪程。

二月初七火灯游行之后，旧时界牌镇民间往往还要按天、地、人、和的顺序，在圣寿寺搭台轮流唱戏，月余方息。有诗云：二八开台竞曲艺，二七火灯数里长。

界牌镇的火灯节已经成为当地一个重大节日，也被列入市级非遗项目，因此每年都会由当地政府牵头隆重庆祝，诸君若有兴趣，不妨去实地感受一下。

惜字塔

宝塔，相信大家并不陌生，古今中外的名塔，有不少我们可以脱口而出，如西安的大雁塔、苏州的虎丘塔、意大利的比萨斜塔等。关于塔的用途，多数人都会背出那句“宝塔镇河妖”的台词。

其实，中国的塔主要有4种用途：一是登高望远。当塔还是窣堵坡坟冢的时候，不论从对佛的尊崇上讲，还是就其圆形覆钵的形式上说，都不宜攀登。印度塔与中国楼阁相结合，产生了这种最为广泛的用途。唐宋以后，登塔之风更盛，西安大雁塔的“雁塔题名”，成了文人学子向往的事。二是瞭望敌情。塔不但高大而且可以住歇，用来观察敌情、防御射击都能发挥极大的优越性。例如河北定县的料敌塔，在北宋时期定县是北宋与辽交界地，北宋将领们决定在城内开元寺建造舍利宝塔，甚至直接取名料敌塔。工匠们也将塔的高度修到当时的极限84米，这也是我国现存最高的古塔。当人们登上塔顶，极目四望，冀中平原的山水形势尽收眼底。三是导航引渡。由于古塔高耸挺立，很远就能看到，所以许多古塔成为港口码头的重要标志。福建福州马尾港的罗星塔，在世界地图上被列为重要的航海标志之一。福建泉州的姑嫂塔、六胜塔都是航海的标志。四是地区象征。许多古塔成为一座城市、一个地区的象征。例如延安宝塔是革命圣地延安的标志，苏州虎丘塔是江南秀丽的名片等。古塔已经成为许多风景名胜的重要组成部分。

但在衡阳，曾经有一种专门为文字而建的塔，写有文字的纸被送到这里焚化，人们相信文字可以从这里传到天上。这样的塔，各地对它的称呼不一样，有字库、圣迹亭、敬字亭、惜字宫、惜字炉、惜字塔等多个名字。它们都有相同的用途：焚化字纸。字纸是指不用的书和废弃的文稿等写有文字的纸张。不过，在惜字塔中焚化的实际上是文字，纸张只是作为文字的载体而存在。

惜字，意即珍惜文字。旧时谓文字为圣人所创，对有文字之纸，不可随意丢弃或污损。相传，黄帝史官仓颉创造了文字，仓颉也成了民间俗神，称为仓圣。史载惜字塔始建于宋代，到元明清时已相当普及。惜字塔通常建造于城镇街口、书院寺庙之内、道路桥梁旁边。有些大户人家亦在自家院内建有惜字塔。

惜字塔的基本功能就是焚化字纸，所有的惜字塔都具备焚化字纸所需要的结构。尽管各地的名称不同，建筑风格和建筑材料也有差别，但基本上都是砖石结构，塔的上部一定有通风出烟的孔道，塔的下部适当的高度一般设有投字纸的入口，在塔基部分还有一个出字纸灰的出口。

旧时人们对那些写了字的纸是十分珍惜的，在他们看来，纸上写了字，就是有了灵魂，不能随便丢弃。每年仓颉公、文昌帝君的生日，或是农历正月初九“天公生”那日，当地的学子们会在惜字塔前举行盛大的“仓颉纪念大典”，秀才及以上之人穿袍服，童生穿新衣服，读书人准备牲礼、果品，举行祭圣人的仪式。演戏敬神之后，将灰烬清出，装入木盒，随着沿路鼓乐吹奏，由文人抬至河边，行恭送纸灰入海的仪式，称为“行圣迹”或“恭送圣迹”。选择的河流是有讲究的，必须是能通到大海的河流，因为人们相信海的尽头与天相通，字纸灰应该回到天上，回到仓颉的身边。

惜字的习俗由来已久，但是惜字塔的大量修建却是明清社会的新现象。到清代中晚期，惜字习俗已渗透到民间生活的各个方面，成为普通民众日常生活的一个细节。旧时小孩受到的一条最基本的训诫就是要随时爱惜字纸，人们也会自发去街头巷尾或院前屋后捡拾字纸，送到附近的惜字塔里去焚烧，虔诚地守望着字塔里飘逸出来的青烟升往天空。无论是知书达理的乡贤，还是目不识丁的农人，都形成了一种自觉行为。

随着科举制的取缔，惜字塔也渐渐消失在人们的视野之中。

南岳大庙

“世间好语书说尽，天下名山僧占多。”这话不无道理，中国的名山大抵如此，均为僧道分别独占。但南岳却是例外，但凡去过那里的人，无论是去旅游还是去进香，都会对南岳大庙僧道共处一室、和谐共荣的现象留下深刻的印象——那里是我国少有的一处佛道共存的地方。

南岳大庙是中国南方最大的庙宇，与其他四座岳庙一样，是一座集国家祭祀、民间朝圣、道教宫观、佛教寺院于一体的宫殿式古建筑群，同时还是南方最大的传统文化博物馆和精湛的艺术殿堂。南岳大庙位于衡阳市南岳区南岳古镇北端，赤帝峰下。它有九进四重院落，占地面积12 万平方米，布局严谨，气势恢宏。南岳庙本在祝融峰上，为方便国（皇）家祭祀与民间朝圣，隋代移至山下。据《南岳志》记载，唐初建司天霍王庙，唐开元十三年（725），由唐玄宗诏建南岳真君祠，唐天宝五年（746），唐玄宗封南岳真君为司天王，于是庙制按王宫规模增修，至唐肃宗时即有相当规模。宋大中祥符四年（1011），宋真宗赵恒加封南岳司天王为“南岳司天昭圣帝”，因此，其建筑形制亦“由王升帝”，“拟然帝居”，从此成为一种“定制”，并沿袭下来。后屡经修葺，现存建筑于清光绪八年（1882）由平江举人李元度受命重修。

南岳大庙佛道共存，东侧为八个道观，西侧为八个佛寺，堪称我国寺庙一绝。

这种共存现象，据旧志载：汉武帝曾封南岳金母殿道士王谷神为太微先生，皮元曜为太素先生。到了东汉十四年，五岳十八山道士，请与佛教论理解法，汉明帝筑台于洛阳白马寺南山外，传谕道释两派斗法，南岳道士褚善信亦参加了这场斗争。相传道家筑三坛祭神，佛僧则于四侧安置佛舍利经像。道士首先宣言：“纵火焚坛，坛上的经书不会烧毁。”谁知火发，都归灰烬。而僧人这边则舍利放五色光，飞舞空中，迦叶亦飞舞天际，现出神怪。道士们打了个败仗，信誉猛降，朝野皆崇敬佛教。魏晋六朝说玄风盛，南岳便有魏夫人、九仙等踵事增华，加而宫观相望，道流大行。南朝梁陈间，惠海、慧思来南岳后，相继有十八高僧以及怀让、石头现出。特别是慧思和尚到南岳结庐为庵，与道教真人欧阳正则在朝廷打了一场官司，传说慧思佛法高强，迫使皇帝罚欧阳正则到了佛寺为执役僧，道教又输佛教。于是南岳梵宇林立，“天下名山僧占多”，禅风盛而道流渐衰。但李唐赵宋以及以后各朝，佛道两教并存不息，高僧高道，代不乏人。

民间还有另一种说法：东汉末年，道士张道陵将道教传入了南岳衡山。道教作为中国土生土长的宗教，以宣扬阴阳八卦、长生不老之术被历代帝王所推崇。唐以前，南岳是道教的天下，南朝陈光大二年（568），佛教天台宗三祖慧思大师率徒众40余人，自河南潢川大苏山到达南岳，在掷钵峰下创建大般若寺，也就是现在的福严寺。当时南岳九仙观道士欧阳正则深恐佛教立足，影响道教的地位，便纠集一帮道士向陈宣帝诬告，说慧思是北齐奸细，秘密在南岳埋藏武器，以传教为名，招兵买马，伺机起兵谋反。陈宣帝于是派使者来南岳查勘，刚到半山亭观音桥，就遇上两只老虎挡在桥头，被吓了回去。他们向陈宣帝汇报慧思有神虎相助，陈宣帝听后惊讶不已。为澄清事实，不久，慧思亲自去金陵拜见陈宣帝。后人传说慧思到金陵时，城内群众都看见身着金色袈裟的慧思从城外缓步而来，一转瞬间，慧思又从空中飞降到陈宣帝的宝殿上。宣帝极为震骇，奉为神师，礼称慧思为大禅师。这当然有些神化了。慧思回南岳时，宣帝亲率官员送至十里长亭。欧阳正则诬告慧思的阴谋破产了，按陈代法律，诬陷是要杀头的，但慧思慈悲为怀，便在宣帝面前把欧阳正则和其他道士保了下来。从此，僧道和解，南岳僧道互相团结，佛道两家共住一山，共住一庙，共存共荣，延续千年。

无论哪种版本的解释，有一个不争的事实是：和谐，才使得南岳大庙香火生生不息。

天符庙会

衡山又名南岳，是我国五岳之一，位于湖南省衡阳市南岳区。由于气候条件较其他四岳为好，处处是茂林修竹，终年翠绿，奇花异草，四时飘香，自然景色十分秀丽，因而又有“南岳独秀”的美称。

南岳风俗中最大的特点是宗教特色。南岳的庙会，每年分为三个时间段，腊八后至正月十五与赶八月，主要是与佛教有关，而农历五月的天符庙会则源于道教。

天符庙会始于唐朝。传说每年农历五月十七日为天符大帝诞辰，在此前后举行各种祀神及娱乐活动，以示庆祝，名曰“庙会”。

天符庙会由当地居民自发组织，由天符庙内的道长牵头，形成了一个紧密的班子，分工明确而又详细，既有主要的仪程，也有具体的分工，包括设祭堂做法事及抬菩萨的人员到位，可谓周到细致。

庙会于五月十四日拉开序幕。是日，由居民装扮骑马文武判官、随行差役、打路鬼等游行各街，名曰“清道”。居民围阻判官询问年景、福祸等情况，判官需一一作答，即使有故意刁难、怪题百出者，亦须巧词应付。十五开始抬神。所谓抬神即将天符殿内各神像抬出游行各街，仪仗鼓乐队随行，并配有群众扮演传统故事中的人物，居民鸣炮接送。其次序为十五日抬元帅，十六日抬判官，十七日以天符大帝为主，元帅、判官一齐抬。在抬神中还有一种插曲，名叫“打点子”，即居民请判官在自己小孩额上用朱笔点上一点，说是可以驱邪。旧时这种庙会活动纯属祭祀性质，现今庙会逐渐演变成了集武术、杂技、歌舞、表演、书法、彩灯、文物珍奇等的展览及商贸洽谈于一体的大型盛会。

当地人们热衷于天符庙会的操办源于保当地一方平安的心理需求。据传天符大帝是一位天神，主要职能是传达上天旨意，相当于玉皇大帝的手下文官，他还有一个职能就是收瘟摄毒，帮助人间祛瘟毒、保平安，所以有的地方把天符大帝列为天庭八部之瘟部正神。传说中的天符大帝有两位副将，即收瘟大将和摄毒大将，专门负责收瘟和摄毒事宜。

天符大帝的由来有多种民间版本：一是从认知角度看。古时人们对神的信仰和崇拜主要来源于自然崇拜和先贤崇拜，自然崇拜又分为天象崇拜和地理崇拜。在天象崇拜里，当人们看见天上呈现出一些类字类物的云图时，就猜测是上天给人们的一种提示或者指令。有了文字后，人们把天上类物的奇怪云图叫作“符”，把类字的奇怪云图叫作“箓”。慢慢地，人们就把这样的云图统称为“天符”，认为玉皇大帝是天上的皇帝，掌管着天庭的一切，“天符”就是玉皇大帝发的圣旨，并且是由玉皇大帝手下的某一个天神发布，这个发布“天符”的神就是“天符大帝”，属于玉皇大帝手下的文官。

二是从人文角度看。传说天符大帝是天上的文曲星转世。这个文曲星在明朝末年降生在一个农户家里。其人生性聪颖，读书过目不忘，只是时运不济，屡考不中，后来开了一个学馆，当起了教书先生。先生生性善良，不仅授学生知识，还教学生为人之道。

有一天晚上，先生做了一个梦，梦见玉皇大帝对他说：“这个地方的人心太坏，我将派人在井里投下瘟疫和毒药，把他们全部毒死。”先生醒来，吓得出了一身冷汗。天机不可泄露，无奈之下，他连夜给他的几个得意门生写了一纸短笺：“为救百姓，我先去了，尔等珍重。并请劝导百姓，千万不饮此井之水。”天亮之前，他舍身跳到井里。有两个学生最先看到先生的留言，连忙赶到井边去救先生，也都落井而亡。第二天清早，老百姓前来打水，看见井里死了人，都不敢喝井水，于是这里的老百姓一个也没有被井水毒死。

后来，玉皇大帝得知这里的百姓还活着，而且心都变好了许多，就派天神下凡调查。下凡调查的天神如实向玉皇大帝禀报了事情的经过，玉帝大为感动，为了嘉奖先生的德行，就封先生为金容大帝，封两个抢救先生的学生也为天神，一个叫“收瘟大将”，一个为“摄毒大将”。先生教学地方的天空降下五彩祥符，人们分明能够看到“天降符瑞”中有两行文字。“敬重天符，永保太平”。人们就把金容大帝叫作“天符大帝”。为了感谢天符大帝的救命之恩，当地人就在原地建庙，把天符大帝和两个副将供奉起来。

当年人们自发组织祭奠天符大帝，应是想在心理上求得安抚，企盼全年风调雨顺，瘟疫病毒远离人间。

大年初一不说话

农历正月初一是中国人的新年第一天，在这一天，民间有许多讲究，如开门放爆竹以示纳财，见面互相作揖道贺，恭祝对方新年吉祥等。这些行为的核心目的只有一个，那就是在新年初始时讨个好彩头，以使自己全年走好运。

但在衡阳的南岳一带，却有一个让人匪夷所思的习俗，那就是南岳八怪之四，“熟人见面不理睬”。具体的表现形式为：新年钟声即将敲响，所有的人便倾城而出，奔向南岳大庙，此刻，街上十分安静，人们既不互相点头说话，更不会握手拥抱，平时十分熟络的邻里街坊，抑或是同灶吃饭的父子兄弟，仿佛互不相识，他们脚步匆匆，迈向同一个方向，为的是新年第一次的朝圣。

外地人或许不曾注意到，南岳每天都有大量的香客来朝圣，拜谒祝融圣帝，他们朝圣的愿望，或求家人平安，或求子孙富贵，或求财运亨通，或求个人腾达。于外地人而言，他们希望菩萨有求必应，因此十分虔诚，但平时的香客队伍中，几乎看不到本地人。

本地人不是不去大庙烧香拜佛，而是选择的时间点与外地人不一样。原来，南岳有个说法：“南岳菩萨照远不照近。”照者，照顾也。说是南岳菩萨平时要布施四方，照顾南岳当地人主要是两个时间窗口，一是正月初一，另一个是八月初一。正月初一南岳庙大门在子时起就打开，各家各户男女老少都赶早去拜圣帝，心愿达到的去还愿，期盼更多祈福的就去许愿。

为什么会出现“熟人见面不理睬”的怪现象呢？原来，长期以来，南岳衡山人十分敬重山神（即圣帝），尤其是在迎新年的时候，圣帝是最尊贵的，因此，在新年的第一刻把心中所想在菩萨面前讲述，才是最虔诚的。故新年钟声敲响之前，南岳衡山周边甚至长沙、株洲、湘潭一带的人们便提着香烛，齐齐向南岳大庙进发，一时南岳车水马龙，水泄不通，那浩荡场景，非亲身体验不能感受。据估计，一晚下来，不少于

10 万人。为了表示对圣帝的虔诚，一路上，大家彼此都心无杂念，默不作声。此时，尽管南岳古镇人潮汹涌，但颇为安静，只听到人们走在青石板路上的脚步声。到了大庙正殿圣帝殿前，人们纷纷虔诚礼拜，向圣帝许下早已想好的心愿，但仍然一切尽在不言中。只有朝拜完毕，人们像是完成一件十分重要的事情，高高兴兴地往回走，这时，他们才会与同来的家人或同回的亲戚朋友互相道贺新年。因此，当地有俗谚云："南岳拜年真奇怪，个个嘴巴闭起来。不拜圣帝口不开，拜完圣帝再互拜。"

其实，这种大年初一见面不说话的习俗也与其他地方的习俗有相通之处。中国对新年第一天的说话有许多禁忌，我们从小受到的警示就是大年初一不许"放快"。"放快"是衡阳方言，意思是在这一天不许说不吉利的话，否则会一年不顺。从这个角度看，南岳人在初一朝圣之前相互不说话，也是一种明智的选择。

饭局中的禁忌

衡阳人在家中请客，或者是你受邀到他人家中做客，吃饭是一个重要的环节，而饭局上的讲究也很多，最常见的几种场合需要特别细心，不能出纰漏，否则就会闹出不愉快乃至反目成仇。

菜不能上三碗。衡阳人在家中请客吃饭，素有三个菜不开席的习惯，即一餐饭不能只上三碗菜。三碗菜为何让人如此忌讳呢？原来，这与我国的祭祀礼仪有关。祭祀先祖或神灵时，供品都是三三制的，三炷香、三盘菜、三碗米饭、三样点心、三杯水酒，就连祭拜礼也是三叩首、三鞠躬。三碗菜是敬祖供神的神仙菜，所以，供活人吃喝的酒桌上，是不能只摆三个菜的。另外，在有些地方，主人家打发赶喜事的乞丐，也是在大门口摆张小方桌，菜只上三碗，所以，用三碗菜来招待客人，又有施舍乞丐之嫌。最后，古人大多很迷信，因“三”与“散”谐音，有宾主不欢而散之意，所以，招待客人都不会摆三碗菜。衡阳人待客，菜的碗数必须是大于五以上的双数，一般为六、八、十等三个数，十架碗是顶级的接待规格。有的家庭主妇实在凑不够六碗菜，有时会将同样的菜一分为二装进碗中。为此还闹过一个笑话：一次某户轮供一位驻村干部，为了凑齐六碗菜，主人下了一碗面条。彼时在农村，面条尚属金贵之物，每人能夹一筷子也是一种享受，但那位城市来的干部以为是主食，一上桌便将其揽到自己碗里大快朵颐，结果弄得满桌人不高兴。

席上不坐六个人。中国的传统饭桌，就是人们此前常见的“八仙桌”，即正方形的木桌，一边坐两人，一桌共计八人，又取“八仙过海”之寓意，所以称其为“八仙桌”。上席摆的是两张太师椅（或是带靠背的高脚木椅），是贵宾座，另外三边摆的是长条板凳，是一般客人及陪客者的座席。一桌坐八个人，是很圆满的，也聚财聚气。如果是六个人，就不太好办了，弄不好就坐成个“乌龟席”，故民谚有“席不成六”的说法。所谓“乌龟席”，是指一张桌子的两侧分别坐两人，上下分别坐一人，或是上下分别坐两人，两侧分别坐一人，俯瞰如此形态像只乌龟。虽说乌龟在古代文化中有长寿的意思，但乌龟与王八同宗，很容易让人心生别扭。所以，在就座时，尽量不安排六人一桌的。

壶根酒不给客人喝。壶根酒就是酒瓶中最后几滴酒，衡阳话叫滤壶酒。旧时，在衡阳人家中做客，主人家一定会把壶中最后的酒倒入自己的杯中，不给客人喝，叫客不饮滤壶酒。这与其他地方的风俗大相径庭。一般而言，中国人把酒瓶底的酒叫发财酒，其内涵有二：一说是剩下一点点酒也舍不得浪费，能节约会积家的人定能发财；一说是酒桌上的劝酒辞，喝了这杯酒就可以发财，不喝就是和财有仇了，这么一劝，酒痛痛快快喝下去了，酒桌气氛也起来了。衡阳人不喝滤壶酒，是源于一个谦虚的前提。旧时衡阳人待客，多为自家酿的湖之酒，这种酒是从酒糟中简单过滤后得到的液体，虽经反复撇清，但存放时间久了，加之用锡壶盛好放进滚水中烫热，难免会有一些浑浊的酒糟沉淀在壶底，倒出来的样子呈乳白色，不太清爽，衡阳话又叫“落脚子酒”，若倒给客人会让客人以为对他不尊，只能主人自己喝。

筷子有五不摆。衡阳人请客时，桌上摆放筷子也极有讲究，民间有筷不摆五的说法。筷不摆五说的是摆放筷子不能摆成五种形状：一是泪筷，二是粘筷，三是横筷，四是叉筷，五是倒筷。泪筷是指上面淋了茶水的筷子，粘筷是指已经夹过菜或者炒过菜的脏筷子，主人把这两种筷子摆上桌子来，不论摆在谁的位置上，那都是不尊重客人的表现，所以即使筷子不够用了，也要洗一洗，擦干净再上桌。横筷是指平行于坐着的人横摆在桌子上，这叫“横着走”，是向客人挑衅的意思。而叉筷等于打叉子，古代吃官司的时候，才会用到这个符号。而倒筷就是筷子细的那一段指向客人，这更是严重挑衅的意思。

南岳赶八月

南岳有多种形式的庙会，其中最负盛名的是赶八月。八月也是当地居民获得财富的重要月份。民间有“南岳农民不种田，赶个八月吃三年”的说法，这句顺口溜在南岳乃至湘南地区流传了千百年，也成为外地人称赞南岳富庶的一句口头禅。这句话虽然有些夸张，但它确实从一个侧面反映出了南岳赶八月的繁荣与火爆。有人曾经赋诗一首，称道赶八月的好处：青山绿水春常在，山上山下好买卖。薄利多销财源盛，赶个八月吃三载。

南岳的赶八月是一种“香火经济”，并逐渐形成了南岳衡山一种独特的民俗风情。山神崇拜在南岳古已有之。传说人类始祖之一的祝融氏最早发明火种，并生火熟食、举火驱兽、以火御寒，其常年游栖于南岳，死后葬在衡山之阳，后人为纪念这位先祖的丰功伟绩，故名南岳顶峰为祝融峰，并逐渐将其演变为南岳衡山之神。早在西周，南岳衡山就已建祝融君祠，人们不远千里前来拜祭山神。唐玄宗于天宝年间敕封南岳山神为司天王，又将神庙改称司天霍王庙，确立衡山神的地位。之后，历朝历代每年在这里举行“庙享”，加之民间的祭祀，形成了定时的香火期。祭祀山神分为特祭和定期二种，前者是在国家进行重大活动时，由特遣使者前来主持；后者则是在立春、立夏、立秋、立冬四个节气由地方官主持举行。宋代南岳山神被封为司天昭圣帝，并且这位圣帝神的后妃被封为景明皇后。宋代的祭祀活动改为一年春、秋二祭，规模比以往还要大，前来朝拜进香的善男信女不断增多，史载“环岳庙之左，烟户如鳞，每岁谒庙焚香士女云集，日可千百计，而工贾无业贫民之就食者纷至沓来”。元代以后，来南岳朝圣的人更多，最终形成了南岳独特的香火文化。

到了民国时期，南岳祭山神的影响已经遍及华南，每年进香者以数十上百万计，特别是农忙后的秋季，农历七、八、九月份，其中尤以八月为盛，四面八方来南岳进香的人如潮水般涌来，成群结队，络绎于途。这段时期，南岳人山人海，商贾云集，个体游贩走街串巷，交易十分活跃。徜徉于南岳古镇大街小巷，但见长长的摊位上，香、炮、烛、纸钱应有尽有，南岳圣帝、观音、财神等各种各样的菩萨、神龛琳琅满目，玲珑小巧的工艺品、装饰品、玩具令人眼花缭乱，各式各样的乐器随处可见，卖二胡的边走边拉，卖笛子的边吹边走，大街小巷丝竹满耳，更有豆腐脑、凉粉等风味小吃十步一担、五步一摊，价廉味美，很受欢迎，南岳喇叭叫子、算盘子、笔筒子、胡椒碾子、中药材等传统产品无处不有，邵阳的小五金、皮革制品等街头随处可见，衡山、衡东等周边县市的农民挑着水果，挤进八月香期市场，所有这些组成一支浩大的叫卖大军。全国各地数以万计的客户拥入南岳经商交易，南岳一时客商云集，人潮如汹，当地人借助天时之机，地利之便，纷纷开店子、租房子、跑车子等，称之为“赶八月”。

南岳赶八月的繁荣当然源于香火兴旺，而许愿遂心又是香火兴旺的重要原因。从古至今，香客遂愿的故事在衡山屡有所闻，神乎其神。平民先且不说，历史上有许多名人都与南岳有缘，他们在南岳进香遂愿，无疑为南岳圣帝菩萨做了鲜活的广告，南岳山神“有求必应”更是声名远播。曾经影响中国近代史进程的曾国藩，在他很小的时候，他的父亲到南岳圣帝前进香抽签，签词说：“双珠齐在手，光彩耀杭州。”几十年后，曾国藩考取了进士，做了官，和他的弟弟曾国荃统领湘军在江浙一带镇压太平天国成功，深得清朝廷赏识。他写给其弟的家书中说：我与你赴浙江，是不是应了父亲50年前“光彩耀杭州”的签？因此他非常感谢南岳山神，先后捐了4万两黄金，还有巨额白银，并特意从老家修了一条石板路从湘乡经衡山后山直通祝融峰，这条被称为“岳路”的麻石古道至今犹在。

南岳的香火期是香市和商市大发的时候。所谓“赶八月”就是香客“赶”朝圣、商贩“赶”生意。每逢这一时期，整个南岳古镇店无虚设，座无虚席，晨钟暮鼓夹着鞭炮喧哗，沸沸扬扬。南岳镇现有居民仅3万人，而来此进香的外地游客最高日流量多达10万人以上，于是南岳古镇形成了家家是旅社、户户为客栈的局面。赶一届八月比种三年田的收入，绝对是多得多，因而形成了南岳延续数百年不衰的一道特殊风景线——香期客栈。

在来南岳旅游的客人中，香客占了很大的比例。这些香客大多是来自农村的低消费者，但又是固定且带有连续性的消费者，父亲带儿子来南岳朝拜，儿子又带孙子来南岳进香，这样祖辈相传。这些香客的经济条件有限，生活要求也很低，于是一种价格低廉、设施简陋的临时性营业旅店——香期客栈就应运而生了。每到传说中观音菩萨生日的这一天前后，南岳古镇四街、北支街、半边街、汽车站大庙后的居民及山上山下各大寺观僧道便腾出房子，架起简易床铺，开始营业接客。他们的规模有大有小，小的三五间房一二十个床位，大的达四五十间房二三百个铺位。

赶八月固然以庞大的香客市场为主，但八月也是南岳避暑的极佳时节，近年来这里度假的人数日益增多。从某种意义上讲，南岳赶八月，也是僧、道、俗三足鼎立，僧道占尽“天时、地利、人和”之势，生意火爆，民间则各施手段，争取客源，各种吸引客人的花样日渐翻新，因此，赶八月的内涵正在改变。

板桥荷花灯

衡阳人过中秋，除了赏月咏诗切瓜品酒外，在常宁，还多了一个放荷花灯的节目，这便是板桥镇的荷花灯会。

板桥镇是常宁市管辖镇。东隔舂陵水与耒阳市为界，南与桂阳县相连，西与祁阳县接壤，北濒湘江与祁东、衡南二县相望。这种特殊的地理环境，衍生了这种特殊的荷花灯会。

与别的地方不一样的是，每逢中秋，当地百姓如过年般的重要工作便是制作荷花灯。到了此时，妇女们便会使出看家本事，操刀的操刀，剪纸的剪纸，折花的折花。贴、糊、扎，一舞一转，左折右剪，经过一番劳作，那些何仙姑显神通、十二生肖、七仙女等一盏盏荷花灯便惟妙惟肖呼之欲出。

到了十五日傍晚，荷花灯队便会出现在大街小巷，届时，全镇可谓万人出动，家家燃放鞭炮、焚香祷告迎接荷花灯会队伍。荷花灯队的阵势蔚为壮观，前头由锣鼓开道，接着是舞狮队、七仙女队、彩花队、腰鼓队；然后是四盏大花灯，寓意祈福四方；接下来是观音座莲台、四十一盏荷叶灯，寓意四季一帆风顺；玉兔随后，寓意节日团圆；最后是挂有日月星辰的梭罗树，寓意宇宙无垠。其间穿插“蛇蜕皮”“笋脱壳”等要灯花样。那场面确实令人眼花缭乱：五颜六色的荷花灯由 41 个童男童女舞着随队前行，连成一条长龙，蜿蜒至天际；玉兔跟后；一棵梭罗树上悬挂日月星辰，灿若星空；由民众装扮成的《桃园三结义》里的刘、关、张，和《西游记》里的唐僧、孙悟空等人物鱼贯而行。还有老人小孩手提自制的十六角小荷叶灯和带有五谷丰登、团团圆圆等美好祝愿字语的灯笼游行队伍。

灯队在大街小巷中穿行，每到一处，锣鼓声、爆竹声、欢笑声声声入耳。队伍从关帝庙出发，一家家热闹下去，直到走遍每一条街巷，最后才来到临河码头将荷花送至水中央，在河上形成一道“纸船明烛照天烧”的壮观景象。礼成后已近子夜，人们渐次散去，荷花灯亦随河流漂向远方。

板桥荷花灯会已有1800余年历史，每年中秋傍晚，板桥当地男女老幼会聚一起，舞起荷花灯，队伍从关帝庙出发走街串巷，吸引着四面八方的人们前来观看。

板桥荷花灯的历史有两个传说：

一说源自东汉末年三国时期，是为祭奠关羽之英魂，感念云长之忠义。当时，此地属桂阳郡，尚无“常宁”郡县之称。板桥附近有位徐姓强人在周边石山立“徐家寨”，打家劫舍，奸淫掳掠，百姓叫苦不迭。公元213年，孔明督军西进，关羽率军途经此地，定计攻破山寨，为民除害。后来，关羽总督荆州事，镇守南郡、长沙、永州、武陵、桂阳五郡，被封襄阳太守、荡寇将军，为蜀国“五虎上将”之首，百姓多受其恩泽。公元219年，东吴吕蒙偷袭荆州，关羽腹背受敌，败走麦城被杀，一缕阴魂不散，附身吕蒙显圣而亡之，后飘至玉泉山，经普净法师点化，皈依佛门，修成正果，化作伽蓝神。板桥百姓闻得关羽事后，感念其恩义，集资修建关帝庙，于夜晚降临时，荷叶上点灯，顺水而放，寄托思念，悼念关羽。板桥荷花灯就此代代相传。

二说是明末清初，瘟神来到了人间，看到板桥如此美好，顿生嫉妒，施展妖法散布瘟疫，导致五谷不生，六畜死亡，百姓遭殃。这时，八仙中的何仙姑正好路过，见此灾难，便落下云头变成一位俏姑娘，高高举起手中荷花，顿时光芒四射，杀死瘟神。这天正好是农历八月十五。每年这晚，板桥家家制作荷花灯，人人模仿何仙姑高举荷花灯，围着湾前湾后转，屋里屋外转，驱瘟赶晦，保佑平安，感谢何仙姑恩义。

从此，一年一度的板桥荷花灯会成了当地盛大的民间习俗，名扬五湖四海，承关帝之义、感仙姑之恩，后又添加十二生肖、七仙女等民间元素，吸引数万民众从四面八方蜂拥前来参与、观赏，延续至今。

无论是哪一种传说，荷花灯的基本要义是表达人们祈祷社会安宁，人寿年丰的一种诉求，也通过这种形式，把和谐的因素传递到千家万户。

瑶族谈笑

衡阳地区的常宁塔山是瑶族居住最集中的地方，在日常的生活起居中，瑶族人民也形成了自己特殊的习惯，谈笑便是其中之一。

谈笑是瑶族特有的一种民间曲艺形式，流传于常宁、祁阳、新田、桂阳等县瑶族聚居的地方，为瑶族“坐歌堂”习俗的组成部分。谈笑，顾名思义，就是谈谈笑笑，说说唱唱。虽强调“谈”“笑”二字，但还是以唱歌为主，以歌交流，以歌逗笑，并且伴以动作来活跃气氛。人们要通过歌词抛出问题，或者回答对方的问题。在唱歌过程中，常使用一些诙谐的唱词，夹些故事、说白、笑话，或穿插一些有趣的动作，使对方束手无策，一时难堪，从而引起满堂大笑。在“谈笑”过程中，也常有一方确被难住、无以对答的情况，若处此境况，则会另有人出来帮腔，不致冷场，使得活动顺利进行。

歌曲融入了瑶族人民的生活之中，清代诗人屈大均曾有“瑶俗最尚歌，男女杂沓，一唱百和”的文句，充分显示了瑶族对于唱歌的钟爱。

谈笑一般在过节、喜事或者休闲娱乐、节假日举行，由一个人主持，主客双方用茶歌、酒歌、历史歌、故乡歌以对答，其间插入说白和笑料。谈笑的曲调一般以平腔瑶歌“甘宗”（讲歌）为主。谈笑一般进行一两个晚上。若进行得顺利愉快，歌逢对手，偶尔也有接连五六个晚上的。参与谈笑的歌手一般需要相对较为陌生，且男女相互搭配，年龄相仿，以保证对歌交流不存在障碍，能够顺利进行。

瑶族谈笑的歌曲主要包括谈笑仪式、爱情和婚姻方面的内容。大致分为三类：首先是礼貌仪式主题类，包括迎客进乡歌、双方谢主歌、敬烟歌、相会歌、敬茶歌、盘问歌等；其次是爱情姻缘主题类，包括思念歌、心想歌、心愁歌、留心歌、拆姻缘告心歌、出嫁歌、姻缘歌、送首饰等；最后是离别主题类，包括饮酒歌、过更歌、离别相送歌等。按照这种分类逻辑，谈笑存在一定的进行逻辑，循序渐进，一般第一个晚上是由陌生到熟悉的过程，主要唱迎接进乡歌、看花歌、采花歌、思念歌、过更歌，第二个晚上唱重点的姻缘歌，第三个晚上唱桃源洞歌、梁山伯与祝英台、云梯歌等。

瑶族谈笑的歌曲根据唱作者随着对歌程序和自身的情绪而有发挥的空间，这是谈笑的活力，也是其艺术魅力所在。但是其腔调随着其程序也存在差异，大体有两个曲调，即平腔（岗介）、高腔（赶棕）。平腔用于谈笑进行过程中，高腔用于送客离乡之时。

因其艺术性和趣味性，瑶族谈笑的社会功能比较突出。首先是社会团结，不时的聚会、交流促进了人们之间的联系，利于社会团结；其次是加强男女青年的交流，在无形中成就了美好的姻缘；最后，谈笑的传唱，促进了瑶族文化的保护与传承，使之更具活力，也在良性的传承环境中，丰富了瑶族人民的日常生活。

石市竹木雕

人类是从森林中走出来的，自然与竹木有着特殊的情缘。由于制作工艺的提高和人们审美心理的需要，日用的竹木制品就演化分解为日用品、日用工艺品和单纯的欣赏品等三类，后两者是收藏的主要对象。衡阳县石市的竹木雕则是地道的第三类，其产品蜚声海内外。

竹木雕是我国历史悠久的民间美术品种，所以竹雕在中国也由来已久。竹雕也称为竹刻，是指在竹制的器物上雕刻出多种装饰图案和文字，或用竹根雕刻成各种陈设摆件。竹雕成为一种艺术始自六朝，但直至唐代才逐渐为人们所识并喜爱。竹雕到明清进入鼎盛期，竹刻家们精湛的雕刻技艺超越了前代，涌现了“嘉定三朱”等诸多竹雕大家。

石市镇是中国民间文化艺术之乡。该镇文化底蕴相当厚重，民间艺术代代传承，其竹木雕工艺源远流长。有史料表明，竹木雕始发于秦汉之前，长沙马王堆汉墓出土的木雕中就有石市木雕艺人的作品。到了两宋，石市镇从事竹木雕的人越来越多，明清两代是竹木雕工艺发展的鼎盛时期，石市镇从艺人数之多，创作内容之丰富，形式、品类之多样，艺术成就之高已相当可观。

石市镇的竹木雕之所以历代如此兴盛，其原因是该地地处衡阳、衡山、双峰三县接界处，境内山高林密，具有得天独厚的竹木资源，原料品质极佳，不仅厚度比一般竹子大，其直径亦大，最粗的竹筒宛如两个小水桶。加之这里“宜耕田亩甚少，丁壮多富余，事雕艺者众”。当然，这也与石市人民的聪明才智和心灵手巧分不开。

石市镇的竹木雕，题材、刀法、造形、审美等方面都具有自己的特色。题材大多取自佛教文化和山海经等神话故事，如“嫦娥奔月”“女娲”等，不仅刀法细腻，线条流畅，洒脱大方，而且造形奇巧，形态逼真，栩栩如生。

石市竹雕工艺流程比较复杂，创作一件竹雕作品有一套完整的程序。首先是选材。这道工序十分讲究，古人曾用“取材幽篁体，搜掘同参苓”的诗句形容选材的不易。金西奎《刻竹小言》曰：“刻竹用材，毛竹为上，以其体硕而质坚也。”竹雕艺人选材一般是在冬季，选用的是生长在山地背阴处，表面光滑、平整、色泽纯净的竹子，那些表面有擦伤和裂缝的不能使用。备选的竹子以生长三年时间，皮肉坚厚的毛竹为最佳。这种竹子结构细密，干燥处理时不易爆裂。在运竹子的时候，不能滚动和水上运输，以免损坏竹子的表皮。

其次是备料。先用竹刀和细齿锯将竹子刨开，俗称“开片”。再进行水煮处理，目的是使竹材能保持色泽、防止虫蛀。然后将煮过的竹子坯料进行干燥处理，干燥的方式要根据需求，可以晒干或阴干。

最后是进入雕刻。其具体步骤因使用的雕刻技法不同而略有不同。以线雕为例，第一是起稿，用墨线勾画需要雕刻的图案轮廓。初学者是先在拷贝纸上临摹著名书画家的书画稿，再用糨糊将其贴在竹坯表面，阴干后就可以奏刀。雕刻多层次作品时，要根据雕刻层次的先后多次贴画稿。第二是用斜口刀刻出浅浅的人物面部五官的轮廓，用四棱刀划出丝丝细发和须眉，细纹是用刀来回带出，粗纹在墨稿线条两边铲边后，用小号平口刀轻轻铲平线底，不能留下三角底。转折的地方为了获得传统的一方一圆的雕痕，可用小号圆刀一刀带过。第三是用平口刀凿刻印章，用斜口刀刻款。第四是对作品进行整体调整，打磨出光泽。

竹雕用的工具主要有锯子、刨子、锉刀、刮刀、钢丝锯、砂纸等。具体是：竹刀，用于刨竹子；细齿锯，用于锯断竹子；薄刃刮刀，用于刮去表层青筠；平口刀，又称方刀，主要用于铲地、铲线；斜口刀，用作雕刻细致之处，及铲边和细刻；圆口刀，又称“拳刀”，可用于多种技法的雕刻和铲地；四棱刀，用于细刻人物毛发、细小文字等；凿子，分平口凿、圆口凿，用于浅浮雕、深雕、透雕和圆雕；棕帚，俗称棕老虎，用棕丝扎成，在作品完成之后的清理、控拭和制作拓片时用；夹具，雕刻扉骨时使用。工欲善其事，必先利其器，有了工具之后，还要学会保养。最基本的就是磨刀，磨刀要备粗细磨刀石，运用好手臂和手腕的力量，要领是“手稳、力匀、路直”。

石市因与衡山接壤，因而其作品颇有些佛教元素，在众多的同行中独树一帜。

草市灵山庙会

赶庙会在中国已有逾千年历史，最早可追溯到东汉时期。彼时，佛教开始传入中国。同时，这一时期的道教也逐渐形成。它们互相之间展开了激烈的生存竞争，在南北朝时都各自站稳了脚跟。而在唐宋时，则又都达到了自己的全盛时期，出现了名目繁多的宗教活动。如圣诞庆典、坛醮斋戒、水陆道场等。佛道二教竞争的焦点，一是寺庙、道观的修建，二是争取信徒，招徕群众。为此在各自宗教仪式上均增加了媚众的娱乐内容，如舞蹈、戏剧、出巡等。为了争取群众，佛道二教常常用走出庙观的方式扩大影响。早期庙会仅是一种隆重的祭祀活动，随着经济的发展和人们交流的需要，庙会就在保持祭祀活动的同时，逐渐融入集市交易活动。这时的庙会又得名为庙市，成为中国市集的一种重要形式。随着人们的需要，又在庙会上增加娱乐性活动。于是过年逛庙会成了人们不可缺少的内容。但各地区庙会的具体内容稍有不同，各具特色。

中国的庙会可谓五花八门，数量可达上千种，光灵山庙会就有近百种。很多庙会的叫法虽然相同，但各具特色。衡东境内草市的灵山庙会，尤具浓厚的地方特色。

衡阳境内的草市镇也有一个叫灵山的地名，是南岳衡山山系之外的一座丘陵小堆。有书说是“七二名峰外，灵山别有天”。灵山位于草市街首，洣河、永乐江汇合处，高不过百余米，长不过百丈，山虽不高，因仙而名。据《灵山志》载：秦朝原名麟山，以“山如麟”得名。至汉三侯（绍德侯、衍德侯、协德侯均为中山靖王胄）为“免五季乱，奉母偕隐于此”，“兄弟坐石成真”，“邦人立庙以祀，祈无不应”，遂易名灵山。

灵山山似铜钟，孤峰独秀。山顶于后唐同光年间建有灵山庙，由山门、河厅、戏台、行宫、僧舍等组成，千百年来，几毁几建，香火经久不衰。原庙坐西向东，庙南建有灵山神行宫，行宫右侧为草市古戏台。

灵山庙左侧有明万历三十七年（1609）由本地一谭姓举人创办的中洲书院。在灵山庙北东侧仍保留有一片原始次森林。千年古树枝繁叶茂，灵山泉水叮当，山下渔歌晚唱，远眺群山叠翠，洣水如画。明代诗人张治在《草市灵山庙》一诗中咏道："登临犹不倦，依杖更山扉；旧壁龙蛇落，空堂蝙蝠飞。云香流别涧，树影动深矶；便欲招山侣，青衣振羽衣。"清代诗人刘诏升在《草市灵山》诗中写道："市临江浒渡头喧，峭壁高悬古庙存；客舍酒楼连画阁，一湾回抱俨孤村。"

草市因灵山有名，灵山因庙有名，灵山庙因举办庙会更有名。庙的由来有两种说法：一说是五代时汉中山靖王后裔刘氏三兄弟奉母命偕隐江南，以此山作为隐居之所。后坐化于山石，乡人异之，立庙奉祀，是为灵山庙。二说灵山侯是炎帝时期重臣，他生前辅佐炎帝为百姓做了不少好事，死后葬于衡东县草市境内的灵山，乡人为了纪念这位重臣，自发举行丰富多彩的纪念活动。

灵山庙会主要是基于第二种说法，为纪念炎帝时期重臣灵山侯而兴。农历九月十三日是灵山侯生日，乡人为了纪念这位重臣，自发在每年的农历九月十三日至二十四日，连续举行10天的纪念活动，附近的洣水、永乐江流域乡民每年都会自发献戏，唱戏在30场以上。庙会期间，十里八乡的乡邻以及游客前来灵山忆乡愁、品乡情，观看唱戏、祝寿、祭祀、舞龙舞狮等文艺表演活动。

草市灵山庙会今天仍在继续，但已被赋予了新时代的内涵元素。

南岳庙会的演故事

中国人喜欢做庙会，也热衷于赶庙会。在中国，从南到北，从东到西，从春到冬，有各种各样的庙会。但凡庙会，又少不了搭台唱戏。但衡阳南岳的庙会，演戏却别出心裁，将演员与舞台移到观众中间，产生互动效应。

但凡去过南岳的人都知道，南岳的庙会有两大盛事：一为演故事，一为进香。演故事是当地习惯用语，又分为抬故事与地故事。抬故事是指演员被抬着演出，否则为地故事，统称抬地故事。无论是抬故事抑或是地故事，都是寓宗教信仰与娱乐于一体。其具体内容有以下几个：

三星点吉祥。三星点吉祥活动是南岳庙会的序曲。每届庙会开始之前，庙会组织者会邀请当地福寿双全的名人及要员装扮成福、禄、寿三星，在大庙正殿圣帝像前为前来赶庙会的少年儿童额头上点三点朱红。古代人们认为，朱砂点红辟邪，消灾消难，小孩易养成人。从中药学角度看，这种点红或许还是有其科学根据：朱砂甘寒，归心经，有镇心安神、清热解毒之功，主治心神不宁、心悸、失眠、惊风、癫痫、疮痈肿毒、咽喉肿痛、口舌生疮等。现代医学研究表明，朱砂具有镇静、催眠、抗惊厥、抗心律失常作用，能降低大脑中枢神经兴奋性；外用又可抑杀皮肤真菌。其所含的硫元素是体内蛋白质及一些酶的组成部分，微量元素硒和锌能提高人体的免疫功能，有抗衰老和抗慢性病作用。

设卡问判官。判官是阴间的官员。在中国传统文化中，冥府文武四大判官一直都非常神秘，倒不是说他们的身份神秘，而是他们的存在本身就让人非常好奇。地府四大判官长得凶神恶煞、阴险狡诈，但绝大部分都属心地善良、正直之辈，职责是判处人的轮回生死，对坏人进行惩罚，对好人进行奖励。南岳庙会期间，这些由人扮演的判官会出现在人群之中，由于判官是掌握生死大权的人物，故大都由当地才华出众的名士装扮。老百姓平日对他们敬而远之，但到了庙会期间，观众纷纷拦道出题考问判官，大凡地理天文、历史掌故、民情风俗、时政大事，无所不包。庙会进行时，文判官坐轿，武判官骑马，古装打扮，文、武判官首先从南岳大庙向古镇进发，沿途设有多道关卡，在那里会被拦下接受盘问，故曰问判官。判官对一般的考问往往对答如流，但是，群众精心设计的难题也常会问得判官们瞠目结舌。碰到这种情况，文、武判官就会被拉下轿或马，或罚唱一段花鼓小调，或当场作一首小诗，等到观众评议合格后，才能重新坐轿骑马，继续闯关。

竞技演故事。这是庙会的高潮。抬故事及地故事在某种意义上讲有些类似于多花样大集合游街，也是南岳一种独特的民间表演艺术，民谣形象地称之为“别的戏唱台上，我的戏走街上”。抬故事是由各个团体组织装扮成古代戏剧人物，如杨家将、岳家军、《西游记》、《白蛇传》里的人物等，伴随着锣鼓、音乐、舞蹈、龙灯狮子等，用高台抬着或用汽车拉着沿南岳镇各条大街前进。这些团队抬着精制的道具，边走边演，走一街演一街。演出队伍有“锣鼓亭”相伴，胡琴唢呐、铜锣小鼓吹吹打打震天响。彼时由于有多个团队汇集于此，各团队为吸引观众，都在暗中较劲，你一场我一场各自使出十八般武艺，令观众眼花缭乱，开心不已。

昆帽峰接菩萨

在常宁昆帽峰的周边村庄一直流传着一种独特的民俗：接菩萨。每年六月初一，对于白沙镇徐州村、上游村、红卫村、茅坪村的村民来说是个尤为盛大的日子。在这一天，不管大家离家多远，在外多忙，都会从四面八方赶回来，只为了一年一度的盛会——接菩萨。

昆帽峰本身就大有来头。该峰矗立于大义山中，据传是南岳七十二峰之一，海拔 509 米，因其酷似大义山的龙头，古称龙头峰，与大义山龙身主峰牛迹石、龙尾至圣寺遥相呼应，浑然一体，形似一条巨龙。明朝正德时期，皇帝朱厚照游江南时，沿舂陵河而上，距常宁城东 60 里处，至阳嘉洲，仰望大义山，见巍峨绵绵，翠绿福地，好一派锦绣江山。不远处，有一峰突傲众岭，直插云霄，峰顶有庙，犹若毗卢帽，又与南岳祝融峰毗邻，当即豪情大发，金口一开，御封“昆帽峰”。随后朱厚照登上昆帽峰，但见古刹岸然，视野千里，“北瞻衡岳，南望九嶷”，层峦叠嶂，云海翻腾，田园瑰丽，河山锦绣，万千气象尽收眼底，故慨曰：“如此异峰古刹，邑人之福也。”即兴而书下“乾坤皆到眼，日月正当头，果是名山”14 个大字。

被村民盛情迎接的菩萨，亦有一个美丽的传说，相传在明朝时期，有徐氏、曾氏、谢氏 3 人相约，一同到昆帽峰砍柴割茅。突然，有 3 尊木刻的菩萨从茅草中蹦出来，3 人认为是天意，这几尊菩萨一定能保佑他们人兴财旺、子孙发达，当地风调雨顺。于是，3 家人共同出资出力，将 3 尊菩萨供奉在昆帽峰顶庙里，尊为昆帽仙王。每年徐氏、曾氏、谢氏都会带着自己的子孙到昆帽峰烧香还愿，感谢昆帽仙王的庇佑，此后当地果真风调雨顺，3 家子孙也兴旺发达。为答谢菩萨保佑，便有了每年接菩萨下山的习俗，几百年来从未间断。

3 个姓氏共同约定，在每年农历六月初一这一天，轮流由一个宗姓负责把菩萨从昆帽峰接下来。接菩萨的仪式极其庄严。每个姓氏在轮值的当年，先要扎好菩萨乘坐的轿子，轿子必须裹以红色绸缎和黄色幡带，抬轿的6位轿夫须是村里口碑较好的人，由宗族中有名望的长者带领上山去迎请，迎接的所有人头天要沐浴更衣，赶在凌晨4点前抵达庙内，在一番上香鸣炮并由师公念经作法之后，村民行跪拜之礼，将菩萨请上轿，5点从庙内发轿，1小时后须到村里。

菩萨所乘坐的轿子，需要在3个村周游一遍，在菩萨经过的沿途，会有各种护神接神队伍，龙狮腾舞、锣鼓震天，村里男女老少都身着盛装聚集，参加“接菩萨”。在各个村游行后，再把昆帽仙王的神像安放在村里的祠堂，供奉一个月。

接菩萨的这几天，是3个姓氏共同的节日，盛况空前，除了本地的村民家家要备供品外，远嫁在外的女儿及在外经商或求学的男人，也会在这几天千方百计赶回参加这一盛典，周边的信徒和香客也会前来烧香许愿。因此，每年的这个时候，3个姓氏家家宾客满座，一派繁荣的节日景象。

人体龙舞

中国人对于龙的崇拜可谓登峰造极。封建时代龙作为帝王的象征，也用来指和帝王有关的东西：龙颜、龙廷、龙袍、龙宫等。在普通人的心目中，龙是至高无上的，既能呼风唤雨，又能保佑社会安宁。概括地说，龙是中国神话中的一种善变化、能兴云雨、利万物的神异动物，传说能隐能显，春分时登天，秋分时潜渊，为众鳞虫之长，四灵（龙、凤、麒麟、龟）之首，后成为皇权象征。历代帝王都自命为龙，使用器物也以龙为装饰。《山海经》记载，夏后启、蓐收、句芒等都乘雨龙。另有书记颛顼乘龙至四海、帝喾春夏乘龙。前人分龙为四种：有鳞者称蛟龙，有翼者称为应龙，有角的叫虬，无角的叫螭。上下数千年，龙已渗透了中国的文化，除了在中华大地上传播承继外，还被远渡海外的华人带到了世界各地，在世界各国的华人居住区或中国城内，最多和最引人注目的饰物仍然是龙。

为了表示对龙的敬仰，民间有许多方式用来表达这种虔诚，其中舞龙是最常见的一种。中国民间舞龙，也极尽想象之能力，把理解中的龙，用五彩斑斓的颜色和千奇百怪的材料，活灵活现地展示在现实生活中，我们略加统计，就会说出诸如草龙、布龙、纸龙和滚地龙等十数种不同材质和不同名称的龙来。但衡阳常宁境内的人体龙，估计是国内为数不多的特殊造形。

人体龙舞是常宁胜桥最具地方特色的传统舞蹈。传说龙能行云布雨、消灾降福，象征祥瑞，胜桥古人因此以人身搭龙形组成人龙，起舞祈福，祈求平安和丰收。该地的人体龙舞，是在清雍正年间由当地人根据少数民族舞结合家传龙狮舞，以人舞和龙舞合一，自成一派。自那时起，每逢节日，村里都会耍人体龙舞。在清咸丰年间，又在原有基础上，再加以创新，演变成当地的一种习俗。

所谓的人体龙，即整个龙的造形全部由一个个真正的活人组合而成。人体龙的构成分为三大部分：龙头、龙身、龙尾。整条人龙惟妙惟肖，栩栩如生。

与其他舞龙的方式一样，龙身前有一位引龙者，起舞时，他用点燃的香插在斗笠上为“龙珠”，在前面走动引路，珠走龙随，腾挪摆舞，这样就形成了胜桥的“人龙舞”。胜桥人龙舞彪悍古拙，它不着盛装，起舞由兴，长短由人，沿街庆演，以民为乐，具有丰厚的乡土气息。据传，人体龙舞起源于明代，盛行于明、清，几百年来传承至今，现已被列为衡阳市非物质文化遗产。

人体龙舞讲究人与龙的形神合一。开始表演之前，锣鼓喧天，鞭炮齐鸣。人龙舞的参演者需按照规定顺序站位，坐在肩上成后躺姿势，形成一字游龙的姿势排开场面。龙身像铁链般环环相扣，浑然一体形成坚不可摧的龙身。龙尾需要选择一名腰力过硬的孩子双手上举，并合掌成为龙尾。人龙舞的龙头与龙尾，首尾之间相互呼应，龙头前面引龙者需要手持龙珠进行引导，伴随着激昂的音乐，人龙开始按照规定走八卦、穿九宫、跃龙门，转而金龙吐雾、龙身叠舞，整个过程堪称一气呵成、精妙绝伦，令观看者叹为观止。

常宁要人体龙舞，也和其他龙舞一样，有仪式讲究，舞人体龙前一般会有出龙祭祀仪式，之后还有舞人龙的收龙净坛仪式。用人体组合舞龙，把对龙的图腾意境上升到了一个新的高度，可惜现在已不多见。

刘三庙的传说

世界上许多风俗习惯的形成，与当地的地理环境有极大关系，衡阳人八月十五朝拜的刘三庙，就是如此。

湘江在衡阳境内婉蜒而行，产生了一段一河跨三县的特殊地理位置，常宁的大堡、祁东的河洲与祁阳的九洲，便是交界处的三个犄角相望的集镇。由于水势的流转，大堡街附近的湘江河中形成了三个洲：在上游的叫落排洲，归祁东县；在中间的叫九洲，归祁阳县；在下游的叫麻洲，归常宁市。与大堡街一水之隔的祁东德才村内有座刘三庙，据说求财极其灵验，每年的农历八月十五日，会吸引众多香客前来烧香朝拜。

说到刘三庙，当地人都会滔滔不绝地介绍一个精彩的传说。

这个传说首先与大堡古镇的地理位置有关。由于古镇居于湘江要塞，早在三国时期，大堡码头就已形成。大堡所在地正是湘江河道由弯到直，由窄变宽，水流由急到缓，滩涂从无到有之处，逶迤十余里。这个地方，上可观九洲，下可观麻洲，视野开阔，极目远眺，水阔天空，山水一色，山峦起伏，遍野青翠，景致秀丽。不用怀疑，从古到今往来于湘江的游客，只要来到这里，都会有一种冲动，或泊船上岸休整一番，或放松一下，或欣赏一下景物。经过千百年的历史洗练，大堡已成为一座人气很足的滨江小镇，青石板的两旁，一边是依水而立的木桩吊脚楼，一边是傍山而建的木板房，住在这街上的人，有长年盘店经营的小商人，有泊船靠岸、在此借宿一晚的过客，也有见过洞庭湖大风大浪的老江湖。不说灯红酒绿，莺歌燕舞，倒也绝对人潮涌动，人声鼎沸。

话说北宋年间，杨文广奉命征剿广西壮族起义军，被困柳州城，向京师求援。朝廷命刘三将军（河北人）增援，限期赶到。刘三于是雇船溯湘江而上，暮至麻洲和大堡时，只见大堡街上灯火通明，人声鼎沸，疑已至柳州城。再上行至德才村时，遂问船夫现至何处，答曰：九洲。由于船夫是当地人，操一口浓厚的祁阳话，北方人刘三误听为柳州，加之靠岸处街市繁华，商铺林立，刘三将军便深信不疑，把九洲当成了柳州，当即弃船登岸，朝大堡街突奔而来，进入街中，才知犯了大错，待返回江边，船只已去，他羞愧难当，投江殉国。当地群众感其忠义，便为其在离江边500米的山上挖穴下葬。下葬当天，在他身亡的江边烧纸钱，但烟却从坟穴处冒出，非常奇异，于是居民便修一座小庙以示纪念。

到新中国成立前夕，九洲村一穷苦人在地主家打工时偷了一点粮食，地主发现后便要处死他，他连夜躲到小庙，并许诺只要活命，定当报恩。后来，这人不仅活命还发了财，于是捐款重修刘三庙。之后刘三庙香火不断，名气远扬。大堡每年农历八月十五都有许多人前去祭拜。

特别的乡村放灯

衡阳民间过年有“大年三十夜的火，正月十五晚的灯”，意即年三十晚上家家户户要烧火守岁，正月十五夜里男女老少要放灯驱邪。

元宵节的衡阳人也免不了与全国大多数地方一样，有一番吃元宵、放花灯、猜灯谜的活动，但在衡阳县的樟木寺和集兵滩一带，却与城市里有着不一样的放灯仪式。

每年到了元宵节的傍晚，太阳即将落山之际，村民们便会将事先准备好的蜡烛及线香大包小包地拎出来，第一步是在自己家的责任田边点燃蜡烛和线香，并燃烧冥纸，祈祷明年五谷丰登；第二步则是各家各户从自己的堂屋神龛上先点上一对蜡烛，由家中的事主再将一对蜡烛引燃，插在堂屋门框两侧的筒子内，再引燃一根蜡烛与线香插在平时出入的路与禾坪边，然后以这个为起点，沿着平时回家的那条主要道路，每隔一米左右插上一根点燃的蜡烛与线香，一直延伸到路边有河或水圳的地方。一般的家庭，元宵节放一次灯约需 200 支蜡烛，一些大户人家则多达千余只。

这种特殊的习俗也构成了当地元宵节晚上一道亮丽的风景，此刻，倘若你在此地高处向四周瞭望，便会见到摇曳的烛光在整个乡村的夜幕上勾勒出一幅秀美的图画，田地里的烛光星星点点，似在相互窃窃私语，道路旁灯光带纵横交错，像一条条飘拂在夜空中的金纱，平时看起来不起眼的乡村，此刻便有了一番别样的妩媚，给单调的乡村平添了几分节日的温馨。

这种放灯的习俗源于一个古老的传说。很久以前，在樟木寺与集兵滩一带，山上凶禽猛兽很多，经常出来四处伤害人和牲畜，糟蹋庄稼，人们十分恼火，就组织起来去捕猎它们。有一只神鸟因为迷路而降落人间，却意外地被不知情的猎人给射死了。天帝知道后十分震怒，立即传旨，下令让天兵于正月十五日到人间放火，要将当地的人畜财产通通烧掉。天帝的女儿心地善良，不忍心看百姓无辜受难，就冒着生命危险，偷偷驾着祥云来到人间，把这个消息告诉了人们。众人听说了这个消息，有如头上响了一个焦雷，吓得不知如何是好。过了好久，才有个老人家想出个法子，他说："在正月十五晚上，每户人家都在家里张灯结彩、点响爆竹、燃放烟火。并在所有出行的路上插上灯火，这样一来，天帝就会以为人们都被烧死了。"大家听了都点头称是，便分头准备去了。到了正月十五这天晚上，天帝往下一看，发觉人间果然一片红光，响声震天，连续三个夜晚都是如此，以为是大火燃烧的火焰，心中大快。人们就这样保住了自己的生命及财产。为了纪念这次成功，从此每到正月十五日，家家户户都悬挂灯笼、放焰火及在路边点蜡烛，以放灯的名义来纪念这个日子。

当地这种放灯习俗，现在还在继续，不过其祈求的内容已经发生了变化，人们是希望通过这种方式，求得前途一片光明，生意通江达海，家庭和睦幸福。

送孩儿灯

衡阳人乡邻之间喜欢管“闲事”，尤其是对那些刚刚结婚的青年男女，婆婆姥姥们聚在一起便要议论一番是否有喜，走路时也会盯着女方的腹部仔细打量一番，看是否隆起。这种管闲事并不让人讨厌。从大道理上讲，生儿育女不仅是一个家庭后继有人的标志，同时也是关系到一个民族、一个国家可持续发展的大事；从小道理上讲，很多夫妻的感情也靠孩子维系。因此，乡邻们会在关注的前提下，对那些结婚后久无动静的家庭采取一些行动。正月十五夜，送“麒麟送子图案灯”就是当地习俗之一，也叫送孩儿灯。

一般来说，青年男女结婚后，正常情况下在一两年时间内就会添个宝宝，给家庭带来欢乐。如果结婚几年了还未生育，家中父母就会唠叨，左邻右舍也会暗地议论。于是，娘家、婆家村上的亲朋好友希望给这家发个喜兆，就有了送灯的动议。

麒麟送子传说由来已久，王嘉《拾遗记》有记录：孔子将生前夕，有麒麟吐玉书于其家院。麒麟，乃仁义之兽；灯，从丁从火，谐音丁，有人丁兴旺之寓意。给未生育孩子的夫妇送“麒麟送子图案灯”，意在祈求、祝愿早生贵子，且子孙贤德。

送灯活动的主办人在事先与被送灯人家沟通达成意向后，便开始准备了。先是要从人丁兴旺的人家物色一个幼童做灯宝（谐音“灯保”），然后从这户人家偷拿走一样东西，或一只菜钵子（谐音“拨子”）、水舀子（又称“水端子”，谐音“要子”“多子”），或一只大碗（寓意扣子），或一把铲子（谐音“搀子”），作为吉祥物，并放上煮熟染红的鸡蛋（喜蛋）、红枣、花生（寓意“早生贵子”）等物用红绸包好。再请扎匠专门扎一只背上骑着童子的“麒麟送子灯”和4只小红灯笼就行了。到正月十五元宵晚上，事先组织好的“送灯”队伍，有的双手举着送子麒麟灯，有的两肩骑着小灯宝，有的手上拿着红绸包、提着小灯笼，一路吹吹打打来到被送灯人家。

被送灯人家自然是彩灯高照，鞭炮齐鸣，迎接送灯队伍。送灯队伍高高举起“麒麟送子灯”在庭院内、堂屋里环绕一周，然后将4只红灯笼分别挂在媳妇的房门口与床栏边，并把红绸包放到床上。这时，小灯宝飞快爬上床，在上面蹦啊跳啊满床滚，再打开红绸包，将鸡蛋、红枣、花生撒得满床都是。媳妇房内一片欢声笑语，主送人会讲一些“麒麟送子”“早生麟儿”等祝福语，有些有文化的主送人还会用四六句发断：“锣沉沉来鼓沉沉，麒麟送子上豪门；今晚牛郎遇织女，他日玉女产金童。”新媳妇则要将小灯宝搂入怀中，一番亲热后，塞上一个红包。一番热闹之后，被送灯的人家还需设宴款待。

如果来年新媳妇果然怀孕生育了，则给孩子起的名字要带个灯字，或小名就叫灯奶崽。此外还要还灯，不仅要给灯宝家谢以厚礼，还要请送灯的人吃喜酒，有的人家还会与灯宝家中认干亲来往走动。

马水的特别节日

马水是一个地名，在耒阳境内。我们或许都知道，中国人习惯在清明和农历七月半祭拜祖先，但有的地方也例外，比如马水乡一带的祭祖日期就是农历十月初一，这里各姓氏都在这一天举行祭祀活动。

说到马水，不能不提庞家湾，它的地理位置十分特殊，民间有天亮鸡鸣一声三县可闻的说法，指的就是庞家湾的独特地理位置。该地处于三县交界处，北邻衡南，东毗安仁。现在人们看到的庞家湾村依山而建，田园广阔，绿浪翻滚；阡陌交通，鸡犬相闻。沿着乡村公路绕过一片荷塘，转入一条小道，“南州冠冕”4个大字映入眼帘，一座古朴沧桑的老宅赫然挺立，灰白斑驳的墙，乌青弯翘的檐。宅前是绿野阳光，清新明亮，生机勃勃；湾后是茂密的竹林，苍劲青翠。尽管新房旧屋相间，但仍看得出历史的痕迹。这里就是庞统后人的居所。自庞统幼子世发公始，庞氏家族世代隐居于此，如今在耒阳已繁衍数十代，现有60余户330余人。

于庞姓而言，祭祖日期的确定是源自庞氏的先祖。读过《三国演义》的人都知道那句“卧龙凤雏得其一可得天下”的话，这是水镜先生司马徽当年向刘备推荐的两个人才，卧龙是孔明，凤雏是庞统。庞统在耒阳做过县令，并留下幼子一支在当地，耒阳庞氏尊庞统为远始祖，幼子世发公为始祖。据庞家人介绍，世发公生六子，第五子景道之子迁湘潭，世发公去世时，景道一家回耒奔丧，到达耒阳时正好是十月初一，于是，庞家后人便把这一天作为祭奠先祖的日子。

马水其他姓氏在农历十月初一祭祖，都有各自的历史渊源。

刘姓则流传着这么一个传说：建威将军刘厚基随左宗棠进军新疆抗俄，错过了清明回乡祭祖，收复新疆后，皇帝特准其回乡祭祖。刘厚基抵达坪田祭祖那天，正好是十月初一。此后，附近乡民均以十月初一作为祭祖的日子。

蔡氏则是源于蔡莫烧纸的故事。中国民间传说蔡伦刚发明出纸时，蔡伦的嫂子慧娘就让丈夫蔡莫向蔡伦学习造纸。蔡莫回来后开了一家造纸作坊，但蔡莫造的纸质量不好，卖不出去，二人很着急。后来，慧娘想了一个办法，摆脱了困境：某天半夜，慧娘假装因急病而死。蔡莫伤心欲绝，在她的棺材前悲哭不已，他边烧纸边哭诉："我跟弟弟学造纸不用心，造的纸质量太差了，竟把你气病了。我要把这纸烧成灰，来解心头之恨。"他烧完了又抱来纸烧，烧了一阵之后，只听见慧娘在棺材里喊："把门开开，我回来了。"这可把人们吓呆了。人们把棺材盖打开，慧娘装腔作势地唱道："阳间钱能行四海，阴间纸在做买卖。不是丈夫把纸烧，谁肯放我回家来？"慧娘唱了很多遍后说："刚才我是鬼，现在我是人，大家不要害怕。我到了阴间，阎王就让我推磨受苦，丈夫送了钱，就有许多小鬼帮我，真是有钱能使鬼推磨。三曹官也向我要钱，我把全部的钱都送了他，他就开了地府后门，放我回来了。"蔡莫装作糊涂："我并没有送钱给你啊？"慧娘说："你烧的纸就是阴间的钱。"这样一说，蔡莫又抱了几捆纸，烧给他的父母。在场的人们一听，便以为烧纸有很大的好处，都向蔡莫买纸，慧娘慷慨地送给乡亲。这事一传十，十传百，远近的乡亲都来买蔡家的纸，烧给自己死去的亲人。不到两天，积压的纸被抢购一空。慧娘"还阳"那一天正是农历十月初一，因此，后人都在十月初一祭祀祖先，上坟烧纸，以示对祖先的怀念。

其实，十月初一也是中国汉族人的一个节日，叫寒衣节，又称"十月朝""祭祖节""冥阴节""秋祭"，民众称为鬼头日，是汉族民间传统的祭祀节日。相传寒衣节起源于周代，实际形成不早于宋代，流行于我国北方地区，人们会在这一天祭扫烧献，纪念仙逝亲人，谓之送寒衣。我国北方地区民众将寒衣节与每年春季的清明节、七月十五的中元节合称为中国的三大"鬼节"。

有关寒衣节的来历，版本有多种，据说最早的是来源于周人的腊祭日，这天要进行隆重的祭祀活动，而时间恰好在农历十月一日，而在之后的《诗经》《唐大诏令集》、宋代的《岁时杂记》、明代的《帝京景物略·春场》中都有记载十月一日祭祀祖先的内容，清朝的《帝京岁时纪胜》有具体提到"寒衣节"时的情形："十月朔……士民家祭祖扫墓，如中元仪。晚夕缄书冥楮，加以五色彩帛作成冠带衣履，于门外奠而焚之，曰送寒衣。”

实际上，有关十月初一“烧献冥衣靴鞋席帽衣段”的记载，直到宋代才出现于文人的风土记述中，如果说寒衣节是先秦时期就形成的，那就很难对这么长一段时间内的民俗记录空白作出合理解释。所以，也有人推断寒衣节俗的形成不会早于宋代。也有认为祭扫烧献由江南地区十月初一祭新坟习俗演变而来。宋代十月朔的习俗主要表现在三个方面：授衣、祭祀和开炉。吕希哲《岁时杂记》载：“十月朔，京师将校禁卫以上，并赐锦袍。皆服之以谢……边防大帅、都漕、正任侯，皆赐锦袍。旧河北、陕西、河东转运使副无此赐。祖宗朝，有人自陈，乃赐衣袄。诸军将校皆赐锦袍。”据《东京梦华录》记载，东京汴梁九月“下旬即卖冥衣、靴鞋、席帽、衣段，以十月朔日烧戏故也”，至“十月一日”，则“士庶皆出城飨坟，禁中车马出道者院及西京朝陵。宗室车马，亦如寒食节”。《梦粱录》记录南宋临安也是“士庶以十月节出郊扫松，祭祀坟茔。内庭车马，差宗室南班往攒宫行朝陵礼”。《河南程式遗书》云：“拜坟则十月一日拜之，感霜露也。”南宋时，民间开始兴起在十月朔日扫墓，并焚烧衣物。宋代周密《武林旧事》：“十月朔，都人出郊拜墓，用棉裘褚衣之类。”至元代，将十月一日祭先上坟称之为送寒衣节。《析津志辑佚·岁纪》：“是月，都城自一日之后，时令谓之送寒衣节。祭先上坟，为之扫黄叶。”

这样看来，马水一带十月初一祭祖，无论是地方传说，抑或是中国正统典义，都在情理之中。

塔山瑶族盘王节

衡阳常宁境内的塔山瑶族人，在漫长的历史岁月中形成了本民族特有的风俗，每年的农历十月十六日庆祝盘王节，则是所有节日之最。

盘王节的来历源于以下三个传说：

第一个传说是，盘瓠是一位护国卫民的英雄，他帮助帝喾打败了敌人，被帝喾赐封为王并招为驸马，许配第三公主。两人十几年里生下六男六女，传下瑶家十二姓。有一天，盘瓠上山打猎，不幸被山羊触撞下悬崖丧命。后来儿女们在悬崖脚下的一棵梓树上找到了盘瓠遗体，便砍倒梓树，制成长鼓，又打死山羊，剥下其皮当鼓面，敲鼓唱歌，哀悼盘瓠。从此以后，每到一定时间，盘瓠子孙都要敲击长鼓，边歌边舞，纪念盘瓠。

另一传说是，瑶家十二姓人被官兵赶出千家峒后，在迁徙途中过一大海（实为漂长江过洞庭湖），不幸遇上大风大浪，七天七夜都未到岸，后因烧香许愿而获盘王保佑才得以过海登岸。为了报答盘王的保佑之恩和祈求人安畜旺，十二姓人每到一定时候，都“还盘王愿”“做盘王”和“跳盘王”。此时，瑶族群众家家户户宰杀畜禽，大办酒席，宴请亲朋好友，还身着节日盛装在师公的引领下举行大型的祭祀盘王活动和唱《盘王歌》、跳《盘王舞》（如长鼓舞、羊角舞）等庆祝活动。

第三个传说是，盘王死后，官家欺压、逼迫瑶胞，争夺瑶山岭土。瑶民屡次向上告状，但禀帖（状纸）总到不了金銮殿（皇帝）那里。后来，聪明的瑶民想了个办法，把禀帖藏在长鼓里面，闯州过府去打长鼓，表演民族民间技艺。这样，瑶民好不容易到了京城，上了金銮殿，打开长鼓，取出禀帖，才把状告准。以后，过盘王节时，瑶胞就跳长鼓舞，唱《盘王歌》，并且一代一代地传了下来。

盘王节可以一家一户进行，也可以联户或者同宗同族人集聚进行，但不管以哪种形式举办，都要杀牲祭祀，设宴款待亲友。节日一般耗时三天两夜，也有的长达七天七夜。

盘王节仪式由四名正师公主持，即还愿师、祭兵师、赏兵师、五谷师，他们各司其职，每人一名助手，共八人；此外还有四名歌娘歌师、六名童男童女、一名长鼓艺人和一支唢呐乐队参与盘王节。

瑶族盘王节有固定的程序，其仪式主要分两大部分进行。第一部分是请圣、排位、上光、招禾、还愿、谢圣，整个仪式中唢呐乐队全程伴奏，师公跳盘王舞。第二部分是请瑶族的祖先神和全族人前来“流乐”，流乐的意思是玩乐。这是盘王节的主要部分，恭请瑶族各路祖先神参加盘王节的各种娱乐活动，吟唱表现瑶族神话、历史、政治、经济、文化艺术、社会生活等内容的历史长诗《盘王歌》。流乐仪式一般要举行一天一夜。主要的仪程如下：

敬奉盘王。过节时要设置祭坛，悬挂诸神像，正中最大的一张就是盘王像，左右是真武、功曹、田公、地母等的神像。祭祀开始，鸣火枪三响，接着鞭炮齐鸣。在鞭炮声中，族老寨老在神像前供奉猪头、糯米粑、鸡肉、酒等祭品，人们面对神像低头默祷，表示敬仰、怀念。

唱盘王歌。《盘王歌》是在会歌堂中形成的史诗，亦是一部脍炙人口的瑶族诗歌总集。《盘王歌》抄本有二十四路、三十二段和三十六段三种，每种的诗句都在三千行以上，唱一部《盘王歌》须七天七夜方能唱完。有讲述日月星辰万物起源的《盘王图歌》，讲述洪水滔天、伏羲兄妹造人的《伏羲小娘》；有赞美瑶族居住过的地方的《桃源洞歌》，反映瑶族狩猎生活的《放猎狗》，记述瑶族古老狩猎方法的《立横枪》，反映农事的《雷公歌》，歌颂能工巧匠的《鲁班唱》；有互相盘问的《何物歌》；有将一些常见事物错乱编排，引人发笑的《滑稽歌》；还有歌唱爱情的情歌，如《歌春》《歌花》《歌果》，以及反映妇女苦情的《二娘歌》等，总计不下几十种。而且《盘王歌》里不仅有歌，还有曲。《盘王歌》计有七支曲子，即“黄条沙曲”“三逢曲”“万段曲”“何叶悲曲”“南花子曲”“飞江南曲”和“梅花曲”，总称“七任曲”。

跳《盘王舞》。《盘王舞》以鼓锣伴奏，舞步动作忽而上跳，忽而下蹲，忽而左转，忽而右旋，动作健美、威武，再现了瑶族先民耕种狩猎、出征杀敌的一幅幅模拟画面，时而有男女伴唱。

击黄泥鼓。鼓有多种类型，但瑶族使用的是用黄泥制成的鼓，很有独特之处。黄泥鼓是用黄泥浆水糊于鼓面定准鼓音而得此名。由于鼓面湿润，增加了厚度，敲打时发出“空一央、空一央”的特别洪亮的双连鸣音，非常动听，而且可遥传数百里之外。每逢盛大的传统节日“跳盘王”时，方可击此鼓，平常是不能敲击它的。黄泥鼓用木质软韧且轻便的泡桐木镂空两头制成，有公鼓和母鼓之分。公鼓腰长，约有三尺二寸，直径四寸，鼓两端呈喇叭形状；母鼓腰短，长约三尺，直径六寸。鼓面都用山羊皮蒙面，两端系上八条棕绳对拉紧，中间再用竹片旋绞绳索，使鼓面绷紧。“黄泥鼓舞”有着非常独特的韵致，跳时一只母鼓需相配四只公鼓组成舞群。表演者把母鼓斜背在胸前，用双手拍击，公鼓则竖着用右手拿住，左手敲打。整个舞姿变化多端，雄健，洒脱。母鼓是指挥，掌握着整个舞蹈的节奏，公鼓须合着母鼓的鼓点来敲打，因此，母鼓的鼓手常由寨老来担任。母鼓悠然自得，柔中有刚，公鼓则动作矫健有力、热情奔放。青年男女绕转着公鼓和歌队把母鼓紧紧围在其中，犹如群星拱月，而母鼓又不时和公鼓对应敲打，使得整个舞蹈富有韵味而活泼潇洒。只见那些头缠红巾、上插羽毛、身穿齐领对襟衫、腰挂长鼓、脚踏环子的瑶族小伙子们一步一转身，拍打着长鼓，随着“咚吧、咚吧”之声此起彼伏，鼓手们时而弯腰行进，时而击鼓跳跃。同时，几位盛装的姑娘在一位歌师的领舞下，手拿花巾翩翩起舞，穿插其中，唱着优美的“黄泥鼓歌”。在“跳盘王”的过程中，青年男女常常间插对歌，未婚的可以通过对歌物色对象，双方情投意合即互赠信物，以定终身，老年人则利用这个机会交流生产经验，互相预祝来年丰收。

如果您有机会去常宁塔山，并正好赶上这个节日，一定会感觉到那是一次不虚此行的视觉盛宴。

收小污

或许大家对旧时江南城市生活习俗的了解，是从关于倒马桶的文学作品中知晓的。的确，那时所有的南方城市有一道共同的风景线：倒马桶。江南城市被马桶车的声音唤醒，一年四季，都是由这种声音打破清晨的宁静。女人们纷纷打开房门，睡眼惺忪地拎着木质的马桶走向早已熟悉的马桶车。

旧时的衡阳城区，有这样一种习俗，无论是春夏秋冬，抑或是刮风下雨，总有一种特别的声音在黎明中将居民唤醒，他们是一群来自郊区的菜农，到城区来收集各家各户头天晚上的小便，买回去种茎叶类蔬菜。他们挑着桶，穿行在大街小巷，一边走一边用低沉的嗓音吆喝："有小污没，小污啊！""小污撞担。"这种吆喝分贝虽然不高，却极具穿透力，所有的家庭主妇彼时都会迅速穿衣起床，在便桶内自己先来一番畅快淋漓的释放，然后督促睡意蒙眬的其他人赶紧解决积存一夜的体液，随后提着便桶走向挑桶的人，挑桶者接过便桶，看看成色，嘴里蹦出三个字"二分钱"，然后从口袋中拿出一枚硬币或一张二指宽的票子交给家庭主妇。多数情况下，交易完成，双方各自走路，但有时候主妇们因为当天的量比往常多，会与他们进行一番讨价还价，偶尔也可多得一分钱。

这种交易行为在全国其他城市是否存在过，我说不准，但它的确是当年旧衡阳的一个真实写照。

从经济学的角度考虑，这是一种双赢的行为；从居家角度看，彼时由于住的是简易的民居，条件稍好点的也不过是筒子楼，家中都缺乏冲水式厕所，解决个人问题，往往要走一段较长的路程去公厕，白天还好办，夜晚只好靠自备的马桶及夜壶之类的容器囤积在那里了，但次日还要跑路去倒，也很麻烦，现在有人上门收集，既省去了跑路，还可得几分钱，一个月下来，足以买三四斤大米了，家庭主妇自然乐意。

站在菜农的角度去思考，他们也需要用这种低廉的付出，寻求更大的回报。彼时化学肥料尚未出现，他们根本不知道什么是碳酸氨、氮肥或尿素，更不知道氮磷钾三种基肥于庄稼有何作用。但这些菜农在几十年的种植中自有一套土办法，他们知道，那些茎叶型的蔬菜，用人的尿液发酵后淋在根部，会长得绿油油的一片茂盛。而城市中需要的大宗蔬菜主要又是茎叶类，如白菜、韭菜、香菜等，几乎一年四季都要种，因此，这种肥料只能靠自己走街串巷去收集了。这样算起来，一担集满两桶，加起来不过六七毛钱，却在稀释后可以浇几分地的蔬菜，这些蔬菜上市后便可能是十几元钱的收入，效益十分可观，他们当然是乐此不疲。

衡阳当年城区不大，郊区菜农们收集小便，也会有各自的领域，默守规则，绝不越界。我当年到城中舅舅家做客，住在易赖街，他们那里收集小污的人，主要是来自小西门一带的菜农。我注意到他们在早晨8点左右，都会在犁头嘴那个小酒店集中，届时，那个酒店门口一字排开十几副装满尿液的桶，每个桶外面抹得干净光鲜，在每副桶的耳上，都挂着一块2斤左右的新鲜猪肉，那是他们中午或晚餐的主菜。他们进店后，将手中那根栗木扁担往墙上一靠，每人要一碗肉丝面，有的还会沽一毛钱水酒、三分钱的花生米，吃完后，心满意足地挑上那副沉重的桶，吱呀吱呀地返回各自的住所，那块猪肉也随着节奏摆动着。不消说，菜农们的菜谱里一定有一道班椒（辣椒）或其他东西炒的肉，那味道应当是出奇的香。

现在，城市居民的居住条件已经大大改善，马桶夜壶再也派不上用场，收小污的吆喝声已经在20世纪80年代戛然而止。

瑶家坐歌堂

常宁的塔山，是衡阳境内唯一的少数民族自治乡，那里居住着瑶族同胞，几千年来，他们一直生活在这里，并形成了自己特殊的生活习俗。

说到瑶族的习俗，不能不谈到他们的唱歌，这是一个能歌善舞的民族，人们常称瑶山是歌的海洋。的确，瑶族唱歌不受地域不受场合限制，在家里、在山野、在圩场、在田头地边，无处不有歌，无时不唱歌，尤其是坐歌堂，最受人们的喜爱。

由于瑶族没有文字，因此坐歌堂的歌本以口传传世，其传承谱系也比较复杂，一般是家族性传承，也有爱好瑶歌者走亲访友时请教的，不存在办班收徒一类的开馆传授，更没有曲谱问世。

坐歌堂在瑶乡四时都可出现，家中新屋落成、邻家有客人来访、村中有新人完婚及生日喜庆等，均成为坐歌堂的由头。坐歌堂的标志是：

以优美、柔和、婉转为特点。瑶歌虽然没有那种高亢华丽的曲调，但娓娓道来有如清泉小溪，柔和而悠远。它反映出瑶族人民吃苦耐劳、与人为善的文化心理特质，让听众有串串珍珠落玉盘之感。

以比喻、拟人、夸张为特征。在歌曲中大量采用比兴、排比、拟人、夸张的唱法来增强歌词的艺术感染力，在唱到缘分歌的时候，一唱一和，优美动人，使人陶醉。

以抒情、押韵、拖腔为特色。在生产生活中，瑶族同胞常常借歌抒情，以歌言志，上自天文地理，下至凡人琐事，远自盘古开天，近至眉毛眼前，都可用歌来表达。瑶歌属韵体文学，歌词（瑶话）比较讲究押韵，一般是七言四句为一首或四句二十四字为一首（首句只有 3 个字）。每首歌的二、四句，用瑶语读是押韵的。

坐歌堂是最典型的唱歌形式，参与人数最多。村寨中来了外村寨的客人，本村寨的男女就聚在主人家里，围坐火塘旁，一边烤火，一边与客人对歌。若客人是女性，本村寨就去一些男性；若客人是男性，本村寨则去一些女性。

坐歌堂一般分为未婚青年与中老年两个组进行。中老年组主要是考肚才，歌的内容十分丰富，涉及古今中外历史与现实、生产生活、天文地理等。未婚青年组，也唱人类的起源和民族的来源，以及重要的历史事件，但以情歌和对歌为主，歌堂活跃，歌声此起彼伏，笑声也连绵不断，听众观众甚多。

坐歌堂有比较固定的程序。

首先是唱序歌，也叫起歌堂。即主方唱明为什么要邀请客人唱歌。起歌堂过去是要唱 24 首歌，现在没有具体规定，只要把客人请到歌堂就行了。如：一路唱歌一路来，一路栽花一路开，好花种在妹（哥）门口，哥哥（妹妹）来到望花开。唱完序歌，接着就敬主人：敬过主，敬过主人敬过亲，敬过村娘（郎）众老少，敬过主家老少人。接着，就邀请客人进歌堂，进入第二个程序请歌。

请歌，又叫请仙出。请客人进歌堂，先要主人去请，一般是用唱歌的形式三请，主人去请客人，客人一般是不会出来的。于是，主人就发话：你们央我去请歌仙，一请、二请、三请都没有请动，看来嘛，要请动歌仙，就看你们的诚心了。于是，主方歌手就唱着歌到客人住房门口去请，甚至直接进入房间去请。客人觉得今晚对歌是避免不了的了，在主人的鼓励下接歌。客方往往是自谦之词，主方则是赞颂之歌。进入下一个程序劝歌。

劝歌。将客人请到歌堂后，客方不会马上唱歌，主方则用歌极力赞颂对方，劝客人对歌，在主方的再三请求下，客方再也不能保持沉默，开始接歌，于是进入第四个程序赞歌。

赞歌，就是主客方相互赞颂的歌。当客方开始接歌后，双方就用各种比喻赞颂对方的德、才、貌，将坐歌堂推向第一个高潮。互相赞颂一番后，主方就向客方敬烟敬茶，又有一番有关烟茶礼仪方面的对唱。如：惊动惊，不会唱歌惊动人，一来惊动主人家，二来惊动四乡邻。客方敬主后，双方正式进入互赞。赞歌一赞一谦，交替进行，一浪高过一浪，引人入胜。赞歌唱完，就进入第五个程序对歌。

对歌，又名盘歌，它是坐歌堂最精彩的一个环节，占时较长。一般采用问答形式，双方都想方设法难倒对方。这也是青年男女显示才华的极好机会。对歌的内容广泛，包括古今中外、天文地理、生产生活等等。唱时，一般是由浅入深，由易到难。首先是唱相逢的喜悦，其次是问家底。接着就是谜歌，一方出谜，一方猜。在对歌中，如果一方答不上来，对方就把火炉往其身边移，意思是用火把歌烤出来。此时，歌堂里就会笑语声声。为了取胜，主方往往请老歌手做后台。唱完对歌就唱排歌。但因排歌没有一定格式，唱腔变化大，没有一定的歌底是很难唱下去的，所以往往省其不唱，而直接进入第六个程序洗脸歌。

洗脸歌，就是唱了一夜的歌之后，天已经大亮，主方端洗脸水给客方洗脸而唱的歌。此歌的特点是猜物，即主方在洗脸盆里放一些诸如银元、银衣扣、耳环、手镯之类的物品，然后用手帕将其蒙住，用歌问客方是何物，客方即用歌回答是何物。猜中就可以洗脸，猜不中就要继续猜，直到猜中为止。这是主方对客方的最后一次考试。洗完脸，歌堂就进入收堂歌。

收堂歌是坐歌堂的尾声。天亮了，歌手们唱歌告一段落。首先是感谢主人和众乡亲：谢过主，谢过歌堂主人家，谢过主人情意好，吵闹一夜到天光。然后是双方自谦一番，接着就唱难舍难分歌。如：话着分开心便哀，话着分离心便愁，歌堂好比木排散，千根杉树满江流。有缘一日会三次，无缘一世也难连，可惜情意不多久，不久赐情各自圆。然而，歌是唱不完的，情却不可抛，一夜坐歌堂就此告一段落。如果客人未走，白天或晚上接着再唱；如果客人当天要走，主方就得去送行，唱送歌。

送歌，顾名思义就是送别歌。唱时，先唱挽留歌，再唱送别歌。如：送妹（哥）送到渡船头，脚踩渡船眼泪流；渡船去了又回转，妹妹（哥哥）回去难回头。砍柴要砍梨树柴，一刀砍下蜜蜂来；蜜糖好吃花难采，恋妹（哥）不怕你就来。这样一唱一和，情意绵绵，坐歌堂就此结束。

杨桥的玉泉井

俗话说，高山有好水，平地有好花。衡东县杨桥镇的凤凰山海拔近600米，山顶有一古寺叫凤凰寺，古寺旁有一口井叫玉泉井，虽处在峰顶，井水丰盈，澈亮碧透，清冽甘甜。立身井边，可闻见井底流水潺潺，却不见流泉出口，原来是泉水由井内隙孔回流于山底。再大的干旱年份，玉泉井水汩汩流淌，从不干涸。

这口井由于处于寺庙旁边，被披上了一层神圣的面纱，甚至传说喝后包治百病，因此，每年三月初三日、六月初六日、九月初九日清晨，方圆百里数千人都点灯携水壶来到山井喝“神水”。

玉泉井水的出名，在当地还有一个传说，玉皇大帝经常下凡游历人间，体察民情。有一天，他来到凤凰山峰，发现此地山清水秀，在山峰最高处有一汪泉水汩汩直流，冬日里居然飘出缕缕轻烟。玉皇大帝甚觉好奇，便向太上老君请教这口井的来历，老君笑道：“天地未开之际，女娲娘娘曾在此地打坐，忽一日身旁石缝中涌出一股清泉。女娲娘娘大为惊喜，掬一捧饮后，顿觉神清气爽，后来抟黄土造人时，用的就是这股清泉。女娲娘娘感觉此水洁净甘润、灵气十足，定能造福后人。为了保护这珍贵的水源，女娲娘娘把它点化成一眼水井，让它取之不尽，用之不竭，既能滋养众生万物，也可帮助心诚善良之人完成心愿。”玉皇大帝说：“原来如此，那就封此井为‘玉泉井’，井水为‘玉泉圣水’吧！让诚心许愿的人得偿所愿，让虔心修道之人，也能修炼成仙。”

周围百姓之所以选择农历三月三、六月六和九月九到玉泉井取圣水，是基于当地一种仙门教的规定。该教认为，农历三月三是仙门创立的日子。在这一天，四足动物仙门允许皮毛动物可以通过修炼来证得道行，积累功德，位列仙班。因此天下众多仙家堂口都选择在三月三这天开门立堂，打马下山，坐镇人间，积累功德。农历六月六，是仙门长寿节。因为动物仙家在修炼的时候必须要有一定的年龄基础才可以，不长寿就等于失去了修炼的机会。同时六月六这天，也是仙门里的舍药节，修得正果的仙家会向同门里未得道的真身动物舍药，助其增长道行；地马香童也可以在六月六这天向堂上的老仙家求药疗病，救助世人。农历九月九是仙门里的登高日。说是登高日，不如说是仙门里的考核日。一般在农历九月九这天，动物身仙家都会攀登到本山本府的最高峰，等待吉时一到，天门大开，跳跃天门，脱胎换骨，证得真身。同时九月九这天，也是仙门里的求寿节，地马香童可以向堂上老仙家求寿、求运、禳星等。因此，在这三个日子里前去求水，也会沾上一些仙气。

上述的说法当然没有科学依据，但玉泉井有名，确实是有些科学依据，它并不只是水质清洁通透，四季充盈不涸，更是因为来自地下的泉水溶入了对人体有益的多种矿物质，有益人体健康，长期饮用可治疗肠胃不适，提升消化功能，尤其是对皮肤病有着明显疗效。

玉泉井水虽然不能包治百病，但比较我们天天喝那些用化学药剂沉淀出来的自来水，以及我们用高温煮沸得到的纯净水，还是要好上千百倍。遗憾的是，没有人去做这种大自然的搬运工。

老司里抬网捕鱼

大凡有大江大河的地方，都会有以捕鱼为生的渔民，他们长年累月生活在船上，在江河的水面上过着飘忽不定的生活。但在祁阳境内的老司里村，则有些不同，他们把家安在这里的陆地上，过年时男人们陆续摇着船返回家中，在每年过小年的时候，全体渔民便要集体搞一次联合抬网捕鱼活动，时间一般为腊月二十三左右。

老司里村的传统渔舟抬网捕鱼，至今已有 600 余年历史。抬网分为 16 股，拆装方便，张开面积达 18 亩。18 条渔船同时作业，需 36 人同时上阵，这可是整个湘江绝无仅有的捕捞技术。

自从伏羲发明了网鱼的工具之后，在长期的历史演绎进程中，渔民便成为一种专门的职业，渔网便成为他们的主要劳动工具。但在内河地区，绝大多数渔民过的都是那种一户一条船、一人一张网的传统捕捞方式，在江河捕捞，多数是十网九空，带有极大的偶然性，劳动效率自然不高。老司里渔民们发明这种联合抬网捕鱼的方法，无疑是旧时渔民智慧的升华。

老司里渔民使用的抬网，捕鱼的原理近似我们在其他地方看到的扳罾，扳罾捕鱼法早在宋代清明上河图里就有记载，流传到现在已有 1000 多年了。扳罾就是用 4 根支竿绑成十字挂在一根主竿上，把渔网挂在 4 根支竿顶端沉到水底，每隔一两分钟用绳子拉起来，鱼正好从网里游过就被捕起来。抬网说白了就是一张被放大数百倍的扳罾，捕鱼时，先将抬网沉入江底，形成一个网箱状，但上方留有缺口，供鱼进入，当鱼聚拢可以收网时，再将四面网并拢并提出水面，从而达到捕鱼的目的。

在江面使用抬网不是所有的水域都能适合的，它必须满足三个条件：第一是江面开阔平坦，水在这里流淌比较缓慢，便于船只联合作业；第二是江水在此地有氹，所谓氹即江底河床比别处深，鱼类喜欢在这里聚集；第三则是河床应相对平整，不能有太多突兀的暗礁，这样便于抬网安装与密闭，将鱼关在其中。

捕鱼对于时间点也是有选择的。渔民们在千百年来的劳动实践中逐渐形成了自己的职业道德，从古诗“劝君莫食三月鲫，万千鱼仔在腹中；劝君莫打三春鸟，子在巢中待母归；劝君莫食三春蛙，百千生命在腹中；劝君莫杀春之生，伤母连子悲同意”中可见，在渔民那里，也是有讲究的。一般情况下，他们不会在春天使用抬网，因为3至6月为鱼的产卵期，此时鱼类能生大量鱼卵。在鱼卵期适当减少鱼类的捕杀食用，让鱼自然繁衍，能加固食物链的发展。

用抬网捕鱼的过程也较长，一般在一天以上，大致有四个步骤：

拼网装网。抬网不用时，是分散的十六股（有的十二股）网翼存放在家中的，一旦准备捕鱼时，将它们从家中抬出，在水面上按照正方形泊好船，每边先连好自己那几翼，然后将底部及四周缝合，使之呈箱状，将网沉入水底，每边用木桩固定。

喂料投食。这个做法类似于今天人们在钓鱼时在水域内投放鱼饵，吸引鱼群到这里集中。在网箱装好后，渔民也要在这片水域内撒投一些带有香味的、能吸引鱼儿前来吞食的饵料，最常见的是酒糟煮菜枯，这样，远处的鱼便会赶到这里集中。

鸬鹚赶鱼。为了让更多的鱼到网箱内集中，当地渔民也会有具体的分工合作。领头的人会派出数艘渔船，在上游几公里处，将鱼往下游赶，例如集中各家所有的鸬鹚进行水上捕鱼，造成声势，迫使鱼群向下游迁徙，钻入口袋。

灯光引鱼。在夜幕降临的时候，渔民们会在抬网的水域上点燃几盏灯，这是利用光将鱼引到网内来。在千百年前，渔民就懂得鱼是喜欢亮光的，在船舷外侧装一铁丝网斗，点燃松柴火，来诱集鱼群。鱼见火光就聚集在火光下游跃，这时围捕，就可获得丰收。

在完成上述动作后，网箱内的鱼已经积聚得差不多了，于是，领头人一声吆喝：“闭网！”处在上游入口处的那几个人便会迅速将网提起，使整个抬网形成一个箱体，然后，四边的船逐渐靠近，32人合力将网起出水面。这时就是分享劳动成果的愉快时刻了，一般一网下来，捕获的鱼在二千至三千斤左右。不消说，老司里的渔民家中，过年便有了最基本的物质基础了。

浯溪摩崖石刻

如果你对书法感兴趣，抑或对诗词有研究，又恰好去了祁阳，千万不要错过去浯溪碑林观摩的机会。

浯溪碑林位于永州祁阳县城西南的湘江西岸，它的出名与唐代杰出的散文家、诗人元结有着至关重要的关系。代宗广德元年（763），元结被任命为道州刺史，永泰元年（765）罢任，次年再任道州刺史。大历二年（767）二月从潭州都督府返道州，舟经祁阳，泊舟登岸暂寓。因爱其胜异，于是弃官不做，来这里隐居，并自创“浯、峿、痦”三字，命溪曰“浯溪”，山曰“峿台”，亭曰“痦亭”，合称“三吾”。自此，浯溪始为人重，文人雅士汇聚，诗文碑刻盛行。

浯溪碑林的最初刻碑是源于元结在公元761年撰写的《大唐中兴颂》，后来大书法家颜真卿将元结的这篇文章书写下来镌刻在江边崖石上，从此浯溪名闻天下。以后又有宋人黄庭坚，清人何绍基、吴大澂等名家来此题名刻石，逐渐形成了碑林。碑林中还有清代越南使者途经此地留下的刻石4块。

浯溪摩崖石刻是珍贵的书法宝库，现存摩崖石刻505方，其中唐代17方、宋代116方、元代5方、明代84方、清代92方、民国9方、时代不明的182方。最高的刻在30米悬崖峭壁上，字径2.3米；最低的在溪畔崖脚，字径1厘米。篆、隶、楷、行、草诸体皆全。书法作品荟萃了唐以来的历代名家真迹。如唐代有“颜体”的创始人颜真卿；“二王体”有李谅、韦瓘；“褚体”有皇甫湜；篆书有季康的“玉箸篆”、袁滋的“钟鼎篆”、瞿令问的“悬针篆”及李阳冰的《中堂铭》。宋代有“黄体”的创始人黄庭坚，还有陈从古、李若虚、邢恕；“米体”创始人米芾，还有张孝祥、吴潜、范成大；此外有“二王体”的秦少游、陈与义、汪藻，“欧体”的易祓，“魏碑”有邹浩、曾焕，“八分体”有沈绅。元、明、清三代继承各体的名家之作也不少。如明有董其昌、王锡爵、沈周、曹来旬、许岳；清有何绍基、钱沣、吴大澂、杨翰、阮元等各擅其美。真是“百代名臣金石宝；一溪明月水天秋”。

浯溪碑林中最负盛名的，当是峿台崖壁上的那块3米见方的巨型石刻，是唐代诗人元结撰文，书法家颜真卿大字正书的《大唐中兴颂》，直行自左至右书写，共21行，332字，字大直径15厘米。因文绝、字绝、石绝，古称“摩崖三绝”，是浯溪碑林之精华所在。此碑的字里行间充满刚毅，气势磅礴，被誉为宇宙杰作，致使后人百拜不能休，清乾隆帝观拓片而视之为“天球拱璧”。从年代之古，碑面之大，字数之多，书艺之妙，文章之奇以及现状之完整几方面综合比较，它堪称全国现存“三绝石碑”之冠，盛誉中外。

碑林的诗词也极丰富，历代名家各有诗作刻于其上。如唐有“开中唐面目”的“五言长城”刘长卿，古文运动家皇甫湜，神童诗人郑谷，以及李谅、王邕等。宋有“江西诗派”之首领黄庭坚，“永嘉四灵”之首领徐照，“江湖派”之戴复古，“豪放派”词人张孝祥，“婉约派”词人秦少游、李清照，“田园诗派”范成大、杨万里，理学家张栻、吴儆。其他如臧辛伯、吴潜、夏倪、邢恕、王安中、王炎、王叔瞻、赵汝铛、杨冀等皆是名家。他们有的一人多碑，有的一碑多人。乾隆皇帝南巡时留下的《听雪阁》诗亦刻于其上。碑林能辨认的石刻中有诗词218首，铭10篇，赋记16篇，联语6幅，榜书38方，路标5方，题名104方。

浯溪露天摩崖为南国摩崖第一家，为神州一颗璀璨的文化明珠。浯溪摩崖诗文书法博大精深，具有丰富的文化内涵，历时千百年，享誉海内外。

倘若您去祁阳，这个地方绝对会给您一个意想不到的惊喜。

岣嵝峰禹王碑

一个地方的民俗形成，是因其所处的地理环境和悠久的人文历史综合演绎而成的，衡阳的地方民俗之所以有别于中华大地其他地方的风土人情，是因为这里有 5 个在中国乃至全球称之为“一”的特色地域文化，它们分别是：一座山，即衡山，谓天下五岳之一；一张纸，即耒阳蔡伦造纸术，谓中华远古四大发明之一；一段江，即湘江蒸湘段，谓湖南三湘之一；一个人，即王船山，被毛泽东称之为东方哲学家，与黑格尔并称为世界二大泰斗；一块碑，即禹王碑，是世界独一无二的碑。

这块立在岣嵝峰上的禹王碑，说它是全球独一无二，一点也不夸张。它的独特在于三个方面：一是字无识者，石碑上的 77 个蝌蚪文字，刻在那里 4000 多年来无人破译；二是官方与民间围绕这块神奇之碑，衍生出许多美丽的演义；三是历代诸多文人墨客对它进行叹咏，留下许多珍贵的诗篇。

禹王碑，因其最早发现于岣嵝峰，故又称岣嵝碑，与黄帝陵、炎帝陵被文物保护界誉为中华民族的三大瑰宝。禹王碑镌石崖壁，宽 140 厘米，高 184 厘米，碑文 9 行，每行 9 字，凡 77 字，末行有寸楷书“右帝禹制”。字体苍古难辨，有谓蝌蚪文，有谓鸟篆。据说甲骨文研究专家郭沫若花 3 年时间进行多方位辨认，也仅只识得其中 3 字。

古籍中关于禹王碑的记载最早见于唐代韩愈、刘禹锡诗作，但二人并未实地考察过；最早可查亲见亲摹其碑文的，是南宋时的何致，他在南宋嘉定五年（1212），出游南岳衡山，遇樵夫导引至藏碑处，始摹碑文，于是刻碑于长沙岳麓山峰。明嘉靖十二年（1533），潘镒剔土得碑，遂摹拓流行于世，此后但凡有纪念大禹治水的地方，及西安碑林、绍兴禹陵、云南法华山、武昌黄鹤楼等处，均以此碑为蓝本翻刻。

关于禹王碑的由来有多种传说。官方和民间版本有多个，主要有以下几种：

立碑以表治水誓言。《湖南通史·古代卷》记载：大禹在治水过程中，南抵苍梧，即宁远九嶷山下。登南岳衡山，于此处杀白马祭天，仰天长啸，梦绣苍衣童子，授金简玉文，大禹按其文治水，于是刻石以铭志，表示治水的决心。是石即为后人所说的衡山禹王碑。

立碑以记治水功德。相传4000年前，神州洪水滔天，舜命禹治水。禹带领百姓奋斗13年，三过家门而不入。最后来到南岳衡山，梦见苍水使者，在仙翁的指点下获金简玉文，按其道征服洪水，疏通湘、资、沅、澧等9条河流朝宗于海。衡阳先民对禹万分感激，要求立碑为禹记功，禹谦让，不答应。先民执意要立，禹说：我得金简玉文天书，才能治好水患，要立碑，仍为天书文字，百姓不得认。于是先民将禹提供的77字刻在衡山云密峰下水绕石坛之上。

立碑以录坊间传说。传说舜帝时候，洪水滔天，舜帝命大禹去治水。起初大禹采用其父填塞的办法，经过一段时间后，才知道填塞的办法错了。于是便历诸异域，为治水求贤。他东从愽木之地至黑齿之国，西从三危之国至一臂三面之乡；南从交趾孙朴续祸之国到不死之乡，北从令正之国到积水积石之山。还派了太章和竖亥步量大地。他的皮肤晒得黎黑，脚也走跛了。大禹不但走遍四方大地，还翻阅了很多书。后来他从《黄帝中经》中得知，在九嶷东南天柱，有一个号曰宛委（即南岳衡山）的地方，黄帝曾在这里藏有金简玉文，内有治水之道，便来到南岳衡山，杀白马以祭山岳。可南岳七十二峰，盘亘八百里，这金简玉文到底藏在哪座山峰？大禹不分天晴落雨，每日从这峰跑到那峰，没日没夜地进行寻找。一日，大禹爬山劳累，枕石而睡，梦见玄夷苍水使者。使者告之：想得到金简玉文，到黄帝岩顶，顶上有一盘石，凿石可得书。大禹醒来后，按使者吩咐，斋戒沐浴，登上山峰，果见一盘石，凿开盘石，便得宝书。大禹按书中治水之道，该湮则湮，该疏则疏，果然把洪水治理好了。大禹治理好洪水后，把金简玉文送还南岳山（藏金简玉文的山峰，就是现在南天门下的金简峰），把天书中的文字刻于石碑上，以告世人。大禹在南岳衡山期间，留下了许多胜迹。他杀白马祭山岳的地方叫杀马冲。巾紫峰上的紫金台是他遥祭舜帝之所。南岳祝圣寺，原称清泠宫，是他为崇祀舜帝所建。宫后有他亲手所植的柏树，叫禹柏。云密峰下休憩的地方叫大禹岩，大禹岩下有纪念其治水功德的禹碑。禹碑是我国最古的一块碑文。后人还在大庙御楼中竖起了一块刻着

“功高神禹”的大石碑，以纪念大禹的业绩。

立碑以证国家结盟。这一说法完全颠覆与大禹治水的所有牵连。有史料称为越王朱勾碑，说是当年越王勾践之孙朱勾联合四族部落打败楚国后，在南岳衡山立盟约而刻下此碑。

古代文人中，目前能见到题咏禹王碑的，有韩愈与刘禹锡。韩诗云：“岣嵝山前神禹碑，字青石赤形朴奇；蝌蚪蜷身薤叶披，鸾飘凤泊拿蛟螭。事严迹秘鬼莫窥，道人独上偶见之；我来咨嗟涕涟洏，千搜万索何处有。”从诗文中看，韩愈并没有见到禹王碑。刘禹锡也没有见过禹王碑，他在诗中写道：“常闻祝融峰，上有神禹碑；古石琅玕姿，秘文璃虎形。”

对于碑文，从来都不缺号称破译之人，但这些众多的考释者，都没有突破“大禹治水”的框框。而一些学者则认为“禹碑”并非禹碑。如曹锦炎认为岣嵝碑是战国时代越国太子朱勾代表他的父亲越王不寿上南岳衡山祭山的颂词。而刘志一则认为岣嵝碑为公元前 611 年所立，内容是歌颂楚庄王灭衡湘国的历史过程与功勋。千古奇碑至今说法不一。

无论从哪个角度看，禹王碑都是衡阳的一个地标性文物，它在数千年的历史中，曾上演过不少精彩的剧集。而这些传奇的历史，以及缔造这些历史的人物，也都在千百年后的今天，成为了地域文化的一部分，被后世认可和铭记。

演陂桥的藕根子

演陂桥是位于衡阳县境内衡宝古驿道上的一座千年古镇，莲藕虽然不是这里的特产，但这里出名却是源于藕。

从外表看，这是一座再普通不过的湘南集镇，如果你是外地人，没有人告知个中内涵，仅仅只是蜻蜓点水式地去赶几次集，或者是走马观花般地在那里访几次友抑或是在当地的饮食店吃几餐饭，估计不会留下特别的印象。然而，这却是一个知名度甚高的地方：旧时在衡阳地区大部分地方，演陂桥这个地名几乎是妇孺皆知，茶余饭后人们会相互提醒，“冇得三合毛打，莫去演陂桥卖藕根子”。

演陂桥能够成为享有盛名的山村小镇，是一种历史的必然和现实的当然，如果从时光隧道中去观察，岁月的年轮在这里留下了许多印记：千年古刹三圣寺，王船山借居著述的别峰庵，神秘莫测的魏公亭，哥特式建筑风格的天主堂，都留下了历史长河中饶有兴味的一段佳话。如果用文学的眼光在现实中去观察，这里就是一幅典雅的水墨画，整个小集镇被北边的铜鼓岭、东边的雨陵峡、西边的昊大岭及南边的西狗岭包围在一块方圆不足 3 公里的盆地之内。从远处看，小镇就像一位含情脉脉顾盼生辉的邻家小妹，静静地站立在这青山绿水之中，令所有的路人为之瞩目，为她的隽永端庄而扼腕击掌。雪峰山脉的余峰在这里变得舒缓婉约，一条约千米长的街道呈西北—东南走向，将西边的连马山与东边的淘谷岭紧密连在一起，西北角上的天主教堂与魏公亭，像一对哼哈二将扼守在街的入口处，东南角的三圣寺与杜祠堂，则如一双把门雄狮，静静地守候在街道的出口地。演陂水像一条清澈的蓝色缎带，从金华山分几股飘逸而来，抵达演陂桥时，已然有些波浪翻滚了，河面在这里变得开阔起来，并将整个演陂桥切割成上桥和下桥两个部分，中间依靠一座石拱桥将其连为一体。整个演陂桥是一袭青色的装束：演陂水两岸临街处，栽有数行垂柳，这些青青的河柳，枝条倒映在河面上，使河水也染上青色，仿佛一河翡翠向南奔流。街道也是青色的，那是用各式各样的青色石板自然地拼放在一起形成的，高高低低的石板，并不都是统一着色，有的青色纯洁无瑕，有的则青中带黑，有的则带一些清新的翠绿，这些深浅不一的青，使整个街道的路面变得生动起来，行走其间让人有一种蹚水的清爽。屋上的盖瓦也是青色的，与许多江南农舍一样，演陂桥建房的盖瓦，都是来自当地农村人自制的土窑瓦，这些土灰色的瓦，盖到屋上经过几年的日晒雨淋，渐渐地变成了青色，只是在屋檐滴水处，用白色的石灰勾勒出点点印记。那其实是用石灰在固定瓦片，防止其脱落下滑，而这种白色的点缀，把一片呆板的瓦面勾出了鲜活。从高空俯瞰，整个屋顶像是有人在晾晒一匹青色缀花的织锦，一片又一片整齐有序的瓦片在木头架子上井然有序地排列着，既不单调又不乏味，让人感觉到一种简单明了的美。墙体后三方，也是用青色的砖块砌就，只是临街一面，采用木头框架，所有的门都是活页门，白天店铺做生意时，为展示自己的物品或方便顾客进出，需要将所有的门板卸下，晚上再装上，为方便记忆，不少店铺的门板上都会用毛笔标上顺序号。或许正是这些青色，让这幅画增添了些许灵气，当你置身其间时，会不自觉地萌生出一股青春的躁动。

中国以桥作为地名的地方可谓多如牛毛，但有知名度的却寥若晨星。它们要么有悠久的历史掌故，如河北的赵州桥。要么有现代新颖故事，如湖北境内的汀泗桥与贺胜桥。

一个地名的出现，总是有自己的历史渊源的，演陂桥这个名字也不例外。现在我们看到的名字，是规范的写法，其主要内涵在于“演”字，演有表演、比较和展示的意思，陂有山坡或水岸之义；但在民间，用当地方言去诠释演陂桥这个名字，却有以下 4 种说法：

一曰演笔桥。说是当年有一商铺开业，为吸引民众眼球，特意设一课台，上摆纸笔墨砚，邀请文人为其书写商铺匾额，入选者赏银若干两，为保证公平，同时从衡州城请来一干评委，现场打分评论。那几两银子很有吸引力，消息一经传出，四乡八邻的读书人趋之若鹜，纷纷前来一试身手。但几天过去，应者无数，竟没有一幅字能入评委法眼。一日，正待打烊收摊，课台前踱来一位五短身材的男子，他仔细看了看前面人们所写之字，脸上露出一副不屑表情，并自言自语说道：“这等功夫，何必前来。”设台人一看，这人身高不足五尺，衣衫也不光鲜，以为他是乡下人不懂翰墨，在此口出狂言，于是想戏弄他一番，便说：“你若写得好，银两翻番。”来人不动声色，只一句话反唇相讥：“我用脚趾头夹着笔也写得比他们好。”此言一出，立马引来无数观众，评委也一下来了精神。在众人的吆喝声中，这位男子果然将宣纸铺在地上，用右脚趾夹着毛笔，饱蘸浓墨，将所题匾额一挥而就。评委过来一瞧，果然功夫了得，并宣布他的字被选中。这位用脚写字的人，就是风雅冲的秀才张春霖。由于他的这个举动被人们传为佳话，演笔二字也冠上了名。

二曰演币桥。在当地，曾有人写过四句顺口溜：活水长流几经年，遍山莲藕演陂妍。大师施法桥基固，只见烧香撒米钱。诗的前两句说的是演陂附近曾广种田藕，故而有卖藕根子一说。后二句是说演陂桥名字的由来。古时演陂水上也确实有座桥，但不是我们现在所见到的石拱桥，是在河中心砌一石礅，再搭上石条的石板桥。话说当年为了建桥，在捞礅脚时，久久不得其法，一干壮劳力劳神费力半月，毫无进展。正当大家面对河水一筹莫展时，来了一名方士，在问明情况后，让工头找来盐茶米谷和铜钱数枚，一番念念有词之后，将铜钱及盐茶米谷一同抛向河心。说来也怪，那几枚铜钱居然在水面飘浮一阵后才慢慢下沉，而桥墩也随着铜钱的下沉而浮出水面，故后来人们将这个地方叫演币桥。

三曰演比桥。上了年纪的当地人都知道，演陂桥街以河为界，西北一侧叫上桥，东南一侧叫下桥，两边有着各不相同的店铺，来赶集的人也有自己的喜好。为抢客源，争取人气，上下桥的老板们会采取各种不同的手段竞争，如每年在河里表演划龙舟，两队会使出浑身解数，去抢夺头功，偶尔碰上双方年轻气盛，还会上演一场肢体接触的戏剧。当然，多数时候还是文比。最让人津津乐道的是每年二月八前后，两边演对台戏。届时，两边的住户家家宾客盈门，那些都是被请来看戏的亲朋好友。每当夜幕降临，戏台下便黑压压地坐满了看戏的人。两边上演的剧目也各自根据自己的喜欢或针对对方的剧情挑选，若上桥这边上演《大打铁》，下桥那边则会演出《大盘洞》。这种对台演出，一般要持续3到5天，有时也会根据老板们的兴趣，演出连台戏，如《目连救母》可持续演出一个月。这种比赛演戏，也成就了演比桥的称号。

四曰演闭桥。这是一个在民间广泛口头演绎的故事：说是演陂水过去常年发大水，给当地居民造成巨大的损失，而造成洪水泛滥的原因，是因为演陂水中生活着一个女怪。女怪给当地老百姓带来灾害，众人怨声载道，但又苦于找不到治理之法，洪水依旧每年泛滥。直到有一年，一位从下江来的人驾船来到演陂桥，听说这个情况后，决定为当地百姓除却此害。是夜，狂风暴雨，他一个人披头散发盘坐在船头，当那位女怪现身时，便用那根撑船的篙子奋力插向女怪，只听到一声惊天动地的响声，整个演陂水一片鲜红，女怪从此销声匿迹。当地人取其谐音就叫演闭桥。

上述这四个说法，只是当地人围炉煮茶的谈资，还不足以构成知名度的提高。演陂桥这个地名，在小范围内的大出名，主要还是源自坊间那句“冇得三合毛打，莫去演陂桥卖藕根子”的土语，这句话是衡阳方言，意思是没有真本事的人，不要在那里去卖弄炫耀自己。

这句话道出了演陂桥的真正内涵，她之所以出名，确实有自己的独特的魅力所在。我们都知道，一个地方的集镇形成，一般有以下几个原因：因为此地出过名人或有名人曾在此居住；因交通便利而形成区域性物资集散中心；因资源开发而形成集镇；因地处要津而形成集镇；因靠近风景区或名胜古迹而形成集镇。演陂桥形成集镇的具体年份因无文字记载无法考究，但有一点可以得出的结论是，演陂街上那座石拱桥拱面下的苔藓已变成了黑褐色，有人据此推算桥龄当有千年左右。当年的人们在这里自然形成了集镇，上述几个条件都具备。

演陂桥能成为一个乡村的中心集市，重要的一条，是这里便利的交通条件。这是一个处于衡阳与邵阳之间的枢纽所在。旧时有句古话叫“府对府，二百五”，彼时衡州府与宝庆府相隔 250 里，全靠一条官道连接，途中多有崎岖不平，而演陂桥处在衡州西行不足百里之处，一路大都是平坦大道；况且，演陂水的水路也可直达衡阳城。其次，演陂桥物产丰富。这里当年盛产木材、粮食及桐油茶油和陶瓷制品，由于有船只运输，故吸引了各地商贾前来采购，鼎盛时期，河里船只及木排铺满了整个河道。当然，演陂桥能成为集市，还在于它与其他集市距离的合理性，历史上人们赶集，大抵会有一个粗约规则，即两个集市要相隔 5 公里以上，便于人们交错赶集，如演陂桥集与库宗桥两地相距 8 公里，赶集的日子分别为每月的农历三、六、九和二、五、八。

同所有的湘南集镇一样，演陂桥作为农村商埠重地，也是商铺林立。街上常驻有四大商号，分别取名为天、地、人、和。其中天字号店主周福生在演陂桥是一个传奇人物，他是衡州城内排名前十的富商之一，一度被推选当上衡阳旧政府的议员，衡州城内的绸缎铺全部是他一人拥有，后来在演陂街上开了一家绸缎分号，成为当地第一号富翁。他给闭塞的演陂桥带去了外部世界的另一种色彩，让当地人知道了什么是汽车，知道了娱乐除了玩跑胡子，还有扑克牌；当然，他有家丁且配有枪支以及有独栋新式楼房（他的私宅就是后来的演陂区公所所在地），也为乡下的人们津津乐道。镇上冯氏家族的药号也同样为当地人称道，药号取名“来其苏”。“来其苏”三字，本指商汤征伐，因其来而使百姓获得困苦之解脱与苏息。冯氏卖药，全靠质量取信四方，且允许一时半会儿无钱买药的人赊账抓药，实在无力支付者并不刻意追讨，这样，生意反而愈发红火。

所谓“冇得三合毛打，莫去演陂桥卖藕根子”，是告诉人们，演陂桥是一个藏龙卧虎之地，千万别把自己太当回事。许多事情都印证了这一说法：

首先，这里与王船山有一段传奇的历史佳话。从演陂桥下河街道北行2公里，有一个叫油西的地方，一座青峰突兀地屹立在溪水之畔，当地人叫它南天峰。中国有句古话说“天下名山僧占多”，这南天峰虽不出名，倒也是一个树木遮天蔽日、曲径通幽的好去处。山半腰建有一座庙宇，号别峰庵。到了明末清初时期，别峰庵来了一位游方和尚，觉得此地不错，便留下常住，因其道行高深，做了别峰庵的住持。王船山定居湘西草堂后，一次去大云山探望其兄路过此庵，与住持和尚一番交谈，方知他不是等闲之辈。原来这位游方和尚是一个“遗民僧”。遗民是一个特定的名字，当年明朝灭亡后，许多士子官宦不愿沦为异族之臣，纷纷隐居深山老林，后人称之为明末遗民。遁入佛门的明朝遗民不少，被称为“遗民逃禅”“遗民僧”。王船山在知其身份后，二人惺惺相惜，大呼相见恨晚，遂成了莫逆之交。王船山借居在此著书立说，开课授徒，他的两部史论手稿《读通鉴论》和《宋论》共17本35卷，就是在这里完成的。这些手稿被一户农家珍藏了10代300多年，农家几代人历尽磨难，几经战火，将这两部手稿秘藏，代代相传，直到20世纪90

年代初，这两部手稿才得见天日，成为弘扬祖国文化遗产和船山精神的珍贵文物和历史见证。王船山还为别峰庵撰写了一副长联：“敷弥天云，飞大地雨，玻璃宝瓶中原无一滴，冷眼闲观，但任孤峰独往；入尖针影，转邻虚藏，藕丝香孔里摄尽万缘，神威自震，不教钓艇空归。”这副长联既有对南天峰上别峰庵地理位置的描述，也抒发了彼时王船山虽已落魄，但壮志不改的气量。

其次，这里曾经是衡宝战役中白崇禧的一个重要指挥中心。从军人的角度看，演陂桥是一个战略要塞所在，是衡阳城的西方第一道屏障。这是一个三岔口，往西北方直达邵阳，再远处便是怀化；往东北方，则可达双峰、娄底，远方抵长沙、常德。当年衡宝战役时，白崇禧为阻止四野部队南下，就在演陂地区的铜鼓岭和西狗岭布下了重兵把守，并把桂系七军军部设在演陂桥，军长李本一在这里坐镇指挥。七军是一支桂系主力军，自命不凡、目空一切，吹嘘自己是“钢军”，一直是白崇禧的王牌军，不仅武器装备精良，而且战术手段狡诈多变。白崇禧也一向偏爱和重用这支部队，每到关键时刻，白崇禧总是把它当成一支“救火队”，用来承担最重要的任务。在衡宝战役中，白崇禧亲自给第七军嘱托：这个任务很艰巨，撤退时不论任何牺牲，纵然后尾部队有的撤不下来也算了，总以主力安全撤出为要。因为白崇禧知道，演陂桥一旦失守，整个衡阳城便指日可破。但这次“小诸葛”失算了，他遭遇了老对手解放军四十五军的一三五师师长丁盛，一番汤浇蚁穴，设在演陂桥的李本一军部被彻底捣毁，李本一落荒而逃，最后在祁阳的文明铺被全歼，白崇禧也从此一蹶不振。

再次，这里曾发生过一个教训国军伤兵的故事。1944 年，衡阳被日本攻陷前，从前线撤回一大批伤兵，由一名少校团长带领驻扎在演陂桥，准备择日西进，取道邵阳去西南后方。这批伤兵自恃在前线抗日有功，在当地为所欲为，到街上买东西不但不付钱，甚至口出粗言，当地百姓怨声载道，但又无可奈何。彼时，正值第十六集团军作战参谋长曹嗣全回演陂桥探亲休假，听说这些消息后大为震怒，遂带领随从将一正在强行索要物品的伤兵当场抓住，命众百姓上前狠揍一顿。那名领队的少校闻讯赶来，初时还想讨个说法，但一看曹嗣全服装上的衔级，吓得赶紧立正敬礼，曹嗣全在一番训斥之后，责令他们立即离开演陂桥。果然，第二天这支伤兵队伍不见踪影，演陂桥又恢复了昔日的太平。

演陂桥还有两处神秘的所在：

一是上桥街口的魏亭子。这座亭子与我们常见凉亭的样式并无二样，但其作用却有些特别，它是为大塘角附近山上那座豪华的墓地所建的附属建筑，主要供亡者后人来此祭奠时有个休息的所在。魏亭子对面墓中埋葬着一位叫魏凡的将军，官拜三品。当年，他奉朝廷之命南下与吴三桂交战，兵行至演陂桥，因感瘟瘴不治，朝廷将他厚葬于此。为防日后有人盗墓，家人采取了多墓地的做法，据说出殡之日，有九具棺材同时抬向各个不同的墓穴，连他的贴身保镖也不知主人真正的下葬地。后来证明，演陂桥的这处魏公墓，只是衣冠冢，真正的魏公墓至今仍是一个谜。

二是下桥街尾的三圣寺。这是一座逾千年的寺庙，佛道共居于此。因为演陂桥是当年衡邵官道上一处重要的驿站，每年怀化、邵阳、双峰等地香客去南岳进香，大多借宿于此，三圣寺也成了香客们的朝拜之处，因此，每年八月十五前后，这里的香火会特别旺盛。三圣寺大门处有一机关，人进门时，若踏上机关，便会从两侧移出一男一女两个木偶作拱手欢迎状，初来乍到的人不明就里，没有心理准备，可能会吓一大跳。其实，关于这对男女，在当地有个神奇的传说：当时一户人家夫妻同时亡故，只留下未成年的一双儿女，他们靠上山打柴卖换些粮米度日。一日在山上，两人发现一座旧坟被人掘开，地上留有一具撬开的棺木，兄妹二人好奇，想探寻里面藏有何物，不料竟在底部发现一条巨形泥鳅。他们自然喜出望外。在当年，泥鳅也是一道好荤菜了。他们遂抓回家，去掉内脏，大快朵颐一顿。谁知一夜过后，兄妹二人竟然长成2米左右的巨人，力大无比。原来，这是条成了精的泥鳅，但由于内脏丢弃未食，兄妹二人食后只长身体，不增智力。走到外面，人皆有些畏惧，称为“吴长子”。后兄妹二人在庙内觅得一份守门的工作，居然让庙内香火大旺。据说不少香客远道前来烧香，除了拜佛，也是为了好奇而一睹二位芳容。未几兄妹相继离世，庙祝为维持这种旺盛香火，请来工匠按原样雕刻兄妹之像置于大门左右，以迎香客。

演陂桥今天依旧是一个繁华的所在，但其外观与内涵均赋予了更多的现代元素。

白布蒙街

在常宁的阳加洲，有一个白布蒙街的特殊习俗。所谓的白布蒙街，就是整个街道被全封闭：用白布缝合与街段长宽等同的一整块，悬吊在街檐下，人在街上行走，不见天日；再在街口两头各扎一个牌楼，贴上“保护神”关公手握大刀的画像，牌楼四周贴满咒符，这样使整个街道变成一个箱笼形的整体。在蒙街期间，街上各家各户门前摆放香案，案桌上安放神像，点信香、蜡烛，供奉果品。

阳加洲的蒙街习俗起源于何时，并无文字可供考究，但在当地坊间的一个传说却是妇孺皆知：很久以前，阳加洲极不太平，街上瘟疫不断，东家瘟鸡，西家死猪，南家病人，北家失火；每当夜深人静之际，河边会有冷狗没来由地呜呜哀嚎。街上住户们因此人心惶惶，个个胆战心惊，担心会天降大祸。于是街上长老商议，请一个法术高明的道士前来驱邪除妖。道士来到此地后，虽然竭尽全力，但效果并不理想。道士在观察了整个街道的地形地貌后，决定封闭街道，即街道上空用白布遮天，两头用牌楼封口，把街道变成一个严实的笼箱。街道封闭后，道士开始施展自己的手段：只见他身穿道袍，头戴道帽，舞动手中驱魔剑，从街头到街尾一路横扫。此举果然奏效，从此整个阳加洲风平浪静，鸡犬安宁，人丁康健。蒙街的习俗也从此产生。

阳加洲用白布蒙街的习俗，是出于对未知世界的一种敬畏和一种对美好生活的追求。他们认为，为了规避风险，当地居民没有病灾侵蚀，每年花点钱，将街道蒙上几天，也是物有所值。阳加洲的蒙街，旧时一般每年一次，每次时间长短不定，代代相传，花样变化翻新。随着时间的推移，这种当年纯粹出于保平安的活动，逐渐演变成一种当地特色的庙会，像过节一般喜庆。每到蒙街的那几天，街两头的牌楼扎上了五颜六色的纸制花鸟虫鱼，街上家家户户张灯结彩、喜气洋洋。

蒙街期间，主要的娱乐活动是演戏。其间会有老板、财主出于还愿的目的，请当地戏班子唱一两天地方戏，主要为马灯曲目。一般为《仙女下凡》《杨门斩子》《穆桂英挂帅》《刘海砍樵》《毛国金打铁》等当地民众喜闻乐见的短剧目，有时若碰上一个大施主，也可能上演连本戏《目连救母》或《大盘洞》。

有时也会请茅坪的师傅来唱灯影子戏。灯影子戏又叫皮影戏，是一种以兽皮或纸板做成的人物剪影来表演故事的民间戏剧。唱灯影子戏是件非常严肃的事情。开场之前，师傅们要焚香点烛，叩拜天地，然后才会在一串唢呐和锣鼓的伴奏下拉开序幕。多数时候剧目是《封神榜》。在灯影子戏里的姜子牙，与我们平时读的小说里的有很大的区别，剧情掺杂进了许多民间演义，把一些传说归属到姜太公一人身上，他成了收妖降魔无所不能的大师。尤其是在封神台封神时，他无意间把自己的老婆封为瘟猪鬼，又把他自己封为屋檐童子，刚好是收降瘟猪鬼之类的神灵，可谓大义灭亲，为民除害，这也印证了当年民间为了保证六畜兴旺，特意在栏舍写上“姜太公在此”一说。

有时还会请打渔鼓的艺人唱故事。渔鼓是衡阳人最喜欢的一种民间曲艺。渔鼓的起源，可以上溯至唐代的道情，即道士为传道或化募时所唱的歌曲。渔鼓袭用道情的形式，演变为富有娱乐性、知识性的说唱艺术。清初，衡阳著名学者王夫之曾写过《愚鼓词》27 首，以抒发对清朝政治的不满。愚鼓即今之渔鼓，兴起于清初，盛行于清末。打渔鼓时，听众围一圈，艺人中间坐，艺人左手腋下搂着渔鼓，手里握着竹板，配合右手拍打鼓面，唱腔悠长。开头语总是那几句：“渔鼓不打两头空，五湖四海乏崩嘭，诸君是听唐朝武，还是要讲宋朝文，烦请随便点一曲，在下即刻道分明。”一番述说之后，便转入当晚说唱主题。因其多用当地方言演唱，且不断插科打诨，幽默风趣，故那里总是人头攒动，笑声不断。

由于持续时间长，娱乐活动多，阳加洲蒙街时，会吸引许多本乡和外地人来凑热闹，因此那几天家家户户宾客盈门。当然，这也给当地带来了商机，尤其是店铺老板，那几天更是忙得陀螺一样旋转。遗憾的是，这种蒙街活动早已销声匿迹。

阳加洲愿戏

在衡阳常宁的阳加洲，曾经流行过唱愿戏的习俗。这种3年一届、每届唱30天的愿戏，流行于20世纪40年代以前，被视为湘南山区文化交流、经贸往来的盛会。

阳加洲人唱愿戏，主要是为当地祈福。用唱戏的方式为当地保平安，是中国民间的传统做法，有着悠久的历史。戏剧一词最早见于晚唐五代。杜牧在《西江怀古》中嘲讽“魏帝缝囊真戏剧，苻坚投棰更荒唐”。《旧唐书·宣宗本纪》载宣宗“外晦而内朗，严重寡言”，“文宗、武宗幸十六宅宴集，强诱其言，以为戏剧”。《旧唐书·顾况传》载“其《赠柳宜城》辞句，率多戏剧”。可知直至晚唐五代，人们认为“戏剧”是指在特定场合中的游戏、戏玩、嬉戏、嘲戏、戏弄等行为。我国最早关注原始宗教仪式与戏剧关系的是宋代的苏东坡。他在《东坡志林》中认为：“八蜡，三代之戏礼也。岁终聚戏，此人情之所不免也，因附以礼义。亦曰：‘不徒戏而已矣，祭必有尸，无尸曰奠，始死之奠与释奠是也。’今蜡谓之祭，盖有尸也。猫虎之尸，谁当为之？置鹿与女，谁当为之？非倡优而谁！葛带榛杖，以丧老物，黄冠草笠，以尊野服，皆戏之道也。子贡观蜡而不悦，孔子譬之曰‘一张一弛，文武之道’，盖为是也。”“八蜡”，是上古国人岁终祭祀八种与农业有关的神祇，旨在祈求农事顺利、秋有丰收的原始宗教祭礼仪式，蜡祭完毕照例“聚戏”狂欢。苏东坡称“八蜡”为“戏礼”，认为“尸”为“倡优”所扮，显然是将“蜡祭”与“聚戏”两者视同一体。

阳加洲人唱愿戏，主要目的就是取悦“五谷大神”“玉皇大帝”等诸神，确保一方社稷平安，希冀达到田园一派笙歌、家家和睦兴旺的盛世愿景。

由于是3年才有一次的盛会，筹备工作必须十分严谨。第一步是要选出头会首，以便由他出面进行协调和总揽全局，这个元首式的人物，一般由街邻、商会合议，推荐德高望重的长老担任。头会首诞生后，还要选出不同岗位和担任不同责任的几个分会首，分会首入选的基本条件是要家境殷实，由自荐或推举产生。共设经缘、酬恩及福、禄、寿、喜6个分会首。会首人员选拔出来以后，用红纸写好喜报，用扎着红绸的抬盒抬着，众人敲锣打鼓，送至各会首家里。当选会首的主家率领全家老小在厅屋迎接，将大红喜报贴于正面墙上，向送喜报的人敬烟献茶。

会首人员选出后，由他们组成唱愿戏的会馆，相当于今天的筹备委员会，由头会首主持工作，确定两项内容：一是根据唱愿戏的各项开支做出预算，由各会首主动认筹承担，不向民众摊派一文钱。会首捐资也不会吃亏，有如现在举行大型活动，企业老板有冠名权，活动所需物资由他们优先供应，有偿服务由他们优先提供。二是确定邀请的戏班，一般请的都是长沙或衡阳的湘剧班子。

演出前，还要做好以下几项具体的工作：一是在大岐岭上的观音庙设撞钟台，供演出期间报时；二是用竹篾扎一尊威灵菩萨，确保这届大型演出活动平安无事；三是在三圣祠开设厨灶，供艺人、经管、会首和服务人员免费用餐；四是将戏台打扫干净，重新布置，柱子贴好对联，戏台东西两侧搭棚，摆放长椅条桌，为阔佬、达官贵人、远来的客人和戏迷提供雅座。

由于愿戏演出时间跨度大，也会给当地带来商机，因此，会首们将戏台坪对面塘角碴子岭旁划为商品展销区。地方特产、洋货洋物、面食便餐、特色小吃、茶饮酒水琳琅满目，方便戏迷就近购物和享用。

愿戏演出临近，会首上大义山庵子，请来法术高强、义德双全的和尚做3天道场，驱散孤魂野鬼，为唱愿戏扫除潜在的威胁和障碍。

为期30天的唱愿戏正式拉开帷幕后，大抵可以将其分为三个阶段：头3天由戏班子唱送戏，班里自选一些轻松欢快的折子暖场，吊观众的胃口，但第一出戏必须演《天官赐福》，图个吉利。中间24天的演出曲目由阔佬、贵人、戏迷挑选演出，选剧用红纸写上贴于台前。最后3天为结圆正戏。

为监视戏班角色的唱腔、举手投足是否符合剧情，服饰是否到位，专门有几个内行票友在西向观戏台仔细察看，唱到好处带头鼓掌叫好，反之就喝倒彩，台下观众会往台上扔草鞋。一次，演朱买臣落难乞讨，演员忘记取下结婚戒指，遭到票友起哄，要求重唱，直至唱到戏迷满意为止。

最后3天的结圆正戏，是愿戏的高潮点，这3天分别为，一天踩高脚，一天杀叉，一天勾愿。

所谓踩高脚，就是觅两根丈余长、六七寸围的杉木，在尖端两尺左右钉一横桩，艺人脚站横木上，扮演地府无常鬼，头戴一顶一尺五寸的高帽，用红布制作一只五寸长的舌头，黏在下唇，形状吓人。扮演判官、小鬼的一干阴兵跟随于后，在街头巷尾游行一圈，返回戏台卸妆。此寓意是大鬼收罗游魂散鬼，押回阴曹地府，免得犯案。

倒数第二天的杀叉戏，是30天愿戏当中最精彩也是最危险的大戏，当地又叫杀刘四娘。大概剧情是：臣香的母亲刘四娘一辈子吃素，虔诚拜佛，将要修成正果，脱凡登仙夺位，王母娘娘深感座位难保，为阻止她登仙，心生一计，派一仙子下凡，诱使刘四娘吃牛肉喝肉汤，大开五荤，这一行为惊动玉帝，便降旨派遣天兵天将用阴叉、阳叉杀死刘四娘。剧情倒不复杂，惊险在于是将一个真人绑在门板上，另一个人用锋利的刀叉投掷他，且这刀叉正好贴近演员不到一厘米的地方。在这场戏中，扮演刘四娘的是戏班里一名最佳的武打小生，身手不凡，扮演天将的是一名最佳净角。在演出杀叉时，乐队击鼓手又是总指挥，演员听鼓点行步与出叉、接叉。首先是“三阴叉”天将站在杀台高处，背朝刘四娘，长叉从天将头顶飞出，正中刘四娘大腿之间，接连三叉，叉叉呼啸而来，惊心动魄；杀“三阳叉”时，天将与刘四娘面对面，刘背靠柱头，叉一抛出，朝刘喉咙飞速而来。刘脚不动，身不摇，只把头偏摆几度，钢叉杀在木柱上，刘毫发无损，这样连杀三叉。在杀叉过程中，整个戏台坪看戏的人鸦雀无声，全神贯注于飞射的五尺钢叉，惊险一刻，唬得心脏都要从胸腔里跳出来。这种极度危险的演出，考验的是演员的功底与默契的配合，稍有不慎便有生命危险。历史上曾经发生过一次刘四娘被当场叉死的悲剧。会馆虽然和戏班有约在先，但出于同情和人道，也赔偿了数百两银子。所以此刻，最担惊受怕的是头会首，他不停地叩头跪拜，焚香点烛，砸碗驱邪，唯恐邪魔小鬼从中作梗，闹出人命，一场戏下来，全身都被汗打湿了。

最后一天唱勾愿戏，台上金碧辉煌，天宫玉皇大帝登殿，各路神仙依次而坐。本土神灵、灶王菩萨、屋檐童子、路师公公、土地婆婆、财神爷爷、春陵龙王、毗帽先王等驾云进殿，呈奏玉帝：祈求国泰民安，降福黎民百姓，年年风调雨顺，岁岁五谷丰登……玉帝一一准旨。愿戏大功告成，会馆各会首和乡党身穿长衫布鞋，登台鞠躬道谢，为期30天的愿戏在烟花爆竹声中圆满结束。

阳加洲的愿戏吸引了来自桂阳、永兴、蓝山、嘉禾、耒阳、衡阳等地的戏迷，他们享受了一场视觉盛宴的同时，也吃遍了阳加的美味佳肴，带走了阳加的山珍河味。商会和地方当局则以唱戏为媒，提前数月就向两广、吴越商贾发出邀请，名为看戏，实则广开财路，贸易通商，引进吴越的粮棉丝帛、两广的水果盐酱，输出本地的土特产，一举数得。

愿戏演出期间，阳加洲墟场所有店铺摊位爆棚，有借机谈婚论嫁的，有洽谈田土易手的，有议架桥修路的，有拜师学艺的，有续缘结义的，有苟合偷情的，有买空卖空的，有醉卧戏场的。其实，这台下的戏或许才是真正的重头戏。

遗憾的是，阳加洲的愿戏早在新中国成立之前便已消失，留下的只是梦幻中的记忆。

南岳划旱船

大家或许都知道中国有端午节划龙船的习俗，却鲜知有划旱船的传统。在湖南衡阳的南岳，划旱船是众多乡民津津乐道的一桩趣事。湖南有关媒体是这样报道南岳划旱船的：楚地向以赛龙舟来纪念屈原，而南岳人则以旱舟来纪念。旱舟是用竹子搭制成船的样子，再配以彩布加以美化。人站于旱舟的中央，两侧船帮分别由绳或他物系于表演者身上，这样，表演者方可边划桨边行走。

划旱船又叫旱划船、采莲船、旱船、荡湖舟等，是一种民间传统的在陆地上以模仿水上划船情形来表演的节日娱乐游艺活动。

南岳划旱船，源于两个民间传说：

一是歌颂禹王治水。当时洪水横流国中，尧命禹一面治水，一面大力制造船筏，拯救灾民。洪水退后，船筏便搁在陆地上。农民每于耕作之暇，在空场上推船玩耍，叫作“跑旱船”。不料这个游戏被尧的儿子丹朱看到，再来便经常傲慢地坐在船上，逼着老百姓推“旱船”供他取乐。当时为了统一步伐，只得喊出号子。后世在玩这项活动时，嫌木船太笨重，就改用布帛或彩纸糊船，并吸收采莲的动作，因而又取名为“采莲船”。

二是蔡状元监修某座桥。相传蔡状元领工修造某大桥时由于资金缺乏无法按期完工，但自己贫穷，拿不出银子。有一天，观世音菩萨路过桥梁工地，见蔡状元领工修桥，乃善举一桩，便想助他一臂之力，于是变化为一个女子，向蔡状元说明，自己想在人多众广的桥梁工地择婿，她坐船舱漂游水面，让愿为婿者以金银为弹打彩，朝她身上掷去，打中者即婚配，所掷金银一律归民工造桥花费。蔡状元喜出望外，亲自组织选婿活动。告示贴出后，富家公子纷纷云集河岸。谁知三日内竟无一人打中，却积攒了数以万计的金弹银丸。此时民女不见踪影，后来得知原是神仙下凡资助。结果那座桥按期修成了。

旱船是用细竹竿绑成船形的架子，旱船的大小不等，随人意而定。

船形骨架的中间用竹竿绑个井字架，井口既是船舱的部位，也是表演者的部位，顺着船舱的四角竖4根竹竿，为船舱的4个柱子，然后在上面绑制船舱的顶部。船舱的顶有平顶的、三角形顶的，较复杂的有歇山顶式的瓦棱四出水的古建筑造型。船的骨架绑好后，用彩绸布围好各个部位，船顶用红色和黄色的彩绸布裹好，船板用土黄色布绷面，船帮周围用绿色彩绸布围起，船舱内用一根红布条拴在舱的两边沿，演出时表演者将红布条架在肩膀上，撑起旱船，两手抓住船舱的两边，表演时摆动旱船行进。

旱船多在乡村农民家中演出，每逢农历春节，它要从农历正月初一活动到农历二月初二（龙抬头节），它表演的目的是祈求当年风调雨顺、大吉大利。旱船表演人数一般有6～7人：一位女演员立于旱船中，称为“船娘子”；两人手拿“连响”，相当于掌舵人员；还有一人饰演小丑，右手拿一把破蒲扇，左手拿一把桨，鼻子被抹上白色的粉，在旱船周围来回扇动蒲扇，从而引发观众的笑声；其余人在边上敲锣打鼓，伴奏乐器有大锣、小锣、鼓、镲等，旱船便根据节奏的变化进行表演。

旱船的表演步伐简单，但表演的形式不少，一般采用水溜溜、绕八字、蛇蜕皮、跑圆场、二龙出水、双进门等10余种。它的音乐伴奏，随大队的表演队伍，一般是锣鼓乐队伴奏。

跑旱船的形式主要有：一是单乘单船。船内有一人扮作古装少女，腹前设置一双假腿（成盘腿坐船状），船左侧有一人扮成青年渔夫（有的扮成老渔翁）持桨撑船。二是单乘双船。由两条“单乘单船”组成。其中一条船上乘船人扮书生，撑船人扮书童（此船称男船）；另一船上乘船人扮小姐，撑船人扮丫鬟。四人物中分别以书生和小姐为核心，构成两组主仆关系，每组主仆为一个表演单位。三是双乘单船。有小姐和公子同乘一条船（女在船头，男在船尾），无撑船人。此形式一般指表现船在水上游动时的各种形态，以及乘船人在行船途中的喜悦心情。四是双乘双船。由两男两女各乘一条船，另有一至二人在船侧持桨撑船。也有的不单设持桨人，有各船内一人划桨。表演时，四至六人分两组对舞，注重场面的变化和男、女两船人物之间的感情交流。五、单乘多船。由十几条或数十条单人船（不设撑船人）同场表演。此行式由于人数众多，场面较大，表演时以队形优美、阵容壮观见长。

无论哪一种形式，其基本格式是：划旱船饰演者脚着地，两手提着船帮。另一演员饰演小丑角色，跟着舞队的节奏不时模拟拉船的样子，以憨厚呆萌的姿势不停地惹得村民们捧腹大笑。演员们以小台步驾舟来回踱步，一阵顶风破浪，一阵平稳划行，一阵在旋涡中旋转，展现精彩的瞬间。一般情况下，跑旱船与传统民俗艺术相伴而行，在前进后退、左挪右趋中表演各种优美的动作，旱船与划手动作协调相映，别有一番风趣。划旱船以跑场子、摆画面、亮把子为主，主要模仿船在水中行驶起锚、开船、拨水、波浪行、下篙等经典动作。划旱船表演需要较高的表演技巧，坐船者要与划船者密切配合，既要操纵船身，又要模仿船在水中行驶的各种各样的形态。

旱船表演内容由各乡村的艺人自行决定，多数为喜剧搞笑类节目：表演时一戏装女子置身糊制的彩色龙船之内，手中舞扇；另一花脸艄公执篙撑船。跑旱船妙在一个“跑”字，各表演队都有自己的跑法。一般演绎的故事是：一阵紧锣密鼓之后，老艄公匆匆上场解缆撑船，加速行进。在锣鼓乐伴奏下，船在场内做倒 8 字运动，随着音乐节奏的不断加快，船行速度也不断提速，继而绕场一周后搁浅。艄公下船，挽裤捋袖，跳入水中，撬抬扛推，使尽浑身解数，终于将船撑入深水。又是一阵快行船。接着船入旋涡，连连打转，老艄公手忙脚乱，力排险情。这时，船身起伏跌宕，频频倾侧，船上女子惊慌失态，场上锣鼓点愈发紧迫，观众的心也提到了嗓子眼上。险情排除后，船身出现漏洞，水流涌入船舱，老艄公脱衣堵漏，向外泼水，化险为夷，船绕场一周，表演结束。整个表演从解缆开始历经几次险情，表演动作丰富多变，起承转合紧凑自然，滑稽幽默，妙趣横生。

据说衡阳乡下现在还有人在表演跑旱船，但那已远非当年的风范可比，时间也仅仅限于春节那几天。或许这种民俗在不久的将来会从大众的视野中彻底消失。

祁阳石

人类赖以生存的地球，最外面的一层地壳，由岩石构成。岩石给我们的生活带来的各种益处很多，一般为生活基础类的功效，如用于建筑与奠基；少数则为文化艺术类的精华，如用于观赏与把玩。祁阳境内盛产的石头二者俱备，其具有地理标志性的祁阳石便属后者。

祁阳石的产地分布在境内的挂榜山林场、七里桥镇、下马渡镇、羊角塘镇、潘市镇、梅溪镇现辖区域。

祁阳石是特殊地理环境下的产物。祁阳西南高，东北及中部低，地表切割强烈，以三大山系为脊线，呈环带状、阶梯式向两大盆地中心倾降。祁阳位于由西向东倾降的第二阶梯与第三阶梯的交接地带，是南岭山地向洞庭湖平原过渡的初始阶段。西北、西、西南三大山系，山体巍峨蜿蜒，山峰高达千米以上。都庞岭的峰顶韭菜岭海拔 2009. 3 米，是境内最高点。东北及中部，丘岗星罗棋布，谷盆相嵌，海拔一般在 300 米以下。湘江河谷祁阳唐家岭的九洲海拔 63 米，是境内最低点。全域相对高差 1946. 3 米，比降达 2. 7% ~20%，切割深一般为 300 ~700 米，最深达 800 ~1000 米。在历次构造运动、岩浆侵入以及地表水的长期风化剥蚀下，形成了以山丘地为主体，丘、岗、平俱全的复杂多样的地貌类型，形成祁阳石。

从物理学角度看，祁阳石属黏土质板岩，赋存于下奥陶世地层中；矿物成分有绢云母、石英、斜长石、绿泥石、氧化铁等；有浅绿、灰绿、朱紫、褐等色；显微纤维结构，层纹状构造。其中称“紫袍玉带”者，通体为紫色，中间夹有青绿石纹；另一种为页层岩质彩石，剖开石头，颜色分多种层次，有紫艳、黄褐、乳白等，偶见黑色层。该石质不甚坚，温润细腻，多呈紫红色，石色匀净，常见浅绿色石脉。色佳者有山水日月人物之像，尤以紫花者稍胜，多用作屏风；又因其石质地细滑而沉，亦用于琢制砚台，成砚称“祁阳石砚”或“祁阳砚”，肌理莹彻，云委波襄。祁阳砚作为国内名砚、湖南顶级石砚，在《湖南通志》《祁阳县志》《浯溪考》《墨史》等有清楚记载。

祁阳石的开采，最早见诸文字记载的有二处：一是明朝《长物志》卷三记载："永石即祁阳石，出楚中。石不坚，色好者有山水、日月、人物之像，紫花者稍胜，然多是刀刮成，非自然者，以手摸之，凹凸者可验，大者以制屏亦雅。"二是在清朝同治年版的《祁阳县志》上："石产邑之东隅，工人采择，取其石之有纹者，随其石之大小，凿锯成板，彩质黑文如云烟状俗称花石板，以镶器皿亦颇不俗。无纹者有紫、绿两种，可以为砚。"

祁阳石与中国名人有着千丝万缕的渊源：曾国藩曾收藏有祁阳石砚，秘不示人，视为珍宝；陶铸同志一生挚爱自己的家乡祁阳，随身携带祁阳石制作的砚台，脍炙人口的《松树的风格》或许正是蘸墨于祁阳石；"从每一方砚台，可以体会到中国悠久的历史和文化"，日本前外相藤山爱一郎曾这样赞美祁阳石砚；湖南长沙烈士塔是长沙烈士公园的标志性建筑，高 38.6 米，它为八方形，中有祁阳石，石头上毛泽东书写有"湖南烈士公园纪念碑"。

用祁阳石雕刻成砚，最早可追溯到唐代。彼时有人在祁阳东部的崇山峻岭发现了上好的板状石料，遂试着雕刻成砚，几经大师研墨试用，发现该石坚实细腻，温润如玉，发墨如油，下笔无声，磨墨易浓而不易干，荡笔提锋而不损毫，寒冬储水不冰，夏储水不腐，具备"发墨、储墨、润笔、励毫"的特点。据坊间传说，元结撰《大唐中兴颂》文，邀颜真卿挥毫，用的便是祁阳石砚研的墨，颜真卿对其赞誉有加，于是祁阳石砚一时名噪天下，一度与端砚齐名。到了清代，祁砚更是声名远播，彼时，著名书法家杨翰晚年移居祁阳，最爱祁阳砚，在自己使用、玩赏、收藏之余极力向同僚和好友推荐并赠送，全国各地文人墨客纷纷索要交流，使得祁阳砚一砚难求。

用于加工砚台的祁阳石主要有"紫袍玉带""紫石板""翡翠绿""彩石"和"黑晶石"等。"紫袍玉带"为紫色石体中间夹有带状青绿石纹，紫绿相映，浑然天成。其质地细若润玉，湿嫩而滑，所制砚品叩之无声，贮水不渗，易发墨而不损毫。"紫石板"通体呈猪肝红，上品点缀翡翠绿和玉带。有翡翠、蕉叶白、鱼脑冻、火捺、金银线等石品，极似端石老料。"翡翠绿"深埋深山涧底和地层深处，尤以自身天然石纹优雅著称，配以精湛工艺，可成佳品。“彩石”属页层岩质，剖开石头，颜色分多种层次，有如油画的色块，一层黄褐色之下有一层紫色，紫色之下又有一层青绿或墨色。造化之奇，令人不可思议。清乾隆年间，祁阳籍重臣陈大受将一方“紫袍玉带龙砚”敬献给乾隆皇帝，乾隆十分高兴，把它作为御用砚台。从此，祁阳石被列为朝廷贡品。

旧时祁阳砚台的制作，全凭匠人手下功夫。要制作一方好的砚台，先得要有好的石材。选料最好是在雨天或雨后进行，如晴天就要带一只水桶和一把板刷，用水将石料浸湿，才能看清其纹理、色彩、水渍和瑕疵；外观满意后，还要用小锤子敲击倾听声音，不同的石质会发出如木头声、瓷器声、铜铁声等不同的音色，铜声为最佳。然后，是将选好的材料仔细观察，反复琢磨，充分利用其天然纹理和自然形状，构思图案，力求做到“因石构图，因材施艺”。接下来便是雕刻。粗雕去除边角废料，再进行精雕，所用刀具和玉雕一样，有铲刀、平刀、尖刀等，刀头大小有别，用于雕刻密度不同的图案；雕时要平心静气、细致缜密，采取浅雕、深雕、透雕等技艺，既要刀法到位，又不能损及纹理，平处光滑，线条柔顺，物像务必栩栩如生，且形神具备。最后才是磨光、打蜡、配匣等扫尾工作。

清末民初，祁阳石的开发一度因资源枯竭而几近停顿，近年来由于重新探得新矿，加之引进现代工艺，使其制成品更具观赏与收藏价值，声名再度名扬四海。

婚丧嫁娶

新郎上门

在衡阳地方方言中，把准女婿第一次到女方家做客叫作上门。这种说法南北民间均有，但风俗习惯却千奇百样。

一般来说，新郎第一次与准岳父岳母见面，对于新郎来说，这是一次接受对方家庭成员检验的机会，在上门之前要做好一番准备，穿着得体、举止大方是最起码的要求。农村中相女婿，对男方的家庭情况需要提前考察外，对其个人的考察则是通过这次上门来完成。例如，通过与其交谈，看他是否知书达理；通过共同吃饭，看他是否谦恭礼让；通过观看动作，看他是否体魄强健。因此，上门对准女婿来说是一次赶考。

对女方家庭而言，这也是一次极其隆重的活动。到了这一天，家中会邀请有权威的长辈或者亲戚前来一起参加聚会。在衡阳，常常有人戏称别人家中来客较热闹时，是不是家里来了上门客。

男方第一次上门，是不能空手而去的，一般要准备 4 个糖封。糖封在衡阳又叫糖包子，它既不是我们常规概念中那种糖馅的包子，也不仅仅是纸包着的糖，而是一种用黄土纸折成菱形中装的南杂食品，可以是白糖，也可以是饼干等其他吃食，这种封子在衡阳统称糖包。

上门女婿在抵达准岳家门口时，要先燃一挂鞭炮，意在向岳家通报：我已经来了。岳家的人事先早就做好了准备，同样派人在堂屋门外燃放鞭炮以示欢迎。

乡下有句话叫作“丈母娘看女婿，越看越有趣；丈母娘见了郎，屁股不沾床”，都在表露一个意思，她的一举一动都在考量这位未来的半个儿子——乡下人有郎如半子的说法。进门落座后，丈母娘会端来一碗水煮荷包蛋，一般为双数，四六不等，知趣的女婿会选择食其中的两枚，剩下的留在碗中奉还。吃饭时，给准女婿的第一碗必定是半碗，这里既有郎如半儿的寓意，也是表达对新郎认可的含义。

衡阳有句俗语叫作“好狗不咬上门郎”。过去在农村，我们经常会见到很多土狗，也就是中华田园犬。田园犬是看家护院的能犬，对待自己的主人，表现得温顺可爱。对于陌生人，田园犬通常会表现得又叫又咬的，但是很奇怪的是，对于第一次上门的女婿，家里的土狗从来不会咬，还会表现出来一种少有的亲近。

准岳家一家人在一天活动的终结时，会对这个未来的女婿有个评价，这个评价既没语言上的表述，又不会有形态上的演绎，答案在新郎带来的那 4 个糖封中：倘若被相中了，岳家会留下其中的两个，剩下的两个交由新郎带回；倘若 4 个全部退回，那就证明本次考试不及格，无须再作言语。

送巴肚礼

巴肚，是衡阳方言，意即指女人怀孕了。送巴肚礼，即是由娘家组织牵头，由众多亲友凑办给孕妈妈的补品。

在农村人看来，女子怀孕，最主要的补品就是母鸡和鸡蛋，炖猪肚和红豆煮或红枣也是不错的选择。因此，当一家中当年有新嫁的姑娘时，娘家人总要想方设法给自己的女儿在怀孕期间送些好吃的物品以补充营养。这里包含着两层意思：其一当然是那份割舍不断的亲情，诚所谓儿行千里母担忧，女儿有孕在身，送些滋补品理所应该；其二则是为自己的女儿在夫家博些面子。在农村人眼中，这个新媳妇在当地有没有分量，许多时与娘家人有着千丝万缕的联系，这个时候能够送去巴肚礼，做女儿的在当地自然会光彩不小。

送巴肚礼其实初衷就是为了给孕妇送补品，但后来渐渐演变成为一种娘家人对女儿的长脸面的活动，场面也变得有些铺张起来。

衡阳人送巴肚礼，一般选择在女儿怀孕五个月左右时，行话叫开始显怀的时期。这时，由准外婆召集娘家的亲戚，这些亲戚大体是姑姑、姨妈和嫂子等，以及与女儿同辈的人，他们商量的事情是什么时候出发，并在一起筹办巴肚礼的具体内容。一般来说，母鸡和鸡蛋是必不可少的，此外就是红豆煮红枣，再就是炖几个猪肚子。

筹备数量的多少，要视娘家的经济实力而定，因为这些东西不纯粹只是给孕妈妈享用，而是要分发给女儿出嫁所在的生产队的每一户人家，有些讲客气的，甚至会分发到周边几个生产队的所有人家。一般是每户一饭碗红豆煮红枣，外加一小片炖猪肚。由于数量较多，一般都要几个大水桶盛装，派强壮男劳力挑着送过去。

到了女婿家中，分发的任务就交由他们去完成，娘家也算完成了一宗大的任务。这其实对乡村的左邻右舍而言，也是一种增进感情的方式，大家并不会白吃这碗甜羹，孩子一旦出生，多数人会回一个白糖封子以答谢。

现在，估计再不会有人这样大张旗鼓地送巴肚礼了。

做姜酒

外地朋友看到这个标题可能会产生歧义：是不是用生姜泡酒喝？如果这样望文生义，您可就大错特错了。做姜酒是衡阳的土语，即生孩子后的满月酒，因为此酒席上必须备一碟姜丝，故而被称为姜酒。

我到现在也没有找到为什么放姜丝的正确答案，但有一点是肯定的，做满月酒主要是为了让孩子健康成长，这或许就是一个主要的目的。过去在民间，新生的孩子很容易夭折，所以一旦满月了，就代表孩子顺利度过危险期，全家都会举行一些仪式来庆贺。庆祝孩子满月的习俗延续至今，请满月酒就成了一种常见的庆祝方式，亲朋好友聚在一起为小宝宝的降生举杯同饮。

衡阳地方为孩子做姜酒，一般来说是由主家发出邀请信息，主要亲朋好友和四邻八舍的族人都在邀请之列。被邀之人，百客至少会要持一个一斤装的白糖封子，亲戚家的人一般除糖封外，还要三尺布匹，外婆家则要准备孩子的全套衣服和装饰用品。

酒席正式开始之前，有几项规定动作必须完成：

首先是为婴儿剃胎发。婴儿出生后满 1 个月，这时头发长得很长了，因此要剃掉婴儿的胎发；也有父母会选在出生后 24 天剃发，即取“二十四孝”的意义，希望将来宝宝能成为孝子。这些胎发还可做成胎毛笔，古代会用于成年后上京赴考时答卷之用。理发时会取一盆水，加入皇青藤，待水煮沸与冷却之后，就可倒入脸盆里，并于盆中加 1 块小石子、1 个鸡蛋、1 个鸭蛋、12 个铜钱与少量的葱，家长将葱捣碎后，与蛋黄拌匀一起涂在宝宝的头发上，接着就开始剃发。理发时，理发师会念些吉利话，面盆内的物品也都具有象征性的意义：石子是希望婴儿脑壳硬，孩子好带；钱是表示钱财、富有，孩子长大之后生活富裕；葱一则表示孩子将来聪明，一则希望婴儿以后的头发，长得像葱一样的浓密；蛋表示身体完美无瑕和面目清秀，在剃头时用剥壳的鸡蛋抹脸，希望婴儿的脸长得像蛋一样白嫩和圆滑。

其次就是为孩子正式取名。旧时在乡下，孩子甫一出生，会随意安个小名使用。衡阳人有个说法，把小名叫得越贱，孩子会越皮实，因而乡下人叫狗奶仔、石头之类的小名特别多。但大名则不一样，颇有些讲究，衡阳人起名，多按照家谱中的辈分排列来组成名字，我的名字中间那个光字，就是我轮到的辈分字——我们的上下辈分分别是贤、才、光、甲、第。

酒席正式开始后，会按长幼次序依次入席，照例是衡阳大餐中的常规菜谱——十架碗。较之以往不同的是，桌子上多了一碟用盐腌制的姜丝，和用大碗装好的鸡蛋。旧时一般入席的人，可以分到两个染红的鸡蛋，那是新生宝宝外婆家的礼物；另外还可以分到两个本色的鸡蛋，这是主家人的客气。据说，现在人们为了讲阔气，每人得到的是红白鸡蛋各 4 个，有的人嫌发鸡蛋麻烦，干脆每人发 100 元红包。

按照衡阳地方习俗，酒席进入一半时，主家男人会出来敬酒以答谢大家前来捧场。此时，富有戏剧性的一幕出现了：有人从锅底抓来一把锅灰，由其他几人将男事主架着不动，然后用锅灰把他的脸抹黑，衡阳人把这种做法叫“打花脸”。男事主被抹黑的脸此刻显得十分滑稽，引来满堂大笑，大家也在这种开心的氛围中酒足饭饱地散去。

孩子满月酒宴后，新妈妈会带着孩子一起回娘家住一段时间，乡下叫作挪尿窝，也有让孩子经风雨见世面的寓意。

察 当

现在的年轻人结婚，大都会省去旧社会那种三茶六礼的环节，自由结合。在过去，一对男女要行秦晋之好，必定是父母之命、媒妁之言的结果。这个过程漫长而又复杂，不同地方又衍生出自己不同的民间婚俗，衡阳地方的察当便是其中之一。

察当是衡阳土话，意思就是去观察将要成为自己女婿的男子的家庭情况，主要是人员和经济状况。

察当一般是在媒人进行了大量沟通、双方父母有了结亲的愿望后进行。具体由男方邀请，媒人带领女方母亲及部分女性内亲到男方看家境。如果对男方（包括男方个人、家庭）满意，就让双方共商婚姻事宜；如果不满意，就不喝茶、不吃饭，然后找个借口离开。一般情形下，男方要向媒人、女方客人打发红包，以示热情、诚意和重视。

女方组织人员到男方家中去察当，一般是带着明确的目的去的，一般来说主要是看以下几个方面：

看是否热情。察当的时候，他们会十分注意男方的家人对女方热不热情，如果热情，说明对方是比较懂礼的人，对于女方是比较重视的，这样女生嫁过去也不会吃亏。

看待客之道。去男方家里察当的时候，他们也要看看男方父母的待客之道，看看他们是否是讲道理和礼节的人家。能够懂得待客之道的人家，一般是比较懂得尊重人的。

看家庭现状。女方家人去男方家察当的时候，会高度注意男方家庭情况如何，看看男方的亲戚朋友们都是什么样的人，是否好相处，家庭关系是否复杂。这些都要好好了解，不然以后会很麻烦的。

看周边环境。去察当，当然要观察男方家庭所处的地理环境，如交通是否便捷，当地物产是否丰富，民风是否淳朴，这些都是应该认真考察的，倘若那是一个鸟不拉屎的穷乡僻壤，估计那个男人再好，女方也不会考虑。

女方察当的时间一般选择双月双日，以母亲为主，带上一干她认为至亲或者有眼光的女客，最多时不超过一桌人，在媒人的带领下，来到男方家中，衡阳方言，这个活动也叫认门。

男方家中在媒人的通知下，提前做好了准备，以高度责任感和认真的态度做好接待工作。

一般来说，察当的结局关系到男女双方还能不能继续谈下去。这里，女方的母亲是至关重要的人物。有时候，答案会马上揭晓，例如进屋后，男方父母会先奉上香茶一盏，然后和女方父母交谈。女方父母通过察看男家并与男方父母交谈，如果对婚事认可，就将香茶喝尽，这时男方父母立即以“亲家”相称，并盛情款待客人。否则，女方父母应起身告辞，男方也不会勉强留客。也有的答案扑朔迷离，女方察当队伍当时并不形于色，但内心深处已有不快之感，便会在返家后通知媒人，将之前所有彩礼一一奉还，自然，男女双方的关系到此结束。

偷瓜送子

中国人对于小偷向来不齿，我们小时候受到的教育就是不要去偷拿别人的东西。在道德教育方面，衡阳也不例外，但有一个特殊的情况除外：中秋节晚上偷冬瓜。

衡阳乡下有偷瓜送子的习俗。在过去，乡下若有媳妇数年不育，则由亲友举行偷瓜送子仪式。先数日，于菜园中窃冬瓜一个，须令园主不知，以彩色绘成面目，衣服裹于其上若人形。然后推举一个年长命好者于怀中抱着，一起前往亲戚家中，进门前先放爆竹告之，主人亦鸣爆竹欢迎。比及进至其家，年长者将冬瓜放在夫妇床上，以被盖好，并且要说两句吉利的好话，比如说：今晚王母送金童，他日玉女产麒麟。受瓜者则要设盛筵款待之。

妇女在得瓜后，吃了不久便可怀孕，民间俗传此事屡试屡获。因此，在衡阳，凡是村里结了婚没有生育儿女的人家，只要人缘好，村里都会有人给他们偷瓜送子。

这种习俗其实在今天看来毫无科学根据，它仅仅只是源于一个古老的传说：古时有对夫妇年过半百还没有儿女，感到很孤单，生活无乐趣，尤其担忧百年后没有人给上坟挂青，很想有个儿女。天上的玉皇大帝得知后很怜悯这对夫妇，便打发金童下界去给这夫妇俩做个儿子。但夫妇俩都年过半百快满花甲，无法生育。玉帝想了个办法，叫金童躲进夫妇俩和邻舍合种的冬瓜园里的冬瓜里，等到中秋摘瓜时，见有个冬瓜长得活像个小孩子，邻舍叫夫妇俩摘回去，说您二老把它做个冬瓜儿吧。夫妇俩不肯，要邻居摘回去，邻居也不肯摘。到半夜时，邻居想了个主意，将冬瓜摘下来，用红布包裹着，送到夫妇俩家里，说：我从路上捡来了个月泡子，送给你们。夫妇俩信以为真，收拾好床铺，邻居将红布包裹着的冬瓜往床上一放，扯脚就要走。夫妇俩说：慢点走，等我看看小孩，也煮蛋感谢你们。夫妇俩将红布一揭开，冬瓜“嘣”地一下炸开了，当真一个肥胖胖的伢儿，抖脚舞手，十分逗人喜爱。夫妇俩眉笑眼开，邻居惊得目瞪口呆。中秋偷瓜送子的风俗，就这样一代代传开了。

随着人们对大自然规律认知的提高，以及现代治疗不孕不育的医学水平的发达，这种风俗现在当然不再有存在的价值，人们只是把它当作一个传说用作回忆。

戏谑“扒灰佬”

相信诸君参加过各种不同形式的婚礼，多数情况下，无论是南方还是北方，中式还是西式的婚礼，被调侃的总是新郎，他们或被要求当众亲吻新娘，或被要求交代相爱细节。但衡阳地区却在这一天将调侃的对象放在男方父亲的身上，即让这位准公公在大庭广众之下，以丑角的形式出现，使众多出席酒宴的人捧腹开怀，这个活动就叫抓“扒灰佬”。

我原来以为扒灰一词是衡阳土话，后来查看资料才知道这个词是南北通用，且有据可查。最权威的解释当属李元复说法，他在《常谈丛录》中说扒灰即污儿媳之隐语，因爬行时，灰上则污膝，污膝与侮媳谐音。王有光在《吴下谚联》中说，有座庙宇香火特盛，附近住户就偷偷跑去扒取锡箔纸钱焚化后的炉灰，从中掏出锡来卖钱，扒灰的目的是偷锡，而偷锡与偷媳谐音。据此，也将扒灰写作爬灰。

野史上说，苏东坡有意于儿媳，一日，儿媳为其送茶水，苏东坡看见儿媳，一时走神，不知不觉在茶几上写了一句诗“光阴不惜过时悔”。儿媳放下茶壶，也在茶几上写了一句“有难不帮遇事悔”。二人心领神会，便行了云雨之事。因苏东坡与儿媳二人写的诗是佛家《八悔诗》“光阴不惜过时悔，黑发不学白发悔；酒色赌博致祸悔，安不将息病时悔；官行贿赂致罪悔，富不俭用贫时悔；不孝父母老时悔，有难不帮遇事悔”的第一句和最后一句，正念倒念均是头一句，所以公公与儿媳通奸便称“八悔头”，后来千口流传，再加上很多人不知道《八悔诗》，便讹传成了“扒灰头”。

民间传说的扒灰由来，更多的是基于这样一个故事：以前有一大户人家，老公公是做官的。他喜欢上了自己的小儿媳妇。那时的小儿媳妇在家是打杂做家务的，做饭时上不了灶面只能烧火。有一次老公公在家没事时就到小儿媳妇这儿来一同烧火，逗玩。苟且之事被小儿看到了，小儿就问老爸在干什么。老爸急中生智，回答说在扒灰（当年农村做饭使用柴草，大灶里烧火久了，灰积多了以后要扒掉的）。所以后人就把老公公与儿媳妇苟且叫“扒灰”。

衡阳人参加婚宴的一个重头戏就是戏谑那位做公公的“扒灰佬”，在菜过第五道，主人邀席致辞后，便有好事的人开始张罗这个活动了。

最初的出发点是让这位新公公扮个丑相，博得大家一笑。多数情况下是人们抓来几把锅底灰，把他的脸涂成黑雷公的模样，衡阳人叫打花脸，然后到各个桌席逐个向宾客作揖答谢，由于样子滑稽可笑至极，把所有人的情绪一下子调动起来，整个酒宴的气氛掀起一个高潮。

这个做法后来不断翻新，现在人们闹酒宴戏谑“扒灰佬”花样迭出，手法新颖，有时候稍显过分，让人觉得捧腹之后的不爽。例如有人会让这位新公公头戴一顶高帽子，上书“我是扒灰佬”，胸前挂一块写着同样字词的纸牌子，手提一面铜锣，一边敲一边高呼：“我是扒灰佬。”那一副表情，既让人忍俊不禁，又让人觉得有些难堪。这种场合，倘若做公公的大方地接受别人的调摆，配合大家的行动，现场反而会平和得多；最难堪的是双方不配合，在那里扭扭捏捏，双方僵持不下，有时甚至会生出一些矛盾。

戏谑“扒灰佬”的节目现在还在进行，但愿大家都能在文明的前提下找到笑点。

婚后回门

婚后三天回娘家，又称归宁。这个习俗南北皆有，这一传统已经延续了几千年。在旧时，新婚夫妇婚后回娘家，可是一件隆重的事情，有许多讲究。

为什么要这样看重这件事，大体上是基于以下这几种理由：

对娘家的正式辞别。过去人们有句俗话，叫作“嫁出去的女儿，泼出去的水”，意即女儿已是别家人。女儿既已结婚，于她而言，来娘家已经是客人了。娘家今后是娘家，不再是女儿每日出入的自家，女儿要把新婚的家当家，要好好过日子，不能老想着娘家。

宽慰怙恃双亲。女儿毕竟是娘身上掉下来的肉，在娘家生活十几二十年，现在一旦分手，当要报答养育之恩。

报答亲友。结婚庆典时，众多亲友可能给予出嫁的女儿诸多资助，回门这一天，女婿要给亲友敬酒，一方面感激列位的祝福和辅佐，另一方面正式“认亲”，今后，“大姨子”“小舅子”的，女婿就跟娘家人打成一片了。

回拜娘家祖先。过去人们有一种迷信的说法，家里女儿出嫁时会惊动逝去的祖先，祖先从婚礼之日起会在家待三天，女儿女婿三天回门正式礼拜祖先后，祖先就可以安然归位了。

对夫妇教育培训。新婚夫妇刚刚从两个不同背景的地方走到一起，如何尽快进入融合状态，这是父母十分担心的事情，因此，这一天一干亲友都会对新女婿讲好话，大体是让他宽容照顾好自己的老婆；同时，也会对女儿进行培训，古代人十几岁就结婚，男女之事都不太懂，大人们又不好明说什么，趁着回娘家的机会，娘家的嫂子们探询探询女儿嫁人后的状态，教授一些闺房经验。

衡阳的女婿回门是要准备礼物的，一般的要求是对岳父母家：一对鸡，公母鸡各一只；4 个糖封子，2 块猪肉。对女方的亲戚，如爷爷奶奶、叔伯姑嫂及邻舍，都要逐一送糖封。有的女方家里如果亲戚多，加上所居住屋场邻居也多，回门这一天，女婿要用挑谷的箩筐满满装上一担礼物。

娘家也是早就做好了准备，当女儿女婿回门时，会办几桌回门酒，将众多亲友及邻居一道请来进行庆贺。有的人家为了讲脸面，还会大张旗鼓地邀请更多的百客前来赴宴。

衡阳地方新婚夫妇回门，在走路上也是有讲究的：去女方家的时候，要妻前夫后，即新娘要走在前面；返回时，要夫唱妇随，即新郎走在前面。回门当天是需要返回男方家中的，不能留宿于女方家中过夜，这是因为，他们认为婚后一个月内新家不能空房，一定要夫妻二人共同在家，这样婚姻才会白头到老。

开 奶

现代人们对新生儿的喂养方式已经有了许多科学的办法，而在旧时，孩子出生后的很长一段时间里，都是靠母乳催大。母乳是新生儿来到人间的第一口奶，因而在民间也叫开奶，这是一件家人们极其重视的事情，那些刚生头胎的家庭，还要举行一个简短的开奶仪式。

开奶时间通常是在婴儿出生后的第三天早晨，在衡阳这一天要“洗三朝”，当将婴儿放在草药熬制的水中清洗干净后，开奶仪式便开始了。

到那时候，需要请一个多子又老成的妇女将一点黄连水或大黄水抹在婴儿嘴唇上，并说：“乖娃娃，三朝吃得黄连苦，来日天天吃蜜糖。”之后把肉、状元糕、鱼、糖等食物做成的汤水，抹几滴在婴儿嘴上，再念上一段朗朗上口的话：“吃了肉，长得胖；吃了糕，长得高；吃了状元糕，将来当个状元郎；吃了糖和鱼，年年有富余。”然后再让婴儿开始吃奶。之所以选择第三天开奶，是因为民间的经验认为，前两天婴儿可凭在娘胎中的营养维持生命，而且家里还准备了一些如“西黄”之类的药品给新生儿喂食，这样既补充了营养，又有利于清除小儿体内的污秽，增强小儿的抗病能力，所以新生儿开奶都在三朝那天进行。生头胎的孩子，第一口奶一般不是由母亲直接喂，而是请正在喂奶且八字好的妇女给新生儿开奶，原因是有奶的妇女奶水足，新生儿的吮吸能力差，由有奶的妇女开奶，新生儿一下子就能尝到奶水的甜头，这样能增加新生儿的食欲和吮吸能力。有的一时找不到有奶的妇女，那只好由产妇自己来，这时由产妇的母亲或婆婆在旁边加以指导完成。

也有多胎的孩子请别人开奶的，这种情况一般是前面生的女孩子多，或者是小孩夭折后母亲再怀孕生产，希望新生儿能够健康成长，于是便会找来一个身体健康且多子女的妇女为其开第一口奶，寓意这孩子将来会与她的孩子一样健康长大。

斩　草

看到这个标题，诸君切勿望文生义，以为是除草，如果是这样，那就不是衡阳地方特色民俗了。我这里说的斩草，是旧社会衡阳人结婚时一道特有的仪式，斩的不是草而是鸡。

过去新人结婚，新娘子到新郎家的堂屋这一段，出嫁的女儿是不能见天日的，从娘家出来，要打着伞让人扶进花轿。

花轿抬到新郎家堂屋门前的禾坪上，离堂屋的阶基还有一段距离时，男方已在那里设立了一个台子，旁边坐着斩草的司仪人员，周边站满了看热闹的观众。

此时轿夫停轿，新郎的接亲队待在新娘的送亲队后面，新郎出列恭候在花轿的右侧，新娘子下轿，走到由伴娘事先就打开了的青布伞下，由一位姑娘扶着新娘来到司仪台前站定，新郎立在新娘的后面，但一定得保持一段距离。

仪式开始时，早就立在一旁的司仪一手拿着钢刀，一手攥着一只公鸡，边唱斩草文边举起钢刀宰杀公鸡，并将还在挣扎的公鸡随手丢在禾坪上，任其抖动翅膀跳跃。据说这个杀鸡很有讲究，不能一刀断气，鸡挣扎得越久越好，鸡血洒向禾坪的面积越多越好。

当鸡还在禾坪上抖动腾挪时，司仪会接过事先准备好的茶盘，抓起茶盘里的盐茶米谷向新娘子的青布伞上撒去。其间诵唱的斩草文，从杀鸡开始到盐茶米谷撒完，要一气呵成，中间不能间断。

斩草文念完后，司仪要引领新娘子从放在阶基上燃着旺火的火盆上跳过去，跨过门槛进入堂屋，新郎接着跟进，其他人亦鱼贯尾随而入，最后举行拜堂仪式。

斩草仪式源起何时已无法考究。但过去人们认为，新娘出嫁的这一天，火星不旺，而从娘家这一路出来，可能会碰上在阴间游走的孤魂野鬼，也有可能遇上狐妖或山魈之类的精怪。一般人火星很旺，它们难以附身，而新娘则因火星低而遭遇，将它们带入新房后，今后会有诸多不顺；因此，人们在新娘进屋之前，举行这个仪式，意在将一切孽障挡在门外，斩草除根。

应该指出的是，这个仪式带有浓厚的迷信色彩，现在早已不再有人提及，当然也不会有人去实践，许多年轻人更不知道曾经还有这样一种结婚仪式。

婚前开脸

现代的一双男女牵手走进婚姻殿堂，为了让自己最好的一面展示给众多佳宾，通常会到美容护肤的专门店中去打理一番。在旧时，女人出嫁也要刻意打扮一下，但她们只能在家中用最原始的方法来达到这个目的，这个方法就是绞面，衡阳话叫扯脸或开脸。

从传统的意义上理解，结婚是一个女人一生的转折点。以前，人们一说黄毛丫头，指的就是未婚的女孩，而已婚的女子则不能使用这种词，这是因为已婚和未婚女子之间存在着是否开过脸的差别，也就是说，开脸是女子已婚和未婚的重要标志之一。

开脸，也叫作开面、绞面、绞脸，是古代中国女子在出嫁前必须经过的一道环节，指的是女子出嫁时去净脸和脖子上的汗毛、修齐鬓角的过程。开脸一般选择出嫁的前一天晚上，在女方的娘家完成。

开脸的起源目前尚无资料可查，但在中国南北方共同认可的说法是：隋炀帝滥抢民女，于是有一家人就把出嫁女儿脸上的汗毛全部除去，涂脂抹粉假扮城隍娘娘抬到新郎家，以躲避官兵的检查。后来大家跟着学，成了风俗。在衡阳，有一种陈旧的理念：女人一生只在结婚时开脸一次，这对于女人来说是一次蜕变，因此很重视这种仪式。

新娘即将出嫁，选择谁来为她开脸，是有讲究的，不是谁都能担当此任，须要具备一定的资格。一般而言，必须有一个八字好的全人——即指这个人是父母、公婆都健在，丈夫、子女俱全的妇女。有时候则还要求有一个十岁左右的小男孩待在旁边，这个小男孩必须要选聪明伶俐、健康活泼的。有时候不就便，也可由自己的母亲或伯婶母及嫂子等人代劳。

开脸时，对要开脸的女人的坐向有一定的讲究，一般会选择和新娘属相相合，或者是喜神所在的方位。多数家庭并不懂命理属相，但可按一条笨办法进行：背北朝南。开脸的工具不外乎是镊子、丝线、钱币等。

一般的开脸过程是这样的：在面上敷上一层用稻谷壳烧成的白灰，开脸人用一根长线，两头系在一块打上结，绕几个交叉，成剪刀状，开脸人用双手的食指和拇指绷紧，并用牙咬着线的一端，把线贴着女孩的脸，两手和嘴同时向外撑开，就把脸上的汗毛绞下来了。

在给新娘开脸时，有些开脸人会实施一个简单的仪式：手持长线，要先上、中、下弹三下，嘴里念诵“上敬天地父母，中祝夫妻和顺，下弹子孙满堂”，再左、中、右弹三下，念诵“左弹早生贵子，中弹勤俭持家，右弹白头到老”。如果是有小男孩的场合，这个弹三下的动作就由小男孩来进行，开脸人则负责持线和念诵。

开完脸后，主家一般会给开脸人酬金，有的是一个装有现金的红包，也有的是一段布匹。倘若第二天早上主家做移花酒，开脸师傅还会被邀请入席。

挑头担

现在的人们对生男孩与生女孩有一句形象的说法：生男孩是建设银行，父母要往外投钱；生女孩是浦发银行，父母要往里收钱。这话要是在过去，尤其是在农村，却正好相反，生下女孩时，父母便调侃说：多了一个赔钱的货。

农村认为生女孩赔钱，主要是在嫁妆上的花钱。女儿出嫁，首先要准备嫁妆。衡阳地区嫁女，讲究几铺几盖，多为四铺四盖，少的也有二铺二盖。大的种类可分为铺陈、摆设、日用等物品，人们从世俗的角度出发，视嫁妆多寡而论新娘身份高低，故而一般人家不得不倾其所有，大事铺排，以争体面。陪嫁物多为衣服、蚊帐、被絮、澡盆、脚盆、洗脸盆（架）、提桶、木箱、木柜、屉桌、大桌大椅、小桌矮凳、火盆、木炭、茶具、餐具等，多者可达十余抬。为显丰厚，大件为 2 ~4 人共抬，小件也要 2 人合抬。由于物多人众，队伍浩浩荡荡，蔚为壮观。

一些富户大族为让女儿出嫁有脸面，亦有陪送田地、山林者。贫寒之家亦有由男方备办一部分陪嫁，事先悄悄送至女家，过礼之日再一同抬回男家的习俗。由于陪嫁丰盛，民间俗语有“生崽满堂红，生女一场空”之说。

嫁妆一般在结婚当天由男方派人到女方家中去迎取，去的人数多少，视对方嫁妆数量而定，这些双方都会事先约定好。如果女方在结婚的当天早晨要做移花酒，接嫁妆的队伍可以与百客一样入席，然后，再按出发前的分工，各自将女方事先准备好的陪嫁之物，或用箩筐，或用抬盒，或用滑竿，捆绑就绪。

发奁的仪式由女方雇请的礼生主持，一般迎嫁妆的队伍出发的顺序是：头担，然后是衣箱及动用家具等。

衡阳的头担内容很丰富：除了新娘的化妆品和笤帚撮箕扫把外，一只马桶是必不可少的，而且几乎是头等重要的。马桶叫作“子孙桶”，用马桶作象征物，一是因为它与生殖器官常常接近，二是因为这个桶状的东西与妇人的孕育器官和生产通道相似。马桶中要放进枣子、花生、桂圆、栗子、荔枝，取“早生贵子”之意，有的用5只红鸡蛋放入马桶，取“五子登科”之意。送“子孙桶”不但是祝愿男家早日生子，而且男家亲友中如有久不生子者，也可以向主人要“子孙桶”中的红蛋和喜果吃，据说吃了很快就会有喜，就会生男孩。

挑头担的人选也有讲究，一般由那些结过婚的，且生有男孩的人担任。对于挑头担的人，女方家也会格外重视，出发时必须打发一个红包，而其他接嫁妆的人则没有。挑头担当然责任也很重大，因为传统观念认为，头担从女方家中发出，到男方家中的途中不能沾地，否则会被认为不吉利。如果男女双方距离不远，这或许不算什么，倘若十几二十里的距离，对挑头担的人当然是一个考验，从这个角度看，他那个红包确实应得。

我在上大学期间的暑假时，一个同学结婚时曾为他挑过一次头担，那时纯粹出于好玩，也忘记向女方家里讨要那个红包，却在进新房之前被人拦住，要我发一个断（即用顺口溜讲几句好话），我当时还算反应快，张口说了四句：

男才女貌结良缘，你情我愿成新欢。
今日干柴遇烈火，明朝鲤鱼跃龙泉。

现在的男女新婚，这一程序大都省去了，挑头担也只是一个记忆。

走 月

走月是衡阳地方的一个特殊的习俗，意思是在孩子出生满月后，由孩子的外婆将产妇和婴儿接回娘家住三五天，有的地方也叫走满月，或叫腾尿床。

产妇回娘家走月有两层意思：一是女儿生产后，在婆家待了一个月，足不出户，身子骨也因此不如之前的健朗，娘家将其接回家，给她补充营养；二是传统观念认为，孩子满月后由母亲带回外婆家小住，今后孩子会好带，皮实健壮。

生完孩子回娘家走月，也是让女儿在当地或夫家有地位，因此，女人生完孩子满月后，特别希望娘家派人来接回去走月，尤其是生第一胎的孩子，其意义更甚于礼物。

走月必须有仪式感，如果一个刚刚做母亲的人没有接到任何邀请便抱着孩子回娘家，在乡下是一件很没面子的事情。娘家人一般都会注意这些细节，在孩子满月举行了一些规定的庆祝活动后，便会张罗着接母子回来走月的事情。

外婆家先要腾出专门的床铺为她们的到来做准备，若是在冬季，室内的火盆要烧好，保持一定的温度。早餐后，一般派孩子的舅妈或姨妈等前去孩子家中迎接。孩子的奶奶在送他们上路时，会在孩子的眉心中点一朱砂，燃放鞭炮送行。比及到达外婆家中，一大班被邀请来看孩子的女眷便在大门口迎奉，同样要放鞭炮迎接。堂屋里的神龛上要点蜡烛，并上三炷香，由孩子的母亲抱着孩子行鞠躬礼，希望得到列祖列宗的庇护。

有条件的家庭，在这一天会摆上三五桌，邀请众亲友前来庆贺。来的人也不能打空手，通常会是三尺布或者一个糖封。在走月住在娘家的这几天，如果兄弟姊妹及叔伯亲戚多，则会每天由一户轮流请客，被请的次数越多，女儿越有面子。

女人回娘家走月，过去是有些讲究的：初一十五要回避，身子不干净不能回，碰上节气要错开，尤其是七月半中元节期间，乡下认为，彼时正值地府之门开启，路上有许多孤魂在游荡，新生儿火气不足，会招来不宜。

回娘家走月，外婆家除了照顾好产妇和幼儿外，还有一个重要的仪程是给新生儿准备礼物，富裕的人家甚至会请裁缝师傅上门，为孩子做一系列的服装，包括冬夏两季的衣服、摇篮里的被褥及鞋帽等，回去时，用抬盒或用箩筐装得满满的，大张旗鼓地将母子送回去。

回去时，一般由孩子的父亲及姑姑们接回，外婆则要在孩子的眉心中用灶灰涂上一个黑点，衡阳话叫“红来黑去，百病不生”。

现在人们不太讲究这些礼节了，有些人干脆就在娘家坐月子，年轻人甚至不知道还有走满月一说。

新娘洗厨

衡阳人办婚宴有一个特殊的礼仪——新娘洗厨。所谓洗厨，并不是让新娘到厨房去做清洁工作，更不是去洗碗抹灶擦地板，而是新娘到厨房向主厨道谢，并送上礼物和红包。洗厨是衡阳方言，准确地说叫谢厨。

洗厨礼是在婚宴最后一道菜上桌后，厨师已经完成了所有的起菜程序后进行的。彼时，新娘在亲人的陪同下，款款来到后厨，向厨师表示感谢，并说几句客气话，通常会送一条洗脸毛巾和一个红包。厨师在收下礼品后，会在厨房内进行一次洗厨仪式。

过去农村的厨师也是以师傅带徒弟的方式面授口传的，他们知道在这个时候要实施哪些步骤。一般的情况下，厨师在收到红包后，用手掂一下分量，大抵觉得可以，或者主家人家境一般，实施以下礼仪：

在炒菜的锅里注入半锅水，由新娘手持一把洗锅的刷把，厨师先讲一段四六短句的好话，如：今日新娘入厨房，心灵手巧饭菜香。刷把扫开财富路，一年四季都平安。讲完后，厨师要求新娘把刷把在锅子里按顺时针方向洗三下。然后，厨师又会讲第二段四六句子的好话，如：刷把锅里团团转，乌烟瘴气都不见。五谷丰登接大运，六畜兴旺喜相连。讲完后，厨师要求新娘把刷把在锅中反时针方向洗三下。一般情况下，洗厨礼到此就算结束了。但有些厨师或出于对红包不满意，或出于想多要一份红包，此时，会再讲：厨房虽小乾坤大，家庭和睦幸福多。刷把扫出锦绣路，金榜题名好登科。说完后，厨师会让新娘用刷把在锅底来回洗三下。聪明的主人也明白了对方的用意，在新娘完成动作后，再递上一个红包。

洗厨其实也反映新娘的能干程度。洗厨时，会有很多人在旁边看热闹，有的厨师有时会恶作剧地把水加满全锅，让新娘在刷锅时溅得一身水而引起哄堂大笑。据说，在农村的衡阳婚宴，这种洗厨仪式仍在继续。

送 亲

在我国，无论东西南北，结婚都是民间的一大喜事，都要尽最大的努力将婚事办得热闹一些。送亲便是其中一个重要的环节，但各地风俗不同，送亲时便会有不同的讲究。

送亲一词可谓全国通用，即男女步入婚姻殿堂的那一天，女方由家中的亲戚护送来到男方家，这种活动就叫送亲。

在衡阳，旧时讲究女方出嫁时坐轿，轿门贴有红联，上联由男方书写“吉日迎亲”，下联由女方书写“良辰于归”。女方送亲来的男客称老爷，女客称奶奶，视其双方门第贫富，或步行，或乘轿，都要跟在新娘的轿子后面。

送亲是代表女方家族将新娘交送到男方家中，因此，旧时有许多讲究，事前须与男方进行协商，以取得一致的认可，便于婚礼进行中按章操办。

女方的送亲队伍必须挑选一个有威望的核心人物作为领队，他的作用就是在婚礼进行当中与男方家族进行交流沟通，以表达女方家族的礼节，倘若碰上男方在接待中有不周到的地方，向他们提出自己的意见，并让对方赔礼道歉。这个核心人物一般由女方的舅舅或叔伯等长辈担任，也可由平辈的兄弟担任。这个核心人物在酒席上必须坐在东角上席，即我们常说的主宾位置。

送亲的人数为双数，一般不超过 16 人，即不超过两桌。倘若新娘是坐轿出嫁，必须有 4 个男客行走在轿的四角，以表示护送，同时也显得庄重。这 4 个男客可以是新娘的长辈如叔伯舅舅，也可以是自己的平辈如哥哥弟弟。其行走的顺序是，两个男客走先，中间是新娘的轿子，再由两个男客跟轿，然后才是送亲队伍，须按尊卑长幼有序行进。

来到男方家里，他们亦会派人将老爷和奶奶分别接待，上茶敬烟自有一番客套。接待时务必讲究礼仪，稍有不慎，这些上亲们便会横挑鼻子竖挑眼，找出一些碴让主人难堪。在衡阳人看来，这一天老爷和奶奶为大，得罪不起。

在衡阳，不是所有人都可以去送亲，而是有许多民间形成的规则。第一，女方的父母不能送亲，因为他们认为，父母送亲，三世受穷。第二，孕妇不能送亲，这倒不是她去送亲会让男方家里有什么不好，而是孕妇担心送亲途中碰上不吉利的东西。第三，近期戴孝的人不能送亲，因为他还在孝期，会冲淡结婚的喜气。

现在人们也经常会碰到要去送亲，但已经不再局限于身份和人数，更没有规则的忌讳。

剃胎毛

在衡阳，为新生儿，尤其是第一个头生子剃掉胎毛，是一件很隆重的事，且有许多讲究。

为孩子剃胎毛一般选择在孩子满月的那一天，有些讲究的人家则会选一个黄道吉日，但时间大致是满月前后。

剃胎毛一般是由有经验的理发师来完成。旧时在乡下，许多农村妇女也练就了一手持锋而拭的剃头本事，家中的男人头发都是由她们剃，因此，她们也经常为左邻右舍的婴儿剃胎毛。

剃发开始前，家中的堂屋里要点燃一对蜡烛，在烧水时，要放入几个鸡蛋一道煮，这些鸡蛋，一些用来犒劳理发师，另一些则由家人分享。

剃胎毛其实最讲究的是让婴儿在不知不觉中完成，因此，多数时候是在娃娃睡觉时动刀。娃娃睡熟时由母亲或奶奶或外婆，将娃娃抱来立起，小脑袋正好搭在大人肩上。这时剃头匠先含一大口高度烧酒，向刀噗噗喷去以消毒，喷后面色肃然，目光炯炯，并要四周不要出声。接着拿张新的热毛巾把娃娃的头捂一下，又用小刷子蘸上肥皂水一阵轻轻涂抹。说时迟那时快，只见宝刀寒光闪闪，眼明手快刀准，动作又轻又灵又巧。刀锋从脑眉心处一刮，胎毛一圈圈下来，十几刀后，娃娃的脑袋已是一个小圆球。最关键的部位就是囟门（俗称“歇信”“天灵盖”），由于此时头骨尚未闭合，那地方头皮极薄，还在一跳一跳，剃这个地方极考验理发人的手艺是否精湛。

在有些家庭，剃落胎发时并不要求将胎发全都剃光。古时人们讲究男婴剃的发式是“角”，即只留头顶两边的两撮头发；女婴是“羁”，即留头顶纵横各一撮。后来，无论是男婴或女婴，人们都在额前留一片桃形发，谓之“囟桃”。婴儿的囟门还未完全闭合，需要特殊保护，因此很多人也会借留下的胎发警示他人不可触摸婴儿的囟门。

婴儿剃完胎毛之后，要由一位有福气的长辈手持一枚剥了壳并染红的鸡蛋在婴儿的头上来回滚几圈，意在婴儿从头开始，鸿运当头，然后由孩子的母亲吃下这枚鸡蛋。

剃下的胎毛多数人会扔到屋顶上，寓意步步高升。也有少数大户人家为留下一个美好的回忆，将胎毛集在一起，请人制成一支特殊的毛笔，供孩子将来学习时用。这个习俗起源于1500年前的我国南北朝时期，最初是皇帝用来奖励有功于朝廷的忠义学优人士。但至唐、宋时期已转变为书香门第之表征，当时文人使用胎毛笔更是蔚为风潮，而有考生以自己的胎毛笔上京赴考并高中状元，因此胎毛笔又有状元笔的雅称。依据古书记载，胎毛笔对婴儿本身具有除灾解厄、安身祛病，延年益寿及带来一生洪福的功效，因此制成之胎毛笔则为婴儿一生中最佳的护身符。

现在的新生宝宝理发，早已没有这么多的讲究，全凭家长的兴趣，而且多用理发推子，敢于在婴儿头上动刀的师傅如今已不多见了。

新婚铺床

在我国的婚俗习惯中，铺床是一个很重要的环节，不仅仅是汉民族，不少的少数民族，对铺床这个程序也是十分重视的。而且这个步骤还有很多讲究，稍不重视，就会引起一些节外生枝的话题。衡阳人在结婚时对铺床有一套严格的规定。

铺床时间。迎亲当日邀请一位有福分的人为新人铺床，一般是早上或上午，在接亲队伍回到家中之后，便开始张罗铺床。

床上用品。中国人视红色为大吉大利，因此新婚夫妇的床铺一般选择红色。衡阳讲究四铺四盖，要求床上有 18 件物品，即 4 床被子、4 床褥子、两对枕头、两对靠垫等。

床的位置选择。床的安放位置有讲究，按传统习俗是不能对着门和窗，通常人们会把新床摆放在新房当中位置最和谐的地方。如果新房当中有柱子的话，这张床是绝对不能对着柱子摆放的，新床的床底也最好不要放杂物，这样不吉利。

铺床人的挑选。谁来担纲铺床的人？一般由男方家邀请，其标准是全福人，即：身体健康，父母双全，健康长寿，配偶健在，生儿子的，儿女双全的最好，以求他们将好运气传给新人。主家也会事先在被子里面塞上一个红包，铺床人在打开铺盖之后，便会心照不宣地将其纳入自己的怀中。

铺床的流程。铺床说起来是一个简单的过程，其主要流程除了扫床、铺鸳鸯枕、铺龙凤被之外，便是撒帐，把花生、桂圆、莲子、枣子等干果脯撒在婚床上，这些物品的寓意无外乎是祝福新婚夫妇和谐美满，早生贵子。床铺好后，要找两个小孩在床上玩耍嬉戏，意在给新人带去好运。

铺床时发断。衡阳人在一些重大场合都喜欢用一些四六句子来表达祝福之情，俗话叫发断，即讲好话。在铺床的过程中，也要这样做。铺床人在进行叠被、扫床、撒物品时，一边做一边说吉祥话、顺口溜，以祝福新人安全顺利，幸福快意。例如：一铺鸳鸯戏水，二铺龙凤呈祥，三铺鱼水合欢，四铺恩爱情长，五铺早生贵子，六铺儿孙满堂，七铺百年好合，八铺地久天长，九铺家庭和美，十铺前途辉煌。

铺床时还有许多禁忌，例如孀居的人、正在来例假的人以及未生育过的妇女不能在现场，当然更不能触碰被褥。

现在的年轻人结婚，还在讲究请人铺床，但那已远非旧时铺床的含义，仅仅只是亲戚朋友之间的一次帮忙而已。

入洞房

一对新人完婚，最激动的时刻莫过于双方十指紧扣，在众人的簇拥之下步入洞房，享受独特的二人世界。

人们总结人生三大幸事，就是他乡遇故知、洞房花烛夜、金榜题名时。古人就“洞房”咏诗的佳作也不胜枚举。西晋文学家陆机在《君子有所思行》中咏道：“甲等高闼，洞房结阿阁。”北周庾信有《和咏舞》诗曰：“洞房花烛明，燕余双舞轻。”唐朝诗人朱庆馀在《近试上张籍水部》诗中写道：“洞房昨夜停红烛，待晓堂前拜舅姑。”

一对新人要想进入属于自己的那个小天地，在传统的结婚习俗中，还有许多仪式需要完成。中国辐员辽阔，东西南北各有自己的风格，但在新婚入洞房的仪式上，全国大体相同。衡阳地方新人入洞房，要在礼生的主持下，分为以下几个步骤进行：

选择良辰吉时。新郎与新娘何时入洞房，旧时都会由算命先生根据双方出生的八字打合庚，然后得出最佳的时间。一般来说，都会是在华灯初上，夜幕降临后的那几个时辰，但忌讳在午夜 12 点以后，因为，在人们的认知中，子时以后属于新的一天的开始，那已经是第二天了。

送去精心祝福。一般情况下，入洞房的时辰一到，就会由礼生或者男方家中有身份的人，将一双新人引导到新房门口，在燃放鞭炮之后，引导人要用发断的方式送去对新人的祝福。一般的祝福语有：银河上面架鹊桥，金湖水中游鸳鸯；秦晋从此结同心，织女永不离牛郎。

男女相牵。步入洞房时，在礼生的引导下，新郎手持“合欢梁”，也就是一根彩绸，牵着新娘，与新娘面对面，倒行着把新娘引入洞房。到达床边后，行坐帐礼，即新娘坐在床沿上，新郎用自己的左衣襟压住新娘的右衣襟，表示男人压住女人，这是古代男尊女卑的体现。这个仪式后，新郎要揭去新娘的红盖头，而首次面对婆家众人的新娘子，则会羞涩地以扇遮面，此谓“遮扇”。此时的新娘娇羞不已，便会引来阵阵欢声笑语。

交杯饮酒言志。入洞房最重要的一个仪式是合卺。合卺就是新婚夫妻共同饮酒。古时候，卺是由一个葫芦或瓠剖开的瓢，合卺则是喝完酒后把两个剖开的瓢用线拴在一起，象征着夫妻本是一体二分，如今合二为一。唐宋以后，合卺演变成喝交杯酒的形式。交杯酒就是用彩线把两个杯子连起来，新婚夫妇对饮，或各饮半杯，然后交换饮尽。喝完酒后，还要把杯子扔到地上，最好成一仰一俯，象征阴阳和谐。合卺之后，新婚夫妻还有结发仪式，也就是新郎把新娘的头发解开，然后把两人的头发象征性地扎在一起。人们之所以把原配夫妻呼为结发夫妻，其源盖出于此。

至此，洞房入房仪式告成，接下便是进入闹洞房的环节。

新婚哭嫁

在一般的思维模式下，人们常常对于哭都赋予一个不好的内涵，被认为是遇到了伤心的事，故而有“男儿有泪不轻弹，只因未到伤心处”的说法。但有一种哭却是例外，那就是哭嫁。哭嫁是一种喜悦和幸福的哭，是一种倾吐心肠的方式，也与传统哭了才会家道兴盛，哭了娘家郎家才红火的信念有关。

哭嫁，在中国大部分地区都有这种习俗，其起源于什么时候，目前尚未发现确定的历史记载，但大体的说法是：战国时期，赵国的公主嫁到燕国去做王后，她的母亲赵太后在临别时“持其踵，为之泣，祝曰，必勿使返”。这大约就是后来长盛不衰的哭嫁风俗的由来了。

衡阳的哭嫁不同于其他地区有专门的仪式，有专门版本的哭嫁歌和歌词，而是一种有特殊曲调拉长腔的哭。哭时不是仅出嫁姑娘个人哭，而是母女同哭，伴嫁姑娘同哭、对哭。你哭一声，我哭一句，满面泪流哭成一团。要是不知道就里地看到这种场面，以为遭受到了不幸伤心而哭。

哭的内容步骤烦琐且多，如哭爸妈、哭舅爷舅娘、哭弟弟妹妹、哭爷爷奶奶等，要是在现场看的话估计你也会跟着哭起来，那场面相当地震撼。也有把出嫁前晚的礼仪、开脸、梳头、祭祖等各项仪典作为哭嫁内容的。哭嫁的语句寓意情深，哭法与往常的哭法不同，既非号哭，又非低泣，而是一种演奏式的哭唱，从慢到快地重复着。

会哭，被认为是有教养的表现，是家教严格的结果。在过去的衡阳乡下，没有嫁而不哭的人家，如果哪个姑娘嫁而不哭，也会被邻里看作没有教养的人，会被传为笑柄。据说有位出嫁姑娘不哭，其母亲觉得脸上挂不住，找来一根篾片，一顿抽打，其女因疼痛而哀号大哭，才挽回了面子。

在新婚之际，无论是新娘还是亲属，这种时候的哭嫁，其个中感情应该是五味杂陈。大体不外乎以下两种心情：

伤离别，念亲恩。新娘通过哭嫁，以表达感激父母养育之恩和对亲友难舍难分之情，具有孝、义的伦理价值。即将远嫁他方，新娘首先想到的是离别亲人，依依难舍之情油然而生。因为要离别，平日不曾给予过多关注的亲情，此刻历历再现。回顾往事，新娘悲从中来，用哭泣的歌声表达对闺门生活的不舍，对父母恩情的感念。

换身份，忧前途。婚嫁是女性生命历程中的重要转折时期，其主要功能是将女性从女儿转换成媳妇。女儿和媳妇是两种全然不同的角色，其间呈现出一种断裂。一方面，新娘要告别女儿角色，因而内心充满了对往日生活的依恋之情；另一方面，新娘要开始履行陌生的媳妇职责，因而恐惧万分。

哭嫁在新娘迈出门槛登上轿厢的那一刻达到高潮，彼时，做母亲的在房间里哭得如诉如泣，姑嫂姐妹在门外哭得撕心裂肺，新娘在轿内哭得呼天抢地。但当轿子消失在人们的视野时，一切又复归于平静。

认干亲

衡阳地方与其他地域一样，也有相互认干亲的习惯，不过叫法上有区别，干爹干妈叫亲爷（yá）或亲娘，反之则叫亲崽亲女。这一点常让外地的朋友费解，有时会误以为可能是一段婚外情。

其实，在衡阳认干亲带有一些迷信色彩。多数情况下，是因为孩子生下来以后，其家长通过算命先生算八字得出与自己命理不符，长期生活在一起会有凶煞，例如儿克父母、父母克儿女等结果，要想规避，必须去认另外一对父母。衡阳话叫认亲娘或亲爷。

认亲娘亲爷的对象可以是人，也可以是物。如果认的是人，就由家长带着孩子，带着大红包和礼物放鞭炮上门，举办一个情谊浓浓的认亲仪式，以后双方家长互相走动，并以亲家相称，孩子还须改口，叫所认对象为亲爷亲娘。自然，孩子就成为这一家里的亲崽亲女。

这种认亲爷亲娘估计在全国范围内大同小异，但衡阳有地方却让孩子去认桥做干娘，则是独树一帜了。

认桥做干娘，源自当地一个美好的传说，说是这条河以前有河妖作怪，经常洪水泛滥成灾，后来鲁班师徒在这里伐树搭建一座板桥，而那棵树已有灵气，桥修好后，河妖再不见踪迹，当地人便认为拜桥为亲娘，孩子将来会有出息。由于民间传说桥亲娘的生日是农历七月初七，于是每年的农历七月初七子时，附近的一些老人、父母会带着自家小孩，买上纸钱、香烛、鞭炮、供品来到桥上叩拜行礼，让小孩认桥作为亲娘。

认桥亲娘的供品，一般为糯米粉或麦子粉调和，用桐子叶包裹好在锅里蒸熟。这些供品不能带回，放在那里由他人随便取食。

物资生活匮乏年代，在这一天，附近的人会守候在那里，待认亲仪式结束，便拥向供品，争抢几个桐子叶粑粑。

在现在的衡阳乡下，虽然民间还有认人做亲娘亲爷的，但那已不是传统意义上的认亲了，桥亲娘更是成了记忆中的掌故。

讨百家米

对于乞丐，上了年纪的人或许都有一种不好的印象，当他们来到家中乞讨时，一般都是冷眼相向，虽会起怜悯之心，多少施舍一点，但待其转身离开后，则会流露出一种不屑的神情，颇有些哀其不幸怒其不争的味道；但对于那种讨百家米的乞丐，则是另外一种态度——热情大度。

严格地说，讨百家米的人不是真正意义上的乞丐。这是衡阳地方存在的一种特有的风俗，他们上门讨米，不是因为家中贫穷到了揭不开锅的地步，而是一种迷信理念的驱使下，意图祛病消灾、健康成长的行为。

讨百家米的人多数是七八岁的男孩，他们在出生后，或因为体弱多病，或因为前面的儿童多早夭，家长在请人算命后，以为孩子命中带煞，于是，按照旧时贵儿贱养的做法冲抵，讨百家米就是其中的一种形式。

在乡下人们的传统观念中，通过向一百户人家乞讨，得到的米汇集在一起做成的饭，就集合了众多人家的福气，这种饭吃下去后，不仅强身健体，还能帮助孩子抵御邪气，增强体内阳气。

讨百家米一般由孩子自己上门乞讨，届时，他必须穿一件百衲衣，手持一根打狗棍，肩背一个破布袋，挨家挨户乞讨。若是较远且又不熟悉的地方，也可由孩子的父亲或母亲陪同一道前往。

讨米的时间一般选择在大年三十或年初一开始，讨满一百家便结束。一般来说，讨百家米均是就近乞讨，大家都知根知底。当他们上门时，主人都会笑脸相迎，从米缸里抓一把倒进孩子的布口袋；当然也可能有人吝啬，不仅不施舍，还会冷嘲热讽一番，孩子则要甘于忍受，一直乞讨下去。衡阳的规矩是必须乞讨 3 年，讨来的米做成的饭由他一人吃，旁人不得沾边。这种做法，在今天看来十分幼稚可笑，毫无科学依据。

过鞋样

旧时在衡阳，倘若要问一对男女婚姻进展状况，如对方回答已经过了鞋样，不用说，这桩婚事是十拿九稳了。过鞋样是衡阳婚俗中一个重要的环节，它是一对适龄男女在媒人的撮合下，通过相亲、察当、订婚，以及女方家长通过一段时间与男方正面接触后，并通过各种渠道打探男方情况，觉得事情靠谱而作出的一个重要决定。所谓过鞋样，就是在媒人和亲友的见证下，准女婿将自己平时穿鞋的尺码用红纸放样交给女方，女方郑重地接受它。过鞋样一般由男方主动提出，由媒人从中斡旋，并得到女方认可，然后选择一个黄道吉日，男方把所穿鞋子的尺寸量好，用红纸把鞋面和鞋底模型剪下来，并附上该男子的生辰八字，用一个红纸糊成包封，在包封上写上呈交人，即女方的名字，落款则写上男方的姓名，一般由准女婿自己书写，没有文化的人亦可请人代劳。

先是男方家中办一桌酒席，请媒人和族里有威望的若干人作陪用餐，席间男方家长便把鞋样子当众交给媒人，媒人再择选日子陪同男方一道把鞋样子送到女方家。送鞋样的同时，男方要向女方家送上猪肉、糖封等礼物，女方家届时也要置办酒席，请一些三亲六眷到场，郑重其事地收下鞋样。

收下鞋样后，女方一家便进入紧张的备嫁阶段。母亲会召集一帮人（也可以仅由妈妈和女儿完成）赶做新鞋，新鞋既有男鞋也有女鞋，寓意成双成对。结婚时女方要把新鞋连同其他陪嫁嫁妆一道送到男方家。鞋子里面要用红纸做垫底，还得放入成双的鸡蛋，有的还把鸡蛋染红，这鞋也叫贺郎鞋。

需要指出的是，过鞋样是一件十分严肃的事情。在旧时，这是男女正式结婚前的最后一道程序，鞋样一旦送达，并被女方接纳，就意味着这桩婚事跟板上钉钉一样，具有事实上的法律效力，男女双方不能以任何理由退婚和悔婚。否则，过去虽然不会有法院来主持裁决，但社会舆论会让双方处于十分尴尬的地步，其中的一方或许从此后会让人敬而远之，再找人家会变得更加困难。

如果女方悔婚，就得把男方所送的一切彩礼奉还，给男方造成的所有经济损失（如办酒席等）双方商定议价赔付给男方；如果男方悔婚，女方不承担任何责任，包括彩礼、礼金等一切的一切男方都打了水漂。

旧时由于人们主要穿布鞋，过鞋样仪式的意义在于：一方面是用这种方式加固婚姻的链条，另一方面也是考量新媳妇在女红方面的能干程度，如果在出嫁的那天有几双精致的贺郎鞋摆在抬盒上，那无疑会让新媳妇增色不少。

现在，估计没有几个女性能动手做成一双手工布鞋了，家中也不再有每个成员的鞋样，当然更不存在结婚前的过鞋样程序。

过　礼

“一家养女百家求，一马不行百马忧”。意思是说，一家养了一个好女儿，就有上百家人登门求亲；一匹马如果不走，就会导致一群马跟着不走。衡阳旧时一对新人要步入婚姻殿堂，多数情况下是靠父母之命和媒妁之言，其中有一系列规定的动作要完成，过礼就是其中之一。

这种过程，在北方叫纳彩礼，衡阳方言直截了当，就叫过礼。

过礼在旧时农村有两种情况：一是女方家庭比较开明，不向对方提任何要求，由男方视传统做法去办理。另一种是女方父母或女方本人，在传统的基础上提出一些特殊的要求，如有的需要巨额的礼金，据说现代农村有人开出数十万元之巨的礼金；有的依据时代流行的趋势要求一些时髦的用品，如20世纪50年代在民间流行“洋布伞，玻璃把，没有皮鞋我不嫁”，盖因彼时玻璃把的布伞和皮鞋时髦，后来流行的“三转一响”，即手表、单车、缝纫机，盖因那时这三大件吃香。

一般来说，男方向女方过礼，是给女方四匹布，每匹布为六尺，分为冬、夏各两匹。比较殷实的人家冬布会有咔叽布或灯芯绒，条件再好的可能是毛哔叽和凡尼丁，条件一般的也可以是士林布；夏布则为缝制夏装而备，一般为印花布或靛青布。除了布匹外，还要有一定数量的现金红包。一般情况下，女方父母会将这些钱用于添置嫁妆。

过礼的交接仪式在男方家中进行，彼时，女方在媒人的带领下，由自己的姑嫂或姐妹等一干亲人陪同，男方则邀请本家的叔伯兄弟、妯娌们出席，备酒席接待。待酒过三巡，饭吃七分时，男方家将准备好的彩礼用红纸包好，交由媒人转手交给女方来的一位主宾，女方则会起身答谢，这样，彩礼仪式结束。从此以后，男生可以准新郎的身份到女方家去走动，逢年过节则要去奉送拜礼。

做　媒

现在的一对恋人要步入婚姻的殿堂，从相遇相知到相爱，几乎都是在二人的世界内完成的，不需要借助任何外部的力量；而在旧时，特别是在信息和交通都十分闭塞的农村，一对陌生的男女成为伉俪，必须借助媒人的牵线，走完一系列的规定程序后才能最终步入洞房，缔结秦晋之好。

同其他地方一样，在过去的衡阳农村，每地都活跃着几个专门牵线搭桥的媒人，他们多以女性为主，偶尔也有男性加盟其中。无论男女媒人，他们均有一个共同的特点：善于察言观色，巧于说话辞令。

专门从事做媒的人，在农村中一眼就可辨认出来：穿着光鲜，头发梳得纹丝不乱，手中持一柄洋布伞，他们不做家务，也不干农活，整天游走在周边各个村落，进出于那些家中有未婚适龄男女的家中。

他们有一套与陌生人搭讪的技巧，进入任何一个家庭，用那种自来熟的语言很快便可取得对方的信任，于是天南海北地进入聊天的环节。他们通过这种聊天，将家家户户的男女信息了解得一清二楚，为将来的保媒积累了详细的资料。

媒人为一对男女撮合一般有两种方式：一是媒人主动介入撮合。如当他们认为东村的闺女与西庄的男子有可能成为一对，便会在双方家中往来游说，直说到双方家长认可，男女心动。二是被人请求而介入撮合。这种情况又有两种类型，一是一方看上了另一方，苦于无法联系，这种现象多半是某男的家长看上了女方，又不好直接开口求婚，故委托媒人斡旋；另一种是某家有大龄女待字闺中，苦于找不到另一半，家长拜托媒人去物色合适的对象。

媒人说媒的方法也是极具专业特点。首先是要将双方的优点用夸张的方式向对方表述，让双方感到优势所在，在这一点上，媒人的巧舌如簧，常可以把死人说活，那些在台上表演的艺术家恐怕也会自愧不如。其次，媒人在调解双方的矛盾时，会利用双方的心理特点，把一些疙瘩解开，他们那种见人说人话的技巧，是绝对的调解纠纷的高手。最后，媒人指点男女沟通时，也会恰到好处，这方面最典型的当属《金瓶梅》中的王婆，她教给西门庆的“潘驴邓小闲”5个字，让潘金莲自动投怀送抱。

媒人在说媒的过程中也是十分辛苦的。他们承担了男女双方的通讯员作用，双方的一些要求和想法，全靠媒人两边传话，因此，乡下有句话说“欲得二人睡，媒人跑断腿”。他们还是双方的出气筒。双方在交往中难免会产生矛盾，引起口角，双方都把不满归结于媒人，媒人此时必须有极大的忍耐之心，再大的委屈也只能独自吞下。

当然，媒人的辛苦也不会白费。一旦做媒成功，新婚夫妇必须谢媒。衡阳有句土话说：“新婚不谢媒，养崽不得力。”衡阳在新婚当天对媒人的答谢礼是：礼金若干，一块布料，一提篮点心及一整桌酒席上的菜。新婚夫妇结婚后要去媒人家拜一至三届年，送肉和糖封子。生第一个小孩后，做酒时要请媒人坐上席，并赠送若干布料及礼品。

现在早已是男女自由恋爱时代，专业媒婆在乡下已不存在，但偶尔还有非专业的热心人在帮人做媒。

男女当面

“当面”是衡阳人用于男女初恋时的一个专用词汇，即一对待婚男女，在媒人两边介绍情况后，双方父母觉得门庭大体相当，可以进入深层次接触后，待婚男女第一次正式面对面的接触。

现在的青年男女走到一起，最终步入婚姻的殿堂，多是自由恋爱的结果，但在旧时，尤其是在农村，一对男女能结成夫妻，则是父母之命、媒妁之言的结果。在一些地方，男女见面，甚至只能在洞房花烛夜时，才有机会看清对方的本来面目，以致上演了一些悲剧。我们熟悉的鲁迅先生和郭沫若先生，都曾深受这种包办婚姻之害。

衡阳人在过去很长一段时间内，也未跳出这种婚配格局。不过衡阳人在后来的过程中，加入了一种男女互动的元素，在媒人撮合双方联姻时，增加了一个男女双方当面的程序。倘若一对男女在相互见面后，双方都中意对方，这种联姻的程序才能继续下去；否则，关系到此结束。

男女见面的日子，一般由女方确定，其前提是，媒人此前已将各自的基本条件告知了双方，如对女方介绍男方的情况时，要将其家庭成员的多少，家中房屋内配套家具的好坏，住房周边的生态环境及男人的特长和家庭的经济状况作详细的介绍；向男方介绍女方时，则要具体地将女方的长相，是否贤惠，是否能干包括做女红等一一介绍。

衡阳乡下对媒人既欢迎又不敢贸然相信。大家都知道“媒人不打哄，两边不得拢；媒人不捏怪，双方不会爱”这句民谚，媒人那张嘴可谓口吐莲花，把双方描述得天花乱坠，实际却有很大出入，因此，安排男女见面，也是为了防范万一。

见面的地点，多数选择在双方家庭外的第三方，更多的是选择在集市上的酒楼，也有选择在双方的一个亲戚家中。见面时，男方是单刀赴会，而女方则由自己的直系亲属和媒人陪同前往。为了避免尴尬，通常是男方先站在明处，女方则在远处窥视，若女方目测通过，则由媒人领着一干人与男方近距离接触，否则转身走人。

在交谈后，双方觉得投机，男方则会主动邀女方进酒楼入座，炒几个菜，沽一壶酒，进一步地沟通。此刻，男女之间眉目传情，媒人自是明白火候已到，遂敦促男方给女方一些见面礼，陪伴来的亲属亦要打发一些礼物。待酒足饭饱之后分手，双方自会约定下次见面的时间，不消说，这次保媒已有一半的把握了。

据说，衡阳现在还有人在做媒，男女双方还保留当面这个程序，但已经是非常现代化的了。这种当面只不过是介绍人将男女双方及双方的家长邀到一起，在酒店的包厢里，男方家长给对方赠送礼品礼金，从此正式确定关系。

合八字

在旧时，一对男女要想拜堂成亲，最终成为眷属，没有三五个来回是难以完成的，其中合八字就是重要的一环。

一般在媒人将双方的家庭情况向对方通报之后，女方派人到男方家中进行察当，掌握具体的第一手资料；而后又在第三方让男女双方见面交流，双方都有继续交往的意愿，这时便要进行合八字，看看这段婚姻是否适宜。

合八字，也叫批八字，是中国旧时婚俗，衡阳人也不例外。媒人在提亲获女家同意后，双方互换庚帖，衡阳叫过庚书，即男女双方将各自的出生年、月、日、时写在一张红纸上，装进一个红信封，由媒人相互转交。双方在接到庚书后，各自去请人推演。一般情况下，男方会主动去请人批八字，女方较少去请人合婚，这与旧社会的那种“嫁出去的女儿，泼出去的水”旧观念有关。

八字合婚是中国传统婚配预测方法之一，有着悠久的历史文化渊源。所谓合八字，就是把男女双方八字配在一起，对双方八字之间的五行是否和谐，双方所行的大运、流年有无严重的不好和冲克等问题详加研究，由此推导出以后两人的婚姻生活吉凶，并对此提出合理化建议，提高婚姻质量。

前人进行八字合婚，过去我们曾一度将其批判为封建迷信，现在看来，或许也还有些道理：八字是人的出生时间，它记录了人在出生时那一刻五行之气的状态。五行之气又是一种无形的生物气场。世间万物均有气场，包括植物、动物乃至任何一个物体。对于人而言，每个人的气场五行之气强弱及均衡度不尽相同，长期生活在一起的两个人，由于距离相近，双方气场发生作用，其作用结果或有益于彼，或有益于我，或双方有益，或双方有损等，于是各自的命运轨迹也就发生了或吉或凶的变化。自伏羲画卦始，数千年来中国先哲们对“预卜未来”这一命题进行了不懈地探索和求证，对于如何使婚姻幸福美满这一命题，聪明的先贤早已发明了八字合婚之学，使后人受益良多，并沿用至今。

所谓八字相合，即两个人的八字中多有相同、相生、相合之字，即或是相克，如木多要金、土多要木、水多要土等，也能使五行达到互补，双方各得其所。如果不是这样的话，就连做普通朋友都处不来，至于谈恋爱及厮守百年就更无从谈起。

现在的男女谈恋爱，也有根据书本教条从属相上简单地去分辨的，但那已不是真正传统意义上的合八字，多数青年男女相信在交往中可以培植感情，合婚现象已不存在。

报　日

古代的婚嫁讲究的就是“三书六礼”，这也是我们流传至今的传统婚嫁习俗。旧时衡阳人完婚，也离不开这套习俗。所谓三书就是结婚时要使用的男方家写的文书，包括聘书、礼书、迎书。所谓六礼就是指结婚从开始到结束所需要的六种礼法。这六个礼法就是纳采、问名、纳吉、纳征、请期，以及最后的迎亲。

衡阳人把请期叫报日，是双方结婚前最后一道程序。

报日，又称看日子、通日、下婆帖、下礼、查日子。

报日是男方查定结婚的日期，请女方同意的一种形式。一般先由男家选定举行婚礼的吉日，由媒人到女家去讨取女方的“八字”。女家则将其书诸红纸条，交与媒人带回男家。男家据此请人择定结婚的吉月吉日，谓之“看好”。“看好”主要是找出“行嫁月”吉日良辰和“喜神”所在的方位，同时还要算出迎亲、送亲之人在属相上的忌讳。吉日良辰一般选两个，一在上半月，一在下半月，由女方家选择后再确定。

确定结婚的最终方案是女方家从中二选一，一般是媒人在女方那里讨得准信后，口头报告男方家知晓。男方家据此写出报日书，再送达女方家。这种报日书可以视同婚书，是古代结婚契约，相当于现代的结婚证，一般以男方父亲名义书写，上面内容包括结婚日、接送伴客忌用属相、新娘梳洗打扮及上下轿面向喜神方位、交拜大典时辰、洞房方位等。

报日书在旧时有固定的格式，过去农村中从事礼生行业的人都有一本专门的礼仪书函格式大全，只要临时套用格式更改姓名即可。大体格式如下：

封面。用红纸做成一个信封，上下不封口，表面大小长为260毫米，宽为162毫米。正面写：龙凤书。

内容。用宽640毫米、长260毫米的红纸折叠四折（为四面），每折大小长为260毫米、宽160毫米。从左起，第一面写：预报佳期。第二面第一列：某年某月某日谨择吉时；第二列写：恭迎；第三列写：令媛于归；第四列写：十全大吉。第三面第一列：敬呈；第二列写：尊亲翁某府某某先生暨亲母某老淑人；第三列写：俯允笑纳；第四列写：男增百福　女纳千祥；第五列落款：愚眷弟某某某率男某某鞠躬。第四面写：双喜。

报日书的送达，一般不举行特别的仪式，由媒人带着准新郎选择一个随意的日子交到女方家中即可。需要指出的是，在报日书送达的同时还要另附一笔彩礼，主要是现金，女方家将视彩礼的丰盛程度决定嫁妆的多少，一般而言，女方的嫁妆是双倍于彩礼的付出。

报日在时间上是有要求的，一般需要提前一个月，久的也有三个月或半年不等的，这里的提前在于给女方以充足的时间准备嫁妆。

当然，农村旧时结婚也有不走这种程序的，由双方父母共同确定一个日子。衡阳话叫“选日不如撞日”，多数人会选择农历六月初六日，这一方面是含有六六大顺的意思，另一方面，在传统理念中，这一天任何人成婚均无禁忌。

拜　堂

中国旧时结婚有诸多仪式需要完成，其中拜堂是仪式中最重要的一个环节。衡阳在举行拜堂仪式时，既有中国大众式的礼节，也有当地特殊的仪程。

衡阳人的拜堂仪式，一般在新婚当天上午举行，地点在堂屋内。讲究的人家，会延请礼生前来当司仪，一般的情况下，则由家族中的长辈或有身份的人来主持。

在拜堂仪式开始之前，堂屋内要进行一番布置。神龛前要置一个天地桌，用红布铺着，上置一对大红蜡烛、几个供盘，供盘内无非是花生枣子之类。再备有一对椅子，供新郎父母坐，面朝大门的左侧备有桌子及凳子，供送亲的老爷和奶奶坐（衡阳人将女方送亲的男客叫老爷，女客叫奶奶）。

老爷和奶奶落座之后，负责接待的人必须给他们上三道茶：第一道是清茶，即白开水，象征新娘清白无染，古时叫黄花闺女；第二道是甜茶，即在茶中放糖，意在祝新郎新娘婚后甜甜蜜蜜；第三道是枣茶，即在茶中放 2 颗红枣，意在祈祝早生贵子。

三道茶献完后，司仪先要宣读完婚告文：

××年××月××日，承命嗣××谨以牲酒之仪，敬告于本宗×氏历代考妣之神前曰：天地交泰，保合太元，人间二美，星会桥边。××、××夫妇团圆，合卺大吉，齐拜祖先，华堂吉庆，美语喧然，天配良缘，互敬互爱，合好百年。吾祖在上，谅亦欢焉。伏希吾祖，祐启后贤，百世其昌，瓜瓞绵绵。敬告。

现在我们在婚仪上看到的拜堂多是一拜天地、二拜高堂、夫妻对拜等三拜，古代人完婚也有三拜，但内容有些出入。

相传女娲造人的时候，开始只造了一个俊俏的后生，这后生虽说有吃有穿，逍遥自在，但孤孤单单一人，总觉得很闷，所以常唉声叹气。一天晚上，月亮圆了，小伙子触景生情，更感寂寞，就对月亮说：“月老月老你细听，给我找个知心人，我世世代代领你的情!”刚说完，月亮一忽闪，一个白眉长须的老人拄着一根龙头拐棍来到小伙子的面前，说：“后生不要愁，我给你找个小帮手。”说完后，一阵清风，长须老人不见了。小伙子感到很纳闷。过了一个时辰，就见长须老人领着一个姑娘飘然落到小伙子面前，对小伙子说：“我到女娲那里让她又造了一个女人，给你领来了。你们先认识一下，一会儿我给你们办喜事。”长须老人领着两个白发白须的老人站在小伙子和姑娘面前，指着两个老人说：“这是天公和土地，你们以后的生活全都离不开他俩。现在我们给你们办喜事。首先，给养育你们的天公、土地拜三拜。”随后，月下老人笑着说：“我给你们牵红线，你们还得给我三拜。”为了感谢天、地的养育之恩，为了感激月下老人牵线搭桥的情意，从此以后在结婚时必须一拜天地，二拜月下老人，三拜父母，便形成了结婚“拜天地”的习俗。

拜堂的仪程大体是以下几个：引赞，新郎伫立于轿前；通赞，启轿，新人起；引赞，新郎搭躬（拱手延请新娘）；引赞，新郎新娘共赴堂前；引赞，新郎新娘就位；通赞，新郎新娘进香；引赞，跪，献香；通赞，跪，叩首，再叩首，三叩首。随后就是传统的三拜：拜天地，拜高堂及夫妻对拜。

衡阳个别地方在拜堂仪式结束后会有一个牵红的仪程，即用红绸布扎一个同心结，两边各留一截，然后双方各执一端，步入洞房。

小儿肚兜（抱龙）

都说农村孩子皮实，在旧时，这话多少有些依据。倘若彼时夏天你在农村做客，就会发现一个有趣的现象：入学前的小孩身上不着衣服，只在身体的前面着一块布，系于颈部，中间系于腰部以固定。他们童真无猜，在乡下的各处尽情玩耍，倒也不见长疖子痱子，也极少出现头痛脑热。孩子们身上这块布，衡阳话叫抱龙，北方话叫肚兜。

肚兜形状像背心的前襟，多为正方形或长方形，对角设计，上角裁去，成凹状浅半圆形，下角有的呈尖形，有的呈圆弧形。肚兜的造形各地不同，基本风格近似一个展开的折扇形（或近似菱形）。其做法是，先决定兜围、斜襟、腰角、口袋的尺寸，以墨笔将设计图样直接绘在布上。裁成的菱形布片长宽约 30 厘米，下端成圆弧形、将颈围的锐角裁去，再于尖端装上一对花扣，以便钩穿银链条，或固定布带子系之于颈，左右两角则缝上细布条便于系之于腰。

衡阳乡下孩子的第一个肚兜通常由孩子的外婆家准备，一般随嫁奁一道在结婚当天放在箱笼里，也有在女儿怀孕后临产前，由娘家专程送上门的。系肚兜没有固定的起始时间，只要天气变热到一定程度，就可以给孩子系上肚兜，这个年龄段可持续到孩子启蒙前。

肚兜的布料也有讲究，一般分为里外两层，里面一块必须是整块布料，一般选用白色柔软的棉料布，既贴身又吸汗；外面一层可以是整块布料，但必须是除白色以外的颜色鲜艳的布料，以红色居多，数量必须为双数。

有些大户人家为图吉利，还会在肚兜上绣上各种图案。比较传统的是五毒图案，五毒图案上的五毒是蝎子、癞蛤蟆、蛇、壁虎、蜈蚣这 5 种民间认为有毒的动物形象。宝宝穿五毒肚兜是一种传统的习俗，民间的说法是肚兜上的五毒图案能保护宝宝，这也是大家对宝宝的一种美好的祝福，希望宝宝能健康成长、无灾无难。

应当指出的是，系肚兜并不是小孩子的专利。肚兜的来源可追溯到天地混沌初开之时，女娲和伏羲兄妹二人在漫天洪水以后成婚，生儿育女，创造了人类最初的服饰肚兜，目的是用来遮掩人体之羞。《左传》中载：“陈灵公与孔宁、仪行父通于夏姬，皆衷其衵服，以戏于朝。”这里所说的衵服就是内衣，也可能是后来的肚兜。先秦称“膺”，汉谓之“抱腹”，流行于魏晋南北朝。民间亦有一说，肚兜起于汉时，独身女子因怕被粗鲁汉子欺负，所以用布缠胸，再以带子系至背后，称之为“缚胸”。明代之后，妇女已普遍有使用肚兜的习惯，当时叫“兜子”，俗称抹胸。是用布料两块斜裁，上尖下平而成。清代的抹胸有两种款式，一种是短小贴身的，缚于胸腹之间，俗称“肚兜”；另一种是束于腰腹之间的，称为“抹胸肚”。《清稗类钞》记载：“抹胸，胸间小衣也，一名抹腹，又名抹肚；以方尺之布为之，紧束前胸，以防风寒内侵者，俗称兜肚。男女皆有之。”清代内衣称“肚兜”，一般做成菱形，上有带，穿时套在颈间，腰部另有两条带子束在背后，下面呈倒三角形，遮过肚脐，达到小腹。材质以棉、丝绸居多，系束用的带子并不局限于绳，富贵之家多用金链，中等之家多用银链、铜链，小家碧玉则用红色丝绢。“肚兜”上有各类精美的刺绣。红色为“肚兜”常见的颜色。肚兜到了清朝，不光是防风侵体，更兼有药疗及香囊的功用了。

很多人以为，古人给孩童戴肚兜是为了图吉利。其实，这是千百年来肚兜演变过程中人们渐渐赋予它的寓意，肚兜除了图个吉祥之外，更多的是为了保健，用一块布随时遮盖住孩童的肚腹部，可以起到避免风寒着凉的作用。

由此看来，小儿肚兜尽管只是一块小布头，却用在了人体最关键的地方，可以起到很好的防病保健作用。特别是老人和小儿，老人元气虚弱，小儿体质娇嫩，腹部受凉更易得病。所以，不管什么时候，哪怕再热的天气，肚腹一定不能裸于外界环境中。有一个小肚兜遮风挡寒，比什么都好。有聪明人还在小肚兜的夹层里添些艾绒、姜桂之类的中草药，温养肚脐，以补全身阳气。

随着时间的推移和各种新型婴儿用品的出现，系肚兜的现象已经成为历史。

梳妆箱

旧时在衡阳，一个新婚家庭室内家具的标配，与现代有着天壤之别。按照当地的习俗，新房内的这些家具都是娘家陪嫁品，其具体的品种主要有：凉床一铺、双门大立橱一张、带架木衣箱一个、三屉写字台一张、红漆淤桶一只、梳妆箱一只。

需要指出的是，上述陪嫁品只是一般人家的标配，娘家可视自己的经济实力进行删减，但有一样东西再穷的人家也必须配备，那就是梳妆箱，衡阳方言又叫改箱子。

因此在旧时，但凡走进任何一户人家，卧室的显眼地方总会摆着一个小木箱，这种箱子的造形及外观质量，会因主人娘家的经济实力而大相径庭：高档的化妆箱可以是名贵木材制作，上面描金饰银，一派华丽雍贵之态；普通人家的化妆箱则是市面上随手可以购得，外表用土漆漆面，虽不说大雅气派，倒也让室内多增添几分温馨。

梳妆箱无论其质地如何，内部结构和用途大体相当。这是一个有着多层抽屉的组合而成的箱形体，一般有三层，按照当年妇女使用的需求而设计。第一层是一种开合型的板状结构，从一端掀开，背面是一片镜子，可以成45度斜着立在箱顶上，便于妇女对镜理妆。第二层抽屉略窄，主要是方便在里面放置每天必用的梳理用具，如梳子、篦子、眉笔、粉、胭脂等。第三层稍厚，主要用来放置妇女使用的贵重物品，如金银首饰品中的耳环、项链、戒指及簪子等。过去有些大户人家嫁女时，还同时有陪嫁田，这些契约文本也会放在这一层，为防止丢失，有的还会在这一层建有暗夹层，将这些文本置于内中。这一层其实是妇女在旧时的私产，一个抽屉足可以装下巨额财富，大家熟悉的《杜十娘怒沉百宝箱》，其实也就是当年最常见的梳妆箱。

中国的妆奁文化历史可谓悠久。远古人已知用“止水鉴容，流水沐浴”，穿贝壳兽牙饰以颈项。“晨起对镜奁，晓妆点绛唇”，“妆罢低声问夫婿，画眉深浅入时无”，女为悦己者容，爱美之心人皆有之，古今皆然，梳妆箱应景而生，也在情理之中。

梳妆箱在古代又称“妆匣”，是一个已经消失的语词，不易为今日年轻人所知晓。然而它却伴随中国女性数千年，因为它就是今天的“首饰盒”。

梳妆箱的造形也是随着时代的变化而不断加以改进的。中国传统造物追求“器以载道”的意境，梳妆箱的发展代表了不同时代、不同阶层的审美情趣与价值取向。在战国秦汉时期，多为漆器妆奁，是名门望族才能享有的。唐宋以后，人们在追逐器物精美的同时，更加注重器物的实用性，这使曾经昌盛一时、适合席地起居的汉式漆奁逐渐演变成适合垂足而坐生活形式的多层套奁。随着明式家具的大发展，妆奁最终演变成了大型梳妆台和便携式梳妆匣。变化同古人坐姿的改变有很大的关系。汉代小巧的漆奁是适合席地而坐时代的，垂足而坐的坐姿在宋代最终确立下来，室内家具逐渐增高，大型梳妆台也开始进入人们的视野。中国家具在明清时期得到了巨大发展，妆奁的款式设计多为折叠式梳妆匣，外形小巧，便于携带，上盖打开，可支起镜子，匣内置多个存放梳妆用具的小屉。

一个小小的梳妆箱，蕴含着深刻的中国传统妆奁文化。随着朝代的更替，妆奁的构造、设计、工艺、审美及实用性等方方面面都在不断更新着，不同时期的妆奁也会融入当时当地的文化特色。比如魏晋南北朝时期，受佛教文化的影响，妆奁上会刻有很明显的佛教色彩的莲花作为装饰，也有刻着马匹等图案凸显少数民族色彩的妆奁。妆奁的变化不仅呈现了当时朝代的文化特色，也同时反映出一定的经济文化的繁荣景象。妆奁的外观及构造会显示出一定的等级尊卑：色彩艳丽、造形精致的妆奁一般是达官显贵们才用得起，而一般人家的规模就比较小，形制也比较单一。这些图案、色彩等的变换凸显着不同文化之间的交流，也对后世文化产生着影响。

嫁 妆

衡阳人嫁女，不管家境贫寒与富贵，都要备一份物资，在结婚那天带到男方家中，这些随嫁品就叫嫁妆。

嫁女备嫁妆，并不是衡阳一地独有，也不是某一时期特有，而是中华民族的悠久习俗。在《诗经·氓》中有“以尔车来，以我贿迁”，描述了当时的卫国女子出嫁时要带着嫁妆，也就是说早在春秋时期就已经形成了陪送嫁妆的习俗。古代女子的嫁妆一般十分丰厚，不论家境如何，父母都会在女儿出嫁的时候为其备上一份体面的陪嫁。在古代，女子不能出仕为官，也不能经商务农，所以没有经济来源，在家里的时候由父母养，出嫁以后由丈夫养。因此父母在女儿出嫁时给她的这份嫁妆对女子来说是一份非常重要的财产，从另一个角度来说，就是父母分给女儿的家产。女子在丈夫家如果全靠向丈夫伸手要钱，会在夫家抬不起头。如果丈夫家哪天遇到困难，女子拿出自己的嫁妆补贴夫家，会被大家夸贤惠，什么都拿不出的女人只能遭到白眼。为了让女儿在嫁人之后能生活得好一点，在夫家有地位，古代的父母会在女儿降生的时候就开始着手准备嫁妆，家境不好的话甚至会借债或者抵押房产凑够嫁妆。

衡阳地方嫁女，嫁妆品种多少视家境好坏而有很大差别，有所谓八只八口、六只六口、四只四口、二只二口、一只一口、一顶一箱等说法。八只八口即有八大箱、八中箱、八小箱、八柜、八桌、八椅、八凳、八床榻等，余皆依此类推。至于一顶一箱者，就是一箱一柜，其他物品也多如此。二只二口以上的一般都有床榻，二只二口以下则没有。那些家境贫穷的人家，陪嫁物品往往仅有一两件衣服和一床被褥而已。而一般家庭则以四只四口、二只二口最常见。按照这个说法，在旧时，一般都有八抬嫁妆，再不济的也有四抬，这里的“抬”不是指由人抬的大件，而是当地方言，指嫁妆的数量多少。

比较齐全的嫁妆，可以是将来女方到男方家后的全部物品，有些富裕人家甚至还有陪嫁丫环和田产。一般而言，嫁妆由以下几个主要大件构成：

凉床。凉床是衡阳方言，普通话叫架子床、拔步床或千工床。此床上有卷篷顶，下有踏步，又称挞凳，前有雕花柱架、挂落、倚檐花罩组成的廊庑。这种床不仅冬暖夏凉，且在室内再造了一个多功能的、私密性强的起居空间。拔步床是体形最大的一种床，但就是这样像小房子一样的床，却成为了古代富家女子嫁妆中不可缺少的一部分。显然，拔步床就是当时社会的奢侈品。

床上用品。床上的被褥，衡阳人讲究四铺四盖，即四床盖被和垫被。床的四周系着刺绣的床帷子，上面挂着蚊帐，有些也有彩色绣帐，上面绣着麒麟送子、和合二仙、“百子图”等吉祥图案。新床上还挂有“发禄带”“瓜瓞绵绵”“必定如意”“吉庆有余”等挂件。

家具。旧时衡阳新婚房间的家具，比较标准的配置是：抽屉一张，这里讲的抽屉是衡阳方言，类似于今天的写字台，上层为三抽屉，下层左右各有一个橱子；大橱一个，大橱为对开门，中间用抽屉隔开，高约 2 米，主要用于安放常用衣服；笼箱一对，这种笼箱置放在一个四脚木架之上，主要用来存放暂时不用的衣物或一些稍为值钱的物品；皮箱一口，一般置于笼箱之上，用来存放陪嫁品中最珍贵的物品，娘家的压箱物品通常放在此中；丁凳四把，丁凳类似于今天的单人凳，一般为方形，有四条腿支撑，也有圆形或椭圆形的，主要用来招呼客人入座；洗脸架及脸盆各一个，马桶一只，脚盆二只。这些用具大抵可以满足日常生活起居。

针线盒。陪嫁备针线盒有个美好的寓意，即祝福新娘家庭温馨、幸福，做为人尊敬的巧手能干新娘。因此，针线盒也成了女子陪嫁的必需品。

嫁妆瓶。嫁妆瓶又叫大掸瓶。尤其是粉彩或青花瓶，既可放鸡毛掸子，又可以作为陈设品，因其出现于嫁妆中，俗称嫁妆瓶。掸瓶出现在清代乾嘉时期，多为豆青釉青花瓶，粉彩较少。道光时期釉色品种很多，造形多为盘口，颈部堆双狮耳。同治时期粉彩瓶的比例多了起来，口沿下有回纹边饰，颈部花纹与腹部主体纹饰也有锦地等边饰，足部也绘有变形莲瓣纹等，加白瓶则一般没有边饰。光绪、民国时期嫁妆瓶的产量很大，纹饰题材也最丰富，而且粉彩瓶的数量很多，常以诗文作为装饰。嫁妆瓶的造形多样，瓶形有方有圆，有六方形、八棱形，高从十几厘米到60多厘米不等。瓶耳有龙耳、双狮耳、兽首衔环耳及三果桃、石榴、佛手形耳等。掸瓶常见有白釉青花、豆青釉青花加白，先堆白粉再涂以青花，烧出后纹饰整洁明快，具有立体感；有青花加紫纹饰、粉彩堆塑等。清末民国的嫁妆瓶作为一种文化现象，反映了当时的社会伦理道德观念，同时也表达了人们对新人的祝福及未来美好生活的憧憬。

箱底样本子。今天的人们很少知道旧时嫁妆箱底，还有一件精美绝妙的绘画或纸雕艺术品嫁妆：样本子。样本子分两种：一种是纸剪的“花样”，用来作为刺绣的样本。样本子里面，除母亲给的压箱钱外，还分门别类地存放有男女老少各个年龄段所需要的各式各样的鞋样、袜样、一年四季的帽样、绣花样、窗花样以及针头线脑等女红所需之物。这个立体的、多功能的特殊嫁妆要陪伴女人的一生，是她一生做针线活的“资料库”。它不仅美观实用，而且是纸雕艺术的传承样品，仅这一点就可以看出纸雕艺术的魅力。还有一种，就是工笔的春宫画，一般是天津杨柳青画坊里画的。嫁女儿要在女儿的箱底放春宫画，原因是大家闺秀从小不接触男人，真到了出嫁的年龄，居然还不懂得男女交欢。这种事情，做父母的又不能言传身教，于是只好在女儿的箱底放置这种描绘男女做爱的画卷，向其开示。

长命锁

上了年纪的衡阳人或许还记得当年这样的场景：无论是处在襁褓中还是总角状态的小孩，其项上都戴着一个圈圈，圈子上吊着一个饰品，类似今天的吊坠。这个物品就叫长命锁。

原来，衡阳地区旧时有个习俗，在孩子满百天时，有钱或有地位的人家，会给孩子举行戴长命锁的仪式。

长命锁又可以称为“寄名锁”，作为一种古老的育儿习俗，传统的说法是可以帮小孩辟灾祛邪，最重要的是能“锁”住他们的生命，所以许多儿童从出生不久起，就挂上了这种饰物，一直挂到成年。它其实就是一种由贵重材质打造的，外形类似于古代锁头形状的吉祥物，其质地分为金锁、银锁及玉锁。

金锁锁富贵。首先由于黄金具有抗氧化的作用，会抑制人体产生大量的过氧化物以及自由基，减少有害物质对儿童的侵袭。佩戴黄金饰品除了对身体有益之外，在民间还有这样的说法，那就是佩戴黄金饰品能帮助宝宝健康成长。儿童佩戴黄金生肖吊坠和长命锁，寓意吉祥平安、趋吉避凶。

银锁锁平安。银锁是长命锁的主流材质，一方面是因为它比黄金便宜，大部分人都买得起；另一方面银具有“安五脏、安心神、止惊悸、除邪气”等养生作用，适合体质娇嫩的孩子或大人佩戴。宝宝戴银首饰还有利于排除体内“胎毒”，更健康成长。小孩子戴的银锁上面都刻有文字，一般都是写“长命百岁”“长命富贵”“后生可畏”之类的字眼。雕刻图案的银锁也有，多为龙、虎、麒麟、牡丹、八宝、莲花、蝙蝠、祥云、瑞兽等传统的寓意美好的象征物。

玉锁有灵性。从古至今，给孩子从小戴玉饰是一种随处可见的习俗了，玉锁自然是其中一款热门单品。玉的养生作用，不仅对儿童有益，对大人同样有效。佩戴玉锁可以摩擦脖颈穴位，活络人的身体和大脑之间的经络，贯通上下血液和精气，起到增强免疫能力等作用。

按照史料上的记载，长命锁源于“长命缕”。在端午节时，人们在手腕或脚踝处，拴上的五色丝线其实就被称为长命缕。据《太平御览》记载：“五月五日，以五彩丝系臂者，辟兵及鬼，令人不病瘟。”民间还有一个有趣的传说：钟馗的姐姐生了一个男孩，前去贺喜时发现，这个小孩是未喝孟婆的茶就偷偷投胎回阳间的。按规定钟馗必须把他抓回阴间，因为他还保留有前世的记忆，但他不想姐姐失去小孩伤心，就特意送给小孩一柄银锁配上项圈套上脖子，以表示把小鬼拘住，也等于提醒这个小鬼不要在阳间胡来。后来就慢慢变成一种习俗，怕小孩养不大就给他手脚戴上长命锁。

长命锁不是所有人都可以送的，至少孩子的父母不能送。一般局限于三种人：外公外婆和爷爷奶奶，长命锁有着长命百岁的美好祝福寓意，所以当小孩出生以后，就可以由这些亲属直接买来赠送，给小孩子增添福气；干爹干妈，由于亲生父母不能送长命锁，有些孩子出生时又没有爷爷奶奶及外公外婆，最适合赠送小孩子长命锁的人就是小孩子的干爹干妈，干爹干妈虽然和小孩子没有血缘关系，却是关系最亲近的人之一，由他们赠送，同样能提升宝宝的运气；第三种人则是庙宇里的和尚与尼姑，可以由家长带上孩子去虔诚参拜后，请回一把再系在项上。

送长命锁在乡下有具体的时间讲究。衡阳人叫先银后金，即一周岁之前应该送银的长命锁。人们以为，小孩子在刚出生不久，气还不稳，所以不能佩戴太过贵重的物品，否则会导致自身的运气变差，在成长的过程中容易遇到病灾，因此一周岁之前送银的长命锁，既有着祝福的含义，又不会显得过于贵重。一周岁之后应该送金的长命锁：当小孩子长到一周岁之后，我们就可以给他们送一些贵重的物品了，比如金器、玉器等等，所以这个时候想要给宝宝们送长命锁，就可以选择金的长命锁，以此来提升宝宝们的运气。

长命锁的外形多种多样，有圆形的，也有椭圆形或其他动物形状的，一般长 10 至 14 厘米，宽 6 至 8 厘米，用项链或丝带穿入长命锁中，形成一个圈，挂在幼儿的脖子上。

随着时间的推移，送长命锁的习俗不再存在。

银颈箍

上了年纪的衡阳人或许还记得，旧时别家一些小孩抑或是自己小时候，脖子上曾经被套着一根金属质地的环状物品，其材质依据家庭条件的不同，可以是金银等不同的原料，上面系有多个小铃铛，接口处可以伸缩，便于从头上套到颈部，这种物品普通话叫项圈，用衡阳话表述叫颈箍。

项圈在古代多为儿童的辟邪护身饰物，至今也仍有部分少数民族保留着戴项圈的习俗。项圈多用贵重金属打造，上面多饰有图案和文字，还缀有小物件作为坠饰，外观优美，工艺精湛，是有着深厚而广阔民间基础的艺术品。衡阳人给孩子戴项圈，除了从美观的角度出发，使自己的孩子更漂亮外，更重要的是，希望孩子戴上颈箍后，从此百毒不侵，健康成长。

从现代科学知识看，佩戴这些银饰品也确实于人的身体有益：银的离子以及化合物对某些细菌、病毒、藻类以及真菌显现出毒性，但对人体却几乎是完全无害的。银的这种杀菌效应使得它在活体外就能够将生物杀死。腓尼基人曾经用银制瓶子来盛放水、酒和醋，以此防止这些液体腐败。银作为效用广泛的抗菌剂正在进行新的应用，其中一方面就是将硝酸银溶于海藻酸盐中，用于防止伤口的感染，尤其是烧伤伤口的感染。

给孩子佩戴颈箍，是中华民族一种传统的习俗。从古人佩戴长命锁的历史推测，项圈应是南北朝时期由少数民族传入的饰品，最初只是公子王孙、贵胄子弟炫耀身份地位的贵重首饰。古代由于天灾、战争、疾病频发，婴幼儿极易夭折，面对恶劣的生存环境，以及生命的无常，人们多怀有神秘而敬畏的心态，项圈遂被作为一种护身符推广开来，成为专有的儿童饰物。项圈作为连接个人生命与自然崇拜的一条精神纽带，为人们提供了情感寄托，带来了爱的宽慰，达成了生活信心的恢复，具有着极为丰富的民俗学意义。

项圈多为金属材质，虽然也偶有用玉石、木料制作的项圈，但最为常见的还是用金、银、铜打造而成。在衡阳，这种物品一般由自己的父母为孩子订制，也有些家庭听从宗教人员的意见，小孩出生以后，须由父母家人向邻居乞钱，将所得的银钱熔铸到小孩的项圈中，象征小孩有百家的福分运气庇佑。

为了寄托长辈的美好愿望，项圈上面还常镂刻有祈祷小孩健康成长的图案，如蝙蝠、双鱼、莲花、寿桃等；末端则缀饰有长命锁、如意、铃铛等物；造形也多有寄寓，如狮子戏球、刘海戏金蟾等；文字也是以吉祥话语为主，如“长命富贵”“金玉满堂”“五子登科”等。大家如果读过《红楼梦》，应当记得第八回有这样的内容：薛宝钗看了宝玉的项圈，上有“莫失莫忘，仙寿恒昌”8 字，与她项圈上的“不离不弃，芳龄永继”恰好构成两句吉谶。

能够佩戴项圈的孩子一般为两种情况：一是家境殷实，为了让孩子显示与众不同；另一种则是那些单传的家庭或者从小体弱多病的孩子，遵循神职人员的嘱托。时间一般选择在孩子满百天时佩戴，有些讲究的人家，还会同时给孩子戴上手镯和脚镯。

现在的家长估计没有几个人会选择给孩子们戴项圈了，这些东西只能在收藏者那里才能一睹芳容。

菩萨童帽

相信每一个初为父母的人都有一种这样的情结：用最时尚的装束把孩子打扮得更加漂亮，这其中就包括帽子。在相当长的一段时期内，衡阳农村最流行的是绣花童帽上贴银菩萨。

旧时幼儿一般从满周岁起就开始戴起了童帽，少数长得壮实的孩子也可在满百天做姜酒时戴上。

这种帽子，在古代诗人笔下也有记载。元代卢浩《西湖竹枝词》中是这样描述的：记郎别时风飕飕，银鼠帽子黄鼠袍。别来辙迹不可见，湖边青草如人高。

帽子的银饰品一般为九个，居中为观音菩萨，左右各列四个，有的为八大罗汉，有的为八仙过海。最复杂的有两层银饰，上层为小型十八罗汉银像，沿帽排成一横排，下一排列为十八朵小型梅花，取“十八罗汉护身，一切鬼神莫近”之意，两鬓各佩一弯月形银饰，下面各有一银狮，仰头望月，足踏银球，帽后系有数条银链，末端悬吊着银铃、四方印、葫芦、仙桃、鱼和鹰爪等，孩童行走或摇头时，银铃声清脆悦耳。

童帽一般是家庭妇女手工制作，缝制细腻，刺绣精美，一针一线无不蕴含着女性的智慧与审美情趣，充满了对孩子爱的温暖，亦寄托着长辈对后代健康成长的美好期冀。童帽图案亦丰富多彩，多是根据孩童的性别、年龄、生辰八字、岁时节令以及家境的变化来设计制作，而且寓意美好，饱含着长辈对后辈的祝福与期望。一般常见的有天官赐福帽、五子登科帽、鲤鱼跳龙门帽、独占鳌头帽、四季平安帽、连生贵子帽等，在起到为儿童遮风保暖作用的同时，还兼及平安祈福、祛病避邪的意义。如有的童帽上绣有蝎子、蜈蚣、蛇、壁虎、蟾蜍五毒，就是专门用来镇邪祛灾的。童帽的形状也多姿多彩，有依照各种动物头形而制作的，如秋冬之际戴的狗头帽、狮子帽、兔儿帽等；也有和尚帽、桃子帽、扎花凉帽等炎夏之时戴的露出头顶的简单帽形。

这种帽子一般由儿童的外祖母送，如果二老已逝，则可由孩子的舅舅及姨妈等长辈送。一般而言，只限于头生子，即第一个出生的孩子才能享此殊荣。第一胎婴儿出生后，娘家就要着手准备做童帽，做童帽的布料，必须是从各家各户讨来的布头，俗称百家布。旧时风俗认为，戴了百家布做的帽子，会百病不侵，平安少灾。旧时的孩子不易抚养，因各种原因夭折的情况时有发生，故民间多用金银饰物来给孩子消灾驱难，如孩子脖颈上戴的项圈，挂的平安链或长命锁，手脚上戴的手镯、脚镯等。同样的道理，童帽上的银饰物也是五花八门，铃铛、银牌、银链、观音、八仙、寿星及其他挂件，人们认为有祛病消灾的功效，有的上面还写有吉祥的文字。童帽体积很小，看似简单，其实要做得精美却很难，仅刺绣一项就极为复杂烦琐。每一顶童帽的绣工，都要经过构图、裁样、剪布、拼接、黏贴、锁绣以及插、刺、缝等多道工序才能完成。

需要指出的是，旧时农村孩子戴这种饰有银菩萨的帽子，除了寓意孩子平安吉祥之外，也是一种身份的象征。有了这项装束，会让人觉得孩子的外祖家中很殷实，初为人母的年轻妈妈在婆家人的眼中，分量也增加了几分。当然，由于帽子做工精美，且造价不菲，许多家中是兄弟姊妹共戴一顶帽子长大的，最后会由母亲悉心压到箱底，作为传代宝贝。

百家衣

过去在衡阳乡下，你如果细心观察，就会在众多的孩子中发现极个别的人衣服面料特别出格，整个上衣是由无数块碎布料拼凑而成，但又不是那种打补丁的烂衣。懂行的人都知道，这孩子穿的是件百家衣。

穿百家衣是衡阳乡下的一种旧时习俗，多数是那种单亲传代的家庭，为了让孩子能够健康成长，由孩子的爷爷或奶奶向亲邻好友乞讨来各种不同的碎布片，拼凑成衣服穿在身上，意在保佑孩子健康成长。

这主要是由于旧时医疗条件有限，生孩子是人命关天的大事，经常在分娩过程中有大人或者婴儿死亡的情况；即便婴儿生下来时好好的，成长过程中也难免要经历种种疾病、灾难、伤害等，尤其是那些婴幼儿最容易得的传染病，更是给孩子们带来了致命的伤害，以至于婴幼儿的死亡率很高。为了让孩子能健康长大成人，人们就想出了穿百家衣的办法，说如果给婴儿穿上用一百家身体康健孩子穿过的衣服布料做成的百家衣，孩子就会健康长寿。

这一习俗的由来在民间有这样一个传说，相传南朝宋武帝刘裕自幼家贫，买不起布料，冬天没有厚衣服御寒，他的母亲便向各家各户乞讨碎布片，做成了一件衣服给刘裕御寒。乡人们看到刘裕的衣服都是由碎布片做成的，且五颜六色，便称这件衣服为“百家衣”。刘裕当皇帝后，对此念念不忘，于是他规定刘氏家族的孩子在百日时都要穿“百家衣”，以纪念祖上开创功业的艰辛。后来这种做法流传到了民间，人们纷纷效仿，由此百家衣的风俗流传下来。以前有“人活七十古来稀”的说法，俗话“穿了百家衣，能活七十七”，也就表达了穿百家衣的意义。

百家衣，在各地、不同层次的人群之间，有不同的叫法。诸如百衲衣、百岁衣、和尚衣、破衲衣、补衲衣、百福衣等，其实指的都是百家衣。

一般来说，百家衣是在婴儿出生前后，家人（主要是爷爷奶奶）向众多街坊邻里和亲戚等讨取零碎布帛，缝制成衣服给婴儿穿。这里的百家，倒不一定是整整的一百家，或多或少都可以。百家，只是说明人家多而已。

百家衣的寓意在于祈求平安，一方面，在向众人讨要碎布的过程中大家都会有祝福的话送上，相当于百家衣上带着很多人的祝福；另一方面，百家衣是以碎布拼成的，对于富贵之家来说，相当于对外宣称，我家孩子不贵重，穿的衣服都是旧的，不好的东西就不要来纠缠我家孩子，以此保证孩子健康成长，为的是取其贫贱好养活之意，与那些给孩子取名石头、铁蛋等贱名一样，就为了孩子好养。

因为是给婴儿穿的，百家衣所选的碎布大多比较鲜艳，那么多块布拼凑在一起，更是色彩斑斓。有些讲究的人家，为了不让这种衣服难看，还会在百家衣上绣花、鸟、鱼、虫或人物等吉祥图案。衣服的式样多为对襟短上套。

需要特别指出的是，家长们煞费苦心四处乞讨的布料做成的百家衣，通常都是为男孩子准备的。在旧时，人们重男轻女，以为只有男丁才能传宗接代，修族谱时，女孩不得登册。在这一理念支配下，家中对于出生的男孩便格外呵护。

如果是几代单传，或者是来之不易的孩子，家人对百家衣碎布的来源则有更多的讲究。按谐音选择主家姓氏，是一个重要的条件，诸如喜欢选姓氏为成、陈、程、谌等发音或谐音为“成”的人家，寓意孩子容易成人；刘姓也因为与“留”谐音，而被作为最受欢迎的百家衣来源；此外，还要向那些家中生男孩多的乞讨，意在讨个好彩头。

现在的人们再也不会去缝制百家衣了，因为无论是在对世界的认知抑或是在生活的改善上，都是对从前的颠覆，百家衣只能留在记忆之中了。

船民婚礼

衡阳地区的船民长年生活在水上的船中，他们的婚姻嫁娶也有着自己特殊的习俗。一对新人要结秦晋之好，在旧时同样也需要走三书六礼的程序，但婚礼习俗与岸上人家相比也是别具一格。

水上人家举行婚礼，有条件的男方要准备一条新船作为轿子船。迎亲的头天夜里，船家会在婚船中间的两侧各插一根扎着约 1 米长红布条做“彩旗”的新竹篙，将“喜”字贴在船头、船边、船尾等处，船上也贴红对联，对联内容与水、船、平安、新婚庆贺相扣。比如：上联“顺风顺水一对恩爱夫妻”，下联“潮起潮涌两个痴情伉俪”，横批“鸾和凤鸣”。

迎亲当日，由一位八字好、家中儿女双全的“全福婆婆”帮助新郎插花挂红后，放一串鞭炮，一干人登上轿子船，向新娘家泊船的方位出发。上轿子船迎亲的人数是有规定的：出发时连媒人和新郎，迎亲人和掌舵、摇橹、篙子撑船的在一起，一定只能是单数，这样回来时加上新娘子和伴娘一定是双数。迎亲途中，如过桥洞或遇岸上有庙，或是改变方向，都要放一挂鞭炮，祈求神灵保佑。

迎亲的轿子船出发或停靠也是有讲究的。如果同一个停船点同一天有两个或更多人家娶亲，载了新娘子的轿子船回来得越早越好，习俗是争了个第一的彩头和吉兆。一个停船点同一天有两家女儿“出嫁”，那么轿子船越晚走越好，表示新娘子不忍心离家。

轿子船在迎亲河路上倘若遇到相向而行的轿子船，篙子手们会抖起精神，使足劲猛撑。到女家的停船点后，女家家长会向迎亲的女婿、媒人和其他人敬烟、献茶、送点心。媒人手捧一个盘子率先登岸，盘子里面有一猪尾巴含在猪嘴里的猪头，意为新郎送的是整头猪，还有一对鲤鱼。新郎则率领挑着一担担送给新娘娘家及娘家至亲礼品的迎亲人紧随其后，跨上新娘子家的船。女方家自然对迎亲人的到来热情款待，一番敬烟递茶之后，新娘子由兄弟抱或背着送到轿子船船舱内。途中新娘脚是不能沾地的，意为在娘家时清白干净。

轿子船在返回的路上，船头要用木炭生一盆火，途中要由人不断添炭吹风，使火盆里的火愈烧愈旺，这样隐喻小两口今后的日子越来越红火。回到新郎家停船点后，不能立即和自家的船舱并排在一起，要在河道上来回摇三次，一是可以摆脱邪神恶煞，二是可以让新娘子晕头转向，忘记回娘家的河路，一心一意在婆家过日子。轿子船与自家的船舱并排后，小姑或请的傧相会立即上轿子船请新娘子尝辣、苦、甜味不同的食物，意喻“辣嘴不凶，先苦后甜”。有的船家会请打渔鼓的艺人唱一段水上迎新娘的歌词：渔鼓打起两头空，船上洞房迎新人，帐中鸳鸯鸾颠凤。渔鼓艺人唱完后，由小姑来为新娘喂饭糖，此刻有人在旁边用四六句发断：一碗饭糖甜味浓，夫唱妇随恩爱深；今夜牛郎会织女，明朝玉女产金童。这些仪式完成后，新郎弯腰从河里舀起一碗水，船家称抢水，递给自家船上等待着的父亲或母亲，请他们将水倒入自家的水缸中，意喻自家兴旺发达。这时，新娘子才由女伴搀扶着走出船舱，跨上男家的船，进入船舱洞房。在洞房里，新郎先用折扇在新娘子头上敲两下，再掀开红盖头，就像岸上人家婚礼上的踢轿门，意思给新娘来个下马威。这样，迎亲仪式才全部完成，新娘子才算正式过门。

抹　妆

衡阳乡下人喜欢自我调侃，说是一个人平生再节约，有两个澡是不能不洗的，一个是出生后的第一个澡，衡阳话叫洗三朝；一个是去世时的最后一个澡，衡阳话叫抹妆。

按照当地习俗，逝者一旦停止了心跳，即落气后手上再也摸不到脉搏，此时，必须在床边烧倒龄纸，意在不让逝者空手上路，身上有钱应付途中可能发生的开销。烧纸后，周边人会有人自动前来帮忙，将其睡的床铺被盖及垫席抽去，让其躺在光床板上，用一个青布袋系上钱纸给逝者当枕头，脸上盖上钱纸。此时，衡阳人有严格的禁忌：亲人在痛哭时不能将眼泪滴在逝者身上，正在来例假的女亲属不能在旁边观看。

在遣人向在外的亲友发丧，即邀请至亲前来一道向遗体告别的同时，送逝者入棺前，要为逝者举行抹妆仪式。抹妆是由当地的专业人员进行的。工作人员在未近逝者遗体前要进行一系列的焚香、烧纸叩首、净手等程序。抹妆并不是人们想象的那样认真地为逝者进行一次沐浴，而是由执事者把取来的泉水倒入一个盆子里待用，在别人的帮助下把逝者身上的所有物件脱光，用寿布沾满水拧至一定的程度后，首先擦拭逝者的面部，接着抹颈部、上身、手、背部、下身、腿、脚等部位，每换一个部位寿布要搓洗一次，再象征性地抹一次。抹妆的意义在于让逝者干干净净地离开这个世界，在向西行进的途中轻装前行。

所谓抹妆，就是先抹身子后着寿装。抹拭后，要为死者穿好寿服。寿服必备三层，也有穿五层的，贴身穿上红色的，紧接着穿白色的，根据死者或亲属的要求白色寿服外面可套其他服饰，最外面一层必定是青靛色的。依据家中的经济条件不同，最外一层会有不同的材质，讲究些的可以是绫罗绸缎，一般人家则是由黑色的布料缝制而成。衣服均为清式的长衫，裤子则是那操裆式。需要指出的是，逝者那身贴衣，必须由孝子穿在身上后再脱下来给逝者套上去，孝子中一般由长子或长孙承担此任。此外还要戴寿帽，穿好袜鞋，最后戴饰品（按亲人要求办）。抹妆时逝者同样不能见天日，门窗等射进来的光线一定要用物体挡住。

抹妆的最后一道程序是给逝者喂吃食。在一番穿衣戴帽着鞋袜的工作完成之后，由几个前来帮忙的人将逝者扶坐在一条板凳上，让逝者的双脚踏在一个里面装有五谷、上面用钱纸封盖的器皿上，亲属们则往逝者的嘴中塞进一些米饭、白糖及荤菜之类的吃食，意在让逝者在另一个世界衣食无忧。

至此，抹妆的程序全部结束，可以进入下一步骤：入棺。

入 棺

衡阳地方在有人去世后，将逝者送入棺材安寝，有着严格的仪式要求，必须按照当地的规则按部就班地去完成。

在旧时，人们讲究入土为安，而棺材则是最后的归宿，因此活到相当的年龄，一般为接近60岁时，就得为自己准备百年后的必备物品，具体为棺材、寿服、寿帽、鞋袜，再就是足够的石灰。

入棺先要把握好时间，除特殊原因外，入棺时间要在逝者断气后的24小时内完成，衡阳人叫入血棺。如因一些不可抗拒的因素，不能及时入棺的，则要掐时辰才能办理。

入棺的地点一般选择在堂屋内，事先将空棺材用两条板凳架好，按照对大门的方向，男左女右摆在靠墙位置。

入棺前先要放好填充物。填充物主要是石灰，也有少数殷实人家用木炭。这些填充物主要的作用在于裹紧和固定，能稳固尸体不动，且能杀菌吸水，可延缓尸体的腐烂时间。石灰收藏的时间越长越好。将一定量的新鲜木炭放在棺材的最底层，是因为木炭的吸水效果特别好，可防止漏膛。

将逝者移入堂屋的棺材内，一般由长子背着前往，此时切记不能见天日，若需经过几个房间，可以从屋檐下的阶基上走过，确实没有屋檐的，则要打着伞遮挡。

入棺前先要行焚香、鸣炮、跪拜等礼仪，并在棺材底下点好长明灯。在入棺专业人士的指挥下，多人帮忙把逝者的尸体放入棺材内的兜尸布上，头放正枕中。尸体摆放要正中、平直，尸体与棺材板左右两边的距离要等同。一切无误后，在尸体上面加盖盖尸布，整个尸体要全部被兜尸布和盖尸布包裹，不能让尸体沾上一丁点儿石灰粉。然后倒入大量的石灰粉，用纸钱压紧压实，石灰粉要刚好平棺材的止口，整个形状要跟棺材头脚两挡板的形状一致，形成弧形。整道工序完成后，入殓人员便会小心翼翼地把逝者尸体面部上的石灰粉拨开，拨尽，用剪刀把盖尸布面部的布剪开，然后撕开，露出逝者整个面部。

入棺的第二道程序是分经。首先执事者把头脚两块棺材板各刻度好中分线的点，刻度点必须绝对正中，准确无误，要求不能有毫厘的误差。然后在寿器头脚板材的两头各站一人拿着一根细线牵着，对准各自的刻度点放准、拉直、绷紧，这一条线就叫作分经线。这时执事者在净过手之后，十分严肃地来到棺材前的上头，双眼全神注视着分经线与逝者鼻子顶尖部位。执事者将逝者头部用双手进行左右校正，当鼻尖的中心部位与分经线形成一条直线，再三观察无误后方告入棺已定。这时执事者会大声宣告，所有孝子孝孙、至亲、亲朋好友都要聚集于寿器的周围，保持相应的距离瞻仰逝者的遗容，行注目礼，因为这是永别的一见，并提醒所有人的眼泪都不能掉进棺材内，更不能滴在逝者面容上，这是一种忌讳。

最后一道程序是经亲人同意后盖上棺材盖，用桐油石灰将盖板结合部封闭，俗称抿纸口，钉上寿钉闭殿。至此，入棺礼成。

抬 柩

在衡阳，再节俭的人家，一辈子有一顿酒席是必办不可的：那就是家中有人故去后，必须请人抬棺材出殡。抬棺材在衡阳方言中叫抬柩，也叫抬丧或抬轿。这些读音倒是与普通话一致，外地人估计也可以听懂。

衡阳抬柩的人为 16 人，据说这种制式是仿照皇帝出巡的模式。当年皇帝到外巡查，一般都是乘 16 人抬的大轿，前面有人打着幌子鸣锣开道，死者的灵柩也用 16 人抬，意在表其庄重。抬柩人的来源是丧者本村人。在旧社会有一个不成文的规则，抬柩人员在本里甲内挑选。里甲的范围大体相当于现今的 3 个居民小组，倘若这个里甲有多个姓氏，则每个姓氏都要有参加抬柩的人，若只有一个姓氏，则要按屋场居住的上下左右平衡。我的老家风雅冲、桂花树和塘头堰是一里甲，按吴、李、肖、张四大姓氏分派人员。

抬柩的 16 人是临时组合，因其任务特别，必须选出一个人担任总指挥，一般由一个沉稳持重的长者担任，由他分派任务。总指挥的主要任务有两个：一是在出小车时，选派 8 个强壮人员，将棺材从堂屋用手抬到屋前的空坪指定位置，便于扎索工将灵柩在龙杆上捆绑结实；第二个任务则是对 16 个抬柩的人的位置进行分工，按照当地的说法，抬柩人按前、后、左、右四个方位抬，靠近棺材的那个位置叫内舱，外边的叫外舱。这样指定后，一旦开锣，16 个人便可按部就班，不打乱仗。

衡阳人送亡灵上山，其灵柩抬到中途时要举行一个转大车的仪式，即在路上找一个平坦的地方，孝子跪在地上，抬柩的人由一个人统一指挥，将灵柩在孝子头上的空中旋转三圈。据说这是让亡灵不念来时路，安心进入天堂。

抬柩的人 16 个，按农村习俗，正好两桌，他们必须坐在一起，不能与百客混坐。那 8 个被选中出小车的人，先要单独开一次过堂饭，简单地吃点东西垫一下肚子，乡下人讲究不能空腹送死人上路。

去参加抬柩的人，一定要穿着朴素庄重，最好不要穿那些贵重的衣服和鞋子。在乡下出殡经过的路，一般都是荆棘丛生的山路，有时候甚至会是泥泞的田野或淌水的河流，这些对他们而言，没有任何选择，只能跋山涉水前行。

有的出殡路途遥远，16 个人抬着沉重的棺材走远路，体力自然不支，但乡下讲究，棺材一旦抬起，便不许在中途沾地，为了解决这一矛盾，有的大户人家是配有两套人员，在中间接力，若做不到，则带两条板凳，架上后才可歇气。倘若抬棺材要经过有人居住的村庄或集镇，那里的人按习俗要另外组织 16 个人来接灵，他们会先放爆竹，然后接过去抬行几十米，再交还，这时主丧的人则要给他们打发红包。

参加抬柩的人，可以获得酒席上百客一样的待遇，将灵柩抬到目的地后，主人家会给每人发一个红包，大致是一双草鞋的钱。现在据说有的人讲排场，每人每次最高可得 100 元。

抬柩也是有讲究的，下列几种，是乡下普遍奉行的规则：

抬棺材的人不能是直系亲属。因为直系亲属是需要在棺材旁扶灵，或者在棺材前带路以及哭丧的，在有些农村，直系亲属随着抬棺的行进，需要在多少步之后下跪一次，反复进行，直到墓地。

抬棺人出门时，不得触摸门框。这个是抬棺中的大忌。当亡者装殓好了，出殡时抬棺人不能跟门框有半点触摸，民间认为这会影响到子孙后代的昌盛和运势，一旦触摸是不可原谅的。

抬棺材的人必须是已婚者。据说是未婚的男子阳气太重了，容易把死者的阴气给压制住，故抬棺的人必须是已婚的人。

抬棺的途中，有必要确保老成持重，不能嘻哈打闹。在抬往墓地的途中，不一定都是平坦的大道，有的是高高低低的山路，但抬棺人必须要保持棺材的平稳，不得呈现侧歪，所以抬棺人在抬棺的进程中要留意人员的调配。劳力的强弱和人员的高矮都要调配好，必要时还要亲属配合，无论如何要确保平稳抵达墓地。

现在，农村中虽然还要抬柩，但也没有这么多的讲究，由于青壮年大多进城务工，要找齐一支抬柩的队伍都十分困难。

掌祭菜

旧时在衡阳乡下，但凡有人故去，在入棺后，便会在堂屋内设祭堂，供亲朋好友前来凭吊，吊唁的时间为3、5、7天不等，以5天或7天居多。多数人前去祭拜，是送一些冥纸和花圈，最礼貌的做法是送一堂祭菜，衡阳话叫掌祭菜。

吊唁亡人送祭菜，最初的考虑是逝者的一些至亲，为了表达一种虔诚的敬意，从自己家中备一桌酒菜供在祭台上，让他尽情享用一番后再西行。这些祭菜主要是肉、鱼、鸡三牲，上供的人也仅局限于外嫁的子女及近亲中的兄弟姊妹。后来演变成一种亲属间和好友间礼节规格的体现，掌祭菜的亲戚也延伸到亲家乃至部分百客，祭菜的内容也跟着发生了变化。

掌祭菜是以抬数计算的，因为给主家送祭菜时，都是请人用抬盒抬着送去。抬盒是一种木制的长方形柜子，两端有一根木柱子，凿有圆孔，便于抬杆穿过，一般为二人抬。

掌祭菜的人一般事先会与主人沟通，言明何时将礼品送到府上。由于这是最高的礼节，主人自然不敢怠慢，也要诚惶诚恐地还之以礼。当客人的抬盒快到槽门前时，孝子应在吹鼓手的引领下，匍匐于晒坪上，此时，鼓乐齐奏，鞭炮齐鸣，主人家事先安排二人接过抬盒，抬到堂屋内，将祭菜置于祭台上。掌祭菜者在扶起跪拜在地的孝子后，再步入堂屋，行吊唁祭拜之礼。

若掌祭者是长辈，接祭菜的还要在更远处去迎接。有的亲属为了表示更高的规格，还会给主家送一套吹鼓手班子，一路吹吹打打而来，到目的地后，这些吹鼓手亦要参加“坐夜”仪式，直到第二天送灵柩上山。

现在，掌祭菜这一礼节在衡阳也在渐渐演变。前已述及，最初的目的是给亡者供奉祭品，让其高兴上路。但后来人们发现，这种祭菜如果收得太多，加之天气又不合适，不便于保存，容易造成浪费。于是人们想到一个折中的办法，祭菜不再是传统的鸡、鱼、肉三牲，而是根据酒席上主要食材的需求数量，与主人商量好送某一种食材。后来便出现了一种有趣的现象：抬盒内的祭菜有的是半边猪肉，有的是几十条碗口鱼，有的是几十只鲜活的母鸡，反正都是酒席上需要的大宗食材。主人因为心中有数，便不再自己去采购，这些祭菜在吊唁仪式结束后，会直接送到后厨，交由厨师去处理。

掌祭菜是衡阳地方一种特有的风俗，现在的衡阳农村还在继续这个习惯，但形式上有些变化。有的干脆与主人沟通，用现金包封代替，凭吊时的上祭菜仅仅只走一次过场。

起 水

“起水”这两个字是衡阳方言的音译，我不能确认究竟是“启水”还是“起水”，但它的确是衡阳地方民俗中的存在。

衡阳人讲起水，是指家中有人过世后，由孝子打着铜锣到有活水的地方去取一盆水与家里的水掺和在一起，替逝者最后一次沐浴。

在衡阳，家中有人去世后，就有左邻右舍前来帮忙张罗。“人死饭甑开，不请自然来。”确实如此，乡下为老人送终，被称为人生三大任务之一，另外两件是娶亲与砌屋。之所以要将奉老归山列为人生三件大事之一，是因为在农村要将老人入土为安，从逝者咽气的那一刻起，会有一系列繁杂的程序要去完成，起水仅仅只是开始。

起水的时间一般在逝者咽气后 3 个小时内就要进行，此刻村中那些惯于为逝者抹妆换衣的便会督促孝子们筹备此事。起水一般由孝子的兄弟姊妹共同完成，出门前，由长子将逝者的全套寿衣贴肉穿着，意在让逝者最后感受亲人的体温。

在去取水的路上，子女们要披麻戴孝，无论天晴下雨、炎夏寒冬，只能打着赤脚前往，出发前要燃放鞭炮，行进中要不停地敲响铜锣。

到了取水的地方，要再次燃放鞭炮并烧一些冥纸，孝子集体向水三作揖，恳求分管水的会水童子允许取水。正式取水时，再次敲锣，此时的敲锣，要根据逝者的年龄来决定敲响的次数，一岁敲一下，若是百岁老人，必须敲满一百下，这样方可取水返回家中。

父母去世时，我作为长子，虽然彼时已在省城工作，但也不敢违背乡下的风俗，父母的寿衣都贴肉在我的身上穿过，但打赤脚却有些勉为其难。我也试图打着赤脚去完成这项任务，但双脚委实不争气，在路上被坷垃刺得钻心裂肺地痛。同村的长者动了怜悯之心，允许我可以穿鞋前行，那一刻我被认为是得到了极高的待遇。

为亡灵开路

中国人对待死亡的态度永远要比对待生存来得严肃、庄重。以《中庸》所言：践其位，行其礼，奏其乐，敬其所尊，爱其所亲，事死如事生，事亡如事存，孝之至也。这话是说与王侯将相的，不过结合中国传统实际，也可以做这样的解释：供奉亡者的牌位，施行必要的祭祀礼节，奏响哀乐，尊重所有的先祖，爱护先祖所爱戴的亲人，亡者已去，侍奉他能如活着时一般，可真是孝道的最高境界了。有了这样一个孝道标准和祭祀遗训，中国的丧葬文化便蔚然成风。

衡阳人对于丧葬的看重，可谓登峰造极，孝子贤孙们为了博得一个好的名声，无论生前如何对待亡者，死后也一定要举办大型丧葬仪式。这是子孙后代们最后一次尽孝的形式，更是立碑树传的事情，有极强的仪式感，马虎不得。其中给亡灵开路的仪式更是必须完成的规定动作。

过去，囿于科学认知的不足，人们常用一些唯心的东西去解读社会现象。在一般的认知中，大家对于死亡的理解是去了另一个世界，当亡者的肉身已无生命迹象时，要及时将亡者的灵魂引向一条再生投胎之路，因此，必须请来专业人士为亡灵操办开路仪式。

开路仪式一般在为逝者办理好入棺手续后的第二天进行，由专业的和尚或道士主持，分为小开路、中开路和大开路三种形式。无论何种开路形式，都必须做好逝者的灵位，在上面书写姓名及生卒年月；其次是用一个长方形纸条写一经幡，用一根小竹竿挑上。

所谓小开路，即是在堂屋内设一灵堂，在专业人士（和尚、师公、道士）等的引领下，由孝子手捧灵位，打着幡子，一边念经一边向空中抛撒冥纸，从逝者最后住的卧室一路走向堂屋，将灵位摆到事先设置好的祭台上，将幡子插在神堂旁。

所谓中开路，除了小开路的所有程序外，要由主持人带领孝子，沿着摆在禾堂坪上的三张桌子不停地转圈，然后再引导孝子入堂屋。

大开路则是富裕人家举行的最高仪式，除了小开路的前期程序外，要在禾堂坪上用7张桌子，多的可能有十几张，叠加成传说中阴间的各种的地点，如奈何桥、鬼门关、地狱门等，每到一地，须抛撒纸钱和诵经，放鞭炮和敲锣打鼓，然后由主持人带领孝子迅速从中通过。

开路时念的经大体有往生咒、超度经、解冤咒、救苦经、弟子经、酆都谶，逢七天还有报七经，有的还做普度、拜七斗。这些经都是为死者超度亡魂、阴间开路、祈求死者来生、保佑死者亲人等作用。

经文一般较长，大体意思是祈求各方为逝者在西去的路上大开方便之门。我试着抄录一段如下：飒飒悲风次第来，幽关教阐法门开。镬汤化作青莲诏，亡人翻身上法台。三尺华帆招魂至，五方童子引魂来。皈命上元府，天官赐福尊，愿垂道宝放祥光，照天途，愿灭亡人风雷彻电苦，超度此亡人，去离天途苦；皈命中元府，地官赦罪尊，愿垂经宝放慈光，照地途，愿灭亡人担沙运石苦，超度此亡人，去离地途苦；皈命下元府，水官解厄尊，愿垂师宝放惠光，照水途，愿灭亡人沿际溟波苦，超度此亡人，去离水途苦。大赦慈悲太乙救苦、救苦天尊；大赦慈悲朱陵度命、度命天尊；大赦慈悲黄华荡形、荡形天尊。

应当指出的是，这些程序，除了后人寄托哀思，取得心灵上的一些慰藉之外，是没有任何其他意义的，真正的孝道还在于厚养薄葬。

报　丧

在衡阳地方民俗中，人去世后，家中办丧事，第一要务是火速、及时把丧讯通知至亲好友，不得疏漏，更不得“匿丧不报”；否则，会被认为是最大的违礼和失礼。

报丧的时间一般在当天，最迟第二天早晨就要派专人分头报丧。报丧人可以是家中晚辈、亲邻或佣人，也可以雇请专人报丧。报丧有“口报”或“行书”两种方式。一般老百姓家遇丧事，大都是口头报丧。如果是官宦之家、王公大臣、绅商富户，则多使用报丧文告，即所谓行书，让报丧人手执素帖，书面报丧。

报丧的范围主要限制在逝者的至亲之内，如叔伯舅姨、岳父岳母及未出五服的长辈。报丧的顺序也极有讲究，若是逝者为男性，则要先去其兄弟或姊妹家中禀报；若逝者是女性，则要第一时间告知舅舅家中的亲人。报丧的人必须身着孝服，在衡阳一般为头顶白掩头，腰系麻线带，有些讲究的还得打赤脚穿草鞋。

报丧者一般进门后，要向被报人下跪叩头，待对方还礼扶其起身后，再叙报详情，无非是何日入棺，哪天发靷的消息。接报人知情后，便会心中有数，届时不用再请，会按照乡下的规矩前往祭拜吊唁。

书报的形式，在乡下极少有人使用，但在一些显赫家族偶有存在。讣闻有固定格式和文辞，仅书亡人生前官衔、品级，不具亡人履历和生平事迹。一般讣文是这样的格式：

不孝某某，罪孽深重，弗自殒灭，祸延显考皇清诰授×大夫，×官×府君讳××痛于×年×月×日×时，寿终正寝。距生于×年×月×日×时，享年××有×。不孝××（孝子名）随侍在侧，即日亲视含殓，遵礼成服。（写上丧礼日程）

哀此讣……（下边依次开列孝属子孙名次）。

落款中也有讲究。孤子是母亲健在情况下孝子的自称，如果母亲已故，则称孤哀子；如果母亲健在，也可写成“奉慈命称孤哀子”；有继母在堂，则称“奉继慈命称孤哀子”。如果长子已故，讣闻则应由亡人长孙替父行孝守制，“孤子”改称“承重孙”，名列子孙名次首位。亡人子孙中如果有已故者，名字也可以列入子孙名单，但要加黑框或以阴文书写。

上述书报格式是派人送达收信人家中的，一般老百姓家限于经济条件，无力大办丧事，多用两寸宽的白纸条子，贴在外门前上书：“×（姓）宅丧事，恕报不周，谨择于×月×日接三，×月×日辰刻发靷。”民间俗称此为“报丧条子”，不用整纸，张贴的位置有讲究，亡男贴门左，亡女贴门右。

无论使用哪一种报丧的方式，都是一个共同的目的，孝子的礼仪已到，希望亲人前来为逝者送行。

炒　粮

在衡阳地方殡葬习俗中，有一种仪式叫“炒粮”，这是衡阳土话的音译，其实，这种仪式就是书上讲的放焰口或放施食的一种变相形式。

放焰口是一种佛教或道教的仪式。相传地狱中最多的一种鬼即为饿鬼道的鬼，佛经记载一典型饿鬼叫焰口。他们脖子细如针，肚子大如盆，吃饭的时候很难下咽，即使咽下食物也大都化作焦炭。饿鬼道的鬼饱受饥饿摧残，而为了化解这些饿鬼的戾气，超度这些亡魂往生极乐，要用法力变食物为甘露，供饿鬼们享用，从而引导其向佛、向道。

衡阳人在殡葬仪式中，炒粮程序不常用，一般只有那些家境殷实，且在当地有些威望的老人辞世后，孝子们才会动议为老人炒一次粮。

炒粮多在逝者入棺后的第一天晚上举行，意思是此时有阳间人到阴间，祈求得到神鬼关照，不要刁难。阴阳先生念经，孝子跪地，不断烧纸、焚香，给四方撒一些五谷杂粮。阴阳所念经卷为《施食经》，内容多是替死者歌功颂德，教化人们多行孝积德，莫忘父母养育之恩。

炒粮仪式突出的目的在于，孝子为让逝者解脱饥渴之苦，在去黄泉的路上希望借仪式让他免却灾难早日转世。

在衡阳，炒粮的主持人多为师公，且是那种被坊间认为道行较深的师公。在仪式开始前，要求由一位有文化的人撰一则短祭文，主要将逝者生平所有成就作简要陈述，对一些未竟意愿表达遗憾，对孝子提出良好祝愿。

仪式在堂屋内举行，仪式开始前，在灵柩旁搭一祭台，祭台上点有蜡烛和线香，正中摆放逝者的灵位，在一个茶盘中放一些盐茶米谷，另备一包大米，有的人家还会准备一些糖果饼干。

仪式开始后，全体孝子在祭台前下跪，师公着道袍，焚香后诵读短祭文，然后呼孝子起立，由师公手持师刀，带领孝子绕灵柩按顺时针方向缓缓绕行7圈，其间师公吟诵经文，挥动师刀并向空中撒盐茶米谷或主人家准备的糖果饼干；7圈完后，孝子再跪，师公再读祭文，尔后带领孝子绕棺材 14 圈；这种仪式要反复进行三次，第三次则需绕行 21 圈。

在整个仪式中，孝子要着孝服，执孝杖。执孝杖是有讲究的，若是家中逝去的是父亲，则需用竹杖，竹杖代表有节；若是家中逝去的是母亲，则需用梧桐杖，代表母恩厚重。

仪式结束时，孝子可以捡食地上的糖果饼干，意在分享逝者的福气，那包放在祭台上的米，则由师公诵完经后交给孝子中有分量的一位，通常交给长子，意在今后家庭的事情靠他主掌。接米的人在丧事办完之后，会将米按家庭平均分配，让所有后人享受荫庇。

这种仪式极少举行，今天当然更是无人提及，即便是上了年纪的老人，也鲜有人知道。

上家祭

衡阳坊间有一种普遍的说法：人死后那篇家祭于逝者极为重要，因为他在阴曹地府里必须陈述自己在阳世间所做的一切，让判官断定他来世投胎的去向，这篇文章就是他前去报到的投名状。因此孝子们在送逝者上路的前一夜，必须为其举行宣读家祭仪式。

家祭要以儿女的口吻进行写作，用白纸书写。一张白纸裁成对半，折叠成书信式的长方形，然后书写。第一页写上“家祭”或“家奠”二字，字迹要显目。按照传统习惯第二面空二格写正文，书写时竖着书写，从右往左的方向依次作文。

家祭文有点类似今天在追悼会上对逝者的生平介绍。在旧社会，这种祭文有固定的开头与结尾格式，内容的变化在中间部分。有水平的祭文，常常会把逝者生前的事业描述得淋漓尽致，让孝子和听众感动得泪如雨下，读到动情处，读的人与听的人均是涕泪交加，四处哭声不绝于耳。家祭祭文一般由当地有些文化的人撰写，也有由亲属直接撰写并诵读的，我父母的祭文就是我自己操刀写就的。

家祭的仪式在出殡的头天晚上进行。吃了晚饭以后，厨师便会重换上一桌新鲜的十大碗祭菜（肉、鱼、鸡三牲是必备），摆于灵柩前的供案上。礼生开始指挥摆设祭堂，一般设五个祭堂，吹鼓手、供案二祭堂设在灵堂内，香案（设在阶基下方的正门正中，对着灵堂，桌上摆放线香），接下去是酒樽所（放一瓶未开瓶盖的好酒），盥洗所（一个洗手架上放一脸盆，盆内毛巾一条，靠在放鞭炮的桌子边，放鞭炮和舀水、倒水可由一个人完成，一般由厨房的走堂任之）。

礼生宣布上家祭后，全体孝子孝孙都得停止一切活动，整理服饰披麻戴孝聚于灵堂阶基右边等待上家祭。礼生净手后就位，如果是两个礼生，则各司其职，一礼生立于灵堂大门左边阶基上司仪，一礼生立于大门右边引领孝子孝孙行孝敬礼仪；如果只有一位礼生，礼生就得一边司仪一边引领孝子行礼仪，也可推举一位懂礼仪的人引领孝子行礼仪。

一切就绪后，家祭仪式开始。此时礼生高呼：行家祭礼，内外肃静。接着是一整套的仪程：鸣炮、起乐、合乐齐奏、执事者各执其事、持服者各服其服、大乐止、小乐长吹、主祭者就位、引孝子孝孙伫立东邦、孝子孝孙就位、跪、一稽颡、二稽颡、三稽颡、四稽颡（稽，跪下叩头的礼节；颡，额头、脑门子。表示不但要跪着磕头，而且额头一定要碰到地面，这是最重的礼节）、俯伏（全体孝子孝孙都得匍匐于地）、主祭者至盥洗所盥洗（净手）、东升至香案前行上香礼、就位、跪、叩首、再叩首、三叩首、上香、再上香、三上香、升、平升、西降至酒樽所酌酒、接樽、东升、至灵案前敬酒、就位、跪、三叩首、接酌、奠酌、献茗、献箸、献羹、献馔、献肉、献鱼、献牲、满圆齐献、俯伏、乐止、读文。

主祭者（按规定是长子）跪在灵案前，儿女一般都要跪在灵堂内香案前左右两边的地方，跟主祭者同一条线内，其他人等俯伏于灵堂右侧的阶基上。主祭礼生读祭文，家祭要读三遍。第一次长腔哭读，实际上就是代表孝子孝孙等在哭诉逝者的平生。第二次慢读，带悲痛感，可穿插一些唱词。第三次平读，跟平常读文章一样，也要带有感情地读，其目的是让听众能听懂文中的所有内容和故事情节。礼生在读完第一、二次家祭后，厨师会在每一碗祭菜上加一点热汤，表示重温。

家祭读的顺序也极有讲究，衡阳人在上祭时，第一遍读的是家祭，接着读客祭，再穿插读第二遍家祭，在所有客祭都读完后，再读最后一遍家祭。按规定读三次家祭就要司仪三次，后来人们图省事，只是在第一次和最后时司仪，以体现庄重感。

坐　夜

坐夜是衡阳方言中一款专门用语，是指家中有人故去，出殡前头天晚上为逝者举办的一系列追悼活动，因为彻夜不眠，且有多种仪式，个别地方也有叫闹夜的。

坐夜的规矩兴于何时已无法考究，但千百年来，在衡阳就一直这么操办，虽然程序有些许变化，但总体套路差不多，如同现在城市中的人去世，过去叫追悼大会，现在叫遗体告别仪式一样，都是利用一种方式，向逝者作最后的告别及寄托亲人的哀思。

衡阳坐夜的时间是出殡的头天晚上，地点是堂屋内。按照衡阳地方的规矩，逝者在落气后便要装殓入棺，并将棺材置于堂屋内，一般超过60岁的老人，要求陈放7天才能出殡，当然，也可以少于7天，但不能低于3天。在堂屋停好后，这几天必须在棺材底下点一盏长明灯，同时请礼生布置灵堂。

灵堂布置好后，陆续会有亲朋好友前来吊唁，但高峰期是从出殡前的头天下午开始的。彼时，吹鼓手班子（也叫八音师）便也进了场。一般的人家只会雇一套班子，这个班子一般由5个人组成：两名乐师，即吹唢呐和拉二胡的各一人；一名鼓手，负责打鼓及打锣；一名主持，负责有关法事的操办；还有一名歌手，专为坐夜中间插入一些唱段，一是为了提振氛围，二是让坐夜的其他人不致犯困。也有富裕些的人家，坐夜时请两套八音师，这样，双方便会为了展示才艺，整个晚上高潮迭起。

之所以叫坐夜，是因为整个晚上在灵堂里有各种仪式要举行。其大体可以分为以下几个时间段：

中饭后至晚饭前，主要为接待客人吊唁时间段。这一时间段内，主要是接祭菜和接祭幛。衡阳乡下对逝者家人送礼，最客气的是掌一堂祭菜，用抬盒送过去，此时，主人要安排八音师敲锣打鼓前去迎接；其次则是送祭幛，一般为一匹布，也有的是一床被子或毯子，当客人送来祭幛时，八音师自然要吹奏一番。

晚饭后至午夜 12 点钟之前。此段时间主要是吹鼓手演奏的时间。在主持者的引领下，或用唢呐吹出一段低哀凄婉的曲调，或用二胡演奏一曲肝肠寸断的悲戚的音乐，或由歌手献上一出闻而涕泪的剧目，总之，这一段时间让人感到肃穆而庄重。

从午夜开始到黎明，坐夜进入最严肃的阶段。这段时间由礼生与八音师共同登场，进入上祭时间段。上祭有家祭和客祭二种，礼生在喊礼时，要求八音师班子全力配合。如叫“奏大乐”，则八音师中吹唢呐的人和敲锣打鼓的人必须同时跟进；叫“奏细乐”，胡琴手要马上演奏；叫“鼓乐齐奏”，八音师所有的乐师要同时鸣奏。这段时间会持续好几个小时，中间为调节氛围，歌手也会穿插演一两个冷堂曲子的折子戏，其曲目多为马灯戏中的片段，如《蔡老娘磨媳妇》《华山救母》等。

当东方露出一抹晨曦时，坐夜的节目也告结束。此时，会让礼生及八音师们简单吃一顿五更饭，稍事休整后，便要去做发靷的准备工作了。

上客祭

在衡阳农村，大凡家中有人故去，在送其登山前一天的晚上，坐夜是一个规定程序。在坐夜时，必定要举行一系列隆重的追悼仪式，而在这些仪式中，重头戏是上祭。上祭又分家祭与客祭。如果说家祭是逝者的生平介绍的话，客祭就是亲朋好友对逝者的深切怀念及对其虔诚的祈祷。

客祭是逝者的亲朋好友以文字的形式对逝者进行追思和悼念。其形式依据上祭人与逝者的关系大体可分为：平辈内的亲友，例如兄弟姊妹之间，同事同学之间；晚一辈的亲友，例如侄子辈于叔伯，外甥辈于舅舅，学生辈于老师，旧部下于上峰等。这些祭文基本上由礼生代言，也有由祭奠者本人自己成稿而祭拜宣读的。

礼生在书写客祭时会根据祭奠者与逝者的身份关系特点进行作文。这种祭文在开头和结尾处都是格式文，但要特别注意的是，祭奠者与逝者的关系，要随着关系的改变而变换称呼。如外甥祭拜姨父，对逝者要称“襟父”，因为两姨夫的相互称呼为“连襟”。例如：维公元×年×月×日农历岁次×月×日为襟父×公讳字××行大府君发靷登山之即也，不孝外甥×××奉命下率全家俯伏灵前追思祭拜。呜呼！噩耗传来，犹如五雷轰顶，泪水涟涟……（后面是正文）。结尾与家祭结束语的后部分略同。

上客祭是有严格的先后顺序的，一般而言应是先上逝者平辈的，再上晚辈的。如果逝者是男性，则先上叔伯们的；如果逝者为女性，则先上娘家舅舅们的。除此之外，其他客人的上祭则按先来后到排序。衡阳人还有一种约定俗成的规则，当上的客祭多于五台时，第六次必须插读一遍家祭，这是因为，衡阳方言中“六”和“留”谐音，这样读来，对主家不吉利，因此必须错开。

需要特别注意的是，祭拜者如果父母健全，在署自己的名字前一定要注明“奉命下”；如果父亲已经离世，母亲健在，就要在祭拜者的名字前签上“慈命下”；祭拜者的母亲已过世，父亲健在，就要写上“严命下”；父母双亡者便无需注明。客祭的正文语气要注意辈分特点用词、身份关系特点用词。客祭的语言一般比较精练，大多是概括性的语言，可以叙事，但无须描述细节，主祭者自己撰文除外。礼生可以长音哭读，也可编诗句用乐器伴奏唱读。

客祭司仪与家祭基本一致，但四稽颡改为三叩首，在司仪过程中，祭拜者要对祭堂内每个祭台发红包，以感谢他们的辛勤劳动。客祭中，孝子们都得跪在灵堂前的左侧俯伏陪同。礼成后，司仪者要呼上一句："孝子叩谢。"客人要一一将他们扶起，相互还礼。孝子又伫立原处，等待下一位客人的到来。客祭读完后，第二次各种敬献则可免除，其他仪式相同。

这种仪式中，最苦的当然是孝子，倘若家祭内容长，客祭的台数又多，反复长时间的叩首伏拜，常常会弄得精疲力尽，苦不堪言。

发　靷

同其他地方的习俗一样，衡阳人举行葬礼的最后一个仪式，是将逝者送到埋葬的地点，古人所说“入土为安”大概讲的也是这个意思。衡阳土话把这个仪式叫发靷，也叫出门或登山。

所谓发靷，就是将亡者的灵柩移到安葬地点的一个运送过程。除了显而易见的地点上的转移，更多是千百年所流传下来的习俗汇聚演变而形成的一种治丧仪式，家属对亡者的敬畏与怀念尽显其中。

发靷可以说是我国传统文化中最重要也是最隆重的仪式。尽管随着时代的发展，其他礼仪制度已经简化，但“白事”仍为重。在整个丧葬仪式中，最高潮的部分就是出殡。

衡阳发靷仪式的时间是上午，序幕是从程序开始的，此时，由8个壮汉用龙棍将灵柩捆绑固定，所有孝子匍匐在灵堂之前，由礼生一声发令，顿时鼓乐齐鸣，孝子哭声震天，8位抬轿大汉在一声“起啊”声中，将灵柩从堂屋抬到晒坪上或田野上事先摆放的大龙棍上，再由专门的师傅去捆绑固定。此时要注意的是，灵柩必须是小头先出堂屋大门，抬轿的8位汉子手不能与门框接触。

衡阳送逝者登山，是由16人抬柩的队伍组成，前面8人抬棺，叫出小车；正式抬柩时则是16人，叫出大车。

旧社会发靷，有以下几个必要的规定动作：

打幡子。幡子就是指孝子扛起的“灵幡”，也称招魂幡，上写“莲花朵朵开，西方接引来”等词，以幡底剪裁分男女，或在幡上“男剪圆形、女剪方形”，意在表述男为乾为天，女为坤为地，取天圆地方之意。打幡子讲究“父死以左手打着，母死以右手打着”。

捧牌子与拄棍子。牌子即灵牌，棺椁入土前供奉的临时名讳纸牌。棍子俗称“哭丧棒”，据说是为了防止孝子因为过分悲伤昏厥，起到支撑身体的作用。但拄棍子有讲究，如逝者是父亲，则用竹棍，意在有节；如逝者是母亲，则拄梧桐棍，意在知恩。

打罐子。衡阳乡下过去骂人时有一句“死人打罐子”的话。其实打的“罐子”并不一定是罐子，它可以是煎药的罐子，也可以是碗或盆子，在即将出发的时候，由家中的长孝子将其摔碎，意在不吉祥的东西从此永远消失。

衡阳人讲究在吃完早饭后送灵柩上山。早餐是整个葬礼中最正式的饭，席间照例要进行邀席仪，孝子行鞠躬礼以答谢宾客。吃早餐再送逝者登山，这是基于一个传统的说法：送葬的人们酒足饭饱，在路上便会精气十足，个人的火焰也越旺，可以抵御沿途的各种邪气。

送葬的队伍依次是由一位年长者引领孝子走在第一拨，这位长者一边走，还要不停地放鞭炮，同时向空中抛冥纸，意在向各路山神给钱开路；第二拨则是打着幡盖的队伍，这是旧社会遗留下的风俗，意在将死者比作帝王出巡，前边有人打伞盖遮阳；第三拨则是抬柩的 16 人；接着便是吹鼓手队伍，他们沿途必须不停地吹奏器乐，直到到了目的地为止。据说一位有功底的吹鼓手，唢呐在他嘴里可一口气走出二里路不间断；此后才是扛花圈、抬祭幛的和百客。按照规矩，凡吃酒席的百客，必须送逝者最后一程，并主动帮助主人将花圈等物扛上山。有些周边的村民也会自觉加入送葬的队伍，陪孝子抹一把眼泪。

如果送葬的路途比较远，途中要经过一些别的村庄，这些村庄会组织一拨人前来接柩，替下先前抬柩的 16 人。这时孝子亦要下跪还礼，鸣放鞭炮致谢，并给这些人发放相应的红包和礼品。一般是每位柩夫一双当年的草鞋钱和一条帕子。

转车也是送葬途中的一个重要环节。但凡到了一个交叉路口，礼生便会指挥孝子下跪，吹鼓手在一旁奏乐，抬柩人将灵柩在原地绕孝子三圈再继续前行。

当灵柩运抵墓地后，除孝子外，所有人头顶的白布都要收叠好放进自己的口袋，所有的麻线则要全部摘下来，集中在一起烧成灰扔进墓穴。

孝子在返回时不能走去时的原路，必须另择路返家，并且一边走，一边有人不时敲一声锣，直到返回住地，发靷仪式亦即完成。

应　七

衡阳方言中的应七，与普通话中的做七是一个意思，文字表述中也叫“七七”，是民间举办丧事期间举行的祭奠仪式之一。因为古代民间相信灵魂的存在，认为人死还会转生，因此，“做七”往往要举行超度逝者亡灵的佛事。古代从做“头七”起，就要为逝者设灵堂供香烛，直到“断七除灵”为止。祭祀仪式在中国流传至今多有变迁，但敬祖宗、寄哀思之心是人皆有之的，这也是中华民族传统美德的一种体现。

做七习俗源自先秦时代的“魂魄聚散说”：人之初生，以七日为腊，一腊而一魄成，故人生四十九日而七魄全；死以七日为忌，一忌而一魄散，故人死四十九日而七魄散。做七的意义就是祭送死者。此外如天以阴阳二气及金、木、水、火、土五行衍生万物，谓“七政”，人得阴阳、五常而有“七情”，故天之道唯七，人之气亦唯七；以及《易・系・复》曰“七日来复”，《礼记・檀弓上》曰“水浆不入口者七日”，都是本此道理而来，也都是后世做七习俗的信仰内涵所在。不过这些观念和旧礼又是怎么具体变成做七习俗的呢？仍是一个迄今无人作出说明的疑问。

做七的起源，最为人们津津乐道的是关于唐太宗李世民的故事。相传李世民临死前嘱咐太子，死后每隔七天要由亲人为其摆一次荐宴，烧一回纸钱，前后共七次，至七七四十九天止，使其灵魂得以顺利超度。太宗死后，群臣百姓纷纷效仿，于是便形成了现在的烧七习俗。

由此看来，应七是一个全国性的礼仪，是民间常见的祭奠习俗。其大致内容是：人死后，亲属每七天设斋会奠祭（或称追荐）一次，前后七次，共七七四十九天。民间习俗对此尚有种种讲究，如第一个“七”称头七，例由儿子为亡父（母）设木主焚纸钱，延请和尚诵经；二七则请道士还授生经；三七、四七俗称“散七”，可由外甥、侄辈来做；五七备受重视，另有“回煞”仪式；六七由女儿备酒饭，无女则由侄女；七七称“断七”，由丧家供奉酒菜祭奠，并诵经除灵等。

衡阳的习俗大抵与全国其他地方相当，但有一个特殊的仪式——给逝者烧屋。当地普遍认为，逝者已经去了另外一个世界，他一个人在那里人生地不熟，应当有一个遮风挡雨的住处，孝子要帮助准备，于是在某一个七日之段（一般为五七）给逝者烧一栋纸扎的房屋，让逝者带到阴间去享用。

过去，农村中有专门从事扎纸马业务的，他们会根据顾客的要求，用纸和竹条搭扎成一幢房屋，那是按照比例缩小的标准住宅，室内配套设施一应俱全。扎纸马的匠人很会与时俱进，改革开放前扎的住房是典型的湘南民居，黛瓦白墙，飞檐翘角，三进六横；现在则是各式别墅，冰箱彩电，汽车空调，无不穷极。

应七时，照例是请来神职人员在家设置法堂，念超度经书，请至亲之人前来一起参加。亲属们一般送的是冥纸，少的一两斤，多的十几斤。仪式最后的程序是给亡者烧屋，烧屋的地点多选在空旷的野外，也有的直接到坟地去焚烧。

烧屋之前，由神职人员念经，并大声宣布：××仙逝，孝子特备华屋一座，供其享用，任何其他神灵不得占有。为使逝者真正能够得到这幢屋，神职人员会启动围屋法事，一边口中念念有词，一边指挥孝子沿纸屋绕行三圈，最后将冥纸堆在四周，用火烧掉。至此应七礼仪完成。

下　穴

同中国所有汉族地方的风俗习惯一样，衡阳人为仙逝的老人举行丧礼的最后一个程序是下葬，衡阳方言叫下穴或葬祖，即将逝者送到最终的归宿地，让其“入土为安”。

衡阳老人埋葬的墓地多以宗族姓氏为整体，留有本族的坟山，所有同姓同宗的人逝世后，只能埋入本族留下的坟山，哪怕远在数十公里之外。

墓地的选址多在老人故去之后请地仙临时指定，也有在生前就为自己选好墓地的，不管是哪一种形式，在选址后开挖坟坑前，都要用钱纸敬奉山神土地，祈求允许使用这块土地。挖墓坑，衡阳又叫打金井眼，一般要选两个身强力壮，且无不良家族史的人来进行，并要求在发靷之前完工。

下穴的仪式主要有以下几个：

暖穴。过去人们有一种迷信的说法，认为新挖的墓穴湿气太重，逝者睡进去后会不舒服，因此下穴之前，要在其间烧冥纸，以让其感到温暖。

祭坑。逝者最终的归宿在落成之前要举行一番祭奠仪式，这个仪式多由地仙主持。主家要备三牲和素酒摆在坑口，同时备红色羽毛的活公鸡一只，地仙在一番礼拜之后，操刀宰杀这只公鸡，并将其扔进墓穴内。此时公鸡尚在挣扎，四处抖动，如果它挣扎着扑完四个角，被认为是最吉祥的象征。杀公鸡祭墓穴，民间说法叫“凤凰点穴”，意思是说凤凰指定的坟墓对子孙后代最好。传说中刘邦的祖父刘清的坟墓，朱元璋母亲的坟墓均是凤凰指定的坟墓，而后来两人都成为了皇帝，所以民间认为“凤凰点穴”对后代子孙有难以想象的好处。但是现在的人都知道，凤凰是不存在的，那么怎么办呢？在《山海经》中描述凤凰的头像鸡，于是人们就以鸡来代替凤凰，以为点穴之用。

下穴。出殡时抬柩人是将棺材置于墓穴一侧的，如何将这副沉重的棺材放入墓穴是有讲究的。抬柩人准备两根粗大麻绳，一根从棺木前底穿过，一根从后底穿过，四根绳头分别缠绕在杆床的两根竖杆上，类似滑轮。每根绳头由一个身体强壮的杠夫横背在肩上，旁边有两三个人帮着。随即抽出支撑灵柩的横木，形成悬空，一点点滑动着将灵柩放到穴底，然后将绳子抽出。富户人家的棺木又大又沉，出于安全考虑，灵柩的中间也要穿过两根麻绳。按行话说，前后两根麻绳叫“口花”，中间两根叫“腰花”，四根全称“八把花”，往下滑这灵柩叫“抖花”。下到穴底后，地仙还要用罗盘调整棺材的方位，以确保对正方向。

下葬仪式的时间也是有讲究的，地仙师傅认为，正确的择日应该是以逝者往生之日再结合宜忌、冲煞、流年、太岁以及家人的利弊为测算条件。要以长子长孙的命理为主，因为大事多是他们主持，所以要避开对他们不利的日子。不能与月令相冲、相害、相刑。下葬吉日宜天德、月德、天德合、月德合等。还需注意的一点就是必须在太阳落山前让灵柩落土。所以一般下葬要赶在中午之前弄完所有工序。当然，有些特别不合的地点，需要等数月或者一年以上才能下穴的情况也存在。

总之，中国的葬礼仪式十分繁杂，规矩也多，当一回孝子，不仅财力上消耗巨大，体力上也透支不少。现在倡导的厚养薄葬和礼仪改革，实在是势在必行。

礼生唱礼

现在在城市里，大家也许对婚礼上那个手持话筒诙谐幽默的主持人不会陌生，但大家或许并不知道，在衡阳农村，千百年来有人专门从事这种职业，衡阳话叫礼生。

与城市的习俗正好相反，农村礼生多数活跃在丧礼上，以至于有人误会礼生的职业就是唱夜歌子，用长沙话讲叫谭四郎。其实那是大家的见识不够，一个全面发展的礼生，几乎可以在任何一个庆典场合出现，包括各种红白喜事、乡村各种庆典。

礼生这一职业起源于哪个朝代已无资料可考，但可以明确的是，从事这一活动的人至今还有。

与学习其他技艺的人不一样，礼生虽然也是民间传统的师傅带徒弟的形式课徒，但挑选的条件却十分苛刻：最基本的条件是有一定的文化知识，一个文盲是无法学会个中技艺的；其次是必须有一定的翰墨功夫，礼生的许多工作是用文字来表述并张扬于大庭广众之下的，不能设想那些歪歪扭扭的大字会给人一个好的印象；最后则应有良好的口头表达能力和随机应变的敏捷头脑，一个表情木讷、说话结巴的人是无法担当此任的。

所谓礼生，即代表主家礼宾，亦即司仪。礼生名称有四，一曰启赞，二谓引赞，三称通赞，四叫哑赞。各种红喜白丧均有礼仪。礼生司仪，也是在社会生活中由于风俗习惯而形成的，为大家共同遵守的仪式。旧时在衡阳乡下，红喜事一般请两位礼生，丧事有的为表孝敬或表隆重，请四位甚至更多。

礼生的职责就是为礼仪司仪唱礼。礼生在婚礼、丧礼、祭礼、典礼等庄重的礼仪场合中，必须穿戴礼服、礼帽，以示庄重高雅。礼生赞礼，必须有一定的修养，一定的文化知识，通晓礼仪程序，掌握通常宾贺词语、柬帖文告和对联的文体应用、书写悬挂等基本知识，不然将会闹出笑话。礼生应熟稔称呼。称呼是表示彼此间关系的呼号，有较为严谨的规范，称呼不当会出笑话，既不礼貌，又不得体，它在人际应酬方面极为重要。

一个礼生被主人延聘后，主要工作内容一是典礼前外部环境的布置，如撰写对联。一个有文化功底的礼生，对联都是即兴所作，他们会根据主人本次庆典的内容及主人的特征，分别撰写出与之相关的婚联、寿联或挽联。二是书写相关的书函，如帮助来宾写拜帖及祭幛等。三是与主人熟悉相关情况，为亡故的人写祭文。这是考量礼生的重头戏，虽说旧时祭文开头和结尾有公式可套，但中间生平介绍部分全凭礼生笔下生花，一篇好的家祭文章，常常会让孝子和听众听后涕泪交加。

礼生唱礼的腔调是一种特殊的吟诵调，分为启赞、通赞、引赞和哑赞四个部分。启赞一般由有唱礼经验的长辈老先生担任，是仪礼的总指挥，有开启、启导之作用，凡礼仪一应由他发端。通赞则是熟悉唱礼且精力充沛的中年先生负责全盘唱礼，自始至终只要启赞开始，通赞就接启赞开启之仪项目而唱礼。引赞、哑赞可以是初学赞礼的先生，其主要职责是引主祭者（丧礼中的孝子等）到位，引盥洗所，赴里返外，在仪礼过程中不唱礼。

唱礼过程有诸多规矩，无论是嫁娶、寿辰等喜庆中的礼仪，还是祭祀、丧葬诸多礼仪，但凡有礼仪必定要司仪唱礼，司仪即按礼仪顺序中的各项具体内容依次唱礼。由启赞发端，通赞接唱启赞启导的应唱之礼有序进行，直至礼仪完毕，不可疏忽。

具体的操作内容是：

拜揖仪式。揖，一拜、一跪、一叩首为一组拜，以四次为一揖组；神受三拜，鬼受四拜，俗谓“神三鬼四”。喜庆仪式为六拜：就位三拜，宣文后三拜，礼成，鸣炮。祭祠、丧礼仪式以四为组数：十二拜，就位四拜，上香二拜，贡果（降神）二拜，献礼后四拜；十六拜，就位四拜，上香四拜，贡果（降神）四拜，献礼后四拜；二十拜，就位四拜，上香四拜，贡果（降神）四拜，献礼四拜，再献礼四拜；廿四拜，就位四拜，上香四拜，贡果（降神）四拜，初献礼四拜，亚献礼四拜，终献礼四拜。还有献“十珍”祭奠礼，一百零八拜，就位四拜，上香四拜，贡果（降神）、复位四拜，献十珍和综合礼八十八拜（上灵前 11 次共四十四拜，下灵 11 次共四十四拜），初献礼四拜，亚献礼和终献（读《祭文》）复位辞神礼四拜。

点主仪式。点主又称题主，是衡阳乡下丧葬仪式中的一项重要内容，即给亡故的先人建立木主，因为木主系木制成，没有灵气，必须经有名望者（或有官职或高文化修养者）用朱笔点主，才有灵气。明清时，不论官宦显贵还是平民百姓，丧礼中普遍有点主之程序，后来渐入民俗。仪式中，孝子行三跪九叩大礼，双手捧上灵牌，跪请点主官，用新笔蘸朱砂，把灵牌上“神王”的“王”加添一点成“主”，然后再墨笔（复）加点，就成“主”了。点主仪式在安葬前一日或当日早晨举行，出殡时把点好的神主牌给孝孙抱着，俗谓孙子抱灵。

礼生据说现在还很有市场，但据我近年来的观察，真正有文化底蕴的那种传统意义上的礼生已不多见。

给故人立碑

同其他大多数汉族人的习俗一样，衡阳人在丧葬礼仪上有着许多讲究，给亡人立碑便是其中之一。

中国的墓碑起源于古代用作牵引棺椁下葬的“丰碑”。它最初是木质，没有文字。从汉代起，人们为缅怀逝者生前的业绩，便利用现成的木碑，在上面书写逝者的生平事迹以及歌功颂德之辞，碑首中间仍凿有圆孔，叫“穿”，这样，墓碑便正式形成了。

对于埋葬亲人的坟墓，一两代内尚可记住，三代以后就不清楚了。尤其经历过战乱、迁徙等颠沛流离的人们，更不知道祖坟在何处了。为了记住先祖的所在，人们想出了许多办法。起初，人们从下葬死人用的圆木桩中受到启发，在故者墓前插上木桩或竹竿，再系上纤维质的纸或帛，写上死者的生卒年月及时辰，这就是古人所谓的“铭旌”。随着岁月的侵蚀洗礼，木桩或竹竿容易被损坏，于是人们想出了另外一个办法，那就是用石圆柱代替木圆桩，人们在石柱上刻上死者的姓名、出生年月、官职等，以此来表示对死者的纪念。为了在石柱上刻上更多的字，墓碑的形状从圆柱形开始演变为正方形及长方形，埋于墓穴内外。后又参照房屋、建筑的样式，在墓碑顶端加上碑帽，刻上动植物、山水、花纹，碑身刻上死者的生平事迹。

衡阳给亡故的先人立碑，有以下几个方面的具体要求：

立碑方向。立碑要和点穴立向的方位一致。从阴宅风水的角度看，立向有 24 山向，360°分成 24 份，每份是 15°，也就是说 15°一个山向。如果立碑的山向和坟地穴位的山向不符合，有可能会造成差之毫厘谬以千里，因此点穴立向是阴宅风水最关键的环节，它关系到后人的人气旺衰、健康、事业，对哪门后人更有利的问题。有一种特殊的坟墓朝向，即东北的艮方位，地仙会建议不要立碑，因为在风水学中，艮方为鬼门，在此立碑容易导致家人不安，阴气很重。

立碑时间。衡阳人给故去的亲人立碑，在时间上是有讲究的。一般有三种选择法：一是立血碑，即与棺材下葬同时进行，此时地仙师傅在场，知道何时可以竖碑；二是专门择日，立碑也讲求吉日，不能相冲，在其他时间立碑，要请地仙师傅结合家中人的生辰、属相等因素加以运算，再选择一合适的时间；第三就是清明节立碑，传统理念认为，清明节在坟墓上添土、立碑、栽树等一切阴宅事宜百事不忌，这也是人们把一切阴宅事宜都集中在清明节来处理的原因。

碑文的要求。石碑上一般刻有墓主人的名讳、生于哪年、逝于哪年，而除了这些信息以外还有立碑人（一般是子孙）的名字、立碑日期等。碑刻一定要是阴刻，即凹刻，不可凸刻。其次是字数宜过黄道。黄道，源于张陵的道教，与十二建除择日一致。据计算，字数总数的个位数为 1、2、4、6、7、9 者为吉。字体不宜是行书、草书，最好是庄重的魏碑体、隶书、楷书。

墓碑和墓穴的距离。墓碑和墓穴的距离不能太远，也不能太近，尽量不要零距离接触。太近容易影响墓穴的风水效果，太远墓碑和穴位不能互相接气。具体远近要根据墓碑和穴位的建造情况来定，一般认为，9 寸到 6 尺的距离都属正常的范围。

墓碑大小和颜色。衡阳人过去给亡人立碑，对墓碑的大小有诸多讲究。在传统的理念中，墓碑一定要和坟墓的大小相匹配，就像是住宅的大门和住宅大小一样，不能出现头重脚轻的感觉，或者出现过小的感觉，这样会造成后代人的健康受到损害。打制墓碑的师傅一般用鲁班尺来计量，鲁班尺分上、下两档，上部用于阳宅，下部用于阴宅。墓碑的尺寸，通常立碑高 100 厘米、宽 60 厘米、厚 8 厘米；卧碑高 55 厘米或者 50 厘米、宽 80 厘米、厚 8 厘米。至于墓碑的颜色，需要根据方位和先人的禁忌确定，比如西北方位属于金，所以最好配白色或者黄色。

树碑完结的当天，要烧冥纸放鞭炮，讲究些的人家还要在坟前摆上三牲和净酒祭拜。现在，人们还在为亡人立碑，但已没有那么多的传统讲究。

斩鸡头

农村中邻里们常年生活在一个地方，难免会因为一些鸡零狗碎的事产生摩擦，小到背后指指点点，相互说对方的不是；中到在一些场合或冷嘲热讽，或指桑骂槐；大到当面骂街，或顿足捶胸，或破口大骂，大有一番置对方于死地而踏上千只脚的味道。

这种情形，当年在没有司法调停的情况下，是难以让双方平息下来的。虽说旧社会每个地方都会有一位德高望重的人（即衡阳人讲的好佬），出面进行劝和，但真正碰上那种不讲理的人，也是无济于事，双方依旧各执一词，互不相让，于是，一种极端的发毒誓的方式便应运而生。

衡阳农村发毒誓的方式，是在争执双方互不服气又不听劝告时，由一位长者将双方带到一个空旷之地，通常是堂屋门前的禾坪，由不服的一方拎来一只公鸡和一沓钱纸，并拿来一把菜刀，当着看热闹的一干人对天发誓："倘若我今天说的话有半点掺假，天老爷作证，不得好死，断子绝孙。"说完后，将鸡头按在地上，手起刀落斩下鸡头，并将鸡血淋在钱纸上，在槽门口焚烧。自此，双方不再纠缠，但从此便结下世仇，代代相传，永无了结。

这种发毒誓的方式一般有两种情形会用到：

一是在碰到挫折之后，发誓要改变局面和东山再起。当年许世友喝的那次血酒，就是这种发誓：1943 年春节前，刚刚来到胶东军区担任司令员的许世友，由于情况不熟，加之麻痹大意，被敌人钻了空子，酿成了近代史上的马石山惨案。许世友十分自责，决定斩鸡头以起复仇之誓。他当着所有将士的面大声说道："同志们，我们吃了大亏，敌人拉网式大'扫荡'，制造了'马石山惨案'，此仇必报！"说罢，他手起刀落，将之前准备好的鸡剁掉鸡头，让鸡血流到酒碗里，一口气喝了下去，大声说道："今后，胶东如果再出现'马石山惨案'这种情况，当杀我许某之头，就像这只鸡！"许世友实现了自己的誓言，终于领导胶东军民解放了山东半岛。

二是在受到委屈或不公正的评价之后，以此来证明自己的清白。农村中这种纠纷一般局限于二人之间的矛盾，由于缺乏明显的依据证明，只是凭双方口头陈述，因而难以厘清。如某人丢了东西，怀疑是对方所窃；某人当年借银钱若干，对方不承认曾经还钱；某男与某妇私下有染，双方大呼冤枉。这种纠纷，双方先是争吵，继而是对骂，再就是大打出手，最后不得已采取这种方式来洗白自己。斩鸡头也分双方当面和一方自动完成两种，前者是在有调停人在场的时候斩，后者是自己认为被冤枉了，单方面斩。无论是哪一种，都是出于同一种心理：洗白自己。

发毒誓斩鸡头，其实也只是一种心理上的慰藉，其起源据说是来自一次县官判案。说是曾有两个大商人打钱债官司，双方都拿不出有力的证据，法庭调解多次不能化解，于是只好让他们到文武庙去“斩鸡头”，师爷、讼师同时前去“监斩”。到了庙中，原告不肯先跪下发誓，被告也不肯跪下发誓，于是斩鸡头没斩成。回到法庭，法官因原告不肯先下跪发誓，说明他心虚、理亏，反判原告有罪，被告无罪。于是，“斩鸡头”便在民间流传开来。

船民丧葬习俗

生活在水上的船民，无论是以跑运输还是以捕鱼为生，除少数人是因为打工而在岸上有家室外，大多数人一辈子都是以船为家，在这里出生，在这里辞世。因此，对于大多数船民而言，他们并不能准确地说出自己的祖籍，他们只能告诉人们祖坟埋葬的地点，但那并不代表那个地方就是他的祖籍，因为船民的丧葬习俗与陆上居民有着明显的区别。

衡阳湘江、耒水与蒸水三条河上过去漂移的水上一族，对于逝者的安葬，会分多种情况采取不同的安葬礼仪。

最常见的是老人自然死亡。一般情况下，家人会按照中国传统的丧礼让逝者入土为安。船上的老人去世后，一般不停尸船上，而是把船靠岸，家境贫寒的船民就在河边搭简易丧棚，丧棚也贴挽联，内容多为“寿终德望在；身去音容存”之类，然后到岸上托熟人买块墓地，买口棺材，请风水先生看个吉日，哪里死哪里埋。

如果是家境稍为殷实的船家，后人会在几年前就为老人置好寿材及寿衣等一应终老物件，在岸上事先与当地达成协议，并将这些物品寄存于附近的庙宇或农舍之内，老人落气之后，送至这里入殓，并在室外搭灵棚，请师公做道场，按仪式要求一步不差地完成。

但船民在出殡时，与陆上有一个显著的区别：都要在灵柩顶上中端立一白纸所制仙鹤，鹤首仰天，俗呼“独鹤朝天”，也有子女多或殷富之户立 5 只白鹤，则呼“五鹤朝天”。在船民心目中，鹤是仙禽神鸟，是上古仙人白日飞升时的乘骑之物，可以超度亡灵入天堂。

这样做是有依据的。“鹤”在中国是一种长寿之鸟，一只丹顶鹤的平均寿命是 60 ~ 80 岁，并且少有天敌，敏捷异常，常常被人们称为“仙鹤”。传说古代的许多得道之人都以仙鹤为坐骑。在西汉《列仙传》中便有仙人王子乔乘白鹤的故事。古时人们常把老人去世雅称为驾鹤西去。驾鹤西去这句俗语依托道教神仙的信仰，以驾鹤成仙去西方昆仑山登仙籍来体现对逝者的缅怀和尊重，寓意为死去的人是驾着仙鹤，飞往西方的极乐世界，死去的人已经得道成仙。“驾鹤”给人的是一种平安祥和的想象：船民正是继承了这种鸟图腾意识，把对鹤的崇拜与信仰移用到丧葬礼仪习俗上。不仅如此，有的还在寿材或灵柩两端预先刻上仙鹤祥云。渔民寄迹于外海孤岛，终年出入风涛，一生艰险劳苦，祈望神鸟把自己的灵魂引渡飞向琼楼玉宇的天国仙境。

无论是哪一种丧葬仪式，船民们都会在下葬三天后圆坟。其仪式是：先烧祭纸，然后喊一声逝者的名字：“某某上船，拿钱吃饭。”烧完纸钱后，再向坟头三叩六拜九作揖，立马行船走人。三年内船只不再经坟前路过，而从其他河道绕行，这叫守孝三年不惊扰逝者。三年期满后，每次路过坟前都要在船头燃放鞭炮，告慰先人，以求平安。

现在，水上船民在当地政府的安置下，已全部上岸定居，结束了长年漂移不定的生活，于他们的子孙后代而言，终于有了一个准确的籍贯所在地，这种丧葬习俗自然也会消失。

迁　祖

中国人的传统观念是人死后入土为安，一般而言，入土处便是一个人永久的归宿处了。但现实中也有例外，由于多种原因，对已入土的先人需要重新安葬，这就是人们常说的迁祖。

迁祖就是把已经亡故的先人从现有栖息处迁出，重新再造一个新家，类似阳世间搬一个新家。迁祖的原因是多方面的：在旧时，或因自然条件的突变，迫不得已而迁；或因相中一块风水宝地，大张旗鼓起迁；或因社会时局变幻，叶落归根回迁。在现阶段，则主要是因为国家重点建设的需要，按照有关规定搬迁。

迁祖的现象几千年来一直在民间存在，其方式有明迁与暗迁两种。所谓明迁，即选择一个黄道吉日搬迁；暗迁则是一家一户悄悄地进行。

暗迁是某户人家相中了某块地，但那块地又不属于宗族内坟山，或者按规矩轮不上他家的亡灵安放，但他们又迫切想要得到它，于是便全家合议，将先人从原祖坟中起出，在一个夜晚偷偷安葬到那块地里。需要指出的是，这种暗迁是不能留下坟堆的，在外人看来，那里依然一切如故。当然，这种暗迁的地方，在旧时也大多是那种人迹罕至的地方。

关于暗迁让后人发迹，衡阳坊间旧时广泛流传一个“赵家天子杨家将”的故事，说是赵匡胤的父亲小时在乡下放牛，经常在河中戏水，练得一身好水性，一个猛子扎下去，可以潜泳很长时间。一日，一位当地的杨氏旺族准备将先人亡骨迁葬到水下一个溶洞中，说那是龙宫所在地，苦于家里没有人会水，故请他帮忙。他初时一口答应，将主人那包用黄皮包袱包着的骨殖背在肩上，潜入水中，找到了那个溶洞后，才发现那里十分气派，于是灵机一动：既然此地如此好，何不来个偷梁换柱，将自己的祖先安葬于此呢？他将杨家的包袱放在洞中一侧，回到家中，悄悄将自己祖坟的骨殖起出，晚上再度潜到溶洞中，将其供奉于正中主位。果然过了几十年，两家后人都发迹了：赵氏祖先居中，后来做了皇帝；杨氏稍偏，出了一门武将。

这当然是坊间杜撰的故事，但反映出人们一个普遍心态，那就是要注重选好阴宅，福荫子孙后代。因此，但凡乡下迁祖，都是一件隆重而又虔诚的事情，有一套例行的仪程要举行。

在请来专门的神职人员到场，在原祖坟地要摆好香案，放上鸡、鱼、肉三牲，素酒及碗筷酒盅一应俱全，子孙后人燃烧纸钱，鸣放鞭炮，作揖祭拜后，一般还有以下几个程序：

破土。起坟之前，神职人员先要诵《安土地咒》。动第一铲土时，要诵《启土地咒》。第三个步骤是退煞，因为坟地相当于亡者合法的家，不准任何人鬼随便侵占与豪夺，自然有相应的墓神龙君守卫，也称土煞，所以要先通告他们。破土的程序是先让长子在遗弃的坟头上挖一锹土，放在一边，然后帮工们才能开始挖坟破墓。

捡尸骨。用红布遮蔽阳光开始捡尸骨，有的地方风俗同时用红白黄布遮光，因各地风俗不同而论。盛放骨殖各地依据财力不同而选择不同的器材，最好的当然是重置一副寿材，但那样太费事，因此多数衡阳人在迁祖时，是购买一个坛子，将骨殖用后人的一件贴肉穿的且必须带有体温的内衣包裹好，再装入坛子内，用石灰填充满封好。然后由长子把先挖出去的那锹土填回坑，填完坑就可以起灵了。每逢过桥或岔路口都要扔纸钱，到墓地时要把纸钱全部扔完。

安放亡骨。安放在新的墓穴，所有程序与正常的下穴一模一样，即也要先选好方位，请帮工挖掘墓穴，并选择合适时间杀鸡、燃烧纸钱、鸣放鞭炮等，有些原先墓地有石碑的，也要一同立起。

在迁祖过程中，有许多规则需要遵循，主要有：

祖坟中先祖人数过多的老坟地，在起出尸骨后，一定要注意人员关系的配对安放，以免造成后代子孙的“淫、乱”之象。且起穴后先祖的尸骨一定要安放整齐，把尸骨的各个关节原位安放，如有遗失的指节要仔细翻土查找，以免对后代子孙带来肢体上的伤害。

迁坟在时辰上以不过午时最利，以免午时的阳气灼伤尸骨。如先祖人数过多，可以在午时停止起尸骨，同时用黑布蒙穴、盖骨。过午时后再起迁尸骨。如过夜，必须由祭主守夜。

骨殖移完后，要在原有墓穴茔坑中，扔萝卜 1 个、铜钱 9 枚，破旧棺椁及寿衣在填平墓坑后焚化干净，不可带去新阴宅。

四时八节

年更饭

衡阳坊间有一句俗语说："大人盼莳田，小孩望过年。"这句话在某个时间点上确实具有重要的代表性，道出了人们对当时生活的美好向往。对成年人来说，莳田（插秧）了，就种下秋收的希望；对小孩来说，过年就有新衣穿，有饱饭吃，这是最现实的追求。

的确如此，小孩子们的盼望是最实际的。在中国，没有哪一个节日能比过年更重要了，这一天，地无分南北，人无分尊卑，家无分贫富，都会让那顿年夜饭尽可能地丰富一些。

衡阳地方过年，有许多与外地不尽相同的习俗。在吃饭的时间点上，讲究的是吃中饭，当地话叫年更饭。一般来说，家庭主妇在几天前就开始了准备工作。到时餐桌上会有10道菜，其中3道主菜几乎家家必备：鸡、肉、鱼。衡阳人称之为三牲。不过，你若是外地人，第一次到衡阳人家中吃年饭，要注意的是，饭桌上那条鱼是千万不可动筷子的。在衡阳人看来，这条鱼要留到正月十五元宵节时才能吃，代表连年有余。

衡阳吃年更饭的仪式感也是很强的。第一个仪程是辞年，也叫供天地。由主家男在室外的晒谷坪上（过去大户集居的村落要求在槽门口上），或者是在堂屋门外的屋檐下摆上一张小方桌，上面摆放一只整鸡、一条油炸的鱼和一块煮熟的方肉，再摆上3双筷子和3碗米饭及3杯酒。如果是大户人家，则在公用的堂屋内进行，每家端一碗菜。陈放完毕后，男主人在地上点上香烛，烧纸钱放鞭炮，并合掌三作揖，口中念念有词，大体是感谢天地和列祖列宗，希望明年赐予风调雨顺之类的话。

第二个便是入室围桌而坐。这一天吃饭，必须是规规矩矩坐在一起，不允许随意走动。座位也是有讲究的，家中若有长辈，一定让其坐在东角上席。衡阳人家中一般为八仙桌，摆在堂屋正中，若房子是坐南朝北，那么紧靠北墙、面向南向左手旁的那个座位就是最高长辈的位置。就餐时，堂屋内的一对大红蜡烛被点燃，再一次燃放鞭炮后，在长辈动了第一筷子后，年更饭便正式开始。家中若养了狗的，吃饭之前，女主人会特意给狗饭添上一大块肉，感谢它一年护家有功。

第三个程序便是小孩子的节目。供天地神仙那 3 碗饭，被盛在一个专门的器皿中待用，孩子们则用荷叶包一些饭，再握一把刀，房前屋后所有的果树下，每棵树砍 3 个口子，然后放进几粒米饭，口中念道："今年喂你更饭，明年结果千万。"

这三个程序结束后，一年一度的年更饭便告结束。

除夕守岁

在衡阳过年，民间有一句俗语叫“年三十晚上的火，正月十五夜里的灯”，即大年三十晚上守岁，一定要烤柴火，以愿一年到头红红火火。

除夕守岁是最重要的春节年俗活动之一，守岁之俗由来已久。最早见于西晋周处的《风土记》：除夕之夜，各相与赠送，称为“馈岁”；酒食相邀，称为“别岁”；长幼聚饮，祝颂完备，称为“分岁”；大家终夜不眠，以待天明，称曰“守岁”。

守岁习俗又名“熬年”。守岁，就是在旧年的最后一天夜里不睡觉，熬夜迎接新一年的到来，也叫除夕守岁，衡阳话也叫“坐岁”。古时守岁有两种含义：年长者守岁为“辞旧岁”，有珍爱光阴的意思；年轻人守岁，是为延长父母寿命。

衡阳守岁主要表现为所有房子都点燃岁火，合家欢聚，并守着“岁火”不让熄灭，等着辞旧迎新的时刻，迎接新年到来。除夕夜灯火通宵不灭，曰“燃灯照岁”或“点岁火”，所有房子都点上灯烛，还要专门在床底点灯烛，遍燃灯烛，谓之“照虚耗”。据说如此照过之后，就会使来年家中财富充实。

衡阳人的守岁，还有一个意思就是，是夜灯火通明，人们彻夜不眠，还可以避免邪气进屋，以待来年全家百毒不侵，健康吉祥。因此，不少家庭还会在水缸盖上、灶台上、碗柜里及所有与食品有关的容器上，摆上 2 根洗净的大蒜，用以避毒。

三十晚上的火，除了照明的灯火，主要是那堆柴火。家中的男主人在下半年就开始筹备，将那些可用于三十晚上的劈柴或柴蔸置于阴凉干燥处。待三十晚上夜幕拉上后，家家户户便在堂屋正中央烧起一堆柴火。南方冬日天冷，加之建筑物密封性能不好，室内与室外温度相差无几，有了这样一堆熊熊燃烧的柴火，屋内顿时便温暖起来。在没有电视机没有收音机的年代，一家人围坐在火堆周围，喝着酽茶或滚烫的糯米湖之酒，嗑着喷香的花生或瓜子，一道话旧，倒也显得其乐融融。

三十晚上讲究阖家团圆，因而极少有人出去串门。偶尔邻居家有人走动，也只是客气地坐一下，喝杯酒，吃几粒瓜子便会起身告辞，主人家也不挽留，任其来去。

三十夜守岁，一家人一年到头少有的这么整齐地聚在一起，大人们都在感叹日子过得飞快，不经意间年就来了；而小孩们则感到年来得如此缓慢，等了好久才有今天。南方守岁不像北方除夕夜要包饺子，衡阳人在吃完中饭后，晚餐只是象征性地吃点东西，当地话叫“吃点心”。各位看官请千万不要误会，衡阳话中的吃点心，是吃晚餐的意思，决非让你品尝面包糕点。

孩子们最盼望的是在柴火点燃之后，从大人手中得到那份压岁钱。同全国其他地方一样，压岁钱有着深刻的含义。据说，压岁钱的来历有两种：一种认为是为了保护小孩。相传年三十晚上，一种叫作祟的小妖会伤害小孩，所以人们就发明了压岁钱，来保护孩子不被其所害。另一种说法则认为，每到除夕夜，各家各户都会让孩子用盘装上果品食物，互相赠送，这就是“压岁盘”，后来，“压岁钱”取代了“压岁盘”，也就有了现在除夕夜给压岁钱的习俗。除夕夜发压岁钱，晚辈们得到的不仅仅是一个红包，更是长辈对晚辈美好的祝愿。

初一挂红

我们现在讲过春节，真正的时间是农历正月初一。正月一日是农历一年之元，一月之元，一日之元，所以称为“三元”；因为这一天还是岁之朝，月之朝，日之朝，所以又称“三朝”；又因为它是第一个朔日，所以又称“元朔”。正月初一还有上日、正朝、三朔、三始等别称，意即正月初一是年、月、日三者的开始。

正月初一是农历新年的第一天。春节是民间最隆重最富有特色的传统节日，它标志农历旧的一年结束和新的一年开始。在民间，传统意义上的春节是指从腊月初八的腊祭或腊月二十三或二十四的祭灶开始，一直到正月十五。在春节期间，全国各地均有举行各种庆贺新春活动，热闹喜庆气氛洋溢；这些活动以除旧布新、迎禧接福、拜神祭祖、祈求丰年为主要内容，形式丰富多彩，带有浓郁的地域特色。

衡阳地方对正月初一十分重视，挂红便极具地方特色。中国人向来以红色作为喜庆的颜色，因此初一这一天，衡阳人把挂红作为一个隆重的仪式来进行。

挂红的第一标志便是家家户户门上的红色对联了。到了初一，你若置身在乡间，往四周一望，只见昨天还有些灰头土脸的农居，在大红对联的衬映中，便显得鲜活光亮起来，此刻那句“千门万户曈曈日，总把新桃换旧符”便会跃然于眼前。

挂红的第二标志是开财门放鞭炮。现在在城市里，人们迎接新年的爆竹经常是零点的钟声敲响时就开始的，而乡下过去没有计时工具，人们凭公鸡打鸣来判定新的一天是否开始。衡阳人把迎接新年第一天叫开财门，意在大门一开，财源滚滚来。开财门接财神是必须要热情的，放鞭炮便是最高的礼遇，因此，初一家家门口被鞭炮屑铺得满地红。

挂红进入最高潮的时刻，是家庭男女主人在洗漱完毕后，将家中的长辈请出，把还在熟睡中的孩子从被窝中揪起，一家人齐整地聚在堂屋内，神龛上点着一对大红的蜡烛，全家人长幼有序地端坐在八仙桌旁。

桌上有烫热的糯米湖之酒，一个团盘——这个团盘又叫团盒，只有衡阳地方才有，一般为圆形，正中间为一小圆，依次辐射四周刻出6个小格子，每个格子里装有瓜子、花生及红薯片之类的零食，用以佐酒，衡阳方言中把这些零食统称幻茶。此时由晚辈向长辈说些拜年的话，长辈们则对晚辈说些鼓励的吉祥语，衡阳土话叫“讲好话”，然后一家人在烛光的照映下，频频举杯，庆贺新的一年的开始。由于是空腹喝酒，每个人的脸上都是红扑扑的，这种脸上挂红，才是真正的节庆颜色。此时便会让人想起陆游的《游山西村》：

莫笑农家腊酒浑，丰年留客足鸡豚。
山重水复疑无路，柳暗花明又一村。
箫鼓追随春社近，衣冠简朴古风存。
从今若许闲乘月，拄杖无时夜叩门。

挂红一般是一家一户地进行。旧时，有些同宗居住在一个大屋场的，碰上天气好，由一个有威望的长者发话，也可全体集中到堂屋或禾场上，拼成条桌，类似于湘西侗族的合拢宴那样，集体进行挂红。

初一出行

正月初一，衡阳有出行图吉利的习俗。过年后第一次离开自己的住所，到外面去走动，衡阳方言叫出行，行字在这里念“hang”。出行有出去拜年的意思，但更重要的是，这是新年的第一出行，想要讨个好彩头，以图个全年顺畅发达。

衡阳人的出行，一般有两个去向，一是走邻家或者亲戚，二是到山上的墓地挂青扫坟。无论是选择哪一个方向出发，在家的人都要放鞭炮为出行的人送行。

倘若是选择走邻居或亲戚的方式，出行的人到达主人家门口，必须燃放鞭炮以示告知：我到您家出行来了。主家人也心知肚明，在门口燃放鞭炮以示欢迎，并拥着大家进门入座。堂屋的神龛上点燃一对大红蜡烛，相互拜年，说些吉祥的话之后，女主人会装好团盒，烫好米酒，招呼客人入席。一般来说，本村人或同屋场人相互之间的这种出行拜年，主家可不留饭，但亲戚之间若有约定，则会留下一起共进午餐。

倘若是选择到墓地挂青，家里会用篮子置办鸡、肉、鱼三牲，素酒一壶，纸钱线香若干，在坟前行一番祭拜之礼，然后在山上折几根常青树枝如松柏等，拿回来挂在自家门首，俗称拿柴（财）回家。

衡阳县还有一种叫出天行。一般是住在小城镇又不想与街坊打交道的人，在初一早上选择有利时辰和有利方向，全家放鞭炮外出。一般是男人走前面，因为衡阳认为新年头一天首先碰见男熟人朋友有好运，碰见女人会有口舌霉运。没走多远就折些树枝返回，由大人先进屋，开门放鞭炮接柴（财），然后吃团盒、喝糖开水、挂红。还有一些人的出行方式是去挑井水，寓意水涨船高，像水样发。只有初一出行了，再走东南西北都无忌。

初一的出行，有人会从黄历里对方向进行选择。衡阳人有许多讲究：若为壬寅日，讲究发财或追求上进的，会选择正南方，因为那个方向最旺财运和喜事，这一天的财神是在正南方；想要仕途发达的人会选择东南方，因为此方向最旺贵人和人缘，本日的贵神就是东南方位，因此，如果你想在工作中多一些贵人，在平时生活中多一些贵人，或想在工作上得到领导、上司的欣赏、重用，正月初一要往东南方向出行；想要学业有成的人会选择正北方，九紫星飞到正北方位，形成一九合十，合后天洛书数，再加上本日为壬寅日，北方水生寅木为泄秀，所以大利升学、考试；等等。

这些讲究带有浓郁的迷信色彩，多数人并不信奉这个道理，而是随机而行。衡阳人有句土话叫作“选日子不如撞日子”，但初一希望能讨个好彩头却是大家普遍的心理。

正月拜年

拜年的习俗南北都有，礼数也大同小异。衡阳地方的正月拜年，从相同地方看，有以下几个方面：

一是拜家里长辈。拜年一般从家里开始。初一早晨，晚辈起床后，要先向长辈拜年，祝福长辈健康长寿，万事如意。长辈受拜以后，要将事先准备好的“压岁钱”分给晚辈。

二是走亲戚。衡阳拜年走亲戚有句顺口溜，叫作“初一崽，初二郎，初三初四姑舅娘，初五初六拜四坊”。初一或初二必须到岳家，并须带礼物。进门后给长辈们依次行礼，可以逗留吃饭、玩耍。

三是礼节性的拜访。如给同事、朋友拜年，如与主人系平辈则只须拱手一揖而已，如比自己年长，仍应主动跪拜，主人应走下座位做搀扶状，连说免礼表示谦恭。这种情况一般不宜久坐，寒暄两句客套话就要告辞。主人受拜后，应择日回拜。

四是感谢性的拜访。凡前一年来对人家欠情的人就要买些礼物，借拜年之机送去表示谢忱。

五是串门式的拜访。对于左邻右舍的街坊，素日没有多大来往，但见面都能说得来，到了年禧，只是到院里，见面彼此一抱拳说“恭喜发财”“一顺百顺”，或在屋里坐一会儿而已，无甚过多礼节。

衡阳人在春节期间拜年也有自己独特的风格，主要有以下几个方面：

其一是备贺礼。衡阳人在春节期间到别人家中拜年，不能空手而去，必须按照拜年的对象准备不同的看礼。用衡阳方言来说，至少要有一个“糖包封”，当然，这种糖包封内不一定是糖，它的内容包括砂糖、兰花根、饼干等各种南杂食品。对于那些长辈，一般要备两个糖封和一块约 2 斤重的新鲜猪肉，普通的亲友一般至少会有一个糖封。这些糖封和猪肉都要贴上一长条红纸。

其二是吃团盒。衡阳人在春节期间，家家户户都要准备一些土特吃食放在石灰坛中，以备不时之需。这些土特吃食主要是红薯片、葵花子、南瓜子、青皮豆和花生之类，家境富裕的，还会从街上买些糖果和饼干等。这些吃食，衡阳方言统称幻茶。但凡到别人家中拜年，主人都会用团盒装上幻茶，并烫一壶米酒为你接风。倘若你去的是一个大屋场，主人的左邻右舍也会送来团盒和一壶酒，这些团盒叠在一起，形成了一座团盒山，煞是壮观。

其三是场合热闹。春节亲戚间的相互拜年，也是感情上的一次交流，因此，人们十分重视这种聚会的机会，也用最丰富的饭菜来迎接客人的到来。为了能够让主人尽可能地减少重复接待，亲戚家族之中大都有一些约定俗成的规则，在规定的日期集中到一家，主人也心中有数。有时为了把场面弄得更热闹，有的人家中甚至会请厨师出场，大宴宾客，谓之办春酒。

其四是打发礼物。衡阳人讲究来而不往非礼，但凡来家中拜年的客人，在告辞时，都会给每人打发一些礼物。最普通的就是每人一碗（多数是用吃饭的碗）幻茶，里面有红薯片、花生、瓜子等，客气的人家甚至有两个鸡蛋，对于第一次来做客的小孩，会有一个几毛钱的红包，对那些可能要出嫁的女孩，则会打发几尺布匹。

出去拜年的多是年轻人或刚结婚的夫妻，一般的男女主人都是在家里准备接待客人，他们须待拜年高峰过后，再分头到亲戚家串门。

耍 灯

过去在衡阳过春节，在没有其他娱乐活动的时候，最热闹的莫过于看耍灯了。耍灯是衡阳方言。衡阳的灯一般有四种形式：以表演功夫为主的武灯，以表演折子戏为主的花灯，以及表演花样的以龙形为主的龙灯和狮子造形的狮灯。衡阳有乡谚说“凑钱耍把戏”“乡下狮子乡下耍”，对年俗里的耍灯活动，从性质到水平都有着精准的自我定位。这些灯彩，从来不是官方的，而是民间自发的，以娱乐为主要目的。

衡阳的灯，一般由族人组成，少量的也会引进外姓人。无论哪种灯彩，一般都由一个有威望的人领头，他们负责组织和对外联络，也负责接收主家打发的红包，最后统一公布账目，并对成员进行分红。

一般情况下，所有的灯彩团队都会有一个乐队 5 ~ 7 人，打前站的与总管各 1 人，专业演出人员的多少视其表演的内容不同略有差别，如武灯可能有 10 来人，龙灯至少 13 人，通常在 20 人左右，花灯则多些。有些花灯队，因排演的折子戏演员阵容很大，最高时达到 100 多号人，他们甚至可以应邀在一地连场演出《目连救母》《大盘洞》等整台剧目。

衡阳耍灯的出场，一般从正月初六开始集中，这些人将应拜的年和应该走的亲戚都处理好了以后，便可全身心投入耍灯活动，一直到正月十五元宵节结束。

在乡下，人们都盼望有灯队进村，这一来是平添了节日的欢乐气氛，二来乡下人认为，灯队的到来，可以带来吉祥，驱除瘴气，全年便会顺风顺水。灯队与灯队之间也是有默契的，倘若两个不同的灯队向同一个村进发，必定有一支灯队主动退出或绕道。倘若真的有两支队在一个屋场碰了头，必定是之前双方结下了梁子，此时必定有一番比试以分出高下，聪明的主人通常会息事宁人，各自打发一个大红包送客。

当一支灯队来到主人家时，先是在禾场上将锣鼓像雨点般紧密敲响，以通知主人他们的到来；此时，主人要在堂屋里将一对蜡烛点燃，并燃放鞭炮以示欢迎。灯队在领队的带领下，依次进堂屋绕一圈，以示对他们列祖列宗的敬意。若是一个居有多户的大屋场，领队会带领大家每户都去串门。碰上有刚刚结婚的，新屋刚刚过火的，以及家中去年有人考上大学的，还要在屋里发断，即用顺口溜的方式讲几句吉祥的好话，这一切都是即兴表演。如在新婚夫妇的房间，他们可能会这样说：天上鸟儿比翼飞，地上夫妻结成对。昨夜牛郎逢织女，今天玉母抱金龟。这些好话不会白说，主人家都会给一个红包以示感谢。串门结束后，表演高潮便开始了。场地一般选择在晒谷的禾场上。若是武灯，通常会有人出来表演几套拳法，或者用刀枪剑戟演练一番，也有用气功表演吃瓷碗的，也有人摆来一张八仙桌，在桌上打着倒立，用双手支撑，沿四角走一周；若是龙灯，则在一个用手握珠杆的人的引导下，伴随锣鼓声的节奏快慢，十几个人左右舞动棍节，使龙变得活灵活现；狮灯与龙灯大体相仿，由一个手执绣球的人逗引狮子出场，二位表演狮子的配合默契，或直立，或摇头晃脑，颇有兴味；耍花灯的此刻则会根据屋场的观众人数表演几段幽默的地方折子戏，衡阳的地方戏叫马灯，曲调近似于花鼓戏，最常见的有《毛国金打铁》《大盘洞》等。

灯队在表演时，中间会插一些发断，这时，主人就要放鞭炮，鞭炮放得越多，表演就愈起劲。据说有一支灯队来到一大户人家，事先说好鞭炮不停舞龙的表演也不停，结果那个大户人家燃放了半屋子的鞭炮，整整一个多小时，舞龙的人最后几近虚脱，当然，那个红包也很大。

乡下的灯队从初六出去，一般在元宵节结束，即正月十五返回家中，各自回归正常生活。龙灯十五日晚上收灯有讲究：一般选在晚 12 点后，靠近河边，为首的念念有词，大家将龙头、龙披取下分装，烧纸后分别一起带回祠堂或其他地方保存，在回来路上不能回头看。选择这个时候也是避免路人撞见，如有路人碰见送龙，该人这年会生大病，不走运。

据说，一支好的灯队一个春节下来每人可以分到不菲的收入。

吃团盒

在衡阳人家中做客，不论是正式赴场宴会，抑或是登门造访，主人家必定会摆出一个团盒，内盛各种南杂零食，供您佐茶或下酒。

多数的团盒是一个在圆木上雕刻出来的装盛物品的器皿，整个造形为圆形，也有的是多边形；无论是哪种造形，一般是在中心部位刻出一个小圆圈，沿此小圆，四周呈放小碟子。由于这些小碟子共置于一个大圆之内，衡阳人把它称作团盒。

团盒中的几个格子是用来装放零食，供来客享用的。正中那个圆形格子，一般是装着红枣。也有的图简单，单剪一块圆形的红纸放在其中。如果您是第一次吃这种团盒，小圆里的食品是不能动的，那仅仅只是一个摆设。周边的几个小格，通常会装着不同品种的小零食，衡阳方言叫幻茶（混杂），大多为花生、瓜子、红薯片等自家生产的小吃食，有时也会有诸如糖果和兰花根之类的品种。

在衡阳吃团盒，有点像西方人大餐之前的开胃点心。但凡宴请宾客，在正式上菜之前，客人落座之后，都会端上一个团盒，大家一边喝茶，一边吃，把氛围逐渐营造出来，特别是一些第一次在一起吃饭的朋友，通过这个序曲，得以暖场，待正式酒席开始后，大家便十分熟络了。

衡阳还有邻居之间客来了互相装团盒的传统，东家客人来了，西家选几种好的幻茶装团盒送到东家。如果邻里关系特别好，主人还会留西家人坐下来喝酒陪客。团盒多了客也多了就拼桌子摆条桌，有时则是将团盒叠在一起，堆在同一张桌子上，那阵势煞是好看。

衡阳的团盒，更主要的是体现主人一番待客的热情，让人有一种宾至如归的感觉。若是平时，主人在招呼你坐定后，端上一个团盒，再沏一壶酽茶，或者烫上一壶好酒，你一定会被主家的客气所感动。

衡阳现在还有吃团盒的习惯，但传统中的那种九格盘子早已不见，取而代之的是用一个大瓷盘，里面林林总总装着从店铺买来的各种零食，这总让人觉得少了些什么。

赶二月八

对于衡阳以外的普通人来说，农历二月初八可能是一个极其平常的日子，但在衡阳，却是一个非常重要的节日，其程度不亚于北方地区的新春庙会。

在平常，衡阳地方农村交易集散地在各个小镇上，乡村小镇赶集的日子是错开进行的，如演陂桥是每逢农历日的三、六、九，库宗桥是逢二、五、八，英陂则是逢一、四、七日。这样做的好处是，方便周边居民的上集买卖，一般情况下，一年十二个月，大家都会自觉执行这种规则。但二月八这一天却是例外，几乎所有的场口都开放。到了这一天，家家户户都分头奔向集市，用当地方言讲，就是去赶二月八。

衡阳赶二月八始于明朝，已有600多年历史。民间传说当年连年干旱，民不聊生，饿殍遍野，天上神仙寿福爷施法降雨，普度众生，救了衡阳人。为了纪念寿福爷的功绩，特在寿福爷生日的这天，也就是二月初八，筑庙烧香朝拜，同时举办舞龙、唱戏等庙会文娱活动，为寿福爷庆祝生日，各行各业的商贩也来进行农副产品交易等商贸活动，为即将到来的春耕生产做准备，助推节日气氛。这种以感恩集会伴随农耕产品交易的传统习俗一代又一代地传承下来，成为每年春天的标志性节日庙会。

赶二月八，对于农村来说，更重要的是为即将到来的春耕生产做准备，因为农民们有一个习惯思维，许多物品只有在这一天才会拿到市场出售，也就是到了这一天，可以在集市上购买到平时看不到的农具，如水车的配件、犁田的牛轭和犁铧等，可以购买到即将下播的各种蔬菜种子，也有的会在牲口市场上买到一头心仪的耕牛。加上二月八过后，农民的主要精力已经放在犁田插秧上去了，这一次的赶集于他们而言至关重要。

赶二月八，也是一次乡村文化的盛会。在旧社会，每个集镇多建有那种固定的戏台，每逢这一天，会有一些草台戏班在那里演出。这对于文化生活单调的乡民们来说，无疑是一次享受的机会，因此这一天，人们都会刻意打扮一番，以最好的姿态上街赶集。这一天，有的地方的龙灯也会把握最后一次机会，敲锣打鼓进出每一家店铺，以获得几个红包。这一天，摆摊算命看相，茶馆设桌说书，均成为当地的一道风景线。

二月八这一天，从清早开始，乡村通往集镇的路上便拥满了匆匆赶集的人们，一条不足 2 公里长、宽不过 5 米左右的小街被四面八方赶来的人塞得满满当当，用摩肩接踵来形容那里的人流是再贴切不过的了，因此也有人说这是在挤二月八。这样狭窄的街道，两边是人们从自家带来的土货摆在那里叫卖，中间只留下 3 人并肩的空间，不挤才怪呢！因为这种人流的拥挤，也给扒手作案提供了机会，因此，每年的二月八，总会有人顿足捶胸，懊恼不已。到天接近擦黑，人们才逐渐从集市散去，沸腾的街道归于平静。

二月八作为一个节日，家庭主妇也会在这一天炒几个好菜，烫一壶好酒，全家聚在一起享受一番，因为在她们看来，“年过二月八，洗好坛子收了插”（衡阳方言，意为酒缸已经无酒），下一个节日还远，要安心过正常的居家生活了。

六月六

农历六月初六，是天贶节，在衡阳，这一天极其重要。这是一个吉祥的日子，具体表现在四个方面：

晒洗被褥。衡阳方言中，叫“六月六，晒龙袍”。我们都知道热在三伏，到了农历六月初六后，气温升高，有时高达40℃左右，已超过人和动物的体温。汉代刘熙曰：“暑，煮也，热如煮物也。”进入伏天，在农历六月初六这一天洗晒被服，可防止因雨季气候湿润导致的万物发霉腐坏。所以在这一天，从城镇到农家小院，家家户户的晒衣杆上都挂满了压在箱底的各式服装与被褥，可谓五彩斑斓。

翻晒书籍。民间的读书人在这一天晒书，是源自佛寺的一个节日——“翻经节”。传说唐僧从西天取经回来，不慎将所有经书丢落到水中，捞起来晒干后方才保存下来，因此寺院藏经也在这一天翻检暴晒。旧时民间的读书人，家中的藏书多为雕版印刷的线装书，这种读本在南方湿润的环境下极易霉变起虫，因此，在这一天将它们置于阳光下暴晒，也确实可以起到一定的保护作用。但事物总是有利有弊，他们或许不知道，这些纸质的读物会因为光的作用加速变脆。我那时特别喜欢这一天的到来，因为老先生们晒书，我可以蹭得一个免费阅读的机会。

操办婚事。过去农村一对新人结婚，日期的选择有许多讲究，要将男女双方的生辰八字请算命先生掐算，然后再根据当年黄道吉日的分布情况，指定几个供选择。但凡懂点玄学的人都知道，一年中只有六月初六这一天百事皆宜。因此，不少谈婚论嫁的男女为省去麻烦，干脆就选择在六月初六这一天办结婚酒席，一来省事，二来也省了那份算命先生的礼钱。要是在旧社会，在六月初六这一天，你只要在乡村的路上行走，总可以碰到几起迎、送亲的队伍。

归宁探亲。同全国其他地区一样，六月初六这个日子，嫁出去的女儿要回娘家省亲。相传，这个习俗起源于春秋战国时期的晋国，即今天的山西一带。传说，晋国宰相狐偃是支持晋文公即位的功臣。他不仅功劳卓著，还勤于治国，深得晋国上下的敬重。每到六月初六他寿诞之日，总是门庭若市，有很多人给他拜寿送礼。久而久之，狐偃慢慢地居功自傲起来，不顾百姓疾苦，引起了人们的不满，但敢怒不敢言。狐偃的女儿嫁给了大臣赵衰的儿子，赵衰反感狐偃的这种行为，直言相劝。狐偃却恼羞成怒，当众责骂赵衰，赵衰气闷于心，郁积而死。父仇不共戴天，赵衰的儿子准备在六月初六时大闹狐偃寿筵，大庭广众之下刺杀岳父，为父报仇。他的妻子得知了他的计划，很是纠结：丈夫是正义的，可要杀的却是自己的父亲；父亲虽然有错，但毕竟是自己的生身父亲。最后，亲情终于战胜了理智，她选择了将丈夫的计划告诉父亲。狐偃受到很大触动，他开始反思自己。最后，在六月初六这天，狐偃亲自去女婿家，向女儿女婿道歉，尤其是请女婿原谅自己对亲家的所作所为，并接女儿女婿回娘家一起过寿。从此以后，狐偃痛改前非，又得到百姓的爱戴，和女婿的关系也越来越好了。后来传到民间，百姓们纷纷效仿，也都在六月初六接闺女回娘家，取合家和睦、消仇解怨的吉祥寓意。

立夏吃蛋

立夏在我国的二十四个节气中是被人重视程度较高的一个。在古代，帝王要率文武百官到京城南郊去迎夏，举行迎夏仪式，因夏季五行为火，故君臣一律穿朱色礼服，佩朱色玉佩，马匹、车旗也都为朱红色，以表达对丰收的祈求和美好的愿望。民间也会以各种方式庆祝立夏节的到来。

衡阳地方民间过立夏，主要是称体重和吃鸡蛋两个内容。民间有俗语曰：立夏过下秤，身体健如松；立夏吃了蛋，石头都踩烂。这两句话都是寓意称体重和吃鸡蛋，会让人体魄强健。

衡阳人流行立夏过秤，认为立夏当天称了体重之后，就不怕夏季炎热，不会消瘦。因此那时在农村，吃完立夏饭后，往往会在横梁上挂一杆大秤，大人双手拉住秤钩，两足悬空，孩童坐在箩筐内或四脚朝天的凳子上，吊在秤钩上称体重，以求得心理上的一个安慰。

当然，立夏的重头戏在于吃蛋。我们孩提时代，最盼望的就是在这一天，母亲会从煮饭的米汤里捞出几个鸡蛋，给每人分一枚。性急的人会旋即剥去外壳，狼吞虎咽地几口下肚；性缓的会将鸡蛋放进口袋里，不时伸手进入摸一把，偶尔也会拿出来炫耀一番，在大众面前把玩。在当年物资匮乏的时候，这种物质享受才是过节最好的感觉。

立夏吃蛋的由来很多，但主要有以下两种说法：

一是给孩子避积。俗话说："立夏吃了蛋，热天不疰夏。"从立夏这一天起，天气晴暖并渐渐炎热起来，许多人特别是小孩子会有身体疲劳、四肢无力的感觉，食欲减退逐渐消瘦，这被称为"疰夏"，衡阳将这种现象叫疳积。相传女娲娘娘告诉百姓，每年立夏之日，小孩子的胸前挂上煮熟的鸡鸭鹅蛋，可避免疰夏。于是在立夏这一天，家家户户都要给孩子煮圆鸡蛋吃，有些讲究的，在煮鸡蛋时还会加一些中草药一起煮。对那些不会走路的孩子，要将剥了壳的鸡蛋先在其膝盖上滚动几下，然后再吃，取今后走路强健有力之意。

二是这一天最补。衡阳人认为，立夏吃东西最补，吃一个鸡蛋相当于吃一只鸡。立夏后，农事开始繁忙起来，人容易疲乏，吃鸡蛋可以储存体力。这个说法，倒是和中医理论契合。中医认为，鸡蛋性平、补气虚，有安神养心的功能，生病吃鸡蛋可以帮助恢复体力。以前生活条件不太好的时候，平时舍不得吃鸡蛋，因此吃一个立夏蛋，既是辛苦劳作前的犒赏，也是对平安和丰收的企盼。由于鸡蛋不伤脾胃，一般人都适合，所以哪怕是有高血压等慢性病的人，立夏吃鸡蛋也是有益健康的。而鸭蛋性凉，能滋阴清肺，适宜阴虚火旺者食用。

现在生活条件好了，鸡蛋天天可吃，人们不再用那种企盼的眼光等待立夏时节的鸡蛋了。

三月三

农历三月初三，在全国许多地方有不同庆祝内容。说到衡阳的地方民俗，当然也不能绕过三月三。三月三，过去又叫上巳节，江南地区普遍在这一天要食用地菜子煮鸡蛋。

在我的记忆里，儿时一年只有三次机会吃圆鸡蛋，它们分别是生日、立夏和三月三。每到这一天，母亲都会从野外扯来一把新鲜的地菜(学名又叫荠菜)，将鸡蛋洗净后，与之一道煮熟，然后全家人一起分享。民间的说法是这一天吃了地菜煮鸡蛋，全年身强体健，百病不侵。

地菜煮鸡蛋的由来源于一个民间传说：当年华佗到野外采药，突然碰到大雨，在一位老人家中躲避，见老人患头痛头晕症，痛苦不已，在对其进行望闻问切之后，在老人家庭院内采了一把地菜，嘱咐老人取汁煮鸡蛋吃。老人依法而行，吃了 3 枚鸡蛋，病就痊愈了。事情流传开后，人们纷纷用地菜煮鸡蛋吃。因为华佗给老人治病的日期是三月初三，因此，三月三地菜煮鸡蛋，就成了风俗。“三月三，地菜子煮蛋恰(吃）一餐”，也自然成为衡阳人的一个规定动作。

吃地菜煮鸡蛋，看似只是做一次传统的吃食，其实却包含了中华儿女深深的内涵。地菜是一种极其普通的野菜，随处可见，人们在平时一般都很难记起它，只是在三月三的时候用它来煮鸡蛋方才想到它。它让许多奇花异草都十分嫉妒。让一个民族、一个地方、一种文化传承下来的人记起在三月三的时候，要用地菜来煮鸡蛋，它不仅仅是去病，而是一种文化、一种精神的寄托。

其实，三月初三作为上巳节，还有更多的内容。古代每到这一天，人们都到水边洗涤污浊，以祓除不祥，称为“祓禊”。据《晋书·礼志》记载，“汉仪季春上巳，官及百姓皆禊于东流水上，洗濯祓除去宿垢”。除此之外，祓禊还有祈求生育之意。相传商部族的祖先契就是其母简狄祓禊后所生。后世甚至尊简狄为生育之神。除在水边祭祀、沐浴之外，人们还宴饮行乐、踏青郊游。如杜甫《丽人行》：“三月三日天气新，长安水边多丽人。”由于上巳与清明日期接近，遂逐渐被后者代替。不过至今某些地区还保留着三月三踏青的习俗。

时至今日，三月初三在中国西南地区的一些少数民族地区仍是一个隆重而盛大的节日。“三月三”节日依旧在壮族、侗族、布依族、瑶族、黎族、畲族、土族等少数民族中流传。最典型的当属壮族，每年三月三广西壮族自治区都会放假两天。从云南大理每年三月三日举行的泼水节活动中，依稀还可看到古时上巳节祓禊之俗的影子。吴地也有上巳节遗韵，主要的习俗有祓禊、禊饮和游乐。

今天，当你在家中食用地菜煮鸡蛋时，还记得这些古老的节日吗？

端午节

端午节，在衡阳方言中叫过兜五。与中国广大的汉族地区一样，端午是传统的四大节日之一，每年这天，不管家境状况如何，人们都会格外庆祝一番。

关于端午节的由来，史料及民间说法甚多，有纪念屈原说，有纪念伍子胥说，有纪念曹娥说，更有起于三代夏至节说和恶月恶日驱避说，以及吴越民族图腾祭说等。以上各说，各本其源。据学者闻一多先生的《端午考》和《端午的历史教育》列举的百余条古籍记载及专家考古考证，端午的起源，是中国古代南方吴越民族举行图腾祭的节日，比屈原更早。但千百年来，屈原的爱国精神和感人诗词已广泛深入人心，人们“惜而哀之，世论其辞，以相传焉”，因此，纪念屈原之说影响最广最深，占据主流地位。在民俗文化领域，中国民众把端午节的龙舟竞渡和吃粽子等，都与纪念屈原联系在一起。

衡阳人关于端午的传说，似乎更倾向于毒月毒日之说。民间普遍认为五月初五是一年中最毒之日，若在这一天驱邪排毒，便会一年健康平安，因此，衡阳人端午节讲究饮雄黄烧酒，在大门上悬挂菖蒲艾叶。当然，在小儿额头上点雄黄粉，挂香包及划龙船也是主要内容。

衡阳过端午，有许多与其他地方不一样的地方，如：清早起来就到水塘里洗冷水脸，且越早越好；中午除吃粽子外，还要喝雄黄或者黄糖泡的酒，用红叶苋菜下面条；按照民间的说法，过完端午就可以下塘洗冷水澡，吃剩下的冷饭菜了。

在衡阳民间盛传两种说法：

一是端午前后必定涨大水，俗称涨端午水。这是源于当年许仙与白蛇的故事，说是法海和尚一次遇到许仙，告知许仙头上有妖气，许仙不信。法海和尚让其在端午那天，备雄黄烧酒劝白娘子饮下，以见端倪。许仙依计而行，白娘子饮后入帐小憩，现出白蛇原形，许仙惊得魂飞天外，遂躲进法海庙中，不再见白素贞。白娘子向法海讨要丈夫不得，便与之斗法，以水去漫金山寺，从此，涨端午水和饮雄黄烧酒便成了避邪的依据。

二是端午节可知人的前生今世。坊间说是倘若头年在田间捉黄鳝一条，用雄黄朱砂拌之，再将黄鳝置于瓦屋顶上，让其日晒夜露七天七晚，再收回焙干备用，第二年端午节半夜子时，将其点燃照明，去看家中的其他人，便可现出其投胎前的形态，知道他是什么身份转世。这当然是一个传说，谁也没有试验过。

衡阳人过端午也是要给亲属送礼的，不过这种送礼仅局限于晚辈送长辈，多见于女婿送岳父岳母。端午礼不同于其他节气，是有许多讲究的，一般的礼品中有蒲扇 4 把，黄糖 1 包（这种衡阳地区特有黄糖，是由砂糖添加适量的牛胶和明矾熬制，并压制切成像跑胡子纸牌那样大小的长条），也有送一瓶白酒和一块猪肉的。

端午饭同样要有一定的仪式。最重要的一道仪式是，在天将要断黑时，在外面割来一把樟子叶及火蒿叶，用米糠等物混在一起，在堂屋正中烧一堆火，用烟熏蚊子，主人则点燃一个艾叶火把，在房子内每个角落晃动，一边晃，一边口中念念有词：

五月五日端午节，蚊子跳蚤听我说。
都到野外喝露水，莫在屋里吸人血。

据说如此这般一番后，整个夏天屋里蚊子便少了。实际上那只是人们的一个心理慰藉，我小时没少干过这种活，但夏天的蚊子照样毫不留情地光顾你的肌肤。

南岳进香

写衡阳地方民俗，是绕不开南岳这个话题的。

南岳衡山是中国南方的宗教文化中心，著名宗教圣地。据说，南岳大庙圣帝是崇黑虎，姜子牙封神封的。祝融峰是火神祝融，半山亭还有寿星菩萨。大庙佛道在一起供奉，五岳只在南岳有这一特色。古代封建朝廷祭祀南岳衡山之神于山下南岳大庙，属于中祀（祭五岳均为中祀）。普通民众每年来南岳朝神拜佛者甚多，拜诸神佛，祈求神佛保佑。

旧时南岳人有一句俗话，叫作“三年不上香，上香吃三年”，盖指南岳进香期，香客的旺盛。每年民间百姓在七至九月之间采取特定形式到南岳朝圣，香客从早到晚，从南岳大庙到祝融峰顶，可谓络绎不绝。

这是一种民间祭祀圣帝和上香敬神的活动，自唐天宝元年（742）开始，一直流传至今。这些香客近者来自省内各地，远及江西、湖北、广东、广西。尤其是农历八月初一为南岳圣帝神诞，这一天是香期的最高潮，来南岳进香朝拜圣帝的达十万人之多。

南岳进香，俗称朝圣，“圣”即南岳衡山之神——司天昭圣帝，传说中的火神祝融，当地百姓和香客称之南岳圣帝菩萨。其常年游栖于南岳，死后葬在衡山之阳，后人为纪念这位先祖的丰功伟绩，故名南岳顶峰为祝融峰，并逐渐将其演变为南岳衡山之神。早在西周，南岳衡山就已建祝融君祠，人们不远千里前来对山神顶礼膜拜。唐玄宗于天宝年间敕封南岳山神为司天王，又将神庙改称司天霍王庙，确立衡山神的地位。之后，历朝历代每年在这里举行“庙享”，加之民间的祭祀，形成了定时的香火期。史载“衡俗八月，男女相率朝岳，三五七步，手持炷香，拜于道左。劝孝歌高唱入云，响彻山谷，远近闻之”。民国期间，每年进香者达数十上百万人。到了现在，每年前来南岳旅游和进香的人达 300 余万。

南岳进香主要有“春香”和“秋香”，“春香”即每年开春以前来岳烧香，祈求风调雨顺，五谷丰登；“秋香”即每年秋收以后来岳还香，感谢上天保佑、财旺人兴。旧时进香形式又有“行香”“拜香”两种，“行香”就是步行而来步行而走，“拜香”有三步一跪、五步一拜的，也有三步一跪、七步一拜的。现代社会“行香”“拜香”很少。还有烧“饿香”“肉香”的。“饿香”是指从开始到最后结束，只喝水不吃东西，或吃少量水果；“肉香”是将自己的手臂肌肉割下来一小块，在庙前香炉里燃烧：这两种烧香的形式现代社会早已不存在了。

南岳进香有一种独特而常用的焚化品——香包。它是由祭祀演化而来的一种民俗，即把敬奉给庙宇佛像、菩萨、神仙等的纸钱分别制作成不同的香包，香包内有纸钱、檀香等，上面分别标有佛像、菩萨、神仙的名称以及敬供者自己填写的姓名、籍贯、祈求保佑的事项和时间等，他们认为，这般进香便于神灵查收，有求必应。

进香者有固定的服饰装束和“进香袋”。香客清一色头扎红巾，身穿青衣，若衣服的边缘用红色，表示父母有一个或两个都去世了。他们胸前戴一个红肚兜香袋，上面绣有“南岳进香”或“回光返照”字样。在进香的路上，人人手持一炷香，一二人领唱《南岳香歌》，众人和之，或跪或拜，先到大庙正殿朝拜后，再去别的寺庙或祝融峰顶继续进香。在这个过程中，又有许多的仪规。千百年来，经过不断完善，形成了进香朝拜十规，这十条仪规将朝香者从家中准备朝香，以及途中和到达南岳进香的纪律、礼仪一一作了规定。

衡阳人自己每年也去朝圣，多数是烧步香。记得我的父母去南岳烧香时，提前准备好干粮：米饭晒干后炒制，再磨成粉，以备路上用开水冲糊糊食用；提前半月戒食荤，以表虔诚。

南岳香火现在依旧十分旺盛，只是进香客队伍的成分在不断发生变化。

七夕求乞

农历七月初七，自古以来就是一个民间的节日。衡阳民间过七夕，与其他地区相比，有自己的特殊风味。

总体而言，七夕节的由来都是基于那则凄美的故事：很久以前，有一个跟着哥嫂生活的孤儿，既聪明又勤快，可嫂嫂仍嫌弃他，天不亮就让他上山放牛，大家都叫他牛郎。几年后，哥嫂和牛郎分了家，狠心的嫂嫂只给他一间破茅草房、一头老牛。从此，牛郎白天放牛、砍柴，晚上就和老牛同睡在那间破茅草房内。一天，牛郎赶牛走进了一片陌生的树林，这里山清水秀、鸟语花香。牛郎见到九个仙女驾着祥云落在河边草地上，脱去五彩霓裳，跳进清澈见底的河水里。牛郎盯着一个最年轻美丽的仙女看入了神，这时老牛突然说话了：“她是天上的织女，只要拿走五彩霓裳，她就会做你的妻子。”牛郎沿着树丛拿走了织女的五彩霓裳。天近午时，其他仙女纷纷穿起五彩霓裳，驾着祥云而去，唯独找不到五彩霓裳的织女留下了。这时，牛郎从树后走出，请求织女做他的妻子。织女见牛郎忠厚老实，勤劳健壮，便含羞地点了点头。牛郎织女喜结良缘后，男耕女织，互敬互爱。两年后，织女生下一男一女。然而天帝闻知织女下嫁人间，勃然大怒。七月初七，王母奉旨带着天兵天将捉了织女。悲痛欲绝的牛郎在老牛的帮助下，用箩筐挑着儿女追上天去。眼看追上了，王母拔下金簪一划，牛郎前面立刻出现一条波涛汹涌的天河。肝肠寸断的织女和肩挑儿女的牛郎，一个在河东一个在河西，遥望对泣。哭声感动了喜鹊，霎时无数的喜鹊飞向天河，搭起一座鹊桥，牛郎织女终于可以在鹊桥上相会了。王母无奈，只得允许每月七月初七让他们见面一次。

由于这则远古的故事，中国人便有了七夕节，因而衍生出许多过节的方式，多为女性们祈求心灵手巧和得到美满幸福。衡阳在七夕这一天除了穿针剪裁做女红等传统项目外，还有以下几个特别的仪式：

为牛庆生。又叫“贺牛生日”。儿童会在七夕之日采摘野花挂在牛角上。因为传说西王母用天河把牛郎织女分开后，老牛为了牛郎能够跨越天河见到织女，让牛郎把它的皮剥下来，驾着它的牛皮去见织女。人们为了纪念老牛的牺牲精神，便有了为牛庆生。

拜织女。拜织女是大户人家中少女、少妇们的事，她们大都是预先和自己朋友或邻里们约好五六人，多至十来人，联合举办。举行仪式时，于月光下摆一张桌子，桌子上置茶、酒、水果、五子（桂圆、红枣、芝麻、花生、瓜子）等祭品；又有鲜花几朵，束红纸，插瓶子里，花前置一个小香炉。那么，约好参加拜织女的少妇、少女们，斋戒一天，沐浴停当，准时都到主办的家里来，于案前焚香礼拜后，大家一起围坐在桌前，一面吃花生、瓜子，一面朝着织女星座默念自己的心事。如少女们希望长得漂亮或嫁个如意郎，少妇们希望早生贵子等，都可以向织女星默祷。玩到半夜始散。

拜魁星。俗传七月七日是魁星的生日。魁星主管文事，想求取功名的读书人特别崇敬魁星，所以一定在七夕这天祭拜，祈求他保佑自己考运亨通。魁星爷就是魁斗星，廿八宿中的奎星，为北斗七星的第一颗星，也称魁星或魁首。古代士子中状元时称“大魁天下士”或“一举夺魁”，都是因为魁星主掌考运的缘故。

妇女洗发、接露水。旧时，乡下的女人会在七夕这天取泉水、河水洗发，接露水擦眼。她们相信，这些水如同银河水一样，具有洁净的神圣力量；而且七夕节时的露水是牛郎织女相会时的眼泪，抹在眼上和手上，可使人眼明手快。

估计乡下现在没有多少人去过七夕节了，他们或许更相信另一种说法——七月初七开鬼门关，夜间多了一层阴森的感觉。

中秋“三娱”

中秋节是中国汉族的传统节日，从南到北，从城到乡，到了农历八月十五这一天，都会用不同的方式来庆贺这个节日。衡阳人过节也有着浓郁的地方特色。

中秋节由上古时代秋夕祭月演变而来，是人们对天象的崇拜。最初的节期是在干支历二十四节气“秋分”这天，后来才调至农历八月十五，也有些地方将中秋节定在农历八月十六。赏月、吃月饼是中国各地过中秋节的必备习俗。

魏晋时，有“谢尚书镇牛渚，中秋夕与左右微服泛江”的记载。直到唐朝初年，中秋节才成为固定的节日。中秋节的盛行始于宋朝，至明清时，已与元旦齐名，成为我国的主要节日之一。这也是我国仅次于春节的第二大传统节日。

中秋吃月饼，传说是唐初为了平定北方外患，唐高祖李渊委任当时著名将领李靖为北征总指挥，反击突厥，最终得胜。李靖凯旋之日刚好就是八月十五，恰巧当晚有吐蕃人向李渊献饼祝捷。李渊看到祝捷饼十分高兴，觉着寓意特别好，脱口而出“应将胡饼邀蟾蜍”，就定下了每年这个日子全国都要吃月饼来庆祝，后来就形成了中秋节。月亮那一天最圆，所以后来月饼做的也都是圆形的。

衡阳人关于中秋吃月饼还有一个当地的版本：当时元朝统治者规定，每户人家都要住一个蒙古士兵，受汉人供养，监视汉人的行动，汉人新婚娶妻，第一天的洞房之夜要由该士兵占先，并且只允许三家共用一把菜刀。汉人打算起来反抗蒙古人的统治却苦于无从传递消息。后来刘伯温想出一条计策，到处散布流言，说有冬瘟流行，除非家家户户都在中秋节买月饼来吃，才能避免。人们买了月饼回到家中，发觉里面藏着纸条，上面写着：“中秋夜，杀鞑子，迎义军！”于是众人纷纷起义反抗统治者。中秋节吃月饼的习俗就是这样留下来的。

当然，这些只是传说，真正的节日习俗于衡阳人而言，除了当天全家团聚，吃月饼赏月等共性的仪式外，还有以下几个与众不同的地方：

一是偷菜。衡阳人平素憎恨那些偷鸡摸狗的小人，对那些爱占小便宜的人不屑一顾，但到了八月十五这一天，却会去邻居家的菜园中偷摘小菜，即便是被人发现也不会脸红心跳，而是夺路逃跑。原来，衡阳人的习俗认为，一个人要想身体健康，运气畅顺，必须在中秋节的晚上去别人的菜园中偷小菜，并在次日被主人破口大骂，骂得越凶偷菜的人越吉利。因此，偷菜的人一般会选择那些主人平时彪悍泼辣的菜园去偷菜。

二是放柚子灯。柚子灯，是衡阳人就地取材所做成的一种玩具，方法是将柚子掏空，将皮刻出简单图案，穿上绳子，内点蜡烛。其光芒淡雅。八月十五中秋节，小孩手拿各式花灯，如刘海戏金蟾、马骝（猴子）、白兔、鲤鱼、飞机、走马灯等，游街串巷，嬉戏为乐。有的小孩还把酸柚挖空，插上点燃的蜡烛，空柚皮上雕上四个金钱洞，在街上踢着玩，叫作“剥碌灯”（即柚子灯）。也有用一块柚子皮插上蜡烛给那些三四岁小孩拖着玩的“灯船”。

三是唱戏。旧时乡下没有其他娱乐活动，看戏是人们最高雅的消遣。彼时衡阳各地方都活跃着草根戏班，演员多是平时务农、需要时登台唱戏的本地人。人们将这种演出叫唱马灯，有点近乎于湖南花鼓戏的节奏，也有些类似于东北的二人转。演员没有专门的剧本，全凭师傅口传。他们在台上插科打诨搞笑，常常把观众逗得前仰后合。八月十五夜，总会有人张罗演出一台戏，把四乡八邻的人们吸引过去，因此，当年在衡阳乡下，吃完晚饭后，路上行走着的全是去看戏的人。

现在乡下过中秋节，除了吃月饼外，柚子灯和唱马灯都不见了，当然更无人偷菜。

接老客

农历七月半，是中国汉人的中元节，这个历经数千年的节日，至今仍在民间盛行。虽说都是为了祭祀列祖列宗，但南北却有着不同的风俗习惯，衡阳人的中元节是从七月初十夜开始到十五晚上结束，历时6天。

衡阳人对中元节的统称叫七月半，也叫供老客。老客是衡阳方言，即已经逝去的先人。

七月半祭祖习俗古已有之，原本是民间的祭祖节，而非“鬼节”，“鬼节”是后来的说法，是从道教中元普度开鬼门关的思想演变而来。

七月半祭祖节被称为中元节，则是源于东汉后道教的说法。道教诸神中有天官、地官、水官，合称“三官大帝”，他们是天帝派驻人间的代表，分别在“三元日”为天帝检校人间功罪以定赏罚：“天官为正月十五上元赐福，地官为七月十五中元赦罪，水官则为十月十五下元解厄。”地官所管为地府，所检的重点自然是诸路鬼众了。据说中元之日，地官打开地狱之门，也是地狱开门之日，众鬼都要离开冥界，接受考校，有主的鬼回家去，没主的就游荡人间，徘徊在各处找东西吃，因此又称鬼节。当日，人们普遍进行祭祀鬼魂的活动，点荷灯为亡魂照亮回家之路。道观举行盛大法会祈福吉祥道场，道士建醮祈祷，内容是为亡者的灵魂超度。

按照佛教的说法，中元节的来源则是目连救母的故事：目连不忍母亲在地狱受苦，广施十方僧人，替母亲赎罪，最终将母亲解脱出来。这个故事在民间流传甚广，故事的本身就是孝道文化的一种表现，它所宣扬的便是报答父母、生前为善的信念。

无论是道教还是佛教，七月半时期的一个共同核心是追忆先祖，供奉已经逝去的亲人。衡阳人在过中元节时，这一中心主题特别明显，主要是围绕迎接、供奉和送别三大内涵做文章。

衡阳人接老客的时间统一规定为农历七月初十的夜晚。之所以定在这个时间点，是因为民间有个传说：阎王爷在七月初七会打开鬼门关，彼时关在地狱中的各种鬼魂便会一齐拥向阳界。考虑到他们在阴间关押太久，怨气太重，为舒缓他们的情绪，阎王爷在扬州接连唱戏三天款待阴间的老客，他们只能在看完戏后再赶回各自的家中。因此，衡阳人在初十晚举行仪式，欢迎老客归来，俗名叫接老客。

衡阳人接老客，事先必须将神龛上主盒的外盒打开，以便让这些点过主的老客回来后找到自己的牌位。此外，七月初十入夜之前，必须将堂屋多余的东西清理干净，以便让老客有一个舒适的归宿。

接老客的仪式是从晚饭后月上东梢的时候开始的，如果是一个大屋场，有许多人轮流值勤，接客的仪式由值勤户主持；如果是单庵独寺的一户人家，接客的仪式由家庭主男负责。

接老客的仪式开始前，堂屋里点燃大红蜡烛，桌子上摆着 13 个酒盅，代表祖宗十三代；正中摆有团盒，团盒中有各式幻茶，一般是一户装一个团盒，如是大屋场，团盒可叠加到 1 米高左右。

正式仪式开始后，接客主持人先到槽门口，也就是禾坪与大路的入口处，手持 3 根线香，点燃后插在泥地上，燃烧纸钱，鸣放鞭炮，再合掌三鞠躬，口中念念有词，无非是欢迎列祖列宗回家省亲的客套话，然后折回堂屋，在神龛前再上香烧纸，招呼先人入座喝酒吃幻茶。

至此礼成，吹灭蜡烛后，活人们享用那团盒中的幻茶和壶中的美酒。

供老客

与其他地区略有不同，衡阳人供老客，是要一日三餐供奉饭菜的，时间是从农历七月十一日开始，到十五日结束，共计5天时间。

月半节供老客，是对逝去亲人和长辈的悼念。据说，月半的那几天，是鬼魂们走亲访友的盛大节日，相当于阳世人的过年。此期间，我们的祖先会来到人间看望自己的子孙晚辈，有福赐福，有灾挡灾。因此，人们特别重视供奉老客，将那几天的饭菜力求做到丰盛。

衡阳供老客的天数，依据宗姓祖传的习惯不同而有差异，一般的是从十一日到十五日晚供5天，少数的则是从十一到十四日供4天。供老客时，是由在世后代中的不同分支轮流供奉，倘若屋场大，后代支脉的人数又多，有时可能两三年才能轮值一回，但一般小姓或单庵独寺的人家则要5天全由一家值供。

供奉老客用餐的地点主要在堂屋，分早、中、晚三餐招待老客，其过程也是十分讲究。首先，要将神龛上的主盒全部打开，再点燃一对大红蜡烛。供奉的食品摆在八仙桌上，与平时活人就餐的入座形式不同，供老客的八仙桌只能三方摆凳子，靠门口一方闲空。三方共摆13副碗筷，靠神龛一方5副，左右各4副，象征祖宗十三代。

需要指出的是，农村人过去特别讲究“寿终正寝”，即人在自己家中落气，最后在堂屋里入棺。只有这样的人每年七月半才有资格进入堂屋里接受供奉；反之，则进不了堂屋。因此，在供老客时，有些家中有先人是在外面去世的，必须另外置一方桌于阶基之上，摆3副碗筷，额外行礼供奉。

供老客上菜的道数，与平时亦有重大区别。一般情况下，我们平素招待客人，上菜必须是双数，即六、八、十等；而供老客菜的道数必须是单数，即五、七、九等。供老客用餐的饭菜必须是新做的，不能用上一餐的剩饭剩菜，否则会被认为是大逆不孝，会遭到老客们的报复。装饭的碗也不是平常我们吃饭用的那种型号，是那种比酒杯大、比饭碗小的专用盅子。

供饭时，轮值户主先在大门外燃烧钱纸，三揖后，喊一声“列祖列宗，请你们现在入座用餐”，然后点燃蜡烛和线香，在八仙桌前三揖行礼。此刻值勤人要特别注意的是，不能让小孩在饭桌前后来回窜动，更不能动桌上所有物品，因为人们认为，老客们正在用餐，不能轻易去打扰他们。待过了一袋烟的工夫，估摸老客们吃好了，轮值人便会在桌子前烧些钱纸，招呼老客们去休息。此刻要注意的细节是，先将凳子略微移动一下，再吹熄蜡烛，供饭便算结束。

衡阳人在供老客的同时，也顺便改善一下自己的生活。过去有句土话叫作“死人通下气，活人胀出屁”，意思是供老客的根本目的还是活着的人在改善自己的生活。在那物资匮乏的年代，供老客也是活着的人们相互联络感情，亲戚间相互走动的重大节日。过去，衡阳人常常会利用轮值供老客的机会大宴亲朋好友，衡阳人将这种饭局叫“盅子饭”，把到亲戚家中赴局称之为“赶盅子饭”。

现在，衡阳人在七月半仍在供老客，但赶盅子饭的人已不多见。

烧封包

与全国大部分地区一样，衡阳在将老客接回供奉的第五天，即农历七月十五夜，便要送老客们返回了。

老客是衡阳方言，具有特定的指向。民间过去认为，人是有灵魂的，他们在阳世间逝去了，但仍在另一个世界存在，每年农历七月要将他们接回家中做客，为区别起见，将他们叫老客。

在衡阳，送老客叫打发老客，一般是在供完晚餐后，月上柳梢时。此刻各家各户无论是否当值，都要准备礼物打发老客上路。告别的仪式在堂屋内举行。此刻桌子上堆满了当季瓜果，如西瓜及枣子、花生等，主食还有一样别的地方不曾有的东西：桐子叶粑粑。这些都是准备让老客们带在路上食用的。这里要特别介绍的是桐子叶粑粑。这是衡阳人一种特有的吃食，其做法是将糯米与粘米按 7∶3 配料（也有用高粱米的），研磨成细粉，再和成面团，从油桐树上摘下树叶，洗净后包住面团入锅蒸熟。这种桐子叶粑粑既有大米的芳香，又渗进桐叶的清香，让人闻香后便会垂涎欲滴，尤其是将其放在柴火中煨热后再吃，那种外焦内嫩、香气四溢的味道会让人陶醉。

在堂屋内的仪式照例是燃香烛、烧钱纸，拜揖后，放鞭炮送老客们出堂屋。最隆重的仪式是在堂屋外的槽门口，由各家各户烧纸钱给逝去的老客们，以便使其在阴间有钱花。

一般的家庭都是用散纸在旁边焚烧，一边烧一边呼喊亲人的名字，让他们前来领钱。但讲究些的人家则是采用烧封包的形式来送钱给阴间的亲人，据说这样做可以确保亲人得到钱。

封包也叫包封，就是将纸钱分为约 1 厘米厚一沓一沓的，然后用封皮封成包。封包分为花包和白包，花包和白包的区别主要是封皮上有无沙衣和路票。沙衣相当于衣物等行李，路票相当于过路的介绍信。有沙衣和路票的是花包，没有沙衣和路票的是白包。白包用于死亡未满 3 年的人（也叫新亡人），花包则用于死亡超过 3 年的先人。

本着“阴阳一理”的理念，人们也比照阳间的包裹寄冥用包裹。冥用包裹分为小封包与大包袱。小封包为包裹纸钱时用，是由草纸裁剪而成，一般是长 26.5 厘米，宽 16 厘米。行文由右至左竖排五行，依次写“今逢中元大会处备冥财一束”“化奉”“祖考（妣）×公××老大人（孺人）阴府受用”“孝孙××谨具”“天运××年七月十四日化行”。小封包的数量一般有多个，每个都要如是写好。每一个祖宗可以封多包，以每个晚辈的名义分别署名，也可以夫妻的名义署名，也可以全家的名义署名（可以写“××率全家谨具”）。写好后，小封包可以单独焚化，也可套在大包袱内与其他物品一起焚化，相当于现在人邮寄钱财。封包的背面要写上“封”字，压着折纸的缝写，表示封口，在邮寄的路上不会让别人拿了去。寄冥币时，要将冥币以大包袱的方式化给幽冥界的亡魂，以寄托哀思。由于地域不同，写法也不尽一致，其写法大有讲究，随着老一辈的逝去，正逐步失传。

写封包有固定的格式，男称大人，女称孺人；父母死 3 年内，父称新逝显考，母称新逝显妣，落款称孝男，××、××；父母死 3 年后，父称故显考，母称故显妣，落款称孝男，××、××。

烧包时也是有规则的：第一是捆包，就是把写好的包按两封为一驮先用细绳捆好以便托运；第二是喂马，就是对承担托运任务的纸马进行喂料，即找些粮食、青草和水等放在堆马匹的地方让其吃饱；第三是供马夫，就是请赶马的纸人们吃饭，同时还烧纸钱给他们作赶马费用；第四是上驮子，就是将已捆好的包抬上马背，实际是将纸马夹到捆好的两封中间；第五是画烧包圈，就是用白灰在准备烧包的地方（一般是门口院内）画一个有出口的圆圈，直径约 1 米，出口对着大路方向；第六是插引路香，就是烧一把香，沿烧包圈出口到大路之间每隔 2～3 米插一炷香，作路灯指引马队出发；第七是砌包，就是将需要烧的包在烧包圈内堆放成有一定空间的形状（一般是中空的塔形）以便燃烧焚化；第八是烧包，就是把堆砌好的包用纸钱点燃焚化，边烧边念先人的名字，请他们来认领自己的钱。

送灶神上天

与中国绝大多数地区一样，衡阳人也有祭灶习俗。这是一项在汉族民间影响很大、流传极广的传统习俗。民间祭灶源于古人拜火习俗，在中国民间有几千年历史，灶神信仰是中国百姓对“衣食有余”梦想追求的反映。

祭灶可在诸多古籍中找到文字依据，比较典型的是宋代范成大的《祭灶词》：“古传腊月二十四，灶君朝天欲言事。云车风马小留连，家有杯盘丰典祀。猪头烂热双鱼鲜，豆沙甘松粉饵团。男儿酌献女儿避，酹酒烧钱灶君喜。婢子斗争君莫闻，猫犬角秽君莫嗔。送君醉饱登天门，杓长杓短勿复云，乞取利市归来分。”

旧时，差不多家家灶间都设有“灶王爷”神位。人们称这尊神为“司命菩萨”或“灶君司命”，传说他是玉皇大帝封的“九天东厨司命灶王府君”，负责管理各家的灶火，被作为一家的保护神而受到崇拜。灶王龛大都设在灶房的北面或东面，中间供上灶王爷的神像。没有灶王龛的人家，也有将神像直接贴在墙上的。有的神像只画灶王爷一人，有的则有男女两人，女神被称为“灶王奶奶”。灶神是汉族民间最富代表性、最有广泛群众基础的流行神，寄托了汉族劳动人民一种辟邪除灾、迎祥纳福的美好愿望。

关于灶神爷的来历，民间有多种版本，衡阳人偏重姜子牙封神说：姜子牙帮助周武王伐纣，打下江山后列土封侯，姜子牙奉师父之命，立下封神榜，将牺牲的有功将领一一封神，但是那些冲锋陷阵、战死沙场的士兵们却都没有受到封赏，于是这些士兵的冤魂便不安分，经常闹事。得知此事后，姜子牙想了又想，便将广大战死的士兵封为灶神，每家都有一位灶神，这样一来既可制止鬼魂闲荡寻衅，又可将家家户户管理起来，可谓一举两得。由于民间供奉的灶神多是一男一女并坐，即灶王爷与灶王夫人的画像，所以有些地方就传说灶王爷、灶王奶奶就是“封神演义”中姜太公所封的张奎和其夫人高兰英。“上天言好事，回宫降吉祥”，灶神究竟是谁并不重要，人们图的就是平安吉祥。

衡阳人认为，灶王爷自上一年的除夕以来就一直留在家中，以保护和监察一家；到了腊月二十四日灶王爷便要升天，去向天上的玉皇大帝汇报这一家人的善行或恶行；二十五日玉皇大帝要到民间察善恶，看灶神爷汇报的情况是否准确。因此，我们小时在家接受的教育是，二十五日清早起来不能放快（衡阳方言，不能讲粗鲁的语言），全天不能杀生，不能吵架，以给玉皇大帝一个好印象。

关于玉皇大帝察善恶与灶神的关系，在衡阳流传两个故事：

一是雷公轰灶的故事。说是一家灶神平时在家时，看到主家将洗碗剩下的饭粒流入了阴沟，认为主人对粮食不敬，上天后呈报玉帝，奏请降罪。玉帝下到人间发现事实并非如此，原来主家在阴沟出水处设有专门的篱爪，将剩饭隔出晒干备用。玉帝遂责怪灶神汇报不准，一个响雷砸向灶神，结果被灶神躲过，却将灶台前面轰出一个洞。这也就是衡阳人后来打土砖灶，专门在前面挖个眼放鼎锅热饭的来由。

二是棒打灶神的故事。据说当年赵匡胤将父亲的尸体葬入龙口，上天便确定由赵氏主政天下，并打发一只喜鹊飞到赵家茅屋檐下报信，大叫“赵家天子万万年”。彼时赵老太正在厨房洗碗，被鸟噪得心烦，用竹筷子在灶上一顿乱敲，口中喊道：“哪有万万年的天下，二百六七十年便是少见了。”灶神上天呈报玉帝：“他们只要二百六七十年，还打了我三百御棍。”后来，宋朝果然只存在不到三百年。

这些当然只是传说，一个中心思想是让灶神上天汇报多讲好话，因此，在供奉灶神上天时，衡阳人除了桐子叶粑粑外，必须在幻茶中供有甜品，再不济也会有几粒糖果，以使灶神嘴巴变甜。

送灶神的仪式称为“送灶”或“辞灶”，衡阳还有“男不拜月，女不祭灶”之风俗，故祭灶仅限男子。时间一般选择在腊月二十三晚上。届时，主家在灶台上摆放供品，燃烧纸钱，三揖其礼，并口中念念有词：灶王爷辛苦，请您上天呈善事，下地降吉祥；传好莫传丑，全家保平安。

现在，估计没有多少人会在这一天用这么隆重的仪式去送灶神了。

扫浓墨

同全国所有汉族人生活的习俗一样，衡阳人也会在春节前进行大扫除，也叫“扫浓墨”，因为在衡阳方言中，家中的尘垢叫浓墨。

衡阳扫浓墨的时间是腊月二十四。在当地人的意识中，这天打扫房间百无禁忌，因为灶神头天晚上已经打发上了天，玉皇大帝视察还得等到次日早晨，这一天可以在自己家内恣意活动，神灵也不会怪罪。

每逢腊月二十四这一天，只要是天气稍为晴朗，从清早开始，家家户户便开始忙碌清洗各种器具，拆洗被褥窗帘，洒扫六闾庭院，掸拂尘垢蛛网，疏浚明渠暗沟。

彼时，竹篙上晾晒着各种洗净的用品，禾坪上陈放着大小高低擦拭干净的家具，灶房里，各种搬不动的家具用簸箕盖住，家庭主妇用一根竹竿绑着一柄扫把，把附着在房屋四周的蛛网及灰尘清扫干净。这一天可谓全家总动员，个个都是黑粉扑面，人人手上沾满灰尘，等到了傍晚掌灯时分，各种打乱的物品又重新复位，但彼时四处显得清爽，内外干干净净，一种崭新的感觉便会油然而生。

中国人腊月二十四掸尘扫房子的风俗由来已久。据《吕氏春秋》记载，中国在尧舜时代就有春节扫尘的风俗。按民间的说法，因尘与陈谐音，新春扫尘有“除陈布新”的含义，其用意是要把一切“穷运”“晦气”统统扫出门。这一习俗寄托着人们破旧立新的愿望和辞旧迎新的祈求。

古时有关扫尘的由来，有一个颇为诡异的故事。传说古人认为人的身上都附有一个三尸神，他像影子一样跟随着人的行踪，形影不离。三尸神是个喜欢阿谀奉承、爱搬弄是非的家伙，他经常在玉帝面前造谣生事，把人间描述得丑陋不堪。久而久之，在玉皇大帝的印象中，人间简直是个充满罪恶的肮脏世界。一次，三尸神密报，人间在诅咒天帝，想谋反天庭。玉皇大帝大怒，降旨迅速查明人间犯乱之事，凡怨忿诸神、亵渎神灵的人家，将其罪行书于屋檐下，再让蜘蛛张网遮掩以作记号。

玉皇大帝又命王灵官于除夕之夜下界，凡遇作有记号的人家满门斩杀，一个不留。三尸神见此计即将得逞，乘隙飞下凡界，不管青红皂白，恶狠狠地在每户人家的屋檐墙角做上记号，好让王灵官来个斩尽杀绝。正当三尸神在作恶时，灶君发觉了他的行踪，急忙找来各家灶王爷商量对策。他们最后想出了一个好办法，于腊月二十三日送灶之日起，到除夕接灶前，每户人家必须把房屋打扫得干干净净，哪户不清洁，灶王爷就拒不进宅。大家遵照灶王爷升天前的嘱咐，清扫尘土，掸去蛛网，擦净门窗，把自家的宅院打扫得焕然一新。等到王灵官除夕奉旨下界查看时，发现家家户户窗明几净，灯火辉煌，人们团聚欢乐，人间美好无比。王灵官找不到表明劣迹的记号，心中十分奇怪，便赶回天上，将人间祥和安乐、祈求新年如意的情况禀告玉皇大帝。玉皇大帝听后大为震动，降旨拘押三尸神，下令掌嘴三百，永拘天牢。这次人间劫难多亏灶神搭救，才得幸免。为了感激灶王爷为人们除难消灾、赐福布祥，民间扫尘总在送灶后开始。

衡阳人扫浓墨，还是有些讲究的，必须注意以下几点：

注意扫地方向。扫浓墨当然少不了要扫地，在扫地时分为两种方向，要是你这一年很顺利，家庭也美满和谐，那么就可以从外面往里面扫，意味着保留住这一年的运气；要是这一年有很多不顺心的事，在打扫时就要从里往外扫，这就代表扫除家里的霉运。

大门不宜擦拭。都知道大扫除就是把家里所有的地方都打扫一下，清理干净，但是有一个地方千万不能动，那就是入户门。因为过年期间正是财神找上门的时候，若这个时候清理入户大门，就寓意着将财神拒之门外，这种寓意对于每一个家庭来说都是不好的，所以入户大门最好是在年后再去擦拭清理。

床不能乱动。扫浓墨虽然可动其他家具，但床铺不能动。乡下人认为，床是平时睡觉休息的地方，是藏气纳财的位置，如果摆放得不好或随意移动，则睡不安稳、诸事不顺，不利夫妻感情以及健康。

初一拜祖年

在人们的一般概念中，坟山是人百年后的归宿，有些阴森可怕，平日里那地方人迹罕至，更是让人望而却步。但在衡阳，每到正月初一这一天，这片寂静之地便会热闹起来，山林中行走着穿着鲜艳的行人，坟头前冒着缕缕的青烟，空气中飘浮着鞭炮炸响后的阵阵硫磺味，原来，这是衡阳人在给逝去的列祖列宗拜年，俗称拜祖年。

衡阳这种民俗始于何时，基于什么缘由，已无法考究，但这种世代相传的习俗至今仍在延续。有一点可以肯定的是，衡阳人与所有的中国人一样，有慎终追远的传统，过节总不会忘记祭拜死去的先人，春节也不例外。供奉食物或鲜花以表心意，是中国民间普遍采用的仪式。祭祖的形式或许因宗教信仰而不同，但纪念祖先的意义却是相同的。按照民间的观念，自己的祖先和天、地、神、佛一样是应该认真顶礼膜拜的，因为列祖列宗的“在天之灵”时时刻刻在关心和注视着后代的子孙们。阳世的人要通过祭祀来祈求和报答他们的庇护和保佑，初一来向他们拜年，目的也在于此。

衡阳人拜祖年，一般由家中的男家长带队，带上一家人前往祖先们的安息地祭拜；一般要用一个篮子装三碗菜，包括一块煮熟的方肉、一条用油炸过的鲢鱼和一只蒸好的全鸡，照当地的说法是三牲齐备；此外，还要备一壶净酒，三双筷子和三个酒杯，以及钱纸、线香和炮仗若干。

拜祖年的范围是与自己家庭有关的所有祖先，先后顺序以顺路为基本出发点。每到一处，先摆好祭品中的三牲，再放好杯子及筷子，筛上净酒，将点燃的线香插到坟上，燃纸钱放鞭炮，双手合十三作揖，口中三呼拜年，整个仪式便告结束。

拜祖年的出发时间也有讲究。一般的地方讲究先在自己家中挂红，再到本屋场或周边别人家中出行（“出行”是衡阳方言，念“háng”音，意指农历新年第一次走出自己的家门）后，再到坟上向祖先拜年，也有地方把出行与拜祖年结合在一起的。无论哪种方式，都应该掌握在上午 9 点后和下午 5 点前这个区间进行，而且出发时要燃放鞭炮，以昭示今年行程轰轰烈烈。

拜祖年的行走序列也有不成文的规则。倘若在拜祖年的队伍中有女性前往，切记女性不能走在队伍中的第一个，这是因为衡阳民间有一种理念，以为大年初一在外面见到的第一个人是女性，全年会不顺畅。因此，有经验的家长常常会将她们安排在队伍中间行走，以免引起不必要的麻烦。

拜祖年结束后往家中返回时，衡阳人讲究在山上或路边择一常青树，通常是松树或柏树，折些树枝拿回家，挂在堂屋的门框上或置于堂屋里显眼的位置，衡阳话叫作“拿柴回家”，取柴与财的谐音，意为新年进财，以讨个吉利。

衡阳初一拜祖年的习俗今天仍在延续，不少居住在城市的人，大年初一也开着车带领家人前往挂青。

半夜吃年饭

相信大家都知道过年时必须全家人欢聚一堂吃一顿丰盛的年饭，年饭是在什么时候吃，估计多数人也知道是在大年三十的中午或晚上，这也是中国汉族无论南北东西的一个共同的习俗。但在衡阳南岳附近，却会完全颠覆人们这种固有的认知，他们的年饭时点是腊月二十九日半夜，即年三十的凌晨。

南岳人把“年夜饭”叫作“年更饭”，时间是除夕凌晨三更开餐，天亮之前吃完。不知是外地人调侃南岳人还是南岳人自嘲，有人把这一奇怪习俗叫作“鸡不叫，狗不咬，半夜吃饭衡山佬”。也确实是这样，他们的年饭是一家一户在黎明前的黑暗中静悄悄地完成的。

为什么要选择三十日凌晨吃年饭？当地传统的说法是防止祭祀时被别人“撞破”。衡山历来是朝圣之地，几乎每天都有外地人来这里烧香拜佛，即便是过年也不例外，而衡山一带的老百姓与其他地方一样，在吃年夜饭前，先要祭祀天地神灵和先祖，将鱼、肉、鸡等祭品供奉，祈求来年家运兴旺。在当地人看来，过年在进行祭祀时，如果有外人进入家中，是不吉利的，所以家家户户都争先举行祭祀仪式，选择在凌晨时分，慢慢就形成了半夜三更吃年夜饭的习俗。

当然，还有一种风雅的解释是，由半夜三更开始吃年饭，一直到天亮，是“越吃越亮”，南岳衡山的老百姓们吃年更饭，吃的更是一种感觉，吃的是一种吉祥的预兆。他们认为越早吃年更饭就意味着越能比别人早得到幸福，这是图来年的一个吉祥。

南岳衡山半夜吃年更饭的另一个原因就是与当地老百姓的生产生活息息相关。是三种人半夜过年的习惯，给南岳衡山留下了这一独特的习俗，这三种人一是匠人，二是生意人，三是穷人，而其关键又是与债务有关，即收账与躲债。

对匠人来讲，主要是为了收账。过去民间有俗话叫“养身百计，不如随身一艺”“积财千万，不如薄技一身”，从古至今，老百姓为了谋生，除了耕田经商，主要靠拜师学艺习一技之长。南岳人也不例外，他们当中有卖苦力的铁匠、砌匠、抖匠、石匠，有走村串户的炉匠、木匠、理发匠，有做精工细活的织匠、铜匠、银匠、雕匠等等。过去的商品经济不发达，家里要添置什么东西，往往是请工匠们到家里来，被称作“请匠人”。这些能工巧匠的辛勤劳动丰富了百姓的生产、生活，推动了社会的发展。但是，由于过去生活艰难，百姓贫困，匠人们做完活后，很难当场兑付工钱，大部分都是赊账。有的人家是到年关之时，杀头猪、卖点粮食和农副产品换点钱支付“请匠人”的工钱，所以，匠人们往往选择在年关之际外出上门收讨工钱过年。匠人们吃的是百家饭，一年下来，在外要收的账多，有的要翻山越岭、穿垅过坳，因此匠人们半夜三更吃了年更饭后，早早上路收账，一来可以多跑些地方，二来可以将一些平时有意躲债的人堵在家里。

于生意人而言，则是抢时间营业。大年三十这一天，是他们最忙的时候，也是生意最好的一天。平常南岳衡山一带赶集的时间都是错开的，唯有到了大年三十这一天，整个南岳衡山所有集市都同时开集，平时集市都是从上午开始到中午就散场了，而大年三十这一天的集市则是从凌晨开始开到下午五六点甚至晚上，因此当地流传着这样一条俗语：三十晚上的钱赚一个是一个。过去的集市管理没有这么规范，而大年三十这一天赶集的人特别多，生意人赶集往往是占摊子“抢”地盘。为了抢到好的地盘，做好一年最后一天的生意，多赚点钱过个高兴年，他们天不亮就吃了年更饭，为的是早早赶到集市做生意。

对那些穷人来说，则是为了躲债。大年三十叫年根，又称“年关”。所谓年关，主要是对穷人而言：快过年了，穷人没有钱购置年货，讨债的又纷纷上门。过了大年三十就是新的一年，正月不讨债是南岳衡山一带的习俗，当地百姓警告那些有意拖账的常说的一句话就是“不要等我三十晚上来讨账”。能不能渡过一年之中最后一关，就在大年三十这一天，所以对穷人而言过年就是过关。穷人没有钱，唯一的办法只有躲，因此，他们半夜三更吃了简单的年饭，天不亮就到外面躲债去，直到讨债的走了，才战战兢兢地回来，和家人迎接新一年的到来。

邻居相互贴红

中国人过年讲究贴红，尤其是喜欢在门上贴对联，在窗户上贴窗花，在醒目的地方贴福字，这一切都建立在使用红纸的基础之上，因此，每到农历新年，到处都是红色。中国人崇尚红色，以为那样代表吉祥幸福，过年时贴上它们，可以讨个好彩头，昭示新的一年红红火火。

一般地区的人们，过年时局限于在自己家的范围内贴红，但耒阳的风俗却独树一帜，过年时，不仅要在自己的家中贴对联与福字及窗花，还要在对门人家的墙上贴上一张红纸，上写“对我生财”之类的吉祥语句，以便于在大年初一打开大门，即“开财门”时，一眼望到对面墙上大吉大利的红纸，在新年初始之时得到好兆头。

耒阳在贴这类红纸时，一般要在深夜关财门后贴到对面墙上去，这样初听起来颇有些悖谬：大门既关人不出户，如何能将红纸贴到对面人家的墙上去？聪明的耒阳人深知远亲不如近邻的道理，他们在年前相互约定，由对门的人家互相张贴，即整条街坊轮流互贴，最后那户人家的红纸，由街上的更夫负责张贴。

耒阳这种互贴红纸的风俗起始于何时并无史料记载，却是千百年来代代相传的一个庄严的仪式。据说这种习俗是源于一个民间的传说：

在很久很久以前的商代，姜太公在 70 多岁才娶了个妻子。姜太公由于常年学习道法、兵法，所以家里没有什么积蓄。时间一长，姜太公的妻子马氏就总是埋怨姜太公。姜太公是个非常有涵养的人，他只是对妻子马氏说：“你也不要总是埋怨我，你这脾气不是每个人都能够忍受得了的，你要是嫁给别人早就气死了很多老头了。”马氏一听，脾气又来了，也赌气说：“我就是命苦，嫁给了你这个没有用的人，一生命苦。”于是马氏竟然赌气自杀了。

后来姜太公辅佐周武王消灭了商纣王，帮助武王建立周朝。姜太公又分封各种神仙，灶神、财神、风神、雨神等都得到了分封。这天姜太公的妻子马氏也来找姜太公，希望得到分封。姜太公有些厌烦她，就随口说了句："你个穷神。"马氏一听，以为是姜太公分封她，于是就要走。姜太公想到，这"穷神"到哪里哪里穷，这不是到处害人了吗？于是姜太公就说："等下，我们之间过去恩怨未了，希望不要相互再次碰到，以后你看到有红的地方就是我待的地方，不能前去。"马氏点头应允，带着穷神奉命离开。她后来果然践行诺言，但凡贴红纸的地方，她一概回避。当地人知晓这种缘由后，就在过年时贴上这种红纸，意在躲避穷神，带来好运。

现在过年，在耒阳的城市和农村，恐怕是再无人张罗去互贴红纸，但那种图吉利心理却不会因为这种形式的消失而减退。

草市赶分社

衡阳衡东境内的草市是一座千年古镇。古镇最初形成于唐宋时期，至今保存较好，其自然生态环境优越，地域文化底蕴丰厚，并集山、水、洲、镇等景观要素浑然一体，古镇、古庙、古林、古井、古码头各具神韵，历史古老，民风古朴。由于地理位置优越，这里商贾云集，最盛时有商360户，分别来自全国多个省市地区，经几代人逐步修建，渐成规模。棋盘街纵横深邃，青石板铺就的街面溜光，青砖青瓦式的小楼阁舍，杉木活板门式的铺面，整个古镇中心的建筑呈四方形，犹如一颗印，古色古香。这里天天赶集，商贸繁华，赶分社的习俗在这里有着悠久的历史。

这里需要花点笔墨解释一下什么叫分社。所谓分，即农历二十四节气中的春分，社即春社或社日，当地人合并称为分社。根据考证，草市赶分社可上溯至一千年前的唐朝时代，经久不衰。赶分社的赶，是说到了节日那几天，人们不分年龄、不分民族、不论贫富，把身边的事情暂放一旁，从四面八方赶到草市进行祭社和交易；或趁农闲之际，到草市集镇周边亲戚家走走。分社期间，草市街上居民家或周边农家，凡是有乡下亲戚的都会趁此节会到亲戚家住上几晚，叙叙友情亲情，可以说是家家高朋满座，户户欢歌笑语。若要从字面解释，分字有两种意思：一指春分；一指在分社节期间，无论大人小孩，都能分（交换）点东西。社也有两层意思，一曰春社，一曰结社祭神。

草市赶分社活动时间集中在春分前后三天，可以延续半个月。主要内容有：一是祀神祈谷。社日当天举行重大祭祀仪式。二是集会演出。百姓在一起交流农事经验、养生之道，民间艺人唱社戏，民众表演踩高跷、渔鼓、玩杂耍、走旱船、布袋皮影戏、龙狮舞，晚上放河灯，其热闹程度媲美春节。三是赶场交易。在镇上进行农耕工具及日常生活用品、中草药材的交易，形成洣水流域最大规模的墟场。四是吃药开耕。百姓按民间土方配成药膳，食药而后下田开耕。

草市赶分社具体形成制度是在明清时期，当时的农官为“勤政亲民”不误农事，使人民依时做好农具、耕牛、种子的准备，指定春分节为交易日，习俗延续至今，成就了草市镇特有的盛况。每至春分时节，在油菜花绵延不断的洣水河畔，近至草市及附近各乡镇村民，远至周边衡山、攸县、安仁、茶陵乃至江西等地，都有客商和顾客或乘船或赶陆路，带着自己的土产蜂拥而至，交易的产品主要有农具、耕牛、饮食、服装、竹木器、中药材等，种类繁多，应有尽有。每逢分社，草市街头、戏坪乃至山坡上的空坪隙地，都被临时搭建的摊位、帐篷所占住，鳞次栉比，人山人海，络绎不绝，一连三日，人声鼎沸，蔚为壮观。发展到如今，交易的除了传统产品，五金家电、针织鞋袜、苗木种子、儿童玩具、各色小吃等也是遍布街头巷尾。一些地方性的文艺团体也来搭台唱戏，增添乐趣。

草市赶分社最具特色的是药材市场。当地大多数人都能识药、用药，懂得如何根据自己情况配药。比如，乡民一般在分社期间都会买一些黄鳝藤、大小活血藤、倒水莲、黄皮杜仲及大叶路边樟等草药以驱风湿、通经络；采购一些独角丝茅、淫羊藿及杜仲、黄精及龙骨经筋等以滋阴补阳，但凡上了些年纪的人一般都能配出很多种。附近一带村民亦有吃药下田的说法，春分后农事开始繁忙，天天要泡在泥水中，湿气会很重，要先买些草药熬汤喝了，以便有更强健的体魄应对即将到来的体力劳动。

草市赶分社的大宗交易自然是牛市了。在附近的一座松树林里，数百头大大小小的耕牛拴在树上任由选择。卖牛人、买牛人、牛贩子三五成群，围着一头牛品头论足，各抒己见。一头牛的成交价动辄几千上万，可以说是整个赶分社最贵的商品了。牛是传家宝，农家是非常重视的。在交易中，交易双方有一种叫“手语”的暗语，即交易双方都不说话，而是握着手在袖子底下打手势，靠手指触摸谈价格，用现在的话说，叫严守商业机密，那场景分外有趣。

草市赶分社活动今天还在进行，但内涵中已注入了许多现代元素。

正月十五点坟灯

我们或许都知道正月十五夜点灯的节俗，那些灯多数是在自己的家中或者是公共场所内。但在旧时衡阳乡下，个别地方形成了当地特有的习俗，除了家中张灯结彩外，还要给祖坟点灯。

旧时衡阳人在筹办年货时，采购或制作灯笼是一项重要的内容，正月十五送祖坟灯的仪式感自然也是十分庄重。其具体过程如下：

在日落星出前，先将灯点燃，将家中主要部位逐个照遍。首先是照到祖灵位上，祈求祖宗显灵保佑家人一年平安、生活幸福；再照到天地、灶神牌位上，以求神仙赐福家人；又照到仓库、猪牛栏、井台、杂房等处，以求五谷满仓、猪肥牛壮、取水平安、粮食常吃常有；再送到大路口，祈求出入平安，家来四面八方客。

做完上述功课后，由每家的长房长子用筐子挎着三牲、净酒、冥纸和别的灯送到祖坟上。往祖坟送灯时，如遇见熟人不能说话，只能点头示意，以示祭奠祖宗的严肃、心情的沉重。到坟前点灯时，不能借火柴用，人们认为借火点灯意味着自家的日子过不好，日子不红火。给祖坟送灯如果使用蜡烛，则必须是红色或黄绿色的蜡烛，忌讳点白色蜡烛。因为白色蜡烛叫“大白杆”，忌点白色蜡烛是为了避免下辈子有“光棍”(即男孩子娶不上媳妇）之灾。坟前一般送金银灯，让祖宗在阴间金银常有、荣华富贵。将坟前金银灯放好后，用事先带好的油拌谷糠，将祖坟围成四方形，西南角留一缺口为门，在门口放一盏铁灯。这时，在上风口将油谷糠点燃，立时形成一条火龙，俗称火龙灯，意为祖坟有龙围绕、守护，风水好，吉利。最后将缺口的铁灯点燃，为祖宗灵魂上西天大路照路。

元宵时节点灯是全体汉民族的习俗，其历史渊源在坊间有两个传说：一是说隋炀帝色迷心窍，欲娶自己的妹妹。妹妹硬扭不过，推托除非正月十五出现繁星满地的奇迹才可成婚。隋炀帝下令京城四周百姓到十五日晚每户燃灯火，违令者斩。至十五日晚，妹妹登楼见满地都是灯火，误以为真是繁星落地，纵身投河自戕。为了纪念这位不甘凌辱的女子，汉族民间百姓每逢正月十五都燃起了灯火。二是说源于汉武帝，当时宫女正月过后想念家中父母，宫深禁严，怎么外出相会呢？足智多谋的东方朔得知后很同情，便设计成全她们。他先散布谣言，说火神君将派员火烧长安城，使城里宫内一片恐慌，后又向武帝献计，十五晚上宫廷内人员一律外出避灾，满城大街小巷、庭院屋门都挂上红灯，好像满城大火，以骗过天上观望监视的火神。武帝允诺，宫女们遂趁机与家人相会。从此，每逢正月十五都要放灯。

东汉佛教文化的传入，对于形成元宵节习俗也有着重要的推动作用，汉明帝永平年间，汉明帝为了弘扬佛法，下令正月十五夜在宫中和寺院“燃灯表佛”。因此正月十五夜燃灯的习俗随着佛教文化影响的扩大及后来道教文化逐渐在中国扩展开来。南北朝时，元宵张灯渐成风气。梁武帝笃信佛教，其宫中正月十五大张灯火。唐朝时，中外文化交流更为密切，佛教大兴，仕官百姓普遍在正月十五这一天“燃灯供佛”，佛家灯火于是遍布民间。从唐代起，元宵张灯即成为法定之事。

因此，元宵送灯的意义主要有以下三个：

驱邪化灾。人们在大门口点上两盏灯笼，寓意着驱散黑暗中的灾邪，以达到驱邪化煞的目的。

祈福平安。正月十五悬挂的灯笼大多是红灯笼，红色是非常吉利喜庆的颜色，在正月十五悬挂往往有着祈福平安、祈福顺心如意等含义。

燃灯表佛。正月十五点灯笼最初寓意着燃灯表佛，如今人们已经鲜少燃灯表佛了，元宵节点灯笼大多是指驱邪祈福的含义。

衡阳人送祖坟灯也是有出处的。旧时因为灯期不同，所以最初张灯的那天叫试灯，十五这天叫正灯，最末一天叫残灯、阑灯。也有叫神灯、人灯、鬼灯的：十四日夜为神灯，放于家中神位、宗祠前，以祭神明先祖；十五夜叫人灯，放在门窗、床第、几案等处，用来避除蝎虫；十六日夜为鬼灯，放在丘墓、原野，为了游魂可以脱离鬼域。上祈天意，下护苍生，神人鬼畜，没有任何遗漏下来的事情。

现在农村人早已不送祖坟灯了，倒是在一些城市的公墓管理处，还有这种服务。或许，这也是给祖坟送灯习俗的一种延续。

船民过年习俗

长期生活在水上的船民，由于其所处的环境与岸上有差别，尽管停泊的水域与陆上的居民近在咫尺，但生活习惯却大相径庭。衡阳湘江、耒水及蒸水三条河上的船民，在过年的习俗上有着独立的一套风俗：

小年祭灶。船民祭灶时间与当地陆地上保持一致，在腊月二十四日晚，仪式主要由船上主妇负责操办。因为民间传说灶王爷在这天晚上要上天向玉皇大帝汇报工作，腊月二十五日上午玉皇大帝到人间察善恶，所以各家各户都要隆重欢送灶王爷。与岸上人家不同的是，晚饭后，要把贴在后灶台上的灶王爷像取下来焚烧，磕头烧香祷告。烧柴只能用火钳，不能用手拿。用糖水分别抹在锅腔两侧，意为灶王爷吃了糖嘴甜，上天不会说不吉利的话，因此祭灶又称为“送灶王爷”。

年三十早晨燎船与挂红。大年三十清晨，船民们会争先早起，据说谁起得早，谁就能遇到财神爷。当家的起床后，首先点着一个火把，沿船四周走一遍，意为用火驱赶晦气，唯恐邪气附在船上不吉利，此即燎船。燎船后的又一个仪式是挂红。船家人的挂红与岸上人家初一挂红完全不一样，他们是选一只单冠翘尾、无一根杂毛的红公鸡为挂红鸡，先磕头烧香烧黄表纸，然后把挂红鸡在船头杀了，用公鸡血直接在船前挡浪板上往下沥，意为开了财门，走红运。鸡血在前挡浪板上的血迹越长，船民越高兴，认为在新年里能够多做长途好生意，发大财。挂红后，给挂红鸡捋毛时，头、尾、翅膀各留下一撮鸡毛，表示是活鸡，以便用它和鲤鱼、猪头敬河神。

敬河神。挂红后即开始这个仪式。在船头摆上香案后，殷实船家一般供奉大三牲，计有红公鸡、鲤鱼、猪头（另带四个蹄、一个尾巴，代表整猪），放在一个铜盆里，另有线香、蜡烛等；略为贫困的船家，供品也可用鸡蛋、豆腐、槽头肉等物，俗称为小三牲。然后作揖上香。敬神后各船家开始吃早饭，此后几天不再行船，待来年再择吉日启航。年三十这天要烧好够全家三天所用的饭菜，从初一到初三热剩饭吃，称为吃隔年存，意为年年吃不了，富足有余。从年初一起不能从河里取水，一直到初三烧香后才能用河水。此时还要备好污水桶，因为用过的水也不能往河里倒，否则认为把财气倒出去了。

贴春联。与岸上居民一样，船民过年也贴春联，大体是吉祥类的祝福语，但时间上稍有不同，有的在年三十早上敬河神后，有的则在年三十晚上，还有在年初一早上的。“船头无浪行千里”“舵后生风送九州(万程)”，两联分别贴在前挡浪、后挡浪上。红纸写三个“福”字贴在船头，绿纸写三个“禄”字贴在船后。正舱门外贴“抬头见喜”，内贴“对我生财”。商船上还把船上大桅、二桅（两根）、缆绳柱称为“四位将军”。大桅上贴“大将军八面威风”，二桅贴“二将军挂印封侯”，将军柱上（即缆绳柱）贴“三将军得力将军”等。

挂联纸（挂廊）。挂联纸是年三十晚上的一项活动。船家用红绿纸剪成菱形图案并联在一起形成长条，一边粘在芝麻秆上，然后挂在正舱门上。芝麻秆指“芝麻开花节节高”，联纸指“生意连续不断”。一直到初三取下来，烧香后把联纸烧掉，谓为“送联”。俗话说“三天烧了联门纸，各干各的旧营生”，一般初三即开始正常的生活，但有钱的船到初五甚至十五以后，才烧香放炮后起锚行船。

接财神。与岸上居民一样，船民也在年三十守岁，并给小孩压岁钱，半夜时分，由家中两男丁负责接财神。用黄铜盆装上红枣、红花生、白果、黄表纸，倒上好酒，点着火后，散发出浓郁的甜香气味，由一人端着满舱跑，无处不照，而后面一个人专讲接财神的吉利话。年初一早晨船家互相拜年，第一句话是“见面发财”。平辈互相作揖，晚辈见长辈首先磕头，长辈则给拜年钱。接着船家互相请吃年席，叙友谊，玩牌。在节日里，船上的一切用品统统加上“元宝”合称。如碗称为“元宝碗”，盘子称为“元宝盘子”。船民最看重接五路财神，时间在年初五，这是船家过年将结束的一个重要仪式。接五路财神用“元宝盆”，即笆斗，外贴“福”字，内放食品，抱着满船走，嘴里唱“元宝端起来，又招喜来又招财”“招财童子拦门坐，五路财神进宝来”“前杆（左舷）赶去后杆（右舷）来，又招喜来又招财”，最后还来一句“元宝落地一本万利”。接五路财神后，船家大多开始正常的生产和生活。

花朝节

在农历二月份有一个重要的节日，估计今天的衡阳人没有几个人会知晓，在清朝以前，那可是中国汉族的一个重大节日：花朝节。

这个节日主要是祭祀花神。在民间，据说花神主要有两位，一位是女夷，另一位是花姑，因为擅长养花和绿植，心地善良，有着传奇故事，被人们奉为花神，专门负责花卉绿植的养护管理。据说二月十五是她们的生日，于是民间便把这一天定为花神节，也称花朝节。

花朝节是我国民间的岁时八节之一，俗称百花生日。花朝节与气候时令关系密切，故而具体日期因地而异，袁宏道的《满井游记》提到“花朝节后，余寒犹厉”。各地花朝，均在二月份，正是早春时节，乍暖还寒。论节气，大约在“惊蛰”到“春分”之间。此时春回大地，万物复苏，草木萌青，百花或含苞或吐绽或盛开。这天，各地的百姓，尤其是花农，都要祭百花以求庇佑。故古人有诗咏花朝节曰：“百花生日是良辰，未到花朝一半春；万紫千红披锦绣，尚劳点缀贺花神。”

花朝节至迟在唐代即已形成，因为在唐代的诗文及史籍中，关于花朝的记载已很常见，如司空图的“伤怀同客处，病眼却花朝”（《早春》）、卢纶的“虚空闻偈夜，清净雨花朝”（《题念济寺晕上人院》）。而成书于后晋出帝开运二年的《旧唐书·罗威传》中亦有“威每到花朝月夕，与宾佐赋咏甚有情致”这样的文字记载。民间传说，唐太宗在花朝节这天曾亲自于御花园中主持过“挑菜御宴”。而嗜花成癖的武则天在自己执政期间，每到花朝节这一天，总要令宫女采集百花，和米一起捣碎，蒸制成花糕赏赐给群臣。在那时，人们把正月十五的元宵节、二月十五的花朝节、八月十五的中秋节这三个月半节日视为同等重要的岁时节日。

在有关文章中，衡阳关于花朝节的记载只有寥寥数行字：花朝节，简称花朝，俗称“花神节”“百花生日”，一般在农历二月十五举行。花朝节当天要祭拜花神，祈福禳灾。节日期间，人们还要结伴到郊外游览赏花，称为“踏青”，姑娘们剪五色彩纸粘在花枝上，称为“赏红”。

旧时在衡阳城乡，大家十分看重花朝节，这也是除了元宵节，赶完二月八之后又一个热闹的节日。衡阳人庆祝花朝节，在不同的人那里有不同的做法，大体可以有三种：

游春扑蝶。二月的天气渐渐温暖，一些报春花陆续开放，桃花红，李花白，菜花黄，已然一片花团锦簇，花朝节选择在此时也是极为应景。古人认为，二月为踏青的开始，十五为高潮，到清明为尾声。立春，大地回暖，有春的气象但花草并未发芽；春分，草芽等草类开始生长；花朝，百花开始发芽；上巳，花开到成熟期；清明，树花都已发展成熟，万物清明，桃红柳绿。此时，有钱人家的绅士淑女会牵手搭肩去户外赏花扑蝶；学堂里的文人雅士则会邀三五知己，赏花之余饮酒作乐，互相唱和，高吟竟日。

赏花剪彩。花朝节虽然不是明确的女儿节，但在民间也被称为姑娘会，女孩在这一天也借此相聚玩耍，互相认识结交朋友。未出阁的女子最爱赏红、拜花神、吃花糕、行花令，祈祷自己像花一样充满朝气与美丽。赏红一般与拜花神连为一体。清以前贵族士人也赏花剪彩，祭花神，到了后来逐渐变为女子的专利。衡阳在花朝节这天，还有女子剪彩花插头的习俗，如古籍中所载那样：花朝节，城中妇女剪彩为花，插之鬓髻，以为应节；到了清代，花朝节又有赏红之俗，闺中女郎剪五色彩缯粘花枝上，谓之赏红。

种花挑菜。这一天，各地还有栽花种树的习俗，花朝节也是古代的植树节。衡阳乡下人过去栽树都选择在农历二月，这与花朝节是否巧合，无从考究，但他们坚信，只有在这个时候种树栽花成活率最高。中国现今把 3 月 12 日作为植树节，多少与花朝节有点关联。在花朝节挑菜，就是挖野菜。春天来了，地里的野菜都露出了头，嫩嫩的，绿绿的，正是人间美食、健康佳品。比如荠菜，鲜嫩可口，营养丰富，是不可多得的野味。还有马兰头、白蒿、蒿菜、蒲公英、蕨菜等。衡阳人这一天挖野菜，是为了吃三春粥。三春粥就是白粥里加入各种野菜，吃起来开胃可口，好消化。仲春时节正是各种野菜鲜嫩的时候，吃三春粥最是应景。

晒种祈丰。如果说在花朝节踏春扑蝶、种花挑菜属于阳春白雪式的过节，衡阳人最具下里巴人般的过花朝节，则是在二月十五晒种子了。旧时，这一天在衡阳乡下，几乎家家门口摆满了篮盆、晒簟和簸箕一类，上面晾晒着头年家中留下的各类种子，谷种菜种等一应俱全。乡下人认为，这时正值芳菲酝酿之际，摊晒各类种子，可以求得花神庇护，使得一年收成更好。坊间还会利用这一天来预卜全年庄稼的长势，其方法很简单：是日忌雨，晴则带来百物丰熟的吉兆。

遗憾的是，中国这个传统的节日，清朝末期便渐渐淡出人们的视野，以至于当下多数人不知花朝所云何意。

文化娱乐

草堂戏班

同全国其他农村一样，衡阳地方当年也活跃着许多土生土长的草堂戏班，它们是时代发展的产物，在那个没有电视和电影的年代，农村戏班的存在，为传承中华民族的传统文化，丰富乡村的文化生活，无疑作出了重大的贡献。

衡阳的草堂戏班多以自然村落为主要集中地，一般以邻近三个大队为单元，由一个有声望的人牵头组建，演员和乐手都就地取材，多的一堂戏班有 30 多人，至少也有 10 多人。戏班乐队由于人员少，一人兼多项技艺，比如打鼓、敲锣、击钹是同一个人，他们把鼓和响乐绑在竖起的长凳腿上，双手并用；吹唢呐扯胡琴也是一人。另外的帮手一般是 3 人。草堂班子的班主负责添置和保管行头，并对参加演出时的演职员发薪金。

演员和乐手都是双重身份，在台上是演员，到家时便是农民。他们不像正规戏班会每天进行练功或吊嗓，一切全凭天生的功底，其演技也是闲暇时师傅带徒弟式的一招一式地口授身传。这些土生土长的演员，日子久了，便在当地形成了自己的名气，成了剧团的台柱子。我小时候就常常听到大人们闲谈时议论着他们，记忆中，他们谈得最多的是长乐班中的蔡九伢子，演陂班中的雷麻子。我认识的本大队的吴岳松和李孝林，一个唱小生，一个唱旦角，在本地也是小有名气。

衡阳的农村草堂班子演的剧目本子较多，我粗略估计不下 40 个剧目，其中的代表作品有：鬼神剧《桃源盘洞》，爱情戏《刘海砍樵》，生活戏《张二嫂回娘家》，历史剧《杨八姐打店》，推理戏《金钏记》，伦理戏《张古佬磨豆腐》及狄公案系列《乌金记》等。

衡阳地方戏曲调有点近似于花鼓调，但又不完全如此，以高亢激昂为主调，演员唱到高调处，常有唢呐为之接音。据说有些功夫好的演员，最后唱腔的拖音甚至可以盖过唢呐声。

草堂班子接到演出的任务，多是在春节或冬闲时分，也有人家中有红白喜事或者当地有重大节庆活动，这才搭台唱戏。这种戏目会根据主人的要求进行认真挑选，有时可能会在一个地连台演出好几天，这对于戏班来说是一个严峻的考验。据老辈人说，1949 年，长乐地方发生瘟疫，当地有钱人为了唱戏驱邪，用白布搭了一个露天戏台，看戏的人则用白色伞遮盖，整个剧场不见天日，据说这样可以驱瘟。这台戏从正月初一开始连续十五天演出，其中重头戏就是《目连救母》和《毛国金大打铁》。

据说在这种演出场合，打开场锣鼓时小孩和病人要回避。乡下有个迷信的说法，开场锣鼓时，锣鼓唢呐胡琴齐鸣，声音急躁，有人会犯煞，会当场昏倒，即是碰邪了。戏班中此刻也会有人端一碗水出来，口中念念有词，然后令其喝下，衡阳方言叫画茶。说来也奇怪，一般情况下，他们都会很快恢复。

衡阳草堂班子演戏，既有字正腔圆的唱功，让人在听戏中得到享受，也有道白中的诙谐幽默，让观众不时捧腹开怀。有些剧完全近乎于喜剧，像东北二人转那样从头到尾让人放松，如《张二嫂回娘家》，整本剧中都是用衡阳方言来插科打诨，让人在观看时笑得前仰后合。无论是演出哪个剧目，为了提高演出质量，他们尽量满足“雇主”观众的要求，不敢敷衍。演出让观众满意的，村民们会端出家酿的好酒和祭神祭祖的肉菜犒劳演员们。那时的观众不像时下的年轻人，看古装戏是看热闹，对台词唱腔不甚了了，唱走了调或念错了词也没知觉；总有那么些较真的老戏迷不好随便应付，他们说话又算数，红包大小全在他们手里估算着呢。

现在，随着娱乐节目的多样化，人们已不再对这种乡村剧目感兴趣，加之农村的空巢现象严重，草堂戏班已经成了历史。

渔鼓道情

上了年纪的衡阳人应该记得，早期的农村但凡遇到红白喜事，抑或乡村有重大活动，最大的娱乐活动就是请戏班子来唱一场戏。但那种活动排场太大，花销也多，一般人家请不起，为了解决这个矛盾，聪明的衡阳人发明了一种叫渔鼓的娱乐方式。

渔鼓是用衡阳方言说唱故事的曲艺形式，在衡阳城乡广为流传。一般为一人背着一面鼓，可在茶馆、酒店及家庭和聚会场所表演，由于不需要太多道具，形式简约，主要凭艺人一张嘴，口吐莲花在那里表演，因而在当年颇受欢迎，极具影响。农村人在农闲时节，抑或是家中有喜事办酒席时，多会请一位艺人来演唱助兴。

衡阳渔鼓始于晋代，距今1800多年。据史料记载，魏夫人在南岳建黄庭观，将道教传播到南方，边打渔鼓边唱道情，于衡阳东南四乡传播道教理念。民间艺人学会了，世代传承，至今仍保持原汁原味的说唱形式。

艺人的道具主要是鼓和简板。渔鼓的鼓不是我们通常意义上的鼓，它用竹筒制作，筒长65～100厘米，鼓面直径13～14厘米，一端蒙以猪皮、羊皮或油膜（即猪尿泡）。演奏时，左手竖抱渔鼓，右手击拍鼓面，指法有“击”（四指同时拍击)、“滚”（四指连续交替单击)、“抹”(四指击鼓止音)、“弹”（四指屈指连续交替击弹）等。简板用竹片制作，长45～65厘米，宽1.7～2厘米，一端向外弯曲，两根为一副。演奏时用左手夹击发音，与渔鼓一起为演唱伴奏。

衡阳渔鼓的兴盛与本地灿烂的历史文化息息相关。唐、宋、元、明、清，这里茶文化、酒文化、瓷器文化、书院文化、渔鼓文化交相辉映。衡阳人思想开明，生产劳作之余，享受着各种精神文化的滋润，渔鼓不断地创作、演唱、丰富，达到一个个辉煌的历史高度。曲目有“唐三千、宋八百”之说，有的一部“大传”可连续演出10到20年。“小传”“私访”浩如烟海，动人心弦，带给人们极大的精神享受和美的启迪。我小时候听《狄公案》《薛刚反唐》《岳飞传》，至今仍有印象，尤其是听到说岳飞扫北中八锤大闹朱仙镇，更是如痴如醉。

衡阳渔鼓的结构形式包括“引白”“正文”和“锁口”三部分。“引白”一般为四至八句诗文，或为套话，以引出内容、说明演唱目的。我至今仍然记得那几句开场白：渔鼓不打两头空，五湖四海泛嘣嘣。老者想听唐朝古，少年犹听宋朝情。我今两段均不表，只叙扫北小罗通。“正文”是渔鼓的主要内容。“锁口”为全文的总结部分，一般为几句诗歌，照应引白，归纳全文。

渔鼓演唱比较灵活，除某些较短的曲段有固定曲词外，长篇均无固定唱本，只有四字一句的“桥路本”，记录故事情节概要，演唱时靠艺人临场发挥，随口编唱，对情节与人物逐一进行深刻细致的描绘，增加浓墨重彩的渲染，以达到预期的艺术效果。

衡阳渔鼓是在山野抒情小曲及宗教歌曲影响下形成的渔鼓调，属单曲体板腔结构，为起、承、转、合四句式和微调式。其演唱方式较为简便，由一人抱鼓击节多角演唱，前奏、间奏及说白停顿处均可配击渔鼓，造成气势，轻重疾徐，有抑扬顿挫之妙。

少时，我特别喜欢听渔鼓，倒不是它的唱腔有多好听，而是在艺人那里，我听到了许多书本上读不到的故事，例如《杨家将》，艺人嘴里的情节远比书本上来得精彩。

可惜的是，那种原汁原味的渔鼓再也无人敲响。

影子戏

影子戏是衡阳方言，其实就是北方人讲的皮影戏。其演出形式与其他地方大体相同，因是用衡阳曲调和方言演出，在衡阳民间受到热捧。

衡阳影子戏，由于设备简单，对场地要求不高。过去在农村，常常是将一个扮桶倒扣在地，再在四周围上晒簟，在面对观众处留一个缺口，用两根竹竿支撑起一块白布，再置一张桌子和两把凳子，挂上两盏煤油灯，场地布置便告完成。

整个演出只有两个人，过去有人戏称这种班子为“一套锣鼓一个打，一台菩萨一人耍”。二人班为一人在前台“掌桥”，边操影子边演唱；一人在后台操一套打击乐，边打边唱。两人协同，能演出一台数十个人物出场的大戏。

影子戏的装备箱不足30公斤，前箱内装各类影形50～60个，那些皮影造形，吸收了剪纸、绘画、雕刻等多门艺术的精华，惟妙惟肖，十分逼真。影形分为构成人物躯体外形的袍褂、宫装、闲装、兵勇、肉身、猴子的“身子类”，构成人物脸部相貌的“头子类”，构成人物身份的“帽子类”，以及各种道具和兵器。后箱专装各种乐器和乐器支架。

用于影子戏演出的亮窗，也叫蒙子，是通过灯光将影形投到上面，让人们可以观看人物的举手投足的细节。旧时，蒙子以土皮纸糊在杉木框上，后改用白布。搭影子戏台的支架用竹竿和木棍，俗称把子，其中4根木棍做台柱，24根长短不一的竹竿支撑起整个影子戏台。戏台占地不到2平方米。影子戏的用光，旧时一盏大号煤油灯即可；有电后，一个60～100瓦的灯泡，接上电源就可演出。

影子戏的头子用仔牛皮晾干、磨薄后制作，一般先在干皮上画好不同人物的脸面、着好颜色，雕刻成形，然后涂上生桐油。20世纪50年代，艺人开始用照相用的底片、幻灯片所用的胶来制作头子片。身形均由壳纸制成。壳纸的材料为一种叫作关刀纸的土纸，做壳纸要用放有明矾的浆糊，明矾与面粉的比例为1∶10。放明矾一是防虫噬鼠咬，二是防潮不起霉。壳纸是在干净的门板上将关刀纸一层层反复叠合粘结、干燥而成。五层的壳纸用来制作影形的身子和帽子，七层的壳纸用来制作黑色身形的躯体和道具。壳纸晾干后用玻璃或木板压平，然后，艺人才在壳纸上描样、下裁、雕刻。

雕刻的工具是叫作油盘或蜡盘的垫板。用牛油、羊油制作的为油盘；用蜂蜡制作的为蜡盘。油盘或蜡盘做的垫板用来雕刻纸形时，一是松刀，能雕得透；二是不钝刀具；三是垫板经久耐用，可反复使用两三年。影形雕刻好，安装好各部位、操作签子之后，即用生桐油或透明漆涂刷，然后晾干。涂了油的影形既防潮，又耐用。

影子戏的演出内容十分广泛，多为传统戏。一般艺人可以演唱数百出剧目；一些名家可以演唱上千个剧目。有些连台本戏，可唱数天到半月，如《封神榜》《西游记》《西汉演义》《三国演义》《粉妆楼》《岳飞传》《包公案》《杨家将》等。

影子戏由于演出场地要求不高，收费也不贵，在过去，两个人的一场演出，除了吃饭外，每一次演出有三五块钱便可对付，农村家庭但凡有喜事，常常会请他们前来演出助兴。记得当年有的生产队为封山育林，就专门请来影子戏班在队里连续演出好几个晚上。

现在，影子戏在农村已无市场，留下的只是我们这一代人的记忆。

衡阳山歌

一说到山歌，很多人就会想到电影《刘三姐》，以为在桂林地区才会有山歌，其实在衡阳地区，同样有唱山歌的历史。

所谓山歌，就是人们在田野劳动或抒发情感时即兴演唱的歌谣，属于口头文学的民歌。它的内容广泛，结构短小，曲调爽朗，情感质朴、高亢，节奏自由，主要流传于高原、山区、丘陵地区。衡阳山歌因其地域特色、风土人情、礼仪习俗、时间与空间的不同，展示的内容和风格也不一样。山歌内容以讴歌劳动生活、宣泄疾愤、憧憬未来为主，大都是天人合一、心物一体、情景交融的体验和感受。

题材最广泛的山歌当属生活歌。有社会世态类的，有童养媳小丈夫类的，有寡妇苦歌，有光棍苦歌，有骂媒歌，有生活知识歌，有地名歌，有风景歌，有要饭歌、扒灰歌，有懒婆娘歌，有俭朴歌，等等。有的反映了旧社会寡妇和光棍内心的痛苦，如《单身汉子真孤凄》："单身汉子真孤凄，自煮饭来自补衣；又要低头去吹风，又要抬头去赶鸡。"有的表达对苦难的发泄和对美好生活的向往，如《苦字歌》："借新账，还老账，新账老账账叠账。拆烂衣，补烂衣，破破烂烂常补衣。冇日冇夜难糊口，受尽东家老爷欺。世上只道黄连苦，穷人苦难胜黄连。"有的表现了劳动人民生活中的艰难，如《当家歌》："正二三月喝斋汤，四五六月上陡滩，七八九月平平过，十一二月又转班。"

我小时跟随大人在田间劳作时，碰上云淡风轻的天气，抑或遇到远处有人在劳动间歇中歇息，便会有好事者带头吼上一句开头的歌词，如"我在高山刨草皮，想起岳家小阿妹"，声音传向远方，或婉转悠扬，或铿锵激扬。这时，便会有人用山歌来回答，如"叫声哥哥你莫急，想吃豆腐心要细"，这样便将氛围逐渐调动起来。队伍内部自己人相互对歌，与远方人的隔空对唱，那场面颇为壮观。

这种歌声在 20 世纪 60 年代初还能偶尔听到，不久后便彻底地消失了。

发 断

发断是衡阳方言的音译，无法直接解释，大体相当于讲吉利和讨彩头。衡阳人讲发断，就是对当事人或户主讲一些吉祥如意的好话，让听话人觉得愉悦，当然，发断人可以得到红包。

发断可以出现在多种场合，一般说来，当农村有人砌新屋圆垛和上梁时，当一对新婚夫妇婚宴结束准备步入洞房时，当每年春节期间耍灯到达一个屋场时，当家中置办一件重要物品完工时，这些场合都会有人出来发断。

衡阳发断有自己独特的表现形式。一是用打油诗的形式，发断通常为四句五言或七言的句子来表述，不求对仗是否工整，但要求第二、四句押韵。例如，常见的耍灯发断有“锣沉沉来鼓沉沉，我今来到旺家门；夫勤妻贤子孙孝，添福添寿喜盈盈”，就是典型的讨主家喜欢的发断。二是发断时有独立的吟诵腔调，并且抑扬顿挫，让人听起来有一种听觉享受。

发断的人也是有具体的讲究的，砌屋圆垛时，由数位砌匠中那个领班师傅发；新屋上梁时，由木匠师傅发；新郎新娘入洞房时，则由礼生发；耍灯时到外面发断，一般由那个提马灯负责收红包的发，有的耍灯队伍较大，去的地方较多，可能还会专门聘请发断的人，多的时候可能聘请两个，由他们专门负责发断。无论是哪种场合的发断人，都要求有三种基本功：清晰伶俐的口齿，讲话声音洪亮；即兴表演的能力，调动现场氛围；倚马可待的触才，自己编制断文。

发断习俗的来历据说与姜尚姜太公有关。话说商周时期，姜尚曾在现在诸城境内的郝戈庄镇尚庄村隐居，相传尚庄村名即由此所得。有一天，姜太公云游四乡，傍晚来到一村，见一户人家正在盖屋，差不多明日就要上梁了。但姜太公掐指一算，明天是个百事不吉的日子，上梁轻则墙倒屋塌，重则死伤人命。姜太公不忍心让这户人家惨遭不幸，但又不能点破玄机，便想在此住一夜，第二天在这户人家上梁时给化解劫难。于是，他向这户人家提出借宿的要求。主人是位善良纯朴的老农，虽然因为盖房实在腾不出地方，但见姜太公是位须发皆白的老人，也就答应了，并且把姜太公安排到临时搭建的草棚里住，自己则到房前的槐树下露宿了一夜。第二天上梁时，姜太公对老农说："上梁最好要写道符，能逢凶化吉，诸事顺利。"老农说："村里没有人会写呀。"姜太公说："我会写。你去准备一束麻我好当笔，再把锅底灰化在水里，我好当墨。"老农照姜太公的话做了。不一会儿，符写好了，是一副对联，上联是"上梁正逢黄道日"，下联是"竖柱巧遇紫微星"。姜太公把对联一念，众人都说写得好。这时，有人劝姜太公走，说他年迈腿脚不灵便，马上就要上梁了，别在这里磕着碰着。姜太公说："我年纪大了，别的忙帮不上，就让我站在一边，等上梁时喊几声'好'吧。"众人见他心诚，也就不再说些什么。上梁了，姜太公在一边大喊了几声"好"，果然梁柱皆顺利搭好，没发生一点意外。上梁完了后，姜太公飘然离去，众人浑然不知。中午，泥瓦匠们正在刚上梁不久的新房里吃饭，一外乡先生从此路过，他看了梁上的对联，便说这绝非等闲之笔。众人这才注意到，刚才那位须发皆白的老头儿早已走了。据说，从那以后，凡是有人家盖屋上梁，都要写副对联贴上以讨吉利，有的就写姜太公留下的那副，有的干脆写上"太公在此"之类。此外，还要请一些围观的人在上梁时喊几声"好"。这一习俗后来演变成用四六句讲好话，也就是发断，并沿袭引申到其他行当。

发断的内容一般都有现成的断文可以引用，过去民间的印刷本就有《发断实用大全》，如木匠上梁用"砌屋上梁，鞭炮齐响；华堂纳吉，黄金万两"；耍灯时到新结婚的屋里闹新房，则用"富贵花烛亮堂堂，新娘房里好嫁妆；新床新被新罗帐，鸳鸯枕头分两旁"。也有许多时候碰上一些特别的情况需要发断，这就要靠发断人自己去临场发挥了。

目连戏

现在的人们可能会津津乐道于某个电视剧，一部几十上百集的肥皂剧会看得不知白天黑夜。其实，这样的连续剧中国早就有了，最著名的就是目连戏，在文化生活比较单一的年代，衡阳人也是乐此不疲。

目连戏是以宗教故事“目连救母”为题材，保存于民俗活动中的古老剧种，是目前有据可考的第一个连台大戏剧目，被誉为中国戏曲的“戏祖”。衡阳地区比较正宗的演出班子是祁剧班，在东南西乡，则多为马灯草堂班子演出。

目连戏是保存于民俗活动中的戏曲演出，因主要表演目连救母的故事而得名。载于佛教经典的目连救母故事主要内容为：傅相一生广济孤贫，斋布僧道，升天后受封。傅妻刘氏青提（又叫刘四娘）不敬神明，破戒杀牲，用狗肉馒头斋僧，死后被打入地狱。其子傅罗卜为救母往西天求佛超度，佛祖为他所感，准其皈依沙门，改名大目犍连，并赐其《盂兰盆经》和锡杖。目连在地狱里历尽艰险，最终寻得母亲，一家团圆超升。几百年来，经过无数艺人的锤炼，目连戏以其博大纷繁的戏剧形式、无所不包的表演手段、积淀深厚的音乐素材及情景交融、观演互动的演出排场，在民间盛演不衰。

目连戏之所以在民间长盛不衰，主要有以下几个特色：

目连戏寓教于乐。目连戏是目前唯一一部将佛教与儒家所主张的孝道结合起来，成为中国古代戏曲中以佛经故事为题材、影响广泛的一出戏，也是佛教与中国戏曲结合的代表作之一。最早文字记录见诸南宋孟元老撰《东京梦华录》。明万历年间，安徽祁门清溪人郑之珍在过往杂剧、变文及传说等的基础上撰写出《新编目连救母劝善戏文》，大为流行，不仅原有目连戏的声腔剧种多以之为演出蓝本，且在北方流传开来。清代，目连戏的演出遍及全国，并进入宫廷。

目连戏滑稽有趣。在戏中穿插了许多插科打诨的片段，而且是用地方方言中的幽默话表述，让人忍俊不禁。如其中有“背病妇”：一人扮面如女子，胸前别着一老人头，饰为老翁背其病媳而行；有“泥水作打墙”，瓦匠终于把自己封进墙里去；有“挑水”，诉说道“当初说好的是十六文一担，后来不知怎样一弄，变成了一文十六担”，所以挑了一天只有三文钱的工资；有“张蛮打爹”，张蛮对众说，“从前我们打爹的时候，爹逃了就算了。现在呢，爹逃了还追着打!”这正是常见的“世道衰微，人心不古”两句话最妙的通俗解释。这些滑稽虽不很高雅，却与士流之辈的粉饰扭捏不同。戏中穿插了不少杂要表演，如度索、翻桌、蹬坛、跳索、跳圈、蹿火等，更是把世俗生活场景直接搬上了舞台，所以许多独立的故事情节和场景，如《双下山》《哑子背疯婆》《王婆骂鸡》《赵花打老子》等，成了各剧种久演不衰的折子戏，富有我国辽阔国土上的不同土气息、泥滋味，为东西南北各地老百姓喜闻乐见。

目连戏涵盖面广。目连戏是个复杂的文艺现象，是各种思想历史积淀，涵盖多元思想，包容多种艺术。在思想内容方面融合儒、释、道三家思想；在艺术形式上，目连戏演出时，有角色行当、唱做念打，包容各种杂技、歌舞、百戏，以及大量的民间风俗，并注意人物性格的刻画和矛盾冲突的安排，具有结构艺术的整体性。全戏以目连之母被打入地狱，遭到各种磨难、报应，作为孝子，目连不避艰险找遍地狱，求佛救母为主要情节，同时宣扬了封建孝道、宗教迷信和因果报应。

衡阳各乡的戏班，能演目连戏全本的不多。西乡最著名的是蔡氏家族班，鼎盛于清末，为民间自发组织的艺社。牵头人艺名蔡九伢子，成员都是本地人，多数另有职业，有打银饰的，有做道士的，有种田的，有做杂匠手艺的，演目连戏不过是一种副业。目连班每年于农历三月“拢班”，到八月“散班”。各目连班都有老台基、老角色，自成体统。蔡氏班子阵容强大，演员50余人，行当有老生、副老生、正生、副末、武生、武小生、小生、副小生、老外、大花脸、副大花脸、二花脸、小花脸、四花脸、五花脸、杂、正旦、花旦、武小旦、老旦、小旦、彩旦、作旦、五旦，共24色；后场乐队则有鼓板、小锣、正吹、副吹、大锣、大钹等。

目连戏的演出气氛庄严阴森。作为祀神戏，常在打醮祛灵、酬神还愿等场合演出。演出前，都有庄严隆重的宗教仪式。如《大发五猖》，整个过程锣鼓不断，气氛十分森然，过程有取猖、起猖、发猖、放猖、安猖、过房、接猖、暖猖、拔猖、送猖、窖猖、迎送菩萨等十余个名目，与鬼神一起做戏，自然显得神秘而恐怖。

目连戏多在中元节的盂兰盆会时上演。全本有百余个戏牌，演出时间是两头红，即晚饭后太阳下山至次日早上太阳升起，一般需一个星期的时间。这种演出在当地难逢难遇，一般都是大户人家牵头出资，配合当地做大型法事，演出场地主要是在集镇的露天搭台，观众自带凳子或席地而坐。

目连戏在演出形式上也别具一格，做到了两个结合，即剧场内外结合及戏班与当地民众结合。开演前三天，当地人都得斋戒；出资搬演目连戏的当家主妇，无论高官富婆、金枝玉叶，都要身着破衣烂衫、蓬头垢面，出外叫花七七四十九户；演到罗卜入地狱救母这场戏前，主要演员要挨户化缘；演锁寒林、打五猖情节时，戏台扩大到现实生活中，假戏真做，生活也成了戏剧；最令人惊心动魄的是地狱鬼差追杀刘四娘，采取打叉形式，七斤的钢叉十分锋利，由花脸艺人对着正旦艺人刘四娘的行迹放叉，场景惊险，观众胆战心惊。前文已经提到，艺人们不断吸取民间艺术精华，将人民生活场景，比如厨艺茶艺，扳手腕、顶禾橇之类搬上舞台，并精益求精，将内容和形式与当地世俗生活形态紧密结合起来。

搬演目连戏在当地是件天大的事情，往往惊动周边百里民众赶来守台观赏；数年之后，他们还会津津乐道地谈论某地、某人家、某艺人的搬演故事。其规模巨大，耗资不菲，不是富家大户，就一村一镇乃至一个县城来说，得三五年甚至七八年的积蓄才成，还得看社会治安、年景丰歉。所以抗日战争爆发之后，国难当头，民生多艰，全本目连戏再也未能演出。新中国成立后，目连戏在相当长一段时间里不能搬演，曾经参加过目连戏演出的艺人日渐老去，许多绝活逐渐失传，故而成了非物质文化遗产抢救的重点之一。

稻草龙

衡阳人在春节期间有耍灯的传统，与其他地方一样，龙灯是不可少的一个灯种，最具特色的当属九市的稻草龙，曾在全国的舞龙表演中拿回一枚奖牌。

舞龙的起源和传说很多，各地都有不同的版本，目前比较正统的说法是：在很早以前，东海龙王得了病，腰酸心里疼，浑身还发痒，特别难受。请遍了龙宫里的龙医，结果谁也没有给它把病治好。龙母就让龙王到民间探访名医。有位名医医术高超，果然医好龙王的病。作为答谢，龙王问其有何愿望，名医告诉龙王家乡发大水的事情，希望龙王能改善这一情况。龙王爽快地答应，此后此地果然风调雨顺。就这样，每逢过年，人们都要做些大龙，敲着鼓，打着锣，高高兴兴到街上去舞龙。以后形成习惯，舞龙就世世代代流传了下来。

衡阳的稻草龙发源地在九市，初时叫管龙（衡阳话将稻草称为管）。对稻草龙的起源，老辈人的说法有两个：一是当年九市有一大地主，逢年必做一布龙，以绸为龙身，以金箔贴龙头，极尽奢华，在乡间显摆。穷人们没有实力做这样的龙，但追求快乐的心却都有，于是就地取材，以田间稻草为材料，也做成了一条龙，自娱自乐。草根们简单的快乐，伴随稻草龙一代代得以相传，而当年的绸龙早已不见踪影。二是传说清康熙年间，正当秋收，一片蝗虫从天而降，该乡台九村全为肖姓人氏，再三驱赶扑打，总是不散。众人正在忧心如焚，忽然刮起一阵大风，将田埂上一长溜脱了粒的稻草席卷起来，如同一条巨大的金龙直向蝗虫扑卷。蝗虫魂飞魄散，有的被扑死，剩下的逃之夭夭。肖姓人认为是神农爷遣来金龙保禾除害，感激不尽。次年春节，他们便扎了稻草龙四乡游舞娱乐，直到元宵佳节午夜子时，便将稻草龙拿到田里烧化，表示送龙升天。以后沿袭至今。

衡阳稻草龙的制作也独具匠心。龙头龙尾用青竹篾扎成“骨架”后，糊五彩锡箔纸作为“皮肉”；龙舌用红布块做成；龙睛用青布团点缀；龙须用两根牛筋制成。龙嘴龙舌龙须等处还设置活动机关，舞龙人只要一拉动线，便能活动张合。并且又在龙的咽喉部装上安插烟花的竹管，舞动前点上烟花，龙嘴便能吐雾喷火。龙头至龙尾多的可达15节，每节“龙椎骨”用青竹篾扎成竹圈，竹圈之间用3根细长麻索贯串，成为“龙筋”。龙的“皮肉”全部选用优质糯谷稻草茎梗精心扎制。扎之前，先将其用漂白粉或石灰兑水泡软，漂白，捞出晾干，斩成9寸为一段，9根为一束，交叉扎制在麻索上，束与束扎成菱形图案。“龙鳞”则用五彩锡箔纸剪成圆片用麻索紧系于稻草结上。这样，龙体便呈圆柱形状，而且五彩纷呈、富丽堂皇，大大增强了立体感和真实感，舞动起来，带着稻花清香，吐着泥土气息，宛如一条生活在江南鱼米乡的真龙，令人耳目一新。

在所有龙灯队伍中，衡阳的稻草龙排位最尊：倘若两堂龙灯在途中相遇，别的龙要给稻草龙让路；两堂龙发生纠纷打架，稻草龙可居中调解和仲裁。

九市人舞龙，有形（姿势）、技（配合）、法（方法）、情（神韵）4大技术要素。其中，“形”包含圆、连、顺、灵4种形态；“技”指人与龙体、龙珠与龙体、音乐与龙体的配合；“法”包含舞法、步法、握法、鼓乐法；“情”指人、龙之间情感的表达，即舞龙时表现出的喜怒哀乐等情感。舞龙的动作千变万化，9节以内的侧重于花样技巧，较常见的动作有：蛟龙漫游、龙头钻档子、头尾齐钻、龙摆尾和蛇蜕皮等。11节以上的龙，侧重于动作表演，金龙追逐宝珠，飞腾跳跃，时而飞入云端，时而入海破浪。再配合龙珠及鼓乐衬托，成为一种集武术、鼓乐、戏曲与龙艺于一身的艺术样式。

衡阳稻草龙在今天依旧“龙”气惊人：1979年先后参加衡阳地区和湖南省文艺汇演，均获一等奖；1988年应邀参加“北京国际旅游年舞龙大奖赛”，获得三等奖；2002年在中国（衡阳）首届船山文化节上，九市受邀制作一条稻草龙，56节，长310米，成为节会亮点。

读者若有兴趣，可在正月初六后至元宵节这段时间内，在当地睹稻草龙的芳姿。

渣江社戏

社戏不是衡阳所独有，但衡阳渣江的社戏却极具地方特色。

我们或许都读过鲁迅先生的《社戏》，那介绍的是绍兴社戏。在鲁迅看来，当年在偏僻的小村庄和农民孩子一道看社戏，那婉转、悠扬的横笛声，使“我自失起来”，那模糊在远处的月夜中的戏台，使我疑心是画上见过的“仙境”。衡阳的社戏同样也有自身的魅力。

社戏，即在社中进行的一种有关宗教和风俗的戏艺活动。它在中国民间广泛流行。社戏源于古代官社或私社的祭祀、庆祝活动，随着戏艺形式的多样化，社戏的形式也越来越多样化。因各种戏艺形式细分化和专业化，诸如杂技、戏曲等戏艺形式逐渐独立并成熟，然后这些专业的戏艺团队又以合作或受邀聘请的形式融入各地社戏表演中。

社戏一般在庙台或草台（临时搭建）上演出。庙台有两种：一为建于庙宇大殿前的天井内，庙台正对佛像；二为筑于庙门的水上舞台，或称“水台”，观众可坐在船上看戏。

渣江社戏也是这种风格。在距古渡码头不足 50 米、离河只隔一条街的地方是小镇最热闹的地方：寿佛殿。这里供奉着寿佛的神像。依据河水的流向，从西到东一路数来，渣江老街有七七四十九根木制圆柱。西头竖起谓之头柱，街尾与渣江石拱桥相连，谓之尾柱。寿佛殿大约居于中间。殿为典型的江南风格，青砖白墙，飞檐翘角。寿佛殿的对面建有戏台，工艺精湛，独具匠心。台上出马门上书“出身好”；进马门上书“结局高”。前柱对联：“嬉笑怒骂皆文章何须翻人物类撰；英雄儿女空色相即此是今古奇观”。前台后壁正中悬挂一匾，书写“大都如此”四个大字，苍劲有力，独成一体，很有气派，相传是马头山儒生凌麟用左手所写。如今，有人若戏说某事平平者，会用一句歇后语：“渣江戏台上的匾——大都如此！”戏台下面有空坪一块，供人们看戏和交易米、柴之用。戏台后面还建有一间“落剥亭”，乞丐安宿于此。亭旁有一口莲花塘，传说是风水宝地，塘里夜放莲花，被一乞婆看见，即跃于莲花中，葬身于塘内，后来乞婆之子点中状元，封妻荫子。

渣江社戏的主要节目有湘剧、祁剧。但是影响大的却是衡阳师道戏《大盘洞》，它是湘南地区广为流行的巫师（俗称道教）用以酬神的唯一的一出戏，具有一定的艺术特色，在群众中影响极深。衡阳地区的师道戏又称师道教、师公子戏，在湘西则称傩堂戏。它是通过师道教傩堂“法事”程序来酬谢神灵、祈求降福、消灾弭祸的戏剧形式。

社戏的高潮是对台戏演出时。每逢庙会，请两个戏班在一个场所搭台同时演出，老百姓称之为对台戏。对台戏从火炮戏开始，可以说火炮戏是社家对两家剧团阵容的一个展示。渣江春社的对台戏，讲究东起西落火炮戏。人们事先在西边舞台角上摆放一堆火炮，然后从东边舞台上点火落到西边舞台上，点燃西边的火炮。两家剧团以炮声为号，出来演戏。戏一旦开始，鞭炮火铳齐鸣，唢呐锣鼓一起奏鸣，气氛十分热烈。经常是两台戏、三台戏同时上演，甚至在河洲中临时搭台，请来新的戏班子演出同样的剧目。至今，渣江供销社招待所院子里还残存着当年戏台的基础，在对河滩头还有临时搭戏台的石头墩子。竞争的激烈性使得各剧团不得不使出全部的力气来吸引观众。哪一边的舞台要是正旦嗓音好，或是小旦长得俏，或者武生跟斗翻得高，观众就会连喊带拥挤向哪一边。另一边舞台不甘落后，马上上演拿手的剧目或派上当红的演员吸引观众。这样，人群时而拥向东边，时而拥向西边，成为社戏的高潮。

渣江社戏讲究多，要求严格，酬金也很高。衡州府各个大戏班子都以能够被请到渣江唱社戏为荣，许多班主都眼红银子而来，却又怕演砸戏受罚。一旦和社家签了演出合同，班主们就会四处请名角，勾把式，增添行头。据老一辈艺人回忆，渣江对台戏激化了各个戏班子拿出绝活的心气，不少表演绝活因此出现。如表演特技抛鞋，是生行表演特技，用脚将所趿之鞋踢起，鞋在空中翻转，落下时再用脚套进鞋头，《打棍出箱》一剧中用。如要獠牙，是花脸行特技，取约 7 厘米的公猪獠牙含在嘴内，要时全凭舌头操纵獠牙吐出或收回。如滚肚，是花脸行特技，先亮肚成圆形，随着一呼一吸运气使肚皮像波浪一样翻滚。如打叉，是大花行一项难度大、出手要求十分准确的投刺特技。尤其是十八罗汉造形，花脸行特技，在《醉打山门》中连续摆十八罗汉塑像的动作。还有大刀花，是把子功之一。

渣江社戏一方面培养出名角，是著名的戏窝子；但另一方面，规矩严，有的演员在渣江对台戏演出中败走麦城，一些学艺不精的演员因此望而却步。如果演员戏服穿错或是唱词出错，会被认为是对神灵的不敬，会招来祸殃，因此评委会指示监台人员翻板、揭席、阻止演出。戏班要跪到神像前磕头赎罪，还要受到罚银、加演的处罚。

社戏请戏班子，除了正常的包场钱，还有其他礼仪钱。如加官钱：戏班每至一地演出，在演唱正本戏之前，照例要“打加官”（或称“跳加官”，一种戴面具祝祷福寿的哑剧节目）。此时，被唱名“加官”的观众（多为头面人物）所赏“加官钱”，亦按全班人数平均分给每个人。还有彩钱，演唱至精彩处，主人一高兴，便向台上抛“彩钱”。彩钱有指明赏给个别角色的，归个人独得；有赏给戏班的，则按人均分。

因为一位皇帝，让渣江的社戏充满了传奇：明正德年间的一个春天，一个风和日丽的人间二月天，一个热热闹闹的二八春社日。皇帝朱厚照游历江南来到这里，看到小镇的热闹与繁华，便跻身人流，或坐在临河的酒肆，烫上一壶糯米湖之酒，抿上几口，品品江南与中原的味别；或到市井商铺问问瞧瞧，听听江南女子满口的俚语。当他在寿佛殿看戏时，看到一位女戏子指戴金戒，扮演“叫化”，这位皇帝立即起身点评“哪有戴个金戒指还去叫化的”。观众一想，不无道理，无不为这位戏迷造诣所叹服。于是，这家戏班也就输了。再看下去，这位皇帝竟然入了迷，待到天黑，戏散人去，便找来一卷稻草稿荐，在殿前大门的石阶上和衣而眠。次日，有人发现戏台上多了一副戏联“演尽古今世间事；唱出人间悲欢曲”，寿佛殿的石板上有两行字迹，“台上戏子盖锦被，当朝皇帝睡草卷”。于是，小镇哗然：正德皇帝来过渣江，看过社戏，留过感言。这当然是民间人们的杜撰。传说总归是传说，但渣江因此而沾上了皇气，渣江的社戏也就更是多了一番传奇。

同其他地方的社戏一样，渣江的社戏与当地传统的庙会紧密联系在一起，也是春社中的一个主要内容，一般与当地赶八同步进行，持续上演 7 到 10 天。

常宁字灯

旧时衡阳人过春节，最大的乐趣是正月里看耍灯。其中，常宁的字灯，可谓独树一帜。

所谓字灯，顾名思义，当然是以字为主体的耍灯娱乐。这种以摆字造句为主的字灯，迄今已逾600年历史。据传为清康熙年间，由开基祖、袁氏第十二代永权公得以充实和发展，尤其是清咸丰及太平天国年间，第十六代袁绣山又对其表演形式进行了极大的丰富，字灯由原来的20个字增加至现在的28个字，内容和表演方式也不断地走向成熟。字灯一共28盏灯，象征着新屋袁氏家族28支人口，每盏灯的造形为正方体，灯的正反两面写有一个相同的汉字，另外两面饰有松柏花鸟鱼虫之类的画。这28盏灯的字组合在一起，便是一首28字的七言绝句，每年的字不同，组合成的诗也不同。个中变化，在于为头的组织者当年的思路，他是总导演。通过这28盏灯的移动变化，可以组合成多种吉祥语和对联。

常宁字灯有着深厚的文化底蕴和教育意义，粗通文墨的人看得懂，感兴趣；有一定文化素养的人乐欣赏，喜品味，雅俗共赏之味道甚浓。而队列变换时，辅以锣鼓鞭炮助阵，更显得场面壮观，气势宏大。耍字灯者青春年少，身姿矫健，步伐坚定，神采飞扬，吸人眼球，因而这种字灯在湘南颇负盛名，流传数百年经久不衰。

常宁耍字灯，通常是与龙灯与狮灯三灯同时出现在一个屋场，规模庞大。从每年大年初一开始，袁家耍灯人统一着装，出灯时，前行为袁氏宗族大旗，大锣大鼓开路，接着是一提灯笼长者领队；狮子灯紧随其后，跟一队锣鼓小响器，紧随4个龙门架子灯，带出龙灯；其后又随一队锣鼓小响器，再一个长者提灯笼，带28个字灯鱼贯而行。

耍灯过程让人大呼过瘾：伴着铿锵有力的鼓点，由青龙、黄龙、硬龙组成的百余米长龙在村民们的挥舞下腾空而起，尽情飞跃、翻腾、游动。随后，颇负盛名的字灯队出场。字灯队通常由28个10多岁的青少年组成，青年们头戴红黄相间的礼帽，身着中式对襟大红衣裤，每人手持一个灯笼，再由一个长者举着彩旗指挥“捡”字。随着指挥者的彩旗号令，队列不断变换，在跑转的过程中持灯者时而双手高举，时而横于腰旁，有时又上下摆动，使方灯一高一低，或呈波浪形变化。跑转数圈后，一声锣响，持灯者即举灯排列成“大对联”“小对联”“大、小灯山”等造形，使字灯组成有意义的字句，如此反复表演，使28盏灯组成各种词句诗文，妙趣横生。

如前面所说，七言诗原诗是：天悬镜映月华中，玉树千枝花吐红。鲜色物融春绣锦，烟凝柳苑拂薰风。改变顺序后的七言诗则为：烟凝柳苑拂薰风，玉树千枝花吐红。鲜色物融春绣景，天悬镜映月华中。也可以这样变：中华月映镜悬天，风薰拂苑柳凝烟。红花玉树千枝吐，景绣春融物色鲜。亦可改为五言诗：月映镜悬天，拂苑柳凝烟。玉树千枝吐，春融物色鲜。五言诗又可变换为：天悬镜映月，烟凝柳苑拂。鲜色物融春，枝吐千树玉。或变成对联：天悬玉镜月映苑，春融柳枝花吐红。变成牌匾时则有：景绣中华，天悬玉镜，玉树拂风，中华春融，等等。

耍字灯亦文亦武，文为诗词对联牌匾，武若行军打仗阵势，以文唤武，以武彰文。年前，即有德高望重者集结后生耍狮子，习武术，健身体。在新屋，袁家年轻人大都学得祖传十八般武艺，以及“飘桌”“栽树”等武术技艺。袁家武术祖传于明初，源于实战，讲究攻防，传至后期，则多以观赏为主。“狮子打”，要求参加者赤膊上阵，腰扎红带，气沉丹田，而后运气开拳，演练各路拳法；或以十八般兵器，诸如大刀、长矛、拳棍、双刀、铁尺、宝剑、流星锤、双节棍（连尺）等各种武打器械单耍或对打。

队伍每至一村，东道主锣鼓鞭炮鸣铳齐响，是为迎灯，十分热闹。进村后狮子灯、龙灯先至村正屋厅堂拜祀祖先，然后三灯聚集禾坪上齐耍。先舞狮现“形”，将狮子舞出各种动、植物抑或器物的造形来，中间不时由带灯长者或接灯的村里长者提举灯笼或举手提示“发断”，围观者嬉闹一片。

这种字灯，带有极强的私塾文化色彩，让人们在娱乐中体味到汉字组合的无穷妙趣，也使得一些无机会上学的人得到了启蒙教育。

衡州花鼓戏

衡阳作为一座历史悠久的古城，文化底蕴自然非常厚重，其中的地方戏剧也极具特色。如果说我之前介绍的草堂班子是衡阳地方戏中的下里巴人的话，衡州花鼓戏则是阳春白雪。

衡州花鼓戏起源于明嘉靖年间，形成于清中期，是一种流行于湖南省湘南地区最具特色、最有影响力、最受人民喜爱的地方戏剧种。

衡州花鼓戏因发源并主要流布在湖南衡阳（旧称衡州）地区而得名。衡州为湖南古城之一。早在宋朝，民间灯会便颇为盛行；明代，歌舞、百戏又有发展，民间傩舞亦盛行。同时，衡州一带风行采茶歌。清王夫之《南岳摘茶词》诗云："沙弥新学唱皈依，板眼初清错字稀。贪听姨姨采茶曲，家鸡又逐野凫飞。"清初刘献廷也曾在衡山"卧听采茶歌，赏其音调"。灯会、傩舞、采茶歌及民间歌舞是衡州花鼓戏得以形成和发展的基础。

衡州花鼓戏又名"马灯"，这是源于车马灯的称呼。车马灯是当地新春正月灯会中的一种歌舞形式，白天走家串户，晚间张灯玩耍，常在"跑灯"的歌舞之间穿插一些反映民间生活的演唱节目，如《渔翁戏蚌》《采莲船》之类，用灯调演唱，流传至今，常常是一旦一丑，称干哥干妹，相互插科打诨，抓哏逗笑，载歌载舞。衡州花鼓戏早期剧目《对子调》即属此类。

在灯会、采茶、傩舞基础上逐步形成的衡州花鼓戏早期演出形式类似于东北的二人转，即一旦一丑"两小戏"，只在茶坊及民间小规模演出。慢慢不能满足观众胃口，为了延长演出时间，丰富节目内容，艺人们创造出一种独特形式，用"搭脑帕"（包头用的黑色手帕）在桌子上罩一茶壶或酒壶以代替第三个角色，由场面（乐师）兼唱，后来正式增加了小生行当，逐渐形成"三小戏"。

衡州花鼓戏的表演具有载歌载舞、轻松活泼的艺术特点。歌舞与剧情结合紧密，有的戏的主要情节都是以歌舞形式出现。衡州花鼓戏的表演有浓厚的歌舞色彩，如《采莲》《刘海砍樵》《磨豆腐》剧目等里边的划船、砍柴、磨豆腐等动作，都是根据实际生活加以提炼和美化的舞蹈动作。另外一个特色就是表演非常细腻，甚至夸张。在《蓝桥会》中名旦张秋生扮演蓝瑞莲，与小生相遇时，抖开手巾，羞答答遮住半边脸，却从指缝中暗送秋波，二人分手时，她低眉回首，眼泪簌簌而下，演得活灵活现，十分真实感人。衡州花鼓戏的唱腔是很有地域特色的，受师道音乐和佛教音乐影响，曲调很活泼，用呐子（衡阳土称，又叫三呐子，近似唢呐）和锣鼓伴奏。衡州花鼓戏主要有呐子牌子、川子调、小调三种主要声腔，并有少数杂腔，音调高亢、热烈、抒情，有浓厚的乡土气息和田野山歌风味，表演形式贴近生活。

衡州花鼓戏的唱词也多方言土语，十分幽默，在当地人听来就特别有意思。比如《蓝继子打砖》里“爷老倌子看出其中情，他要我回家来照应”，“爷老倌子”就是典型的衡阳方言，这样的例子在衡州花鼓戏中俯拾皆是。可以说衡州花鼓戏的舞台语言是以衡州方言为基础提炼而成的，大致可依蒸水流域、洣河流域、耒水流域分为衡阳、衡山、安仁三派，其源流沿革和剧目、音乐、表演艺术大致相差不远。

衡州花鼓戏早期的剧目多无固定脚本，小戏只有小调唱词是固定的，白口全凭演员即兴创作。大戏只有故事梗概，艺人叫“桥路”。每晚演出之前，先由有声望的老艺人讲“桥”，即分配角色、讲述故事梗概、出场先后、包袱扣子；然后由艺人到台上即兴编奏，叫“水词”；借用或固定的关键性台词叫“钉子”。因此同一出戏，因演员而异，差异性很大，艺人把这种情况叫“江湖十八根路，路路相通”。经过长期的演出实践，历代艺人运用口头创作方式，互相取长补短，才逐步使剧本趋于定形。

衡州花鼓戏行当的划分，以小生、小旦、小丑为主，老生、老旦、花脸无专行演员。早期的花鼓戏艺人，“三小”分工也不甚明了，大多能满台转，缺什么角就顶什么。直至 20 世纪 40 年代，才开始有较明确的行当划分。在“三小”行当中，以丑为首，表演技术要求较高，要有手、眼、身、步、鼻须、扇子、手巾等各种基本功，会讲各种官话乡谈，还要掌握一些民间武术。旦行则以表现农村妇女为主，如《对子调》《过江》《打钱鞭》《抖碓》《磨豆腐》等剧。其中丑角一行十分幽默、风趣、夸张，常逗得观众开怀大笑。如《山伯访友》中，插入书童四九从梁山伯手中取碗偷酒喝的细节，《满姑吵嫁》中李玉连与满姑一见钟情，二人相对的视线能被书童从中牵动使其身体随之摇晃。

衡州花鼓戏的传统剧目有165出之多，小型剧目有104出，中型剧目有35出，大型剧目26出，各种剧本通俗易懂，杂用土语乡音，生活气息相当浓郁。戏曲题材除了取材自农村生活之外，还有取材于汉族民间传说、神话故事以及与傩坛活动的。取材于农村生活的主要剧目有《蓝继子打砖》《张二嫂回娘家》《满姑吵嫁》等；取材于民间传说的主要剧目有《朱买臣卖柴》《孟姜女哭长城》《赶子牧羊》等；取材于神话故事的主要剧目有《下凡》《铁板桥戏牡丹》《刘海砍樵》等；与傩坛活动密切相关的，如《大盘洞》等；还有一部分是从地方大戏移植、借鉴而来的，其中有的原封不动地照搬，如《华山救母》《玉堂春》等，有的是通过“搭桥”逐步创作的，如《杨春龙》等。

五千年厚重的华夏文明，孕育了中国戏剧。而在中国戏剧百花苑中，衡州花鼓戏可谓是一朵异彩纷呈的奇葩。她没有祁剧、湘剧那么漫长的演变历程，更没有国粹京剧那么大气磅礴。如果说国粹京剧是大家闺秀，那么衡州花鼓戏则是小家碧玉。她就像湘江河畔的一颗明珠，绽放着她特有的光芒；又更似那清澈的湘江流水，以其纯朴的艺术魅力，沁润着古老的雁城。衡州花鼓戏作为衡阳区域土生土长的地方戏剧种，已深深地植入了这一方水土。无论是婚嫁娶葬、农闲节日、族谱宗庆、香火还愿等，都少不了衡州花鼓戏。在人们的心中，看衡州花鼓戏不仅仅是一种艺术享受，更重要的是把她作为节庆活动中的一项添彩的内容。

遗憾的是，在现代衡阳人中间，众多可供选择的娱乐节目里，衡州花鼓戏的分量正在逐步减轻，她那让观众如痴如醉的风光早已不复存在。

坛下铜锣

耒阳坛下铜锣制作技艺起源于三国时期，时刘备南下入蜀，派张飞驻守坛下，随军工匠将北方金属冶炼技术传入，至今已有1700多年历史。耒阳坛下乡的春陵江畔及附近地区拥有丰厚的铜、锡等资源，为当地金属冶炼技术的发展提供了基础和保障。

坛下乡位于耒阳城北面，古有从北往南的官马驿道和从东向西的官道，在坛下老圩场交会成一个东西南北的四方通道，同时耒阳第二大河流春陵江由西向东流经坛下，坛下可以说水路陆路皆发达，也由此成就了千百年来都极为兴旺的坛下圩。每到赶圩之时，坛下圩场挥汗如雨，人密如风，声震四野，远闻如锣声，咚咚之声不绝于耳。当地百姓由此传说，坛下是一个铜锣神，每到赶圩要响三响。

铜锣，这个物件大家应该不陌生。古时军队作战，必须配备锣鼓，鸣金收兵即源于此；在民间，更是须臾不可或缺。过去大凡在农村的生产队，城市里的街道办事处，都会配有一面铜锣，或用于夜间巡逻，或用于召集会议，或用于各种红白喜事，因此锣又有“响器”之称。铜锣可以分为大锣、小锣、掌锣和云锣四大类。大锣发音较低；小锣发音较高，锣面呈坡形，有高音、中音和低音之分；掌锣是最小的一种锣，锣面平坦无脐，形状像个盘子，可以放在手掌中敲击；云锣是可以演奏出旋律的一种乐器。

铜锣的生产有一整套的工艺和流程，缺一不可。其主要的生产过程有如下几个阶段：

选料与熔坯。原料来源主要是废旧铜料，铜含量要达到99.999%，否则不能进炉；在进炉冶炼之时，需要按一定比例配料，配料主要有锡、银等稀有金属，与铜材一起入炉，或在冶炼制作过程中逐步添加。在炉火温度达到1700度后，铜材融化为铜水，倒入事先准备好的模具中，从而制成铜锣的毛坯。

锻打成型。在完成制坯后，将毛坯放到炉温900度的炉膛里烧红，然后迅速锻打。锤子敲得好不好，决定铜锣响不响。锻打中主要是要将铜锣毛坯料打平定形，从而达到控制铜锣不同部位的厚度，而不同音量的铜锣，其不同区域的厚度不同。

剪料抛光。初步锻打后，再次放入炉中烧红，待铜锣软化后，夹出用夹剪剪边，也称剪料。只有通过修剪，铜锣才能成为圆形。剪圆之后的坯料还要入炉烧红，夹出锤打。锤打过程中，先要确保铜锣的中间部位锤打成型，再烧红竖放于木制的槽形内，以轻锤慢敲，将铜锣的边沿成型。此过程切忌一次成型，否则会碎裂或无法成型。在连续三到五次烧红，放到成型的模具中锤打后，一面铜锣才可定型。

淬火强筋。对已基本成型的铜锣须淬火，以使铜锣的硬度提高。淬火前，要将铜锣放到炉中加热，在加热过程中，要掌握火候，如果火候不到，过早将铜锣夹出炉子，淬火时会导致铜锣碎裂；烧红了也不行，淬火时铜锣同样会碎裂；应在温度适宜时，迅速将铜锣夹出炉子，放入冷水中。为了确保铜锣的表面硬度和音质，须在冷水中放入一定的盐和其他化学物质，这样，铜锣在后续的抛光中也能更加光亮。淬火之后基本以冷作成型为主，即通过进一步的锤打，使铜锣外形更加美观圆整，之后通过机动或手工转动，将铜锣置于专业机制工具上，以特制的合金刀或砂布进行表面的抛光处理。

一锤定音。我们都知道“千锤打锣，一锤定音”的谚语，现实制锣的过程确实是这样，一锤定音是整个铜锣制作过程中最核心的技术，是纯手工的敲打过程。一般初步加工出来的铜锣都是散音，一锤敲出不能达到其特定需要的音效，这个时候，定音师须用锤子敲打铜锣的不同部位，主要以一个三角区域为主，通过对三点的不同敲打，改变铜锣不同部位的厚度，达到改变铜锣音效的目的。在初步达到目的后，定音师会在一个关键部位突然敲打最后的一锤，敲打时念念有词，此念念有词可视作定音师的故弄玄虚，但他一锤之后，铜锣的音质便基本可以定下，此也是一锤定音之由来。

坛下的铜锣已被列入国家非物质文化遗产的保护名单，今天的坛下依旧在生产铜锣，这个千年古旧工艺正在走向全世界。

祁阳小调

在湘南地区有“唱不过祁阳”一说，意思是说，要比谁的唱功好，非祁阳人莫属。其实，民间人们说祁阳人会唱，是指祁阳小调在该地流行，不少在田间耕作的老农，卷起裤腿露出两脚泥，却能信口唱出一段优雅的祁阳小调。全县所有地方都有祁阳小调的传播，其中浯溪、文明铺、黎家坪、羊角塘、潘家埠、萧家村、观音滩等地更为普遍。

祁阳小调是湖南省的传统戏曲剧种，流行于湖南祁阳、祁东、永州、衡阳一带。据清代祁阳县志记载，在明、清之际该曲种已流行民间。早先以流经祁阳县境的湘江为界分为南北两派，湘江以南有演唱丝弦小调为主的南派，风格细腻；湘江以北有演唱花灯小调为主的北派，风格粗犷。后来在互相交流影响的过程中融合在一起。在漫长的历史长河中，艺人们在吸收借鉴的过程中，于演唱中不断发展创新了祁阳小调，使之逐步形成以唱为主，说说唱唱，具有鲜明的地方特色、音乐性较强的民间曲艺形式，并日益完善，最终形成了自己独特的韵味，代代相传。

祁阳小调的发展变化有一个曲折的历史，在明清时代为高雅之品，据清光绪二年（1876）修订的《零陵县志》卷五“风俗篇”记载：“或腊冬，择子弟教习俗曲，届时随龙灯远涉，拜亲戚，联家族，演戏留款致五六十席，则费颇繁矣。”其中所说的俗曲，就是现在的祁阳小调。到了清末民初，祁阳小调已经成了祁阳艺人们随口就能吟唱的“绝活”。特别是民国时期，祁阳已经陆陆续续有了演唱调子的花灯班社 12 个，传统曲目 150 多个。20 世纪 50 年代后，祁阳著名的小调艺人朱敦祥、朱美秀、杨梅生，还把祁阳小调唱到了中南海。

祁阳小调是民间曲艺，基本唱腔是从山歌、灯调、民歌基础上发展而成。它是一种词、曲结合，结构完整，曲调欢快优美，地方风味浓郁，雅俗共赏的调子。祁阳小调的句子结构形式有：一种为正规句子，七字为一句，四句为一段，也有五字一句，四句一段的；另一种为不正规句子，由长短句组成，唱词灵活、自由，多用口头语。但不管是哪种结构，它们的节奏都是很分明的。祁阳小调的曲体结构，有单曲体与不完备的联曲体结构两类。单曲体，即用一个曲牌，反复演唱各段唱词来叙述故事，一个曲牌名称即为一首祁阳小调名称。单曲体中有上下两句对称的结构。曲调虽然短小，艺人们运用扩充、加花、变化重复及润腔，加说白等多种技法，使你唱而不倦，听而不厌。另一种是不完备的联曲体结构，这是一种既非单曲牌，又非多曲牌的联缀，即以一首曲牌为主，加入多个曲牌或段子构成。

祁阳小调的演唱形式大体可分为四种：较多的是一女演唱，一男伴奏的对唱形式，即女的手拿碟子站立，男的坐着拉二胡，二人对唱，动作幅度不大，重在二人的面部表情。如 1956 年祁阳艺人朱敦祥、朱美秀进京参加全国民间音乐舞蹈会演，并入中南海演出的祁阳小调《五更留郎》就是用这种形式演唱的，深受群众欢迎。第二种演唱形式是一男手拿花扇，一女手拿小手绢，二人边唱边舞的对唱形式（即对子调），有时男的下桩半蹲，围着女的边唱边打圈，活泼风趣。第三种演唱形式是坐唱，用小型的丝弦乐队伴奏，演唱者坐于乐队前面演唱，这种形式多演唱祁阳丝弦小调。第四种演唱形式是表演唱，这种形式是 20 世纪 70 年代后发展成的，一般由 8～12 人表演，集唱、说、数一起，形式生动活泼。1976 年和 1995 年两次进京演出的祁阳小调《赤脚歌》和《夜宵歌》就是用表演唱这种形式演唱的。

祁阳小调用弦乐器伴奏，有二胡、月琴、三弦、扬琴等，有的曲调也加入竹笛、小唢呐和打击乐器，同时伴随着曲调打碟子，叩酒盅——这也是祁阳小调演唱中不可少的一种道具。

祁阳小调现在已经被列入全国非遗名录，倘若你去祁阳，可不要错过欣赏的机会。

祁阳划枚

1997年初，我从省城长沙去祁阳县委报到前，有朋友在为我送行时告诉我，那里的人喝酒的酒风强悍程度，绝不亚于北方的任何一个地区。我牢记于心，那几年在公开场合滴酒未沾，作为一个旁观者，我的确感受到了朋友所言不假。其地的喝酒划枚，在衡阳境内也是独树一帜。

划枚就是猜拳。喝酒猜拳一般多见于北方，有多种名称，如豁拳、猜枚、猜拳、猜码等，是中国民间饮酒时一种助兴取乐的游戏，起源于汉代。即饮酒时两人同时伸出手指并各说一个数，谁说的数目跟双方所伸手指的总数相符，谁就算赢，输的人喝酒。唐代人称划拳为拇战、招手令、打令等，《胜饮篇》记载："皇甫嵩手势酒令，五指与手掌节指有名，通吁五指为五峰，则知豁拳之戏由来已久。"五代《新五代史·史弘肇传》记载："他日会饮章第，酒酣为手势令。"《七侠五义》上面就有划拳的记载。

祁阳人猜拳的历史有多长没办法考证，民间的说法是早于祁剧，因为划拳伴酒而生。祁阳喝酒的历史当在千年以上，所以划拳的历史不晚于祁剧是有一定道理的。

祁阳人多数把划拳叫划枚。祁阳能喝酒的人大多会划拳。祁阳人爱热闹，喝闷酒不是祁阳人的脾性，不管什么样的酒席，只要酒过三巡，就会有人跃跃欲试开始提议，若有人附和，马上开拳，酒桌上顿时就会热闹起来。不喝酒不会划拳的人也不闲着，有的当裁判，有的倒酒，有的在旁喊号子。划拳的人少的话，就"赶输"轮个来，赢了就透气（休息观战），输了的喝酒，并接着和下一个划，直到划赢"交权"为止。也有"赶羊"的，祁阳话"赢"念作"羊"，即输的一方喝酒，赢的一方再接着与另一人划，直到划输喝酒"交权"为止。人数多的话就挑边分成二组，类似团体赛，每一组先挑选一个人出来，单挑，哪个输了的话，本组的另一个接着上，如果哪组的人最先全部输掉，就喝酒。祁阳人把一局叫一肩，多是划五肩或十二肩算一盘。划五肩的就“三恰两不管”，即先输三肩的喝；划十二肩的美其名曰“月月红”，“七恰五不管”，即先输七肩的喝。

划拳比的是酒量，没有酒量的绝不敢上场，酒量一般的人也是试着办，不行了就撤，不能贪拳。划拳也比的是眼力、脑力。划时要全神贯注地看着对方的手指，对方出几个手指一定要看得清清楚楚，眼光厉害的，别人手指刚动，他就知道别人要出几个。不仅要看，还要想，就是通过划几盘后，总结对方喜欢出几个，喜欢出哪些手指，然后按照对方的习惯喊拳，一般是十拿九稳，祁阳人叫这为拿枚，拿得枚死的人就说他厉害。一盘划的肩数越多就越是比的技巧了，因为运气的成分少了。如果你是半桶水的话，划的肩数越少越好，有时可以凭运气赢两三肩，想赢多的话就困难了。

祁阳人划拳节奏明快，富有韵律，不像有的地方直接喊数字，或者叫老虎棒子鸡之类的，平淡无奇。祁阳划拳口令之前有过门，过门一般是“要就要了”或“来就来了”，以前也用“全福寿”。口令则是把零到十这十一个数字巧妙地融合于吉利话中，一般是三个字，也有一个字、两个字或四个字的。如零喊成“宝宝得”“保守枚”“宝”“冒出”等；一喊成“点元中”“点点戳”“点状元”“点”“一点”等；二喊成“弟兄好”“好兄弟”“对得起”“对起来”“两相好”“叔侄好”“二度枚”“两甲指”等；三喊成“三三圆”“桃园义”“三元早中”“山多财多”等；四喊成“四季财”“四季发”“试试看”“栾合子”“栾合子双”等；五要喊“五魁首”“魁首枚”“五进赚”等；六喊“六六连”“六六顺”“高高兴”“高升六”“高”“高升六位”等；七喊“七个巧”“七巧巧”等；八喊“八匹马”“八发财”“八字好”等；九喊“长久久”“久久长”“九长寿”等；十则喊成“全福寿”“全打开”“全家福”“满江飘”“全”等。过门和口令的喊法很有讲究，如“要就要了宝宝得”这句话，第一个“要”字喊重音，意思就是提醒对方开始喊了；最后一个“得”字不仅读得重还要拉长，意为告诉对方我喊的是这个数；其他字读平音。这样喊起来就抑扬顿挫，朗朗顺口，有祁阳小调的说唱风格，但更高亢。因此听祁阳人划拳，就像听戏，划的人高兴，看的人入迷。

祁阳有的地方把喊过门叫“戴帽子”。如果说一定要“戴帽子”，则每句话必须要用“全福寿”开头，加上猜枚的数字，如“全福寿啊，两相好”。不“戴帽子”，则称“杀茅柴赶直路”，用普通话讲就是直奔主题，即开头一句说出过门，以求统一节奏，后面就直接喊数字了。如“要就要了，点点戳”，“5 啊、6 啊、7 啊……”直至一方猜中，才告一个段落，喝了酒，再来。

祁阳人划拳当然也有规矩，有不能出的指，不能喊的话。如不能单独伸小指，表示蔑视对方；也不能只出食指和中指，有挖人眼之意；和长辈划拳不能喊“弟兄好”。但是现实中有的父子俩划得来兴头了，就没注意那么多了，随口喊出“弟兄好”也是很常见的，做父亲的当然知道这只是游戏，不会和儿子计较。比较有幽默感的父亲对儿子喊“兄弟好”也不直接指出，这恰恰印证了划枚可以让人超出年龄超出辈分，达到一种忘我境界，纯身心地投入。这就是划拳的一种魅力吧。

划拳最初的目的其实就是劝酒的，因为如果一杯一杯地敬客人喝酒，客人有可能施礼不喝，再说客人多了主人也应付不过来。聪明的主人就想到用一种游戏来劝酒，输的人脖子一仰，杯底朝天，赢的赢得光彩，输的输得豪爽，这样喝酒的气氛就上来了，劝酒的目的也达到了。

作为中国古传至今的饮酒游戏，它增添酒兴，烘托气氛，其技巧性颇强，给玩者留有神机斗智的余地，且因玩时须喊叫，易让人兴奋，极富竞争性，在现今依然时尚流行。

祁 剧

有人问我，祁阳小调与祁剧的根本区别在哪里，我的回答是，前者是下里巴人，后者是阳春白雪。若要懂得“唱不过祁阳”，必须知道何为祁剧。

祁剧是湖南地方大戏剧种之一，它又称祁阳班子，清末又名“楚南戏”，民国初年称“祁阳戏”，因形成于祁阳而得名。祁剧广泛流行于湖南省的衡阳、邵阳、永州、郴州、怀化等地区，以及广西壮族自治区的全州、桂林、平乐、柳州和赣南、粤北、闽西一带。

祁剧源于弋阳腔，是明初传入祁阳后与地方艺术相融合，长期演变而逐渐形成的。据说明永乐年间，当时弋阳腔随江西移民传至祁阳，逐渐传播形成。在祁剧界，艺人们有“三去赣南”之说，第一批在乾隆时期；第二批是仁和班在同治末年；第三批是福兴班在清朝末期民国初年。道光帝时期，艺人龙明信带领的新福祥班在江西宁化名噪一时。民国时期，祁剧第一个女子科班丽华班于 1933 年在祁阳洪桥创办。弋阳腔最早的剧目是《目连传》，其被称为祁剧高腔之祖。祁剧在明代后期已成为湖南流行较广的剧种。据清代同治九年修纂的《祁阳县志·艺文志》记载，明朝末期，祁阳地方已经有了体制较为健全的戏班活动。

祁剧分为永河、宝河两派，但舞台语言统一用祁阳官话。声腔有高腔、弹腔、昆腔三种，是湖南历史悠久、流行较广并对粤、闽等省不少剧种的形成与发展颇有影响的戏曲剧种。

高腔是祁剧最早的声腔，清朝康熙后期，祁剧在先后融合了徽调、汉调和西黄腔之后，逐渐形成了弹腔（南北路）。后弹剧在发展过程中，南路有受宜黄戏的交流影响。随着其流行和剧目及表演艺术的变化，祁剧声腔形式日益丰富。祁剧音乐，素以高亢、激越见称。曲牌十分丰富，据邵阳地区已整理付印的音乐资料统计，有 1079 首。祁剧至今还保留着“帽形燥鼓”这种古老的乐器。祁剧弹腔是后于高腔兴起的一种声腔，分南、北二路。它的南路，包括弋板、安春、阴皮等。在它的发展过程中，受宜黄戏和徽剧的影响。祁剧昆腔用唢呐和笛子两种乐器伴奏，唢呐多用于情绪激昂、气势磅礴的唱段，笛子多用于叙事、抒情、轻快的唱段。唢呐伴奏时用大锣、大鼓、大钹以加强气氛；笛子伴奏时用帽形燥鼓轮奏。祁剧过场音乐，分“大牌子”和“小牌子”两类，大牌子曲调丰富，既可渲染威武雄壮、庄严肃穆的气氛，也可表现热烈欢快、沉痛悲切的情绪。小牌子曲调轻快、流畅，多半用以配合表演动作，表现人物思想感情。

在表演艺术上，祁剧具有粗犷、夸张、朴实的特点，动作讲究眼、鼻、胸、手指、脚尖的配合一致和匀称协调，必须符合一定的规格，称为“归子午”。祁剧的表演有一套本剧种特有的严格程式，例如“亮相”就规定要在撩袖、抖袖、整冠或者整鬓之后再进行；“开衫子”则可以分为全衫子和半边衫子；表现将校辕门候差和武将出征前的战斗的准备，动作程序繁杂，规格严谨，难度很高。祁剧的各行当角色的指、眼、步和身段，都各自有一套技法：要求花脸过头、须生平眉、小生平肩。例如花脸一般讲究眼珠的滚动和脸部肌肉的颤动；旦行讲究柔软放松的“棉花身段”等。祁剧在表演功夫上特别重视腕子功，要求能做到倒掌（手掌向外，手指能碰到手臂），转动灵活，要出各种“腕子花”样式，做到柔弱无骨、转动灵活自如。眼神表情也有多种多样，表现吃惊或者焦急时用“斗眼”，表现发怒或者威胁时用“瞪眼”，表现沉思时用“梭眼”，表现气愤时用“睁眼”，表现左右看人用“分眼”，表现人之将死用“阴眼”，表现人之喜爱多情用“俊眼”等。

祁剧的行当，也和其他剧种一样，分为生、旦、丑、净四行。细分又有八大色、十个头等分称。八大色是生、旦、净、丑每行两个。祁剧科班众多，名伶辈出。清咸丰、同治以后，祁剧科班到处涌现。据现有资料，自咸、同到抗日战争前，祁阳县办有：鸿、元、如、永、祥、方、香、梅、玉、翠、文、三、喜、荣、国、丽、巧、春、超等42个科班。其中玉字科的李玉亮，翠字科的何翠福，三字科的唐三雄，喜字科的刘喜艮，称祁剧三个半聪明子弟，他们都是名重一时的艺术家。培植人才最多的当推“荣”字科班，如名丑李荣富（艺名李泥巴），名生李荣祯，名旦苏荣兰，他们都是驰名湘桂的大老师傅，在祁剧中享有很高的声誉。祁剧的脸谱化妆，只用红、黑、白三个基本色调。花脸

（净）脸谱，除粉脸外，其他多是专人专脸。

祁剧现有传统剧目总数上千，有一两百剧目已失传。据 1982 年统计有 941 个，其中整本 272 个，散折 669 个。祁剧音乐高亢激越，曲牌十分丰富，据邵阳统计，有 1079 首之多。其中被祁剧艺人视为高腔之祖的《目连戏》，可以连演 7 天，从不重复。现存的传统演出本《目连正传》有 124 折。根据声腔的不同，祁剧的剧目大体可以分为三类。其一，高腔剧目。祁剧高腔最早的剧目是《目连传》，现存的传统演出本《目连正传》有 124 折。其余的高腔演出剧目还有《琵琶记》《荆钗记》《白兔记》《拜月记》等。其二，昆腔剧目。主要有《天官赐福》《八仙庆寿》《卸甲封王》《六国封相》等。其三，弹腔剧目。弹腔分南、北路，剧目题材大都来自历史小说。主要是春秋列国、秦汉三国、薛家将、杨家将、岳家将、水浒故事及包公戏、按院戏，如《黄飞虎反关》《湘江会》《吴汉杀妻》等。表现坚贞爱情和美丽神话的剧目也有不少，如《拾玉镯》《白蛇传》等。

祁剧的班子也极具特色，清朝康熙、乾隆时期，祁剧社有较大的流传和发展，向外遍及广西、广东、江西、福建等省。祁剧著名班社在清嘉庆年间有吉祥班、老四喜班等。咸丰、同治以后，祁剧有了全面的发展，众多新剧社、剧目和名家不断涌现。当时的班社有科班、中班、江湖班三种：科班，一般的艺员入科 3 年才满师，其间的活动都在科班内。早期的科班在白水、永州、桂阳、祁阳等地活动。中班，一般在学徒出科后，还要再帮师 3 年，学徒在此期间仍然一边唱戏，一边学戏，有微薄的收入，这段时间被称为中班。江湖班，最早的江湖班是老春花班，在康熙年间就在武冈一带进行演出活动；乾隆年间有诸如庆芳班、瑞华班、新喜堂班等；光绪年间著名班社有荣庆班、老永和班等；清朝末年的四喜班、荣庆班、老永和班和天仙园，合起来被称作四大名班。新中国建立后，剧团发展兴盛。1956 年时，湖南全省有祁剧社团 29 个，共有 1972 人。从 1958 年起，不断创作现代剧作，如《送粮》《新坡将军》等。在 1960 年，湖南省祁剧艺术团汇报演出了《闹严府》；同年，还开始兴建湖南省祁剧院。

祁剧现在依旧在当地有市场，但追剧者却寥若晨星。

衡山岳北山歌

中国多山地，因而也诞生了极具地域特色的各种山歌，衡山的岳北山歌就是这千万朵山花中最具特色的一朵。它在全国第九届艺术节斩获了群星奖，并入列湖南非物质文化遗产保护名单。

岳北位于湖南省衡山县的白果镇，与湘潭、双峰、衡阳、南岳接壤毗连。岳北人热情豪放，性格开朗，喜爱文化艺术，闻名遐迩的岳北山歌就出自这里，不管是田间山野还是街头巷尾，无论是老者还是稚童，都喜爱一展歌喉，唱出自己心中的万千情感。

岳北山歌起源于明洪武时期，距今已有640多年的历史，是湖湘文化的重要组成部分及中华民族文化的艺术瑰宝。它具有浓郁的地域特征和文化表现性。其音调高亢，旋律流畅，词韵优雅，委婉动听，没有一定的乐律限制。它具有创作集体性、传播口头性、曲调易变性等特征。一方面它直接被戏曲音乐吸收，构成花鼓戏和湘剧的主体音乐，另一方面它又以独立的音乐形式在民间继续传唱。

岳北山歌主要流传于衡山岳北的涓江河畔及周边地区，通俗易懂，生活气息浓郁，其高亢优美的音乐旋律、简约风趣的演唱技巧，充分体现了山歌艺人的睿智、诙谐和豪爽的性格。其歌词有以下特征：见状编词、通俗易懂、风趣幽默、生活气息极为浓厚。演唱形式有独唱、对唱、合唱等。演唱时用岳北方言，更是圆、润、甜，具有以下几个特点：

抒情性。因为一般并不直接伴随劳动歌唱，所以岳北山歌不似劳动号子显示出鲜明的实用功能；因为常常对着高山原野蓝天白云无拘无束地歌唱，所以不似小调类民歌那样规范严谨兼具抒情与叙事功能。岳北山歌，恰似一条情感之河从民众的心底流出。人们借着山歌悠悠飘洒的旋律，尽情地抒发着欢乐与忧伤、喜悦与哀愁。抒发内心情感可以说是山歌最主要的功能，抒情性成为山歌在各种民歌体裁中最突出的特征。

即兴性。即兴编唱是民间歌曲的基本特征，这一特征在岳北山歌中体现得十分鲜明。即兴性与山歌山涧野外的演唱环境有密切关系。空旷的山野或无垠的草原成为人们自由舒展尽情歌唱的宽阔舞台，在没有任何外在约束的情况下，民间歌手的文采乐思往往像潮水般奔涌而出，常常即兴唱出甚至令专业词人、乐人也叹为观止的上品佳作。即兴性有时候是由于交际时对歌的需要，这一点在一些特定场合，常有意想不到的效果，对歌双方出口成歌，你来我往，机智风趣，对答如流。

乡土性。乡土性即鲜明的地域性特色。这是民间歌曲共通的基本特征之一，在岳北山歌体裁中体现得尤为突出。这是由于各种山歌大多传唱在一个比较小的区域，在语言上多使用特色浓郁的方言土语，也一定使用该地区最脍炙人口的音调，常常根据方言音调而派生出大量属于本地区的装饰性歌腔，形成“山歌不出乡，各是各的腔”的乡土性特征。岳北山歌的曲调则既传唱于偏僻的乡间路上，又流行在喧哗的城镇街头，常常因为流传面积较广而减弱了乡土性、地域性，增加了共通性。山歌的乡土性还表现在风格的淳厚质朴，浓郁的山野之风。

岳北山歌的歌曲类型多与当地的生活习俗紧密相连。由于该地处于衡山之北，是一片远离城市具有浓厚乡味的农村地区，传统文化形式多样、历史悠久。除夕至翌年正月十五是春节，群众普遍开展耍龙灯、打花鼓、舞狮子等活动。农历三月三，大人小孩来到田里野地里采地菜煮鸡蛋吃，寓意一年到头身体健康。到了九月九重阳节，登高览胜。而平时多是农忙时节，唱山歌哼小调就成了农民们最大的乐趣。一般是边生产边唱，或一人独唱，或一唱众和，演唱内容既有反映生产的，也有反映男女谈情说爱的。在轻体力劳动或者是空闲时候唱上一首，歌声在山谷里回响，歌儿飘扬在山外，劳动着的人们也是劲头高涨，气氛热烈，早把疲劳忘到九霄云外。

岳北山歌的旋律风格独特，高亢悠扬，高音假唱，自由发挥，每个音符像泉鸣幽谷一样流淌出原始的风韵。没有磅礴的管弦伴奏，更没有铿锵的鼓点节奏，山歌一开始就直奔主题，高亢、优美、自由、纯正，如：“我放开喉咙打山歌，千山回应万山和……”真正体现出了那种千山回应万山和的多重效果，让人从听觉上感觉到仿佛置身于层峦幽境、山谷泉旁，那里有茂林修竹，那里有流水潺潺，顿使人心旷神怡，忘忧涤虑。岳北山歌大抵可以分为以下几个类型：

情歌类。情歌类的山歌多以高腔为主，是岳北地区当年青年男女互诉爱慕之情时所唱的歌曲。这类情歌一般都是在特定的环境下有感而发的，即上山砍柴相遇、隔山劳动相逢时唱上一首山歌来表达男女之间的爱慕之情。

调侃类。调侃类山歌有较浓的生活气息，一般是男子占主动，展示男子对异性的挑逗、调情，歌词诙谐幽默，曲调也十分夸张。

劝教类。劝教类山歌是岳北山歌中的精华部分。劝教歌为数很多，有道德规劝的效果。劝歌内容多以对歌为主。

对歌类。岳北山歌的对歌内容多是随口便答，出口成章，一唱一和全靠人的灵变。对歌进入高潮开始盘歌，即一人提问，一人答唱，互相问答，发展到众人发问，众人回答，两排人儿欢歌笑语，气势恢宏。

调剂类。调剂类山歌也是产生在岳北地区人们的劳动过程中。旧时人们在田间山坡劳作，强度很大，为了消除疲劳、振作精神，唱上一首调剂型山歌，可以让人回味无穷，重振精神。调剂型山歌气氛热烈，充满了娱乐性，但是它的歌词却简洁朴实。

独唱的演唱形式是岳北山歌演唱时最为原始而又运用最多的一种演唱形式。岳北地理条件复杂多样，因而有多种多样的劳动形式，随之产生了不同形式的山歌特色。由于旧时可供人们娱乐的项目不多，因此山歌是岳北地区人民生活中不可缺少的组成部分，山歌渗入了生活中的各个角落。山歌独唱想唱就唱，没有地域和环境的局限，演唱者还能即兴对歌曲进行改编，速度节拍都比较随性。

岳北山歌虽然诞生于荒野，却有着阳春白雪般的典雅，它集人文地理、风土人情、民间音乐于一体，具有极高的文化艺术价值。我国男高音歌唱家何纪光曾多次到衡山岳北采风，一待数月，他演唱的歌曲《挑担茶叶上北京》《洞庭渔米乡》就吸收了岳北山歌的曲调。倘若您有机会去欣赏岳北山歌，您一定会随着那些美妙的旋律，不自觉地进入一种绝佳情境，脑海中自然而然地浮现出一幅幅车水、插秧、纺棉、放牛、读书场景，它们相互联系，相互衬托，相互交映。

板凳龙

衡阳人春节期间有耍灯的习俗，灯的种类繁多，尤以龙灯为最。同其他地方的人们一样，龙也是衡州大地先民所敬奉的图腾，是吉祥雄伟的象征。相传天下南岳有八百蛟龙相拥护。千百年来，大凡重要庆典或祭祀，均张灯结彩，狮龙并舞，共呈吉祥。衡阳县民间的龙灯有很多类型，其中板凳龙最具地方特色。

板凳龙灯主要流行于台源寺一带，是用一条木凳加以装饰形成龙身，再拼接成一条长长的龙，由人双手握住凳脚舞动。

关于板凳龙的起源，一是舞龙求雨说：相传很久以前，天遇大旱，东海的一条水龙不顾一切跃出水面，下了一场大雨。但水龙由于违反了天条，被剁成一段又一段，撒向了人间。当地受旱灾的百姓急忙把一段段龙体放在板凳上，并连接起来，人们称之为“板凳龙”。百姓希望这条水龙能活下来，于是不分昼夜奔走相告，舞板凳龙习俗便由此而来。二是村姑自娱说：清代嘉庆年间有一位村姑，与姐姐情深意笃，为了迎接已出嫁的姐姐回门，让她在回门时能够感受弟妹们的一番热情，在没有其他资源的情况下别出心裁，就地取材制作道具，把自家的板凳作为龙身，用稻草在板凳的一端扎个龙头，还邀上邻家的孩童用纸糊了虾子、鲤鱼、螃蟹等灯笼，游动在板凳龙的身边护驾。这是后来板凳龙的雏形。板凳龙不仅表达了浓浓的姐妹亲情和孩童的天真烂漫，还寓有吉祥如意之意，其轻快、充满童趣的表现形式让人们眼前一亮，而且由于板凳龙的道具制作简单，材料都是农村现有的，所以很快就在当时流行开来。从此以后，每逢正月耍灯开始，就有板凳龙在当地走村串户，场面甚为热闹。

板凳龙其实就是在长板凳上扎上透明的精美面纸，装饰上各种彩花，并在内部安置两个蜡烛槽，两端分别钻上直径 5 厘米左右的圆孔，再用长约 70 厘米、直径同上的硬木棒将其串联起来。整体结构由龙头、龙身、龙尾三部分组成，采用木板、竹片、白纸和各类花纸作为装饰。

板凳龙的龙头、龙身和龙尾的骨架均采用竹篾做成，再糊上透光白纸和彩纸，饰以龙须、龙眼、龙眉、龙角、龙珠，画上龙鳞、龙鳍和彩云等花纹图案。根据龙头造型，板凳龙有仰天龙、俯地龙、大虾龙等类型。其实龙身就是由许多只板凳组接而成的长板凳，但不管龙头还是龙尾，骨架都装有灯座，夜里点上蜡烛，通体透明，醒目而壮观。板凳上的花灯造形亦各有不同，有方灯、酒坛灯、字灯等，以麦饼团、剪刀箍、甩尾巴为主要的表演阵式。

板凳龙有多种式样的耍法。有独凳龙，一条家用普通花条板凳饰以彩龙（木刻或扎纸样彩绘），可由一人至三人舞。一人玩时，两手分别执前后腿。二人玩时，一人执前两腿，另一人执后两腿。三人玩时，前二人各以侧手执一腿，后一人双手执两腿。舞动时按照规定套路，合着鼓点，有规律、有节奏地舞出各种花样。有多凳龙，在一些地方又称长板龙，组成人数不定，但至少有 9 人，每人各举一凳。前一名是龙头，后一名是龙尾，其余为龙身。另由二人举宝珠逗引龙行进，数人协调行动，节节相随，时起时落，穿来摆去。有时一条龙从头到尾要用 80 多条板凳相连，板凳与板凳之间用一木棍相连，每一个木棍有一人拿着，每条板凳上都扎着花灯（替代龙体），花灯上都画了自己喜欢的花草、树木、鸟等图案，由于每只花灯都按自己的喜好所画，80 多只花灯的图案竟各不相同，甚至五六条龙走在一起也找不出相同的图案。舞龙时，到了夜晚，花灯内点燃烛光，形成一条长长的灯。

耍板凳龙与其他龙灯一样，是由一个团队组成，一般有 10 人左右，由一位总领头带队，成员有各自的分工，如打前站的负责与下一个目的地联络，鼓乐唢呐及舞龙各司其职，有一人负责发断。看板凳龙灯是十分有趣的一件事，最壮观的是多人舞动的板凳龙，由数条板凳龙组合一体，变成一条长长的巨龙，按照规定套路，合着鼓点，有规律、有节奏地舞出各种花样，基本动作有追、赶、跑、跳、翻、滚、蹿、爬等。表演者在奔跑中，一边翻、滚、跳、跃，一边舞动手中的板凳龙，不断变换队形和姿势，舞出“龙戏水”“龙窜珠”“龙抢宝”“龙配凤”“龙翻腾”“跳龙门”“闹龙宫”“龙出海”“归龙巢”等姿势。

遗憾的是，板凳龙在衡阳已经多年难觅踪迹，知道它存在的也是人数寥寥，更不要说组团耍灯了。

其　他

正骨水师

在旧时农村，人们在日常生活和劳作中碰上外力所致的伤筋动骨等不测之事，通常不会去也没有条件去医院进行救治，而是求助于一种称呼为水师的匠人，靠他们用传统的民间方法进行治疗。

水师，是衡阳人对那些能够用符和一碗清水对病人进行接骨治疗的乡医的尊称。在衡阳的水师中，又有梅山和下江派之分，在明清时代，七十二行业中它排列在前位。用今天的流行语言，他们应该称为中医正骨师，中医正骨、中医接骨艺人都是师传的，这种绝技称为水功接骨。

水功接骨的关键在手法。中医已有几千年的历史，是中华民族的瑰宝，其内涵博大精深，还有许多未被人们认识的领域，尤其是骨伤科，颇有几分神秘色彩。民国以前，民间称中医骨伤科医生为“法师”“水师”。那时人们常常可以看到这样一幕：痛苦呻吟的骨伤病人，别人一碰就惨叫，可水师不用麻药，不用开刀，不用照片，先在患者负伤部位喷一口凉水，然后采用拉、推、按、提、压等手法复位，此时伤员神奇般安静，不觉剧痛，一待复位成功，伤者判若两人。再用小夹板固定，中药调理，骨折愈合快，功能恢复良好。因此有伤员赞道：法使骤然人未觉，伤者知痛骨已合。实际上此法不是指法术，而是指手法。正骨手法是中医骨伤科的精髓和绝技，手法轻重适当、准确、敏捷、到位，是复位成功、愈合快速、功能恢复好的关键，也是普通百姓感到神秘之所在。

常见的中医正骨、接骨有以下几种手法：

摸法。用摸法作初步的诊断，判断出是骨折、骨碎、裂纹还是脱臼，有无并发症，然后再根据伤情进行治疗。

提法。将陷下去的骨提起，使恢复正常。如遇到扭腰岔气病症都用提法。

接法。使已经折断的骨头合拢起来。

端法。使脱臼的关节不偏不倚地复回原位。

推拿法。推是推动病肢复原，拿是用手掐定患处使缓缓复位。机能障碍或关节错落等，就用推拿法。

按摩法。使瘀闭阻塞气血部位畅通，消肿，更可以帮助循环。

水师接骨是千百年来的长期经验积累。祖国医学起源于原始人在生产活动中同伤病斗争的经验，是在与巫祝之术斗争和与现代科学技术结合中发展起来的。原始人在与猛兽搏斗和部落之间发生冲突时，常常会造成外伤，他们用树叶、草木等捣烂涂裹伤口，这就是外治法的起源。人类烤火取暖体会到热烘的方法可以解除某些原因引起的腹痛、关节痛等疾病，这就是原始的热熨法和艾灸法。原始公社制度时期，产生了用砭石治病的经验，“砭针，治痈肿者，砭，以石刺病也”。这是外科方面原始的医疗工具，也是我国针灸术的萌芽。

但不容置疑的是，水师的基本功底在苦练。熟练掌握正骨手法，必须具有扎实的人体解剖学知识，方能手摸心会，手随心转，法从手出。师傅带徒弟时，采取的是言传身教的方式，即在正常人和伤员身体上摸诊，先是师徒互摸，找感觉，后由徒弟在伤员身上摸诊，听骨擦声，看病人反应，初步辨认骨伤，再用手指的力度和感觉分析判断是骨折、骨碎、骨裂、脱位，还是软组织挫伤。然后师傅再摸，如摸诊结果有异，师傅立即讲解、纠正，责令徒弟再摸，如此反复积累经验，直至出师。

水师一职，在衡阳农村长期存在，为解除人们病痛起到了独特的作用，虽然他们的治疗过程用现代科学理论还不能完全诠释，但在民间认可的程度普遍较高。遗憾的是，老一代水师逐渐消失，传承衣钵者屈指可数。

挑疳积

旧时在衡阳乡下常常可见这样一些儿童，他们形体消瘦，头发枯黄，肚子鼓胀，青筋暴露，对食物毫无兴趣，乡村人称这孩子是“遭枷”了，医学名称是患了小儿疳积。

疳积是以神萎、面黄肌瘦、毛发焦枯、肚大筋露、纳呆便溏为主要表现的儿科病症，多见于1～5岁儿童。疳积多因饮食不节，乳食喂养不当，损伤脾胃，运化失职，营养不足，气血精微不能濡养脏腑；或因慢性腹泻、慢性痢疾、肠道寄生虫等病，经久不愈，损伤脾胃等引起。

彼时农村就医条件较差，孩子患上疳积后，多数用传统的土办法解决，挑疳积就是其中之一。

彼时，如果孩子长期厌食，就被认为是得了疳积，家长们就会用一根缝衣服的针，把针尖在火上烧一下放凉，先扎一根食指上的四缝穴，扎破一挤，流出的是黄色的液体，再用针一挑，还能看到细丝，又继续挤，直到慢慢出来是淡血水时为止，如此接着再扎除双拇指外另外7个手指，挤出其中稀稠不一的黄水并见血水。孩子手上扎过针后，当天不能再吃西瓜等寒凉之物了，要以喝温稀饭为主。第二天孩子应该就会叫饿，胃口就会开了，但饮食上同样不能吃寒冷的，要给孩子补补气。这一周的饭菜尽量做得软、烂，利于消化吸收，一周后，孩子就会完好如初。

挑疳积，在今天看起来有些土，甚至有些残忍，但它却是国人在长期的实践中得出的经验，也是中医里治疗孩子厌食、挑食、营养不良的一种针灸疗法，又被称为刺四缝。

从现代科学研究看，这种做法是有一定的科学依据的。刺四缝就是针刺四缝穴，四缝穴是经外奇穴。其具有治疗小儿疳积、百日咳，调节阴阳平衡、提高免疫力等功效。

挑疳积说得通俗点就是打通五脏六腑经络。从各种指节对应的脏，就能解释为什么挑疳积有疗效了：

食指对应的是脾胃。食指因为有大肠经经过，所以与消化吸收的功能有直接关系。胃口不好的孩子在食指的四缝穴中挤出的黄水最多，其他的手指都要少一些甚至没有。

中指对应的是心脏。中指有心经经过，所以与心脏相连。心气虚或心火旺的孩子在中指四缝穴上挤出的黄水多，孩子的舌尖多是红的，手指甲边上容易长倒刺，这样的孩子容易上火，脾气也急躁。

无名指对应的是肝胆。无名指有手少阳三焦经通过，与肝、胆的关系密切。无名指挤出的黄水多，多见于多动症的孩子，这类孩子往往汗多、脾气暴躁、自控能力差。

小手指对应的是肾脏。小指有肾经和小肠经经过，与心、肾、子宫、睾丸等部位联系密切。小指挤出的黄水多，则多见于肾脏虚弱、有遗尿、肾炎的孩子。

因此，用今天的医学观点看，挑疳积刺四缝，是依照严谨的人体构造而采取的对症施治的方法，不仅仅针对儿童，其实大人扎后效果也很好，疏通经络的作用还是很明显的，不只是有开胃的功效，还是能治疗不少病症。

或许是人们没有认识到，以为这种治疗方法太陈旧，这种挑疳积的方法在乡下再也无人使用，倒是在一些城市医院，有人在从事医理探讨，但应诊者寥寥。

黎家坪赶“贼”墟

城市里有夜市，大家会觉得那是再正常不过的事情，但在农村赶夜集，而且是从凌晨3点到天亮，估计多数人没听说过。祁阳的黎家坪就有过这种风俗。

上了年纪的农村人，一定有过赶集的经历。在中国农村，无论东西南北中，因历史的原因，散布着大大小小的集镇，这些集镇在漫长的农耕岁月中，变成了周边乡民的经济活动中心。乡民们用赶集的方式来完成各种交易，或出售自家种养的物品，或购回居家必备生活资料，通过这种方式，完成商品的粗放型交换分配。

经过长时间的自然磨合，农村集市多是呈网状布局，间隔大抵在10公里左右，且逢集的日子也错落有致，三六九、二五八、一四七互相交叉，只要你愿意，且双脚勤快，一年365天，总可以找到赶集的地方。

在大多数地方，赶集都是在白天进行，一般的时间段是从早上八九点钟开始，到下午三四点钟结束。但在祁阳的黎家坪，却有着与别的地方截然不同的习俗：这里的集市在凌晨三四点钟形成高潮，七八点钟天亮后，人去街空，集市结束。当地人把这种赶集称为赶“贼”墟。

黎家坪赶“贼”墟的习俗存在约有几百年的历史。这个听起来不太雅的叫法，是源于两个因素：

一是起源于一个凄凉的传说。早些年，黎家坪街上住有一户富翁，富可敌国，家中常年雇有长工为其服务。但这个家庭也未能打破“富不过三代”的魔咒，家道逐渐中落，不争气的后代坐吃山空，连日常衣食都难以为继，不得不变卖家产。但他自己又好面子，不敢堂而皇之将物品拿到市场去交易，便委托家中的一位老管家在夜深人静的时候，在街上摆一个摊位出售。一来二去，周边便知道这里有一个夜市摊位，由于大家不知道管家从哪里得来这么多的货物，坊间便误传为是贼货，赶“贼”墟的叫法也因此而成俗。

这当然是一个无从考究的传说。祁阳人把这种赶夜集称为赶“贼”

墟，另一个原因是基于当地人的一个幽默语言。但凡与祁阳人打交道且懂当地方言的人都知道，当地人天性乐观，表述各种观点时，不乏诙谐之语。这种赶夜集，因为赶集的人去赶集时，正值万籁俱寂的凌晨，此时要从笼子里捉出要变卖的鸡，牵出要出售的牛，挑上摘好的各种菜蔬，为怕影响家人的休息，这一切都是蹑手蹑脚地进行，用当地一句土话，像做贼一样。因此，从某种意义上说，祁阳人叫赶“贼”墟实际上是一种自我调侃。

黎家坪赶“贼”墟，与其他地方还有不同之处便是，这里天天都赶集，除了过年正月初的那几天外，集市上每天都有上千人在这里游动，把一条不足 500 米长的街道挤得爆满。倘若你彼时在现场，一定会惊叹自己处在一个幻觉的世界中：人们午夜 2 点钟便从家中起床，打着灯笼火把，有条件的可能有一盏马灯或一支手电筒，从周边的四邻八乡拥向黎家坪。在没有电的年代，夜幕下的黎家坪街道原本伸手不见五指，漆黑一团，此时已经被各种光源映出朦朦胧胧的模样。街两边一字排开，摆满了各种出售物品的摊担，每个摊担前都有自己的照明工具，或油灯，或火把，或手电筒，以便让购买者在微弱的光线下挑选及称秤。街中间则游走着赶集的人们，他们大声地说着话，不时与摊主就某个物品买卖进行讨价还价，此刻的集市可谓人声鼎沸，比肩接踵。这一切交易和其他所有的活动都是在夜空下的微光中完成。比及天将大亮，交易全部结束，赶集的人们又乘着黎明前的曙色，踏着露水返回各自的家中，开始一天的劳作，集市又恢复初时的宁静。

从某种意义上讲，黎家坪这种赶墟的方式有着极大的实用性。祁阳人生性勤奋，利用夜间赶墟，可以腾出更多的白天时间在田间劳作，尤其是在出集体工的年代，农民靠工分吃饭，这种赶集便可做到两边不误。

利用夜间赶集，或许并不是黎家坪的独创，在中国其他地方也有类似的做法，甚至还可以从史料中找到文字依据。

夜市有文字记载最早见于唐朝。有首唐诗这样写道：“夜市桥边火，春风寺外船。”唐朝皇帝曾下令“京夜市，宜令禁断”，然而夜市早已在民间落地生根，仍然蓬勃发展着，以至“尽夜喧呼，灯火不绝”。中晚唐诗人的作品中也出现了“夜市千灯”“夜市连铜柱”等描写，杜荀鹤曾描写吴越等地的夜晚“夜市卖菱藕，春船载绮罗”，可见唐朝的夜市初具规模。宋朝废除了禁夜令，坊市制度打破，商业深入坊间，于是有勾栏瓦舍、教坊酒楼，一时间夜生活丰富起来。明朝人田汝成在《西湖游览志余》中称赞宋代临安夜市：“无论通衢委巷，星布珠悬，皎如白日，喧阗达旦。”宋人的夜市极尽繁华，主要也还是以饮食为主。那时街上有酒楼食肆，也有在街边叫卖的，《东京梦华录》《梦粱录》等都有详细的记载，水饭、干脯、鸡皮、鳝鱼包子、鸡碎、旋煎羊、黎冻鱼头、姜豉类子、姜辣萝卜等，不一而足。其时买卖昼夜不绝，三四更天后人们才渐渐散去，五鼓钟鸣，则早市的人又热闹起来。明代夜市继续发展，明人霍宗吉曾这样描写夜晚的杭州城：在深夜里，酒旗、招牌沿街摆开，街边的商铺开门迎客，担子上挑着青梅、菱藕，街头巷尾响着叫卖声……虽然喧闹拥挤，却是承平风景，平淡而珍贵。

随着时间的推移，黎家坪的夜集在 20 世纪 70 年代中期消失，赶“贼”墟已经成为昨天的记忆。

摇　窝

摇窝是衡阳方言，准确的表达应该叫摇篮，是一种可以摇动的睡床，让那些想要睡觉却又有些烦躁不安的婴儿睡在其中，通过不停地摇动，使其徐徐进入梦乡。

从字面上理解，普通话和衡阳方言对这种农家器具均表述得非常到位，一个共同的摇字，便把这种婴儿用床的功能准确地进行了表达；普通话叫摇篮，是因为这种婴儿床的构成，多用竹篾或藤条编织而成，像极了一个大篮子，叫摇篮可称描其形；衡阳话叫摇窝，是因为在国人的传统理念中，家就是一张床，是居住的地方，俗语中讲“金窝银窝，不如自家的狗窝”即是这个意思，因此衡阳方言称摇窝是述其神。

需要指出的是，摇窝这一器具，中国南北都有，但衡阳有其地方特色：从外形上看，这是一个硕大的长条形篮子，长约 4 尺，宽约 3 尺，深约 2 尺，用竹子破成篾条织成，篮底别上两块竹板，使摇窝具有刚性，也方便装上滑轮。摇窝的滑轮也是竹子所制，将两根竹子锯成与摇窝等宽的长度，用铁钎将中间节疤捅穿，再用一根藤条穿好，两边延出别在摇窝帮上，就可以来回推动了。摇窝的内部，底层一般铺上去掉草衣的稻草，再铺上一些细软的棉织物，讲究些的人家，上面还会有一张小床单，一个婴儿枕头，及一床婴被。总之，这里是一个微缩版的床铺。在夏日，为防止蚊蝇对婴儿的袭扰，还会用竹片支起一个架子，上面披上纱布，权当蚊帐。

中国人使用摇窝有着悠久的历史。摇窝古时称摇车。《元朝秘史》卷一：“帖木真九岁时……帖木仑方在摇车中也。”李诩《戒庵老人漫笔·摇篮》引郭晟《家塾事亲》：“古人制小儿睡车，曰摇车，以儿摇即睡故也。”当然摇车起源绝非元代了。摇车一词最早起源于战国时期，可见那时候就有这么个物件了。但我相信，摇篮的历史应该更早，古人在社会实践中应该早已发现这种能使婴儿安然入睡的方法，至于确切的时期，确实难以考证。

旧时在衡阳乡下，几乎所有人都在婴儿时期睡过摇窝，因而这个物件也是家家必备之物，一般小孩 2 岁后即不再睡摇窝，因此一张摇窝可以使用好几十年，有的一张摇窝可能祖孙三代都睡过。有趣的是，衡阳人讲究借摇窝的习俗，有些夫妇接连生了几胎女婴之后，为讨个吉利，会到那些生男婴较多的家庭，借用他们的摇窝，以图尽早生下一个男丁，当然，这是重男轻女的旧思想。

旧时的摇窝，主要的作用是哄小孩尽快入睡。彼时在乡下各个屋场，你都能看到这样的场景：一位白发苍苍的奶奶，坐在一把竹靠椅上，旁边放着一个摇窝，用一只脚尖轻踏在摇窝边沿之上，用脚的力量来回拖拉着摇窝，两只竹滑轮在地面上滚动着，发出沙沙的细微响声，老人嘴里不停哼着催眠曲："喔喔喔，奶崽快困觉。"词虽然单调乏味，但经她们用那种舒缓轻慢的语调哼出，便有了一番别样的韵味，刚才还在哭闹扑腾的婴儿，便会伴着这悦耳的曲调和滑轮的沙沙之声悄然进入梦乡。

由于现代各种多功能婴儿床的出现，这种摇窝人们不再使用，乡村中再也难觅踪迹。

集市耍蛇人

估计上了岁数的衡阳人或许还有这样一个印象：旧时但凡农村各镇逢集，或一四七，或二五八，或三六九等赶场的档口，在市集的一个略为开阔处，总会有一人摆个摊位，台面上永远放着一只笼子，里面装有一条吐着信子的蛇；还有就是用玻璃瓶装着泡着各种中草药的酒；摊位下有一只木箱子，里面有大大小小十几个瓶子，瓶里装的是各种颜色的粉末，用他自己的话说是药粉；摊子后面的墙上挂着数面已经看不出颜色的锦旗，上面印有“华佗再世”“救死扶伤”等表彰语。这个人就是耍蛇人。

耍蛇人在旧社会属下九流一族，民间对其称呼颇为不雅：蛇花子。我家附近的集市库宗桥与演陂桥有一位姓彭的耍蛇者，人称彭告花，每逢赶集的日子，他一定会出现在那里。他的知名度也很高，周边十里八乡男女老幼鲜有不认识他的。其实他也有姓名，真名叫彭承福，只是众人叫顺了口，反而少有人知道他到底叫什么名字了。

同所有的耍蛇人一样，彭承福在集市支上摊点后，通常用三种方式去招徕游人：一是将蛇从笼子取出，将其盘在颈部，那蛇昂着头，嘴里不停地吐着信子，他用手指在其嘴边不时挑逗，故作惊险状，于是一些好奇的人便逐渐靠近；二是他用一种近乎滑稽的语言吆喝，介绍自己的独门绝技，如跌打损伤立马见效，蛇虫咬伤药到病除，还有专治疑难杂症、不育不孕等，应当承认，他一番天花乱坠的吹嘘后，会立马吸引一波想要治病的人；三是他为人放荡不羁，见着女人会涎着脸说一些调笑话，有些不怕事理的乡下大嫂会与他斗嘴，这种近乎捧哏与打趣的场面，也会吸引一批看热闹的人。

不消说，耍蛇人在当年确实有他自身存在的价值。耍蛇人表演耍蛇，只是一种幌子。中国民间耍蛇人与印度耍蛇人的区别在于，中国耍蛇人通过它出卖草药，印度耍蛇人通过它出卖技艺，但目的是相通的：挣钱糊口。

耍蛇人给人治病，纯粹是那种江湖游医式的做派，他们既不懂中医的望闻问切之道，更不知中药十八反十九畏的配伍之术。他们或许也拜过师，了解一些治病单方，但更多的是利用人们的心理暗示，将那些不知名的药粉搅拌掺和，让人服下后，当然不会产生副作用，碰巧也许产生疗效，这就是他背后那几面锦旗的由来。但有一种药应该是可信的，那就是蛇药。在当年农村缺医少药的状况下，耍蛇人便有了自己的生存空间。

旧时人们认知不足，看见耍蛇人能将一条剧毒之蛇玩于股掌之间，觉得甚是神秘，有人甚至以为其道行很深，其实，在今天看来，他们的所有做法均可以解释：

耍蛇先要驯蛇。耍蛇人了解蛇的习性后，重在与蛇混熟，让嗅觉非常敏感的蛇熟悉耍蛇人的气味。开始时，把个人的衣物放进蛇的笼子，让蛇熟悉衣服上留下的体味；接着把蛇装进一个枕头袋，随身携带，让它进一步习惯体温和气味。当它们完全习惯人的气味，让人接触时不会有特别反应，也就是驯服成功了。一般来说，蛇的年龄越小越容易驯服，不同种类的蛇所需要的驯服时间也有差异，快则三星期，多则两个月。耍蛇前要特别注意：由于蛇的嗅觉很灵敏，接触它们时，要用肥皂洗净双手双脚，以消除异味。特别要注意身上不能有血腥味——蛇一嗅到就会兽性大发。给蛇喂食，主要是小鸡、老鼠等，但必须是已经死掉的，如果让它们吃活的，怕激发蛇的兽性。蛇一星期只需喂食一次，因其消化食物的过程缓慢。

耍蛇须先拔掉毒牙。毒蛇的上颌有一对较大而尖端钩曲的毒牙（叫作沟牙或管牙），口腔近上颌的两侧各有一个毒腺，腺管一直通到毒牙的基部。毒蛇咬人时，毒腺周围的肌肉收缩，压迫毒腺，毒腺分泌的毒液便从腺管运送到毒牙的沟（沟牙）或管内（管牙），再经毒牙尖端的沟孔或管孔流进人体的肌肉或血管，毒液能很快随血液循环流到全身，引起血液或神经中毒。既然毒蛇的毒液是由毒牙注入人体内的，把毒牙拔掉了，即使被毒蛇咬伤，也没有中毒危险。玩蛇者深知其中奥秘，事先已把毒牙拔掉了。另外，毒蛇分泌毒液也有一定的规律。根据科学家研究，毒腺分泌毒液的数量、所含毒素的浓度，往往随季节而有变化。冬眠醒来的毒蛇，毒腺分泌的毒液较浓，含毒素较多，毒性就要大些。

其他季节，毒蛇分泌的毒液比较稀薄，毒性就差。毒蛇排放过一次毒液后，毒腺要隔上一段较长时间才进行分泌并积累毒液，所以连续咬人，毒液量少，毒性也小。捉来毒蛇若先让它咬其他动物或柔软的东西，使毒液排尽，短期内虽被它咬伤，也就没有危险了。毒蛇还有一个习性，它只在极度饥饿或被踩痛时才咬人。喂饱它，不去踩痛它，它就不会咬人；即使被咬着，毒液也不致太多，毒性不大。至于菜市场上卖蛇人手中摆弄的蛇，都是无毒蛇，所以不怕咬伤。卖艺者或玩蛇者了解和掌握了这些规律，将采集到的毒蛇经过处理，就可在观众面前随心所欲地摆弄或进行惊险的表演了。

我们常常惊异于蛇能听耍蛇人指挥，可以随着声音做各种动作，以为他们有道行。用现代知识诠释，一点也不奇怪。人们通过观察研究眼镜蛇等蛇类的感官发现，蛇的视觉很差，但对震动却极为敏感。蛇的鼻子连着一种特殊的器官，因此，蛇的嗅觉极为灵敏。蛇的舌头呈分叉状，就是靠舌头的快速伸缩，把气味从鼻腔送入这特殊器官内来感觉的。蛇的耳朵已经退化，完全没有外耳，内侧的中耳也只有一根骨头，因而蛇完全没有听觉。既然蛇没有听觉，为什么还能随着笛声起舞呢？其实耍蛇人在吹笛子的同时，脚也在随着节拍而踩踏地面。因为有着艺人脚踏节拍的震动，对震动极为敏感的蛇才会随着节拍而起舞，这就是说，耍蛇人吹笛子只是一种掩人耳目的假动作，而脚踏节拍才是指挥蛇起舞的真正信号。

随着科学的进步，人们认知水平的提高，以及医疗设施的改善，耍蛇人再也没有市场，只在一些影视画面中或许还有一些短暂的影像。

闹鸡把

这个题目是衡阳话的音译，我实在想不出普通话应该怎样表述，只好用音译替代。

闹鸡把是旧时衡阳乡下居家必备之物。从外观上看，有些其貌不扬，它是由一截南竹的尾部整体剖制而成，整个物体长约四尺。制作时，先将竹子两端用刀刮削平整，再用一根铁棍捅掉所有的竹节，只留下最后一节不动，捅掉竹节后，用篾刀仔细地把竹子劈成一指宽左右的片片，片片的长度为整竹段的四分之三，因此，片篾时不能用力太过，避免将整个竹段割开。一般一段竹割成 12 片左右，即是一把完整的闹鸡把，有点近似于农村厨房内竹刷把的初坯。

由于剖开后的竹片有弹性，相互间撞击时会发出清脆的响声，农村人将它们在手中抖动或者在地上敲打，那种啪啪之声便不绝于耳，由此可见，制作闹鸡把的目的在于让它发声。

别看这样一个不起眼的物件，旧时在农村可是一件十分管用的器具，其主要用途有以下几个：

白天赶鸡。闹鸡把，顾名思义，就是为了赶鸡。旧时乡下农户，几乎家家都喂着三五只鸡，喂鸡的好处是可以将一些残羹剩饭充分利用，孩子们不小心掉到地上的饭粒也会被它们悉数收进食囊。但鸡群有时也令人十分讨厌，当你用晒簟或篮盆晒些珍贵的食品时，它们会趁主人不留神的空当，展翅飞上晒台，一顿大快朵颐，令主人伤心不已。为防止鸡们偷食，主人将手中的闹鸡把不断甩出响声，鸡们便只好望而却步了。

驱赶麻雀。旧时，农民每到农历三月份，便要播谷种育秧，在谷种发芽后撒到秧田的前几天，不能灌水，需在泥浆中晒几天站根，这就给麻雀造成了可乘之机。它们在饥饿了一个冬天之后，当然不愿错过这道大餐，于是成群结队扑去抢食。此时，主人一边嘴巴发出吆喝，一边抖动闹鸡把使之发出尖厉的响声，麻雀们便会纷纷逃离。

晚上驱鼠。老鼠是一种令人非常厌恶的动物，之所以有“老鼠过街人人喊打”的说法，是因为它给人类带来的危害太多。旧时乡下没有强力灭鼠的办法，家中常常会遭到老鼠的骚扰，尤其是在夜深人静的时候，老鼠们便会大展身手，或在楼板上来回奔跑，嘴里不时发出吱吱之声；或找到一个木质的物体，用牙齿吭吭地咬动；有些胆大包天的老鼠，或许会跑到你睡觉的蚊帐顶上，把蚊帐摇得噗噗发响。倘若此时你是一个人睡在那里，胆小的人可能会头皮发麻，彻夜难眠。为了驱赶它们，主人们在睡觉之前会将闹鸡把放在床边，当听到老鼠发出响声时，敲动它，就会让老鼠们老实下来。

避邪。旧时农村人由于不懂科学，当家中发生一些不吉利的事情时，便以为是屋里正气不足，要用闹鸡把将晦气赶走。最典型的是过去妇女生产时，如果出现大出血，乡下人叫发血晕，此时产妇可能因失血过多而昏迷过去，农村人不明就里，以为是邪气附身，便采用最原始的方法治疗：先找来一张渔网，展开将产妇罩住，再点燃一个火把在屋中照耀，然后抖动闹鸡把，在房内四处敲打，口中高喊：“赶出去!”这种做法显然毫无科学依据，产妇最终能否从鬼门关前返回，只能靠个人的造化。

现在乡下人多数不再喂鸡，麻雀也已少见，妇女生产更是有了现代科技作保障，这个土得掉渣的闹鸡把也早就当成引火柴烧掉了。

吹火筒

上了年纪的衡阳人，应该记得旧时农村做饭炒菜烧火时，经常用得着的一件物品：吹火筒。吹火筒是用一截竹子做成的圆筒，一般有 5 个竹节，只留下底部一个竹节，用钻子钻出一个小孔，其余竹节全部掏空。吹火筒的长短因人而异，长的大概会有 1 米左右，短的大概也有 70 厘米，但前提是用起来方便。

吹火筒的功能是用来对着柴火吹气，使柴火能够迅速烧旺。同所有的江南农村一样，衡阳农家人在做饭的时候，多数情况下烧的是薪柴谷草和秸秆之类的东西，有的时候也烧硬柴木，实在没有办法的时候，在没有硬柴木甚至谷草麦秆做饭时，还会烧一些湿的东西，这些湿柴禾燃点更低。无论是烧的何种柴火，在初始时，因为是在那种土灶内进行，这种灶没有烟囱，不能使空气形成对流，因而极难点燃，燃烧时也会因缺氧而往往使整个做饭的房屋内弥漫着让人窒息的浓烟。

这个时候就到了可以发挥吹火筒的作用的时候了。吹火筒的使用主要是在两个阶段：一、冷灶引火。一般人家的灶膛在不做饭时是不留火的，要想在这种冷灶中把柴火迅速点燃，是需要有些技巧的。有经验的烧火人会找一些燃点极低的引火物，而最易点着的是干枯通透了的松针，衡阳话叫枞毛子。将其点着后，徐徐用吹火筒吹气，把其他柴禾带燃。二、热灶加火。在农村烧过火的人都有这样的经历，有时候柴虽然也在灶里燃烧，但火就是不旺，碰上有些需要旺火烧锅的菜，常常会让人无可奈何。这个时候最好的助手当然是吹火筒了。烧火的人先是用一根掏火棍，把灶里直冒烟的柴禾的中间掏出来一个空间，因为乡间有句俗语叫“人要良心，火要空心”，意思是把火架成空心状更易燃烧，然后把那吹火筒伸进去对着那空间鼓起两腮使劲地吹，灶里的柴禾就会熊熊地燃烧起来。

当然，使用吹火筒也是有技巧的。吹火时需要换气，操作吹火筒换气时千万不能够将嘴吸在吹火筒上，否则灶里的烟和带着火星的热烫的柴禾灰就会被吸到嘴里来，所以在用吹火筒吹火换气的时候，要将嘴巴离开吹火筒，把头转到另外一个方向做一次深呼吸，然后再接着吹。

吹火筒十分简单，在自己家就可以制作。有经验的老人做吹火筒，会把贴嘴的那一头的孔和洞做大一些，并且用刀子或砂布将周边打磨光滑，而伸进去对着灶里的那一头竹筒的洞只钻成绿豆一般大小的眼，这一方面是便于集中吹气，使吹出来的气直奔主题；另一方面则可以防止因操作失误造成烟和火灰倒吸伤了吹火的人。同时，在做饭用吹火筒时，旁边还会放一个装上水的碗呀什么的，如果吹火筒使用的频率高了，就把吹火筒放进水中去浸湿一下，免得把吹火筒烧燃了。

如今，农村中多数人都不再用柴禾做饭菜了，即便是那种烧柴灶，灶膛也是有烟囱相通了，吹火筒再也难见踪影，乡村上空的袅袅炊烟也逐渐淡出了生活，只有那份流淌在岁月里的淳朴和美好，永远留在我们的记忆里。

石灰窑

上了年纪的衡阳人应该还记得当年在衡宝公路两旁的那些石灰窑。那些窑多是倚山而建，背后是一座光秃秃的石头山，窑的上空终年有白烟冒出，周围空气中弥漫着刺鼻的硫磺味道。

说到石灰，在旧时可谓与人们的生活生产息息相关，几乎渗透到社会各个角落，小到农村家庭中用石灰坛子装食品，中到农民种田中耕时向稻田撒石灰以灭病虫，大到建筑工地用石灰浆勾缝与室内粉墙。由于需求量大，因而催生了众多石灰窑的存在。

石灰也是一种精神的象征。我们或许都记得于谦写的那首《石灰吟》：千锤万凿出深山，烈火焚烧若等闲。粉骨碎身浑不怕，要留清白在人间。作者以石灰作比喻，表达自己为国尽忠、不怕牺牲和坚守高洁情操的决心。此诗因反映了诗人廉洁正直的高尚情操而脍炙人口。

石灰的起源在中国最早可追溯到公元前 7 世纪。几千年来，尽管朝代更替，但烧制技术则大体维持在初始状态。将一块石头变成灰，大抵有以下几个步骤：

建窑。建好窑是烧好石灰的关键，衡阳地方的石灰窑多选择在有石灰岩山下的路边。一般里外都要用石头（有的用红砖）垒砌，建成外方内圆，外面见到是方形，平面要筑好大一点的平台，便于上料和其他操作。窑顶上还要打厂棚，一般小窑盖茅草，窑大也有盖瓦的。窑厂要打得较高，以预防石灰窑燃烧后引起火灾。窑前面要留窑门，一是做燃烧进火口，二是出石灰处。至于窑的大小，只能以每窑装多少石灰石和煤炭而定，以满窑为界，一般为 3000 公斤到 5000 公斤左右的容量。

备料。烧石灰的原料主要由两大部分组成：一是青石头，它的主要化学成分就是碳酸钙。并不是所有的石头都可以烧石灰，有经验的师傅都能分辨出来，具体是看青石中是否有白色的筋分布。二是燃料，古时在没有发现煤炭时，多用块柴作燃料。

装窑。装入窑中的石料要除去杂质，每块不能太大，如有大块石料要进行二次破碎。烧石灰的燃料主要是煤炭，装窑时要一层煤一层石料。底层先装煤，不仅煤的数量要多于上层石料，而且进火口里面要是易于起火的煤炭和木炭。起火炭多用坨煤，中间用块煤，然后一层煤一层石料，按煤、石配比去装。无论煤或石料，每层都要大中小、小中大，摆均匀和填实。否则，间隙大影响接火，又在里面烧成大坑造成灭火。直到顶层石料装满窑后，搅成湿泥浆（以湿而不成糊为宜）把窑顶层全覆盖，泥浆层封顶要做到既不妨碍下面上火，又不使火力出面而流失。缺煤的地方，也有用柴烧石灰的。

点火。即开始烧窑。待整个原料装好后就要点火开始烧窑了，这步可以说是整个工艺的关键环节。点火主要是先把窑的最底层的基础燃料点着，让这层的燃料均匀地充分燃烧，这是烧好窑的关键所在。这底层点火好了，其上层的燃料就会逐层慢慢自燃，直到烧到最顶部的一层燃料燃尽，石灰就算烧好了。这个时间需要一周左右。烧石灰要先慢火，后快火，先小火，后大火。第一天是微火烘窑，严格控制窑温上升，烧慢火，起到烘窑、干燥、预热的作用。如火力旺，窑温骤升，会造成炉膛石块爆裂，甚至有倒塌的危险。第二天是小火。当看到炉膛石块已发白，就可以入中火。窑帽口会有灰色烟气冒出，当烟气开始渐渐变黑，石灰石开始受灼热分散。这时窑温在 800 ~ 900 度。第三天由中火进入大火。这时投煤量要增加，窑帽口开始逐步涂盖，用石灰膏或湿黏土封口压火。第四天由大火进入全火燃烧。温度升到 1100 ~ 1200 度，石灰石全面分解。这样高温火焰在窑炉内盘旋，增加停留时间，窑帽口浓烟滚滚，更有力地排出。第五至六天，由全火改为稳火。窑内排出的黑色烟气开始澄清渐稀且呈灰白色，到煅烧终了几乎无色。这时，膛内火色明亮刺目。最后撬开窑帽顶部再煅烧几小时，让闷盖在顶部的石块成熟，整窑石灰就烧成了。

出窑。待石料全部烧成石灰后，掀开顶层泥巴，让其充分散热冷却，冷却到可以人工操作时，将石灰出窑。先从窑门处拨出，因窑里石灰热能还很大，窑里不可以进人。由于传统的石灰烧制方式对环境产生污染，建筑工程不需砌墙，室内装修出现新型材料等因素，石灰的市场逐渐萎缩，传统的那些石灰窑上也长满了蒿草。

捡野淤

时光倘若倒回去50年，在冬季的清晨，衡阳乡下的旷野之中，会有这样一些人在走动：他们用一条澡帕缚住身上的棉袄，用一把小型的猪屎耙或一柄锄头吊着一只篼箕，目光向前方不断搜索，碰上一泡人畜粪便，便会将其拾掇到篼箕内。这个人是在干一种特殊的农活：捡野淤。

捡野淤是衡阳方言，又叫捡狗屎，用普通话说就是拾粪。拾粪这个词，对于城市人来讲，绝对是陌生的，而对于40岁以下的农村人和那些早些年从农村走出来的人来讲，差不多也是陌生的。随着时代的发展、社会的变迁，拾粪一词将渐渐从人们的视野中淡出，而且可以预见，它一旦淡出，就再也不会回来了。

粪，就是人畜的粪便。粪便对于农村人而言，是一种宝贵的有机肥料，过去农村有句俗话，叫作“庄稼一枝花，全靠粪当家”。粪字的繁体写法是糞。有一个谜语说：“米田共一家，农民很喜欢，生活离不了，庄稼全靠它。”其谜底就是这个繁体的粪字。这说明粪便虽然是臭烘烘的、肮脏的，但农民朋友却对它视若珍宝。当年从城市来到农村的下乡知青们，也有“没有粪便臭，哪来五谷香”的感慨。

拾野淤在衡阳乡下有着悠久的历史，但在旧社会多是那些勤劳之家留下的好习惯，属于小范围的农活。形成高潮是在20世纪六七十年代，拾粪一度是农村大人孩子们的一项经常性的工作，最高峰时期，有些公社脱产干部下乡，也会随身带着这一套行头，但主力军仍然是生产队的那些农民。当年的农村是人民公社体制下的三级核算，队为基础。在生产队的管制下，农民需要在集体土地上劳作，由生产队长统一分派任务，由记分员记录当天的工分，根据劳动的强度记录不同的工分，从1到10分不等。一般成年的男劳动力工作一天可以挣满10分，妇女一般是8个工分，老人和儿童有时相当于半个劳动力。彼时，化肥尚未出现，为了增加粮食的产量，提高农民积肥的积极性，拾粪成为获取工分的一种途径。

拾粪现象当年南北都有。衡阳地区捡野淤，不像北方有骡马等粪便，因此，主要是收集人与狗的粪便，这两样值工分最高，每斤可计1工分；其次是牛粪，这种粪不值钱，10斤才抵1分。

拾粪无需专门的技巧与技术规范，且需要的劳动消耗不大，任何人都可以从事这项农活，而且拾粪所捡是一种不确定的肥源，拾到多少粪还得靠运气，收获量不会很大且回报率极低，成年劳动力多不屑把主要精力浪费在此，故从事拾粪的主力是老人和孩童。

我在上高中以前，也心血来潮学着别人的样，用锄头吊着篼箕去捡过几回野淤，收效甚微，只好放弃。

我很佩服那些有本事的捡粪人，他们有时一清早出去转一趟，便可捡到十几斤，相当于一个甲等劳动力一天的工分。后来有人告诉我，捡野淤也是有诀窍的，总结起来大体上有这样几条：

一是一定要早起。早起意味着你比别的拾粪人机会更多。这一条客观上还起到了锻炼身体的作用。年轻人多不愿意早起，老人这方面就占了便宜。然而年轻人虽然晚起，却腿脚麻利，跑得快，眼睛好使，这是老汉们所不及的，因此，他们就千方百计地早起。我们村有的老汉甚至半夜就起床出门拾粪了。

二是不同的生物选择排泄的位置也各有不同。比如，耕牛等因为要在有草的地方放养，它们的排泄物就会更多地出现在山脚等有草的地方；而狗则喜欢将秽物排在墙角、树下；动物在内急时，喜欢找那些有遮挡的角落，在冬天会选择背风的地方；偶尔也会有猪粪，那多半是哪家猪圈不牢，猪“越狱”出来散步时留下的，猪粪大多出现在地头、田间。因为猪聪明，又贪吃，他们跑出来后一般会直奔庄稼地或菜地，吃饱后，顺便排点东西出来留个纪念。摸清了这些排泄规律，就能多拾到粪。

三是拾粪不能急躁，要平心静气、不屈不挠、眼尖腿快。做到这一点，基本上不会空手而归。因为一急躁，你就会对目标搜寻不细，容易忽略。做事有静气，自然会有收获。

由于化肥的普及，有机肥在农村中的地位降到次要位置，捡野淤的现象从此永远消失。

沤木炭

过去进入冬季时，在衡阳一些盛产林木的山区，你会看到别样的风景：在一些靠山的空旷地，有许多大大小小馒头形的土堆，土堆的上方烟囱飘着的缕缕青烟，腾升到半山腰时，又变成一条条舒展的飘带，与大山若即若离缠绕在一起，构成一幅冬日下的水墨丹青。这是人们在沤木炭，那些馒头形的土堆，便是炭窑。

说到木炭，大家都会想到那位平凡而伟大的战士张思德，当然也会记起那首《卖炭翁》，上了年纪的人恐怕还会留恋当年那个火红的炭炉。然而，在烧炭人那里，更多的是为了维持生计的一种无奈。衡阳人沤炭，多是出于靠山吃山的本能，将山中的资源换成度日的本钱，因此每年入冬后，山区的农户几乎家家都会沤炭。

沤炭是衡阳方言，标准的说法是烧炭，其方法有多种，以土窑烧制为最常见。烧炭的原理用今天的科学理论解释，主要是两个因素的合成：一是利用土窑煅烧，使木柴无氧碳化，其建窑关键在于密封、进气排气和便于装窑等方面；二是炭化技术，这里主要考量烧窑师傅的经验，如刚开始时给足氧气让其燃烧，等烧到一半或五分之二时，关闭氧气也就是封窑门，让其在缺氧的状态下慢慢燃烧分解，分解出一氧化碳、木焦油、木醋液等有害气体，只留下木炭。

木炭有白炭和黑炭之分。衡阳农村烧制的为白炭，主要以硬阔叶材中的壳斗科、榆科树木为原料，由于树种的不同又可分为：乌冈白炭、青冈白炭，原料为栎木、榉树等不成材林的薪柴。其优点是燃烧时间长，不冒烟，无污染，比重大，敲击有金属音；缺点是受潮，燃烧时发出噼里啪啦的声音，并有火星飞溅伤人。

衡阳农村土法沤木炭，在备好窑柴之后，进入煅烧的过程大体如下：

首先是打窑洞。打窑洞是有讲究的，一般选在靠山坡较为空旷的地方。窑洞呈圆柱形，容积大小不等，竖长两端之间有几十厘米高低的落差，低处是点火孔。火道的两侧需要用石块坯砖排列使之坚固，防备堆压窑柴以后造成坍塌，堵塞火道。火道两端的点火孔与烟囱也是在炭窑坑壁竖立挖凿出来的，点火孔也会做临时烟囱，在确定点火燃烧顺畅之后再封闭。高处是烟道的出烟口，另外还会在炭窑旁边挖一个小耳窑作为双火道，用来燃烧炭化。在炭窑底部开一个小的通气孔，注意不要破坏了别的地方，一定要保证烧炭窑的密封性不受到影响。

其次是装窑柴。先拿几根长直的柴棒，与坑底火道同为纵向，架盖在石块坯砖上，遮护火道，再横向排列铺满窑柴。所有烟道里，都会放些小块易燃的细茎干草，这是用来连续引燃柴火的，要放满，但不要塞紧，以免堵塞烟道。装柴时最底层铺排细枝，中间堆放适中枝杈，最上头盖压粗一点的树干，表面再撒枞树叶、细树条填充窑柴之间的缝隙。

最后是引燃炭窑内的炭原料，保持燃烧。窑内烧了一段时间后，就要封口，只留下一个出烟的口，直径 10 厘米左右就行，这个口主要是用于排放燃烧时产生的烟气。炭化的过程中会排出大量的白烟，有烟气处理的这个可能看着不明显，但也要注意多观察烟气排放情况。有经验的烧炭技术工会懂得更多点。白烟其实是木炭原料中的水汽被排出。当出现蓝烟的时候就说明窑内的木炭开始燃烧了。这个时候就要封闭炭窑，首先对下面的通气孔进行封闭，以保证整个木炭窑没有空气进入；其次要封闭出气口，即烟囱，使整个炭窑与外界完全隔绝，使木炭完全炭化。经过一定的时间，炭化好的木炭浇上水冷却后，就可以出炭了。

沤制木炭的技术最终体现在炭的质量与出炭率上。判定木炭质量的好坏有三条标准：第一是不能有“羊脚”，即木炭中不能留有未炭化干净的木头；第二是颜色必须纯正，即木炭表层有些许白霜；第三是声音要清脆，质量上乘的木炭相互撞击，会发出金属音。一个有经验的师傅，最好的出炭率是 50%，最差的则只有 20% 左右。

现在，这种大面积烧制木炭的现象已经不再有，市面上出售的木炭不少还是机器的产物。

养猪婆

养猪婆是衡阳方言，即饲养母猪。在旧时，养猪于农村人而言，是一种最基本的家务活，衡阳人也不例外，有条件的人家，几乎都有过养猪的经历。因为在当年，这或许是农家最大的一笔经济来源，家中若要做一些大事，花销全靠养猪。而要想取得更多的收入，养母猪无疑是一个不错的选择，因为过去养一头散猪约需 10 个月才能出栏，变成现金不过 200 元，而养一头母猪每年可以至少产 2 窝猪仔，每次可入账 300 元以上。

虽说养猪婆钱来得多，但其付出也是巨大的，且不说一日三餐喂潲打理，单就对母猪的特殊照管，也足以让家庭主妇们精疲力尽。以下几道环节便可足见一斑：

挑选良种母猪。过去农村人选择小猪作为母猪喂养，先要去饲养母猪的人那里预订，到栏舍去实地挑选。其具体的标准是三个：一是看体形外貌。猪的外貌和它的生产性能有很大的关系。一般标准的种猪体形外貌为肩宽背平，腿臀较丰满，四肢健壮，尾根着地位置比较高，外阴发育正常有效，乳头在 7 对以上。二是进行比较。虽然一般选择种猪都是根据猪的外貌特征去挑选，但这不是一个绝对的方法，所以在外貌的基础上必须要选择同龄种猪中发育较快，饲料利用率比较高，而且断奶重大的个体作为种猪。三是审查基因。在挑选种猪时，还可以审查一下被选种猪的上三代，以方便了解后代的生产性能好坏、种猪的优良性状是否可以稳定地遗传给下一代，如果上三代的生产性能都比较好，那么它的后代的生产性能也会比较好。

选准交配时间。与现在的人们养母猪不同，旧时衡阳人养猪婆，都是传统的原始方法配种，但凡家中养母猪的人，都能够准确地掌握好母猪的最佳配种时间。在衡阳方言中，母猪发情叫猪婆起走，这时候找公猪来交配使其怀孕，叫介苗。他们在具体实践中，总结出一套有效的观察方法。如判定母猪是否发情，一般有以下几个变化：其一，情绪变化。母猪发情有很多征状，发情的母猪精神会变得不安，出现在猪舍内来回走动和叫唤的现象，如果此时看到公猪的话，它会出现耸耳翘尾，后肢挺立和全身颤抖的发情征状。其二，食欲减退。母猪发情后还会表现出食欲减退的现象，这时母猪在吃潲的时候会极度不安定，而且征状会持续好几天的时间。其三，外阴红肿。母猪发情最明显的征状就是外阴出现潮红和红肿的现象了，而且还会有黏液流出来，等到发情结束后，红肿才能消退。但是根据发情次数和母猪个体差异的不同，它们的发情现象也是稍微会有所区别的。有经验的养猪人大多会知道，母猪发情分前、中、后三个阶段，前期的母猪表现为兴奋不食，这个阶段母猪不接受爬胯，阴户开始发肿、发亮，颜色呈鲜桃红色，有水样乳白色黏液流出，此时不宜配种，配种受胎率极低；中期的母猪性欲增强，接受公猪爬跨，阴户肿胀减轻，颜色变为紫色，有小皱褶出现，阴户内部有乳白色黏稠液体，此时是母猪最佳的配种时间；后期的母猪性欲下降，阴户颜色变浅，外流液体逐渐消失，不宜配种。农村人总结的配种顺口溜极有意思：母猪发呆，配种受胎；按腰不动，一配就中；阴户打皱，配是时候；阴户黏草，配种正好。

引导公猪配种。在确定好配种的时间后，旧时都是直接由公猪交配，用现代专业术语就叫本交。旧时衡阳乡下给母猪配的公猪，是由人专门豢养的，需要时由主人赶着它上门提供服务。配种的公猪在衡阳方言中叫猪浪子，其体形健硕，平时由主人精心喂养，以便在需要时有充分的精力。一般到了该交配介苗的前一天，母猪的主人便会到养公猪的家中进行预约，次日清早，公猪便会按照主人的指令步行前往。到达目的地后，养母猪的主家按照规则先要用细糠及大米煮一盆精潲，在潲中加入 2 个生鸡蛋，讲客气的人家有时会有 4 个鸡蛋，待公猪吃饱后，才进入下一步行动。一般而言，这种本交配种的方法都是在动物的原始冲动下自然完成，但有时倘若地点狭窄或母猪架子太小，赶猪人会施以援手进行帮助。配种结束后，养猪婆的主人要给公猪开工钱，一般是按当时一个男劳力一天的工价计算，如 20 世纪五六十年代，每次付费大约是两块钱。

认真细致接生。母猪配好种后，就进入保胎喂养期。农村人有一套计算母猪产仔的办法，过去衡阳乡下有“猫三猪四牛五”的说法，即母猪交配4个月后便可生产。在母猪生产前，主家都会认真对待，如对猪舍进行彻底清扫，等干燥后垫上切短的垫草；准备好接生的工具，工具主要有毛巾、剪刀、消毒液、碘酒等。由于母猪分娩大部分是在夜间，因此那几天家庭主妇会精神高度集中，每晚守候在一边。当然，她们也会观察母猪的变化，如膘情适中的母猪在产前半个多月的时候乳房会开始发育膨胀，随着产期慢慢来临，母猪腹部也会增大而且下垂，在产期的前3天左右，母猪的乳房变得潮红，外阴部红肿异常，起卧行动变得缓慢等。在母猪分娩出仔猪的时候，主家用双手托起仔猪，立即清理仔猪口中和鼻周围的黏液，避免仔猪窒息，然后先用干草擦仔猪，再用毛巾擦干仔猪身上的黏液，这样可以避免仔猪受冻，最后剪断仔猪的脐带。在剪断脐带的时候，要先把脐带的血挤回，然后在距离腹部4～5厘米的地方用消毒的剪刀剪断脐带，再涂上5%碘酊进行消毒，最后把仔猪放到垫有干草的栏舍内保温。

刚刚出生的小猪，前几天靠哺乳维持生命，出生5天后开始让其饮水，第7天开始进行开食，当小猪达到20日龄后一般就会全部开食，在满月后要与母猪完全分开断奶，断奶后要及时将小猪阉割干净。衡阳人将雄性小猪叫文猪，雌性小猪叫草猪，届时要请阉猪匠人上门，将小猪的睾丸和子带割去。再喂几天的精饲料，将小猪催肥到15斤左右，就可挑到市面上去出售了。

现在，农户多不再喂养散猪，母猪更是在大户的养猪场内繁殖，旧时那种喂母猪、赶公猪、卖小猪的景象在农村已经成为昨天的记忆。

牵瞎子

上了年纪的衡阳农村人，或许还记得当年在乡下有这样一道风景：一位盲人用布袋子背着一把胡琴，由一个明眼人牵着行走，引路，每到一个屋场，找一个地方坐下后，盲人便用胡琴吱吱呀呀拉开曲子，以吸引人前来围观。这个盲人在衡阳叫看八字的，明眼人叫牵瞎子。

牵瞎子，顾名思义，就是帮助那些眼睛失明者解决走路的困难。看到这个标题，有些读者可能会以为这是在行善事，其实相反，这是当年在衡阳乡下一种谋生的职业。

大家都知道，在旧时，一个人倘若双目失明，要想在社会上讨生活，一种是学会一门手艺，靠卖艺赚钱；另一种则是去拜师学看八字，以挣得一点微薄的收入维系自己的生计。

在漫长的农耕社会中，盲人们靠这门技艺讨生活，其实也是十分艰难的。他们给人看八字，需要去集市坐摊，或者走村入户招揽生意，寒冬酷暑风霜雨雪等诸多苦楚自不必说，如何出行则是摆在面前的第一道坎，于是，与瞎子看八字相匹配的一种职业，牵瞎子在农村也应运而生。

牵盲人的人，在旧时多为 10 岁左右的小孩，有时也有中年男女。他们出来牵盲人，一般是经熟人撮合，达成口头协议，即明眼人（光子）在与盲人合作期间，由盲人提供每天的食宿，并每天支付少量的脚力钱。

应当指出的是，牵盲人的人是比盲人生活更困苦的一族。小孩之所以出来牵盲人，是因为家中人口多，吃不饱饭，当然更上不起学，又打不了工，出于糊口的目的，他们出来干这种营生；中年男女出来牵盲人，多是那种低能的人，他们家徒四壁，无儿无女无牵无挂，也找不到一份合适的谋生去处，于是索性出来打这份工，除了满足基本生活，一年下来也多少有些盈余。

盲人与牵盲人的人，都是生活在社会最底层的人，其酸甜苦辣常人难以想象。出去看八字的时候，一般是盲人将手搭在明眼人的肩上，两个人相互搀扶着前行，有时路上较平坦，则用盲人那根拐杖牵着走路。在走村入户时，有时会碰上恶狗侵袭，有时碰上道路泥泞，也有恰巧碰上在路上赶路，错过了饭点，就只能饿着肚子挨到天黑回家了。当然，多数时候，盲人们会控制住节奏，吃饭前免费为某家全家人看八字，自然这家人会给他们提供膳食。有时碰上大屋场，人多生意好，且又离家太远，回去已不方便，也有在主人家留宿次日再走的。牵盲人的人在不外出的日子，也要到盲人家做些力所能及的事情，如烧水洗脸洗脚，做一些简单的饭菜等。

盲人看八字在当年农村长期存在，用衡阳农村那句俗话说，“排柱掐八字，凑钱养瞎子”，是有其特定的历史渊源的。

“排柱掐八字”，是源于易经哲学的一种巫术性质的类比拟物化测命仪式，汉民族重要的宗教类活动之一。这种活动对农耕文化为主的汉民族来说，非常重要，农耕文化注重天时和地利，也就是环境决定论，而人与环境的和谐统一，正是汉民族发展的源泉。农耕离不开土地、气候、河流、阳光，人在其中生产，必须因地制宜，因势利导，因果相循，才能顺天时得地利，取天地之精华，孕育繁荣昌盛的种群。掐八字，正是通过对环境的类比分析，找出人与环境的互相依存关系，通过拟物化的表述，来预测人的命运，即凶吉祸福、财富子孙。瞎子当然看不到万物的表象，即看不到具体的环境，也无法看清人与环境的关系，这种条件下，他对环境的认知只能通过听觉和触觉、嗅觉来判断，他形成的环境认识一定不同于正常人。他们通过他人之口描述的环境建立起来的世界，是异于常人的，在这种情况下，瞎子如果掌握了周易理论以及排柱掐八字技法，更容易集中精力，深入算命掐八字对象所描述的环境之中，思维单一，指向明确，更容易打动被测者，故而一般人会感觉到瞎子算命掐八字比较准，比较令人信服。

挑塘泥

与大多数江南的农村一样，衡阳以种水稻为主要产业，其种田浇灌用水，除了江河之外，大部倚仗池塘蓄水。有经验的老农都知道，这种池塘必须定期清淤，否则，池塘便成了碟子，盛不了几滴水。给池塘清淤的农活叫挑塘泥，是衡阳旧时的一项重要农活。

在农村没有合作化以前，挑塘泥的工作仅仅是那些有水塘的农户必须要做的事情，其他没有水塘的农民如果也挑塘泥，要么是受雇于有水塘的农户，要么是与有水塘的农户互相帮工。农村实行合作化以后，也就是建立初级农业合作社和高级农业合作社以后，因为田地、水塘等生产资料全部归集体所有，所以到了冬天，所有劳动力都要参加兴修水利的劳动，其中挑塘泥就是十分重要的一项工作。

挖塘泥其实就是将数年来淤积在池塘底的烂淤泥挑到岸上，一是恢复清澈的水质，达到清淤之目的；二是扩大容积，以便应对春汛来临时的暴雨；三是贮存肥料，塘泥中积淀了很多腐烂了的水草、鱼虾、枯枝、落叶，以及水禽的粪便，其中还有一些小动物的粪便和尸体，再加上池塘一般是在比较低洼的地方，有四周流下来的肥水肥泥，间隔年数越久的池塘，塘泥的颜色就越黑，肥分也越高。

衡阳有句土话叫“牛怕踩砖泥，人怕挑塘泥”，这告诉人们，这种挑塘泥的活虽然简单，但是十分辛苦。这种辛苦有三个方面：

首先是冷。这种劳动必须在冬天进行，只有到了冬天，田里没有庄稼了，不再用水灌溉，才可以把水塘里的水放干。同时由于田里已经没有农作物，塘泥才可以倒在里面。冬天天气非常寒冷，干活时又不能穿很多衣服，刺骨的寒风吹在脸上、手上和身上，加上是从泥塘里把淤泥往岸上挑，塘里还有一部分水，所有的人只能打赤脚或者穿着草鞋干活，所以特别冷。

其次是危险。不论哪个水塘都是很深的，更别说那些面积很大的水塘，加上淤泥不仅陷脚，而且十分滑溜，稍不留神便会摔跤掉进泥中变成泥猴。况且，塘泥中藏有一些锋利的石块瓦片，打着赤脚随时都有可能遭遇损伤，具有相当的危险性。因此农民们采用了一种最原始的办法，用木材制作了一些长度约8～10米的、宽度约70～80厘米的踩板，为了防滑，在踩板上面横着钉上一些小木条，再把这些踩板一头搭在岸上，另一头搁在塘里，如果塘与岸之间比较陡，一块踩板不够长，就再接一块踩板接上，让挑塘泥的人挑着塘泥从踩板上把塘泥挑上岸，然后再挑到田里倒掉。

最后是劳动强度大。挑塘泥是用扁担和篼箕将那些淤泥一担担地挑出来的，每担泥少说也有百十来斤，往返距离近的数百米，远的上公里，加之泥泞滑溜，每挑一次都是对体力的巨大消耗，而这种劳动一天周而复始地要重复上百次，故而洗脚收工后，男人们都会有一种精疲力尽的感觉。

挑塘泥也要讲究方法。塘泥表层是干的，底层却松软湿润并且带有黏性。有经验的农民在挑塘泥之前，先要将篼箕浸湿，撒上一层草木灰或者谷糠，再用锄头一锄一锄将浆糊似的塘泥装入；然后再气沉丹田，将一担100多斤重的塘泥挑起，闪一闪扁担，运足气力，咬着牙，从塘底挑上塘岸。哪怕冷风刀子似的刮着，几个来回下来，便一个个喘着粗气，泥巴裹满裤腿，汗水湿透衣背。由于篼箕底部撒有灰或糠，塘泥便容易倒掉不沾篼箕，再装时，他们会继续朝篼箕撒上一把草木灰或糠。倘若有一次不撒，塘泥“缠”着篼箕脱不开，篼箕会越挑越重，这样一担来一担去，劳动效率极低。完工后，篼箕要到太阳下晒干，拿来棍子狠狠敲击，才能将篼箕上的塘泥敲掉。

挑塘泥虽然很累，有时也有额外收获：在铲那些乌金似的泥块时，会有胖泥鳅或者鲫鱼之类睡在淤泥里，运气好时还有可能碰到甲鱼，最多的还是蚌壳和螺蛳，一天下来，晚餐的菜碗里便多了一道荤菜。

现在，已经无人去挑塘泥了，多数山塘由于多年无人管理，已经盛不了几滴水，即便是要清淤，也是花钱雇一台挖机，突突突半天解决问题，那些挖出的塘泥堆在岸边，不消半年便长满了荆棘与蒿草。

结拜同庚

50 岁以上的衡阳人或许应该记得，当地有一种特别的结亲关系，叫结老庚。结成老庚后，双方的子女称自己及配偶为同年爷（这里爷读伢音，即父亲）或同年娘，也可简称同爷或同娘。

老庚，顾名思义，即在农历纪年算法下，同年所生的人。过去我们初次见面时，常用“您贵庚”询问对方，便意在问年龄的大小。熟人之间见面，以“老庚”称呼对方，意在表示双方同岁。但这些仅仅只是表面上的一种称谓，不构成实际意义上的亲戚关系。

衡阳的结老庚，有着近乎于旧时拜把子的含义，是一件极其慎重的民间活动，一般以男性居多，也有少量同年女性结拜成交的。一旦双方确定了结拜关系，从此便成了血缘关系外另一种紧密型亲戚，除了逢年过节要相互走动外，对方家但凡有生日喜庆、婚丧嫁娶等重大活动，也必须到场并尽自己应当的义务。例如若有长辈仙逝，必须按照当地规矩披麻戴孝，与同年兄弟姊妹等一道守灵，发靷时要承担酒席上的发白及发碗的费用等。

结老庚一般有以下几种情形：

一是孩提时由私塾老师牵线。旧时，孩子到了一定的发蒙年龄，便要送他上学，但彼时教育尚不像今天这么普及，上学读书有两种方式：一是去老师定点开馆授课的地方，叫入泮；二是由几家共同出资，延师到家中来教学，叫私塾。私塾先生在当地算是文化人，除教书外，还会承接民间一些公共活动，去当礼生，类似于今天的主持人。私塾先生若发现课徒中有同年所生，双方家境尚可，便会撮合双方家长，将孩子结为同庚兄弟。

二是成年后自己主动结交。这种结同庚的人，多数是在成年后与原先不相识的人认庚。他们多是在外地谋生活或其他原因相识，交谈后觉得志趣相投，双方颇有相见恨晚的感觉，于是结交；当然也有的人是为了个人目的，千方百计接近那些有权有势的人，通过各种方式讨得对方喜欢，最后达到攀龙附凤的目的，二人结为同庚。

三是在亲朋好友动员下结交。旧时由于宗族势力盛行，一些势单力薄的人常常受到欺凌，为了对付这些不正常的状况，一些社会组织便应运而生，结同年会便是这千千万万个民间组织形式的一种。衡阳民俗攀亲结拜的“同年会”“谱兄弟会”形式较为简单，一般以 12 人为一会，全是男人，只要出生年庚相同，又情投意合，自愿结拜，友好一生，便可入会。

无论是哪一种情况结拜同庚，在结拜之前，都要写金兰谱，也就是说准备结拜的人要从自己家谱里把自己前三代的祖宗都抄出来，把自己的曾祖父、祖父、父母的姓名都写进金兰谱里，然后是自己的详细信息，姓名、生辰八字、籍贯等。这表示结拜之前，大家都已经互相了解，知根知底。要选择良辰吉日举行仪式，通常要由一个有威望的人来主持，地点在祠堂或堂屋内，也有在户外大坪内举行的。先要摆好香案，上面置放三牲供品，再摆上天地牌位，让苍天黄土作证，根据年龄月份的不同，按顺序烧香跪拜，最后一起诵读誓词，还要在上面签字。一般情况下还要置办几桌酒席，邀请亲朋好友前来庆贺一番。

衡阳民间这种结同庚，也称拜把子，又称结义或义结金兰，是古时候中国民间在社交上的一种习俗，原本是结盟的意思。因为古代相信鬼神之说，两个集团或个人因为相同的利益关系，以磕头换帖、同饮血酒、对天盟誓的方式结为兄弟姐妹，以此来保证对彼此的信任，来实现共同的利益。金兰一词来源于《易·系辞上》：“二人同心，其利断金；同心之言，其臭如兰。”前一句意思就是两个人同心协力，就算是金子也能切断。在古代的时候，人们对金属的认知有限，所以认为金子是世界上最坚硬的东西，经常把断金比作有恒心、有毅力的人能做成某事。第二句是说两个人若结义，品质就像兰花一样高洁。在古代有芝兰玉树的说法，兰花作为“花中四君子”，有高洁、美好的象征。以此随着时间的演变，就出了“金兰之交”“义结金兰”这类意思相近的词语，用来形容结拜。

现在，这种习俗早已被人们摒弃，同爷同娘的称呼，年轻人也不知所云何人。

打春牛

作为中华民族的一部分，衡阳的许多民俗习性与大中华一脉相承，只是由于地域上的差距，在传承的过程中又生出了具有个性的地方特色，打春牛就是这许多传统习俗中的一种。

衡阳人的打春牛习俗，一般在立春的先一天举行，在旧时，这可是衡阳民间一个不亚于大年初一挂红的活动。过去“立春”是个节日，所以古人都会举行隆重的祭祀活动，至今民间还流传的一个谚语，叫“‘立春’大过年初一”的说法。《淮南子·时则训》就以这个“立春”作为开始，来介绍一年四时的变化。它也标志着万物的闭藏和冬季即将结束，春回大地、万物复苏、种子发芽，蕴含着春天春种这样的农业意义。因此，旧时衡阳民间会在立春当天举行鞭打春牛仪式，祈求新的一年五谷丰登。

衡阳打春牛的仪式，有官方和民间两种：

旧时一般以县为单位举行打春牛仪程，立春前一天上午，县官着正装带领所有官员到户外一个空旷处，通常选择在一座桥的旁边祭祀事先准备好的芒神（春神）和土牛（春牛），然后把芒神和春牛抬到县衙的大门和二门之间，按各自的规定安放好。立春当天，所有官员穿朝服祭芒神，立春时刻，县官击鼓三声。然后手拿彩色的鞭子，绕着春牛转一圈，打春牛三下，其余官员依次照样打春牛三下。仪式完了，民众一哄而上，争抢一块打碎了的春牛的土，认为泥块能保佑来年的好年景。

乡村的打春牛仪式一般由有头脸的乡贤牵头，地点一般选择在祠堂或集镇的一块空旷的田中，过去坊间有一种规则，但凡打春牛选中的那块田，当年免交赋税。在仪式上执鞭的往往是村里辈分最大、声望最高的老人。站的位置也是十分讲究，若立春在年前，掌鞭人则站在牛头附近；若立春在过年后，则立于牛尾附近。手中所执牛鞭也很有讲究，一定要使用柳条鞭，它象征着春天。牛鞭长二尺四寸，代表的是二十四个节气，同样它有五种颜色，代表五个方位即东南西北中，也象征着五行即金、木、水、火、土。鞭打春牛就是祈求这一年都是好日子，在打春牛时台上的司仪也会跟着鞭声高喊：“迎来芒神，鞭打春牛，一打风调雨顺，二打土肥地喧，三打三阳开泰，四打四季平安，五打五谷丰登，六打六合同春，七打七星高照，八打八节康宁，九打九九归一，十打天下太平。”这是祈求一年能够丰收，能够吉祥。这时候台上锣鼓喧天，台下掌声雷动，鞭炮齐鸣，好不热闹。

春牛的制作是有讲究的，据说是全国统一的要求：一般在立春前，用泥塑一牛，称为春牛。春牛尺寸都有规定和象征意义，春牛身高四尺，象征一年四季；身长八尺，象征一年中的春分等八个节气；尾长一尺二寸，象征一年十二个月；芒神身高三尺六寸五分，象征一年三百六十五天。

打春牛在古时的文人笔下多有记述，唐朝卢肇在《谪连州书春牛榜子》一诗中就这样描述过：“阳和未解逐民忧，雪满群山对白头。不得职田饥欲死，儿侬何事打春牛。”鞭打春牛的活动起源于中国先秦时的历史传说：相传古代东夷族首领少皞氏率民迁居黄河下游，要大家从游牧改学耕作，并派他的儿子句芒管理这项事业。句芒在寒冬即将逝去前，采河边葭草烧成灰烬，放在竹管内，然后守候在竹管旁。到了冬尽春来的那一瞬间，阳气上升，竹节内的草灰便浮扬起来，标志着春天降临了。于是句芒下令大家一起翻土犁田，准备播种。当时的人们都能听从句芒的号令，可是相帮人犁田的老牛却仍沉浸在“冬眠”的酣睡中，懒得爬起来干活。有人建议用鞭子抽打它们，句芒不同意，说牛是我们的帮手，不许虐待，吓唬吓唬就行了。他让大家用泥土捏制成牛的形状，然后挥舞鞭子对之抽打。鞭响声惊醒了老牛，一看伏在地上睡觉的同类正在挨抽，吓得都站起身来，乖乖地听人指挥，下地干活去了。由于按时耕作，当年获得了好收成，原先以畜牧为生的人们都乐于从事农业了。此后，看灰立春、鞭挞土牛逐渐积淀成了人们判断时令、及时耕作的规定，句芒则被尊为专行督作农耕的神祇。在《山海经》这类书里，他的形象被描绘成人的面孔，鸟的身体，有双翅和羽毛，这大概与东夷族以鸟为图腾有关。到了周代，随着农业经济的普遍开展，迎春鞭牛活动正式列为国家典礼。每逢立春前三日，天子开始吃素沐浴，到了立春那天，天子亲率公卿百官去东郊迎春。判断立春节气来到的方式，基本沿袭句芒的办法（后来亦有用绒毛、稻田草灰的）。此外，又预先塑制好和真牛一般大小的土牛送到东郊，俟确认已迎来春天后，便用鞭子抽打土牛，表示督它春耕。到了唐宋时代，这套礼仪更演变成全国上下同时进行的活动：每年夏季，即由中央历法部门预测来年立春的准确时间，并根据年月干支，决定取哪一方向的水土做成一条土牛和一尊句芒神的造形。此后，各级地方政府都据此规定和样式，也照样塑制好一套。如果立春在农历腊月十五之前，句芒就站在土牛的前面，表示农事早；如果立春正值岁末年初之际，就让句芒和土牛并列，表示农事平；如果立春在正月十五以后，句芒就被安放在土牛身后，表示农事晚。在历法知识无从普及的古代社会，大多数农民其实就是根据这些不同的排列方式来掌握立春之大概时间而进行农事准备的，所以土牛也叫“示农牛”。

一年之计在于春，春季万物复苏，过去从中央到基层，层层举办打春牛活动，旨在提示农耕活动的开始，有规劝农事、鼓励春耕的含义。只是，鞭打春牛作为一种古老的民间习俗，至民国后期便销声匿迹了。现在各地打春牛只是表演而已，缺少了昔日的仪式感。

拖板车

倘若您当年在衡阳做过语文老师，给学生布置的作文题目叫《记一件好人好事》，阅卷时您一定会发现一个有趣的现象：作文的内容中有相当一部分是关于帮助别人推板车的。出现这种雷同其实也不奇怪，作为学生，要完成一件好事的机会并不多，帮助那些行走在乡间道路上拖板车的人，正好满足这个条件。

说到拖板车，50 岁左右的人们或许还记得这样一幕：当年在农村的马路上，有一种用人力拉着前行的两轮车，车上堆满货物，拉车的人肩上套一根带子，双手握着左右的车把，上坡路时身子躬着前行，下坡路时身子仰着前行，平路时才直起身子。这种拖货的车在衡阳话中就叫板车。

板车在其他地方又叫架架车、架子车，因为形式简单而得名。鲁迅《且介亭杂文·寄〈戏〉周刊编者信》：“该是大车，有些地方叫板车(架子车、架架车)，是一种马拉的四轮的车，平时是载货物的。”老舍《女店员》第三幕：“今儿个夜里到马路上练板儿车去，就不至于碰到墙上去了。”板车是一种以其平板部分载货或载人的非机动车辆，车架两边护栏高尺许，车架底部左右纵木方而粗，前延伸段渐朘稍圆是谓车手，车手前段略内向，以利挽拉。车底中部横一铁轴，左右各着一轮，轮子的结构也是在随着年代的变化而有所改变，近代的板车轮有两种，一种是用木头做的辐条，外围包一层实心皮圈，到了后来用钢条、钢圈替代，并有了充气轮胎。

板车车轮出现的最早年代已无法考究，但有一点可以肯定的是，发明者是受到了圆的启发而制成了轮子。自从有了轮子，人们就想到了省力的办法。省力又省事载重量还大，非板车莫属。一对带轴的轮加上一个平板带拉手的板架，就构成了板车。最初的板车架很简单，将整个一根碗口粗的木头，剖开两半做主杠，材质通常为三皮花、枣树及小檀木等硬杂木。后来也有用钢管直接焊成板车形状的。板车可拉可推，延续了镖车的优良传统，将畜力拉改为人力。除了用双手拉车而外，还有用一根带子挎在肩上，以便用力。

在汽车没有普及之前，板车是城乡短途货物运输的主要工具。在农村，供销社各个网点的商品调拨，农户砌屋建房砖瓦石灰的运送，大宗农产品到集市的贩卖，甚至家中有急重病人就诊，板车都会派上用场。

拖板车是有技术含量的。拖板车的人首先要学会科学地装车。一般情况下，一部板车一次装货的重量可达 1600 斤。如何装车极有讲究，关键是控制车头和车尾两个部位，车头太重，在平路上行驶时拉车会特别吃力；车尾太轻，碰到下坡路段，无法使车身后仰而产生刹车力量。总之，前、中、后三者之间的重量如何合理分配，全凭车把式的经验判断。拉板车的人要学会巧妙使劲。板车要使用起来，也不是那么简单的事，不仅要有力，还要控制速度与方向。特别是下坡时力气要用在背部和两只手上，才能控制板车的下滑速度，一旦速度过快，拉车人根本压不住车子，整个身体会不由自主地被车把举起来，只能脚尖点地，有时还会腾空，最后车都要跑散架。上坡时，倘若只是一个人，必须躬下身子双足扣紧地面，用之字形的方式一步一步前行。若是几个人结伴而行，则会相互搭把手，路过的人倘若施以援手，拉车的人则会在内心深处十分感激。有的在板车后部加了旧轮胎，可以减速以及减少对车体的磨损。拉钢筋之类的长货，也可以两个板车打组合。

我对拖板车有过仔细的观察。我家住在公路旁边不远处，上初中时是从家里到演陂桥，高中时从家里到库宗桥，都有 4 公里的公路要走，见到最多的拖板车队伍，是为供销社搬运百货的车组。他们一组 4 人，负责从演陂桥到库宗桥之间货物的运送。这段 8 公里的路，区间不乏上下陡坡，他们每人的板车都堆满了沉重的货物，走平路时，脚步平稳轻盈，相互间有说有笑。但到了走下坡路时，他们一个个便变得严肃起来，为防止下坡时越来越快的加速度导致把握不住，他们先要将板车把手举起呈 45°角，让车后的拖木紧紧擦地，同时身子向后仰，双脚蹬直用力，让车子保证在一个可控的速度之内。遇到较为缓慢的上坡，他们会先小跑一阵冲刺，待到正式上坡时，尽可能压低车身，让身子与地平线呈 30°的角度，双脚交叉用力前行，同时利用套在肩膀上的那根带子拉动板车一步一步向前挪动。遇到极陡坡时，必须相互帮衬，1 人在前面拖，3 人在后面推，如此往复，再进入下一个行程。拖板车的人在走上坡路时，有人能在后助推一臂之力，自是感激不尽的，学生们推板车，也确实是在做好事。

拖板车是一件十分辛苦的活计，他们常年的劳作，使得原本挺直的腰板变得微驼，衣服也是经常浸泡在汗水之中，而收入极其菲薄。著名诗人流沙河在落难时也曾拉过板车。流沙河形容拉板车是“七十二行，板车为王；眼睛拉爆，颈项拉长”，可谓入木三分。没有这样的经历，是不知道拉架架车的滋味的，这首打油诗成了上世纪五六十年代拉板车的经典之作。

现在，汽车在农村已成寻常物件，板车不再成为拉货的主要工具，淡出了人们的视野，拖板车也变成了久远的记忆。

猪浪子

旧时农村人养猪，几千年来都是使用一套传统的方法，在这种模式下，农村养猪便有了三种不同的格局，即分别为养肥猪、母猪及公猪的不同饲养户，这三种类型呈依次递减的状态，尤以饲养公猪户数最少。一般而言，一头公猪提供的服务可以覆盖方圆 3 公里的范围。或许正是因为这种特性，衡阳方言把种公猪戏称为猪浪子。猪浪子，顾名思义，是指优良品种没有阉割的且专门用于给多个母猪交配并能让母猪下仔的公猪。

猪浪子，衡阳话中还有一种比较文雅的喊法，叫牙猪。这种说法倒是有些来历。据《左传》记载，后夔之子伯封非常乖戾，而且还奇丑无比，于是，人们都称伯封为大豕。而豕在古代的时候是一种长得像猪，长吻、大腹、四蹄、有尾的动物。于是，当真正的猪出现之后，人们为了将猪与古代的动物豕有所区别，便将猪称为了豭，从豕叚声。由于猪也有公母之分，于是，民间便特意将公猪称为豭。随着岁月的变迁，豭被念转了音调，变成了牙，清西厓在《谈徵·名部下·牙猪》一文中特意讲明："牙猪，牙即豭之转音也。"此后人们都习惯了用牙猪称呼公猪，因此，这种称谓便流传了下来。在人们将豭特指公猪之后，人们也需要给母猪界定一个称谓。据称，当时母猪的体形普遍大于公猪，不但特别爱吃草，而且还吃得非常多，于是，人们便根据母猪的特点，将母猪称为了草猪。

衡阳农村人养种公猪，是由专门的人来完成的，且是世代相传，个中除了技术外，还有就是养种公猪的比较有效益，远比养母猪和散养肥猪来得快，每完成一次配种的任务，种公猪的主人不仅可以获得丰盛的酒饭招待，还可以得到一笔不菲的收入。当然，旧时乡下人把这种职业看得较低，也有很多人不屑于从事这个行当。

种公猪的基本要求是精力充沛，性欲旺盛，配种能力强，精液品质好。俗话说"母猪好，好一窝；公猪好，好一坡"，说明种公猪质量的好坏对整个猪群影响很大。旧时农村人选种猪，除了要了解公猪的品种外，还要到猪舍去实地挑选，主要是从外表特征进行观察，所选种猪整体结构要匀称，身体各部分间的结合良好。具体要求是：四肢强健、结实，走路时步伐大而有力，胸部宽深丰满，背腰部长且平直、宽阔，腹部紧凑、不松弛、不下垂，后躯充实，肌肉丰满，膘情良好，睾丸发育正常、大而明显，两侧匀称一致，阴囊紧附于体壁，包皮无积尿，乳房排列均匀，乳头数量符合品种要求，无连生乳头。

农村土法饲养公猪，都有一套自己秘而不宣的办法，因为这种猪有独特的要求，普通的喂猪套路，是无法养出一头体格健硕的公猪的。过去的公猪饲养，大抵有如下几个经验：

保持栏舍干净。种公猪的栏圈，要保持清洁干燥，窝要勤扫勤垫，防止潮湿。冬天让公猪多晒太阳，并经常给公猪身子刷刷扫扫。夏季，有条件的应赶种公猪去水塘边洗洗澡，保持猪体清洁，以促进血液循环，免除皮肤病和外寄生虫病。

维持适当体魄。要使种公猪经常保持中上等的膘情，体质健康结实，给公猪喂食时，要多搭配一些精料，但一次喂料数量不要太多，因为种公猪如吃得太多，就会腹部下垂，给配种造成困难。精饲料主要是豆饼、豆类、麸皮等，含蛋白质多。在不配种时，可以适当少喂精料。另外，还要注意搭喂青饲料和矿物质饲料。

增喂一些特殊配料。由于种公猪配种频繁，为保持其体力旺盛，除普通精饲料外，还要在饲料中适当加一些特殊的动物性饲料。如将母猪产仔后的胎衣煮熟切碎，掺在麸皮中制成干饼，留待公猪配种多的时候喂食。也可以在这一时期每天喂两个鸡蛋。在早春缺青饲料的季节，最好喂一些质量好的青贮饲料，如胡萝卜或大麦芽等。

适当进行运动。因为活动可以促使新陈代谢旺盛，体质健壮而不肥胖。对种公猪可以采用的活动方式很多，比如有的每天驱赶 1 小时以上，有的进行放牧，让猪边采食边活动，有的在喂过食后将猪赶到空场，让猪自由活动。如经常圈在小圈里，缺乏活动，则配种效果不好。

种公猪一般在 9 个月左右就完全成熟了，但真正用于配种，多数主人要等满 10 个月。配种过去在乡下是由母猪饲主上门预约，然后由公猪饲主赶着公猪上门提供服务的，因此，旧时在乡下，你或许会经常碰到这样一种场面：在蜿蜒的小路上，一个人手持一根竹条子，前面跑着一头健硕的公猪，这公猪颇通人性，知道主人送自己去的地方是一个极乐之处，便不用驱赶，一路奔跑向前，只是在转弯处，主人在其头部用竹枝一拦，它便会自动拐弯，奔向目的地。

到达目的地后，饲养母猪的主人并不急于求成，而是用精饲料煮一盆上等的猪潲，并在其中打入两个生鸡蛋，让公猪饱餐后再披挂上阵。

衡阳话把赶公猪叫赶猪浪子，这也是三百六十行之一。老话说得好，虫有虫轨，蛇有蛇道，耗子有耗子路，对于一个赶公猪的人来说，同样有自己的行规。他们流传下来的古训是：猪有三不赶，不赶午时猪、不赶生冒猪、不赶蔫情猪。也就是说，赶猪的时间是早晨或者晚上，绝对不能在中午赶，因为中午属阳，阴阳不能交配；对于没有长圆熟的母猪他是不赶的，那叫撬生母猪；再就是过了发情期的母猪不赶，赶了也是枉费心机。

现在农村多数人家不再散养肥猪，养母猪配种时，只需从种子站购买后人工植入即可，种公猪只有在大型养殖场才能见到其踪影，旧时农村赶猪浪子的场景只能留在记忆之中了。

契　书

上了年纪的衡阳人或许都记得，当年家中被当成宝贝珍藏起来的不是金银首饰，不是珍贵文物，而是那些用宣纸写成的各种契书。

那些看似简单的文书为何会被人们如此看重？其原因有三：一是可以证明自己对财产的拥有权，如田契；二是可以取得对某项事物的支配权，如合伙契；三是可以得到一些物资的使用权，如分家契。这些契约文书涵盖的范围异常宽泛，内容非常丰富，主要包括土地、房产、山林、场地等不动产租佃买卖和各类动产交易买卖，以及借贷、抵押、合伙、分家、立嗣、继承、结拜、诉讼等其他相关活动，形成了种类繁多的契约文书。其中，田房契约，尤其是土地买卖类契约的数量最多。

土地契约最多，当然与中国的国情有关。中国是传统的农业社会，田宅是最基本的生产资料和生活资料，基于田宅资源的重要意义，不动产所有权的确立和流转需要经过较为烦琐和严格的手续。西周中后期，随着井田制的动摇，奴隶主贵族之间就已经出现了土地买卖行为。铜器铭文就是有文字可证、有实物可考最早的契约资料，著名的如裘卫四器中的两件。20 世纪 30 年代发现的居延汉简中保存了一批汉代契约原件，有的还标有年号，其中有卖衣物、布匹的契约，也有卖田地的契约。契约文书成为古人生活中须臾不可离开的东西，元明清以来契约文书在民间更是得到了广泛的使用。

契书在衡阳人方言中只读一个字：契。人们在交谈时通常称家中有几本契。从契的内容上分，大致有以下几种：

老契，也称“上手契”“根契”或“契根”。老契并不是一种单独的契约形式，而是土地买卖时的一个术语，指的是卖主持有的原地契，如甲将一块土地卖给乙，甲立一张卖契交乙收执，乙再将这块土地卖给丙，甲所立的卖契就成为“老契”（原始地契）。与此相对应，本次买卖所立的契称为新契。卖地时，老契是否交给买主，要看具体情况，各地习俗也不一样。譬如一张老契上的土地只出售了一部分，或分别售给不同的买主，这张老契就无法交给新买主。反之，有些农户的土地是通过多次购买积聚起来的，有不止一张地契，再出卖时一次卖给一个买主，要立一张新契，这些老契就可以全部交出，不过，新契上要注明“随带老契若干张”的字样。

补契，是指买主在原有契约丢失后，按照原来的内容重新写的新契，并注明补写契约的原因。订立补契时，田主可邀请本族、田邻、村长（或里正）作证，立就的补契与其他契约具有同等效力，为稳妥与保险起见，一般要经过官府认可和验证，盖上基层政府的大印。还有一种补契叫“加价契”，或称“添契”“找契”“叹契”，卖方不是一次性收取买方田价银，而是分期收取的，于是再立个补契。补契是方便交易之后出现种种情况的“售后服务”，是买卖双方进行妥协和变通的良方妙药。

换契，是指用于土地、宅院等产业置换的契约。衡阳地区多山地，耕地分散，同时农户不断地开垦荒地，随之产生新的耕地。农户之间为了保证土地的完整，或为了把耕地调得离住地更近、更方便些，便于耕种和照应，就要进行土地置换。置换土地时，往往一方先有交换意愿，通过中间人找另一方商量，如果对方同意，就可商量置换条件。置换成功后，双方就要立换契，各执一份，内容相同，署双方落款，中人画押，以做证明。

按照法律效力的大小，还可将田土契约分为绝卖契和活卖契两种：绝卖是相对于活卖而言的一种中国古代土地交易方式，是指管业权或所有权绝对转让给买方，卖方不得回赎，亦称断卖、死契；活卖也称典卖，即有回赎权的买卖，卖主在保留所有权情况下，以低于绝卖的价格将田宅的占有、使用和收益权利让渡给买受人，在一定期限内可以原价将原物买回，是一种以土地作抵押出让土地一定期限的使用权筹措资金的方式，多为解决生活困难。活卖体现了一种生存伦理，这种生存伦理反映在中国人的土地情结之中。

如同今天人们拥有的各种证书一样，当年的契书分为官契与民契，也称红契与白契，前者因盖有官方印鉴故称红契；后者由民众自行签约，无印，故称白契，同样具有法律效力。

红契即官契，是指双方签订契约后向地方衙门登录，按规定缴纳契税，并在契约上面加盖有红色的官方印信的正式契纸。明清时期的不动产买卖须向州县纳税，由州县粘连于布政使司颁发契纸的契尾，加盖印信，方成正式契约。辛亥革命后，不动产买卖、典当契约仍须纳税盖印，才能具有法律效力。不过，登记盖章的过程不仅需要耗费相当时日往返于官府与村庄之间，而且还要缴纳一定契税（约为田价的3%～6%，不同时期有所变动），对业主造成一定的负担，因此逃避契税现象较为普遍。红契的意义除纳税与官方管理之外，更多地表现出了建立契约的规范化与格式化，当事人更看重“红契”对于所有权的官方认证及权利保障。“红契”根据契约的签订方式和张数不同又可细分为：

单张契。这种契约主要是指“民写官验契”，就是官府直接在民写契约上加盖州县官印，收取契税，表示官方对民间契约的承认。验契时一般要加两处官印，一处盖在契中的地价钱数上，此印要向左45度倾斜使右上角和左下相交成一条线押在文字之上；另一处盖在契末所写年份上，此印则要求正面加盖。“官验契”从清顺治初期开始实行，一直到雍正晚期才结束，前后历时近90年，也有的地方使用到了清朝末年。还有一种官契纸地契，颁发的时间为雍正晚期和清末时期。该契纸由官方统一设计、雕版石印，编号发行，格式固定。买卖双方购买使用之时，只需要用毛笔在空白处填写双方姓名、买卖土地的具体情况、价格、中人、契税税额和交易时间等信息。一般还刊行有官府制定的相关条例，如规定“每契纸一张卖钱五文，解司以为油红纸费，不得多取累民”等内容。另外，还有部分典卖活动的格式契约，也以单张契的形式出现。

二联契。这种契约一般是先订立民间的草契，然后赴县呈报契税后附贴县衙颁发的官契，共两联。清代乾隆初年开始实行粘连“契尾”的验契方式。“契尾”由布政司统一刊印，编号发行，粘连在民写地契之后，作为官方的验契凭证。从实物资料看，这种方式一般是从乾隆十四年（1749）开始实行，规定“嗣后颁发给民契尾格式编列号数骑字截开，平分为二，前幅给业户收执，后幅随季册汇送布政司查核”。契尾形式一直延续至晚清，历时一个多世纪。

三联契。在民间草契、县级颁发官契之后，再粘贴上一份由省级即布政使司颁发的“契尾”，一共三联，我们将此定名为“三联契”。这种地契是清代最完整的契约，也表明了清代的土地使用管理已经达到了统一化、规范化、标准化水平。契约的三联分别是：第一联由土地的买卖双方在卖契上填写基本的信息资料，再由当地的权威人士（村保长、家族长）作为保人画押；第二联由所在地的土地管理部门初审验证提交官府；第三联由县级官府收取土地交易税后，在契尾纸上加盖县衙官府大印后确认买卖成立。同时在官府的契尾上明确印发了土地使用买卖的管理条例，可见当时官府在土地使用上的规范化管理程度。也有的是在清代“二联契”的基础上加上民国初期的“验契”，形成“三联契”。

四联契。在三联契的基础上，民国初年北洋政府曾对清代老契重新认证，发给验契，新契贴上纳税的印花，和老契粘连，一共四联，我们将此称为“四联契”。另外，有些契约在民国时期的验契后还附有验契票据，从而形成“五联契”。这应该是最为完备的民间契约，非常少见。常见的是各种类型的契约组合，在长期保存过程中，往往只有主体契约保留下来。

在衡阳农村中，家中保存的契书，白契所占的比重较大。白契是指民间社会买卖双方自行书写，然后经过中人的见证、画押，再经过家族中有威望的长辈签名认可的契约。对于官府而言，白契多意味着大量的契税被偷漏。由于白契有中人见证，即使偶遇纠纷，也可资调解，因此在多数情况下，足以保证双方履行契约的规定。为此，传统乡村社会和地方官员普遍承认这种契约的有效性，将它们视为仲裁有关土地产权纠纷的重要凭据。

旧时民间签字订契，在衡阳是一件大事，通常要认真操办一番。最常见的是田契与房契，其流程如下：

田契由买方请文笔好的人书写，写在方寸大小的宣纸或绢绸上，字迹娟秀，能简明扼要地写明事情的内容，并请当地德高望重的士绅做证人，见证事情的过程。田契标明土地的坐落、四至、面积、数量、价值，钱款的交接，买卖双方当事人的姓名，由买卖双方、中人、证人、代笔人签名画押。注明卖方出让田契的原因，如有“因国课失误”或“因国课无出”字样。签约时，若由寡居人出卖田地者则注明“率子卖地”，说明财产所有人一致同意；年轻人若有老母在堂者卖地，田契中注明“奉母命卖地”字样。在当时法律并不健全的情况下，代笔人、中证人也是尽力标明财产所有者的一致同意。买方备好酒席，其意所指，一则答谢中人说和劳碌之苦，二则是宣告买卖的完成，以告他人，避免以后产生不必要的纠纷。一般情况下，要请四邻到场做证，证明对买卖之田地、房屋没有疑义，契约形成后便具法律效力。

由于历史的原因，这些契约多数已不复存在，少量留存下来的则成了文物，不再是家中的镇家之宝。

日常禁忌

在中国民间，由于地方和民族的不同，在产生五花八门的地方风俗的同时，也伴生着千万种不同的禁忌。衡阳民间也有许多禁忌，并且极具地方特色，本文试着介绍一些其他地方不存在，而在衡阳又极流行的禁忌。

我们都知道，禁忌是人类社会古老而又神秘的综合民俗文化现象，是建立在共同信仰基础上的约定俗成的行为和观念。世界上几乎所有的民族都有自己的禁忌习俗。一般来说，禁忌属于风俗习惯的范畴，主要是指民间禁忌。但这并不意味着某一社群中的上层文化分子被排除在禁忌共同信仰的基础之外。当禁忌中的“禁止”成分被强化到法律禁止的时候，制度化的法律便在禁忌的基础上逐步形成。

衡阳地方特色的禁忌，内容极为繁杂，从人的衣、食、住、行，到种田、狩猎，从日常的婚丧喜庆，到重大的社交礼仪，禁忌无所不在。总括起来主要是两个方面：崇高的、神圣的，即对自然神、自然物体、祖先、尊者等方面的禁忌；神秘的、危险的、禁止的、不吉的，即对鬼魂及不吉、不幸、不祥的物与人的禁忌，也包含对疾病死亡、天灾人祸等的禁忌。

从日常的角度观察，衡阳地方的禁忌大体表现为以下几个方面：

语言上的谨慎。衡阳人对于讲话，尤其是对于关节点上如何讲话是十分在意的。每天早晨起来在吃饭前，说话要特别小心，当地方言叫不能放快，即讲话不能不假思索脱口而出。一些不吉利的话千万别说，例如不能一清早就满嘴讲鬼道神，或者对他人说你今天会有灾害等话，如果那样，便会让人一天都不舒服。

行动上的禁忌。衡阳人一直有这样的观点：每月初一与十五是神圣的日子，这两个日子男女是不能同房过夫妻生活的。民间的说法是，夫妻行房是不洁行为，会玷污神灵，若是这个时辰怀孕，孩子会不聪明。也有许多人会选择这个日子吃斋念佛。

视觉上的敏感。衡阳人坚持认为，倘若在不当的时候看到了一些不该看的东西，会招来不佳的命运。衡阳坊间有民谚曰：正月莫看鹰打鸟，二月莫看鳖相逢，三月莫看蛇相附，四月莫看麂过冈。这几句话暗藏着许多玄机，意思告诉人们，在这些月份碰上这些现象，会遭厄运。他们的解释是，正月碰上老鹰捉小鸡，不死也要脱层皮；二月碰上鳖交配，命中注定找时背；三月看见蛇相附（交配），一年到头白辛苦；四月闻到麂叫喊，不须吃药快办板（棺材）。这些顺口溜听起来十分吓人。民间也有人告诉破解之法，如看到两条蛇在交尾，要脱下外面的一条裤子，并口中念道："蛇相附，我脱裤，蛇蜕皮，我发富。"碰上其他不吉利现象，还可用柴刀在地上剁裂缝，口中念道："剁剁剁，剁刮姜老门口过，前剁三，后剁四，再剁三下撞十四。"这些口诀当然不起作用，只不过权当得些心理安慰。

精神上的避讳。衡阳人普遍认为走夜路有许多避讳，尤其是一个人在漆黑的夜晚独自行走时，更要注意在精神上的振作，否则一路行来，会心惊胆战，冷汗直冒。乡下由此得出几点走夜路的规矩：一、不轻易回答他人的问话，尤其是喊你的名字时，不要立即应答，这样可以避免被摄去灵魂。二、不要回头看路。夜深人静时在野外行路，有时可能会听到身后有声音，此时切忌回头看，因为极有可能身后有野物袭击，不回头，可避免不必要的伤害。三、不要畏首畏尾。走夜路时，由于是一个人，神经会高度紧张，野外任何一种响声，都可能导致你害怕程度的增加，此时，除了自己精神上振作外，还可以用手从额头向脑顶方向抹三次头发，坊间认为，这样可以提升个人的阳气，使邪气远离，从而缓解紧张情绪。

以上是衡阳特色的忌讳，其他禁忌与中国汉族地区一样，也非常多，例如年初一不扫地，吃饭时不能将筷子插在饭碗里，5 人聚餐时不能坐乌龟席，出行时要让老人先走等，这里不再一一赘述。

需要指出的是，无论何种禁忌，都是中国农耕社会历史进程中的副产品，产生的原因是多方面的，但主要可以归纳为以下几种：一、对灵力的崇拜和畏惧。灵力指宗教信仰中一切超自然的神秘力量，人们认为它附着在某种人身上或鬼魂精灵上面，不可触犯，否则会受到报复，为避祸害，必成禁忌。二、社会人对自然人的一些本能欲望的抑制。例如

“饮食男女”是人之大欲，但不能随心所欲，否则就破坏了人类在社会发展中逐渐形成的社会法则。三、来自人类社会生活和文化生活中长期形成的仪式。四、因生活经验而形成禁忌。长期的生活实践，使人们逐渐了解了某时做某事会使人遭祸，某时食某物会使人得病，某病易致人死亡之类的规律，为使后人不重蹈覆辙，遭遇灾祸，形成了禁忌。

随着时间的推移和科学技术的进步，这些禁忌已不再有市场，年轻一代更是不知史上曾有这么多的约束。

长板凳

上了年纪的衡阳人或许还记得，有一种超长型的木板凳，其外形与家庭八仙桌配套的板凳相仿，只不过这是一种超长型号，通常选用杂木做成，以枫树材质为多，凳面的木板长约 3.5 米，宽约 50 厘米，厚约 15 厘米，由 4 条腿支撑，整条凳重量在 150 斤左右，挪动时，常需要两个人共同发力。

这种板凳，由于体积大分量沉，一般家庭当然不会去添置它，但在旧社会，却是一个家族必须置办的公共财产，放在公共场所供人休息。这种板凳摆放的数量是有讲究的，要求不能单数，一般而言，农村祠堂的正厅摆 6 条，从神龛两侧向大门顺延；祖堂的正厅摆 4 条，左右各 2；屋场的堂屋（衡阳话也叫滔屋）摆 2 条，左右各 1。

大家知道，由于历史沿袭，中国在过去相当长的一段时期内，社会的稳定与治理，除了政府的权力之外，更多是倚仗家族的力量来达到对政权的补充。而家族管理的方式则是以种姓为基本单元，它有三种不同的格局：最顶层的格局是在祠堂内议事，乡下过去叫开祠堂门。中间层次的格局是在祖堂内商讨。由于过去一个姓氏可能散居在离祠堂很远的地方，加之彼时信息和交通均不畅通，为方便管理，在一些地方设置祖堂，相当于祠堂的派出机构，一些不影响全族大局的问题就在这里议定。例如过去每年清明期间“吃祭祀”活动，多在祖堂内进行。最低层次的是农村每个屋场上的堂屋。衡阳人旧时新拓一个屋场盘子，多数是同姓兄弟们一起邀伴而建，户数少的屋场，正中间必须建一间堂屋，然后才是按左右依次砌住房；户数多时，则在横向不够的情况下，延伸出两边纵向的厢房。同理，在两边纵向厢房中间，也要各留一个位置建堂屋，这种大屋场叫一正两横三堂屋，都是由同屋场内各户集资兴建，产权归公共所有，议事的地点就放在堂屋内，这也是在旧时族权管理的最基层地点了。

这种长板凳，摆在议事的公共场所，一般有三种作用：

显示尊卑。过去在举行重大祭祀活动时，必有族内那些有影响的人物参加，他们才有资格在两边的板凳上就座。那些人到了这里后，会有专门的人按照其在族内的地位排座次，一个最基本的原则是按辈分先后论坐。衡阳有句俗话叫“白胡子的孙，摇篮里的爷”，在这种理念的支配下，常有些在今天看来不可思议的滑稽场面出现：一个满脸稚气的小孩会安排在板凳上就座，而一个颤巍巍的白发老者却只能原地站立，皆因其辈分相差甚远。当然，倘若是一个位高权重或知名度极高的晚辈，也有可能被安排入座，但那也只能是最末一个座次。

分庭抗礼。旧时在乡下，邻里之间为鸡毛蒜皮发生纠纷，宗族之间为既得利益发生争斗，族内宗亲不自爱出现伤风败俗，这些矛盾和问题，多数情况下，是由同族中一位有威望的人来调解的，这个有威望的人多是读书知理且公道正派的人，衡阳人把他叫好佬或光棍，调解的过程叫“散闲事”。一般发生这种情况时，由好佬端坐在堂屋正中桌子后面，两边的板凳则坐着双方的当事人，在各自陈述自己的理由后，由好佬最后裁定输赢。也有双方发生争执后，互不服气，由两边的好佬在堂屋内辩论的情况，这种事情通常是女方嫁到男方后，认为自己在夫家受到冷淡或欺凌，于是从娘家请人来“讲理”。出现这种情况时，男女双方各坐在一边的板凳上，双方请来的好佬坐在凳首，经过一番唇枪舌剑之后，分出高下。这种两位好佬之间的对话，全在于各自的学识水平与灵活的应变技巧。也有靠讲歪理取胜的例子，在演陂桥就曾有这样一则轶事：一男子在某地受到欺负，气不平，回家请本家好佬前来论理，双方好佬见面后，受欺负人请来的那位好佬先是自谦，介绍自己说刚到此地，系初出茅庐，恳请海涵。谁知对方好佬紧扣他说的初出茅庐一词大作文章，指出《三国演义》中“火烧博望坡”是诸葛亮初出茅庐为刘备所出第一计，它既挫败了曹操欲消灭新野刘备的企图，又树立和巩固了诸葛亮在刘备营中的地位，并且有诗曰：博望相持用火攻，指挥如意谈笑中。直须惊破曹公胆，初出茅庐第一功。你今天在这里比喻自己初出茅庐，是不是也想建功？一番话把对方噎得无言以对，最后败兴而归。

款待贵客。旧时农村的这种公共场所，多数时候闲置不用。这些长板凳除了前面讲的两个用处外，也有供常人特别是客人入座的时候。一般有两种情况可以让人随便就座：一是当正月里有耍灯的队伍来到屋场时，必须进入堂屋，如龙灯到达一个屋场后，要将整条龙在堂屋串一下再到空地舞龙，此时，那些板凳允许看热闹的人不分尊卑长幼坐在上面。另一种情况是，家族中有人结婚，要在堂屋内举行合卺仪式，堂屋内的两条长板凳便派上了用场。旧时衡阳人女方家送亲到男方家，一般为两桌客人，送嫁的女宾叫奶奶，男宾叫老爷，他们是这一天客人中的至尊，男方家必须小心翼翼地款待，稍有不慎，便可能擦枪走火。因此，举行仪式时，奶奶和老爷们都会分别安排在板凳上就座。

衡阳乡下现在建房早不再讲究邀群而建，而是各自独立成栋，虽说也会象征性地辟出一间房作堂屋，但这种长板凳再也不见踪影。即便是近几年新建的祠堂，也不用长板凳作为标配，偶尔在某处发现一条，那也是面目全非了。

服中药的讲究

同中国其他地区的人一样，衡阳人在漫长的农耕岁月中，治病主要依赖中医中药。由于中医与巫术同源，因此，人们在服用中药时也夹杂着复杂的心理情结，在日常的操作过程中，演绎出一些特别的地方习俗。

衡阳人服中药讲究颇多，主要有以下诸种禁忌：

煎药需讲规矩。旧时中医给病人开完处方后，从取药到煎药这个过程，不能由病号自己动手，一定要别人帮着完成。煎药的器具必须选择砂罐或陶罐，不允许使用金属类容器熬药，以确保药性的纯正。煎药不允许将药罐伸进灶膛内，因为在民间的传说中，把守灶门的是司命老爷，这样做是对他的不恭敬，药性也会大打折扣。一般情况下，家中出现病号需要煎药时，要在灶房内另选一个空间，用两块砖头架好药罐，再单独生火。煎药时，必须选用细柴，徐徐添加，让火力均匀分布，使药汁尽最大可能地释出。衡阳人特别忌讳用篾片生火煎药，认为用那样的火熬出的药药性会损失大半。而衡阳人不用篾片煎药，还有一个说法，因篾与灭读音相近，对病人不吉利，尤其是一些病危的人，更忌这种说法。总之，一个病号在服中药时，只需端起碗来喝药，其余的都由别人代劳，据说，这样的药吃下去就会好得快。

倒药需用菜刀。衡阳人在将中药煎好后，将煎好的中药从药罐里倒进碗里时，上面一定要放上一把菜刀，然后再将药汁滗出。这看起来是为了便于将药渣与汤汁分离的一个举动，其实个中是有禁忌的，因为古人认为，天地间长出来的中草药，特别是名贵中药，如人参、茯苓、黄精、枸杞等，它们都是有灵性的植物，把刀压在盛有药汤的罐子上，是为了防止它的药性跑了。当然，防止药性跑了只是其一，更深一层的意思是出于一种驱邪的目的，也就是用刀来保卫吃药人，愿他吉祥安康——刀在古代是最好的武器，于是，这里的刀就有着斩病祛邪之意。也就是说，让病人喝下刚熬好的这碗压过刀的药汤，就能起到药到病除的作用。人们对所有健康祝福的愿望，都通过这把压在药汤上的刀来展现。

药碗放根筷子。旧时衡阳人服中药，需要在家中找一只专用的饭碗，在病人服药期间，始终只用这只碗装药，个中的讲究在于希望家中不再添病号，且同一只碗盛药便于集中药性，使病好得快些。在今天看来，这样做还是有科学依据的，因为彼时乡下吃饭用的碗多是那种粗陶碗，菜汁容易渗透碗体，再去盛药，难免会与药汁混合，影响药效；况且，中药都有一股气味，用盛过药的碗再去装饭，也会影响健康人的食欲。衡阳人将药汁倒进碗，会在药碗上放一根筷子，这个不起眼的动作，是源于当地的一种传说。说是当地有一妇人十分溺爱自己的儿子，平时生怕他受苦受累，每次将饭菜煮好后，隔着窗户递过去，儿子吃完后又将碗筷递出来，以为这样孩子会健康成长。谁知恰恰相反，未几孩子胃纳竟逐渐下降，以至于到每食必吐的地步。后来当地一位名医问诊，告知孩子是得了嗝食症，主要原因是吃饭时食物没有迈过门坎，被神灵怪罪，医生嘱其在今后的饭菜碗上放一根筷子再端过，将筷子当作门坎，果然病情消除。后来，人们为了让药的效力不失，也仿照这一做法，在碗上放根筷子，以求神灵庇佑。需要指出的是，病人在服完药后，这只装药碗是不能用水去全面冲洗的，只须接点清水将内壁荡一下即可，且这只碗要单独倒扣在厨房中，筷子则继续搁在碗底，以便下次再用。

科学合理服药。衡阳人很早就懂得依据病情不同而采用不同的服药方式。大体有三种：第一是根据时辰吃药，这是最传统的做法。中药源远流长，从很早的时候，我们的先贤们就有了按时辰服药的做法。古代人们把一天划分为十二个时辰，其中的午时其实就是上午 11 点到下午 1 点，古人认为这时候的阳气最盛。而在中医看来，每个时辰都对应了人体的气血，比如肾就对应晚上 7 点到 9 点，那么这个时候便是喝中药的最佳时候。第二是依据发病的位置服药，这是在医生指导下的特殊做法。这里面有这样的讲究，如果你是肚子上或者下面部位的疾病，那就最好喝完药再吃饭。反之，如果你是头上或者面部的疾病，那最好是先吃饭后喝中药。这是因为，假如疾病的部位在偏上面，需要让药物去治疗偏上部的疾病，让中药在偏上部的疾病地方停留更长的时间，对治疗效果帮助更大，反过来也是一样的。第三是遵循天人相应的原则用药。古人讲究天人合一。通俗来讲，就是人与自然之间紧密相连，不再是自然是自然、人是人两个相对独立的状态，而要把人与自然看成是一个整体。中医里有阴性阳性之分，阴可以理解为凉、冷、寒等意思，阴性药就是适合晚上喝的药；反之，阳性药就是在天最热的时候，也就是中午去喝。这种顺应自然的方式，古人尤为推崇。

药渣倒在路口。衡阳人过去服中药，有些家庭会在夜深人静时将药渣倒在一个人行较多的路口上，任别人去踩踏。这跟一个传说有关。传说药王孙思邈有一天去采药时经过一个村庄，看到一户人家随手倒在门口的药渣。出于职业习惯，他停下脚步蹲了下去，仔细地看着地上的药渣。看着看着，他发现这服药里有一种药配错了。孙思邈明白药配得不当，病人服后反而会慢慢地加重病情。于是，药王就到这户人家了解缘由，才了解到是一位庸医给开的药方，使得这位病人久治不愈。后来，经他诊治并重新配药后，病人很快恢复了健康。此事就这样一传十、十传百地在中国大地上传开了。于是，民间纷纷效仿，将药渣倒在路上，以为这样做会使病人好得更快。在衡阳民间还有另外一种说法，那就是让过路的人从药渣上面踩过，借别人的福气来把疾病带走，这样自己的病就能很快地好起来。不论哪一种说法，都不过是一种精神寄托和心理安慰，实质上毫无意义。

现在，人们还在服用中药，但操作过程已经大大简化，内涵也被彻底颠覆。

放　牛

上了岁数的衡阳人应当记得当年乡下农民盖房，除了起居室外，一般都会建一两间脚屋，这脚屋主要有两大用途：一是作厕所用，二是供猪和牛作栏舍。同所有的江南农村一样，水田的耕作是借助牛力来完成的，因此，在农机尚未出现的漫长岁月里，耕牛被视为农家一宝，养牛户都会尽十二分精神喂养牛，以图它们在耕作时出力。

喂养耕牛是一件一年365天每日都不可或缺的农活，由于并不需要太多的体力，因此，平时放养的活基本上都是由小孩子们来完成。20世纪70年代出生的，且幼时生活在农村的人们，很多会有过放牛的经历。

中国养牛历史悠久，牛与劳动人民交情至深，在距今大约7000年前的中国东南滨海或沼泽地带，野水牛就开始被中国原始社会的先民驯化了。经过1000年的驯化，野水牛逐渐演变成了普通牛，体积逐渐变小，性格逐渐温顺，可以轻易被人们驱使。西汉中期，犁壁诞生。到了东汉时期，牛耕技术得到普遍推广。史书记载，当时的九真郡太守、庐江太守教百姓用犁耕，使粮食产量大幅度提高，出现了“垦辟倍多，境内丰给”的景象。汉朝以后，铁犁牛耕得以进一步发展，成为中国传统农业的主要耕作方式。到了唐代，出现曲辕犁，牛与铁器的结合被看作农业社会的一次伟大的技术变革，自此之后，农业生产能力有了质的飞跃，生存空间得到扩展，人口得以繁衍，也为社会文明的发展奠定了坚实的基础。牛也因此在劳动人民心中占据了崇高的地位。

由孩子放养耕牛，不是现代人才出现的现象。由于家庭养牛平时多倚靠小孩，骑牛放牧成为农村一景，因此在文人的笔下，牧童便成了诗歌中常出现的词，我们最熟悉的可能是那句“牧童遥指杏花村”，其实这类古诗词还有不少。我最喜欢的牧牛诗是唐人栖蟾所写：

牛得自由骑，春风细雨飞。
青山青草里，一笛一蓑衣。

日出唱歌去，月明抚掌归。
何人得似尔，无是亦无非。

衡阳坊间也有民谚，说是“放牛有耍，喂马可骑，养羊走脱脚板皮”，意指放牛是轻松的。但放过牛的人都知道，现实中的放牛并不轻松，也没有诗歌或影视作品里表现的那么轻松浪漫和诗情画意。

确实，放牛并不轻松。牛的主要食料是草料，须在一天喂食两次，即早晚各一次，每次大约 2 个小时。牛是反刍动物，在进食时会迅速将其喜欢吃的食物囫囵吞枣地填满自己的草肚，待回到栏舍时，再返回咀嚼吞咽到胃里，变成真正的营养。早晚喂养草料，正是适应了牛的这种特殊需求。说放牛不轻松，一是需要持之以恒地每天重复着做同一件事情。一般放牛的孩子都是初中以下年龄段，这种年纪正是长身体早上睡不醒的稚嫩时节，要在上学之前那两个小时将牛喂饱，必须起早床，这于一个孩子而言，确实有些残忍：冬天从温暖的被窝中被拎出，冒着刺骨的寒风走出户外；夏日从香甜的睡梦中被叫醒，揉着惺忪的双眼迈过门坎。这些都是现代同龄人难以体味的，更何况这一年四季风雨无阻，冬日的风霜雨雪，春天的雷电交加，夏日的烈日炎炎及秋天的虫咬蚊叮，这些大自然的磨砺，现代的同龄人更是无法想象。二是需要有极强的责任心。放牛一般有两种方式，其一是牛绹拴住牛鼻子，牵着它在长满草的田埂上或菜土边让其吃草。这种时候，放牛的人必须十分小心，一不留神，牛就可能偏过头，偷食菜叶或禾苗。其二是将牛牵到一片长满青草的河滩抑或山坡，将牛绹绾在牛角上，任其自由吃草。这种放牛方式同样需要用眼睛盯住牛的动向，稍不注意，牛会偷偷跑到田里或菜土里去大快朵颐，有时甚至走失。无论哪一种情况的发生，放牛娃都难免其责，轻则一顿臭骂，重则棍棒耳光相加。

当然，放牛于孩子们而言，也有自得其乐的时候。每当天气不冷不热的时候，野草也一片葱郁茂盛，这时，大家把牛集中赶到一起，绾好牛绳后，牛有了吃草的自由选择，孩子们则可充分利用这个时间，放飞自我，玩游戏自是花样繁多。最普遍的一种游戏是“丢洞”。所谓“丢洞”，就是在平地上用石块画一个圆圈，在 3 米开外的地方画一站立线，人站立线外，手执一块石块，掷向圆圈，中者有奖。奖品多为一把猪草或一把柴火，一场下来，运气好的可以提回满满一篮子猪草或一大捆柴火。

让放牛娃最感刺激的场面是两头牛顶架，这种场面一出现，大家会像打了鸡血般地亢奋起来，若是斗架的两头牛来自不同的生产队，就会形成两个不同的啦啦队，为自己的牛吆喝助威。一般情况下，两牛相斗会见好就收，但也有斗得难分难解的时候，当双方都红了眼，想置对方于死地的时候，放牛娃们由开始的兴奋好奇，变成了紧张与害怕，不管哪头牛负伤最后倒下，他们都脱不了干系，但此刻他们也无力将它们分开，只好呼喊大人前来解危。乡下农民对付这种场面非常有经验，他们会找来一根长竹篙，在一头绑上一捆稻草，点燃后支到两头牛头之间，牛一闻到这种气味，便会迅即分开。

若是在晴好的天气早上单个放牛，那也别有一番趣味。此时微风拂面，没有蚊子苍蝇，牵着一头牛行走在田埂上，嫩绿色的草尖上布满露珠，牛吃得悠闲，不用时时刻刻地甩着它长长的大尾巴，砸在它两边的肚皮上，偶尔会抬起头来凝望远方，睁着那双又黑又大的眼睛，对着远方“哞”地叫上一声，将清晨的雾气划出一条浑圆的曲线，就像在平静的池塘里打了一个长长的水漂。你此刻也同样会被陶醉，高兴时可能打几个响指，或哼几句刚刚学到的歌曲。此刻，像古诗中描述的那些“牧童归去横牛背，短笛无腔信口吹”“骑牛远远过前村，吹笛风斜隔陇闻”就会变成现实。

现在，农机具已广泛应用于农业生产，耕牛已不再是农家必养之物，农村的孩子也无牛可放，这些场景只能永久留在记忆之中了。

后 记

几年前，我的一位好友从外地到衡阳市委主要领导岗位履新，我前去看望并以家乡人的身份表达了祝贺与欢迎。闲聊中谈到了衡阳的风土人情，对方问我能否用最简单的语言，把衡阳作个描述，使其立马记住衡阳。

作为一名初来乍到的领导希望了解当地的风土人情，自是情理之中的事情，但要用简洁之语去把一个有着数千年历史、近700万人口的地域进行特色概括，于我而言，的确有些为难，但又不好驳其雅意，于是在一番搜肠刮肚之后，我用统计人常用的数据思维，用一至五这几个数字来说明衡阳的主要风土人情，即：衡阳有五岳之一的衡山；有四大发明之一的造纸鼻祖蔡伦；有三湘之一的水域蒸湘；有全球哲学家双子星之一的王船山；有天下独一无二的蝌蚪文字禹王碑。她对这个“五四三二一”的说法深以为然，并希望我能像编撰《远去的乡村匠人》一书那样，将衡阳的风土人情也进行收集整理，并结集付梓。因为到目前为止，还找不到一本这样完整的资料。

这句话极大地激发了我的创作冲动。的确，在中国这样一个泱泱大国，地域辽阔，人口众多，数十个民族同居在一片蓝天之下，由此而产生地域风情，形成了中华民族五彩斑斓的民俗文化。衡阳民俗风情就是这千千万万个构成元素之一。将这些见于民间的风俗习惯用文字记录下来，无疑也是在为拯救中华传统非遗文化尽些绵薄之力。

所谓民俗，是指在社会历史中积淀的各类民间人文风俗。孔子谈到礼乐时曾说过“移风易俗，莫善于乐；安上治民，莫善于礼”，魏晋时期阮籍在《乐论》里也说过“造始之教谓之风，习而行之谓之俗”，皆以“风俗”二字对民间习俗进行统称。“风”指社会发展自上而下向民众传达文化，以达到文化教育的目的；“俗”是民众在个人和社群生产生活中自然产生的价值沉淀和自我教化，并且自主在群体内部进行传习。民俗作为风俗的民间代指，以社群区域为界限，代表广大民众中自发形成、世代相因且被长期遵循的群体行为规范和生活习惯。民间群体在社会发展中所传承的历史事物和文化现象就是民俗文化，无数民俗文化共同构成国家和地区的基础文化，经过文化生存法则，不断培育出各类国家民族的精致文化和通俗文化，二者皆为国家整体形象的文化凝结。中国是一个具有悠久历史民俗传统的国家，在中国境内土生土长的各民族中，都有广大人民群众创造的各类民俗文化代代传承。这些民俗不仅丰富了人们的生活，还增加了民族凝聚力。民俗起源于人类社会群体生活的需要，在各个民族、时代和地域中不断形成、扩大和演变，为人们的日常生活服务。民俗就是这样一种来自于人民，传承于人民，规范人民，又深藏在人民的行为、语言和心理中的基本力量。

衡阳地区属湘南丘岗地带，经过数千年历史的积淀与演绎，形成一种既源于大中华传统习俗，又有自己独特风土人情的民俗文化。如日常生活民俗，这部分包括服饰民俗、饮食民俗、居住民俗、交通与行旅民俗，这些习俗的存在与发展都离不开各种具体的物资，而这种具体的习俗往往是当地所特有的，一般是就地取材，再经过当地人民的改造，最终得以定形。衡阳最典型的特色就是大年初一拜祖年、餐桌上的十架碗和渣江米粉等；在生产劳动民俗方面，有举行开秧插田仪式；在社会组织民俗方面，有开祠堂门、呷祭祀；在岁时节日民俗方面有耍灯、赶二月八、南岳庙会等；在人生礼仪民俗方面，有婚前察当、结婚斩草、送巴肚礼、生日暖寿、坐夜守灵、应七烧屋等；从游艺民俗方面看，则是一些以消遣休闲、调剂身心为主要目的，而又有一定模式的民俗活动，是人类在具备起码的物质生存条件基础上，为满足精神的需求而进行的文化创造，衡阳地区划旱船、舞龙灯、唱马灯等都别具一格。这些独有风俗，在衡阳存续数千年，形成了自己的特有风味，极大地丰富了当地的精神文化。

了解一个地方的风土人情、民风民俗，无论是过去、现在乃至将来，都有着极其重要的现实意义：对于管理者而言，可以有的放矢；对于域外人来说，可以获得尊重；对于本土人来讲，可以陶冶性情。古人有两句俗语生动地描述了习俗的特点和重要性：一句是“十里不同风，百里不同俗”，意思就是说一个地方有一个地方的风俗。我国的国土面积十分辽阔，不同地方的风俗习惯有很大不同。另一句叫“入境而问禁，入国而问俗，入门而问讳”，意思就是，到了一个新地方，要先弄清楚那里的禁忌和风俗习惯，尊重人家的规矩。就比如进别人家前先换鞋。我们的汉语之中还有“入乡随俗”之类的词语。

坦率地说，我虽然在衡阳农村生活了一段相当长的时间，对于周边的风土人情耳濡目染，但真要将这些现象变成文字，尤其是将其过程进行详尽的描述，我有一种力不从心的感觉。况且，衡阳地区是一个有着1.5 万平方公里面积、近 700 万人的大区，加上之前所属的祁阳，范围更大，要想总概地把这一区域内各种不同的民俗风情搜集在一起，我的知识点和信息源都不足以支撑。在写作过程中，长沙市衡阳县商会会长刘晓富从各方面施以援手，提供了慷慨的帮助，包括祁阳在内的各市县委宣传部门也不厌其烦地给我提供我想要的资料，一些在外地工作的衡阳籍人士，更是通过微信，源源不断地给我提供线索。正是因为有了众多热心人的帮助，才得以让这个小册子塞满了 300 集 7 个篇章，即便如此，仍然难免挂一漏万，期待得到读者们的指教。

《衡州方域风情》总算是完成了，我也长长地舒了一口气。为了编辑这本小册子，我前后共耗去了 5 年的时间，写作固然不容易，收集资料尤其难，这些过去在衡阳民间的口头传说或仅限于个体家庭操作的习俗终于变成了文字，虽然依旧有些粗糙，却可以作为一种物件用来永久保存了。为了完成这个集子，我的大学同学吴汉鼎，统计部门的同事周碧红与林立，也倾尽所能提供帮助，在此一并致谢。虽然这仅仅只是一本资料的集合，但或许这本书真会对您有些帮助，无论您的身份是管理者、学术研究者，还是不同年龄段的在校生，无论是外来投资者与旅游者、土生土长的本地人，还是在他乡发展的异乡客，您都可以将它当作是资料来使用，您要的答案或许就在书中的某个段落或篇章中。

图书在版编目(CIP)数据

衡州方域风情/张光友著. --长沙:岳麓书社,2025.7. --ISBN 978-7-5538-2281-5

Ⅰ. K296.43

中国国家版本馆 CIP 数据核字第 2025MF0280 号

HENGZHOU FANGYU FENGQING

衡州方域风情

作　　者:张光友
书稿策划:刘晓富
出 版 人:崔　灿
责任编辑:彭卫才
责任校对:舒　舍
封面设计:昼　至

岳麓书社出版发行
地址:湖南省长沙市爱民路47号
直销电话:0731-88804152　0731-88885616
邮编:410006

版次:2025年7月第1版
印次:2025年7月第1次印刷
开本:710mm×1000mm　1/16
印张:41.5
字数:600千字
书号:ISBN 978-7-5538-2281-5
定价:128.00元

承印:长沙超峰印刷有限公司

如有印装质量问题,请与本社印务部联系
电话:0731-88884129